Psicanálise junguiana

Dados Internacionais de Catalogação na Publicação (CIP)
(Câmara Brasileira do Livro, SP, Brasil)

Psicanálise junguiana : trabalhando no espírito de C.G. Jung / editado por Murray Stein ; tradução Caio Liudvik. – Petrópolis, RJ : Vozes, 2019.

Título original: Jungian Psychoanalysis : working in the spirit of C.G. Jung

Bibliografia

ISBN 978-85-326-6062-6

1. Jung, Carl Gustav, 1875-1961 2. Jung, Carl Gustav, 1875-1961 – Psicologia 3. Psicanálise e filosofia 4. Psicanálise junguiana 5. Psicologia – Metodologia I. Stein, Murray. II. Título.

19-23798 CDD-150.1954

Índices para catálogo sistemático:

1. Jung, Carl Gustav : Psicologia analítica 150.1954

Maria Alice Ferreira – Bibliotecária – CRB-8/7964

Editado por Murray Stein

Psicanálise junguiana

Trabalhando no espírito de C.G. Jung

Tradução de Caio Liudvik

EDITORA VOZES
Petrópolis

Título do original em inglês: *Jungian Psychoanalysis - Working in the Spirit of C.G. Jung* editado por Murray Stein, publicado originalmente em língua inglesa por Carus Publishing Company.

Direitos de publicação em língua portuguesa - Brasil:
2019, Editora Vozes Ltda.
Rua Frei Luís, 100
25689-900 Petrópolis, RJ
www.vozes.com.br
Brasil

Editoração: Fernando Sergio Olivetti da Rocha
Diagramação: Sheilandre Desenv. Gráfico
Revisão gráfica: Nilton Braz da Rocha / Nivaldo S. Menezes
Capa: WM design

ISBN 978-85-326-6062-6 (Brasil)
ISBN 978-0-8126-9668-4 (Estados Unidos)

Editado conforme o novo acordo ortográfico.

Este livro foi composto e impresso pela Editora Vozes Ltda.

Sumário

Parte V - Formação, 525

Prefácio

Thomas B. Kirsch*

A história da psicologia analítica pode ser datada a partir do ano de 1912, quando Jung usou pela primeira vez o termo em seu livro *Wandlungen und Symbole der Libido* (mais tarde intitulado *Símbolos da transformação* na *obra completa*). Nessa época, Jung ainda era presidente da Associação Psicanalítica Internacional (IPA), e embora em conflito profundo com Freud, ainda era considerado um psicanalista freudiano. Foi na segunda metade desse livro que Jung começou a escrever sobre sonho e mito como símbolos da psique coletiva, de uma maneira que o afastava de Freud e da sexualidade infantil. Ele renunciou à IPA em 1914 e mergulhou num grave e desorientador processo de transformação, por ele chamado de "Confronto com o inconsciente", em sua obra autobiográfica *Memórias, sonhos, reflexões*. Esse período durou até aproximadamente 1918 (Jung 1961, cap. 6).

Quando Jung emergiu desta crise interior, a Psicologia Analítica nasceu como uma disciplina autônoma, ainda que relacionada à psicanálise. Por sua natureza basicamente introvertida e pelo que ele tinha visto como um freudiano pública e politicamente ativo, Jung não estava interessado em organizar uma associação profissional a seu redor. Contudo, devido a seus escritos cada vez mais conhecidos, e suas várias palestras, na Suíça e no exterior, indi-

---

* Thomas B. Kirsch, M.D., é um analista didata no C.G. Jung Institute of San Francisco e ex-presidente da Iaap. Ele é o autor de *The Jungians* e de numerosos artigos sobre a história da psicologia analítica.

víduos do mundo inteiro o procuravam para análise e consulta. Isso incluía um contingente particularmente significativo de pessoas da Inglaterra e dos Estados Unidos. Jung começou uma série de seminários em língua inglesa em 1921, que durariam até 1939. Uma combinação de análise com Jung e/ou com um de seus assistentes próximos, sobretudo Toni Wolff, frequência aos seminários e uma carta de Jung eram os requisitos básicos para alguém se estabelecer como um analista junguiano. Por isso, já antes da Segunda Guerra Mundial havia analistas junguianos na Suíça, Inglaterra, Estados Unidos, Alemanha, França, Itália e outros países. Pequenos grupos profissionais de analistas se formaram em Zurique, Londres, Nova York e Berlim.

Nessas cidades, também, havia Clubes de Psicologia Analítica, em que tanto analistas como analisandos eram aceitos como membros. O primeiro destes clubes teve seu encontro inicial em Zurique em 26 de fevereiro de 1916. Seu propósito era fornecer um lugar de encontro onde os interessados em simbolismo arquetípico e em amplificar o imaginário onírico estudassem símbolos específicos e ouvissem palestras sobre tópicos afins. Jung também queria ver qual seria o efeito de se ter um grupo de pessoas analisadas reunidas e como elas iriam interagir. Antes da Segunda Guerra Mundial, havia certo interesse em formar um instituto de treinamento em Zurique com o nome de Jung, mas tais atividades foram interrompidas pela guerra e não foram retomadas antes que ela acabasse. Um efeito colateral da guerra foi dispersar muitos dos analistas junguianos judeus que haviam vivido e trabalhado na Europa para outras partes do mundo. Erich e Julia Neumann se estabeleceram em Tel Aviv, James e Hilde Kirsch desembarcaram em Los Angeles, Ernst Bernhard fugiu para Roma, Gerhard e Hella Adler se tornaram membros influentes em Londres, e a lista continua. Os acima mencionados se tornaram fundadores de grupos junguianos nos países que acabaram de adotar.

Depois de muita insistência, Jung concordou e um instituto com seu nome foi fundado em Zurique em 1947. Seu objetivo era treinar pessoas nos aspectos teóricos e práticos da psicologia analítica e da análise junguiana, e para esse fim ele oferecia cursos sobre psiquiatria clínica, antropologia, mitologia, religião comparada, contos de fada e vários outros campos correlatos.

O Instituto C.G. Jung de Zurique abriu em 1948, e pelos vinte anos seguintes funcionou como o principal centro mundial de treinamento de analistas junguianos. Outros programas de treinamento foram formados em Londres, Nova York, Los Angeles e São Francisco, mas em termos de cursos e número de alunos Zurique era o principal centro. Londres logo se tornou um forte vice-líder em importância.

Na época do octogésimo aniversário de Jung, em 1955, a International Association for Analytical Psychology [Associação Internacional de Psicologia Analítica] (Iaap) foi fundada em Zurique para oferecer uma estrutura organizacional para o crescente número de analistas junguianos internacionalmente e para estabelecer formalmente a profissão como uma entidade internacional. Uma de suas missões prioritárias era a convocação de congressos internacionais a cada três anos para o propósito de compartilhar perspectivas teóricas e clínicas, oferecendo novas ideias e continuando o desenvolvimento do campo. O primeiro destes congressos se deu em Zurique em agosto de 1958. Cerca de 120 analistas de todo o mundo compareceram, e o próprio Jung esteve presente na noite de abertura e no banquete. Artigos amplificando temas arquetípicos dominaram o programa. A plateia se restringiu exclusivamente a analistas.

O segundo congresso, novamente em Zurique, ocorreu em 1962. Jung havia morrido neste ínterim. Um agudo conflito subjacente, já presente no primeiro congresso, veio à tona entre os grupos de Zurique e Londres. Os junguianos de Londres haviam sido profundamente influenciados por Melanie Klein, Donald Winnicott, Wilford Bion e outros psicanalistas freudianos, e haviam modificado os meios clássicos de trabalho de Zurique com os pacientes, ao utilizar o divã, aumentar a quantidade de sessões para quatro vezes por semana e priorizar a análise da transferência e do impacto do desenvolvimento infantil sobre o funcionamento psicológico adulto. Estas modificações estavam em absoluto contraste com a abordagem que o próprio Jung havia empregado e que a maioria dos junguianos mundo afora continuavam a usar em suas práticas, sentando frente a frente com seus pacientes, dando forte ênfase à interpretação dos sonhos e menos à transferência, e requerendo uma frequência de uma ou duas sessões por semana. Pelos vinte anos seguintes o conflito entre Londres e Zurique dominou o congresso, bem como o campo como um todo. A energia primária da psicologia analítica gravitava entre esses dois centros. A primeira geração de junguianos que haviam sido analisados com Jung apresentavam suas versões individuais do método clássico, amplificando imagens oníricas arquetípicas, enquanto que a Escola de Londres apresentava pacientes que mostravam problemas precoces de desenvolvimento com uma psicopatologia aparentemente mais severa. A princípio o conflito era muito acentuado.

Por volta de meados dos anos de 1980, a psicanálise freudiana havia passado por vários desenvolvimentos e mudanças relevantes, incluindo o surgimento da psicologia do *self*, de Heinz Kohut, e o movimento relacional liderado por Stephen Mitchell e Jessica Benjamin. No mundo junguiano, os analistas prestavam mais atenção às questões de fronteira entre pacientes e analistas, uma variedade mais ampla de questões clínicas se evidenciou, e a distância entre as escolas de Londres (desenvolvimentista) e Zurique (clássica) diminuiu. Nos Estados Unidos, houve um forte aumento de analistas, e consequentemente a voz norte-americana foi acrescentada como uma influência importante no mundo da psicologia analítica. Congressos internacionais foram sediados nos Estados Unidos em 1980 (São Francisco) e 1992 (Chicago), como no começo da Iaap não se pensava que fosse possível.

A psicanálise, que alcançou o ápice de sua autoridade em meados do século e décadas seguintes, começou a perder parte de seu brilho. Candidatos não mais se inscreviam para se tornar psicanalistas. Novos desenvolvimentos em psicofarmacologia prometiam alívio instantâneo das dificuldades emocionais, e análises de qualquer tipo deixaram de ser consideradas o padrão-ouro do tratamento de perturbações emocionais. Nesse mesmo período, a psicologia analítica continuou a crescer e se desenvolver num ritmo estável nos Estados Unidos, Inglaterra e Europa, e em 1989 havia 2.000 analistas junguianos credenciados na Iaap. Os principais países da Europa Ocidental tinham desenvolvido grupos nacionais, que estavam crescendo em tamanho. Embora os principais centros junguianos tendessem a se localizar nas capitais desses países, institutos satélites foram formados em outras cidades importantes de cada país. Alguns países, como a Itália, tinham duas sociedades nacionais, devido a diferenças políticas e teóricas, e a Inglaterra tinha quatro sociedades, todas localizadas em Londres. Em 1989, a maior parte da geração de analistas que haviam trabalhado com Jung ou Freud já não estavam na ativa ou tinham morrido, e relações entre freudianos e junguianos começaram a se tornar mais viáveis. A velha rixa que havia grassado na primeira geração, de ambas as partes, se amainou, embora mesmo hoje ela possa reacender, especialmente em Nova York e Los Angeles, onde há um grande percentual de psicanalistas judeus. As atividades profissionais e culturais de Jung durante os anos de 1930 em relação à Alemanha continuam a apresentar um obstáculo para muitos profissionais que de outro modo poderiam se interessar por sua obra. Até hoje, rumores persistem sobre Jung ter sido um nazista e ativo antissemita. O relacionamento de Jung com a situação política da Europa na época é complexo, e as discussões a esse respeito raramente levaram em conta as nuanças que deveriam ser observadas para que sua posição fosse corretamente entendida. Muitos dos alunos judeus de Jung tentaram explicar sua posição durante os anos de 1930, mas seus esclarecimentos não dissiparam o problema (Kirsch 1982 e 1983; Samuels 1993). Um livro a ser publicado em breve, com a correspondência entre Jung e James Kirsch, fornecerá nova documentação primária sobre a posição de Jung nos anos de 1930. [Cf. Lammers, A.C. (org.). *The Jung-Kirsch Letters*. Trad. Ursula Egli e Ann Conrad Lammers. Routledge: Londres/Nova York, 2016 (edição revista) (N.T.).]

O ano de 1989 foi importante para o mundo e também para a psicologia analítica. O Muro de Berlim caiu, e o colapso do comunismo no Leste Europeu e na Rússia acarretou muitas mudanças naqueles países. Indivíduos do Leste Europeu e da Rússia começaram a mostrar forte interesse em aprender mais sobre a psicologia analítica. Anteriormente, devido às restrições impostas pelo sistema comunista, essas pessoas tinham pouco conhecimento efetivo sobre a história da psicanálise e da psicologia analítica no Ocidente. Os conflitos e desenvolvimentos dentro da psicanálise, que nós no Ocidente tínhamos vivido e conhecido tão bem, eram quase inteiramente desconhecidos para eles. Contatos entre países da Europa Oriental e da Europa Ocidental cresceram rapidamente, e um problema sério surgiu: como treinar pessoas interessadas em se tornarem psicanalistas junguianos. A principal questão era como providenciar para elas análise pessoal e supervisão. Livros e seminários teóricos poderiam ser mais facilmente oferecidos. Aconteceu de um casal de analistas junguianos se mudar para Moscou por um período de tempo e oferecer análise e supervisão, mas na maioria dos casos analistas viajariam para o Ocidente por curtos períodos de tempo (uma ou duas semanas), ou estudantes desses países encontravam uma forma de viajar para a Alemanha ou Zurique para análise.

Um exemplo específico deve ser mencionado, pois o escopo do projeto foi e continua a ser tão imenso. Sob a liderança de Jan Wiener e Catherine Crowther de Londres (SAP), levantou-se verba da Iaap, de fundações britânicas e através de benefícios de grande escala para oferecer supervisão regular e *shuttle-analysis* com pessoas identificadas como candidatos aptos para treinamento em São Petersburgo e Moscou. Cerca de vinte psicanalistas junguianos dos quatro grupos do Reino Unido se prontificaram a viajar voluntariamente para a Rússia de modo regular e oferecer análise, supervisão e seminários para os analistas em treinamento. No Congresso de 2007 da Iaap, na Cidade do Cabo, África do Sul, uma sociedade russa de psicanalistas junguianos com dezoito membros foi aceita. Esta é uma façanha digna de nota em um tempo relativamente curto (cerca de sete anos). Indivíduos de outros países, antes sob a Cortina de Ferro, foram aceitos como membros individuais na Iaap, mas em nenhum dos outros países um número suficiente de candidatos concluiu seu treinamento para formar uma sociedade até agora.

A disseminação da psicologia analítica desde os anos de 1970 foi realmente em escala mundial. Grupos junguianos profissionais se desenvolveram na Venezuela, Chile, Uruguai e Brasil na América do Sul, na África do Sul, Coreia, Japão, Austrália e Nova Zelândia. Cada um dos países prosseguiu para formar uma sociedade de treinamento oficializada pela Iaap. O crescimento do interesse pela psicologia analítica se tornou verdadeiramente global.

Como está o mundo da psicologia analítica atualmente? Embora se possam descobrir focos de interesse na psicologia analítica em muitos países, tem havido mudanças definidas em influência. A psicologia analítica começou com Jung em Zurique, e durante a vida de Jung e até sua morte em 1961, Zurique era vista como uma espécie de meca junguiana e o lugar prioritário para se treinar. Londres, com sua visão alternativa da psicologia analítica e sua ênfase em questões de desenvolvimento e transferência, também foi um centro de treinamento destacado. Os Estados Unidos nunca tiveram uma associação junguiana nacional, mas sim numerosas sociedades locais com abordagens notavelmente diversas da obra de Jung. Um informal Council of North American Societies of Jungian Analysts [Conselho de Sociedades Norte-americanas de Analistas Junguianos] (Cnasja), fundado em 1978 e composto por delegados de cada uma das sociedades norte-americanas, se encontra anualmente. O Conselho fez recomendações em vários assuntos, mas não tem nenhuma autoridade legal para impor decisões.

Quase todos os países da Europa Ocidental têm uma associação nacional, e em muitos países, tais como Itália, Bélgica e Reino Unido, há mais de uma sociedade nacional. O Leste Europeu está pouco a pouco desenvolvendo grupos profissionais. As áreas de crescimento mais rápido incluem América do Sul e Ásia, onde há, ao mesmo tempo, muito interesse, mas poucos analistas junguianos. Na China, o *sandplay*, que se desenvolveu a partir do círculo de Jung em Zurique, é um grande interesse dos psicólogos. Uma situação semelhante se verifica em outros países asiáticos. A Iaap, como a organização internacional que credencia sociedades profissionais e psicanalistas individuais no campo junguiano, continua a ser liderada por europeus ocidentais e americanos. A voz de outras regiões tem crescido em volume, mas ainda não alcançou um ponto crítico.

O complexo desenvolvimento da psicologia analítica foi moldado por muitos fatores. As duas incursões de Jung em papéis de liderança em organizações profissionais psicanalíticas e psicoterapêuticas, como presidente da IPA e da Sociedade de Psicoterapia Médica Internacional, foram negativas para ele pessoalmente e para seus seguidores profissionalmente. Após esses esforços, ele não dava muito valor à vida organizacional, e por isso associações profissionais foram lentas em se desenvolver em torno dele, mesmo quando a necessidade e a demanda ficaram grandes. Outro fator importante foi que o conflito Freud/Jung predispôs muitos psicoterapeutas contra Jung, especialmente enquanto o modelo freudiano desfrutou de tanta influência no mundo profissional. As relações de Jung com alemães no período nazista levaram muitos psicoterapeutas judeus a sequer levar em consideração sua obra. Finalmente, o interesse de Jung no não racional e em assuntos como a sincronicidade fascinou muitas pessoas e afastou outras.

Do ponto de vista deste autor, que esteve no campo ao longo de quarenta anos, parece que o ponto de vista de Jung e o da psicologia analítica em geral têm hoje mais influência do que nunca. Quando se olha para os vários conflitos religiosos e culturais ao redor do mundo, fica patente que a psicologia analítica tem um papel importante a desempenhar. Os escritos de Jung sobre a crise espiritual de seu tempo ainda são relevantes para a sociedade contemporânea. Hoje não temos mais uma ligação direta com Jung, mas com seus escritos e com os de muitas pessoas que vieram depois dele, e, com nossos treinamentos profissionais em tantos países e culturas diferentes, continuamos a desenvolver o campo de modos novos e criativos. Este livro, *Psicanálise junguiana*, é um exemplo extraordinário deste desenvolvimento.

Referências

Jung, C.G. (1961). *Memories, Dreams, Reflections.* Nova York: Vintage Books.

Kirsch, J. (1983). "Reconsidering Jung's so-called anti-Semitism". In: Carson, J. (ed.). *The arms of the windmill*: Essays in Analytical Psychology in honor of Werner H. Engel. Baltimore: Lucas, 5-27.

______ (1982). "C.G. Jung and the Jews: The real story". In: *Journal of Psychology and Judaism* 6, 2.

Kirsch, T.B. (2000). *The Jungians.* Londres: Routledge.

Lammers, A.C. (org.) (2016). *The Jung-Kirsch Letters.* Trad. Ursula Egli e Ann Conrad Lammers. Routledge: Londres/Nova York [edição revista].

Samuels, A. (1993). *The Political Psyche.* Londres: Routledge.

Prefácio do organizador

Murray Stein

> – Eu reservei uma mesa para o jantar.
> – Seu nome, por favor.
> – Carl Jung.
> – O senhor quer dizer que é o famoso "Freud, Adler, Jung"?
> – Não, só Jung.

Uma história apócrifa, mas que diz muito.

Jung se distinguiu de Freud e Adler, os outros dois pioneiros da psicanálise, e fundou um ramo distinto da psicologia profunda (ou psicologia médica, como era chamada nos seus primeiros tempos), chamado de psicologia analítica. O lar físico e espiritual desta escola era Zurique, Suíça. Os pontos teóricos e clínicos de diferença entre os três fundadores, especialmente as diferenças entre Jung e Freud, foram amplamente discutidos em muitas publicações e biografias. Aqui vou lembrar somente que na primeira e na segunda gerações, os junguianos carregaram nas tintas usadas para demarcar as linhas de separação entre eles e os outros, sendo enfatizadas as diferenças nas perspectivas e práticas fundamentais, para que o campo fosse diferenciado do meio circundante. Mais recentemente, a ênfase entre autores junguianos contemporâneos se deslocou para perspectivas de convergência e diálogo. Isso pode ser considerado um sinal de maturidade no campo. Há menos ansiedade acerca da identidade.

Os praticantes clínicos na escola que se formou em torno de Jung variadamente se autodesignaram como psicólogos analíticos, analistas junguianos e psicoterapeutas junguianos. Em anos mais recentes, eles cada vez mais reconheceram o parentesco histórico, se não inabalável, com a família maior da psicanálise, e passaram a se denominar psicanalistas junguianos. Daí o título deste livro.

Psicanálise junguiana é o nome contemporâneo da aplicação clínica da psicologia analítica.

As pessoas que cercavam Jung e ajudaram no desenvolvimento da escola que ele fundou em Zurique vieram de muitas partes do mundo. Uma forte presença internacional caracterizou, portanto, a psicologia analítica desde o início, e continua assim até hoje. Além do mais, as pessoas que primeiro assumiram a prática da psicologia analítica não tinham todas, de modo algum, formação médica. Por consequência, a chamada análise leiga foi parte da construção profissional da escola ao longo de sua história, e em anos recentes a grande maioria dos psicanalistas junguianos não é da área médica. O próprio Jung, embora formado originalmente psiquiatra, tinha interesses tão amplos que logo viu as limitações de se confinar a prática da análise a profissionais médicos. A colaboração entre uma multidão de disciplinas tem sido uma parte da teoria e da prática da psicologia analítica ao longo de sua história. Este espírito continua fortemente em evidência hoje.

Os capítulos do presente volume refletem as mudanças que ocorreram na última década e meia e após a passagem da segunda geração, que em grande parte tinha conhecido e trabalhado com Jung pessoalmente durante os anos de 1930 e 1940. Como uma afirmação do campo, este livro, acredito, é muito representativo quanto às várias correntes de pensamentos e à rica diversidade de abordagens e de pensamento que constituem hoje a complexa tapeçaria da escrita e do pensamento analíticos junguianos. O leitor encontrará um entrelaçamento, que talvez hoje chegue ao ponto de uma perfeita integração, dos bem conhecidos ramos clássico, desenvolvimentista e arquetípico da psicologia analítica, bem como uma gama impressionante de empréstimos de pensadores psicanalíticos modernos, para além das fronteiras da psicologia analítica, e cujas ideias e *insights* não são de modo algum inspirados por fontes junguianas, mas cujas visões são crescentemente vistas como convergentes e compatíveis.

Contudo, no centro do pensamento psicanalítico junguiano contemporâneo permanece, como sempre, a figura gigantesca de C.G. Jung. Suas obras publicadas, por mais que possam ser interpretadas de vários modos por autores posteriores, seguem ocupando a posição privilegiada de ponto de referência-chave. Os vinte volumes da *Obra Completa* de Jung, ao lado dos vários volumes publicados de cartas, os agora bem-editados e publicados seminários que ele deu em Zurique e no exterior, e várias outras coletâneas de escritos formam o fundamento legítimo da teorização e reflexão sobre a prática junguiana. A intuição seminal de Jung da psique se desenvolvendo, mudando, buscando um objetivo – noutras palavras, se individuando – permanece a percepção fulcral em torno da qual tudo o mais é construído. Foi sua longa e cuidadosa articulação do inconsciente como algo dotado de propósito e a psique total como orientada pelo si-mesmo, que guia e governa os processos vivos da vida psicológica, que constitui a inspiração-chave por trás do trabalho das centenas (por enquanto) de escritos de muitos outros pensadores neste campo.

Essas ideias continuam a guiar recentes contribuições ao pensamento psicanalítico junguiano, tanto quanto o fizeram nas duas primeiras gerações de junguianos, e elas estão claramente em evidência nos artigos deste volume. A visão de Jung da psique é que ela não é fundamentalmente defeituosa e patológica (ou seja, destinada a representar uma história invariavelmente trágica), mas sim orientada rumo ao desenvolvimento ao longo da vida que pode ou não ser apenas parcialmente ou relativamente realizado por completo. De modo algum isso significa que a psicopatologia seja ignorada. Como muitos dos capítulos deste volume irão atestar amplamente, a patologia sem dúvida corrompe e interrompe os processos de individuação em todos os estágios da vida, mas a psique procura superar sua enfermidade de vários modos, e este si-mesmo em individuação é o que a psicanálise junguiana busca, é com ele que ela se alia e o usa para fomentar e encorajar os processos de mudança e crescimento na consciência. O analista tenta acompanhar e facilitar uma emergência natural do si-mesmo na psique, ao invés de impor um programa de aprimoramento do funcionamento do ego ou remover cirurgicamente estruturas patológicas através de interpretações incisivas. Geralmente, a psicanálise junguiana é vista como um esforço colaborativo de reflexão, e o diálogo, ao invés da interpretação dogmática unilateral, é a regra.

Trabalhar "no espírito de Jung" significa, por assim dizer, trabalhar com o si-mesmo total em mente. Conforme isto fica explicado neste volume, o leitor verá que isto tem a ver principalmente com o engajamento num jogo dialético entre consciente e inconsciente, e entre as duas pessoas que participam do processo analítico. Gradualmente, esta dialética constrói um sentimento de totalidade em termos pessoais e arquetípicos. O resultado final de uma psicanálise junguiana – supondo por ora a possibilidade de "sucesso" nesta empreitada – não é sobretudo um "funcionamento melhor" ou "habilidades de relacionamento aprimoradas", nem um maior senso emocional de bem-estar, felicidade ou autoestima, embora esses sejam certamente produtos colaterais valiosos a não serem desprezados. O resultado primordial que se busca é a tomada de consciência dos padrões de vida pessoais de coerência e de direção que estão profundamente enraizados na psique como um todo, ou seja, no si-mesmo. Também se conquista uma perspectiva ampla do pertencimento ao contexto pessoal, cultural e histórico. Complexos pessoais e culturais e imagens arquetípicas emergem à superfície da consciência e se mesclam com a consciência egoica para formar uma imagem de si que é muito mais ampla do que antes de a análise começar.

Como este tipo de consciência é trazido à existência? Os psicanalistas junguianos empregam vários métodos que visam a consumar este resultado, como o leitor descobrirá em muitos dos capítulos. O agente da mudança buscada que deve ser introduzido na matriz psíquica está implicado na noção de "entrar em contato com o inconsciente" ou "desenvolver uma função transcendente", frases que são usuais na literatura junguiana tradicional e que também estão incluídas em muitos dos capítulos deste volume. O ponto não é criar um estado permanente de consciência inclusiva no indivíduo sob análise, mas captar vislumbres de algo assim, e desenvolver a liberdade de pensar e de sentir das maneiras mais inclusivas e imaginativas possíveis. Isto significa trabalhar através dos medos, inibições e defesas de todos os tipos, especialmente as formas primitivas inconscientes. Isso convoca à passagem por lembranças e percepções dolorosas sobre si e sobre outrem, e a digerir a amargura de tais recordações e *insights*. O analista almeja o desenvolvimento na pessoa da capacidade de ver por detrás, por assim dizer, a se ouvir "por acaso" [*overhear*] como se fosse um interlocutor de si mesmo, e a oferecer uma mão acolhedora a novas ideias, imagens e autorrepresentações, quaisquer que elas sejam, conforme emergem no curso da análise.

Os métodos para trazer à tona este tipo de consciência pretendem abrir a mente e interpretar o que se encontra lá. Na psicanálise junguiana, esta exploração tem lugar no espaço criado entre duas pessoas que estão dedicadas à exploração da realidade psíquica. O analista deve seguir várias vias de mergulho no mundo oculto do inconsciente (sonhos, fantasias, imaginação ativa, descargas de complexos, transferência), e além disso vários métodos para reunir esses *insights* e fixá-los na memória e na consciência (interpretação, *sandplay*, arte, movimento corporal). A intenção é construir uma identidade baseada no si-mesmo total. O termo técnico para esta imagem expandida é a função transcendente.

E com relação à infância, adolescência, juventude? Os freudianos tradicionalmente enfatizaram esses primeiros estágios da vida, enquanto que os junguianos ficaram mais conhecidos por visarem questões relativas à segunda metade da vida. Como o leitor destes capítulos descobrirá, contudo, os psicanalistas junguianos hoje em dia prestam atenção em grau surpreendente também ao desenvolvimento inicial. A individuação na segunda metade da vida, que segue um caminho circular, mais do que linear, é fortemente dependente de passagens bem-sucedidas pelas fases de desenvolvimento da primeira metade. De uma perspectiva junguiana, os primeiros estágios são preparatórios para os posteriores, e uma razão principal para trabalhar analítica e terapeuticamente com crianças, adolescentes e jovens adultos é maximizar as chances de eles adquirirem maturidade mais tarde. As patologias engendradas pelo trauma precoce, por uma ligação e apego insuficiente, e pelo fracasso da separação dos pais e família de origem levam a uma segunda metade de vida estagnante, defensiva e ameaçada pelo declínio contínuo da desenvoltura, resiliência e criatividade. Se os frutos da maturidade e da individuação são uma maior consciência e uma compaixão mais profunda por si mesmos e pelos outros – em suma, sabedoria e transcendência –, o fracasso de se individuar resulta em ressentimento, isolamento e pobreza espiritual.

A maioria dos psicanalistas junguianos praticantes hoje são pessoas bem avançadas na segunda metade da vida. Não fiz uma pesquisa cuidadosa, mas de meus anos como presidente da International Association for Analytical Psychology eu conheço um grande número deles, de muitas partes do mundo, e eu estimaria que sua idade média hoje estaria na casa de 55 para 60 anos. São pessoas que são, senão invariavelmente sábias, pelo menos dotadas de uma boa quantidade de experiência de vida e treinamento cuidadoso na arte e no ofício da análise. Minha impressão é que, em sua maioria, eles são comprometidos em prosseguir seu trabalho pessoal rumo à individuação e em aprimorar suas habilidades como analistas profissionais. Ao mesmo tempo, eu não subestimo os riscos da sombra na velhice. Sociedades profissionais de analistas assumiram a obrigação de zelar por questões de ética, e muitas sociedades têm considerado prudente instituir a exigência de contínua supervisão (ou intervisão) e formação para todos os seus membros, não importa a idade. Diversos capítulos tratam dessas questões.

Os autores incluídos neste volume foram treinados e trabalham em uma ampla variedade de contextos culturais. O conjunto das vozes é internacional e fala de seis continentes. O livro reflete o caráter internacional da psicanálise junguiana e suas muitas perspectivas. Como Thomas Kirsch explica no prefácio, o campo da psicologia analítica se expandiu consideravelmente desde suas origens na Suíça. Os psicanalistas junguianos são ativos hoje em todos os países da Europa Ocidental e agora também em muitos países do Leste Europeu, bem como na Austrália, Ásia e África. No presente, eles desempenham um papel significativo nas profissões da saúde mental mundo afora e cada vez mais ensinam em instituições acadêmicas. Em anos recentes, junguianos têm demonstrado extensa consideração pelos desenvolvimentos modernos em outras escolas psicanalíticas e pesquisa científica de ponta. O que os capítulos neste volume demonstram é que essas assimilações de fora do campo da psicologia analítica têm enriquecido, mas não eclipsado as ideias e perspectivas essenciais que Jung expôs em seus volumosos escritos.

Pelo contrário, a obra de Jung emerge hoje maior do que há quarenta anos, em grande parte porque tantos dos desenvolvimentos recentes nos campos da psicanálise e da neurociência modernas parecem afirmar e respaldar os princípios-chave que ele propôs na primeira metade do século XX.

Quando convidei os autores deste volume a fazer suas contribuições específicas, eu os encorajei a falar em suas próprias vozes, a expressar seu próprio pensamento e sentimento conforme se aplicam aos tópicos sobre os quais estão escrevendo, e a serem corajosos e criativos em desenvolver suas próprias visões e convicções particulares. O resultado, fico feliz em dizer, é uma coletânea viva de ensaios distintos ao invés de um seco livro-texto de opinião e referências passivas. Talvez seja excessivo afirmar que é um texto de referência no campo da psicanálise junguiana desta época, mas sem dúvida está perto disso, como se poderá verificar. Espero que o leitor possa considerar os ensaios aqui contidos, um a um e como um todo, informativos e estimulantes.

Parte I

Objetivos

Introdução aos objetivos

Murray Stein

É difícil falar sobre os objetivos da análise de um modo geral e abrangente. Cada caso é diferente e convoca a considerações específicas. O psicanalista junguiano é treinado a olhar para cada analisando como um indivíduo com uma história única e desafios muito específicos. O resultado da análise é, portanto, diferente em cada caso e o tratamento deve ser adaptado ao indivíduo. Um tamanho não serve para todos. Dito isso, contudo, há algumas perspectivas gerais que se aplicam a muitos, senão a todos os casos, assim como na medicina não há dois casos idênticos e mesmo assim um problema cardíaco em um caso não é tão diferente do tratamento em um caso semelhante. Algumas generalizações podem ser feitas, desde que se mantenha em mente a singularidade especial de cada alma individual.

Os capítulos nesta seção giram em torno principalmente de um modelo oferecido por Jung num artigo intitulado "Os problemas da psicoterapia moderna" (OC 16/1), onde ele esboçou quatro estágios do tratamento psicoterapêutico: confissão, elucidação, educação e transformação. O capítulo de Stanton Marlan, "Encarando a sombra", toma o primeiro desses estágios e desenvolve o conceito de confissão como uma questão de trazer as figuras e energias sombrias da psique para a consciência e integrá-las. Patricia Vesey-McGrew desvenda o significado de elucidação em seu capítulo "Chegando ao topo do pensamento e aos padrões de comportamento". Isso estende o alcance da consciência do conteúdo e dinamismo da sombra para os padrões comportamentais em geral, de modo a permitir uma compreensão dos complexos pessoais que controlam esses padrões inconscientemente. Thomas Singer, no capítulo que escreve com Catherine Kaplinsky, intitulado "Complexos culturais em análise", propõe a teoria dos complexos culturais e assim aprofunda e amplia a discussão da conscientização dos complexos para incluir conteúdos derivados do *background* cultural do analisando. O objetivo da análise, conforme conceitualizado nesses capítulos, é sair da dinâmica bipolar dos complexos autônomos para clarificar a consciência e libertar uma pessoa das respostas emocionais automáticas engendradas por eles.

Josephine Evetts-Secker dá prosseguimento a essas reflexões no capítulo "Iniciando uma educação psicológica" em análise. Este é um aspecto cognitivo na psicanálise junguiana, tendo por objetivo ajudar o analisando a adquirir uma compreensão pessoal sobre o funcionamento psicológico. A longo prazo, uma psicanálise junguiana completa é em grande medida uma experiência educacional. Quanto mais um analisando compreende os sonhos, fantasias, pensamentos, reações emocionais e dinâmicas interpessoais que compõem o volume da vida psicológica, melhor chance há de formar uma atitude individual e satisfatória perante a vida em geral, durante e após a análise.

O objetivo mais definidor de uma psicanálise junguiana tem sido tradicionalmente apresentado como a transformação da personalidade. Isso significa uma mudança mais profunda do que a meramente cognitiva, nas atitudes do analisando para consigo, com os outros e com o mundo. Diane Cousineau Brutsche aborda este tópico em seu capítulo "Instigando a transformação", e Joseph Cambray continua o tema em seu capítulo "Emergência e o si-mesmo". A principal contribuição de Jung para a tradição psicanalítica como um todo, poder-se-ia dizer, gira em torno de sua compreensão da transformação. Esses dois capítulos fazem um comentário contemporâneo a respeito.

Tomados em conjunto, os capítulos nesta seção expressam tanto a variedade como a coerência de como a psicanálise junguiana pensa o tratamento analítico hoje. Eles tecem e combinam perspectivas junguianas tradicionais e contemporâneas, assim como assimilam aspectos de outras escolas da psicanálise moderna.

1
Encarando a sombra

Stanton Marlan*

O Sol e sua sombra completam a obra.
Maier, M. *Atalanta Fugiens*, 278.

A noção de Jung da sombra é uma importante contribuição à teoria e prática da psicologia profunda e da psicanálise. O modo como a sombra tem sido compreendida tem se desenvolvido naturalmente no contexto da orientação de cada autor dentro do campo, às vezes enfatizando seu lugar e significado clássico, desenvolvimentista e/ou arquetípico dentro de uma concepção global da vida psíquica e da análise. Conforme as categorias mais antigas começam a se obscurecer, o pensamento dentro do campo continua a se diferenciar e o pensamento se aprofunda.

Neste ensaio, eu não vou exatamente traçar a história do conceito na obra de Jung ou dentro do campo em geral, para além do necessário para minhas reflexões; tampouco vou fornecer um sumário da literatura junguiana acerca da sombra. Tal informação está amplamente disponível em muitas fontes. Minha intenção aqui é olhar para a sombra como um fenômeno psicológico vivo que continua a ter muito a nos ensinar sobre a psique.

---

* Stanton Marlan, Ph.D., ABPP, LP é um analista didata e supervisor com a Inter-Regional Society of Jungian Analysts e exerce uma prática particular em Pittersburgo, Pensilvânia. É professor clínico-adjunto de Psicologia na Duquesne University e se diplomou em Psicologia Clínica e Psicanálise pelo American Board of Professional Psychology. É autor de *The Black Sun: The Alchemy and Art of Darkness*.

Encarar a sombra é um dos mais importantes objetivos da psicanálise junguiana. Em edições anteriores de seu livro *Jungian Analysis*, Murray Stein descreveu as metas e objetivos da análise junguiana como "dar conta do inconsciente" (Stein 1995, 38). Encarar a sombra é um aspecto-chave deste trabalho global. Stein nota que dar conta da sombra significa "colocar em questão as autoilusões mais caras a que a pessoa se agarra, e que têm sido usadas para sustentar a autoestima e manter um senso de identidade pessoal" (Stein 1995, 40). Encarar a sombra e confrontar nossas ilusões são momentos compreensivelmente dolorosos na análise.

No sentido mais geral, pode-se definir a sombra como referindo-se à escuridão do inconsciente, ao que é rejeitado pela consciência, conteúdos positivos e negativos, bem como o que não se tornou ainda ou talvez nunca se torne consciente. Voltar-se à escuridão significa encarar as partes inaceitáveis, indesejáveis ou subdesenvolvidas de nós mesmos, o aleijado, cego, cruel, feio, inferior, inflacionado e por vezes vil, bem como descobrir os potenciais de desenvolvimento dos quais estamos inconscientes. Para Jung, nossa tentativa de nos encaixar em nossas famílias e nos valores históricos e culturais resultam no desenvolvimento, pela personalidade, do que ele chamou de uma persona, uma máscara através da qual a adaptação é facilitada, mas que é uma estrutura necessária de relacionamento.

Em nome da adaptação, aqueles aspectos da personalidade mais ampla julgados inaceitáveis são frequentemente negados, reprimidos e cindidos da personalidade em desenvolvimento. Em consequência, eles podem ser torturados, feridos, mutilados e podem recuar para a escuridão onde, por fim, podem ser mortos e enterrados. Outros potenciais do si-mesmo que nunca foram conscientes podem, do mesmo modo, sofrer resistência e jamais entrarem em relacionamento consciente com a personalidade. Esse processo dinâmico ajuda a formar esta parte da psique que Jung chamou de sombra. A despeito de seu banimento para um mundo inferior, a sombra continua a desempenhar um papel dinâmico em nossa vida psicológica.

Jung explorou o modo pelo qual a sombra vem à tona, frequentemente através de erupções irracionais que obstruem a consciência. O comportamento à *la trickster* [trapaceiro] da sombra atua como se ela tivesse uma mente própria, pondo a vida consciente num movimento retrógrado, onde algo distinto da vontade pessoal parece imperar. A sombra também aparece em sonhos, projeções, transferências e contratransferências, e, se por um lado resiste à consciência, por outro parece persegui-la ao buscar o confronto, o desafio e a ameaça, frequentemente aterrorizando a pessoa e a isolando, amedrontada e retraída aos contatos. Não é de surpreender a ansiedade acerca da sombra. Algumas imagens oníricas frequentes de pacientes revelam a sombra emergindo na forma de vozes e espíritos desencarnados e primitivos, animais feridos, bestas impermeáveis de sangue-frio, pré-históricas e míticas, caçadores, assassinos e pervertidos sexuais. Além disso, sonhos de pacientes apresentaram imagens de beberrões repugnantes, apostadores maltrapilhos, mulheres não atraentes e com pesada maquiagem, homens com um mau gosto ultrajante, estúpidos inveterados e figuras paralisadas presas em fúrias congeladas. Uma profunda emoção frequentemente acompanhava imagens como essas de uma doença grave e por vezes incurável, bem como de crianças assustadas, desfiguradas e às vezes mortas assombrando túmulos e cemitérios.

Jacques Lacan certa vez notou que "a psicanálise implica permitir ao analisando elaborar o saber inconsciente não na forma da profundeza, mas na forma de um câncer" (Lacan, in: Fink 2007, 74). Encarar imagens horríveis como essas é de fato como encarar um câncer, não manifesto necessariamente de modo físico, mas proliferando psiquicamente e muitas vezes levando à mortificação, humilhação, desespero e depressão narcísicos. Perante tais imagens, a ordem racional pode ser abalada. Abrir nossa vida psíquica a tais imagens pode ser doloroso e desestabilizante, e há uma resistência natural e compreensível a fazê-lo.

Escrevi sobre as imagens mais difíceis e tenebrosas da sombra em *The Black Sun* [O sol negro] (Marlan 2005). *Sol niger* é a imagem quintessencial da sombra primordial, e em sua dimensão mais escura ela resiste à assimilação. Encará-la é uma das tarefas mais difíceis da análise e frequentemente não é possível.

Poemas escritos sobre a deusa tântrica Kali tentam capturar esta esmagadora dimensão da vida psíquica. May Sarton, em seu poema "The Invocation of Kali" [A invocação de Kali], a descreve como uma "destruidora intrínseca", uma "deusa selvagem"; "Ela nos impede de ser o que ansiamos ser". "Nós podemos segurá-la como um lunático, mas ainda assim é ela que nos fere com suas garras" (Sarton 1971, 19-24). Sarton continua seu poema falando de Kali como "o que mais tememos e não ousamos encarar", e Swami Vivekananda, de modo semelhante, descreve o impacto de encarar esta deusa:

> As estrelas se apagam,
> nuvens recobrem nuvens...
> O brilho de uma lúrida luz
> revela por todos os lados
> milhares, milhares de tons
> de Morte sujos e negros –
> espalhando pragas e dores...
> (Vivekananda, in: Mookerjee 1988, 108).

É difícil imaginar enfrentar uma figura da sombra tão potente como a deusa descrita nestas imagens, e, contudo, a poetisa fala em ficar "de olhos abertos neste lugar terrível", e Vivekananda, de abraçar "a forma da Morte" e dançar "na dança da destruição". Como que se dirigindo à deusa, ele a invoca com as palavras "Venha, Mãe, venha!" (Mookerjee 1988, 108).

Nestes poemas poderosos, os poetas nos dão uma pista sobre encarar este aspecto da sombra primordial. É difícil traduzir isto em princípios analíticos, mas claramente o duro trabalho de encarar a sombra e de uma análise é, em parte, aprender a voltar-se para as figuras dolorosas, desagradáveis e por vezes apavorantes da psique, e, portanto, para os aspectos inaceitáveis do si-mesmo. Os recessos mais profundos da sombra arquetípica podem permanecer irredimíveis, e talvez precisemos abandonar esperanças salvacionistas ou sermos compelidos a isto, mas nem todas as figuras da sombra são tão apavorantes quanto *Sol niger* e Kali. Estas imagens nos lembram que a vida pode ser trágica e que o inconsciente não é invariavelmente benevolente.

Há limites para o que a análise pode alcançar, e isto é decepcionante para nossas expectativas exageradas. Em tais casos, o analista pode ser instado a se posicionar ao lado do analisando na e através da dor, do pesar, do desespero e das experiências trágicas da vida, e ser companhia no barco da morte e em silêncio testemunhar os limites da análise e as esperanças e sonhos da alma humana. E ainda assim haverá momentos em que pode ocorrer de a "morte" que encaramos ser uma morte simbólica, anunciando um processo alquímico de *mortificatio* e *putrefactio*, que pode levar a uma renovação e abertura a uma vida simbólica mais profunda.

Stein notou que "se pede, explícita ou implicitamente, às pessoas em análise que fiquem receptivas ao inconsciente – ao lado menos racional, mais ambíguo e frequentemente misterioso da personalidade" (Stein 1995, 39). É importante, assim também, que o analista esteja preparado para se aventurar nos recessos mais tenebrosos da sombra como um participante e guia com a capacidade de sentar quieto, ficar presente, acompanhar e facilitar o encontro com os aspectos mais escuros da vida psíquica. Ao fazê-lo, as figuras da sombra podem se mostrar para compensar ou complementar uma posição consciente unilateral, e encará-las pode levar a uma personalidade mais integrada. Mas a questão permanece: Como encarar tais figuras?

Nem todas as imagens de sombra são horríveis, porém elas permanecem difíceis de encarar. Hillman fala das partes quebradas, arruinadas, fracas, doentes, inferiores e socialmente inaceitáveis de nós mesmos (Hillman 1991). Para ele, curar estas imagens de sombra requer amor. Ele pergunta: "Até que ponto pode o nosso amor se estender às partes quebradas e arruinadas de nós mesmos, ao repugnante e perverso? Quanta caridade e compaixão nós temos por nossa fraqueza e doença: Até que ponto podemos... dar um lugar para todos?" (Hillman 1991, 242). Porque a sombra pode ser socialmente inaceitável e até mesmo *má*, é importante que seja carregada por nós, o que significa que não projetemos nossas partes inaceitáveis nos outros ou as passemos ao ato. Esta é uma responsabilidade ética.

A importância de nos abstermos de criar bodes expiatórios carregados de nossos próprios males é particularmente urgente na situação mundial hoje em dia. Esta foi uma das principais preocupações de Erich Neumann, que considerava a sombra uma questão moral e ética de primeira importância (Neumann 1969). Para Neumann, encarar a sombra e integrar os opostos psíquicos pode levar ao desenvolvimento da unidade supraordenada. Prolongando as ideias de Jung numa dimensão ética, Neumann descobriu uma tendência básica da psique que ele chamou de centroversão – um aspecto dinâmico do si-mesmo que pode alargar e equilibrar a personalidade. Para Hillman, do mesmo modo, uma orientação moral perante a sombra é essencial e não pode ser abandonada, mas isso não é o bastante: "Em algum momento algo mais deve irromper" (Hillman 1991, 242-243). Encarar a sombra e sua cura requerem uma conjunção de aparentes opostos, um confronto e uma união paradoxal de dois incomensuráveis: "o reconhecimento moral de que essas partes de mim são penosas e intoleráveis e devem mudar, e a sorridente aceitação amorosa que as recebe tais como elas são... tanto julgar com severidade e aderir com alegria". Cada posição apreende "um lado da verdade" (Hillman 1991, 243). Hillman dá como exemplo a tradição mística judaica do chassidismo, onde "a profunda piedade moral se casa com um impressionante deleite com a vida" (Hillman 1991, 243).

Alcançar tal atitude requer considerável desenvolvimento psicológico, mas ainda assim parece quase impossível imaginar algum deleite com os aspectos mais profundamente hediondos e virulentos da sombra. Como podemos participar nas implicações da perversidade, com as imagens nazistas do Holocausto ou com a sombra terrorista? Poderia Jó se aliar com alegria ao lado negro de Deus, que segundo Jung requeria uma transformação moral e a indignação pessoal de Jó? Ainda assim, embora juízos do sentimento sejam essenciais à vida ética, a indignação moral também pode ser inflacionada, demasiadamente racional e unilateral, perdendo-se de vista os aspectos paradoxais e transformativos dessas imagens horríveis. Portanto, sem uma compreensão mais plena da implicação psicológica de tais imagens, somos abandonados a possibilidades reduzidas ao preto ou branco.

Para Hillman, a posição psicanalítica tradicional da escola freudiana era demasiadamente racional e não fazia justiça à psique. Segundo ele, Freud "não viu bem o bastante que cada imagem e cada experiência têm um aspecto tanto prospectivo quanto redutivo, tanto positivo quanto negativo [...] [ou] o paradoxo de que o lixo podre é também fertilizante, que o infantilismo [*childishness*] é também a florescência infantil [*childlikeness*], que a perversidade polimorfa é também alegria e liberdade física..." (Hillman 1991, 243).

Essas imagens paradoxais requerem as posições tanto da psicanálise freudiana quanto da junguiana e, segundo ele, não são duas posições estanques e conflitantes; antes, os aspectos redutivos e prospectivos da sombra devem ser vistos juntos nos paradoxos da vida simbólica.

A psicanálise junguiana comporta tanto os vetores redutivo e prospectivo dentro de si. Jung admitia como premissa a visão psicanalítica que se baseia numa série de noções energéticas e desenvolvimentistas, entre elas adaptação, resistência, negação, supressão, repressão, formação de conflito, cisão, projeção, o retorno do recalcado, e assim por diante. Em acréscimo a elas, contribuiu com uma série de perspectivas conceituais próprias, *insights* mitopoéticos e arquetípicos que emergiam de sua experiência consigo mesmo e com seus pacientes. Sua escolha de um termo próximo da experiência vivida [*experience-near*] como "sombra" reflete esta contribuição e se baseou na noção de que o inconsciente tente a se personificar a si mesmo, como nos sonhos. Tais personificações "mostram as mais chocantes conexões com as formulações poéticas, religiosas ou mitológicas..." (Jung 1939/1968, § 516). Posteriormente Jung aprofundou esta noção em sua obra alquímica. Essas personificações, quando encaradas, podem apontar para as direções mais surpreendentes.

Uma dificuldade em pensar sobre a ideia de Jung de sombra é que ele se apoiava em ambos os modelos de discurso, e os dois estilos de pensamento são frequentemente imaginados como diametralmente opostos. Mas eles engendram uma complexidade de perspectivas pessoais e arquetípicas, científicas e míticas, causal-redutivas e teleológicas. Lambert descreveu esses opostos linguisticamente em termos da distinção entre a linguagem do intelecto e a linguagem da imaginação (Lambert 1981). Samuels notou que "o objetivo de ter um modelo no qual ambas as linguagens desempenham um papel pode ser difícil de alcançar" (Samuels 1985, 6), e contudo, creio, esta é a meta da análise junguiana. Na maioria dos casos essas duas orientações, o pensamento dirigido e a imaginação, desempenham um papel em todas as orientações junguianas, mas que uma ou outra acabe sendo privilegiada e deixe a outra numa posição secundária, consciente ou inconscientemente. Em suma, essas duas linguagens podem ser consideradas a sombra uma da outra, talvez por necessidade.

O filósofo Paul Ricoeur teve uma preocupação similar em termos da análise freudiana. Em seu livro *Freud e a filosofia*, Ricoeur fala da possibilidade de sustentar e engendrar interpretações opostas, cada uma das quais consistente em si mesma, numa relação recíproca. Ele descreve essas orientações como estratégias hermenêuticas: uma voltada para a "revivescência de significados arcaicos pertencentes à infância da humanidade, a outra voltada à emergência de figuras que antecipam nossa aventura espiritual" (Ricoeur 1970, 496). Para Ricoeur, o que a psicanálise "chama de sobredeterminação não pode ser compreendido sem levar em conta a dialética entre [estas] duas funções, supostamente opostas mas que os símbolos articulam numa unidade concreta" (Ricoeur 1970, 490). Creio que Jung buscava a mesma unidade em sua compreensão de uma vida simbólica.

Tanto para Ricoeur quanto para Jung, símbolos concretos comportam ambas as funções e ligam essas orientações que se opõem, mas se fundamentam uma à outra. "Esses símbolos disfarçam tanto quanto revelam. Embora escondam as metas de nossos instintos, eles revelam o processo da autoconsciência" (Ricoeur, 497). Viver em conexão com tais símbolos e imagens exige uma dialética contínua entre pensamento e imaginação, entre o que Jung chama de fantasia e pensamento dirigido (Jung 1956, § 39) e entre o que é consciente e inconsciente. Em última instância, para Ricoeur é o pensamento filosófico e conceitual que é capaz de erguer a sombra a uma posição privilegiada. Contudo, de uma perspectiva junguiana, há um perigo nas teorias de se afastarem demais de sua base inconsciente e da vida.

Também as teorias projetam uma sombra, e Jung lutou com este problema:

> Consciência e inconsciente não perfazem uma totalidade quando um é reprimido e prejudicado pelo outro. Se eles têm de combater-se, que se trate pelo menos de um combate honesto, com o mesmo direito de ambos os lados. Ambos são aspectos da vida. A consciência deveria defender sua razão e se autoproteger, e a vida caótica do inconsciente também deveria ter a chance de seguir o seu caminho na medida em que o suportarmos. Isto significa combate aberto e colaboração aberta ao mesmo tempo... É o velho jogo do martelo e da bigorna: o ferro que padece entre ambos é forjado num todo indestrutível, num *individuum* (Jung 1939/1968, § 522).

Para Jung, o propósito de erguer imagens e símbolos às abstrações conceituais da ciência, filosofia e religião era questionável. Ele buscava, ao invés disso, juntar e manter as tensões da vida psíquica de um modo que produzisse uma possibilidade paradoxal e transcendente, mas ainda assim concreta. Isto significava permanecer intimamente conectado com a sombra e a vida imaginal e não deixar para trás o inconsciente nem a sombra. Para Jung, era importante pensar e teorizar, mas também "sonhar o sonho adiante", embora ao mesmo tempo sem acreditar ingenuamente no literalismo do inconsciente.

Segundo Jung, as linguagens técnicas da filosofia, da ciência e da teologia poderiam facilmente se tornar unilaterais, empurrando outros modos de discurso para a sombra. Esta é a posição assumida e desenvolvida por Hillman, que argumenta pela importância de uma linguagem não dessemelhante à dos alquimistas, nas quais as imagens não desaparecem nos conceitos (Hillman 1980). Que fique claro, Hillman não está propondo que abandonemos nossos conceitos, apenas que não os usemos unilateralmente de um modo que sempre traduz pensamento-fantasia em pensamento dirigido. Quando isto acontece, "nossos conceitos estendem suas garras sobre imagens concretamente vívidas ao lhes abstrair (literalmente, 'afastar') a matéria" (Hillman 1980, 125).

Uma das principais, e talvez mais importantes, contribuições de Jung é seu uso da personificação, na qual ele retém a qualidade imagética do pensamento. Como resultado, a ênfase no imaginário concreto da sombra tem sido uma importante contribuição da abordagem junguiana e arquetípica. Para Hillman, assim como para Jung, a fundamentação da psique em imagens e personificações, "ao invés de em conceitos emprestados das ciências ou da filosofia, [significa que] mesmo a metapsicologia de Jung permanece sendo psicologia" (Hillman 1975, 22). Segundo Hillman, Jung jamais desertifica a psique em busca de princípios explicativos extrínsecos a seu próprio mundo imaginal. Creio que é o que Edinger também quis dizer quando notou: "Conforme estudava a alquimia, Jung descobriu que esta rede luxuriante de imagens estava, de fato, em sua 'água própria' que poderia ser usada para compreender os complexos conteúdos da psique" (Edinger 1985, 1).

Para Jung, Edinger e Hillman, os fatos fundamentais da existência da psique são imagens de fantasia; para eles, imagem *é* psique. Em sua busca de privilegiar este aspecto da herança de Jung, Hillman desconstrói a famosa distinção de Jung entre arquétipo em si e imagens arquetípicas. O arquétipo em si é descartado. Para alguns analistas, isto lança uma sombra teórica própria.

Kenneth Newman é representativo desta última posição. Ele argumenta que privilegiar a imagem, como é o caso, até certo ponto, com Jung, e mais ainda com Hillman, negligencia um importante aspecto da imaginação científica. Para Newman, há um buraco psíquico na imagem, "uma sombra da sombra", onde se encontra o a-imaginal, e "a psique tem a capacidade de acessar... o que elude qualquer imagem porque está fora do sensório do homem" (Newman 1993, 38), mas não fora de sua imaginação. Para Newman, "a imaginação pode ver através e para além do que o olho vê..." (Newman 1993, 38). Reconhecer o terreno do a-imaginal é importante e é a razão pela qual a imaginação científica vem a ser. Ele nota que a ciência "não é uma instância em que o nominalismo e a explicação científica estão espremendo alma, mas um terreno externo à alma" (Newman 1993, 41). Trata-se antes do oposto:

> A anima-ção ou feminina almificação (*soulizing*) cria sua própria lacuna, que eclipsa outros mundos. E nesta *umbra*, que nós chamamos de a sombra da sombra, encontramos o *animius* e almificação masculina. O pensamento científico é uma manifestação do eros masculino relacionado com o a-sensorial e a-imaginal, por não mais ser preso a imagens, pois nem todas as coisas imaginárias são imaginais (Newman 1993, 41).

Neil Micklem se preocupa de modo análogo com o conhecimento do que está além dos sentidos e da imagem. Contudo, ao invés de imaginar o acesso a este mundo a-imaginal através da ciência, ele retorna à religião e, particularmente, aos ensinamentos paradoxais de Mestre Eckhart. Abrir-se ao a-imaginal é abrir-se ao mundo transpersonal da divindade, que requer desapego, vazio e "o desligar-se dos sentidos, o libertar-se das imagens, para conquistar não a imagem, mas a coisa real" (Micklem 1993, 120).

A "ciência" de Newman e a "religião" de Micklem encontram ressonâncias com o eros masculino de Wolfgang Giegerich, que também criticou Jung e Hillman por conferirem prioridade fundamental às imagens. Em seu livro *The Soul's Logical Life*, Giegerich volta-se para a filosofia, particularmente a filosofia de Hegel, como inspiração. Como Newman, Giegerich argumenta que o pensamento tem sido subestimado e subdesenvolvido sob o peso das imagens na psicologia de Jung e Hillman. A obra de Giegerich se volta do imaginal para o lógico.

Embora Newman, Micklem e Giegerich vejam o lado sombrio do gesto de privilegiar as imagens como a base da vida psíquica, cada um deles pensa de modo singular sobre o a-imaginal. Contudo, eles concordam que uma sombra teórica ou metafísica é lançada quando o foco primário é posto nas imagens. A influência kantiana de Jung o levou a ser mais cauteloso sobre fazer o que ele considerava serem afirmações metafísicas sobre o real, pelo menos nos terrenos da filosofia e da religião. Sua orientação permaneceu psicológica, daí por que seu foco nas imagens foi fundamental.

Da minha perspectiva, é importante continuar a lutar com o relacionamento de conceito e imagem, sem subjugar um ao outro, sem deixar um ou o outro cair na sombra. O foco de Newman no a-imaginal como um buraco na imagem pode ser visto como parte da propriedade dinâmica das imagens elas próprias, como um lugar onde o pensamento pode ir além da psique. Mas se o pensamento se torna desconectado do corpo sutil da imagem, o eros masculino pode degenerar em sua sombra carregada de *animus*. Para mim, o buraco na imagem também pode ser imaginado como um ponto axial do vazio não imaginal, o lugar onde as imagens são tanto desconstruídas quanto reanimadas, e onde o corpo sutil anuncia uma visão misteriosa e paradoxal de imagens para além de retratos ou representações. Neste sentido, a sombra da imagem pertence a ela, em última instância. O que a maioria dos críticos da psicologia arquetípica falharam em notar é que, também para Hillman, nem tudo o que é arquetípico pode ser contido pela psique, "pois se manifesta também de modos físicos, sociais, linguísticos, estéticos e espirituais" (Hillman 1983/2004, 13).

Jung, em última instância, viu na alquimia que o esforço de encarar a sombra era uma paradoxal união dos opostos no âmago do trabalho psicológico e alquímico. No capítulo "Os paradoxa", em seu trabalho tardio *Mysterium coniunctionis*, Jung fala da importância dos opostos para os alquimistas e de como eles tentavam "não apenas visualizar os opostos em conjunto, mas também expressá-los num mesmo fôlego" (Jung 1955-1956/1963; OC 14/1, § 35). Neste espírito, eu comecei este capítulo com uma epígrafe de *Atalanta fugiens*, de Michael Maier: "O sol e sua sombra completam a obra". Nesta visão, o sol e sua sombra estão intimamente ligados e refletem as estruturas arquetípicas e cósmicas nas quais a consciência e a sombra estão eternamente em jogo. Esta grande conjunção sugere o *lapis* alquímico e a pedra filosofal, em que *a* prima materia *da sombra e a meta iluminada do* opus *estão misteriosamente reunidas*. Para o analista alquimicamente orientado, a sombra não é apenas o começo da obra, é também o seu fim.

Referências

De Jong, H.M.E. (1969). *Michael Maier's* Atalanta fugiens: Sources of an Alchemical Book of Emblems. Leiden: E.J. Brill.

Edinger, E. (1985). *Anatomy of the psyche*. La Salle: Open Court.

Fink, B. (2007). *Fundamentals of psychoanalytic technique*: A Lacanian approach for practitioners. Nova York: W.W. Norton.

Giegerich, W. (1998). *The soul's logical life*. Frankfurt: Peter Lang.

Hillman, J. (1991). "The cure of the shadow". In: Zweig, C. & ABRAMS, J. (eds.). *Meeting the shadow*: The hidden power of the dark side of human nature. Nova York: G.P. Putnam's Sons, 242-243.

______ (1983/2004). *Archetypal psychology*. Putnam, CT: Spring Publications.

______ (1978). "The therapeutic value of alchemical language". In: *Dragonflies* 1: 118-126.

Jung, C.G. (1956). *Símbolos da transformação*. OC 5.

______ (1955-1956/1963). *Mysterium coniunctionis*. OC 14.

______ (1939/1968). "Consciência, inconsciente e individuação". In: OC 9/1.

Lambert, K. (1981). *Analysis, repair and individuation*. Londres: Academic Press.

Marlan, S. (2005). *The black sun*: the alchemy and art of darkness. College Station: Texas A&M Press.

Micklem, N. (1993). "The shadow of wholeness". In: *Harvest*: journal for Jungian studies 39: 114-124.

Mookerjee, A. (1988). *Kali the feminine force*. Nova York: Destiny Books.

Neumann, E. (1969). *Depth psychology and a new ethic*. Nova York: G.P. Putnam & Sons.

Newman, K.D. (1993). "Science: the shadow of the shadow". In: *Harvest*: Journal for Jungian Studies 39: 37-42.

Ricoeur, P. (1970). *Freud and philosophy*: an essay on interpretation. New Haven/ Londres: Yale University Press.

Samuels, A. (1985). *Jung and the post-Jungians*. Londres/Nova York: Tavistock/ Routledge.

Sarton, M. (1971). *A grain of mustard seed*. Nova York: W.W. Norton.

Stein, M. (ed.) (1995). *Jungian analysis*. La Salle: Open Court.

2
Chegando ao topo do pensamento e aos padrões de comportamento

Patricia Vesey-McGrew*

Muitas vezes, no trabalho com analisandos, sou lembrada da história de Sísifo, rei de Corinto. *Trickster* ardiloso e enganador, sua *hybris* o ludibriou, fazendo-o acreditar que ele, um homem mortal, poderia enganar Zeus, senhor do Panteão. Este deus vingativo o baniu para o Hades, onde Sísifo foi condenado a, para sempre, empurrar uma pedra até o topo de uma colina, apenas para que ela rolasse de volta, e repetidamente, para baixo. Num nível fenomenológico, nossos clientes são frequentemente atravancados por pensamentos negativos críticos, crenças ilusórias sobre os motivos e ações dos outros, e comportamentos reativos repetitivos que poderiam retrospectivamente serem considerados irracionais. Apesar da sua crença de que superaram, derrotaram ou despotencializaram seus demônios perturbadores internos, eles, não obstante, como Sísifo, sentem com frequência que empurraram esta pedra para cima da colina muitas vezes, anteriormente, apenas para sentir seu peso esmagador retornar. Estarão eles/nós condenados à perpétua

---

* Patricia Vesey-McGrew, NCPsyA, é uma analista supervisora e didata no C.G. Jung Institute, Boston, do qual ela é ex-presidente. Integrante do Conselho de Administração da National Association for the Advancement of Psychoanalysis e uma editora de resenhas do *Journal of Analytical Psychology*, ela é uma praticante particular em Cambridge e Rockport, Massachusetts.

frustração por forças que, embora conhecidas e frequentemente entendidas, parecem estar além do controle do ego? A resposta a esta questão, como a solução do dilema, é paradoxal. É tanto sim como não.

A natureza dos complexos

A compreensão estrutural peculiar da psique por Jung foi uma de suas contribuições mais significativas para o campo da psicologia profunda. Foi quando conduzia seus experimentos de associação de palavras na Clínica Burghölzli, em Zurique, que ele começou a consolidar suas especulações iniciais sobre a natureza dos complexos e sobre a posição fundamental deles na personalidade individual. Pouco depois ele apresentou seu inspirado artigo delineando a significância dessas personalidades independentes e autogovernadas, ou psiques cindidas, como os componentes estruturais básicos da vida psíquica. A natureza autônoma do complexo subvertia o controle da consciência e tornava o ego vulnerável à disrupção frequente (Jung 1911/1973, § 1.352).

Jung via o complexo como um fenômeno inconsciente, embora admitisse que há vezes em que os conteúdos de um complexo possam ter sido conscientes e depois reprimidos. Ele considerava o complexo como afetivamente carregado e cercando uma imagem nuclear, que ele referia a um arquétipo. Aqui ele diferia da teoria psicanalítica, que atribui a emoção à atividade do ego. Jung determinou que o ego é o recipiente da descarga emocional, que ocorre quando o complexo é constelado (ou ativado no inconsciente), não o originador do afeto.

Embora assinalando que a "etiologia da origem do complexo é um trauma, choque emocional [...] ou um conflito moral que em última instância deriva da aparente impossibilidade de afirmar a totalidade de nossa natureza" (Jung 1934/1969, OC 8/2, § 204), ele também reconhecia que "os complexos não são inteiramente mórbidos por natureza, mas expressões características da psique, seja esta diferenciada ou primitiva. [...] Os complexos são, na verdade, as unidades vivas da psique inconsciente" (Jung 1934/1969, OC 8/2, § 209-210). Os complexos, assim, são frequentemente experimentados como uma bênção e uma maldição. Como os componentes estruturais básicos da psique pessoal, eles ampliam, aprofundam e enriquecem a personalidade. Contudo, eles frequentemente frustram as intenções do ego, causam percepções ilusórias, pensamentos e comportamentos problemáticos e, não raramente, intenso sofrimento. Não apenas todos temos complexos, de fato é muito mais o caso de que os complexos é que nos tenham (Jung 1934/1969, OC 8/2, § 200).

Avanços significativos têm acontecido na maneira como atualmente compreendemos a estrutura dos complexos e seus padrões comportamentais dinâmicos. Essas novas perspectivas exigem não apenas uma mudança em nossa percepção no nível operacional, mas também um reavaliar e um reimaginar das maneiras otimizadas pelas quais trabalhamos com nossos clientes para resolver, ou ao menos minimizar, as disrupções criadas pela ativação de poderosos sistemas de complexos. A descoberta de um novo território, mesmo num mundo muito familiar, encoraja a inovação e a criatividade em como abordamos e manejamos os complexos no consultório analítico.

Menos de uma década após a morte de Jung, John Perry fez a astuta observação de que "a psique inteira é estruturada não apenas em complexos, mas também nos sistemas ou arranjos bipolares deles; a ocorrência de uma emoção requer a interação de dois complexos, e emoções habituais pertencem a pares habituais" (Perry 1970, 9). Ele postula que, nesta configuração diádica, um polo do par tende a ser alinhado ao ego e o outro polo é frequentemente projetado num objeto exterior. Nós poderíamos examinar as ações desta aliança observando uma pessoa em quem a díade vítima/perpetrador se constelou através de algum evento doloroso. Nosso(a) cliente poderia perceber a si mesmo(a) como uma vítima, ou essa imagem poderia ficar logo abaixo do nível da consciência e se tornar evidente na transferência. O incidente não precisa ser brutalmente perturbador para ativar a constelação bipolar. Porque não pode haver um sujeito ferido sem uma vítima/agressor, quando o ego está alinhado ou, em alguns casos, identificado com o polo da vítima no complexo diádico, então a energia agressiva perpetradora será experimentada como ego-distônica e será projetada num objeto externo, ou experimentada internamente (ou seja, em sonhos ou pensamentos irracionais) como um objeto ofensivo.

Ocasionalmente, uma pessoa cujo ego tende a se alinhar com o poder e/ou a energia agressiva servirá como um "gancho" para essa projeção. Contudo, o objeto adequado para a projeção nem sempre ou necessariamente está alinhado com o polo oposto. Este afeto-objeto é "visto através do véu da ilusão, colorido pelo significado que o inconsciente lhe confere" (Perry 1970, 4). Segue-se também que, quando este complexo diádico é ativado, o ego de nosso(a) cliente poderia se alinhar com o polo perpetrador, uma ocorrência menos frequente. Se há um consistente alinhamento do ego com algum polo, então a atitude unilateral para com a vida se desenvolve, o que Jung acreditava levar à neurose (Jung 1946/1966, § 452). A contínua repetição da identificação com um polo e a subsequente projeção do outro pode resultar em sérias condições patológicas. Nesta configuração complexa, a apresentação do analisando como vítima ou agressor pode ser tão sutil como um sussurro numa sala lotada, ou tão gritante como um pano vermelho numa tourada. O fator determinante frequentemente está conectado com o nível de energia (valência) que se prendeu aos complexos e/ou a habilidade do ego de tolerar e integrar o ataque caótico que frequentemente acompanha as erupções de complexos.

Valência do complexo e integração do ego

O nível de valência de complexos individuais pode ser dinamicamente alterado de várias maneiras. Os níveis de valência são aumentados através de acréscimos resultantes de situações que têm uma afinidade como uma energia de complexo já presente, e diminuídos por meio do metabolismo e integração do ego. Uma maior valência aumenta a tendência para a disrupção do ego e torna a integração do ego mais problemática. Contudo, um alto nível de valência nos permite também imaginar que um complexo específico tem estado presente por uma considerável quantidade de tempo na psique. Portanto, quando um novo cliente se apresenta com um afeto fortemente vitimizado, é geralmente prudente presumir (a não ser que recentemente tenha havido uma experiência traumática importante) que a situação atual é uma repetição de um ferimento inicial que consistentemente acumulou energia em si mesmo.

Identificações inconscientes com uma imagem psíquica, no âmago do complexo, podem se manifestar de uma maneira discreta ou muito dramática. Uma ilustração disso é um encontro que aconteceu vários anos atrás numa prática de grupo onde eu vi alguns de meus analisandos. Uma nova cliente, uma acadêmica de uma universidade local, que havia observado, em nosso encontro inicial, dar pouca importância a *status* ou títulos (o que eu presumi ser um indicador de complexo) ligou tentando falar comigo. Por eu estar com um cliente, ela deixou uma mensagem com o gerente do escritório. Passada uma hora, e sem que eu tenha retornado sua ligação, ela ligou de novo e insistiu para que o gerente interrompesse minha sessão para que ela pudesse falar comigo "só um minuto". Quando o gerente se recusou a fazer isso, ela gritou no telefone: "Você não sabe quem eu sou? Sou a Dra.____ da Universidade ____!" Então ela desligou furiosamente o telefone, totalmente inconsciente, eu presumi, quanto a sua forte identificação com seu papel e posição. No minuto em que alguém conscientemente diz: "Eu sou isso" ou "Eu sou aquilo", por mais incompatível com "isso" ou "aquilo", entra no terreno do inconsciente, apegando-se à energia do complexo que já está presente. Essa imagem reprimida, que é ego-distônica, prontamente se presta à projeção externa ou ao *acting out* inconsciente. Na situação acima mencionada, as duas coisas são verdade. Minha cliente se via como igualitária e democrática, uma "mulher interessada nas melhores coisas: livros, música, arte". Ela também projetava em seus colegas um tipo de superficialidade devido à qual ela acreditava que o único objetivo deles era se ligarem a pessoas prestigiosas e se experimentarem a si mesmos como pessoas importantes e poderosas. Essas projeções são bem comuns. Contudo, elas assumem uma qualidade maligna na recusa ou incapacidade do ego de imaginá-las como parte da psique pessoal. Quanto mais poderosa a necessidade de uma certa identidade específica, mais obscuros se tornam os fragmentos não vistos e não reconhecidos da personalidade.

Expandindo a premissa de Perry quanto à natureza bipolar do delineamento do complexo, Sandner e Beebe (1982 e 1995) desenvolveram uma abordagem que detalha a natureza das configurações do complexo em situações patológicas, enfatizando a cisão que ocorre tanto nos complexos ego-alinhados e ego-projetados.

Frequentemente, o ego da analisanda vacilava entre os dois polos dos complexos ego-alinhados com virtualmente nenhuma consciência do grau em que ela estava tomada pela energia do complexo. Ao discutir o incidente acima mencionado, ela afirmou que o gerente do escritório "não era educado e não tinha sofisticação"; que ela precisava apenas de uns poucos minutos do meu tempo e que era imperativo que eu falasse com ela logo, pois ela tivera que mudar seu horário. Inicialmente, sua pretensiosidade e atitude agressiva não foram percebidas por sua consciência egoica. Nós tínhamos uma longa estrada pela frente, pois essas dinâmicas do complexo fizeram constantes aparições tanto dentro como fora do *setting* analítico.

A marca distintiva das erupções de complexo é a natureza repetitiva da ocorrência delas. As díades de complexo com uma significativa valência de energia podem repetidamente travar o funcionamento do ego. Perry usou o termo psicanalítico "compulsão à repetição" ao descrever a contínua ruptura do ego pelos complexos autônomos. Ele notou que este processo dava ao ego a oportunidade de encontrar repetidamente aquelas partes da psique que eram ego-distônicas, com o objetivo de que a integração do ego pudesse acontecer (Perry 1970, 5). Porém a integração pelo ego requer mais do que um entendimento puramente cognitivo. Efetuar uma mudança estrutural exige no mínimo que complexos até então inconscientes e o "Eu" do ego sejam experimentados simultaneamente como diferentes estados de energia.

Repetição e paradoxo

Contudo, a resolução adequada da repetitiva perturbação do ego é facilitada pela experiência simultânea e paradoxal de algo profundamente familiar combinado com algo totalmente novo no campo analítico. A interpretação facilita e por vezes causa mudança na dinâmica do complexo. Sandner e Beebe (1995) discutem a importância do *timing* das interpretações e da estabilidade do analista na facilitação da integração dos complexos "ego-alinhados cindidos" [*"split ego-aligned" complexes*]. Não obstante, como sugerido por eles, a experiência na situação analítica frequentemente é a chave. Os complexos não são abstrações. O *insight* sobre a natureza do complexo combinado com uma nova ocorrência fenomenológica é crucial para uma mudança estrutural. O psicanalista Theodore Jacobs, ao abordar a questão da mudança terapêutica, observa: "A compreensão e o *insight*, contudo, são apenas parte do processo da mudança... Também importante é a experiência: a experiência vivida pelo paciente com o analista, que, juntamente com o *insight*, tem o efeito de alterar posições fixas, visões fixas e respostas automáticas fixas" (Jacobs 2002, 18). Stephen Mitchell opina que para que este nível de mudança ocorra "o analista sempre é tanto um (ou muitos) velho objeto e um (ou muitos) possível novo objeto" (Mitchell 2002, 83). Essas dinâmicas intrincadas requerem do analista que assuma uma significativa responsabilidade em facilitar a despotencialização da energia do complexo. Este processo frequentemente envolve a experiência simultânea do que Jung categorizou como o estágio dois (elucidação) e quatro (transformação) na análise. Poderíamos também imaginar este processo como semelhante à sua compreensão da função transcendente, embora expandindo o conceito para permitir que a própria psique pessoal do analista seja incluída na configuração do sistema recém-emergente. "A natureza radical desta formulação em 1916 reside em sua abordagem sintética de grande alcance. Não é redutível a fazer o inconsciente consciente, mas é uma busca dos meios de se engajar com os processos inconscientes que permitem a influência mútua (consciente e inconsciente) entre si" (Cambray & Carter 2004, 121).

O falecido psicanalista Paul Russell, embora nunca se referisse a Jung, esposava uma atitude psicológica no lidar com padrões de pensamento e de comportamento problemáticos e repetitivos que era muito próxima à abordagem sintética de Jung: "A única entrada que pode ser feita no relativamente impermeável sistema mais antigo é através do paradoxo... Ele poderia ser pensado teleologicamente, como um estímulo, um aguilhão para a mente para que expanda a estrutura de entendimento" (Russell 1998, 15). Isso é alcançado quando a segurança do relacionamento analítico permite ao analisando experimentar simultaneamente o desapego e a perda na presença da contenção e do apego. Isso não acontecerá se o analista está esperando que o paciente trabalhe pela transferência. O paciente precisa que o terapeuta esteja igualmente em contato com peças de realidade muito dissonantes que não foram ainda integradas. E não pode haver nenhum processo real de tratamento que não inclua algum pedaço de terapia para o terapeuta (Russell 1998, 16-17).

É através desta dinâmica do analista, conter e permitir o espaço paradoxal, no qual as coisas não são nem consistentes nem completas, que se facilita a capacidade do analisando suportar o paradoxo dentro de si mesmo. "Envolver-se com e sustentar o paradoxo implode o velho sistema, de modo que uma nova organização possa emergir" (Mitchell 1998, 55). Assim, a analista deve simultaneamente sustentar (sem projetar) o material psíquico afetivamente carregado e conflituoso, que foi constelado em sua psique pessoal pelo analisando, bem como as imagens projetadas experimentadas por ela como originárias da psique do paciente, para que a mudança possa ocorrer. Quando o paradoxo pode ser contido e sustentado por analista e analisando, o potencial de libertação é significativo. Um exemplo clínico pode ser melhor para ilustrar isto.

Um sacerdote com cerca de trinta e cinco anos, aconselhado pelo seu tutor na pós-graduação, veio me ver com uma queixa principal de não ser capaz de se lembrar de pessoas que claramente eram ligadas a ele, não ligações íntimas, mas sobretudo conhecidos e colegas profissionais. Ele reconheceria a pessoa como alguém que ele conhecia, mas não seria capaz de lembrar o nome ou a natureza do vínculo. Uma cuidadosa avaliação fisiológica pelo seu médico não revelou nenhuma doença orgânica.

No encontro inicial ele forneceu com muitos detalhes o relato trágico do massacre genocida que havia testemunhado e do qual havia escapado cinco anos antes em seu país natal no Leste Europeu. O relato foi notavelmente isento de afeto, o qual gradualmente se tornou mais disponível para ele durante as amplificações subsequentes. Inicialmente, eu presumi que a falha de memória estava fortemente ligada a sua experiência profundamente traumática. Contudo, conforme o trabalho progredia, perdas significativas, até então não reconhecidas, vieram à tona e aumentaram imensamente o quadro total de seu panorama psíquico interior. Um sonho ofereceu o ímpeto para ele discutir o que era impensável e há muito reprimido.

Eu estou num lugar que é parecido com a universidade onde eu estudei. Sou um soldado e nós temos que armar uma emboscada para surpreender os inimigos. Eu cometo um erro. Eu quero tirar uma foto desses inimigos.

Nós nos tornamos o alvo. Um dos inimigos está diante de mim. Ele é um membro de minha comunidade religiosa. Ele atira em mim. Eu acredito que é o fim. Eu caminho e outro membro da comunidade está lá. Ele chora. Digo-lhe para ir contar ao resto do grupo o que aconteceu.

Nós gastamos muitas horas com este sonho. Pela primeira vez, ele datilografou páginas de associações: primeiro, sobre o clérigo que atirou nele e então alguns detalhes sobre o que chorou. Ele também incluiu uma página de amplificações sobre a câmera. Ele nunca tinha discutido com ninguém a dor que experimentara quando seu pedido de se tornar um oficial do exército havia sido negado devido sobretudo a seu *background* étnico. Tornar-se um sacerdote permitiu-lhe obter um grau lateral de respeitabilidade, mas exigiu uma mudança de atitude. Antes do sonho, sua consciência dos traços que compartilhava com o inimigo que atirou nele (uma figura da sombra) residia num espaço cinzento e liminar. Essas características incluíam preconceitos raciais e étnicos significativos (à beira da repugnância), desonestidade, comportamento controlador e agressivo, inveja e significativos problemas com autoridade. Ele explicou que havia tentado ser um "bom moço" durante grande parte de sua vida e que escondeu de sua família e de seu grupo religioso tudo que era incompatível com a imagem que ele queria preservar, não só para os outros, mas também para si mesmo. Quando discutiu a câmera, ele escreveu que ela "ajudou a lembrar coisas e que era muito mais fácil falar sobre alguma coisa se se tem uma imagem dela que será mostrada".

Uma rede de complexos bipolares inter-relacionados foi constelada nesta situação. Eles eram: opressor/oprimido, *insider/outsider*, autoridade espiritual/*puer* rebelde. O sonho ajudou a tornar mais fácil para ele experimentar os variados graus de ambos os polos dos complexos diádicos. Ele viu o quão fácil tinha sido observar a dinâmica opressora nos outros. Embora nunca negássemos o horror de seu trauma, nós criamos espaço para que seus próprios impulsos assassinos ficassem palpáveis no continente analítico.

Minhas respostas cobriram um leque amplo. Senti profunda compaixão pelo seu sofrimento e imenso horror pelas atrocidades que desabaram sobre seu povo. Houve tristeza por sua perda de uma carreira militar e respeito pela energia de soldado dentro dele. Surpreendentemente, houve um sentimento de alívio quanto a todas as suas histórias sobre atos rebeldes. Seu *background* étnico lhe permitiu o privilégio de ser membro de uma classe dominante minoritária. Este *status* de *insider* foi radicalmente invertido quando a guerra civil começou. Ele não apenas se tornou um *outsider*, mas sua nova posição o forçou a deixar sua terra natal para salvar sua vida. Ele estava furioso porque o que julgava ser uma classe inferior tinha se tornado a nova elite dominante. Esta resposta específica ativou alguns de meus próprios materiais de complexo de longa data, e eu me vi experimentando raiva e repugnância pela atitude dele, sentimentos em oposição direta à minha empatia e profunda tristeza pelas suas perdas.

Sem ser chamado nem previsto, Eros entrou neste lugar de paradoxo e possibilidade. A chegada dele foi acompanhada das visitas noturnas dele a Psiquê. Meu analisando ficou chocado por sentir desejo por uma pessoa que não só era muito mais velha, mas que também parecia ser radicalmente diferente dele. Eu experimentei a presença de Eros como a energia forte e continente que facilitou nossa capacidade de sustentar, combinar e metabolizar sentimentos contraditórios. Desta mistura emergiu uma nova estrutura. Isto exigiu, como no sonho, um sacrifício da antiga posição do ego. Este cliente, ao lembrar e obter um retrato do inimigo interno, começou a reconhecer as pessoas novamente. Ele as viu com um olhar muito menos crítico. Ele também descobriu que poderia experimentar-se tanto como um soldado de tempos de guerra como um clérigo espiritual. Dentro de um ano, ele acabou sua pós-graduação e voltou a seu país natal. Como para mim, entre outras mudanças, as fronteiras entre *insider/outsider* se tornaram muito borradas e totalmente arbitrárias.

Sísifo e o aqui e agora

Claramente o que está faltando no mito grego que introduziu este capítulo é a imagem do analista. Sísifo sofre a tarefa repetitiva e desmoralizante em relativo isolamento. Se estivéssemos lá, nossa reação inicial poderia ser de uma profunda empatia por sua situação dolorosa. Certamente, tentaríamos facilitar sua compreensão de como tudo isso veio a ocorrer: seu relacionamento com Zeus, seu estilo de liderança, as escolhas que ele fez e os componentes inconscientes dessas decisões. E quando ele tivesse algum *insight* sobre as forças internas que desempenhavam um grande papel em seu suplício, nós poderíamos até imaginar com ele caminhos para abordar aquelas energias poderosas.

Sem, porém, permitirmos que este dilema penetre em nosso próprio empurrar de pedras repetitivo, e formos então capazes de tolerar todas as reações díspares e paradoxais que isso vai gerar, poderíamos abrir as portas para um novo arranjo para nós dois. Nossos complexos são os componentes estruturais de nossa psique pessoal; eles não vão desaparecer. Não obstante, sua constituição estrutural, quantidade e nível de perturbação do ego e filiações intrapsíquicas podem, e, assim esperamos, vão se transformar. Então, a pedra e a colina permanecem, mas o quadro está radicalmente mudado.

Referências

Alschuler, L.R. (2006). *The psychopolitics of liberation*: Political consciousness from a Jungian Perspective. Nova York: Palgrave Macmillan.

Bovensiepen, G. (2006). "Attachment-dissociation network: Some thoughts about a modern complex theory". In: *Journal of Analytical Psychology* 51 (3): 451-466.

Cambray, J. & Carter, L. (2004). "Analytic methods revisited". In: Cambray, J. & Carter, L. (eds.). *Analytical psychology*: Contemporary perspectives in Jungian analysis. Nova York: Brunner-Routledge, 116-148.

Hogenson, G.B. (2004). "Archetypes: Emergence and the psyche's deep structure". In: Cambray, J. & Carter, L. (eds.). *Analytical psychology*: Contemporary perspectives in Jungian analysis. Nova York: Brunner-Routledge, 32-55.

Jacobs, T.J. (2002). "Response to the *JAP*'s Questionnaire". In: *Journal of Analytical Psychology* 47 (1): 17-34.

Jung, C.G. (1966). *A prática da psicoterapia*. OC 16/1.

______ (1946/1966). "A psicologia da transferência". In: OC 16/2.

______ (1934/1969). "Considerações gerais sobre a teoria dos complexos". In OC 8/1.

______ (1931/1966). "Os problemas da psicoterapia moderna". In: OC 16/2.

______ (1911/1973). "Exposição sumária da teoria dos complexos". In: OC 2.

Knox, J. (2004). "Developmental aspects of analytical psychology: New perspectives from cognitive neuroscience and attachment theory". In: Cambray, J. & Carter, L. (eds.). *Analytical Psychology*: Contemporary perspectives in Jungian Analysis. Nova York: Brunner-Routledge, 56-82.

Mitchell, S.A. (2002). "Response to *JAP*'s Questionnaire". In: *Journal of Analytical Psychology* 47 (1): 83-89.

______ (1998). "Letting the paradox teach us". In: Teicholz, J.G. & Kriegman, D. (eds.). *Trauma, repetition, and affect regulation*: The Work of Paul Russell. Nova York: The Other Press, 49-58.

Perry, J.W. (1970). "Emotions and object relations". In: *Journal of Analytical Psychology* 15 (1): 1-12.

Russell, P.L. (1998). "The role of paradox in the repetition compulsion". In: Teicholz, J.G. & Kriegman, D. (eds.). *Trauma, Repetition, and affect regulation*: The Work of Paul Russell. Nova York: The Other Press, 1-22.

Sandner, D. & Beebe, J. (1995). "Psychopathology and analysis". In: Stein, M. (ed.). *Jungian Analysis*. Chicago: Open Court, 297-348.

______ (1982). "Psychopathology and analysis". In: Stein, M. (ed.). *Jungian Analysis*. Chicago: Open Court, 294-334.

Saunders, P. & Skar, P. (2001). "Archetypes, complexes and self-organization". In: *Journal of Analytical Psychology* 46 (2): 305-323.

3
Complexos culturais em análise

Thomas Singer*

Catherine Kaplinsky**

Em 3 de dezembro de 1947, o Dr. Joseph Henderson escreveu a C.G. Jung:

> Eu estou trabalhando num ensaio, que possivelmente vai virar livro, chamado *O homem protestante*, no qual estou reunindo os atributos fundamentais do desenvolvimento histórico do protestantismo e tentando relacioná-los ao *complexo cultural* moderno que aparece em nossos pacientes protestantes no terreno psicológico (Henderson 1947).

Cerca de 60 anos depois, em 2007, Joe Henderson, o reverenciado decano do C.G. Jung Institute of San Francisco, morreu. Ele nunca completou o livro *O homem protestante*, nem desenvolveu mais a noção de "complexo cultural", mas ajudou a estabelecer a fundamentação essencial para a construção de uma teoria dos complexos culturais, ao descrever e diferenciar, a partir da noção de

---

* Thomas Singer, M.D. é um psiquiatra e psicanalista junguiano e analista didata no C.G. Jung Institute of San Francisco. Seu interesse de longa data nas interfaces entre mitologia, psicologia e sociedade se reflete nos livros que ele organizou, com os quais contribuiu e que escreveu, entre os quais: *The Vision Thing, The Cultural Complex, A Fan's Guide to Baseball Fever* e *Initiation: The Living Reality of an Archetype*.

** Catherine Kaplinsky nasceu na Índia e cresceu na África do Sul. Ela é membro profissional da Society of Analytical Psychology, Londres, e analista didata da BAP [The British Association of Psychotherapists] (Seção Junguiana) e da Association of Child Psychotherapists. Ela atua em clínica particular.

Jung de "inconsciente coletivo", a área mais específica de atividade inconsciente que ele chamou de "o inconsciente cultural". Pode-se conceitualizá-lo como estando mais próximo da consciência do ego do que o inconsciente coletivo, do qual entendemos que os padrões arquetípicos se originam.

A noção de complexos culturais esteve por muito tempo implícita e foi até mesmo ocasionalmente mencionada na literatura da psicologia analítica, mas somente do século XXI, quando Sam Kimbles e Tom Singer articularam os blocos de construção essenciais da teoria original de Jung sobre os complexos e a obra de Henderson sobre o inconsciente cultural, que o impacto potencial desta extensão teórica da psicologia analítica pôde começar a ser apreciado e mais amplamente aplicado (Singer & Kimbles 2004).

Há pelo menos duas possíveis razões para que o conceito de complexo cultural permanecesse mais implícito do que explícito na tradição junguiana até recentemente. A inoportuna incursão de Jung em discussões sobre o caráter nacional e, em especial, sobre a psique alemã nos anos de 1930 (Jung 1936/1970) efetivamente barraram uma consideração mais detalhada das diferenças entre grupos com base na raça, etnia e identidades tribais/nacionais por junguianos, que foram profundamente afetados e limitados pelas acusações de antissemitismo contra Jung e seus seguidores. Após a Segunda Guerra Mundial e o Holocausto, poucos quiseram tratar do tema do "caráter nacional" ou de complexos culturais, com medo de serem manchados com acusações de discriminação ou, pior ainda, de contribuir para a justificação do genocídio. Com isso, os junguianos aprenderam muito bem que pisar nas minas terrestres dos complexos culturais pode ser muito doloroso e destrutivo. Além disso, o viés introvertido da maioria dos psicanalistas junguianos contribuiu para uma arraigada indisposição em abordar a psicologia de grupo, pois a vida de grupo era vista como a sombra "coletiva" para além da qual a individuação precisa acontecer.

Talvez a vontade de uma geração mais jovem de junguianos, na última década e meia, de abordar mais abertamente as questões altamente espinhosas em torno da atitude de Jung quanto aos judeus tenha libertado um estoque considerável de energia de um complexo cultural junguiano. Agora podemos de novo, mais abertamente, explorar a implicação da psicologia de Jung em relação à psique de grupo ou coletiva. Em consequência do colapso do sistema soviético e do fim de um mundo psicológico dominado por duas superpotências em colisão, todos os tipos de questões tribais, étnicas e raciais vieram à tona no surpreendentemente rápido processo de globalização. Isto tornou obrigatório para a tradição junguiana começar a analisar a psique coletiva com uma atitude mais flexível e aberta. Isto significa resistir à tentação junguiana típica de reduzir qualquer conflito de grupo a um motivo arquetípico, mas, ao invés disso, conferir uma consideração mais cuidadosa à singularidade de diferentes culturas, inclusive a seus complexos culturais específicos. As ferramentas para começar este trabalho estão na própria tradição junguiana, com a reunião da antiga teoria de Jung dos complexos com a noção de Henderson do inconsciente cultural.

Mais simplesmente, nossa teoria sustenta que os complexos sociais de larga escala configuram a camada do inconsciente cultural dos grupos e se tornam complexos culturais, como Henderson sugeriu em sua carta de 1947 a Jung. Este acréscimo ao corpo da teoria junguiana tem duas aplicações muito importantes, que este capítulo vai explanar usando exemplos específicos:

1) Oferece uma perspectiva única para compreender uma camada particular da psique de indivíduos que se acham em conflito com sua identidade pessoal e de grupo, o que inevitavelmente cria sofrimento interno e externo.

2) Também oferece uma perspectiva única para compreender a estrutura e conteúdo da psique de grupo e especialmente para elucidar a natureza de conflitos e atitudes de grupos uns em relação aos outros. Esta perspectiva focaliza o nível da psique coletiva em que podemos considerar a mente e o comportamento do grupo como um corpo.

Os blocos de construção

Há dois blocos de construção primordiais para uma teoria dos complexos culturais: (1) A teoria dos complexos original de Jung e sua relação com a individuação e a vida de grupos; (2) A teoria de Joseph Henderson do inconsciente cultural.

Os artigos de Jung sobre o Experimento de Associação de Palavras foram publicados entre 1904 e 1909 (Jung 1973, parte 1). A partir daqueles experimentos iniciais, baseados em respostas cronometradas para listas de palavras, nasceu a teoria de Jung dos complexos. Para muitos psicanalistas junguianos hoje, a teoria dos complexos permanece sendo a pedra angular de seu trabalho clínico no dia a dia. Como a teoria freudiana das defesas, a noção de Jung dos complexos oferece um instrumento para a compreensão da natureza do conflito intrapsíquico e interpessoal.

Após uma centena de anos de experiência clínica, o campo veio a conhecer bem a aceitar que os complexos são forças poderosas nas vidas dos indivíduos. O complexo é definido como um grupo autônomo, amplamente inconsciente e emocionalmente carregado de memórias, ideias e imagens aglomeradas em torno de um núcleo arquetípico. Jung escreveu:

> O complexo apresenta uma espécie de corpo e uma determinada quantidade de fisiologia própria. Pode perturbar o coração, o estômago, a pele. Comporta-se, enfim, como uma personalidade própria. Quando se quer dizer ou fazer alguma coisa e, desgraçadamente, um complexo intervém na intenção inicial, acaba-se dizendo ou fazendo a coisa totalmente oposta ao que se queria de início. Há subitamente uma interrupção, e a melhor das intenções acaba sendo perturbada, como se tivéssemos sofrido a interferência de um ser humano ou de uma circunstância exterior (Jung 1936/1976, OC 18/1, § 149).

Na psicanálise junguiana, um objetivo importante é tornar os complexos pessoais mais conscientes. Desse modo, a energia que está contida dentro deles é liberta e fica mais disponível para o desenvolvimento psicológico. Elizabeth Osterman, uma psicanalista junguiana sênior de uma geração passada, gostava de dizer que tinha aprendido que os complexos dela jamais desapareceriam por completo, mas uma luta de vida inteira com eles tinha resultado em que seus efeitos debilitantes, inclusive mau humor, durassem apenas cinco minutos ao invés de décadas.

Hoje poderíamos dizer que alguns dos complexos culturais que estamos atualmente explorando causaram um ininterrupto mau humor em culturas por séculos, senão milênios. O complexo cultural pode possuir a psique e o corpo de um indivíduo ou de um grupo, fazendo-os pensar e sentir de modos que podem ser muito diferentes do que racionalmente deveriam sentir ou pensar. Como Jung colocou: "Quando se quer dizer ou fazer alguma coisa e, desgraçadamente, um complexo intervém na intenção inicial, acaba-se dizendo ou fazendo a coisa totalmente oposta ao que se queria de início" (Jung 1936/1976, § 149). Noutras palavras, os complexos culturais nem sempre são "politicamente corretos", embora o "politicamente correto" possa ser, ele próprio, um complexo cultural.

A premissa básica de nossa teoria, pois, é que outro nível de complexos existe dentro da psique do grupo e dentro do indivíduo, no nível grupal de sua psique. Nós chamamos estes complexos grupais de "complexos culturais", e também eles podem ser definidos como agregados autônomos, amplamente inconscientes e emocionalmente carregados de memórias, ideias e imagens que tendem a se aglomerar em torno de um núcleo arquetípico e serem compartilhados pelos indivíduos dentro de um coletivo definido. No que se refere à compreensão da psicopatologia e dos enredamentos emocionais de grupos, tribos e nações, nós afirmamos que até agora os junguianos ainda não tiraram proveito pleno da teoria original de Jung dos complexos, e isto acarretou uma importante lacuna na psicologia analítica.

Assim como a teoria do complexo cultural estava mais implícita do que explícita na psicologia de Jung, assim também o nível de um inconsciente cultural estava mais implícito do que explícito no modelo de psique de Jung até Joseph Henderson apontar esta esfera distinta de influência. Em seu artigo "O inconsciente cultural", Henderson definiu o inconsciente cultural como:

> uma área de memória histórica que fica entre o inconsciente coletivo e o padrão manifesto da cultura. Ele pode incluir ambas as modalidades, consciente e inconsciente, mas tem algum tipo de identidade que surge dos arquétipos do inconsciente coletivo, o qual ajuda na formação do mito e do ritual e também promove o processo de desenvolvimento nos indivíduos (Henderson 1990, 102-113).

Ao longo de várias décadas, Joseph Henderson em seu ensino e escrita tratou de um "nível cultural" da psique, por ele chamado de "o inconsciente cultural". Ele postulou este reino como existindo entre o inconsciente pessoal e o coletivo. Para muitos junguianos, a obra de Henderson abriu as portas teóricas para este vasto reino da experiência humana que habita o espaço psíquico entre nossos níveis mais pessoais e mais arquetípicos de estar no mundo. A elaboração de Henderson do nível cultural da psique aumentou o espaço para o mundo exterior da vida grupal encontrar uma casa no mundo interior do indivíduo, e isso também permitiu a aqueles imersos no mundo interior reconhecerem mais plenamente o profundo valor que a psique realmente dá ao mundo exterior da experiência cultural coletiva. Contudo, o papel potencial da teoria de Jung do complexo permaneceu subdesenvolvido nas discussões de Henderson do inconsciente cultural. Estender a teoria de Jung dos complexos para o território do "nível cultural da psique" é o trabalho que estamos encarando agora. Nós sentimos que é clinicamente útil especificar como o inconsciente cultural influencia a psique de indivíduos e grupos através do desenvolvimento, transmissão e manifestação de complexos culturais.

A teoria dos complexos culturais

Agora é hora de reunir as pedras de construção – a teoria de Jung dos complexos e a teoria de Henderson do inconsciente cultural – e fazer do "complexo cultural" uma componente integrada na estrutura teórica da psicologia analítica. O que se segue é uma tentativa de fazer isto.

Embora se deva ressalvar que os complexos pessoais e os complexos culturais não são a mesma coisa, eles de fato se misturam e se afetam reciprocamente, *compartilhando* as seguintes características:

1) Eles se expressam em poderosos estados de ânimo e comportamentos repetitivos. A reatividade emocional ou afetiva altamente carregada é o cartão de visita deles.

2) Eles resistem aos nossos esforços mais heroicos de conscientizá-los e permanecem, em sua maior parte, inconscientes.

3) Eles acumulam experiências que validam seu ponto de vista e criam um depósito de memórias ancestrais autoafirmativas.

4) Os complexos pessoais e coletivos funcionam de um modo involuntário e autônomo, e tendem a um ponto de vista simplista que substitui a ambiguidade e incerteza cotidianas por atitudes fixas, frequentemente presunçosas, para com o mundo.

5) Além disso, os complexos pessoais e culturais têm, ambos, núcleos arquetípicos; ou seja, eles expressam atitudes tipicamente humanas e se enraízam em ideias primordiais sobre o que é significativo, o que torna muito difícil resistir, refletir e se distanciar deles.

Tratar dos níveis pessoais, culturais e arquetípicos dos complexos exige respeito por cada um desses reinos sem condensar ou reduzir um ao outro, como se algum estrato fosse mais real, verdadeiro ou fundamental do que outro. Complexos culturais são baseados em experiências históricas frequentemente repetidas que se enraizaram na psique coletiva de um grupo e nas psiques dos membros individuais de um grupo, e eles expressam valores arquetípicos para o grupo. Desse modo, os complexos culturais podem ser pensados como os blocos de construção fundamentais de uma sociologia interior. Mas esta sociologia interior não é objetiva ou científica na sua descrição de diferentes grupos e classes de pessoas. Ao invés disso, é uma descrição de grupos e classes conforme filtradas pelas psiques de gerações de ancestrais. Ela contém uma abundância de informação e desinformação sobre as estruturas das sociedades – uma sociologia verdadeiramente interior – e seus componentes essenciais são complexos culturais.

Um exemplo de um complexo cultural na psique de um indivíduo (por Catherine Kaplinsky)

O que se segue é um exemplo de como um complexo cultural toma forma na psique de um indivíduo. Isso foi trabalhado criativamente na relação com seus complexos pessoais, e sua história ilustra como eles foram libertos e como a energia para a individuação foi disponibilizada através de uma experiência transformadora.

O indivíduo, já falecido, era um homem sul-africano que morava no exterior, professor numa universidade europeia. O formato do complexo cultural se expressava num sonho recorrente que ele comunicou por carta a mim, sua amiga, na época da transição democrática da África do Sul do racismo institucionalizado do *apartheid* em 1994:

> Na idade entre 35 e 40 anos, mais ou menos, eu tinha um sonho recorrente. A experiência do sonho era sempre agradável. Ele era bem simples:
> *Um garotinho negro, que eu de algum modo sabia ser Xhosa* [um grupo étnico sul-africano (N.T.)], *estava sentado numa praia. A praia era muito grande e muito bonita, com uma forte arrebentação das ondas. Se você olhasse da praia para a arrebentação, ela parecia alta, com grandes ondas se empilhando umas nas outras. Acima da arrebentação, o ar estava cheio de uma névoa suave. O garoto tinha uns 4 anos de idade. Ele brincava com um monte de búzios, que eram "gado". Ele estava colocando esse gado num* kraal *(um invólucro africano) feito de areia. Ele estava feliz. Eu não estava presente no sonho. Eu não podia falar com ele, só observá-lo...*

O garotinho era um enigma, e eu pensei nele por muito tempo. Então, num certo momento, eu tinha um forte conjunto de sentimentos sobre minha identidade, que de alguma maneira se misturava com o *ser* Xhosa. Percebi que o garotinho era – de um modo curiosamente inadmissível – eu mesmo. Isso eu penso que foi porque eu não estava presente no sonho, a não ser como um observador, incapaz de falar com o garotinho.

Por que eu era o garotinho?... O que eu descobri foi o seguinte. Na primeira infância eu estive com minha mãe e minha irmãzinha em Ciskei [um território (bantustão) criado pelo governo durante o *apartheid* para abrigar uma parte dos sul-africanos falantes da língua xhosa (N.T.)], onde meus primos e tios eram fazendeiros. Meu pai estava "ao norte", no exército. Naquela época meu "relacionamento" com minha mãe era terrível. Você pode dizer que ela tinha ciúmes da minha infância porque ela própria queria ser cuidada e se ressentia por ter de ser uma progenitora responsável. Ela era, no fundo, uma criança competitiva... mas uma criança crescida, com grande poder sobre mim. Eu não tenho nenhuma lembrança de amor significativo da parte dela.

Por outro lado, eu era amado e cuidado como um filho por Rosie Ngwekazi, que era uma serva e ama na casa da minha tia... Eu dependia dela muito mais do que a maioria das crianças sul-africanas pode depender de suas amas negras devido à recusa da minha mãe do seu papel de mãe – e porque minha mãe na verdade me feria e humilhava. Rosie, por outro lado, me amava e era a única fonte de amor incondicional...

Quando eu descobri isso alguns anos atrás, eu experimentei uma espécie de alegria e liberdade infinitas. A descoberta de que eu tinha sido amado desse modo foi também meu primeiro reconhecimento adulto de que, como todo mundo, eu podia ser amado e de que era ok eu amar a mim mesmo.

Eu vim a entender que tinha negado esse reconhecimento por tantos anos (ele só me ocorreu por volta dos 40), porque depois do retorno do meu pai nós fomos para a Cidade do Cabo, onde fui submetido, em casa e na escola, a um condicionamento racista extremamente forte. Eu simplesmente não poderia ter uma mulher xhosa como minha mãe... Toda a parte negra de mim que tinha nascido em Ciskei se tornou inadmissível. Eu não poderia me permitir possuir a experiência com Rosie. E embora, por volta da idade entre 25 e 30 anos, eu tenha me livrado de uma grande parte da merda racista que tinha sido posta em mim nos anos pós-Ciskei, este pedaço crítico permaneceu. No fim das contas, ele levantou questões muito fundamentais. Ao mesmo tempo, tendo sido o amor de Rosie tão central para minha sobrevivência emocional, eu me segurei nele de um modo subconsciente no sonho.

Eu vi Rosie em Feni quando visitei a região de Ciskei duas semanas atrás. Foi um encontro maravilhoso. Consegui agradecê-la pelo amor que ela me deu então. Ela sabia perfeitamente bem o quanto ele tinha sido importante e, muito discretamente, deixou claro que conhecia muito sobre as inabilidades de minha mãe. Ela disse que era muito importante eu ter voltado porque eu era xhosa e porque meu "umbigo está enterrado" em Ciskei. Eu sei o que ela quer dizer.

Assim, eis o seu sonho. Faça dele o uso que você puder. Eu compartilho de todas as razões comuns para odiar o *apartheid*, mas tenho uma a mais... ele me impediu de possuir a mais importante experiência da infância, ao torná-la inadmissível. Eu não poderia possuir a parte negra central de mim mesmo. Não tive mais esse sonho. Deve ser porque eu posso possuir a realidade (Kaplinsky 2008).

Fica claro pelo sonho e pela "elaboração" do sonhador como a interface entre os processos culturais e de individuação criaram conflito e *stress* para ele. O sonhador precisava "possuir" suas experiências com Rosie para ser "verdadeiro" consigo mesmo, e também precisava "despossuí-las" para ser "verdadeiro" com sua família e com a cultura branca racista na qual ele nasceu. Contudo, ele então veio a sentir falta das experiências que tinha tido de "despossuir" com Rosie. Isso o impulsionou a sua jornada pessoal.

Um tipo de estratificação de complexos, divisões e formação de sombra se desenvolveu. Primeiramente ele descreveu sua mãe como tendo sido "terrível". Seu si-mesmo infantil teve, portanto, de construir uma estrutura defensiva, uma função de segunda pele, para sobreviver (complexo materno terrível). Mas ele também buscou respostas apropriadas noutro lugar – corporal e emocionalmente – e as encontrou em Rosie (complexo materno positivo). Posteriormente, uma vez que "pertencia" a, e interagia com grupos de referência brancos, ele aprendeu a "despossuir" Rosie, suscitando um sentimento de traição e culpa que residia no complexo cultural. Podemos ver, portanto, como os complexos se desenvolvem a partir de uma rede intrincada de afeto, absorvidos via mãe, Rosie e outros íntimos que por sua vez participavam e estavam inseridos nesta cultura.

Temas de poder e dependência permeiam tanto os complexos pessoais como os culturais. O sonhador descreve o "grande poder" que sua mãe teve sobre ele, daí ele precisar de sua estrutura defensiva. Do ponto de vista cultural, há uma ambivalência interessante. Embora os brancos dominassem e controlassem os negros economicamente, eles também dependiam destes não só no trabalho, mas também, frequentemente, pelo cuidado emocional – como era o caso com o sonhador. Para manter o *status quo*, uma rígida estrutura política era exigida, a qual alimentava o complexo cultural. *Apartheid* significa "separatividade", portanto significando uma rigidificação da dinâmica "nós contra eles" nos termos da cor de pele. Como sabemos, toda forma de projeções negativas era imposta pela população branca dominante sobre aqueles de pele não branca. A cor de pele era um gatilho para reação emocional e era a chave do complexo cultural.

O jogo do gado no sonho era a tentativa do sonhador de se desvencilhar do que ele chamou de "merda racista que tinha sido posta [nele]" e que fazia parte do complexo cultural no qual ele vivia. Isto, por sua vez, afetou seus complexos pessoais.

Os búzios [*cowrie shells*] simulavam vacas. A transição de búzios [*cowrie*] para vacas [*cows*] é particularmente inventiva. A forte estrutura defensiva das conchas com uma parte de baixo feminina se transformou em criaturas mais suaves que interagiam entre si, oferecendo leite e nutrição. Elas também evacuam facilmente dejetos e tinham peles mais flexíveis. Assim, dentro do jogo do gado era como se os complexos búzios/vacas estivessem sendo afrouxados e transferidos, dentro e fora do *kraal*/continente, permitindo a experimentação e o intercâmbio. O sonhador estava encontrando um jeito de alcançar sua parte de baixo escondida e vulnerável.

A coloração dos búzios é particularmente significativa no que se refere ao complexo cultural da era do *apartheid*. As conchas de búzios variam de cor, mas onde o sonhador brincava na praia elas eram geralmente uma mistura de branco com manchas marrons, pretas ou caramelo. Vacas têm coloração semelhante, normalmente mais definidas – possivelmente se referindo à consolidação da consciência de cor do sonhador, bem como à sua luta para mitigar seus complexos com relação à cor da pele. Ele tinha escrito: "toda a parte negra de mim... se tornou inadmissível". Seu si-mesmo infantil tinha assumido que ele era negro e xhosa, tal como Rosie. Portanto nós vemos a função transcendente em ação, produzindo símbolos em que a multicoloração de uma única pele – tanto dos búzios como das vacas – ajudou a desembaraçar e afrouxar os complexos pessoais e culturais.

Comentário sobre o exemplo de Catherine Kaplinsky (por Thomas Singer)

Há muitos modos de considerar este material extraordinário. A seguir eu fiz um diagrama esquemático para ilustrar como o complexo cultural opera neste caso com relação aos vários níveis do inconsciente.

Dinâmica inconsciente em um homem com um complexo cultural

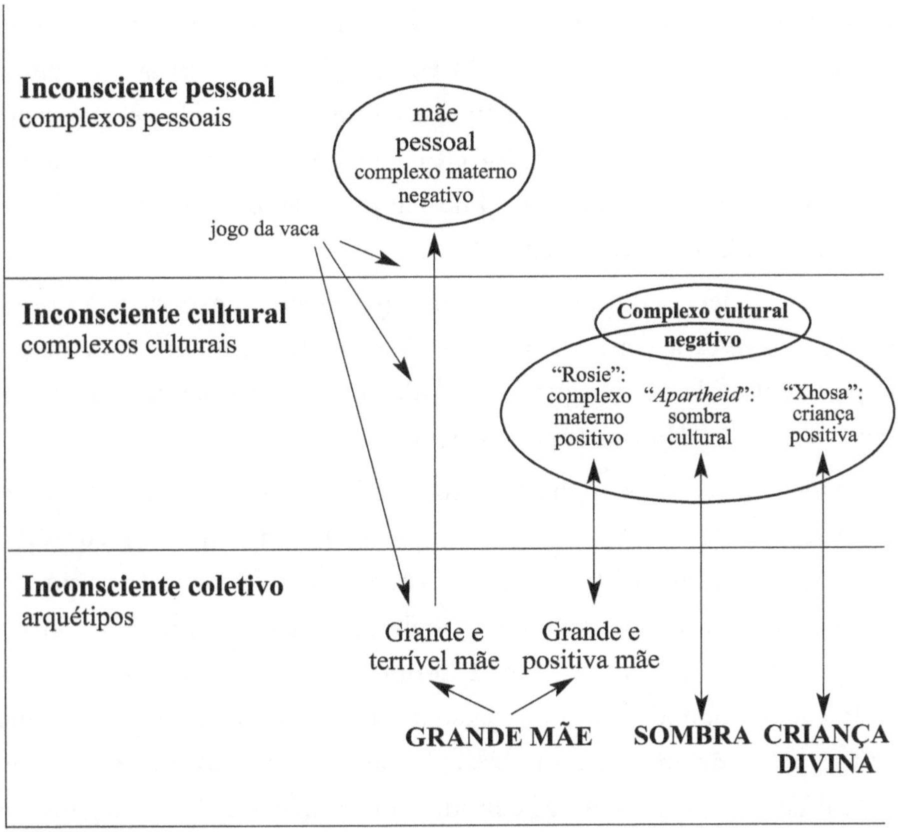

Complexos (pessoais e culturais) e arquétipos (sombra, grande mãe e criança divina) interagem no sonho recorrente do professor exilado e em sua subsequente "elaboração". O diagrama pretende ajudar a compreender como um complexo cultural toma forma na psique e como a energia aprisionada nele é liberta, assim propiciando um profundo senso de renovação para este indivíduo. Isto aconteceu, neste caso, através de processos de imaginação ativa espontânea.

No inconsciente coletivo os padrões arquetípicos agem como precondições para o modo como a psique pode ser modelada e se desenvolver. Sementes de oposições polares se originam aqui, inclusive tendências (separativas) de idealizar e de denegrir, bem como energias de sombra e o potencial para a moralidade. Os potenciais para os extremos – a grande e terrível mãe, a criança divina, e assim por diante – residem aqui.

No inconsciente pessoal deste homem nós encontramos os opostos em ação quando ele descreve sua mãe como "terrível" e Rosie como sua "única fonte de amor incondicional". A "todo-terrível", "todo-poderosa" mãe em sua família resultou na construção de uma estrutura de segunda pele defensiva, como o búzio. Mais tarde, em Rosie ele encontrou a "grande e positiva mãe" e ela se tornou uma parte essencial de seu processo de individuação – com poderosas implicações culturais.

O inconsciente cultural entrou em jogo quando a experiência positiva com Rosie teve de ser negada. O amor de e por Rosie foi obscurecido pelo complexo cultural negativo que foi atrelado em um diabólico casamento com as projeções da sombra na era do *apartheid*.

O jogo da vaca – ou jogo do búzio – é a brincadeira que facilitou e simbolizou o movimento das energias psíquicas de um nível do inconsciente para outro, levando, por fim, a uma profunda transformação na psique. A memória/energia inconsciente da "grande mãe positiva" tinha ficado obscurecida pela união diabólica com a "sombra" do *apartheid*, e era, portanto, casada com o complexo cultural negativo no nível do inconsciente cultural. Esta fusão de mãe positiva e sombra cultural no complexo cultural foi finalmente dissolvida, e as energias contidas no complexo cultural negativo foram libertas e se tornaram disponíveis à consciência para outros propósitos. A experiência reprimida do amor de Rosie, que poderia ter tomado forma como um complexo materno positivo, agora se tornou disponível à consciência através da figura onírica do menino xhosa, e a aderência do complexo materno negativo pessoal foi então aliviada. Assim uma nova experiência do ego e de sua identidade se tornou possível, e o que às vezes é referido como o eixo ego-si-mesmo pôde ser restaurado.

Outras observações clínicas sobre complexos culturais

Embora o exemplo anterior de um complexo cultural em um indivíduo não tenha se revelado no contexto de uma moldura psicoterapêutica formal, ele foi escolhido porque o sonho e a narrativa fornecida pelo sonhador oferecem um exemplo conciso e poderoso da estrutura, conteúdo e evolução de um complexo cultural em um indivíduo. Em *The Cultural Complex* (Singer & Kimbles 2004), Kimbles, Morgan e Beebe ofereceram, cada qual, vinhetas contundentes da manifestação clínica de complexos culturais no continente psicoterapêutico, e o leitor é encorajado a ir àqueles estudos para uma descrição mais detalhada das manifestações clínicas de complexos culturais. Aqui eu vou brevemente delinear algumas das características mais importantes do trabalho com complexos culturais quando eles surgem na análise.

Complexos culturais são conscientizados na análise do mesmo modo que a maioria dos outros conflitos inconscientes se tornam conhecidos, ou seja, pela forte atenção à história pessoal, familiar e cultural, pela análise do material de sonhos e fantasias que emerge do inconsciente, pelas reações de transferência/contratransferência, pelos lapsos inconscientes e pelos humores potentes e/ou pela irrupção de um afeto poderoso. Sobre isto, John Beebe escreve:

> No trabalho analítico junguiano, que sempre trata da exploração de complexos, não necessariamente se reconhece que o nó que se está tentando desatar possa ser um complexo cultural. Como qualquer outro complexo, o complexo cultural cria conflito interior; ocasiona ansiedade, raiva e depressão; governa as situações externas que são trazidas à terapia para aconselhamento; molda a transferência na interação terapêutica; e estrutura o imaginário dos sonhos do paciente. Já que essas complexidades afetam o indivíduo e qualquer pessoa que entra no campo emocional que cerca o indivíduo, nós frequentemente presumimos que eles pertencem à natureza subjetiva daquela pessoa individual. Eles representam a cultura operando no nível do indivíduo. Seguindo um cuidadoso método clínico, um terapeuta pode desmascarar a intrusão de um complexo cultural na vida inconsciente do paciente (Beebe 2004, 223).

Com precisão cirúrgica, Beebe disseca a manifestação de um complexo cultural em um homem que depois morreria de HIV-Aids. No sonho, uma lesão na coxa do sonhador, com o formato de uma tampa de garrafa de uma Coca-Cola dos anos de 1950, levou o sonhador e o analista a descobrirem um complexo cultural que literalmente marcou seu corpo e psique com um terrível medo homofóbico de não ser forte o bastante, de não ser masculino o bastante, de não ser heroico o bastante. A homofobia dos anos de 1950 marcou o garoto com um complexo cultural paralisante que fez dele um bode expiatório e um *outsider*. O complexo cultural se autoproclamou no sonho, e mediante cuidadosa análise se tornou mais consciente tanto no analisando como no analista. Embora não tenham sido capazes de superar heroicamente o vírus HIV, eles puderam diminuir a virulência do complexo cultural.

Outro modo como os complexos culturais se anunciam no *setting* é através das reações de transferência/contratransferência de analisando e analista. Helen Morgan descreve sua descoberta de um complexo cultural racial nela mesma, uma mulher branca, e numa paciente, uma mulher negra, o qual se fez conhecer através da emergência de uma reação emocional negativa na analista e de um ato falho verbal na paciente. A analista experenciou sua paciente como um "cuco no ninho". "O cuco não constrói seu próprio ninho, mas deposita seus ovos nos ninhos de outras espécies de pássaros. Os ovos são então incubados e criados involuntariamente pelos pais adotivos" (Morgan 2004, 214). Morgan teve o pensamento intrusivo, negativo e não desejado de que ela não queria sua paciente na sala, que a paciente era um "cuco no ninho". Por sua vez, a paciente logo começou a expressar seus medos de que Morgan queria lhe aplicar uma "lavagem cerebral", mas num ato falho da língua, "lavagem cerebral" ("*brainwash*") se tornou "embranquecimento" ("*whitewash*"). Conforme a paciente e a analista começaram a explorar as complexas atitudes que emergiram através do "cuco no ninho" que temia ser "embranquecida", o autodesprezo e o desprezo do outro no coração deste complexo cultural se tornou consciente –

uma demonização da negritude da paciente e depois uma demonização da branquitude da analista. Morgan escreve:

> Esta atitude complexa para com ela mesma e para comigo se relacionava com sua história pessoal, mas isso também ilustra algo do dilema da pessoa negra numa sociedade branca. Se o que se declara ser bom é branco, então quanto mais você se ajusta a isso, mais ganha aceitação. A mancha, o delito, está na negritude, e por isso ela deve ser branqueada, mas ao se branquear o indivíduo se perdeu, assim como o valor da negritude. Há um extermínio, um aniquilamento do diverso quando uma camada uniforme de branco é imposta ao todo. Neste jogo, o negro é derrotado tão categoricamente pelo branqueador que "ele ou ela não marca nenhum ponto" (Morgan 2004, 218).

Samuel Kimbles documentou outra forma na qual este complexo cultural pode aparecer. Ele descreve uma paciente branca que revelou fantasias e figuras fantasiosas que remontam à infância dela e que foram subsequentemente projetadas nele, um analista negro. Essas figuras fantasiosas funcionavam na psique dela como um "Outro temido e desejado" se alternando, de um modo estereotipado. Kimbles escreve.

> Nas fantasias dela, que começaram já nos anos da pré-adolescência, a paciente utilizou estereótipos para representar ansiedades e conflitos que estavam ativos em sua história desenvolvimental remota. O fato de que minha paciente não tivesse quaisquer relacionamentos reais com as figuras culturais de suas fantasias mostra a relativa autonomia dos estereótipos culturais no nível do inconsciente cultural. Seu uso criativo desses estereótipos revela, contudo, que um complexo cultural pode funcionar inconscientemente no indivíduo, assim como na cultura, para organizar e vincular a ansiedade relativa a diferenças (Kimbles 2004, 210).

Como com os complexos pessoais, tornar conscientes e ganhar alguma objetividade ante os complexos culturais no *setting* psicoterapêutico é um processo longo e árduo de desidentificação em relação aos conteúdos que emergem do inconsciente cultural, bem como dos mais familiares inconscientes pessoal e coletivo.

Um exemplo de complexo cultural na psique coletiva

Mesmo se os complexos culturais não são o foco direto da psicoterapia, seria prudente o clínico não subestimar o poder e a influência desta parte da psique coletiva no *setting*. Os complexos culturais no inconsciente do grupo contribuem fortemente para a pressão barométrica da vida cotidiana e podem ser pensados como parte do ambiente psíquico de todos os pacientes. O que se segue é um breve exemplo de como complexos culturais interligados infectaram a psique coletiva no mundo ocidental e islâmico.

Em seu ensaio de 1936 sobre a Alemanha nazista, "Wotan", Jung escreveu:

> Na verdade, os arquétipos são como leitos de rios que secam quando a água os abandona, mas que podem retornar a qualquer momento. Um arquétipo é como um velho curso de água ao longo do qual a correnteza da vida fluiu por séculos, cavando um canal profundo para si mesma. Quanto mais a correnteza fluiu neste canal, mais provável é que cedo ou tarde a água retorne para seu velho leito. A vida do indivíduo como um membro da sociedade, e especialmente como parte do Estado, pode ser regulada como um canal, mas a vida das nações é uma torrente impetuosa que está totalmente fora do controle humano... Portanto a vida das nações transcorre de modo incontrolável, desorientado, inconsciente sobre para onde está indo, como uma rocha que se precipita encosta abaixo até que seja parada por um obstáculo mais forte do que ela. Os eventos políticos se movem de um impasse para o próximo, como um riacho na selva que flui por entre barrancas, meandros e pântanos. Todo controle humano acaba quando o indivíduo é tomado por um movimento de massa. Então os arquétipos começam a funcionar, como ocorre também nas vidas dos indivíduos quando eles são confrontados por situações com que não podem lidar com as formas familiares (Jung 1936/1964, § 395).

O que Jung escreveu em 1936 tem total ressonância em nossa atual crise entre o Islã e o Ocidente. O antigo leito do rio arquetípico de conflito – entre cristãos, judeus e muçulmanos – está novamente transbordando com uma torrente impetuosa que ameaça inundar o mundo. Nós podemos dizer algo a respeito desta situação da perspectiva do "complexo cultural"?

Os complexos culturais podem ter memórias de longa duração e emoções muito poderosas inseridas neles. Eles adquirem um forte senso de história com a passagem do tempo de uma geração para a seguinte e ao longo de múltiplas gerações. Eles se sacralizam e se incrustam na consciência e no inconsciente de grupos e na psique individual dos integrantes dos grupos. Simultaneamente, eles se entrelaçam com os complexos culturais de outros grupos de pessoas. De fato, estes entrelaçamentos e energias afetivamente carregadas de complexos culturais inconscientes em conflito podem formar as precondições para que eventos humanos emerjam com uma fúria que pode ser comparada às forças naturais retratadas em um filme de alguns anos atrás, chamado *The Perfect Storm* [A tempestade perfeita ou, como traduzido no Brasil, "Mar em fúria", de 2000, estrelado por George Clooney e Mark Wahlberg (N.T.)], quando todas as condições climáticas da costa leste dos Estados Unidos estiverem posicionadas singularmente para agirem em conjunto e causar uma tempestade de proporções gigantescas.

Não é nenhum abuso da imaginação geopolítica, psicológica e espiritual dizer que estamos vivendo numa época em que uma rara configuração de redemoinhos de complexos culturais se alinharam na exata combinação para deflagrar forças destrutivas maciças. O melhor modo de saber que se está tocando um complexo cultural – seja de um grupo ou de um indivíduo – é pela reatividade emocional que certos temas automaticamente despertam. Foi primeiramente desse modo que Jung veio a identificar complexos pessoais – a reatividade emocional de uma palavra-estímulo causava perturbação nas respostas. O mesmo pode ser dito sobre um complexo cultural. Uma marca típica de um complexo cultural é a reatividade emocional a palavras-estímulos, tais como "George Bush" ou "Osama bin Laden" ou "guerra ao terror" ou "jihad sagrada" ou "império colonial".

Não quero que pensem que estou equacionando a origem de complexos culturais com a expansão ou contração geográfica de civilizações, mas pode-se ver o fim do século XV – especialmente 1492 – como um marco crítico para o começo da ascensão do Ocidente e o declínio do Islã. Dizer que a ascensão do Ocidente está no núcleo de um complexo cultural e que o declínio do Islã está no núcleo de outro é, evidentemente, uma simplificação grosseira. Atualmente, por exemplo, múltiplos complexos locais e regionais foram capturados pelos complexos megaculturais em choque do Islã e do Ocidente. No Ocidente, por exemplo, as antigas rivalidades e ódios entre franceses, alemães, ingleses e norte-americanos foram incitados, assim como no mundo islâmico sunitas, xiitas, curdos e outras rixas tribais foram ativadas. Todos esses complexos culturais, ocidentais e islâmicos foram lançados conjuntamente para formar as condições de uma "tempestade perfeita" global de complexos culturais em colisão. Mas se tomarmos 1492 como o ponto de virada na definição da história do Islã e da história do Ocidente e para a emergência de dois tipos diferentes de complexos culturais, podemos começar a esboçar algumas das características desses complexos culturais:

a) Por um lado, 1492 marca o começo da ascendência do Novo Mundo com sua "descoberta" das Américas. Além de o Novo Mundo propiciar o clima adequado para a criação de um leque de valores notáveis como democracia, liberdade e a sacralidade do indivíduo, ele também suscitou um tipo particular de complexo cultural, caracterizado – especialmente nos Estados Unidos e sua relativa novidade e frescor juvenil no palco do mundo – pela:

1) dependência [*addiction*] de proeza heroica;

2) dependência de altura;

3) dependência de velocidade;

4) dependência de juventude, novidade e progresso;

5) dependência de inocência;

6) mais importante, uma profunda crença na resiliência do espírito de grupo ocidental – e especialmente norte-americano – que pode facilmente se traduzir em arrogância e grandiosidade.

b) Por outro lado, 1492 também marca o começo da retirada do Islã do Ocidente e de um contínuo declínio ao longo dos últimos 500 anos da capacidade do Islã de assumir iniciativas criativas nos campos intelectual, econômico e social. Este declínio do poder e da influência islâmicas levou a um complexo cultural no mundo islâmico e especialmente nos grupos fundamentalistas radicais que pode ser caracterizado por:

1) adesão à pureza;

2) adesão ao absolutismo;

3) adesão à tradição;

4) adesão à incorruptibilidade.

Essas quatro primeiras características do complexo cultural do fundamentalismo islâmico são quase perfeitamente espelhadas no complexo cultural do fundamentalismo cristão nos Estados Unidos. Os dois próximos traços que quero destacar são mais específicos do complexo cultural do fundamentalismo islâmico:

5) renúncia ao materialismo (simbolizada e concretizada de modo tão impressionante ao voltar contra si mesmo a dependência dos Estados Unidos da velocidade, altura e sucesso material no ataque ao World Trade Center);

6) e, mais importante, uma ferida profunda no centro de seu espírito grupal que suscitou desespero e autodestrutividade suicida; a humilhação repetida está no coração de muito da experiência de si do mundo árabe, e o medo e a raiva pela humilhação constituem um sintoma muito perigoso do complexo cultural islâmico.

Estou ciente de que a descrição da história de 500 anos de declínio do Islã, resultando num sentimento lesado de si mesmo coletivo no centro da identidade coletiva, é um simplismo grosseiro. Os complexos culturais, porém, se constituem e prosperam com tais simplismos que têm certa verdade em seu âmago. Bernard Lewis dá uma excelente descrição do impacto do Ocidente sobre o Islã e a fúria dos muçulmanos tradicionais ante o encontro com o Ocidente (Lewis 1993, 3-42). Misturem-se todos esses ingredientes dos complexos culturais ocidentais e islâmicos e o resultado é um recipiente verdadeiramente terrível para uma poção bruxesca que mobilizou enormes energias na vida das nações e no nível grupal da psique do indivíduo. Esses complexos culturais ativados, transmitidos pelo inconsciente cultural, estabelecem os tipos de possessões arquetípicas e transbordamento de antigos leitos de rio que Jung descreveu em seu ensaio "Wotan".

Conclusão

Sobre os complexos culturais, Jung escreveu: "Nosso destino é, via de regra, o resultado de nossas tendências psicológicas" (Jung 1913/1967, § 309). O mesmo pode ser dito dos complexos culturais. Nossos complexos pessoais e culturais são as cartas que o destino distribuiu para nós. Jung afirmou de modo bem direto, noutro contexto: "Todos temos complexos; é um fato muito banal e desinteressante... O que interessa é saber o que as pessoas fazem com seus complexos; é a questão prática que conta" (Jung 1936/1976, § 175). Como nós jogamos com as cartas que o destino distribuiu para nós e o que fazemos com nossos complexos pessoais e culturais determina quem nos tornamos como indivíduos, grupos e sociedades.

Referências

Beebe, J. (2004). "A Clinical encounter with a cultural complex". In: Singer, T. & Kimbles, S. (eds.). *The cultural complex*: Contemporary jungian perspectives on Psyche and Society. Londres/Nova York: Brunner-Routledge, 223-236.

Henderson, J. (1990). "The cultural unconscious". In: *Shadow and self*. Wilmette, IL: Chiron, 102-113.

______ (1984). *Cultural attitudes in psychological perspective*. Toronto: Inner City.

______ (1962/1964). "The archetype of culture". In: Guggenbühl-Craig, A. (ed.). *Der Archetyp* - Proceedings of the 2nd International Congress for Analytical Psychology. Basileia/Nova York: S. Karger, 3-15.

______ (1947). Carta inédita, de 3 de dezembro de 1947, dirigida a C.G. Jung. Com permissão do autor.

Jung, C.G. (1973). *Estudos experimentais*. OC 2.

______ (1936/1976). Fundamentos da psicologia analítica [Tavistock Lectures]. OC 18/1.

______ (1936/1964). "Wotan". In: OC 10/2.

______ (1913/1967). "Tentativa de apresentação da teoria psicanalítica". In: OC 4.

Kaplinsky, C. (2008). "Shifting shadows: Shaping dynamics in the cultural unconscious". In: *Journal of Analytical Psychology* 53, 2.

Kimbles, S. (2004). "A cultural complex operating in the overlap of clinical and cultural space". In: Singer, T. & Kimbles, S. *The Cultural Complex*: Contemporary Jungian Perspectives on Psyche and Society. Londres/Nova York: Brunner-Routledge, 199-211.

______ (2000). "The cultural complex and the myth of invisibility". In: Singer, T. (ed.). *The Vision Thing*. Londres: Routledge, 157-169.

Lewis, B. (1993). *Islam and the West*. Nova York/Londres: Oxford University Press.

McGuire, W. (1989). *Bollingen*: An adventure in collecting the past. Princeton: Princeton University Press.

McNeill, W. (1963). *The rise of the West*: A history of the human community. Chicago/Londres: University of Chicago Press.

Morgan, H. (2004). "Exploring racism: A clinical example of a cultural complex". In: Singer, T. & Kimbles, S. *The Cultural Complex*: Contemporary Jungian perspectives on Psyche and Society. Londres/Nova York: Brunner-Routledge, 212-222.

Singer, T. (2007). "A personal meditation on politics and the American soul". In: *Spring Journal* 78.

______ (2002). "The cultural complex and archetypal defences of the collective spirit: Baby Zeus, Elian Gonzales, Constantine's sword, and other Holy Wars". In: *The San Francisco Library Journal* 20 (4): 4-28.

Singer, T. (ed.) (2000). *The Vision Thing*: Myth, Politics and Psyche in the World. Londres/Nova York: Routledge.

Singer, T. & Kimbles, S. (eds.) (2004). *The Cultural Complex*: Contemporary Jungian Perspectives on Psyche and Society. Londres/Nova York: Brunner-Routledge.

4
Iniciando uma educação psicológica

Josephine Evetts-Secker*

...nós não estamos realmente em casa no mundo interpretado.

Rilke

We don't need no education
We don't need no thought control.
[Nós não precisamos de nenhuma educação.
Nós não precisamos de nenhum controle do pensamento]

Pink Floyd

"Controle do pensamento" tem sido uma acusação comum contra a empreitada psicanalítica como um todo e permanece sendo um abuso possível. Nós lutamos com o problema da autoridade no campo transferencial, plenamente cientes do poder que os analistas podem exercer e de fato exercem. Nossa abordagem da função educacional inerente à *praxis* analítica tem de ser reimaginada na e para a nossa época.

As formulações inicias de Jung sobre a estrutura do processo analítico como evoluindo através das etapas da confissão, elucidação, educação e transformação são alheias à prática atual. Embora possamos aceitar que elas sejam componentes genuínas da análise, não precisamos vê-las como

* Josephine Evetts-Secker, M.Phil., lecionou por muitos anos no Departamento de Inglês da Universidade de Calgary, formou-se no Instituto Jung em Zurique e mora na Inglaterra, onde é uma integrante sênior e analista didata no Igap [Independent Group of Analytical Psychologists] (Londres). Publicou artigos sobre literatura e sobre a interface entre literatura, psicologia e teologia.

necessariamente sequenciais ou progressivas, mas antes como variavelmente ordenadas e mais tipicamente simultâneas (Lambert 1973, 24). A educação está acontecendo o tempo todo. A despeito de seu desejo científico inato de sistematizar, a experiência concreta de Jung da psique o convenceu de que "se o inconsciente coletivo não existisse, a educação poderia conseguir tudo" (Jung 1931/1977, § 720). Mas o inconsciente existe. Ele insistia no necessário trabalho de compreender as forças inconscientes, mas salientava o perigo de que a compreensão levasse à esterilidade do "mundo interpretado" (*der gedeutete Welt*) de Rilke.

Contudo, como um acadêmico rigoroso de seu tempo, Jung estimava a educação como um meio de formação e direção, e ele pode certa vez ter compartilhado o endosso de Adler ao cientista médico Rudolph Virchow: "Os médicos vão acabar se tornando os educadores da humanidade" (Adler 1923, 317). Tal era a confiança na educação e a fé no processo de correção. Algo desta utopia sobrevive, mas no mundo ocidental as expectativas acerca da educação estão agora mais modestas e mesmo cínicas, vide Pink Floyd.

Jung suspeitava da educação, mas um Jung cínico é difícil de imaginar. Sua desconfiança vinha de uma fonte diferente. Era uma expressão precoce de genuína suspeita hermenêutica. Em contraste com Virchow, Jung esperava que o "método do tratamento médico" se tornaria um "método de autoeducação" (Jung 1931a/1977, § 174). Ele refletiu sobre o perigo de "fazer violência à outra pessoa ou sucumbir a sua influência, plenamente consciente do risco da "terapia por sugestão". "Eu desisti do tratamento hipnótico... porque não queria impor minha vontade a outros. Eu queria que os processos de cura crescessem a partir da própria personalidade do paciente e não a partir de minhas sugestões que teriam um efeito apenas passageiro" (Jung 1961/1976, § 492). A transformação desejada da personalidade iria "trazer consigo um enriquecimento da mente". Tal expansão seria consequência, não objetivo, da análise. Mas o arquétipo do professor estava inelutavelmente constelado e bem que nós poderíamos nos perguntar o quanto Jung praticou o que pregava!

Há dois verbos em latim que são comumente evocados em discussões sobre educação, *ducere* e *ductare*. *Ducere* significa liderar, guiar, puxar. *Duc-*

tare comporta significados similares, mas também sugere "levar para casa". *E-ducare* implica levar para fora, mas originalmente evocava o processo de acolhimento, criação, encorajamento e mesmo incubação. Em inglês, ambas as etimologias são significativas, embora não estivessem disponíveis em alemão. O que Jung insistentemente condenava era a doutrinação [*indoctrination*] (*docere*, ensinar). Sua separação de Freud refletiu sua rejeição da "doutrina" [*"doctrine"*] psicanalítica, sendo que as palavras de seu mentor pesaram fortemente: "Eu te imploro... não se desvie muito de mim" (McGuire 1974, 18). Isto contrastava com a crescente convicção de Jung de que "Todo psicoterapeuta não apenas tem seu próprio método... ele próprio é esse método" (Jung 1945/1966, § 198). A qualidade do ser do analista na análise é inerentemente educativa.

Para apreendermos a abordagem de Jung da educação na análise, todos esses sentidos e outros derivados no campo semântico são necessários: *induzir, deduzir,* até *seduzir.* Todos eles informam a experiência da educação genuína. Jung encorajava energias de desvio, de sabotagem e gerativas como agentes potenciais do inconsciente. Ele falou da necessidade de uma "certa reeducação e regeneração da personalidade", mas veio a constatar que a reeducação era para ser praticada ao invés de ensinada, pois "uma pessoa é um sistema psíquico que... entra em reação com outro sistema psíquico" (Jung 1935/1966, § 1). Esta "reação", ocorrendo espontaneamente no aqui-agora da interação entre os parceiros da díade analítica, o convenceu de que, quanto menos o analista souber por antecipação, melhor (Jung 1945/1966, § 197). A educação não é um direcionamento ou transferência de conhecimento, tornando o analista "inteligente, mas ainda assim uma criança incapaz" (Jung 1931a/1966, § 150). É, antes, um reajustamento da atitude psicológica, pois "raramente nós nos livramos do mal [*ou de nossos complexos*] tão somente conhecendo suas causas... o paciente deve ser puxado de si mesmo para novos caminhos... o que só se obtém através de uma vontade educadora" (Jung 1931a/1966, § 152). A reabilitação da vontade do analisando exigia que ele fosse liberto da "autoridade médica o mais rapidamente possível" (Jung 1935/1966, § 43), de modo que o analisando pudesse "*aprender* a seguir seu próprio caminho" e "*aprender* a bastar-se a si mesmo" (Jung 1935/1966, § 26, itálicos meus).

Ficou claro para Jung, conforme trabalhou com a psique viva, que o ensino em análise é a modalidade errada. Embora o material que surge do inconsciente e se manifesta em comportamentos típicos é mais bem relacionado com e integrado por meio de paralelos mitológicos comparativos, e o analista bem-informado possa oferecer "algum tipo de contexto de modo a torná-los mais compreensíveis " (Jung 1944/1968, § 38; cf. artigo abaixo sobre a "amplificação"), o modelo para isso não é a instrução. É, ao invés disso, o relacionamento dialético com o mundo arquetípico do inconsciente, posto em ação no trabalho interior da díade terapêutica. Uma tarefa do analista é descobrir/construir uma linguagem necessária para o trabalho, a qual será diferente para cada analisando. Jung observou, entre sério e malicioso, que uma nova teoria era necessária para cada pessoa: cada qual requer um idioleto individual para que a psique fale - um léxico, sintaxe, sotaque e entonação idiossincráticos.

A maioria das pessoas descobre que o mais vital na análise não foi o conteúdo aprendido, mas as novas compreensões, os *insights* imaginativos que tornam possíveis novos e mais autênticos modos de ser. Isto passa muito longe do objetivo didático de Freud de interpretar os significados dos pacientes que estão escondidos no inconsciente. Isto não pode ser a realização de um mentor educacional, a não ser pelo estímulo a que o paciente faça "experiências com sua própria natureza" (Jung 1929/1966, § 99). No curso de uma análise duradouramente enriquecedora, o indivíduo se torna menos dependente de material oferecido pelo analista. Dado que "a psique ocupa um lugar em todas as ciências" (Jung 1945/1966, § 209), a formação analítica enfatiza a necessidade de conhecer tanto quanto possível, mas tal conhecimento deve ser mantido no espaço transicional ao invés de ser usado direta ou explicitamente.

Se há algum ensinamento a ser dado, ele é feito pelo e no sonho, que ensina "como uma parábola" (Jung 1928/1977, § 471). Daí por que nós damos e devemos dar prioridade a esta comunicação com a psique inconsciente. Mas aqui também há dragões. No treinamento eu sempre valorizo ao máximo a advertência "fique sempre um passo atrás do inconsciente do analisando"

(C.T. Frey). Bom conselho para analistas que têm a propensão de ensinar. Eu bem lembro um seminário sobre sonhos que me impressionou sobre o perigo de roubar o sonho através do conhecimento mitológico. Um inocente gato onírico foi amplificado de forma abrangente – do Egito a Atenas, passando por todas as estações mitológicas intermediárias – até que alguém arriscasse a ingênua questão: "A sonhadora tem um gato?" Bem, sim, ela tinha; uma querida criatura passou correndo pouco antes do sonho. Isso me fez lembrar um poema de Nowlan que ainda me ressoa quando o conhecimento faz de mim um ladrão. O poeta oferece um presente a uma criança-adulto, que sussurra,

> "Ninguém jamais vai tirar isso de mim",
> na voz, mais desesperada, do que desafiadora,
> de alguém acostumado a achar que seus esconderijos foram
> descobertos, habituado a ter coisas arrancadas de suas mãos
> (Nowlan 2004, 138).

Como evitamos tal roubo fácil pelo professor que pode saber o que os analisandos ainda não sabem? Exige-se mais do que a humildade inerente ao diálogo genuíno.

Precisamos não temer invocar o amor concebido por Sócrates como agente educacional. Hillman nos lembra: "é como se o amor tivesse em sua natureza uma missão de inflamar, educar e converter, espalhando seu fogo mercurial na alma, se transferindo de pessoa a pessoa...[por] suas vias tortuosas" (Hillman 1972, 78). Esta energia é intrínseca ao jogo lexical acima: sensações fugazes, ao invés de significados estabelecidos, que habitam *ducere* e *ductare* conforme eles produzem [*produce*] múltiplas associações. O si-mesmo é a fonte. Como Sócrates preconizava que o amor educa, assim também Hipócrates insistia que o amor cura. Sabemos que o amor é inevitavelmente transgressivo, assim esperamos que todo o nosso pensamento categórico seja sabotado ou penetrado por este *daimon*. Inquietantemente, nossa *praxis* educativa se mostrará mais eficaz quando ela induzir [*induces*] e seduzir [*seduces*] destemidamente, insensatamente, frequentemente ofendendo o ego bem-temperado e educado [*educated*]. A psicanálise começou com o nobre propósito de explicar os propósitos latentes da psique e explicar o funcionamento neurótico, como meio de curar. Mas o guia da psique é Hermes, que gosta das "vias tortuosas" de Eros. Devemos orientar nossas intenções educativas desse modo, ecoando o questionamento de Adam Phillips da nossa tarefa: a Psicanálise "se tornou a ciência das paixões sensíveis, embora seu objetivo... fosse tornar as pessoas mais inteligíveis para si mesmas, ao invés de perceberem o quão estranhas elas são. Quando a psicanálise faz sentido demais, ou dá sentido demais, ela se transforma exatamente no sintoma que está tentando curar: um conhecimento defensivo" (Phillips 1995, 87). Jung também esperava que a análise nos fizesse "mais conscientes de nossa perplexidade" (Jung 1939/1976, § 688). Ele aprovaria o apelo de Wordsworth: "Vem para a luz das coisas, / Deixe a natureza ser sua professora" (Wordsworth 1959, 377). Nem a imaginação nem a individuação podem ser ensinadas. A experiência da psique educa por si mesma, com os analistas alimentando formas de relacionamento com a perplexidade inconsciente.

Temos novos jeitos de saber que isto é verdade, validados pelas atuais descobertas na neurociência. Trabalhar metaforicamente/miticamente cria novos caminhos neurais de modo mais efetivo do que trabalhar cognitivamente. Não há espaço aqui para detalhar esta apreciação do cérebro esquerdo como a ferramenta da interpretação e da influência, – o que Margaret Wilkinson descreve como a "capacidade criativa de fazer conexões conceituais e afetivas através de diferentes campos de conhecimento" (Wilkinson 2006, 146), mas isto deve ser integrado em nossa percepção, iniciação e consumação da educação psicológica. Isto também nos fará responsivos àquele "momento interpretativo" crucial quando os significados podem emergir (Wilkinson 2006, 110). O entendimento do aspecto educativo da análise inicialmente superestimava o analista como fonte. Nós podemos agora ser capazes de uma perspectiva mais ampla e verdadeira, sabendo, por exemplo, como a experiência da metáfora por si só acende o cérebro e pode ser uma fonte para a transformação do hemisfério cerebral esquerdo.

Como então devemos amparar em nossa *praxis* as "experiências com sua própria natureza", facilitar o "deixar a natureza ser sua professora"; o "enriquecimento da mente" que vem na esteira da transformação da personalidade? Em sua exploração da epistemologia de Jung, Renos Papadopoulos dá contribuições significativas a respeito da cocriação de significados, da co-construção de conhecimento, e de aprender a aprender em análise (Papadopoulos 2006). Com isso em mente, eu concluo com alguns momentos típicos da *praxis* real que podem ser reconhecíveis como educativos.

Primeiramente, eu reconheço a reciprocidade educativa. Os analistas estão também no vaso da transformação, e, portanto, eles são informados, e até mesmo formados, pelos analisandos. Eu dei uma vez uma série de seminários intitulada "Tinker, tailor, soldier, sailor" [Funileira, alfaiate, soldada, marinheira] que resultou da percepção de tudo o que eu tinha aprendido dos meus analisandos de diversas vocações e de como a psique tinha feito uso imaginativo de cada disciplina profissional. Nós exploramos as maneiras pelas quais a vida profissional de enfermeiros, atores, compositores, cabeleireiros e advogados fornecia matéria bruta para simbolização via sonho. Isso mostrou que não era meros "resíduos do dia", mas sim parte do incessante processamento psíquico, facilitando a transformação e a educação do ego. Ao cortar, modelar, tingir, ondular, alisar, colorir, o salão de cabeleireiro equivale ao laboratório do alquimista. A *praxis* legal, com suas descobertas, pré-julgamento, negociações, resoluções extrajudiciais – o quão precisar, vividamente a imaginação inconsciente se aproveita destes dados para a reciclagem simbólica! Modulações de teclado e ritmo falam do humor, sentimento, anseios suprimidos, o deleite "maior" necessário para transcender as desolações "menores". Procedimentos médicos, funções orgânicas, intervenções cirúrgicas em teatros hospitalares, tudo oferece material para a psique metabolizar. Noutro teatro, nós consideramos a óbvia, mas sutil interação de personagens em conflito e colisão como experimentos dos atores com a "infinita variedade" psíquica de si mesmos. Na época eu também trabalhei como inspetor, fazendeiro, pintor, especialista em tecnologia da informação, ferreiro... as possibilidades profissionais são infinitas. O quanto os analistas aprendem dos analisandos sobre as tarefas da vida e a inventividade da psique! Se ambos os parceiros se dispõem a serem afetados, a educação é recíproca e transformadora.

Muita gente vem para a análise sem nenhum conhecimento psicológico, talvez até na defensiva contra ele. Um homem, cientista por profissão, veio a minha clínica no Canadá se queixando de que nunca tinha lido nada senão um manual. Isso, ele de repente percebeu, ele queria remediar, embora não soubesse explicar o motivo. Ficou claro desde o início que ele sofria de um complexo materno destrutivo e não tinha a intenção de tocar neste problema em nossas interações. Pouco depois de começarmos, ele entrou em férias, e me pediu alguma sugestão de leitura. Ele vinha do país de D.H. Lawrence [a Inglaterra (N.T.)], assim, com aparente inocência, eu sugeri *Filhos e amantes*, bastante despreparada para o real impacto que isto viria a ter. Ele estava maduro para começar o trabalho interior, mas tinha medo. Sentindo-se contido com segurança na distante, mas familiar paisagem do romance, duas leituras lhe deram todo o *insight* de que precisava para começar a desembrulhar seus problemas com relação à mãe. Isso também seduziu o ego para receber sonhos vívidos, oferecendo tudo o que ele precisava para suportar a depressão a partir da qual uma nova vida poderia florescer. Aconteceu educação; ele aprendeu tudo de que precisava para saber como os complexos são possessivos e enfeitiçam.

Uma dança-terapeuta com pouco conhecimento consciente das mitologias antigas fez um quadro, durante um *workshop* corporal, que provocou um sonho no qual a figura plana descrita emergiu do papel no chão, com manto e escudo. Atena parecia constelada, e a sonhadora "nada sabia" dela. O nome foi tudo o que ela precisou de mim. Lendo e imaginando, seguiu-se um incrível processo de autodescoberta que modelou a vida exterior de modos imprevisíveis. Assim começou uma surpreendente experiência com sua própria natureza.

O que é necessário, pois, é descobrir maneiras de *iniciar* a educação psicológica, que então se impulsiona por si mesma. Nós obedecemos ao comando da psique para cada indivíduo. A transformação e o enriquecimento se seguem. Somos induzidos e seduzidos, se deixamos Hermes trabalhar. Mas no final, muito mais importante do que os recursos da educação e do conhecimento amplificatório são os recursos da mente e da alma, aquilo que Jung chama de "amplitude".

> Riqueza da mente consiste em disponibilidade mental, não acúmulo de posses. Só nos apropriamos verdadeiramente de tudo o

que vem de fora para dentro, e de tudo que emerge de dentro, se formos capazes de uma amplitude interior igual à do conteúdo que advém. Um real crescimento da personalidade significa a conscientização de um alargamento que flui de fontes interiores. Sem amplitude psíquica nós nunca poderemos nos relacionar adequadamente com a magnitude de nosso objeto. Por isso se diz com razão que o homem cresce com a grandeza de sua tarefa. Mas ele deve ter dentro de si a capacidade de crescer [o parágrafo, no texto de Jung, acaba assim: "caso contrário, nem a mais árdua tarefa servir-lhe-á para alguma coisa. No máximo, ela o destruirá" (N.T.)] (Jung 1950/1968, § 215).

Referências

Adler, A. (1923). *The practice and theory of individual psychology*. Londres: Routledge & Kegan Paul.

Hillman, J. (1972). *The myth of analysis*: Three essays on archetypal psychology. Nova York/Londres: Harper Colophon.

Jung, C.G. (1961/1976). "Símbolos e interpretação dos sonhos". OC 18/1.

______ (1950/1968). "Sobre o renascimento". OC 9/1

______ (1945/1966). "Medicina e psicoterapia". OC 16/1.

______ (1944/1968). "Introdução à problemática da psicologia religiosa da alquimia". OC 12.

______ (1939/1976). *A vida simbólica* [Seminário Guild of Pastoral Psychology]. OC 18/1.

______ (1935/1966). "Princípios básicos da prática da psicoterapia". OC 16/1.

______ (1931a/1966). "Os problemas da psicoterapia moderna". OC 16/1.

______ (1931b/1977). "Psicologia analítica e cosmovisão". OC 8/2.

______ (1929/1966). "Os objetivos da psicoterapia". OC 16/1.

______ (1928/1977). "Aspectos gerais da psicologia do sonho". OC 8/2.

Lambert, K. (1974). "The personality of the analyst in interpretation and therapy". In: Fordham, M.; Gordon, R.; Hubback, J. & Lambert, K. (eds.). *Technique in Jungian Analysis*. Londres: Heinemann, 18-44.

McGuire, W. (ed.) (1974). *The Freud/Jung letters*. Londres: Hogarth Press/Routledge.

Nowlan, A. (2004). "He sits down on the floor of a school for the retarded". In: *Between Tears and Laughter*: Selected Poems. Northumberland: Bloodaxe Books.

Phillips, A. (1995). *Terrors and experts*. Londres: Faber & Faber.

Pink Floyd (1979). "Another brick in the wall". In: Album *The Wall.*

Rilke, R.M. (1993). *Duino elegies*. Einsiedeln: Daimon.

Stein, M. (1996). *Practicing wholeness*. Nova York: Continuum.

Papadopoulos, R. (2006). "Jung's epistemology and methodology". In: *The handbook of jungian psychology*: Theory, practice and applications. Londres/Nova York: Routledge, 7-53.

Wilkinson, M. (2006). *Coming into mind* – The mind-brain relationship: A jungian clinical perspective. Londres/Nova York: Routledge.

Wordsworth, W. (1959). *Poetical works*. Londres: Oxford University Press.

5
Instigando transformação

Dianne Cousineau Brutsche*

Um processo de transformação

"[...] não é possível distinguir a psique de suas manifestações", diz Jung (1937/1958, § 87), e "na psicologia, trata-se do ato de ver" (1944/1953, § 15) e de descrever fatos empíricos. Neste espírito, eu escolhi basear este capítulo num caso concreto de um processo de transformação testemunhado dentro do continente analítico.

Christina veio para nossa primeira sessão com o seguinte sonho: *"Eu estou me 'recasando' com meu marido. A cerimônia está para começar quando eu percebo que não cuidei de obter um vestido adequado para essa ocasião muito especial. Nossos convidados estão chegando. Eu me sinto em pânico. Meu marido me fala que eu poderia vestir um certo vestido que já tenho e do qual nós dois gostamos. Mas mesmo se esse vestido fosse apropriado para assistir a uma cerimônia de casamento, certamente não era apropriado para a noiva. Eu acordo me sentindo vulnerável, ansiosa e desorientada".*

Christina tem 64 anos quando começa a análise comigo. É uma profissional de sucesso, divorciada por muitos anos, feliz com a vida que leva com

* Diane Cousineau Brutsche, Ph.D., nasceu em Montreal, Canadá, e obteve um doutorado em literatura francesa na Universidade de Paris e um diploma em psicologia analítica no Instituto C.G. Jung de Zurique. Ela trabalha como analista em consultório particular em Zurique e é analista didata, supervisora e palestrante International School of Analytical Psychology em Zurique.

seu atual parceiro e na iminência da aposentadoria. Perguntada sobre seu relacionamento com o ex-marido, ela diz que é amigável e que gira em torno principalmente da filha e da neta em comum. É óbvio para ela que o sonho tem de ser compreendido no nível subjetivo, especialmente porque o marido do sonho é alguém totalmente desconhecido para ela na vida acordada.

A decisão de começar uma análise é geralmente deflagrada por uma crise na vida. Na época de seu divórcio, Christina tinha começado uma terapia para tentar solucionar seu tumulto emocional e as consequências negativas em vários aspectos de sua vida. Até um certo ponto desta terapia anterior, parecia que as partes objetivas do problema apresentado tinham progressivamente se resolvido e que ela estava reconquistando seu equilíbrio interior. Ela, contudo, decidiu prosseguir seu trabalho interior para investigar dimensões mais profundas de sua vida psíquica. Na época em que começou seu trabalho comigo, nenhum desajustamento óbvio parecia exigir nenhuma atenção específica. Ainda assim ela falou que experimentava sentimentos de estagnação interior, um estranho senso de vulnerabilidade, bem como sentimentos vagos, mas persistentes, de ansiedade, para os quais ela não conseguia encontrar nenhum fundamento. Seu sonho inicial, sonhado uma semana antes de nosso primeiro encontro, a fez tomar consciência de uma urgência interior. O inconsciente tinha tomado o controle, e seu ego, já sintonizado com seu inconsciente graças ao trabalho terapêutico anterior, seguiu o impulso.

Transformação

Em seu artigo "Os problemas da psicoterapia moderna" (1931/1966), Jung identifica quatro estágios sucessivos da psicoterapia, cada um dos quais caracterizado por processos interiores específicos, a saber, "confissão", "elucidação", "educação" e "transformação". Os três primeiros fazem parte de qualquer trabalho psicoterapêutico. Jung os qualifica como abordagens objetivas e racionais, sendo, cada um desses processos, necessário para encarar os sintomas específicos do paciente. O quarto estágio, que ele chama de "transformação", é aquele que mais caracteriza a psicologia analítica (i. é, a psicanálise junguiana). Sobre este quarto estágio, Jung diz que ele concerne a pessoas que, como Christina, são intelectual e emocionalmente funcionais, satisfatoriamente integradas em seu meio social, familiar e profissional: em outras palavras, bem-adaptadas, mas aspirando a algo além da normalidade e da adaptação. O objetivo é alcançar a totalidade psicológica, e a transformação é o meio para este objetivo. O fator instigador não é mais uma atitude disfuncional a ser superada, mas uma reação inconsciente que é percebida pelo indivíduo como uma paralisação interior insuportável ou uma pressão interior sem base no funcionamento objetivo, diário. Ele emerge de uma necessidade subjetiva e encontra sua resolução através de um processo subjetivo, no qual uma dimensão não racional desempenha papel fundamental. Embora às vezes seja um caminho seguido por indivíduos jovens, a necessidade é, na maioria das vezes, sentida pelas pessoas na segunda metade da vida.

Imagens de transformação

A preocupação dos seres humanos com a transformação psicológica é universal, e uma riqueza de imagens que a simbolizam é encontrada em todas as culturas. A predileção de Jung pelo imaginário alquímico como evocativa de tal processo é bem conhecida. Outra imagem poderosa do fenômeno da transformação psicológica é o fenômeno da metamorfose da lagarta numa borboleta. Embora tal fenômeno seja um processo concreto encontrado na natureza, ele foi universalmente apreendido em sua qualidade evocativa simbólica (cf. Stein 2005; Woodman 1985).

Tais imagens, apreendidas simbolicamente, não apenas revelam as fases essenciais do processo transformativo, mas também sua meta. Seja a transmutação do metal comum em ouro ou a metamorfose da lagarta numa borboleta, em ambos os casos se aponta para a manifestação e realização do que poderia ser chamado de a identidade suprema de uma dada estrutura ou ente.

O caminho rumo à totalidade psicológica se dá por uma sucessão de transformações que lembram a troca de pele da serpente, outro processo natural cujo significado simbólico foi reconhecido por todas as culturas. Seguindo as ordens de seu próprio crescimento repetidamente ao longo de sua vida, a serpente desenvolve uma nova pele, e perde a defasada. Ao fazê-lo, ela se liberta do confinamento numa fase de desenvolvimento anterior, abrindo espaço para uma expansão de seu ser. Por isso não surpreende que tenha se tornado uma poderosa imagem de crescimento, renovação e cura psicológicas.

O sonho de Christina claramente se referiu a uma fase iminente de iniciação, com o símbolo de um casamento renovado: em termos psicológicos, seu sonho estava anunciando a necessidade de uma nova *conjunctio*, um novo relacionamento com seu inconsciente, como o si-mesmo. A referência ao vestido de noiva que precisava ser adquirido remete à nova pele da serpente, que cresceu internamente, de modo que a velha pele pudesse ser descartada.

Limiares

No período pré-queda da pele, quando a velha pele começa a se descolar da nova pele subjacente, a visão da serpente fica embaçada durante um certo tempo, suscitando um aumento de comportamento nervoso; a visão turva priva o animal de sua orientação normal no seu ambiente. A serpente, para quem a observa, está nitidamente inquieta, obviamente estressada e ansiosa devido a sua vulnerabilidade.

Qualquer que seja a imagem simbólica que se possa relacionar a uma fase de transformação psicológica, tal período é análogo à travessia de um limiar. Limiares colocam a pessoa num espaço entre, de impasse, um espaço liminar (do latim *limen*), um "lugar nem isto nem aquilo", em que os pontos de referência familiares e tranquilizadores empalidecem. Desprovida dos mecanismos de relacionamento ou dos trajes protetores usuais, a pessoa se encontra num estado que é, por vezes, de profunda desorientação e vulnerabilidade objetiva. Nua, desprotegida, a psique é exposta, como um caranguejo de casca mole, a incontáveis predadores, sendo violentamente atacada por impulsos destrutivos ou atraída pelo caminho sedutor da restauração regressiva. Tais processos geram, é claro, sentimentos legítimos e inevitáveis de ansiedade, como expresso por Christina.

Inúmeros rituais, presentes em praticamente todas as culturas, foram desenvolvidos para prevenir os perigos inerentes à travessia de um limiar, afirmando deste modo seu potencial profundamente problemático e perigoso.

Nos contos de fada, monstros e demônios frequentemente guardam o limiar, seja advertindo contra o perigo inerente ou obstruindo a passagem, impedindo a heroína de realizar sua tarefa. O ritual que é ainda mais conhecido é aquele que cerca a travessia do limiar pela noiva em sua nova casa. Em muitas culturas antigas, acreditava-se que os demônios da família da noiva a cercavam, impedindo-a de entrar na sua nova casa, impedindo a consumação da transformação. Ela, por isso, tinha de ser carregada, não tocando o limiar, para enganar os demônios, um costume que ainda é praticado em vários de nossos países ocidentais desenvolvidos.

Ao discutirmos o sonho de Christina, ambas estávamos cientes de que ela estava numa profunda (embora ainda misteriosa) fase de transição, na qual a prudência, isto é, a consciência de um perigo potencial, era necessária. Nós também percebemos que seu marido no sonho, que estava tentando convencê-la de que seu vestido já familiar (sua "velha pele") era o bastante, estava simbolicamente desempenhando o papel dos "demônios familiares" da noiva, impedindo-a de cruzar o limiar.

Como o sonho teve um impacto poderoso nela, Christina o trouxe de volta ou se referiu a ele durante várias sessões, no curso das quais o significado dele gradualmente apareceu. Certo dia, quando nós novamente estávamos tratando de suas imagens, ela disse: "Há obviamente um *deadline* [prazo-limite (N.T.)] para o qual estou despreparada". Após um momento de silêncio, ela repetiu várias vezes pontuando as palavras: "Um *dead-line*". Ela subitamente arregalou os olhos: "Uma *death-line* [literalmente, uma linha da morte (N.T.)]", ela disse. "É disso que se trata neste casamento?" Nenhuma doença específica parecia ameaçar sua vida. Pelo contrário, ela estava notavelmente bem, em termos físicos. Ainda assim, seu *insight* súbito era totalmente congruente com uma consciência vaga mas crescente que vinha a assombrando há um tempo: a consciência de que sua expectativa de vida pela frente estava encolhendo, devagar, mas implacavelmente. "Mesmo que eu possa ainda ter uns bons 20 anos pela frente, parece muito pouco", disse Christina. "Vinte anos atrás eu conheci meu atual parceiro. Parece que foi ontem." O significado psicológico de ter alcançado a idade da aposentadoria profissional subitamente a atingiu.

A transformação no "anoitecer da vida"

Comentando as necessidades psicológicas típicas que correspondem respectivamente à primeira e à segunda metade da vida, Jung fala de uma "psicologia do amanhecer e do entardecer da vida" (1931/1966, § 75).

No meu trabalho com alguns de meus analisandos e em conversas com amigos que estavam para entrar ou já tinham entrado na sétima década de vida, portanto bem acima do que normalmente se considera a meia-idade, comecei a descobrir outro tipo de mudança na vida interior: semelhanças esclarecedoras se manifestavam entre seus processos, ecoando minha própria experiência. Eu acabei por identificar esses aspectos específicos com o que gostaria de chamar de uma "psicologia do anoitecer da vida". Neste curto capítulo, quero dar testemunho de alguns aspectos significativos desta psicologia do anoitecer e do processo de transformação que ela requer.

A passagem da tarde para a noite da vida é, em geral, não tão dramaticamente distinta daquela da manhã para a tarde. A mudança de uma para outra é na maior parte do tempo tão sutil que pode perfeitamente passar despercebida, sendo experimentada mais em termos de continuidade do que de uma mudança. Mas o relógio biológico foi escutado também no campo da alma e em alguns indivíduos (provavelmente mais conscientes do impacto do tempo), diferenças significativas podem ser percebidas, dando ao processo uma qualidade muito específica, uma coloração especial.

A história de Christina oferece uma comovente ilustração desta fase de transição, em que progressivamente a pessoa entra na noite da vida.

A "death-line"

A não ser que uma doença grave, com ameaça à vida, apareça, a maioria de nós consegue manter a realidade da morte bem-encapsulada e depositada em algum canto escuro e remoto do inconsciente. Sua repressão é um reflexo sadio em uma boa parte da vida. Sem isso o indivíduo não conseguiria realmente encarnar na vida. Conforme ele envelhece, porém, também cresce a consciência de que o tempo está correndo e de que os anos pela frente estão rapidamente diminuindo. De seu lugar escondido, a realidade da morte é ativada no inconsciente, tentando despertar o ego para seus novos deveres, atuando na psique do modo como um complexo age. A qualidade do processo subsequente depende de o ego poder se relacionar com isso ou, ao contrário, suprimir isso, como uma sombra inaceitável em relação à qual é preciso se proteger.

A prontidão para aceitar este confronto ou, pelo contrário, a luta para fugir dele, provavelmente tem muito a ver com o fato de vermos a morte como o término da vida ou está apta a percebê-la como seu objetivo, conforme Jung afirma em seu artigo "A alma e a morte" (1934/1969, § 796-815). A mudança de uma percepção para outra exige do indivíduo uma profunda transformação interior. De fato, mesmo se a morte é percebida como o objetivo (finalidade) da vida ao invés de um fim, em ambos os casos se trata da finitude. Pessoas saudáveis não gostam de ficar pensando em sua inescapável destruição. Resistências automaticamente surgem, como no sonho de Christina: seu sonho a conscientizou de um conflito interior entre dois impulsos opostos simbolizados pelo eu onírico que percebe a chegada do "*dead-line*" e a urgência de obter o "vestido apropriado" para esta nova iniciação, enquanto outra parte dela, mais racional, simbolizada pelo marido onírico, ficaria satisfeita em continuar como antes, ignorando os deveres impostos pela necessidade de renovação, alheia ao fato de que, como Christina logo percebeu, o *dead-line* de seu sonho se referia a uma "*death-line*".

Obedecendo sua consciência da *death-line*, Christina entrou num período doloroso e inquietante, com seu humor oscilando entre o pânico ("Este sonho está anunciando minha morte iminente") e a recusa ("Estou com a saúde perfeita. Não preciso me preocupar"). Um conflito entre dois impulsos opostos é a fonte mais comum de ansiedade. Quando ela finalmente aceitou e conseguiu manter ambas as vozes antagônicas juntas, progressivamente uma nova perspectiva começou a emergir. Pouco a pouco o sonho começou a perder sua qualidade apocalíptica (como anúncio do iminente fim de sua vida) e começou a ser sentido como um convite a responder às exigências do anoitecer da vida, ou seja, às transformações necessárias rumo a um objetivo, com um novo contrato com a vida correspondendo a esta nova fase. Nos contos de fada, dar nome ao mal (o demônio ou a bruxa) pode resultar no desempoderamento dele. A finitude foi nomeada e aceita, os sintomas de ansiedade de Christina a partir de então começaram a desaparecer progressivamente.

Sendo o conceito de totalidade enraizado no infinito potencial do si-mesmo, sua plena realização vai além dos limites de qualquer vida individual. Devido a sua qualidade arquetípica, é muito provável que ele revele sua natureza ambivalente: ele pode ser experienciado como um convite à conexão mais profunda consigo mesmo, mas também pode suscitar desejos que têm um sabor de inflação. Christina é o que se poderia chamar de uma pessoa espiritualmente ambiciosa, ou seja, alguém que leva a sério os ditames de sua alma, está pronta a confrontar suas resistências e está ativamente comprometida com seu crescimento interior e a conquista de objetivos espirituais altamente valiosos. Contudo, mesmo se tais objetivos são interiores, continuam sendo estabelecidos pelo ego, e por causa disso até eles precisam ser deixados de lado no anoitecer da vida, para que se abra espaço para tudo o que se é, tal como se é e não como se gostaria de ser. Mais do que nunca, no anoitecer da vida a noção de totalidade revela ser um caminho, e o caminho, como o Tao, é seu próprio objetivo.

O sofrimento é parte de qualquer processo de transformação: algo tem de ser deixado de lado para que algo novo emerja. O processo de Christina passou por um período de sofrimento pelo que ela chamou suas "vidas não vividas"; não apenas as que se referiam a seu passado, mas aquelas que também se refeririam ao futuro. Não só o passado não pode ser refeito, mas, dadas as limitações de uma expectativa de vida individual, muitos de nossos potenciais genuínos jamais serão realizados. Muitos desejaram transformações que nunca acontecerão. Paradoxalmente, contudo, uma profunda transformação pode vir se aceitarmos os nossos aspectos que não podemos transformar. Como Jung assinalou, a cura, às vezes, não é erradicar uma neurose, mas aceitá-la como significativa e útil (1931/1966, § 11). O sofrimento na noite da vida é o que leva à reconciliação consigo mesmo, à unicidade psicológica, à integridade, um termo que é praticamente sinônimo de totalidade, mas com um sabor mais modesto, e por isso mais sintonizado aos ditames da noite da vida. A integridade psicológica implica uma aceitação e integração incondicionais de todos os aspectos do nosso ser, a cessação de uma divisão interior que às vezes é fortemente reforçada por nossas melhores aspirações espirituais na tarde da vida. Muitas peles grossas têm de ser descartadas antes que a divisão possa ser superada entre o que é visto espiritualmente como valioso e o que, pelo contrário, dá testemunho de nossas preocupações e preguiça. Muitas outras peles têm de cair para esta aceitação incondicional de si mesmo ser um movimento dinâmico de rendição a nossa verdade integral e não uma mera resignação derrotista. Só através desta entrega dinâmica podemos genuinamente "continuar a crescer na velhice [*to grow old*] e... não meramente afundar no processo de envelhecimento", como escreve Helen Luke (Luke, 55).

O poder de transformação mútua do ego e do inconsciente

Um dia, Christina trouxe a nossa sessão um quadro em acrílico que ela tinha pintado durante a semana. Ele era no formato de uma mandorla [auréola oval em forma de amêndoa, que é "mandorla" em italiano (N.T.)] apoiada e se destacando de um pano de fundo escuro. O interior da mandorla era uma espécie de vitral e parecia uma rosácea mostrando diferentes formas em cores vívidas, cada qual relacionada a um aspecto específico dela mesma. Alguns pedaços do vitral tinham formas estranhas, parecendo pedras brutas com contornos desiguais. Quando comentava a mandorla, ela apontou para essas formas inauditas: "Isso são pedras", ela disse. "Partes de mim que não podem se transformar: pesadas demais, densas demais para serem penetradas. Minhas partes irremediáveis." Ela começou a nomeá-las: "Esta é minha mãe sem mãe e nada maternal", "Esta é minha adolescente deprimida interior. Passiva, sem vida, hibernando na sua depressão", "Esta é a que vai permanecer para sempre com medo de se expor em público e que vai continuar se escondendo e traindo parte de sua verdade", e assim por diante. Ela continuou nomeando cada uma de suas pedras. Quanto a mim, pude sentir o peso destas formas estranhas, mas estava impressionada com suas cores vívidas e com o fato de que elas mostravam um relevo maior do que os outros elementos, como se Christina tivesse usado várias camadas de acrílico nelas. Eu disse: "Elas parecem joias". Ela disse: "No começo eu as tinha pintado em cinza-escuro. Mas num certo ponto eu fiquei triste por elas e decidi dar a cada uma um vestido de noiva apropriado". Ela disse isso com um sorriso. "Eu pensei que elas mereciam isso. Por isso acabaram se tornando joias."

Pouco depois daquela sessão, Christina teve um sonho no qual se viu seguindo uma mulher que caminhava ao longo de um corredor estreito num fim de tarde. Sua guia tinha uma qualidade angelical e um brilho misterioso emanava dela. Em cada lado do corredor todo tipo de gente esperava: alguns sadios e sorridentes, outros feridos e tristes. Entre eles uma jovem dançando, um cachorro correndo feliz, também um bebê natimorto, uma garota de doze anos, na iminência de dar à luz, um idoso morto, e até mesmo partes de um corpo humano – um pé, um fígado, e assim por diante. Conforme a mulher angelical passava, todos esses seres se juntaram a ela (mesmo o pé e o fígado se moveram na sua direção). O grupo estava formando uma procissão e ficando cada vez maior. A procissão vagarosamente progredia rumo a uma sala vazia no final do corredor, da qual uma suave luz misteriosa provinha. Entre o ponto que eles tinham atingido e a sala misteriosa, a distância era impossível de se avaliar. A única coisa que estava clara é que na parte restante do corredor muitos outros seres, familiares ou estranhos, tranquilizadores ou ameaçadores, estavam esperando serem integrados à procissão.

A transformação psicológica é geralmente percebida como sendo instigada por um impulso do inconsciente e consumada quando o ego se submete a suas exigências. Um dos pensamentos mais esperançosos e inovadores, contudo, é o reconhecimento do poder do ego de propiciar uma transformação do si-mesmo, um *insight* que ele elaborou especialmente em seu livro *Resposta a Jó* (Jung 1952/1958, § 553-758). Quando um vínculo profundo foi estabelecido entre o ego e o inconsciente, eles se tornam parceiros ativos num processo de transformação mútua.

Conforme Christina me contava seu sonho, nós ficamos profundamente tocadas pelo que sentimos ser a resposta de seu inconsciente à iniciativa que ela tinha conscientemente assumido quando pintou a mandorla. Sua compaixão para com todas as partes da psique, sua decisão consciente de oferecer um "vestido de noiva" para seus aspectos interiores mais irremediáveis, tinham instigado uma transmutação alquímica e deflagrado um movimento dentro do inconsciente, que imediatamente reagiu. O sonho subsequente lhe ofereceu a imagem de uma entidade espiritual, um *psicopompo*, conduzindo-a ao longo da senda da integração, revelando o potencial criativo de aspectos anteriormente irremediáveis de si mesma (a adolescente grávida), mas trazendo também os elementos aparentemente inúteis, o morto, o natimorto, os elementos desmembrados da psique. Uma figura do tipo Isis-Sophia estava conduzindo Christina ao significado do processo nesta fase de sua vida, realizando uma tarefa de "remembramento" [importante assinalar que o termo inglês *remember*, cuja tradução imediata seria "lembrar", porta em si essa acepção de "remembramento", de restauração, reagrupamento do todo (N.T.)], a tarefa específica do anoitecer da vida. Sem tal presença tranquilizadora, Christina confessa que teria provavelmente ficado aterrada e tentada a recuar da tarefa. Respondendo à iniciativa de seu ego, o inconsciente lhe tinha oferecido um símbolo que tornaria o impossível possível.

"Habentibus Symbolum facile est transitus" ("Para quem tem um símbolo a transição é fácil").

Referências

Jung, C.G. (1952/1958). *Resposta a Jó*. OC 11/4.

______ (1944/1953). *Psicologia e alquimia*. OC 12.

______ (1937/1958). *Psicologia e religião*. OC 11/1.

______ (1934/1969). "A alma e a morte". OC 8/2.

______ (1931/1966). "Os problemas da moderna psicoterapia". OC 16/1.

Luke, H. (2001). *Old Age*: Journey into simplicity. Nova York: Parabola.

Schwartz-Salant, N. (2007). *The black nightgown*: The fusional complex and the unlived life. Wilmette: Chiron.

Stein, M. (2005). *Transformation* - Emergence of the self. College Station, TX: Texas A&M University Press.

Woodman, M. (1985). *The pregnant virgin*: A process of psychological transformation. Toronto: Inner City.

6
Emergência e o si-mesmo

Joseph Cambray*

Num momento crucial no meio de uma análise de vários anos, um profissional do sexo masculino que estava lutando com uma mudança de carreira teve o seguinte sonho curto:

> Eu vim para minha sessão. Estava para tocar a campainha e entrar quando olhei para cima. A luz estava mudando. Era fim de tarde e as estrelas estavam surgindo. Fiquei surpreso de ver uma constelação que nunca tinha visto antes. Ela é nova e está praticamente sobre mim.

Embora o sonhador estivesse consciente de que o *background* mais profundo, a configuração arquetípica sobre a qual vinha baseando sua vida, portanto seu ponto de orientação, estava mudando, a clareza direta do imaginário do sonho o impressionou e o divertiu. O sonho propiciava compensações tanto para a natureza abstrata e complexa de suas formulações conscientes quanto para sua transferência idealizante.

Na primeira camada da metáfora, o *locus* do sonho me pareceu especialmente interessante no último ponto. O "olhar para cima" não está

---

* Joseph Cambray, Ph.D., é ex-presidente da Iaap e membro da New England Society of Jungian Analysts e da Jungian Psychoanalytic Association, com consultórios particulares em Boston, MA, e Providence, RI. Ele é um membro docente do Center for Psychoanalytic Studies na Harvard Medical School.

acontecendo diretamente no *setting* do analista, mas tampouco está longe de lá. O analista está numa ausência antecipada como na iminência de se engajar. A ação acontece no limiar, como se estivesse para acontecer uma transição do que aparece no exterior, no mundo da natureza, para o espaço interior, de fato uma interiorização aprofundadora. Através do sonho, somos levados para um momento de fronteira entre mundos, uma pausa na interface entre consciente e inconsciente, bem como entre o humano e o cosmológico. A liminaridade da cena também se reflete na hora crepuscular. É neste estado de abertura que a visão nova e inesperada é entrevista por um acaso afortunado [*serendipitously*]. O afeto da "surpresa", uma das seis ou sete emoções inatas – identificadas no trabalho de Silvan Tomkins, introduzidas na literatura junguiana por Louis Stewart (1987) – é notável por seu impacto no analisando; isto o faz parar, o reorienta e desencadeia um processo de reflexão.

Dado este sonho, bem como as respostas, associações e reflexões engendradas por ele e o futuro desenvolvimento psicológico desta pessoa, uma abordagem junguiana padrão iria rapidamente identificar aspectos do eu pessoal e transpessoal engajados num momento de realinhamento transformativo, como o potencial para a integração de novas atitudes apontando para a totalidade maior da personalidade. Ao invés de diretamente detalhar tal ponto de vista, que claramente tem muito valor, eu vou dar um passo atrás e começar retomando uma tradição de holismo na ciência como um modo de explorar a "nova constelação" que está aparecendo aqui. Isso será levado ao discurso contemporâneo através da noção de emergência e aplicado à ideia de si mesmo na prática analítica, com um olhar para como isso poderia melhorar nossa compreensão deste tipo de encontro onírico.

Holismo

Os povos do mundo "pré-científico" tinham numerosas visões do universo, geralmente vívidas e profundamente interconectadas de modos misteriosos e mágicos, e frequentemente retratadas em suas mitologias. Com o advento dos métodos empíricos, observacionais, visando à quantificação da natureza, cronistas do mundo dos pioneiros enfatizaram a distância de suas perspectivas anteriores, que eles frequentemente zombavam como superstições. A história da ciência vigente contém vários observadores e teóricos importantes, anteriores ao século XVII, a maioria figuras notáveis como Copérnico, Galileu, Tycho Brahe e Kepler, entre tais pensadores. Contudo, geralmente se dá à rigorosa *matematização* das leis básicas e universais da física o lugar de honra na história das origens da visão científica ocidental do cosmos. Embora inaugurada por Kepler, esta quantificação da natureza é mais frequentemente remontada aos filósofos-cientistas-matemáticos do século XVII, a começar de René Descartes com sua geometria analítica e fonte de nossas coordenadas cartesianas. Na filosofia, Descartes defendeu a separação total entre mente e matéria/corpo, iniciando séculos de debate sobre as origens e natureza da consciência, um problema que está (re)ganhando atenção no século XXI conforme a comprovação tecnológica da interação cérebro/mente está se tornando acessível à exploração científica.

O principal expoente da abordagem matemática foi, é claro, Sir Isaac Newton, que formulou as leis do movimento. O sucesso da visão newtoniana resultou numa visão de mundo mecanicista, mas esta proeza foi perturbada ao longo do tempo por dois pontos principais. Primeiramente, havia o problema da ação a distância. Embora as leis de Newton oferecessem uma descrição acurada da força gravitacional e do movimento dos corpos, especialmente planetas e luas, os meios pelos quais esta força era transmitida permaneceram desconfortavelmente misteriosos. Em segundo lugar, o modelo que Newton propôs sustentava implicitamente que o espaço é vazio e absoluto, ou seja, uma moldura tridimensional cartesiana em que os corpos se moviam. O tempo era do mesmo modo visto em termos absolutos, um fluxo unidirecional do passado através do presente até o futuro, e que poderia ser sistemática, mas arbitrariamente subdividido em unidades usando dispositivos mecânicos, como os relógios.

Conforme recentes biógrafos dos cientistas dos séculos XVI e XVII nos ensinaram, as vidas dessas figuras foram muito mais complexas do que pode ser inferido de suas realizações científicas. Agora se sabe, por exemplo, que Newton escreveu muito mais sobre alquimia do que sobre física matemática.

Leibniz, o codescobridor do cálculo juntamente com Newton, era de modo semelhante muito preocupado com o pensamento simbólico. Para ele, a matemática era parte de uma busca de uma linguagem universal, e ele foi firmemente situado dentro da tradição hermética por Francis Yates (1966). A maioria dos cientistas e matemáticos do período tinha fortes interesses filosóficos que iam além das relações do que poderia ser quantificado, mas estas visões foram erradicadas da subsequente leitura da natureza nos moldes racionalistas e reducionistas ("Iluminismo") do século XVIII.

Embora tenham ocorrido muitos desafios às visões redutivas, o poder explicativo delas tem sido muito convincente, e elas persistiram no mundo contemporâneo, embora sejam cada vez mais reconhecidas como válidas apenas em situações determinadas e condições específicas. Algumas das críticas mais sérias vieram inicialmente dos filósofos, já a partir do próprio século XVII. Leibniz, que fixou sua atenção no *continuum* (uma espécie de *background* pleromático do universo, um fundamento holístico), se opôs à visão atomística das partículas newtonianas. Ele também apresentou perspectivas ligando tempo e espaço como relacionais – este último ponto levou Einstein a se declarar um "leibniziano" (Agassi 1969). Em outras palavras, ele rejeitou os absolutos newtonianos do tempo e espaço. Para Leibniz, a matéria consistia em intensificações de forças, ou energia, como pontos adimensionais no *continuum*. Embora a teoria de Leibniz das mônadas esteja além do escopo deste ensaio, ela incluía a noção de uma harmonia preestabelecida entre as mônadas, que serviu como um dos precursores-chave da ideia de Jung de sincronicidade. Semelhantemente, Spinoza, ao rejeitar o dualismo de Descartes, desenvolveu um monismo de duplo aspecto (mente e matéria como dois aspectos diferentes de uma unidade subjacente, uma instância radicalmente holística). Surpreendentemente, esta teoria desfrutou de um recente ressurgimento entre alguns neurocientistas que examinam a interface cérebro/mente (Damasio 2003).

Em fins do século XVIII, foram deflagradas reações à "ciência do Iluminismo", especialmente na Alemanha. Guiados pelas críticas de Kant, o Romantismo e o Classicismo alemães reviveram o interesse no pensamento de Spinoza através de várias figuras, inclusive Goethe e Schelling com sua

Naturphilosophie. Modos alternativos, com orientação processual, de abordagem da ciência foram sugeridos. Embora na época esta abordagem tenha tido poucos êxitos e tenha sido rapidamente marginalizada, houve uma área de importância que persistiu – a descoberta da ligação entre eletricidade e magnetismo em 1820 por Hans Christian Oersted, que tinha estudado com Fichte. A observação foi feita graças a um serendipismo numa demonstração em sala de aula, quando Oersted reparou na agulha de uma bússola que respondia à passagem de corrente através de um fio próximo. Embora sua teoria sobre isso não tenha sido bem desenvolvida, essa observação serviu como estímulo para o grande experimentalista britânico Michael Faraday.

De origens socioeconômicas modestas, Faraday não tinha uma educação matemática, mas era brilhante no laboratório e com especulações metafísicas. Em seu estudo do eletromagnetismo, ele identificou linhas de força e descobriu a tensão magnética permeando o espaço em torno de fenômenos magnéticos. A partir de seu trabalho sobre os efeitos do magnetismo na luz polarizada, Faraday desenvolveu a ideia do campo, que ele entendia como "um espaço repleto de linhas de força elétricas ou magnéticas" (Cantor et al. 1991, 77). Ele articulou isso publicamente pela primeira vez em junho de 1845 num encontro da British Association for the Advancement of Science (Cantor et al. 1991, 77). Dali ele prosseguiu para desenvolver a teoria do campo mais amplamente. Rejeitando as visões newtonianas do espaço como vazio e absoluto, Faraday ao invés disso visualizou o espaço em torno dos fenômenos elétricos e magnéticos como permeado com, até mesmo composto de, linhas de força eletromagnética, e num grande salto intuitivo ele sugeriu que essas linhas de força podiam carregar "vibrações de raios de luz" (Williams 1980, 116). Ele também viu que linhas de força análogas podiam explicar a gravitação. Assim, em um só golpe ele forneceu uma teoria sobre a propagação da luz e a gravidade, questionando a noção de espaço absoluto e rejeitando a ação a distância. Esta foi a maior inovação intelectual do entendimento do mundo físico desde Newton. De uma perspectiva junguiana, nós identificaríamos isso como a reemergência de uma ideia arquetípica levando a uma visão de um universo completamente interconectado, uma imagem a que o próprio Jung recorreria fortemente.

Sob os limites da física clássica, os *insights* de Faraday foram levados a sua mais plena expressão por James Clerk Maxwell de 1862 a 1865. Entre suas numerosas proezas brilhantes, Maxwell construiu uma expressão matemática completamente rigorosa do campo eletromagnético, não apenas unificando os fenômenos elétricos e magnéticos, mas também demonstrando que a luz era uma forma de radiação eletromagnética num espectro que se estende para muito além da luz visível, em ambas as direções. (Os polos ultravioleta e infravermelho do espectro visível forneceram, é claro, a Jung sua oportuna metáfora das duas dimensões, espiritual e instintiva, dos processos arquetípicos.) As noções newtonianas de espaço e tempo absolutos, bem como de ação à distância, foram agora totalmente superadas. Os paralelos entre o estudo do eletromagnetismo na ciência do século XIX e o fascínio pelos fenômenos hipnóticos, frequentemente referidos como uma forma de "magnetismo", só podem aqui ser registrados de passagem, mas eles têm ligação direta com o estudo dos médiuns na dissertação médica de Jung.

Num tempo surpreendentemente curto, a própria obra de Maxwell foi usada como um trampolim para uma revisão muito mais radical da física através da teoria do campo. Em 1905, Einstein produziu quatro importantes escritos, incluindo-se seu artigo "Sobre a eletrodinâmica dos corpos em movimento", que propuseram sua teoria da relatividade restrita (a relatividade de todas as estruturas inerciais de referências). Em 1915/1916, Einstein havia articulado sua teoria geral da relatividade, unificando a relatividade restrita, a gravitação universal de Newton e uma visão geométrica do espaço-tempo. A aceleração gravitacional surge da curvatura do espaço-tempo pela massa-energia e *momentum* contido na matéria. Isso por sua vez teve um profundo impacto na teorização psicológica. Jung recebeu Einstein em sua casa como convidado para o jantar diversas vezes, no período em que "Einstein estava desenvolvendo sua primeira teoria da relatividade... Foi Einstein quem pela primeira vez me levou a pensar na possível relatividade do tempo e do espaço, e em seu condicionamento psíquico" (Jung 1975, 109).

Embora Jung não tenha se referido explicitamente a seu modelo da psique como uma forma de teoria do campo, ele claramente deve muito a esta formulação, que estava definindo o *Zeitgeist* ["espírito da época" (N.T.)] especialmente nas ciências físicas e que tinha sido importado para a psicologia por figuras como William James com seu "campo de consciência". Considere por exemplo a visão de Jung dos arquétipos do inconsciente coletivo, que, com efeito, formam uma rede altamente interconectada: "É praticamente impossível arrancar um arquétipo isolado do tecido vivo da alma; mas, apesar de seu entrelaçamento, eles constituem unidades de significado que podem ser apreendidas intuitivamente" (Jung 1940, § 302; citado e discutido em Cambray e Carter 2004, 119). Uma descrição do campo pode ser compreendida como um modelo de rede com holismo policêntrico. Em termos de psicodinâmica, "A psicologia da transferência" de Jung apresenta um modelo de campo interativo emergindo de um campo arquetípico de fundo. As investigações científicas da teoria do campo na física em relação com perspectivas holísticas prosseguiram de modo mais notável no trabalho de David Bohm e de seus alunos sobre o que eles nomearam de a "ordem implicada" (para um exemplo, cf. Nichol 2003).

Que tais descrições do campo derivam de imagens arquetípicas fica claro através da amplificação. O *unus mundus* da alquimia é um exemplo. Outro, da filosofia budista indiana e chinesa, é a "rede de Indra". Esta última imagem é uma das metáforas principais da escola Hua-yan ou da "guirlanda de flores":

> No céu do grande deus Indra dizem que há uma rede vasta e cintilante, mais fina do que uma rede de aranha, se estendendo por todo o espaço. Em cada intersecção destas linhas diáfanas está pendurada uma joia reluzente. Já que a rede é de extensão infinita, as joias são em número infinito. Na superfície polida de cada joia todas as outras joias estão refletidas, mesmo as dos cantos mais distantes dos céus. Em cada reflexo, também se refletem todas as outras inúmeras joias, de modo que por este processo, os reflexos dos reflexos se prolongam infinitamente (Mumford; Series & Wright 2002, ii).

Um universo holístico, radicalmente interconectado e reflexivo, tem sido recorrente na imaginação da humanidade, e as teorias de Jung do si-mesmo e do inconsciente coletivo oferecem uma leitura psicológica contemporânea deste padrão arquetípico.

Emergência

Outra corrente correlata de pensamento holístico na ciência e na filosofia deriva de desenvolvimentos da teoria dos sistemas dinâmicos, especialmente de estudos recentes sobre a "complexidade". São considerados "complexos" os sistemas com múltiplos componentes capazes de interagir uns com os outros e que, agregados, produzem comportamentos ou propriedades que são de uma ordem superior à dos componentes e não predizíveis em termos de seus comportamentos conhecidos. Estes sistemas tendem a ser abertos ao ambiente, dissipando energia e produzindo maior ordem interior, e assim são referidos como sistemas auto-organizativos. Como tal, eles operam longe de estados de equilíbrio e, portanto, não podem ser analisados segundo as leis clássicas da termodinâmica. Os fenômenos de alta ordem associados com os traços auto-organizativos de tais sistemas são denominados emergentes, e tendem a aparecer na borda entre ordem e caos (para aplicações clínicas, cf. Cambray 2002). Em termos de teoria do campo, pode se esperar a ocorrência de fenômenos emergentes naquelas regiões do campo que estão sujeitas a auto-organização. Fenômenos emergentes foram identificados por toda a natureza e no mundo humano – de organizações com aglomerados de partículas subatômicas até as aglomerações de galáxias; em sistemas biológicos, tais como o comportamento de insetos sociais, os sistemas imunológicos de animais, a organização e as interações com o cérebro de que a mente emerge, as redes de interações humanas produzindo comportamentos econômicos e culturais. Eu postulo que a noção de Jung do si-mesmo é uma propriedade emergente da psique, como será discutido adiante.

Um outro subconjunto de sistemas adaptativos complexos dignos de nota é o que forma redes dinâmicas através de suas interações. Essas redes têm "hubs" [nós (N.T.)] que são altamente conectados, bem como nódulos que são ligados menos intensamente. Imagine mapas de conexões de linhas aéreas mostrando os principais aeroportos das cidades como "hubs" com muitas ligações juntamente com aeroportos de cidades menores como nodos. A característica mais surpreendente de tais redes são suas propriedades "sem escala", ou seja, eles têm qualidades fractais que aparecem similares em vários níveis da escala. Por exemplo, considere o formato de uma árvore, depois o formato de seus principais ramos e assim por diante, até a estrutura das folhas individuais. Significativamente, sabe-se que redes sem escala têm propriedades auto-organizativas.

Como eu detalhei noutro lugar (Cambray & Carter, 2004), o modelo de inconsciente coletivo de Jung, juntamente com seu método de amplificação, pode ser visto como manifestando uma estrutura de rede sem escala, mesmo se sua apresentação algumas vezes tenda a ser um pouco rígida demais. Esta formulação também poderia ser usada para integrar modelos psicanalíticos numa visão junguiana: os complexos pessoais remanescentes da infância poderiam ser vistos como se organizando em torno de arquétipos maiores durante o desenvolvimento inicial, o que forma os "hubs" na teoria analítica. Os padrões interativos das relações de objeto, que informam o campo da transferência/contratransferência, revelam as interconexões entre "hubs".

Conforme a individuação passa da infância, pelo período socialmente adaptativo da vida adulta (a "primeira metade da vida" de Jung), até os desafios psicológicos da maturidade (seja da personalidade como um todo ou de aspectos particulares dela), os padrões arquetípicos ativos também mudam dos caminhos mais comumente trilhados entre "hubs" para explorações de padrões nodais e suas conexões que estão nas margens. Esses padrões das margens podem ter ficado outrora inexplorados por causa de várias manobras defensivas do ego ou do si-mesmo, situando-os na região da "sombra" no inconsciente dinâmico. Posteriores experiências na vida nos levam aos aspectos marginais e desconhecidos de nosso ser, frequentemente revelados só depois que obstáculos inconscientes prévios tenham sido trabalhados. A nova constelação no céu crepuscular do sonhador na vinheta de abertura sugere precisamente tal momento de descoberta.

O si-mesmo como emergente

As literaturas da teoria do apego, da teoria da complexidade, das ciências cognitivas e das neurociências têm sido amplamente aplicadas a várias perspectivas sobre as emoções e processos de desenvolvimento. No centro disso está a experiência do si-mesmo, que está sendo cada vez mais entendido em seus estágios iniciais como um aspecto emergente da mente-cérebro num campo interativo entre a criança e o(s) cuidador(es). Daniel Stern foi pioneiro nesta área para a psicanálise, a partir de 1985; mais recentemente, reflexões e pesquisa junguianas começaram a aparecer, mais notavelmente na obra de Jean Knox (Knox 2003).

Momentos de emergência do si-mesmo na infância se manifestam numa multidão de níveis, de micromudanças que foram observadas em *videotapes* de interações diádicas mãe/bebê (Beebe & Lachman, 2005), a transições de fase mais amplas, como o início súbito de uma resposta na forma de sorriso ou de uma estranha ansiedade que foram notadas em estudos clássicos do desenvolvimento infantil. A segunda parece envolver um elemento de rápida reorganização de padrões neurais de uma maneira auto-organizativa. Sendo esta uma literatura grande e crescente, eu convido os leitores interessados a começar explorando as referências citadas aqui. Para os propósitos do presente capítulo, eu gostaria de me voltar agora para as ideias de Jung sobre o si-mesmo como uma realidade arquetípica, transpessoal e trans-histórica, especialmente conforme articulado no último capítulo de *Aion*, "Estrutura e dinâmica do si-mesmo".

Previamente, ao definir o si-mesmo, Jung deixou claro que este é um conceito transcendental não completamente apreensível pelo intelecto, mas que provê a base arquetípica da personalidade, incluindo-se a capacidade de conceitualizar. Suas descrições mais antigas já focavam na totalidade: "O si-mesmo, como um conceito empírico, designa o âmbito total dos fenômenos psíquicos no ser humano. Ele expressa a unidade da personalidade como um todo" (1921/1971, § 902). Sendo a unidade da totalidade psíquica, esta completude evidentemente inclui componentes conscientes e inconscientes da personalidade. O imaginário associado com o si-mesmo, como nos sonhos, tende a refletir ou implicar esta totalidade – a aparição de círculos, quadrados, cruzes, círculos, a quadratura do círculo e assim por diante; na representação de uniões dos opostos (*yin* e *yang*; casamentos de rei e rainha ou combinações (al)químicas; herói e companheiro de viagem ou irmãos hostis); ou imaginada na figura da "personalidade supraordenada" (1921/1971, § 902).

Há frequentemente uma forte carga afetiva associada com a experiência de tais imagens. Elas são sentidas como numinosas. Manifestações do si-mesmo coincidem até o ponto da identidade com a *imago Dei*, a imagem de Deus que varia segundo as culturas ao longo da história, e trazem um senso de ordem e de ordenamento nas situações em que elas aparecem. Edinger nota que Jung tomou de empréstimo o termo "si-mesmo" dos textos sagrados dos *Upanishads* mediante suas leituras de Schopenhauer e Nietzsche (1996, 163).

Um subconjunto de imagens do si-mesmo sobre as quais Jung escreveu extensamente são aquelas do simbolismo do mandala (p. ex., em OC 9). Em suma, ele nota:

> Mostra-nos a experiência que os mandalas individuais são símbolos de *ordem*, e que eles ocorrem nos pacientes principalmente durante períodos de desorientação ou reorientação psíquicas. Como círculos mágicos, eles amarram e subjugam os poderes anômicos do mundo das trevas e descrevem ou criam uma ordem que transforma o caos em cosmos (Jung 1951/1959, § 60).

A qualidade transformadora dessas imagens, especialmente quando emergem espontaneamente na beira da loucura, lembra muito o tipo de ordenamento que surge em sistemas auto-organizativos, que de fato são visualizados como vindos à existência na beira do caos. Esses processos estão no coração da emergência do cosmos como uma realidade física e psicológica.

Mais tarde, em *Aion*, conforme Jung abre caminho através dos "Símbolos gnósticos do si-mesmo", ele se esforça para conseguir representar a qualidade multidimensional do si-mesmo através de um conjunto de diagramas geométricos. Usando uma série de quatro octaedros – pirâmides duplas (um dos sólidos platônicos) – cada qual ele explicou como uma elaboração de uma quaternidade em diferentes níveis de ser, da matéria inorgânica (o quatérnio da *lapis*) até imagens do si-mesmo transcendental, o "Adão superior" (o quatérnio de Moisés – figura 1), ele finalmente visualiza uma série de processos não lineares, circulares (figuras 2 e 3). Lendo em termos de emergência, podemos ver um paralelo próximo aqui com as visões contemporâneas da conjunção das teorias da complexidade e da rede/da informação. A auto-organização reflete a informação de sistemas complexos e é uma característica inerente ao

Figura 1 O quatérnio de Moisés

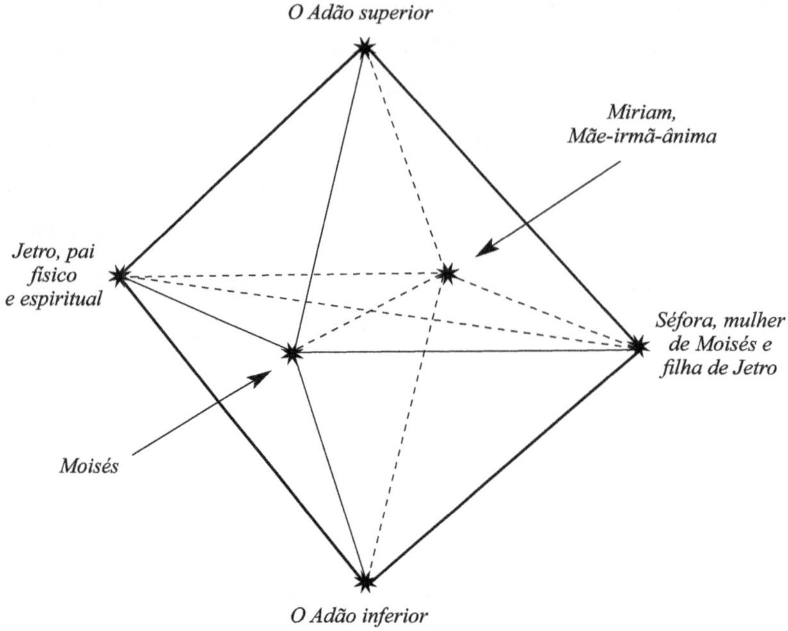

Figura 2 Quatro quatérnios

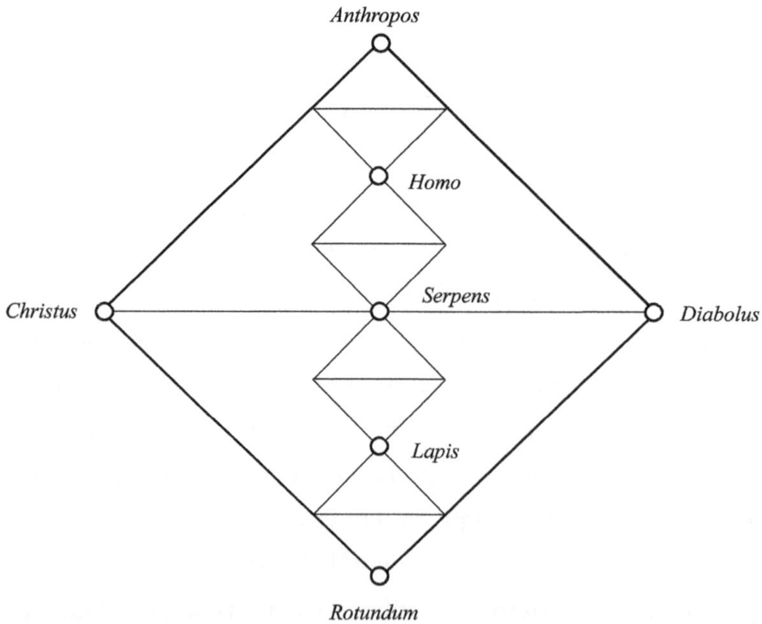

Figura 3 Quaternidades do uroboros

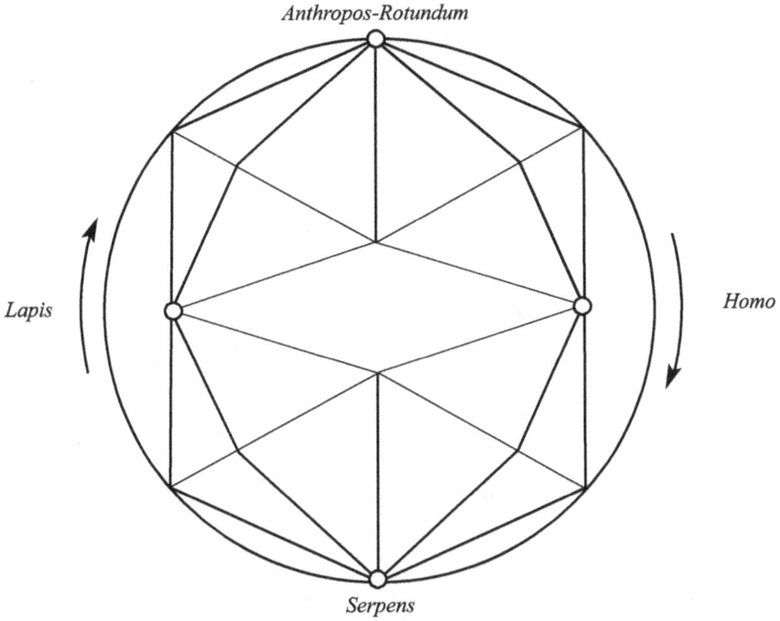

universo, do aspecto micro ao macrofísico da natureza "inorgânica". Ela se estende através das propriedades de sistemas biológicos até as manifestações da mente, incluindo-se comportamentos individuais e coletivos, bem como a evolução das culturas, e inclui todas as aspirações mais elevadas dos humanos. O conjunto de quatro "quatérnios" de Jung oferece uma expressão poética deste conhecimento de uma forma densamente compacta. (Para uma discussão mais detalhada desses níveis numa perspectiva junguiana clássica, cf. Edinger 1996, e para o detalhado desenho inédito de Jung que foi reduzido em *Aion* ao que é apresentado aqui na figura 2, cf. Ann Lammers [2007] e a carta de 21 de maio de 1948 de Jung a Victor White (Lammers & Cunningham [2007]; ele será referido abaixo como figura 4.)

Nessas figuras, fica evidente que Jung estava buscando um modo suficientemente complexo de apresentar sua crescente compreensão de 2.000 anos de simbolismo. Suas imagens geométricas multidimensionais são ligadas muito de perto a sua tentativa de romper com os princípios trinitários da religião e da ciência, tal como ele a entendia (espaço, tempo, causalidade), e

Figura 4 Quaternidades na carta de Jung

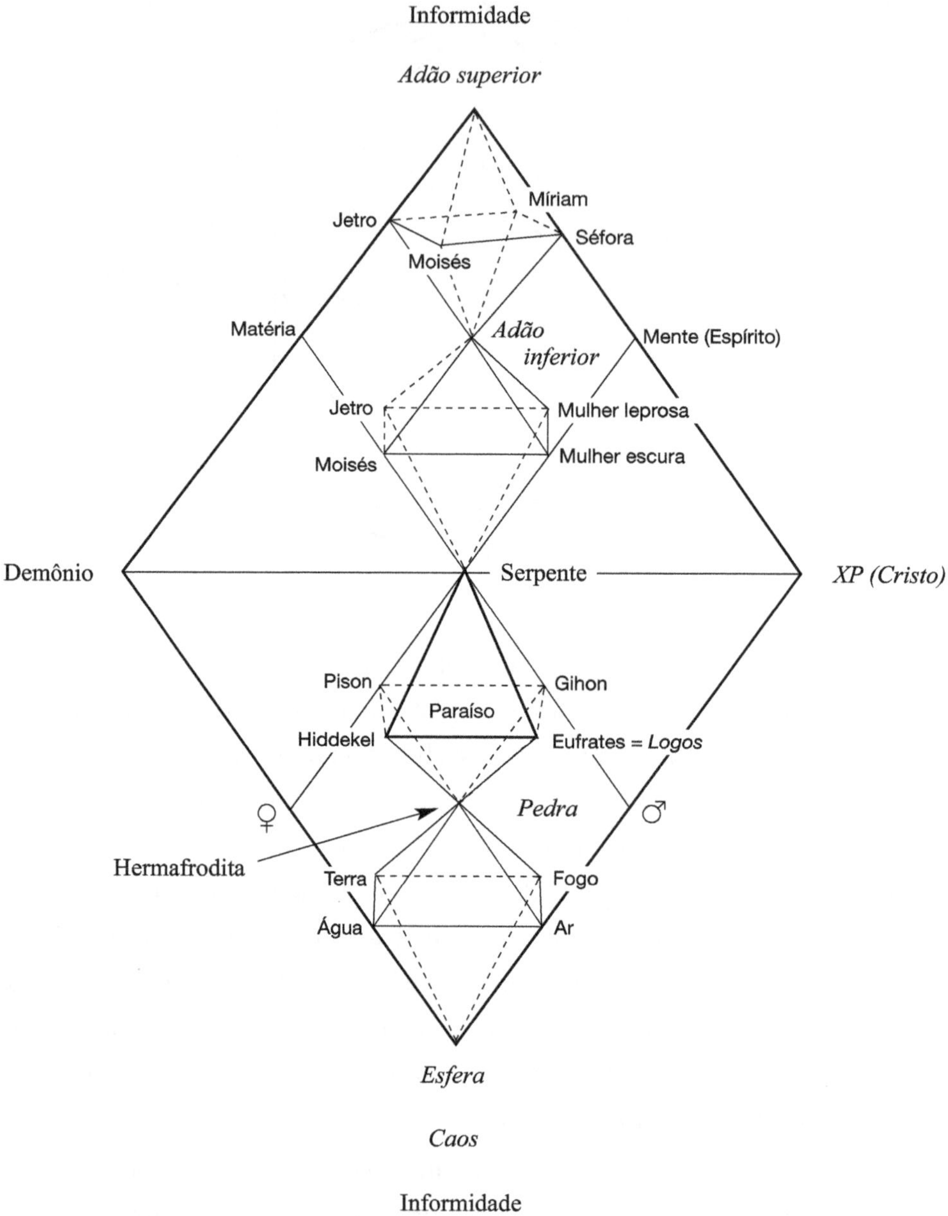

de expressar uma visão quaternitária que inclua "correspondências", ou seja, suas ideias sobre sincronicidade (Jung 1951/1959, § 409). Na linguagem deste capítulo, esses diagramas representam a luta de Jung para comunicar uma visão do si-mesmo arquetípico de uma maneira que o situa no coração de processos emergentes. Como tal, ele simboliza o potencial para a emergência através da hierarquia de níveis, do mineral ao espírito.

Uma característica marcante, ao compararmos esses diagramas, é a quebra ou redução da simetria na representação mais completa de Jung, figura 4. Em sua forma geral, as figuras 1-3 mostram traços altamente regulares, simétricos. Mesmo o mais complexo deles demonstra uma simetria rotacional, bem como espelhada. Contudo, diferentemente de todos os diagramas publicados em *Aion*, o esboço de Jung para White (figura 4) mostra o octaedro de cima girando 90 graus relativamente ao que estão abaixo dele. Esta rotação, juntamente com as linhas diagonais no diamante maior que ligam a face frontal inferior do segundo octaedro com a face dorsal superior do terceiro octaedro reduz a simetria da figura total a um único espelho. Além disso, como notado por Lammers (2007), essas linhas diagonais da matéria para o símbolo ♀ e da mente (espírito) ao símbolo ♂ são omitidas no desenho de *Aion*, novamente simplificando e simetrizando a figura publicada em relação com a da carta a White. Esta redução da simetria me sugere que esta expressão mais completa da ideia de Jung contém um impulso (não sei se era consciente ou não) de quebrar o excessivo ordenamento que por vezes acompanha suas discussões do si-mesmo (bem como sua própria história de produção de mandalas). O inestimável valor desta diminuição da simetria pode ser descoberto na complexidade maior que dela resulta.

A partir do exame cuidadoso da simetria em relação com a complexidade, cientistas têm asseverado que a complexidade é caracterizada pela quebra da simetria. Para sistemas simples/lineares em que o todo é igual à soma de suas partes, as características simétricas são comuns e introduzem redundância no padrão, de modo que se precisa apenas de uma porção da informação num sistema simples para construir o todo. A repetição de um padrão produzindo ordem tende a engendrar uma experiência estética da beleza, que pode, é claro, ter um efeito apaziguador na mente e induzir um sentimento de tranquilidade em ressonância com a harmonia da forma simétrica. A construção de formas simétricas é também crucial no desenvolvimento inicial, dado o valor do aprendizado imitativo. Contudo, para sistemas complexos, a redução na simetria é indispensável à emergência. Nenhum aspecto de um sistema complexo tem informação adequada para representar o todo, tampouco nenhuma parte singular pode estatisticamente predizer o comportamento dinâmico do sistema, especialmente quando este é auto-organizativo. A simetria é quebrada no que se chama de transições de fase, ou seja, rápidas reorganizações num sistema dinâmico que reestruturam radicalmente o sistema, permitindo que novas formas emerjam (para uma discussão das transições de fase em manifestações do si-mesmo, cf. Hogenson 2005; para uma discussão científica mais geral, cf. Mainzer 2005). Psicologicamente, suportar tais transições e reorganizações pode ser altamente estressante para um indivíduo, mesmo que em última análise tenha algo positivo no efeito transformador.

Minha sugestão é que Jung lutou com ambos os lados do problema ao articular o si-mesmo. Ele precisava das propriedades ordenadoras simétricas que são associadas às tradições históricas, estéticas e religiosas, por um lado, e ao mesmo tempo se manteve aberto às possibilidades precárias, quebradoras de simetrias e emergentes do si-mesmo, por outro. Talvez sua necessidade de se manter aberto ao poder do numinoso, que nem sempre pode ser reduzido ao continente simétrico, tenha informado seu diagrama para White, assim como ele falou de seu respeito pelas várias tradições religiosas como a maior aproximação à fé de que ele era capaz (Lammers & Cunningham 2007). Parece que ele precisava de uma visão mais complexa do divino do que a que podia encontrar na tradição religiosa.

Ao centrar sua discussão do si-mesmo no *éon* cristão, Jung também aponta para as transformações históricas da expressão coletiva do arquétipo do si-mesmo. Sua discussão se organiza tendo por pano de fundo o ano platônico com seus "meses" zodiacais. (Devido à precessão do equinócio causada pela oscilação da Terra, um "ano" é uma transição completa do equinócio através do círculo do zodíaco, ou seja, corresponde a 25,765 anos terrestres.

Cada mês, portanto, consiste de cerca de 2.200 anos.) A transição para o próximo éon, para a agora excessivamente propalada "era de Aquário", está claramente no horizonte de Jung. É onde ele localiza os dilemas associados à resolução dos opostos (1959, § 142). Da perspectiva da psique objetiva, tal mudança na expressão básica do si-mesmo indicaria uma grande transição de fase no nível sociocultural, e até global, acompanhando a emergência de uma nova forma. Tem havido, é claro, muita especulação sobre isso, especialmente com o advento da globalização e o enorme impacto da internet, mas é prematuro procurar identificações claras.

Mais reflexões sobre a mudança referida, em acréscimo a *Aion*, estão ficando disponíveis e oferecem uma reconsideração da transição em termos de emergência. A obra de Karen Armstrong sobre os começos das grandes transições religiosas mundiais na "Era Axial" é uma contribuição deste tipo (2006). Na comunidade junguiana, Murray Stein (1998) explorou aspectos transformativos de emergência na vida adulta, e Hester Solomon, no capítulo final de seu último livro, *The Self in Transformation*, faz uma fascinante conjugação de leituras junguianas e emergentistas deste material (2007). Similarmente, o estudo dos complexos culturais (p. ex., Singer e Kimbles 2004) irão, creio, avançar pelo estudo e aplicação cuidadosas da teoria da complexidade às dimensões inconscientes dos fenômenos socioculturais e históricos. Noutro lugar eu explorarei macrossincronicidades, aquelas que ocorrem no nível das interfaces societais e culturais e que deixaram sua marca na história (Cambray 2009).

Conclusão

Voltando ao sonho com o qual comecei este capítulo, podemos agora considerar a nova constelação que aparece no alto. Não há informação suficiente para saber onde a psique do sonhador situa esta visão com relação ao zodíaco. Nós sabemos apenas que um novo padrão emergiu e que está próximo seu zênite no limiar da análise, o que torna o liame entre os aspectos pessoais e coletivos deste material algo decisivo e incerto. O que ele de fato sugere é uma ruptura da simetria, talvez um passo para fora ou a quebra da "heimarmene" (a compulsão das estrelas conforme ligada ao zodíaco). Certamente o destino não é transcendido de modo tão simples, mas uma quebra que leva a uma maior complexidade torna a individuação mais premente. A liminaridade do sonho também contém o impulso para uma maior diferenciação, o que deverá intensificar a necessidade de articular o relacionamento entre os elementos individuais e coletivos do si-mesmo, de modo que o que emerge partilhe de ambos, mas de um modo que não pode ser predito. Como eu escrevi anteriormente, é o afeto mais diretamente ligado com a experiência psicológica da emergência (Cambray 2006).

Nós encerramos com um retorno ao desconhecido, embora enriquecidos, espero, pelas ideias da ciência contemporânea que estão formando um novo paradigma. Os conceitos de Jung, especialmente o de si-mesmo, não pode ser inserido nessas reflexões sem alguma modificação, mas assim eu acredito que eles são fortalecidos. O *opus* de Jung como um todo tem um sentimento emergentista para isso. Sua incrível intuição se afina com muitas características que podem ser associadas a tal perspectiva, embora ele tenha feito isso sem o benefício das explorações científicas, que não estavam ainda disponíveis durante sua vida. Por vezes sua visão parece restringida demais pelo anseio de ordem, que o levou a "supersimetrizar" seus modelos, assim como Einstein em sua busca de uma teoria do campo unificado. Nosso mundo enfrenta angústias diferentes, e se pudermos suavizar o modelo de Jung do si-mesmo rumo à totalidade de uma rede policêntrica mais aberta, sua vibração e vitalidade oferecerão muita coisa para a vida no século XXI.

Referências

Agassi, J. (1969). "Leibniz's place in the history of physics". In: *Journal of the History of Ideas* 30: 331-344.

Armstrong, K. (2006). *The great transformation*. Nova York/Toronto: Alfred A. Knopf.

Beebe, B. & Lachman, F. (2005). *Infant research and adult treatment*: Co-constructing Interactions. Nova Jersey: The Analytic Press.

Cambray, J. (2009). *Synchronicity*: Nature and psyche in an interconnected universe. College Station: Texas A & M University Press [*Sincronicidade*: natureza e psique num universo interconectado. Trad. Caio Liudvik. Petrópolis: Vozes, 2013].

______ (2006). "Towards the feeling of emergence". In: *Journal of Analytical Psychology* 51 (1): 1-20.

______ (2002). "Synchronicity and emergence". In: *American Imago* 59 (4): 409-434.

Cambray, J. & Carter, L. (eds.) (2004). *Analytical psychology*: Contemporary perspectives in jungian analysis. Hove/Nova York: Brunner-Routledge.

Cantor, G.; Gooding, D. & James, F.A.J.L. (1991/1996). *Michael Faraday*. Nova Jersey: Humanities Press.

Damasio, A. (2003). *Looking for Spinoza*: Joy, sorrow, and the feeling brain. Nova York: Harcourt.

Edinger, E. (1996). *The Aion lectures*. Toronto: Inner City.

Hogenson, G. (2005). "The Self, the symbolic and synchronicity: Virtual realities and the emergence of the psyche". *Journal of Analytical Psychology* 50 (3): 271-284.

Jung, C.G. (1975). *Letters*, 2: 1951-1961. Org. G. Adler e A. Jaffe. Princeton, NJ: Princeton University Press.

______ (1951/1959). *Aion* – Estudos sobre o simbolismo do si-mesmo. OC 9/2.

______ (1921/1971). *Tipos psicológicos*. OC 6.

Knox, J. (2003). *Archetype, attachment, analysis*: Jungian psychology and the emergent mind. Hove/Nova York: Brunner-Routledge.

Lammers, A.C. (2007). "Jung and White and the God of terrible double aspect". In: *Journal of Analytical Psychology* 52 (3): 253-274.

Lammers, A.C. & Cunningham, A. (eds.) (2007). *The Jung-White letters*. Londres/Nova York: Routledge.

Mainzer, K. (2005). *Symmetry and complexity*. Nova Jersey: World Scientific.

Mumford, D.; Series, C. & Wright, D. (2002). *Indra's pearls*: The vision of Felix Klein. Cambridge: Cambridge University Press.

Nichol, L. (ed.) (2003). *The Essential David Bohm*. Londres/Nova York: Routledge.

Singer, T. & Kimbles, S.L. (eds.) (2004). *The cultural complex*: Contemporary Jungian perspectives on psyche and society. Hove/Nova York: Brunner-Routledge.

Solomon, H.M. (2007). *The self in transformation*. Londres: Karnac.

Stein, M. (1998). *Transformation*: Emergence of the self. College Station: Texas A & M University Press.

Stewart, L.H. (1987). "A brief report: Affect and archetype". In: *Journal of Analytical Psychology* 32 (1): 35-46.

Williams, L.P. (1980). *The Origins of Field Theory*. Maryland: University Press of America, Inc.

Yates, F.A. (1966). *The art of memory*. Chicago: University of Chicago Press.

Parte II

Métodos

Introdução aos métodos

Murray Stein

Jung era famoso por desdenhar da noção de "técnica" em análise. Ela era um anátema para ele porque ele temia que uma ênfase em "como fazer" criasse imitadores mecânicos que perderiam a individualidade da pessoa que vem ao tratamento. Ele estava convencido de que a coisa mais importante que um analista tem a oferecer é uma mente aberta e receptiva, e se a técnica atravanca o caminho para tanto é melhor pô-la de lado e sentar com uma pessoa sem saber o que fazer ou como fazer. Num certo sentido, os capítulos desta seção contrariam a crítica explícita de Jung ao método e à técnica em análise, mas trata-se de uma contradição apenas aparente, não real. Como todos os capítulos deixam claro, ninguém é a favor da técnica em detrimento da presença pessoal. Os métodos, ferramentas e técnicas discutidos nesta seção são valiosos se manejados adequadamente, o que significa não "mecanicamente" e inflexivelmente, mas com respeito à unicidade de cada indivíduo que vem para a análise.

John Beebe, provavelmente o maior porta-voz e teorizador junguiano do tipo psicológico, discute o grande valor da avaliação tipológica no trabalho com analisandos. A teoria do tipo é uma ferramenta que na verdade garante mais tratamento individual do que seria possível sem ela, precisamente porque ela pressupõe que as pessoas são diferentes e que o número de sapato de alguém não calça todos os pés. Jan Wiener, igualmente uma autoridade na questão da transferência no mundo junguiano hoje, discute a expressa ambivalência de Jung sobre o uso da transferência como uma ferramenta na análise, e mostra como uma compreensão da transferência nos próprios termos de Jung pode ser criticamente importante para promover crescimento da consciência e individuação na análise.

O método preferido de Jung para trabalhar na análise era a interpretação de sonhos. Warren Colman, em seu capítulo "Interpretação dos sonhos e a criação do significado simbólico", mostra como a abordagem de Jung diferia da de Freud e como o moderno psicanalista junguiano emprega a interpretação de sonhos de modo central e importante hoje. Tanto a forma tradicional quanto a contemporânea da interpretação de sonhos no trabalho junguiano é colaborativa. Os significados não são impostos ou decretados por um analista de autoridade. Eles são o produto do diálogo e da troca no interior da matriz criativa do *setting* analítico. John Hill, em "Amplificação: desvelando a emergência do significado", discute a importante contribuição do analista para este diálogo. O método da amplificação foi projetado por Jung para expandir o significado dos sonhos e de outros materiais do inconsciente, de modo a acrescentar referências coletivas às pessoais.

Além do trabalho com sonhos, a imaginação ativa era um método preferido que Jung empregava para entrar em contato com o inconsciente. Sherry Salman, em seu capítulo "Peregrinações da imaginação ativa", conecta este método junguiano tradicional com discussões contemporâneas na psicanálise junguiana e com perspectivas pós-modernas, e revê as formas tradicionais e contemporâneas de usar esta técnica na análise. Instrumento de algum modo negligenciado entre os psicanalistas junguianos nas décadas recentes, a imaginação ativa tem sido destacada por uma nova geração como uma técnica indispensável para trabalhar analiticamente em profundidade. Mary Dougherty ("Sobre o fazer e o fazer uso de imagens em análise"), Eva Patis ("Sandplay"), e Cedrus Monte ("O corpo e o movimento em análise") ampliam a discussão da imaginação ativa introduzindo outras técnicas específicas que têm sido desenvolvidas por elas próprias e por outros psicanalistas junguianos para elaborar o potencial da imaginação ativa de vários modos.

Com todos esses métodos, instrumentos e técnicas, a intenção é criar um processo dialético entre a consciência e o inconsciente que libere energias criativas e construa uma estrutura psíquica estável que seja maximamente representativa da personalidade total. Em mãos erradas, é claro, elas podem se tornar camisas de força e serem mais veneno do que cura. O psicanalista junguiano habilidoso deverá saber quando e como usá-las, e quando deixá-las de lado.

7
O reconhecimento do tipo psicológico

John Beebe*

O falecido Jo Wheelwright, o analista que nos anos entre 1940 e 1980 fez tanto para manter a teoria de Jung dos tipos psicológicos viva como uma modalidade clinicamente relevante de interpretação, gostava de dizer que a habilidade de reconhecer um tipo psicológico é uma "manha" ["knack"]. Jo era, conforme explicou do seu modo inimitável (Wheelwright 1982), um "tipo intuição sentimento extrovertido", o que no seu caso significava uma capacidade excepcional de entrar na mente dos outros e saber como eles estavam se sentindo. Algumas de suas expressões de compaixão intuitiva, numa época em que o termo "inteligência emocional" não tinha ainda entrado na linguagem corrente, foram lendárias. Uma colega que lutava contra o alcoolismo recebeu um buquê de flores dele toda semana durante seu primeiro ano de recuperação. Jo uma vez saudou um colega mais jovem com "Deve ser ótimo estar em um terno novo!", para a surpresa do colega, que tinha recentemente comprado o terno e quis saber como Jo, que não o via todo dia, podia saber disso.

---

* John Beebe, M.D., é um *Distinguished Fellow* da American Psychiatric Association e analista integrante do C.G. Jung Institute of San Francisco, do qual é ex-presidente. Ao longo dos últimos vinte e cinco anos, deu palestras e escreveu sobre os tipos psicológicos. É o autor de *Integrity in Depth* e coautor de *The Presence of the Feminine in Film*.

Para chegar a seu tipo, Jo supôs (1) que ele era um extrovertido (ninguém que o conheceu duvidou disso), (2) que sua consciência predominante – que Jung teria chamado de sua "função superior de consciência" – era a "intuição", e (3) que sua função auxiliar (o termo de Jung para a "segunda" função" que acompanha a primeira para produzir o "tipo" individual) era o sentimento. Jo concluiu que ele estava emparelhando "intuição extrovertida" com "sentimento extrovertido" para alcançar os traços extraordinários de empatia pelos quais ele era notado. Mas me parecia, e também àqueles que tinham estudado os tipos usando o Myers-Briggs Type Indicator (MBTI), que Jo estava emparelhando "sentimento introvertido" (que notava como certas categorias da experiência tendiam a ressoar no fundo da alma) com "intuição extrovertida" (que realçava a novidade na vida de alguém na qual o indivíduo estava apostando seu futuro). Jo sempre insistiu que seu sentimento era extrovertido, porém afirmando que não havia um mínimo de evidência de que ele tinha sentimento introvertido. Há uma recordação de um seminário que nós dividimos com a mulher de Jo, Jane, no qual eu pacientemente expliquei as bases de minha conclusão alternativa enquanto Jo ralhava comigo, até que Jane finalmente gritou para mim: "Você quer parar?!"

Este conflito sobre o tipo de Jo Wheelwright reflete a confusão que os clínicos junguianos frequentemente experimentam quando tentam usar a teoria dos tipos, a despeito da extensa fundamentação legada por Jung (1921) em *Tipos psicológicos* e por Katherine Briggs Myers (1980) em *Gifts Differing* e as clarificações posteriores nos círculos junguianos e do MBTI que eu resumi num artigo recente (Beebe 2006). Para usar a teoria com precisão é necessário ser capaz não só de (1) reconhecer e apropriadamente nomear as "funções" principais que uma pessoa está usando para expressar sua consciência (Jung dá apenas quatro opções para isso: pensamento, sentimento, intuição e sensação), mas também para (2) decifrar qual das duas funções que parecem estar sendo mais usadas é primária, e qual é secundária – e além disso para (3) deixar clara a "atitude" com a qual cada função é desempenhada. (As opções que Jung e Myers nos dão aqui são apenas duas, extrovertida e introvertida, e na visão de Myers, bem como na minha própria, se a função primária é extrovertida, então a secundária é introvertida, e vice-versa. A alternância natural de extroversão e introversão em nossas funções da consciência é, segundo minha observação, muito adaptativa: ela nos impede de nos tornarmos unilaterais demais.)

Mesmo aqueles que reconheciam tanto a intuição como o sentimento de Jo Wheelwright (e havia muitos que só podiam ver uma ou outra dessas funções) nem sempre sabiam do que chamá-los (alguns pensavam que a intuição de Jo não passava de indiscrição ou narcisismo), e poucos podiam decifrar qual dessas funções era primária e qual secundária (a maioria das pessoas supunha que ele tinha "sentimento extrovertido" como seu principal *modus operandi*, não percebendo, creio, que estavam confundindo a extroversão de sua função superior (intuição) com a introversão de sua função auxiliar (sentimento)).

Tampouco minha necessidade de definir o tipo tão claramente deveria ser promovida como um valor sem que eu admita que minha função pensamento tem uma necessidade de definir o tipo precisamente, mas também me afastar de uma pessoa para fazê-lo num modelo ideal, em minha própria mente, de como o tipo de uma pessoa pode ser analisado. Isso é tão evidente em mim que seria fácil para o leitor concluir que eu tenho o pensamento introvertido como minha função comandante. Mas não, eu argumentaria, a intuição extrovertida é a minha função comandante, e o pensamento introvertido a minha auxiliar. Note minha estranha confiança interior em meu próprio pensamento que me levou a acreditar que tinha o direito de tipificar Jo Wheelwright de qualquer maneira. Também note, porém, o modo como este capítulo começa, pulando diretamente na confusão dos tipos. Isso é intuição extrovertida, e tem uma certa verve e imediatismo. O capítulo começa a atolar-se, contudo, assim que eu tento especificar o tipo de Jo ou o meu próprio com exatidão excessiva no meu modo pensamento, porque então eu estou escrevendo como se consultasse um modelo da mente que me é particular, não facilmente acessível ao leitor que ainda não conhece este modelo. Agora o leitor tem de trabalhar para seguir meu argumento. Se o leitor consultar sua própria experiência de ler este capítulo até aqui, a evidência para fazer uma avaliação do tipo de seu autor já está à disposição.

Para checar a avaliação de que este autor está usando a intuição extrovertida e o pensamento introvertido, o leitor pode considerar que nem o sentimento nem o aspecto sensorial do capítulo são seu ponto forte. Eu considerei como Jo Wheelwright se sentia sobre a conclusão que ele tinha obtido sobre o seu tipo – que, como ele teria dito, "seus pensamentos" poderiam "ficar magoados" por uma análise que contradizia a sua própria? Estou dando ao leitor muitos fatos para basear qualquer tipo de análise? Não é o sentimento predominante do capítulo até aqui, a despeito do exemplo pessoal, abstrato ao invés de concreto? E não é difícil dizer o que o autor sente sobre o algoritmo das escolhas de tipo que eu pareço estar tentando transmitir?

Não é difícil ver, se você simplesmente consultar sua experiência enquanto lê este capítulo, que o autor dele não dá ênfase particular ao sentimento, e que ele exibe ainda menos sensação. E, se você estiver realmente familiarizado com a teoria junguiana dos tipos, você pode descobrir o padrão da minha consciência que está emergindo para ser consistente com a visão de que, quando o pensamento é a segunda das funções comandantes, o sentimento (seu oposto no mesmo eixo das funções "racionais") será terciário, e que, quando a intuição domina, a sensação (seu oposto no mesmo eixo das funções "irracionais") será a função inferior. Saber disso nos capacita a mapear o tipo do autor deste capítulo – ou seja, meu tipo – como Jung poderia ter feito, começando com uma linha vertical, que podemos nomear em seu topo como intuição e em seu extremo inferior como sensação, e depois cruzando-a com uma linha horizontal para definir um eixo com ângulos retos. Nós então designaremos este polo à esquerda no eixo horizontal de "pensamento", e à sua direita, de "sentimento". O diagrama que resultou pode então ser designado de "perfil tipológico de John Beebe". Isso pretende veicular o autor, para os propósitos de tipificá-lo, visualizado como se encarando o leitor, braços abertos com sua mão direita para a esquerda de quem vê, e sua esquerda para a direita de quem vê, e sua cabeça, tronco e pernas alinhadas para sugerir uma espinha ereta.

Por que alguém gostaria de se transformar num diagrama? Se tal modelo é de um pensamento introvertido (uma função que poderíamos definir como a necessidade de fazer a experiência se conformar com um modelo de pensamento sustentado e verificado segundo sua consistência "interna"), possivelmente a resposta a esta questão será encontrada ao se dizer: "Isso é o que o pensamento introvertido gosta de fazer!" James Hillman assinalou que a própria palavra "função vem de uma raiz sânscrita *bhunj*, que significa "curtir, desfrutar", e disto seu próprio pensamento introvertido extrai a conclusão de que "O exercício e o desempenho de uma função é algo para curtir, como uma atividade prazerosa ou saudável, como a operação dos poderes da pessoa em qualquer esfera de ação" (Hillman 1971, 75). No meu caso, eu curto tipificar a consciência e encaixá-la num modelo de pensamento.

Mas não estou executando este exercício num vácuo, autisticamente, só para mim mesmo. É meu modo de ensinar, de transmitir, até de tentar *cuidar* do leitor, que eu imagino esteja lendo este capítulo na esperança de compreender como usar o tipo numa prática analítica. Minha função auxiliar, o pensamento introvertido, está na verdade tentando cuidar de você enquanto você lê, ao levá-lo a desenhar o meu perfil de modo que você possa visualizar tanto a teoria dos tipos quanto o homem que a está explicando para você em termos tipológicos que eu achei os mais úteis. Se você se *sente* cuidado por mim, e se suas dúvidas sobre o tipo estão sendo realmente dirimidas por este ensinamento, é um resultado, evidentemente, de como você me recebe, o que depende em parte de sua própria tipologia. Mas eu posso pelo menos supor que você está tendo alguma experiência de mim enquanto lê este capítulo, e é nisto que eu quero que você baseie sua própria percepção do meu tipo, assim como você veria e ouviria um paciente se apresentando para você.

Noutro lugar (Beebe 2004), eu argumentei que, independentemente do tipo psicológico de um indivíduo, há um gênio regente associado a cada uma das "posições" de nossa tipologia – superior, auxiliar, terciária e inferior – no modelo de consciência original de Jung de quatro funções. Para cada posição, um arquétipo tempera a expressão da função naquele lugar. (Embora esteja além do escopo deste curto capítulo, eu também identifiquei arquétipos associados com as quatro funções que estão na sombra.) Minha descoberta foi que a função auxiliar é usada parentalmente – como um modo de cuidar dos outros. (Novamente, eu estou focando na intenção do indivíduo quando usa um tipo particular de consciência.) Disso decorre que, ao fazer uma avaliação tipológica, precisamos levar em conta a instância arquetípica que acompanha o desempenho de uma função particular. Se você pode me experimentar pelo menos tentando cuidar de você ao usar uma versão da teoria dos tipos que é intrincada, até mesmo privada, lógica, baseada no meu amor por minha própria versão particular dessa teoria, então você pode começar a ver como meu pensamento introvertido é auxiliar, pois é isso o que uma função auxiliar quer, *cuidar do outro*.

Tendo comparecido a um encontro profissional, certa vez Jo Wheelwright estava num bar do hotel liderando alguns outros colegas num karaokê informal quando uma mulher que estava tocando piano subitamente percebeu que sua menstruação tinha vindo. Ela parou de tocar, se levantou graciosamente e foi para o banheiro, e a poça de sangue que tinha sido escondida pelo seu vestido estava evidente no banco do piano. O momento era naturalmente desconfortável para todos os presentes: ninguém sabia o que dizer ou o que fazer. Sem dizer nada, Jo foi ao bar, pegou alguns guardanapos de papel e os usou para limpar o banco. Então sentou e começou a tocar o piano e assim o karaokê pôde continuar. Quando a mulher reapareceu, dez minutos depois, estava em condições de voltar a tocar. Acredito que Jo usou seu sentimento introvertido para entender o quão humilhante tal experiência podia ser para a mulher e o quão perplexo todo mundo se sentiu sobre o que fazer, e ele simplesmente se concentrou em remover a coisa que estava produzindo o constrangimento: o sangue no banco. Ele próprio provavelmente teria lido sua ação como a de um sentimento extrovertido. Penso que está claro que é igualmente um gesto parental, que envolve o uso de sua autoridade como analista sênior para fazer um movimento de cuidar de limpar, do seu modo sentimento notavelmente calibrado, a desordem de uma colega mais jovem. Eu não consigo imaginar uma abordagem da tipologia desta história, seja como exemplo de um sentimento extrovertido ou introvertido, sem também olhar para o modo paterno do sentimento, qualquer que fosse seu tipo, que estava em ação. E eu suspeito que poucos presentes pudessem ter experimentado o gesto, embora envolvesse a função sensação (limpar o sangue), fosse motivado por outra coisa senão o sentimento.

Por contraste, a função superior é menos envolvida no cuidado dos outros e mais na afirmação do eu. Ao descrever a jornada noturna do herói em *Transformações e símbolos da libido*, Jung dá uma bela descrição do modo como uma intuição introvertida heroica aborda o problema de se relacionar com o inconsciente. Ao afirmar esta visão de um ego conscientemente irracional (ou seja, um tipo intuitivo), ele sacrificou o seu papel de cuidador com relação à psicologia freudiana, que era a base na qual Freud o havia ungido como seu "príncipe herdeiro". Ele foi desde então acusado por Freud de ter abandonado o estudo científico do inconsciente, que para Freud só podia ser realizado racionalmente através de uma dialética de pensamento e sentimento.

Num ensaio completado pouco antes de sua morte, Jung descreveu como emergiu do inconsciente em si a necessidade de afirmar sua própria perspectiva mais baseada na intuição e na sensação (e, portanto, em sua própria linguagem, em funções "irracionais"). Ele reconta um sonho que confidenciara a Freud quando os dois estavam a caminho dos Estados Unidos para uma conferência na Clark University, na qual muitos psicólogos do primeiro escalão, inclusive William James, iriam estar presentes. Freud esperava que Jung o ajudasse a "vender" a teoria da psicanálise para os psicólogos norte-americanos. No sonho, Jung encontrava pela primeira vez sua própria casa, que espelhava, através de seus móveis e conteúdos, não apenas a sua história e seus interesses intelectuais, mas também um modelo estratificado da psique. Discutindo o sonho com Freud, segundo ele nos diz, ele teve "o *insight* súbito e totalmente inesperado de que meu sonho representava a mim mesmo, minha vida e meu mundo, minha inteira realidade como algo contraposto a uma estrutura teórica erigida por outrem [...]. Não era o sonho de Freud, mas o meu próprio, e eu compreendi como que num raio o que meu sonho significava" (Jung 1961/1980, § 490).

Poder-se-ia dizer que em resposta a este sonho a identidade de Jung emergiu, e que sua identidade foi expressa através de uma explosão típica da intuição introvertida. Em contraste com o diagnóstico tipológico de pensamento introvertido atribuído a Jung por muitos junguianos, inclusive, por vezes, o próprio Jung, eu tendo a ler Jung como um tipo intuitivo introvertido, com o pensamento (e eu diria que é um pensamento extrovertido) como sua função auxiliar. O que é importante aqui é notar que no modo como ele aborda o sonho que tentou compartilhar com Freud, Jung afirma sua intuição no momento em que o vê como apresentando sua "própria" perspectiva. Há narcisismo nisso, bem como uma certa combatividade heroica. Ele está enfaticamente *não* cuidando de Freud, como o faz nos escritos mais "racionais" que estava publicando na época do sonho e nos quais ele usa o pensamento extrovertido para defender a validade da psicanálise. O sonho de Jung, e o modo como ele o interpreta, é compensatório a este deixar-se ser usado desse modo. O sonho promove a emergência de uma extrema autoafirmação sustentada pela função intuitiva, que (pelo menos no momento do *insight*) se tornou a função superior para Jung (e seu guia predileto para pensar desde então).

Com um paciente na situação terapêutica, nós frequentemente temos de distinguir entre o modo como o paciente se autoafirma e o modo como o paciente cuida de um outro. Isso não é tão difícil de fazer porque na situação analítica o "outro" é geralmente o analista. Há algo de heroico na autoafirmação (deve-se notar que muitos pacientes têm uma dificuldade considerável em se autoafirmarem com a convicção que Jung atribui a essa tomada de posse de seu próprio sonho), e há algo de parental no tomar conta de outrem. O analista pode querer notar os modos como o paciente é parental na transferência, e não só os modos como o paciente é infantil. (Desenvolvendo a noção de Winnicott [1987] do "*holding*" [termo técnico de uso já consagrado nesta sua forma inglesa original na bibliografia psicanalítica brasileira, e que teria, entre suas possíveis traduções, a acepção de sustentação, amparo (N.T.)] que o analista oferece ao paciente através de uma análise, a psicanálise relacional contemporânea inferiu que o paciente ampara [*holds*] o analista durante o tratamento tanto quanto o analista sustenta o paciente [Samuels 2008] e, é claro, há amplas variações nas capacidades dos pacientes de fazê-lo e nos modos como eles o fazem, o que é influenciado pela força e pela tipologia da função auxiliar do paciente.) A distinção nos ajuda a diferenciar a função superior (heroica) de sua função auxiliar (parental, cuidadora), e isso pode ser de imensa utilidade para um diagnóstico tipológico confiável. Devido ao modo como a intuição introvertida de Jung está tão envolvida em sua autoafirmação no momento de perceber a possibilidade de sua própria teoria da mente (e assim tão desinteressada em continuar apoiando o modelo de Freud), sou levado a diagnosticar a função superior de Jung como intuição introvertida e a lê-lo como sendo (quando é o mais caracteristicamente ele próprio) um tipo intuição introvertida com função auxiliar pensamento.

Embora a "posição" seja decisiva para a afirmação do tipo, é de pouca ajuda se alguém não sabe como reconhecer e distinguir os diferentes tipos de consciência (oito ao todo) que podem aparecer em posições particulares como "superior" e "auxiliar". (Essas duas não exaurem as posições nas quais um tipo de consciência pode aparecer, mas estou me concentrando nelas porque são as que mais aparecem relativamente cedo no tratamento da maioria das pessoas.) Temos, noutras palavras, de ser capazes de reconhecer, e dizer a diferença, entre pensamento introvertido, sentimento introvertido, sensação introvertida, intuição introvertida, e pensamento extrovertido, sentimento extrovertido, sensação extrovertida e intuição extrovertida. Aprender a fazer isso requer prática consciente. Não é diferente do modo como se aprender a ler música. Infelizmente, não temos uma música mnemônica como "Do-Re-Mi," que Mary Martin, e mais tarde Julie Andrews, cantaram em *The Sound of Music*, para reconhecer o tipo do modo como reconhecemos os tons básicos da escala musical ocidental. Há, contudo, uma anedota europeia, "A Dinner Party with the Types", que é incluída como um apêndice no livro de Daryl Sharp *Personality Types: Jung's Model of Typology* (113-119), que é muito eficaz em descrever os oito diferentes tipos de consciência personificados como participantes de um jantar comemorativo. A anfitriã, adequada a seu papel, encarna o sentimento extrovertido. Seu marido, um professor de História da Arte, quieto e magro, sem dúvida se distingue pela capacidade de notar diferenças mínimas entre obras de arte semelhantes. Ele representa a sensação introvertida. Uma advogada do tipo pensamento extrovertido é a primeira convidada a chegar. Um industrial, bem-vestido mas desajeitado, gentil mas guloso com a comida, chega mais tarde. Ele fica como sensação extrovertida. Sua esposa, silenciosa, extremamente refinada e com olhos misteriosos, o tipo para o qual vale o ditado "still waters run deep" [literalmente, águas paradas são profundas (N.T.)], está com ele. Ela exerce um efeito estranhamente magnético sobre os outros participantes com seu sentimento introvertido. Um professor de Medicina do tipo pensamento introvertido é o próximo. Ele vem sem sua esposa, e está aparentemente preocupado com a doença que tem estudado. Ele é seguido por um engenheiro do tipo intuição extrovertida que fala com entusiasmo sobre seus planos ambiciosos, que se pode suspeitar que só seriam viáveis se outra pessoa os realizasse. Enquanto fala, ele engole sua comida sem reparar que está comendo. O último convidado esperado, um poeta jovem e pobre, esquece de vir para a festa, mas, quando percebe seu engano, pensa em se desculpar enviando à dona da casa o poema em que estava trabalhando enquanto a festa acontecia. (As próprias descrições de Sharp desses oito tipos de consciência seguem as de Jung e são apresentadas mais extensamente na seção principal do livro.)

As funções não são tão facilmente reconhecidas na terapia. Uma pessoa real, diferentemente de um personagem estereotipado identificado com uma única função, tem acesso às oito funções da consciência, mesmo se algumas estão na sombra, e vai empregar uma ou outra dependendo do contexto e do tipo de consciência solicitado por esse contexto. E o paciente em análise está frequentemente sob o jugo de complexos, que notoriamente produzem o que Jung, citando Janet, chamava de um *abaissement du niveau mentale*, uma redução do nível mental, de modo que a energia que normalmente adere à função superior e à auxiliar, lhes permitindo vir à tona, está ausente. Quando essas funções não estão ativas, as funções terciária e inferior emergem. "Terciário" e "inferior" são termos que implicam que há um gradiente de diferenciação nos quatro tipos de consciência que normalmente descrevem o "ego" de alguém, pelo menos como esse termo definido por vezes de modo impreciso é compreendido na psicologia analítica. Sendo as funções menos diferenciadas que estão conscientemente disponíveis ao paciente, as funções terciária e inferior tendem a estar menos adaptadas à realidade e mais influenciadas por complexos inconscientes, que de fato são usualmente dominantes na psique quando a terceira e a quarta funções emergem de uma forma reconhecível. Sua apresentação é assim, muitas vezes, enfeitadamente neurótica, facilmente caracterizada como obsessiva, ciclotímica, histérica ou paranoide, criando uma óbvia ligação com a psicopatologia. Quando é fácil diagnosticar traços neuróticos ou patologia de caráter num paciente analítico, tem-se um alerta de que se está olhando não para a tipologia natural (função superior e auxiliar) do paciente, mas para uma "falsificação da personalidade original" (Jung 1959, § 214). Naturalmente, uma pessoa também pode falsificar sua personalidade original de um modo mais adaptativo ao se conformar às expectativas de uma família, escola, ocupação ou cultura.

Devemos ser cautelosos, portanto, ao fazer diagnósticos tipológicos. É melhor não tentar tipologizar alguém que não tenha ainda feito uma conexão com o si-mesmo que lhe seria natural, pois tudo o que pode estar fazendo é notar a "personalidade negativa" (Jung 1959, § 214) que engoliu o verdadeiro *self* do paciente (Beebe 1988). Às vezes, contudo, saber que as funções inferior e terciária refletem aquilo em que a pessoa é "menos boa" pode ser uma pista para o tipo real. A pessoa que fica constantemente obcecada por pequenas questões sentimentais, achando os sentimentos dos outros um fardo infinito, pode não ser um tipo sentimento extrovertido para o qual os sentimentos dos outros importam, mas que não acha fácil lidar com eles, e sim alguém com sentimento extrovertido inferior, ou seja, um tipo pensamento introvertido. Marie-Louise von Franz (1971) escreveu o texto definitivo sobre a função inferior, e de muitas maneiras sua monografia é também o melhor livro sobre tipo para clínicos, pois retrata o modo como muitos pacientes se apresentam no consultório quando estão sob o jugo da função inferior. Sua leitura deveria ser exigida em todos os cursos de formação junguianos. Um ensaio copublicado de James Hillman sobre a função sentimento mostra a variedade de outras entidades psicológicas que podem confundir a identificação de uma função da consciência, e a necessidade para os clínicos de diferenciarem todas elas. Para citar só um exemplo:

> O sentimento extrovertido não deve ser confundido com a persona. Embora em Jung ambos se refiram ao processo de adaptação, o sentimento extrovertido é uma função da personalidade. É uma maneira de se comportar e pode ser uma expressão de um estilo individual. Por meio dele uma pessoa dá valores e se adapta a valores de modo que podem ser altamente diferenciados, não coletivos e originais. A persona, por outro lado, é um arquétipo fundamental da psique, referindo-se à maneira como a consciência reflete a sociedade. A persona, no uso estrito do termo em Jung, significaria uma reflexão desenvolvida do consenso coletivo. Se alguém é um prisioneiro, um viciado, um eremita ou um general, tem uma persona desenvolvida no

> lidar com os estilos e formas coletivamente pertencentes a esses padrões de existência. Eles são padrões arquetípicos. O sentimento pode ter pouco ou nada a ver com esta adaptação, pois alguém pode estar conectado muito bem ao coletivo através do pensamento, da intuição e da sensação. Em suma: classicamente a persona é um modo coletivo de desempenhar um papel no mundo; a função sentimento é um instrumento individual de autoafirmação (Hillman 1971, 102).

Para descobrir a tipologia de um paciente é melhor esperar que ele mostre uma aptidão original para se construir ou manejar algum aspecto que vem à tona na terapia, ao invés de simplesmente "tipificar" a pessoa quando ela está manifestando uma persona coletiva que poderia pertencer a qualquer um na situação do paciente, ou quando o paciente está sofrendo de modo tão evidente por uma psicopatologia que a síndrome praticamente tomou o lugar da pessoa.

A tipologia do verdadeiro si-mesmo (o pequeno e pessoal si-mesmo, em contato com o grande e transpessoal "Si-mesmo" [Gordon 1985; Beebe 1998]) raramente é tão estereotipado; ao invés disso, ele franqueia o uso das partes mais diferenciadas da personalidade de um modo individual que é uma revelação e um prazer experimentar. É quando a pessoa está exibindo suas forças como uma pessoa autêntica que podemos começar a apreciar a habilidade com a qual sentimento, pensamento, sensação e intuição estão sendo usadas. Em tais momentos, nós também podemos ver como são a extroversão e a introversão, quando usadas como atitudes conscientes.

Quando o paciente está usando uma função extrovertida bem diferenciada, a função vai procurar se misturar com algum aspecto do analista de um modo que o analista não acha particularmente desconfortável. Quando o *sentimento extrovertido* é diferenciado, o analista se sente apreciado e respeitado, e há num senso de que a boa vontade está sendo vista e correspondida. Quando o *pensamento extrovertido* é altamente diferenciado, o analista vai achar que é seguro deixar o paciente estabelecer a pauta, como um general comandando a campanha da terapia. Quando a *sensação extrovertida* do paciente é bem desenvolvida, o analista tem a experiência de uma pronta participação no que está acontecendo no momento e uma impaciência correlata com as abstrações, como se o que já está aí fosse suficiente sem muita interpretação. A intuição extrovertida pode parecer indiscreta, mas também divertida e espantosa no modo como é capaz de captar novas possibilidades para desenvolver os objetivos da terapia no mundo.

A introversão, quando usada conscientemente, não é tão fácil de distinguir, e de fato as funções do sentimento, sensação e intuição introvertidas podem facilmente ser confundidas entre si. O *pensamento introvertido* pode normalmente ser identificado pelo fato de que tende a não saber quando parar, e que precisa definir tudo novamente, a ponto de se tornar cansativo e difícil de acompanhar. Como as outras funções introvertidas, ele tenta encaixar sua experiência de um objeto com uma compreensão *a priori* arquetípica desta categoria de objeto *já presente no inconsciente.* O movimento introvertido de afastamento do objeto externo é assim o primeiro passo num processo que leva a libido da função introvertida para as profundezas do inconsciente do sujeito introvertido, para ver se o objeto realmente casa. (O fato de que ele frequentemente não corresponde ao arquétipo ajuda a explicar o frequente desapontamento que as funções introvertidas registram na análise, um desapontamento que não deve ser confundido com um problema a ser tratado, mesmo se é disfórico para o sujeito. As pessoas com funções introvertidas superiores devem registrar este desapontamento quando o objeto simplesmente não casa. É o modo normal de reagir deles.) A *intuição introvertida* tenta casar a experiência com uma imagem de um arquétipo, algo como uma metáfora visual. A sensação introvertida gosta de estabelecer se a experiência do objeto confere com um senso interior do que já foi estabelecido como "real" ao longo da experiência humana. E o sentimento introvertido quer saber se o objeto conforme experimentado está se conduzindo de acordo com o que é adequado a tal objeto, ou seja, se uma noiva está agindo como uma noiva, se uma casa se parece como uma casa, se uma chefe está se comportando como ela deveria em seu papel.

O clínico deve se acostumar ao modo como as funções introvertidas estão constantemente mensurando o que acontece na terapia, para ver se bate com o rico mundo interno da experiência já conhecida, arquetípica, em relação à qual uma função introvertida avalia tudo. Reconhecer os tipos introvertidos em seu funcionamento normal é um modo de perceber a enorme contribuição de Jung para o desvelamento do mundo introvertido como uma parte do funcionamento saudável. Simplesmente não patologizar a introversão é talvez a postura mais curadora que um terapeuta pode assumir em nossos tempos extrovertidos e de devastação da terra. E é um sinal de que o terapeuta está bem dotado da manha [*knack*] do reconhecimento tipológico.

Referências

Beebe, J. (2006). "Psychological types". In: Papadopoulos, R. (ed.) *The Handbook of Jungian Psychology*: Theory, Practice, and Applications. Londres/Nova York: Routledge, 130-152.

______ (2004). "Understanding consciousness through the theory of psychological types". In: Cambray, J. & Carter, L. (eds.). *Analytical Psychology*: Contemporary Perspectives in Jungian Analysis. Hove/Nova York: Brunner-Routledge, 83-115.

______ (1988). "Primary ambivalence toward the Self: Its nature and treatment". In: Schwartz-Salant, N. & Stein, M. (ed.). *The borderline personality in analysis*. Wilmette, IL: Chiron, 97-127.

Dalp, S. (1952). *Handschriften-deutung*. Berna: Franke.

Gordon, R. (1985). "Big Self and little self: Some reflections". In: *Journal of Analytical Psychology* 30: 261-271.

Hillman, J. (1971). "The feeling function". In: *Lectures on Jung's Typology*. Zurique: Spring, 73-150.

Jung, C.G. (1961/1980). "Símbolos e interpretação dos sonhos". OC 18/1.

______ (1950/1959). "Sobre o renascimento". OC 9/1.

Myers, I. & Myers, P.B. (1980). *Gifts Differing*. Palo Alto, CA: Davies-Black.

Samuels, A. (2008). Comunicação pessoal.

Sharp, D. (1987). *Personality types*: Jung's model of typology. Toronto: Inner City Books [Primeiramente publicado em alemão como *Das Diner der psychologischen Typen* [O jantar dos tipos psicológicos]. Sammlung Dalp, 1952].

Von Franz, M.-L. (1971). "The inferior function". In: *Lectures on Jung's Typology*. Zurique: Spring, 1-72.

Wheelwright, J. (1982). "Psychological types". In: *Saint George and the Dandelion*: 40 Years of Practice as a Jungian Analyst. São Francisco: C.G. Jung Institute of San Francisco, 53-77.

Winnicott, D. (1987). *Holding and interpretation*: Fragment of an analysis. Nova York: Grove.

8
Trabalhando *na* e *com* a transferência

Jan Wiener*

> As emoções são contagiosas porque estão profundamente enraizadas no sistema simpático... qualquer processo de tipo emocional imediatamente suscita um processo semelhante em outrem... Mesmo quando o médico está inteiramente desligado dos conteúdos emocionais do paciente, o simples fato de esse paciente ter emoções tem um efeito sobre ele. É um grande engano o médico julgar que está isento disso. O máximo que ele pode fazer é se tornar consciente do fato de estar afetado...
>
> Jung

Esta notável passagem da 5ª das *Tavistock Lectures* de Jung [cf. OC 18/1, § 318-319] mostra claramente que as agudas capacidades intuitivas de Jung estavam vivas desde os primeiros tempos de sua escrita e em sua prática clínica. Jung conhecia transferência até aos ossos, e embora raramente se admita, ele foi certamente o primeiro dos psicólogos do profundo a apontar a inevitabilidade e a utilidade para os analistas dos afetos contratransferenciais. As profundas crenças de Jung na natureza arquetípica dos processos inconscientes vivos entre paciente e analista, no impacto emocional da análise e no potencial dele para gerar sentido, encontra generoso respaldo no começo do

---

* Jan Wiener é uma analista didata e supervisora na Society of Analytical Psychology e na British Association of Psychotherapists. É ex-diretora de Formação da SAP e trabalha no Sistema Nacional de Saúde do Reino Unido e em consultório particular. Ela está no Comitê Executivo da Iaap.

século XXI na pesquisa contemporânea nos campos da neurociência e da teoria do apego (Schore 1994, 2001; Lyons-Ruth et al. 1998; Kaplan-Solms & Solms 2000; Pally 2000; Beebe & Lachmann 2002). O desenvolvimento de uma mente e a capacidade de gerar sentido emergem através do relacionamento. Processos interativos não verbais e inconscientes são constantes ao longo da infância, da adolescência e vida adulta, e, portanto, por implicação, no relacionamento de transferência e contratransferência. O processamento implícito que está além da consciência pode ser tão importante quanto o que é explícito, consciente ou verbal. A citação de Jung no começo deste capítulo resiste bem aos testes do tempo, e esta perspectiva certamente nos oferece subsídios para pensar os melhores modos de treinar analistas em potencial para que aperfeiçoem seus estados afetivos com relação a seus pacientes.

Dado o óbvio talento de Jung nesta área, uma questão a ser levantada é por que o papel da transferência no mundo junguiano é, na melhor das hipóteses, controvertido, e na pior um foco de profundas desavenças. Há pelo menos três convicções centrais que nos unem como psicólogos analíticos. A primeira é nossa forte crença no poder do inconsciente como sendo muito maior do que a capacidade do ego de compreendê-lo; a segunda se relaciona com o valor do si-mesmo como um centro organizador e unificador da psique, e que procura conjugar e mediar a tensão entre os opostos; a terceira é que a capacidade simbólica e o desenvolvimento da função transcendente facilitam o processo de individuação. Contudo, quando se trata de teorias sobre a transferência e de como trabalhar com as projeções transferenciais, o mundo junguiano se divide radicalmente. Crenças sobre o papel e o valor das transferências dos pacientes para seus analistas se baseiam não só em visões sobre a natureza da psique e do desenvolvimento do funcionamento mental, mas também nos objetivos da análise e, dentro disso, no papel do relacionamento analítico. Nós todos provavelmente concordaríamos que a transferência existe como um processo arquetípico, então por que os junguianos se voltaram para um leque de métodos diversos de compreender as experiências transferenciais com seus pacientes? O que pode ser feito da observação de que o valor que os analistas junguianos pelo mundo atribuem à importância da transferência como um "lugar de ação terapêutica" (Colman 2003, 352) varia tão enormemente? São esses os problemas que este capítulo abordará.

Ambivalência de Jung sobre a transferência

Basta rastrear os escritos de Jung sobre a transferência para perceber sua ambivalência acerca deste tema, expressa em suas afirmações contraditórias, às vezes até no mesmo texto. Inevitavelmente isso atraiu o interesse de vários autores, ávidos em entender por que isso acontecia. Steinberg (1988) e Fordham (1974), por exemplo, fizeram um cuidadoso levantamento dos escritos de Jung sobre a transferência. Steinberg pensava que a ambivalência de Jung poderia ser atribuída a sua mágoa e raiva em relação a Freud e também porque ele deparou com dificuldades transferenciais pessoais com pacientes, as quais o levaram a minimizar a importância da transferência pessoal. Henderson (1975, 117), relembrando seu relacionamento pessoal com Jung, observa que Jung tendia a remeter pacientes com transferência forte demais com ele para Toni Wolff! Fordham (1974) foi generoso com Jung, considerando que é possível encontrar certo sentido de continuidade em seus escritos sobre transferência se eles forem vistos dentro das preocupações sociais e culturais da época. Mais recentemente, outros autores têm sido levados a reexaminar a abordagem junguiana da transferência mediante olhos analíticos situados na cultura de uma época diferente (Kirsch 1995; Perry 1997; Samuels 2006; Wiener 2004, 2009).

As visões inconsistentes de Jung sobre a transferência de fato são confusas. Observando a fascinante troca de cartas entre Jung e Freud durante a primavera e o verão de 1909 (McGuire 1974), parece que a vulnerabilidade de Jung à transferência erótica experimentada então mais poderosamente com Sabina Spielrein, sua primeira paciente analítica, pode de fato tê-lo deixado receoso de se aproximar demais de um envolvimento pessoal com seus pacientes. Mesmo assim, as cartas transmitem a forte motivação de Jung em compreender a trabalhar sua difícil experiência. Enquanto Freud e os pós-freudianos se interessaram cada vez mais pelas nuanças da dinâmica transferencial no relacionamento analítico, Jung, após o colapso de sua amizade com Freud, ficava bem mais feliz trabalhando com seus amados sonhos e as imagens arquetípicas e símbolos que emergiam do inconsciente.

Confrontados com o desconforto da ambivalência de Jung, os psicanalistas junguianos tomaram diferentes direções de transferência em seus métodos de trabalho, também influenciados, é claro, pelas tendências e personalidades prevalecentes nas culturas locais. Alguns, inclusive eu mesmo, se voltaram para uma abordagem desenvolvimental, interessados em como os complexos se formam desde os primeiros estágios da vida, e também, especificamente, nas ideias de Fordham sobre como o si-mesmo se desenvolve na infância. Perspectivas psicanalíticas foram essenciais para o avanço na compreensão das sutilezas do relacionamento analítico, inclusive dos aspectos técnicos de como trabalhar com a transferência no consultório. Outros optaram por seguir mais de perto as ideias centrais do próprio Jung, baseados em suas crenças de que Jung oferecia aos futuros analistas um método bom o bastante para trabalhar com os pacientes. Isso levou infelizmente a dois campos transferenciais – o desenvolvimental e o clássico – e a uma divisão que perdura até hoje. Para os interessados numa abordagem desenvolvimental, o relacionamento e seus processos viraram prioridade, enquanto que, para aqueles mais atraídos pela abordagem clássica, ganhar acesso aos conteúdos e à energia criativa do inconsciente coletivo assumiu importância maior.

A natureza da transferência

A transferência tal como a compreendemos hoje é um processo natural e arquetípico, e de caráter multidimensional e multidirecional. Ele reúne diferentes dimensões de transferência, como a erótica, a psicótica, a negativa, a idealizante e a viciante. Às vezes ela parece estar totalmente ausente. O que é "transferido" é sempre inconsciente: um complexo desperto no presente com raízes no passado do paciente; uma disposição do momento, ainda não consciente para o paciente; um objeto interno projetado no analista; uma angústia ou fantasia infantil; e então, subitamente, algo novo e arquetípico, ativado pela primeira vez dentro do relacionamento analítico, como os "momentos de encontro" de Stern (Stern 1998). Cada uma dessas projeções transferenciais tem o potencial de ativar afetos contratransferenciais do analista de diferentes modos, e, se cuidadosamente processados e devolvidos ao paciente de uma forma manejável, podem levar a novos *insights*.

Ajuda-nos em nossa reflexão sobre a transferência fazer uma distinção central entre trabalhar "na" transferência e trabalhar "com" a transferência. Gostemos ou não, estamos sempre trabalhando "na" transferência. A evidência da neurociência e da pesquisa da infância mostra claramente que a subjetividade sempre envolve um processo interativo. Nós nos afetamos uns aos outros do berço ao túmulo, e a qualidade de nossos primeiros relacionamentos tende a influenciar a bioquímica e a estrutura do cérebro, criando caminhos neurais conectados com emoções que estabelecem os padrões essenciais dos relacionamentos adultos. Aqueles dentre nossos pacientes que experimentaram uma mãe capaz de mediar e regrar as emoções de seu bebê serão mais aptos a desenvolver capacidades internas de aliviarem e manejarem a si mesmos quando expostos a sofrimento. Outros pacientes sem a experiência de uma mãe que podia lhes regular as emoções permanecem facilmente perturbados e voláteis, desenvolvendo as respostas "quentes" típicas de estados mentais *borderline* ou psicóticos, ou as reações esquizoides "mais frias" daqueles que se fecharam a relacionamentos, de modo a ficarem isolados mas protegidos de intrusões ameaçadoras.

Trabalhar "com" a transferência envolve os analistas em decisões como se, quando e como interpretar as projeções transferenciais de seus pacientes. Os analistas ouvem com uma mente aberta e usam suas sensações corporais, pensamentos e capacidades imaginativas para interpretar a transferência "quando lhes vem à mente fazer isso". Contudo, essa frase "quando lhes vem à mente fazer isso" envolve na verdade um processo bastante complicado. O analista precisa criar um espaço, um lugar na mente, onde algo possa acontecer. Britton (Britton 1998, 121) refere-se a isso como "a outra sala". A contratransferência tem lugar na outra sala da mente, um lugar na mente que se cria a si mesmo do hemisfério direito para o hemisfério direito inconsciente e não verbal correlato; um espaço interno que é experimentado mesmo se o que entrará não é ainda conhecido. Este é o espaço receptivo com o qual nós encontramos sem preconceito as comunicações inconscientes de nossos pacientes, inclusive suas projeções transferenciais. Isso envolve um desapego, um estado receptivo de ser como a meditação ou o devaneio. Mas imaginar envolve uma função mental bem como um espaço mental, e é mais dessa função ego-orientada que precisamos para avaliar e compreender o significado do que é que estamos experimentando com um paciente. A difícil tarefa é distinguir quais desses dados pertencem ao analista e quais vêm das projeções transferenciais dos pacientes.

Controvérsias conceituais

Eu não penso que o desencanto de Jung com Freud e que suas experiências desafiadoras com Sabina Spielrein ofereçam explicação suficiente para a controvérsia que cerca o tema da transferência no mundo junguiano hoje em dia. Por isso, temos de nos voltar para alguns problemas conceituais que turvaram as águas da transferência.

Jung usou o termo alemão *Übertragung*, significando carregar algo de um lugar para outro, para definir o termo "transferência" (Jung 1935/1976, § 311-312). Sua acepção era ampla, podendo abranger tanto a transferência pessoal como a arquetípica. Sua abordagem da transferência era grandemente teórica e ele não nos dá muitos relatos detalhados de seu trabalho clínico para nos mostrar como ele trabalhava com material transferencial. Em geral, Jung usava o termo transferência vagamente. Ele não queria restringir o significado da transferência apenas às projeções de imagos parentais, mantendo sempre um espaço para o arquetípico; mas uma definição demasiadamente ampla arrisca-se a perder todo o sentido.

No uso de Jung, o termo transferência frequentemente se tornou uma descrição do relacionamento analítico como um todo. Seu interesse pela alquimia e pelo simbolismo do *Rosarium Philosophorum* (Jung 1946/1966) pretendeu representar uma metáfora dos estágios do desenvolvimento no relacionamento analítico, o que ele chama de transferência, mas ele nos legou uma mistura confusa de processo e resultado. Jung contrastou a experiência inicial, em análise, da *participation mystique* (processo), o que hoje chamamos de identificação projetiva, em que as projeções transferenciais pessoais na análise podem levar a um estado de identidade inconsciente entre paciente e analista, com a *coniunctio* (resultado), um mecanismo psicológico ordenador mais elevado que é "sempre o produto de um processo ou a meta de um esforço" (Jung 1946/1966, § 462). Noutras palavras, este é o resultado esperado da análise quando o paciente se torna mais consciente. Mas a transferência emerge de modos diferentes com pacientes diferentes durante a análise. É um processo inconsciente, uma parte inevitável de todas as análises, mais forte às vezes, mais calma em outras, às vezes direcionada ao analista; noutras vezes para outras pessoas na vida do paciente. Não tenho certeza de que se desenvolva em estágios claros como Jung sugere, e nos arriscamos a turvar o processo e o resultado se considerarmos o termo como uma descrição do relacionamento analítico como um todo.

Durante meu treinamento, estudei com interesse e entusiasmo os relatos detalhados usados por psicanalistas interessados nos aspectos técnicos do trabalho com a transferência. Só percebi mais tarde que o significado da transferência era muito diferente nas concepções de Freud e Jung. A ênfase teleológica de Jung na transferência como a projeção de algo ainda não conhecido contrasta com a ênfase freudiana na transferência como o retorno do reprimido, o que ele chamava de "reedições de velhos conflitos" (Freud 1916, 454). A concepção de Jung da psique e do inconsciente como normalmente dissociados – uma divisão vertical – e seu interesse no ainda não conhecido, o não reprimido, e no inconsciente coletivo com sua capacidade natural de fazer símbolos, contrasta com a divisão horizontal de Freud, onde ele via a repressão como uma manobra defensiva inconsciente e uma forma mais patológica de funcionamento. Da perspectiva de Jung, nós inconscientemente projetamos o que ainda não é conhecido no analista, e assim podemos descobrir mais sobre nós mesmos. Esses diferentes modelos do funcionamento psíquico sugerem diferentes atitudes para com a transferência com implicações não só para a elaboração teórica, mas também para a prática clínica.

Jung fazia uma clara distinção entre a transferência pessoal e a arquetípica. Ele considerava que as imagens que emergem da experiência pessoal dos pacientes, na transferência, como qualitativamente diferentes das imagens que emanam das estruturas impessoais da psique. Jung estava muito mais interessado nas transferências transpessoais, arquetípicas, e dava a impressão de querer que as pessoas ficassem rapidamente para fora do caminho. Sua distinção me parece ter se tornado muito problemática. Separar o pessoal e o arquetípico pode levar seja a um risco de perigosas idealizações do arquetípico e de seus conteúdos, ou a uma negligência do pessoal. Faremos bem em acatar as sábias palavras de Mary Williams (1963), segundo quem o inconsciente pessoal e o coletivo, nas atividades de produção de imagens e padrões são sempre interdependentes:

> Nada na experiência pessoal precisa ser reprimido, a não ser que o ego se sinta ameaçado por seu poder arquetípico. A atividade arquetípica que forma o mito do indivíduo é dependente do material oferecido pelo inconsciente pessoal... a cisão conceitual, embora necessária para fins expositivos, é indesejável na prática (Williams 1963, 45).

A maior parte dos analistas junguianos se interessa menos nas fontes do material inconsciente do que no seu significado. Jung preferia uma abordagem mais educativa e sintética dos símbolos quando eles emergem nas sessões ou nos sonhos, baseando-se em seu modelo amplamente intrapsíquico de psique. Alguns analistas procuram os símbolos inconscientes que emergem das psiques de seus pacientes para serem elucidados juntos na análise. Outros, e eu me incluo nesta categoria, são mais orientados para o interpessoal, considerando a visão de que o material inconsciente, inclusive o simbólico, emergem mais naturalmente no relacionamento.

Controvérsias clínicas

Assim como as dificuldades conceituais, nós encontramos dois debates clínicos centrais no campo da psicologia analítica, um emanando da psicanálise e o outro do legado específico de Jung. Eles lançam luzes sobre importantes diferenças na prática clínica.

Continua a ser debatido se a transferência deveria receber apenas um lugar limitado no processo analítico, em contraste com a visão de que a principal tarefa é analisar tudo como um aspecto da transferência. A transferência como a situação total (Joseph 1985) tem sido uma abordagem popular no

Reino Unido. Ela foi desenvolvida por analistas kleinianos que consideravam que o único modo de acessar os estados primitivos da mente e o inconsciente era no aqui-agora do relacionamento transferencial. Tudo na análise toma seu sentido a partir da transferência do paciente para o analista, e dá pistas sobre suas fantasias inconscientes mais remotas. Embora eu admita um papel central para a transferência em minha própria prática, questiono se tudo que emerge da psique vem exclusivamente dos primeiros estágios da mente. Eu também vejo com certo alarme os efeitos em nossos pacientes de interpretações transferenciais incessantes. Antes de mais nada, isso significa que o analista tende a focar a escuta [*listen for*] apenas *para* o material transferencial, ao invés de ouvir [*listen to*] *o* paciente com uma mente aberta. Essa escuta enviesada vai por sua vez aumentar a tendência dos analistas de perderem o quadro maior das comunicações inconscientes, acessível apenas através do livre-fluxo associativo dos pacientes durante as sessões. Há também o perigo de que os pacientes aprendam a linguagem do seu analista e que as interações subsequentes se tornem artificias ao invés de autênticas. David Bell (2008), um psicanalista, notou quão facilmente a transferência pode se tornar um objeto fetichizado para analistas em formação, que pensam que estarão em apuros se falharem em repostar interpretações transferenciais regulares na supervisão. Isso está muito longe da esperança de que os analistas sejam capazes de usar sua função transcendente de um modo flexível e sensível com cada um de seus pacientes, o que envolve interpretações transferenciais do tipo "de vez em quando" (Bollas 2007, 95) ao invés do "aqui e agora". O comentário de Bell não é só para analistas em formação, até porque certamente são seus professores que decidem a pauta da transferência.

Jung advogava um papel central para a personalidade do analista no relacionamento analítico. O que ele queria dizer com isso é uma questão que me parece se tornar cada vez mais complicada quanto mais mergulhamos nela. É claro que a personalidade do analista influencia o progresso de uma análise, mas precisamos usar nossa personalidade diferentemente com diferentes pacientes. O que se requer é o treinamento e as habilidades necessárias para reconhecer as diferentes necessidades de nossos pacientes e como elas mudam ao longo do tempo. É fácil confundir autenticidade, quando os analistas oferecem total disponibilidade emocional para seus pacientes, com um relacionamento demasiadamente "real" que compromete a atitude analítica e ética, dificultando a preservação de um continente psíquico seguro e não julgador, no qual os pacientes podem descobrir mais sobre si mesmos. A ênfase de Jung na personalidade foi, em parte, sua reação contra a agora muito caricaturada ênfase freudiana na neutralidade, na abstinência e no anonimato, que eram em parte vestígios do modelo médico. Mas nós fazemos bem em mantê-las em mente hoje em dia. Como analistas, nós revelamos informações mínimas sobre nós mesmos, deixando espaço para projeções transferenciais (anonimato); nós tentamos limitar os *enactments* [termo que se refere a uma revivência, a uma encenação de elementos afetivos inconscientes de origem arcaica tanto do paciente como do terapeuta (N.T.)] e *acting-out* (abstinência) e manter uma atitude não julgadora (neutralidade). É, na verdade, de nosso autoconhecimento que o paciente precisa, o que implica um modo cuidadosamente considerado de usar a nós mesmos a serviço do processo analítico. O autoconhecimento não pode ser separado da personalidade, mas também envolve várias competências a serem aprendidas (Wiener 2007). Há boas razões para os analistas precisarem de uma formação completa.

A atitude de Jung para com o método

Jung percebeu através de sua própria experiência que a importância da transferência está em ser a precursora de algo na iminência de se tornar consciente. Do meu ponto de vista, contudo, lhe faltava um método e uma técnica coerentes para trabalhar com a transferência. Jung estava mais interessado na função prospectiva da formação dos símbolos e menos interessado em como ela funcionava, ou de fato em como ela se desenvolve ou falha em se desenvolver na infância. Para muitos de nossos pacientes menos dotados e para aqueles que sabemos terem experimentado déficits parentais traumáticos em idade precoce, famílias violentas, abuso infantil, queixas somáticas crônicas ou que têm um ego fraco ou frágil, a capacidade simbólica é frequentemente rudimentar, no melhor dos cenários, ou completamente ausente, no pior.

Para eles, estados de desintegração são mais prováveis do que estados em que o ainda-não conhecido pode ser integrado. Penso em muitos exemplos em minha prática, quando tenho que lutar para descobrir em mim mesmo meios de trabalhar com pacientes que estão gravemente deprimidos, o que têm sintomas somáticos crônicos, ou que caem em transferências delirantes. Eles não podem jogar e frequentemente não podem imaginar. A análise transferencial pode ter um papel-chave para ajudar tais pacientes a emergirem dessas reclusões psíquicas.

Jung era altamente mercurial [ou seja, inconstante, mas o termo original tem alusão adicional à imagem arquetípica do deus Mercúrio, referência alquímica cara a Jung (N.T.)] em suas atitudes em relação a método e técnica, a despeito de seu interesse no si-mesmo e na individualidade do paciente. Em *Memórias, sonhos, reflexões*, ele defende uma abordagem que sirva a cada paciente individualmente: "A psicoterapia e a análise são tão variadas quanto os indivíduos humanos. Eu trato cada paciente tão individualmente quanto possível, porque a solução do problema é sempre individual. Regras universais só podem ser postuladas com ressalvas" (Jung 1963/1995, 153). Jung então prossegue avançando a ideia de que não é recomendável se aferrar a um método único para todos os pacientes. "Em geral devemos ter cautela ante pressupostos teóricos. Hoje eles podem ser válidos, amanhã pode ser a vez de outros pressupostos. *Em minhas análises eu sou propositalmente não sistemático [...] Nós precisamos de uma linguagem diferente para cada paciente*" (Jung 1963/1995, 153; itálicos meus). É claro que precisamos de uma linguagem diversa para reconhecer os atributos únicos de cada paciente, mas ainda assim precisamos de teoria e de método que nos ajudem a manter uma atitude profissional e ética. A análise precisa de algumas restrições que a definam como um método, e embora a técnica possa parecer destruir os aspectos humanos da análise, não penso ser possível passar sem ela.

Transferência e o desenvolvimento de uma capacidade simbólica

Kast [Verena] é clara quanto a suas prioridades no que se refere ao trabalho com a transferência: "Facilitar o desenvolvimento de símbolos é mais importante que o processo de transferência-contratransferência em si. Os símbolos não são apenas os veículos para o processo de individuação, mas também se referem à história de vida e ao desenvolvimento futuro [...]. Eles moldam as emoções que estão conectadas com complexos, arquétipos e o relacionamento real" (Kast 2003, 107). Eu me pergunto como ela trabalha com aqueles pacientes que não conseguem simbolizar, que não trazem sonhos? É aqui que o trabalho com a transferência pode ser essencial para facilitar o desenvolvimento de uma capacidade simbólica e de uma função transcendente.

Eu tenho em alta conta as visões expressas por dois autores junguianos que escreveram com quase quarenta anos de distância um do outro. O primeiro é Plaut que, escrevendo em 1966, diz: "uma confiança exclusiva nas imagens leva a uma espécie de deserto, a menos que seja associada com a análise dos relacionamentos pessoais" (Plaut 1966, 113). Adiante, no mesmo texto, ele defende que "a capacidade de formar imagens e de usá-las construtivamente pela recombinação em novos padrões depende da capacidade do indivíduo de confiar [...]. O fracasso nessa área empobrece a vida e exige uma cuidadosa análise da transferência para incrementar a função do ego de confiar tanto nos relacionamentos quanto na própria imaginação" (Plaut 1966, 130). Bovensiepen, escrevendo em 2002, coloca em termos um pouco diferentes, mas a linha geral de seu argumento é a mesma: "se a atitude simbólica for primariamente compreendida como um processo relacional ao invés de uma amplificação intelectual de conteúdos simbólicos, essa compreensão expandiria nossas opções de tratamento para pacientes que são, acima de tudo, assolados por dificuldades de simbolização" (Bovensiepen 2002, 253). Bovensiepen também enfatiza que a "função prospectiva do símbolo vivo em Jung, que ele repetidamente ressalta, corresponde à necessidade de um objeto vivo" (Bovensiepen 2002, 253). Com esses dois iminentes analistas junguianos podemos aprender que é o relacionamento analítico, a pessoa do analista e a análise da transferência que, juntos, ajudam a promover a capacidade simbólica. Espera-se que a personalidade do analista esteja desenvolvida o bastante para ajudar os pacientes a adquirirem uma capacidade imaginativa para jogar, que os levará a pensar sobre o que lhes falta ou o que eles perderam. Bion comentou que "há pessoas que são tão intolerantes à dor ou à frustração, ou em quem a dor ou a frustração são tão intoleráveis, que elas sentem a dor mas não a sofrerão, e assim não se pode dizer que a descubram" (Bion 1993, 9). A maior parte dos pacientes sente dor, e é por isso, de fato, que eles vêm à análise, mas para alguns deles a tarefa de aprender a sofrer sua dor na presença de outrem é colossal, por vezes levando muitos anos. Para aqueles com perturbações precoces, as dificuldades *têm* de ser trabalhadas primeiro na transferência.

Essas visões de Plaut e Bovensiepen são essenciais para o meu argumento. Eu sugiro, em primeiro lugar, que consideremos a atitude simbólica como um processo relacional em que símbolos vivos anunciam novos significados que emergem em relacionamentos vivos e incluem um papel importante para a transferência. Em segundo lugar, embora Jung defendesse que a capacidade da psique de fazer símbolos é um processo natural e arquetípico, muitos de nossos pacientes não conseguem usar suas capacidades imaginativas. Eles ficam bloqueados, e é só dentro de um relacionamento autêntico, no qual a confiança possa se desenvolver, e que leve em conta a dinâmica da transferência e contratransferência, que o si-mesmo começa a emergir e, com ele, o potencial de confiar em novos relacionamentos e numa capacidade interna de produzir significado.

A matriz da transferência

Pode ser que eu tenha exagerado a importância da diferença de atitudes para com a transferência observáveis no mundo junguiano, e que de fato haja atualmente uma maior sobreposição de abordagens, tanto na teoria como na prática clínica, do que havia antes. Espero que sim. Gostaria de sugerir uma metáfora contemporânea para a transferência que honra tanto o compromisso de Jung com a importância do simbólico quanto o efeito que paciente e analista têm um sobre o outro, mas que também leva em conta dados recentes de muitos campos da pesquisa da infância e da neurociência, e a pesquisa clínica mais detalhada sobre os diferentes tipos de transferência. Hoje, creio que precisamos de uma abordagem do simbólico que respeite não apenas a capacidade da psique de produção de imagens, mas que também reconheça que uma capacidade simbólica inevitavelmente emerge no relacionamento.

Considere o seguinte sonho de um paciente de um de meus supervisandos:

> *Eu estou visitando uma casa onde há uma espécie de festa e alguém está cozinhando bifes de hambúrguer. A carne ainda está meio crua. Você [o analista] está presente no sonho. Outras pessoas ganharam livros de presente, e eu ganhei um livro de arquitetura. Estou decepcionado. O livro não reflete meus interesses suficientemente bem. É preto e branco e rígido demais. Eu tento trocar o livro por algo diferente. Noutra cena do sonho, eu chego na sua casa [do analista] e toco a campainha. Você não responde imediatamente, mas vem até a porta quando eu toco pela segunda vez.*

Imagino que os leitores concordarão que o sonho envolve transferência. Minhas associações iniciais sobre o sonho seriam de que se trata de um sonho de transferência trazendo à consciência de Bob, o sonhador, e de seu analista, questões vivas importantes sobre o relacionamento analítico. Alguma coisa está cozinhando, mas ainda meio crua. A análise pode ainda estar crua, ou Bob se sente cru. Podemos nos perguntar por que Bob sonhou este sonho neste momento e o que ele poderia estar contando a seu analista. Talvez o analista esteja sendo rígido demais, ou seja, preto e branco, sobre alguma coisa, dando a Bob um presente que erra o alvo? Bob tem de tocar a campainha duas vezes, sugerindo que o analista pode não estar escutando o que ele vinha tentando transmitir. Obviamente, as associações pessoais de Bob em relação a seu sonho são cruciais para tentar deslindar o significado de seu sonho, mas à primeira vista parece que o sonho sugere algo sobre os sentimentos inconscientes de Bob sobre seu analista naquele momento. O analista bem pode estar errando a mão e precisar de um chamado de alerta. Eu gostaria de saber o que outros analistas associariam a este sonho. Pode ser que o imaginário alquímico do "cozinhar" venha à mente, ou indagar se a referência ao livro de arquitetura sugere que Bob precisa desenvolver algo distinto de sua função pensamento, talvez algo que tem a ver com a estética ou a vida diária.

O principal texto de Jung sobre a transferência, "A psicologia da transferência", no qual ele usa o *Rosarium Philosophorum*, é uma amplificação visual da transferência, da individuação e dos processos inconscientes entre paciente e analista que se vale da alquimia como uma metáfora. Difícil de entender

Figura 1

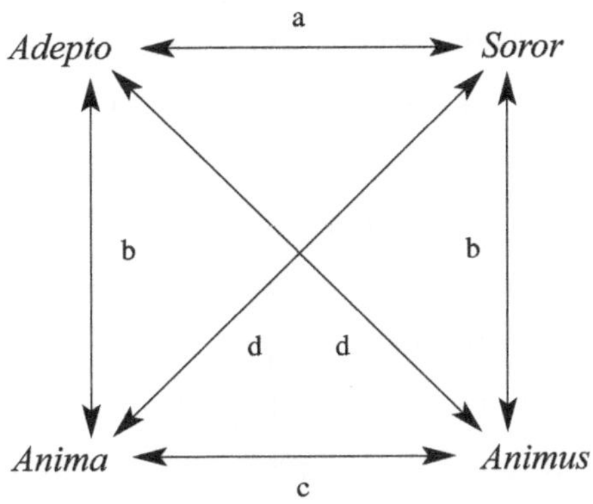

e considerado por alguns como de uma utilidade clínica limitada devido a sua complexidade simbólica e sua deficiência em mapear com detalhamento suficiente as complexidades do relacionamento analítico, é mais conhecido pelo diagrama do "relacionamento transferencial entrecruzado" de Jung (Jung 1946, § 425) ou o *quatérnio de casamentos* na alquimia. Isso ilustra um relacionamento consciente e inconsciente entre paciente e analista. Jung (1944/1952, § 219) usa o termo *vas bene clausum* (vaso bem fechado) para descrever a contenção do paciente e do analista na análise. O *vas* é um vaso alquímico com que se pretende sustentar elementos díspares que, ao serem misturados, poderiam em última instância produzir ouro – a emergência do si-mesmo.

Eu gostaria de sugerir que adotássemos o termo *a matriz de transferência* como uma metáfora junguiana contemporânea referida a um lugar e enquadramento coconstruídos, para pensar sobre a transferência, e que permite aprender pela experiência dentro de um relacionamento. O termo matriz vem da palavra em latim para ventre, um lugar de origem onde os bebês são carregados, protegidos e nutridos até que estejam prontos para emergir no mundo. O *Oxford English Dictionary* define a palavra matriz como: "*um lugar ou ponto de origem e de crescimento; um molde no qual algo é lançado ou formatado; uma massa de pedra moída em que gemas, cristais ou fósseis estão inseridos*". A partir dessas definições, a matriz da transferência pode ser vista como um ambiente com potencial para que transferências pessoais emerjam, incluindo-se o infantil, bem como pérolas preciosas arquetípicas que vêm do si-mesmo.

Winnicott (1965, 33) referiu-se à "relação de ego" [*ego-relatedness*] como a "matriz da transferência" [*matrix of transference*] e via a mãe como a matriz psicológica da criança. Meu uso do termo *matriz de transferência* [*transference matrix*] começa como um duo, um lugar de relacionamento potencial desde o começo, em que o analista mantém uma atenção flutuante acerca dos diferentes níveis da experiência dos pacientes, inclusive o desenvolvimental e o arquetípico, com espaço para o ainda não conhecido. A matriz contém o par analítico e permite ao analista interpretar "quando lhe vem à mente fazer isso". Como o sonho acima sugere, o que vem à mente tende a variar, dependendo do relacionamento e dos sistemas de crença do analista.

Conclusões

Neste capítulo eu ilustrei como, a despeito das notáveis intuições de Jung sobre a importância da transferência no relacionamento analítico, a ambivalência dele em relação ao tema, constatada em seus escritos, nos deixou com algumas dificuldades teóricas e clínicas para manejar. Descobertas contemporâneas em nossa própria disciplina e em outras disciplinas correlatas ofereceram forte evidência sobre o profundo efeito emocional inconsciente que nós temos uns nos outros. Cada ambiente analítico é único, como Jung enfatizava, e somos convidados a ocupar diferentes e desafiadores papéis transferenciais e representações de objeto para nossos pacientes. A transferência tem de ser vivida antes que possa ser compreendida. Ignorá-la é um perigo, mas paradoxalmente seu abuso acarreta uma escuta enviesada.

Para alguns pacientes, trabalhar na e com a transferência é essencial como um precursor de uma capacidade de simbolizar; para outros permanece sempre um lugar central da experiência psíquica; e para alguns deve ser tratada com cautela. André Green assinalou com ironia: "Não faz sentido o analista correr como uma lebre se o paciente se move como uma tartaruga. Um ponto de encontro em profundidade é mais provável se o fio que liga os dois viajantes também serve para mantê-los separados o bastante" (Green 1974, 421).

Como uma analista junguiana vivendo e trabalhando em Londres, eu prefiro uma abordagem multidimensional da transferência, mantendo em mente como seu epicentro a probabilidade de que as projeções transferenciais estão acontecendo o tempo todo, cada qual com um objetivo que espero compreender. Como escolher pode estar fora de questão, pois às vezes somos "escolhidos" para encarnar algo na transferência, no relacionamento de si-mesmo com si-mesmo entre paciente e analista. Essas são ações do si-mesmo e não do ego, como um de meus supervisandos colocou recentemente: "ouvir a tranquilidade da voz interna a partir da qual ela poderia encontrar sua própria direção." A matriz de transferência não é apenas uma imagem de contenção, mas também contém dentro de suas paredes a matéria a partir da qual tanto os fósseis como as gemas preciosas das psiques de nossos pacientes podem ser conjuntamente descobertas.

Referências

Beebe, B. & Lachmann, F. (2002). *Infant research and adult treatment* - Co-constructing interactions. Hillsdale, NJ/Londres: Analytic.

Bell, D. (2010). "Bion: The phenomenologist of loss". In: Mawson, C. (ed.). *Bion Today* - New Library of Psychoanalysis. Londres/Nova York: Routledge.

Bion, W. (1993). *Attention and interpretation*. Londres: Karnac Books.

Bollas, C. (2007). *The freudian moment*. Londres: Karnac Books.

Bovensiepen, G. (2002). "Symbolic attitude and reverie: Problems of symbolisation in children and adolescents". In: *Journal of Analytical Psychology* 47 (2): 241-257.

Britton, R. (1998). *Belief and imagination*: Explorations in psychoanalysis. Londres/ Nova York: Routledge.

Colman, W. (2003). "Interpretation and relationship: Ends or means?" In: Withers, R. (ed.). *Controversies in analytical psychology*. Hove/Nova York: Brunner-Routledge, 352-362.

Fordham, M. (1974). "Jung's conception of the transference". In: *Journal of Analytical Psychology* 19 (1): 1-22.

______ (1957/1974). "Notes on the transference". In: *New developments in analytical psychology*. Londres: Heinemann.

Freud, S. (1916). *Analytic therapy*. Londres: The Hogarth Press [Standard Edition].

Green, A. (1974). "Surface analysis, deep analysis". In: *International Review of Psychoanalysis* 1: 415-423.

Henderson, J.L. (1975). "C.G. Jung: A reminiscent picture of his methods". In: *Journal of Analytical Psychology* 20 (2): 114-121.

Joseph, B. (1985). "Transference: The total situation". In: *International Journal of Psychoanalysis* 66 (4): 447-455.

Jung, C.G. (1963/1995). *Memories, dreams, reflections*. Londres: HarperCollins.

______ (1946/1966). "A psicologia da transferência". OC 16/2.

______ (1944/1952). *Psicologia e alquimia*. OC 12.

______ (1935/1976). "Fundamentos da psicologia analítica" [The Tavistock Lectures]. OC 18/1.

Kaplan-Solms, K. & Solms, M. (2000). *Clinical studies in neuro-psychoanalysis*. Londres: Karnac Books.

Kast, V. (2003). "Transcending the transference". In: Withers, R. (ed.). *Controversies in analytical psychology*. Hove/Nova York: Brunner-Routledge, 85-95.

Kirsch, J. (1995). "Transference". In: Stein, M. (ed.). *Jungian analysis*. Chicago/La Salle, IL: Open Court, 170-209.

Lyons-Ruth, K. (1998). "Implicit relational knowing: Its role in development and psychoanalytic treatment". In: *Infant Mental Health Journal* 19 (3): 282-291.

McGuire, W. (ed.) (1974). *The Freud/Jung letters*. Londres: The Hogarth/Routledge & Kegan Paul.

Pally, R. (2000). *The mind-brain relationship*. Londres: Karnac Books.

Perry, C. (1997). "Transference and countertransference". In: Young-Eisendrath, P. & Dawson, T. (eds.). *The Cambridge Companion to Jung*. Cambridge: Cambridge University Press, 141-164.

Plaut, A.B. (1966). "Reflections about not being able to imagine". In: *Journal of Analytical Psychology* 11 (2): 113-133.

Samuels, A. (2006). "Transference/countertransference". In: Papadopoulos, R. (ed.). *The handbook of Jungian psychology*. Londres/Nova York: Routledge, 177-195.

Schore, A.N. (2001). "Minds in the making: Attachment, the self-organising brain, and developmentally-oriented psychoanalytic psychotherapy". In: *British Journal of Psychotherapy* 17 (3): 299-329.

______ (1994). *Affect regulation and the origin of the self*: The neurology of emotional development. Hillsdale, NJ/Hove, UK: Lawrence Erlbaum.

Steinberg, W. (1988). "The evolution of Jung's ideas on the transference". In: *Journal of Analytical Psychology* 33 (1): 21-39.

Stern, D.N. et al. (1998). "Non-interpretive mechanisms in psychoanalytic therapy". In: *International Journal of Psycho-analysis* 79 (5): 903-923.

Wiener, J. (2009). *The therapeutic relationship*: Transference, countertransference and the making of meaning. College Station, TX: Texas University Press.

_______ (2007). "Evaluating progress in training: Character or competence?" In: *Journal of Analytical Psychology* 52 (2): 171-185.

_______ (2004). "Transference and countertransference". In: Cambray, J. & Carter, L. (ed.). *Analytical psychology*: Contemporary Perspectives in Jungian Analysis. Hove/ Nova York: Brunner Routledge, 149-175.

Williams, M. (1963). "The indivisibility of the personal and collective unconscious". In: *Journal of Analytical Psychology* 8 (1): 45-51.

Winnicott, D.W. (1965). *The maturational processes and the facilitating environment.* Londres: The Hogarth/The Institute of Psycho-Analysis.

9
Interpretação dos sonhos e a criação do significado simbólico

Warren Colman*

Apesar de suas diferenças, todas as escolas de psicanálise compartilham de uma abordagem dos sonhos que é constitutiva da terapia psicanalítica em geral, isto é, uma *atitude simbólica*. Os analistas são treinados para cultivar em si mesmos e em seus pacientes um modo de pensar no qual o todo da vida psíquica do paciente pode ser interpretado do mesmo modo como os sonhos – ou seja, como formas de expressão simbólica. Isso é especialmente verdadeiro no que se refere ao modo de o analista buscar compreender o conteúdo de superfície do material do paciente e o modo deles funcionarem para o analista como expressões inconscientes do mundo interior do paciente, e comunicar esses significados implícitos ao paciente, via interpretação. Todas as interpretações desse gênero fazem uso de um tipo de imaginação simbólica na qual eventos e afirmações aparentemente simples assumem camadas adicionais de significado metafórico e, ao fazê-lo, utilizam a mesma forma de pensamento com a qual sonhos são construídos, em que uma coisa é usada para representar outra (deslocamento) e muitas coisas podem ser indicativas

* Warren Colman é um analista didata da Society of Analytical Psychology e editor-chefe do *Journal of Analytical Psychology*. Ele publicou muitos artigos sobre temas diversos como casais, sexualidade, o si-mesmo e a imaginação simbólica. Ele vive e trabalha em consultório particular em tempo integral em St. Albans, U.K.

de uma mesma questão subjacente (condensação). A interpretação dos sonhos é, portanto, paradigmática para a arte da interpretação psicanalítica em geral. Similarmente, o estado mental que tanto analista quanto paciente precisam desenvolver para lidar com os sonhos é paradigmático quanto ao estado mental requerido para lidar com a vida psíquica.

Teorias científicas sobre o sonhar

Do meu ponto de vista, este modo de pensamento é inerentemente não científico na medida em que a ciência requer formas de mensuração, evidência e prova que são antitéticas à compreensão e interpretação simbólicas. Em particular, significados simbólicos são inerentemente múltiplos e indeterminados, enquanto que as explicações científicas exigem especificação precisa. Mais amplamente, porém, a ciência é a expressão de um modo de pensamento racionalista que é normalmente associado com a consciência vígil, especialmente na cultura ocidental pós-Iluminismo. Esta é precisamente a forma de cognição que é desativada quando estamos adormecidos. Assim, por definição, os sonhos não se conformam à ideação (ou ideologia) da consciência racional. A compreensão dos sonhos, portanto, requer um processo com muito mais afinidade com a apreciação das artes do que com a descoberta de leis científicas. Este processo diz respeito não à explicação de causas, mas à elaboração de significado (Rycroft 1966).

Provavelmente não é motivo para surpresa, então, que os esforços científicos para estabelecer as causas dos sonhos são frequentemente associados com a atitude popular perante os sonhos, que ora nega que eles tenham todo e qualquer significado, ora encara esse significado como acidental ou trivial. Desde fins da década de 1970, a teoria neurocientífica hegemônica do sonho tem sido o modelo "ativação/síntese" estabelecido por Hobson e McCarley (1977). Segundo esta teoria, o sonhar é resultado da ativação fisiológica do tronco encefálico no sono REM, produzindo aleatoriamente partes de *nonsense* que esforços cognitivos do proencéfalo tentam sintetizar numa narrativa sensível. (Para uma crítica e uma visão alternativa, cf. Solms & Turnbull 2002.) Mas quando consideramos o alto nível de coerência simbólica de muitos sonhos relatados, parece muito improvável que isto seja o resultado de uma síntese *a posteriori* de significado a partir de um *nonsense* aleatório. Pelo contrário, a detalhada exploração dos sonhos repetidamente descobre uma especificidade singularmente pertinente nas imagens escolhidas, as ligações associativas entre elas e sua conexão com o contexto dos interesses e preocupações vígeis do sonhador. É portanto difícil acreditar que imagens e memórias aleatoriamente escolhidas possam acabar produzindo um sonho com o do "Lago da vida", de Jung, no qual ele sonhou com uma árvore de magnólia no centro de uma cidade em forma de mandala (*Liver-pool* [Jung se remete à significação tradicional do fígado (*liver*, em inglês) como a sede da vida (N.T.)]) e do qual ele disse: "O sonho propiciou um sentido de finalidade [...] [ele] descreveu o clímax de todo o processo de desenvolvimento da consciência. Ele me satisfez completamente, pois me deu um quadro total de minha situação" (Jung 1963, 224).

Há outros sonhos famosos como o de Kubla Khan, de Coleridge [alusão ao poema "Kubla Khan: or a vision in a dream" (1797), que segundo o escritor romântico inglês Samuel Taylor Coleridge (1772-1834) derivou de um sonho que ele teve sob o impacto do consumo de ópio e também de uma leitura sobre as viagens de Marco Polo na China do século XIII, quando do império do mongol Kubla Khan, neto de Genghis Khan (N.T.)], e o sonho arquetípico de Kekule, de uma serpente mordendo a própria cauda, que lhe revelou a estrutura do benzeno, um composto químico formado por um anel de átomos de carbono. Todos esses sonhos sugerem uma forte ligação entre o sonhar e a criatividade. Similarmente, muitos artistas criativos descrevem a inspiração deles em termos de um estado "onírico" de intuição e receptividade. Stravinsky, por exemplo, disse sobre "A sagração da primavera" [composição que, três anos antes da célebre estreia de 1913, marco do modernismo musical, teria tido seu embrião num sonho do compositor russo, em que uma jovem era oferecida num rito sacrificial para o deus da primavera, em troca da garantia de colheita para o seu povo (N.T.)], que ele foi "o vaso pelo qual *A sagração* passou". Essas experiências são indicativas de uma inteligência altamente intencional em ação para além da mente consciente e que é capaz de engendrar sonhos e obras de arte criativas.

Evidentemente, é verdade que tais sonhos são relativamente raros e que a maioria dos sonhos são consideravelmente mais enfadonhos e incoerentes. Ainda assim, se o sonhar é considerado como um modo alternativo de pensamento que prossegue quando dormimos, fica imediatamente óbvio que o mesmo pode ser dito sobre o modo como pensamos quando acordados. A maior parte do pensamento vígil é fugaz e insubstancial, a maior parte dos palpites se mostram equivocados, e a maior parte das obras de arte são fracassos que acabam na lata de lixo. Assim, o fato de a maior parte dos sonhos não terem sentido ou expressá-lo numa forma que permanece inescrutável e, portanto, inutilizável como um modo de expressão simbólica não significa que o sonhar seja, em si, uma atividade mais aleatória e absurda do que o pensamento vígil.

A teoria dos sonhos de Freud

Tanto Freud como Jung viam-se a si mesmos como cientistas empíricos e se empenharam em demonstrar a credibilidade científica de suas obras. Mas ambos desenvolveram uma disciplina que, no mínimo, exige uma reinterpretação radical da natureza da ciência. Isso ficou explícito em Jung, que se tornou fortemente crítico da abordagem redutivo-materialista da psique, que ele associava com Freud. Contudo, embora Freud permanecesse comprometido com uma perspectiva científica positivista na teoria, na prática sua obra expressa uma orientação bem diferente, que se preocupa com a criação do significado simbólico e que, portanto, é muito mais afim à de Jung.

Essas duas tendências bem diferentes de pensamento podem ser claramente vistas na grande obra de Freud, *A interpretação dos sonhos* (Freud 1900/1976). É quase como se dois "Freuds" escrevessem o livro: um é o cientista neurologista, determinado a construir uma teoria científica da mente; o outro tem uma sensibilidade muito mais poética, intuitiva e imaginativa, se deleitando com a fértil profusão de significados metafóricos e simbólicos suscitados pelos sonhos e com o método da livre-associação que ele usa para interpretá-los.

O grande *insight* de Freud, o "*insight* que só nos ocorre uma vez na vida" (Freud 1931/1976, 56), veio a ser não, como ele pensou, sua *teoria* – de que os sonhos eram a realização disfarçada de desejos instintivos –, mas o *método* que ele divisou para alcançar sua conclusão. Foi apenas ao divisar um método para interpretar a estranha linguagem dos sonhos, tão distante daquela da consciência racional vígil, que ele foi capaz de demonstrar sua teoria. Contudo, como veio a ocorrer, é possível obter conclusões muito diferentes usando o mesmo método. Isso demonstra o poder e a flexibilidade do método e mostra que ele independente das conclusões teóricas. Num certo sentido, isso torna a psicanálise científica, pois, embora suas conclusões possam não ser testáveis ou comprováveis, elas são sujeitas à avaliação racional e podem ser modificadas, não através do experimento científico, mas à luz da experiência psicanalítica. Assim não é o caso, como por vezes se diz, de que as teorias psicanalíticas sejam meramente proposições autovalidativas (Gellner 1985).

O modelo teórico de Freud deriva do "Projeto para uma Psicologia Científica", anteriormente abandonado, que tentava expressar os fenômenos mentais em termos inteiramente neurológicos. Ele tem sua própria versão do modelo ativação/síntese, que poderia ser descrito como um modelo ativação/repressão. Segundo Freud, um desejo instintivo é ativado de "baixo", tornando-se associado com os eventos do dia anterior ("resíduos diurnos"). Isso então encontra a oposição do "censor" mental que age como um "guardião do sono" impedindo desejos reprimidos inaceitáveis de perturbar a paz do ego que dorme. Neste embate, o "trabalho do sonho" cria um disfarce inócuo para o "pensamento do sonho" ao utilizar o modo inconsciente de pensamento, que Freud chamou de o processo primário, no qual, através de cadeias de associação, uma ideia pode ser representada por outra (deslocamento), ou muitas ideias podem ser comprimidas numa única ideia/imagem (condensação).

Freud argumentou que, devido ao processo de disfarce, as imagens e narrativas que aparecem no sonho manifesto são meramente uma forma distorcida do sonho latente, real, que só pode ser alcançado através de um detalhado trabalho de interpretação. Só pela decodificação de cada imagem separada, no decorrer das cadeias de associação que se aproximam ou se afastam dele, o pensamento onírico original, não disfarçado, pode ser alcançado. Assim, na visão de Freud o sonho é uma espécie de casca que pode ser descartada, uma vez que o analista detetive tenha encontrado um caminho para o seu caroço oculto.

Freud acreditava que o pensamento racional, por ele chamado de "processo secundário", se desenvolve a partir deste modo "primitivo" de pensamento, conforme o ego infantil desenvolve a capacidade de protelar seu anseio por gratificação imediata, e se compromete com as coações da realidade externa (o "princípio da realidade"). Nos sonhos, porém, a mente regride ao nível mais primitivo do princípio do prazer. Assim se pode mostrar que todos os sonhos consistem em formas disfarçadas de *realização de desejos.*

Embora Freud parecesse acreditar que o processo primário era um modo inferior de pensamento que precisava ser suplantado pela racionalidade do processo secundário, suas próprias interpretações transmitem uma atitude muito diferente. Os sonhos em si, frequentemente os do próprio Freud, são produções imaginativas ricas e fascinantes, enquanto que as interpretações frequentemente mostram uma rede incrivelmente rica e elaborada de cadeias de associações, revelando camadas de significado e de possibilidades que vão muito além das simples "soluções" redutivas que o próprio Freud fornece. É nessas cadeias de associações, metáforas, trocadilhos e metonímias que Freud revela a abundância criativa extraordinária do inconsciente, que ele simultaneamente valoriza e desvaloriza. Por um lado, ele mostra como os sonhos são fenômenos verdadeiramente psíquicos, situados num contexto de sentido que vai bem além de sua aparência superficial, embora por outro lado ele parece pensar que o sonho não é "nada mais do que" um disfarce que pode ser *substituído* pelos "pensamentos oníricos" do sonho latente. Ele menos *dá lugar* [*place*] ao processo primário do sonho na cadeia dos fenômenos mentais do que *dá o lugar* dele [re-*place it*] ao processo secundário do pensamento onírico. Assim, embora se suponha que os sonhos emergem de uma camada da mente que é estranha às categorias racionais de espaço, tempo, contradição, média, e assim por diante, de algum modo o pensamento onírico supostamente originário pode ser expresso justamente nesta forma linear e racional.

A crítica de Jung: a importância dos símbolos

É aqui que Jung discordou de Freud. Ao invés de ver o sonho como uma aparição disfarçada de alguma outra coisa, Jung argumentou que os sonhos *são* o que parecem: O sonho "mostra a verdade e a realidade interiores do paciente, tais como elas são: não como eu conjecturo que elas sejam, não como ele gostaria que fosse, mas *como elas são* (Jung 1934/1966, § 304). O sonho não precisa ser decodificado no sentido de ser traduzido em algo diverso; ao invés disso, ele precisa ser *elaborado*. A interpretação, ao invés de *substituir* [*replacing*] o sonho, o *enriquece* [*enhances*] da maneira como a crítica de arte enriquece o significado da obra de arte.

A razão pela qual o sonho parece obscuro, porém, é que esse é um modo de representar algo que, nos termos de Jung, "compensa" a atitude consciente – ou seja, que mostra uma visão diferente de algo que na verdade está emergindo deste "outro" reino do pensamento, onde o pensamento é criado através da metáfora e do símbolo ao invés de pelo pensamento linear. Jung assim desenvolveu uma abordagem interpretativa que *amplifica* o sonho ao mostrar sua conexão com os temas arquetípicos da mitologia. Deste modo, ele procurou criar uma rede mais ampla de sentido através da qual os temas simbólicos do sonho possam ser elucidados. Ele também encorajou os pacientes a "sonhar o sonho adiante" através da imaginação ativa (cf. capítulo 11, abaixo). Já que via o sonho como um esforço para a expressão simbólica ao invés de um disfarce, ele procurou auxiliar o paciente a desenvolver essa expressão por quaisquer meios possíveis, em contraste com a visão de Freud de que tais elaborações eram meras "revisões secundárias" do sonho manifesto que além disso obscurecem os pensamentos oníricos latentes.

A visão negativa de Freud do trabalho inconsciente da representação simbólica o fez ter de lutar para dar conta da criatividade artística, que ele tendia a ver como alguma forma de substituto para a gratificação dos instintos. Aqui a visão de Jung do sonho se harmoniza muito mais facilmente com o processo da criatividade artística, com a ressalva de que para a criação de arte se exige uma sensibilidade mais dirigida para moldar e formatar as imagens inconscientes espontâneas numa forma mais universalmente reconhecível e relevante. Em relação aos sonhos e à imaginação ativa, a sensibilidade consciente é dirigida também a viabilizar a emergência de novas formas simbólicas que revelem o significado pessoal e interior, rumo ao qual o processo inconsciente está voltado. Em ambos os casos, porém, o processo envolve a mútua interpenetração dos modos de pensamento consciente e inconsciente levando à criação de um "terceiro", que Jung designou de a função transcendente.

É na abordagem dos símbolos que as diferenças entre as visões de Freud e de Jung sobre sonhos ficam mais patentes. Freud fez sua uma visão muito limitada dos símbolos nos sonhos, ao tratá-los como representações figurativas de elementos reprimidos, especialmente (e notoriamente) partes do corpo tais como os genitais masculinos e femininos. Jung argumentou que isto faz deles sinais e não símbolos, já que poderiam ser substituídos por uma correspondência unívoca com os objetos que eles significam. Por contraste, ele sugeriu que os símbolos representam não o já desconhecido [em virtude do processo de repressão (N.T.)], mas o *ainda desconhecido* – eles são a melhor representação possível de um fato psíquico desconhecido. Portanto, o propósito de um símbolo é representar algo que está no processo de tornar-se conhecido e que só pode ser representado neste modo complexo. Neste ponto de vista, o símbolo contém e transcende *todas* as possíveis associações a ele, ao invés de ser redutível a um único "pensamento onírico".

Jung dá uma ilustração reveladora desta abordagem diferente em sua interpretação de um sonho no qual uma paciente sonhou que alguém lhe dera uma espada maravilhosa, ricamente ornamentada e antiga, desenterrada de um túmulo (Jung 1916/1969, § 149ss.). Já que ela associou a espada como uma adaga que pertencia ao pai, Jung sugere que uma interpretação redutiva freudiana veria o sonho em termos puramente sexuais como um desejo da "arma" de seu pai – uma fantasia fálica. Jung, porém, destaca a associação com o temperamento enérgico e poderoso do pai dela e o fato de que a espada no sonho é uma espada especificamente *céltica*, que a paciente associava com sua própria ancestralidade, antiga tradição e com a herança da humanidade. Ele prossegue sugerindo uma interpretação na qual a espada representa o que a paciente *precisa* – é uma "compensação" por sua própria atitude passiva e dependente, representando uma imagem simbólica de paixão, energia e vontade, algo que a conecta com sua herança e que está sendo "escavado" pela análise. Assim a espada é uma poderosa imagem simbólica que reúne todas as associações com ela, através de sua capacidade de representá-las e sintetizá-las numa única imagem.

Infelizmente, o modo como Jung justapõe os dois tipos de interpretações parece sugerir que elas estão em oposição mútua. Isso contribui para produzir uma lamentável e desnecessária polarização no mundo junguiano. Contudo, a força real da interpretação sintética está em sua inclusividade. Pois é claro que um aspecto do poder do pai *é* certamente seu aspecto fálico e isso poderia ser igualmente bem expresso, em termos freudianos, como "um desejo pelo pênis do pai". Este aspecto do símbolo *aumenta* seu significado ao lhe acrescentar a poderosa carga da sexualidade e do desejo – ele lhe dá ímpeto e luxúria. O símbolo é *todas* essas coisas e sem dúvida outras coisas mais. Além disso, a imagem simbólica representa os muitos *afetos* poderosos nessas associações – o anseio, a energia, a pulsão de poder, bem como o desejo sexual e talvez as violentas energias agressivas da paciente, também. Nesse sentido, os símbolos poderiam ser descritos como o *revestimento do afeto em imagem*, e já que, como Jung diz, eles são os melhores meios possíveis de fazê-lo, eles têm o potencial de se tornarem *ferramentas com que pensar*. Afetos inumeráveis, inespecificáveis e complexos podem ser representados e pensados através da contemplação das imagens pelas quais o sonho os representa.

O sonho de Freud da monografia botânica

Agora eu quero mostrar como esses processos de representação simbólica operam num dos sonhos do próprio Freud, resultando numa interpretação bem diversa daquela que Freud dá, mas que, creio, é inteiramente compatível com ela. O sonho é mencionado várias vezes em *A interpretação dos sonhos*, primeiramente no capítulo sobre as origens dos sonhos (Freud 1900/1976, 254-262, 279-280), de novo no capítulo sobre o trabalho do sonho (386-390) e finalmente em relação com os afetos nos sonhos (603). O sonho em si é simples:

Escrevi uma monografia sobre certa planta. O livro está diante de mim e folheio uma lâmina colorida dobrada. Cada exemplar é acompanhado por um espécime dessecado da planta, semelhante aos espécimes de um herbário (Freud 1900/1976, 254).

Freud delineia uma série prodigiosa de associações a este sonho (1900/1976, 254-258) que eu vou tentar resumir brevemente: ele tinha visto uma monografia sobre ciclamens na vitrine de uma livraria no dia anterior; os ciclamens são as flores favoritas de sua esposa; sente culpa por não presentear sua esposa com flores; a monografia que ele escreveu sobre a cocaína, que ele esperava que o tornaria famoso, mas na qual sua própria contribuição foi eclipsada por um colega; uma conversa com dois colegas na noite anterior, um dos quais se chamava Dr. Gärtner ["jardineiro" (N.T.)] e na qual "aparências florescentes" e uma paciente chamada "Flora" foram mencionadas; a baixa reputação de Freud perante o diretor do ginásio em que ele estudou, associada com um incidente envolvendo brocas-dos-livros no herbário da escola; seu fracasso em identificar uma planta; sua inaptidão para desenhar plantas; a alcachofra, que é a flor favorita *dele* e que sua esposa lhe traz; seu amigo Fleiss, que lhe tinha escrito dizendo ter imaginado ver o livro de Freud sobre os sonhos "diante de mim e eu o folheei"; um livro de lâminas coloridas que seu pai lhe deu quando criança para que desfolhasse (como uma alcachofra); e, finalmente, que colecionar livros é seu *hobby* favorito, associando-se com as brocas-dos-livros, débito e o tema da conversa com os dois colegas, que foi o fato de ele ser "absorto demais em meu *hobby* favorito" (258) e "minhas relações íntimas com os livros" (388).

A partir deste *tour de force* de "ligações associativas copiosas e entrelaçadas" (279), Freud conclui que o sonho era uma autojustificação, "uma defesa de meus direitos" e que "eu posso me permitir isso". Embora Freud seja discreto o bastante para não dizê-lo, podemos imaginar a partir das associações e de sua própria teoria que o seu "*hobby* favorito" bem pode ter tido algo a ver com sexo, possivelmente a masturbação, possivelmente associada com sua culpa por não trazer à esposa as flores favoritas dela. Ele alude, também, à importância da lembrança infantil de desfolhar o livro de lâminas coloridas, que talvez tenha tido algo a ver com uma fantasia sobre o corpo da mãe. Tudo isso permanece especulativo, é claro.

Contudo, Freud oferece evidência abundante sobre outro tema-chave do sonho: sua ardente ambição por sucesso profissional, sua inveja e rivalidade competitivas em relação a colegas profissionais, e sua necessidade de autojustificação. Isso aparece em vários outros sonhos, inclusive o sonho que se segue imediatamente à sua segunda referência ao sonho da monografia botânica (280). O sonho da "barba amarela" se refere a dois colegas judeus que não haviam sido nomeados para cátedras. Freud interpreta o sonho em termos de seu desejo de que ele *será* nomeado, a despeito de ser judeu. Mas o sonho é também sobre barbas *ficando grisalhas*, tal como então acontecia com a sua própria, assim indicando seu temor de que envelheceria antes de alcançar a ambição da vida inteira de sucesso e reconhecimento profissional. E é isso que é representado na monografia botânica através da associação-chave com Fliess imaginando o livro de sonhos de Freud "diante de mim". Agora começamos a ver que a monografia botânica *é* a própria *A interpretação dos sonhos*. É, como diz Hamlet, "uma consumação desejada com fervor", o ansiado cumprimento da maior ambição de Freud. *Este* é o "*hobby* favorito" de Freud, o livro no qual ele depositou todas as suas esperanças, temores e ambições e que deve, em certo grau, ter ocupado cada um de seus momentos, dormindo ou acordado, neste período de sua vida. A associação com o diretor do ginásio, seu fracasso em identificar a planta certa e sua incapacidade para o desenho se ligam com o fracasso da monografia sobre cocaína e seus temores de ficar grisalho. Por trás do sonho há uma batalha feroz acontecendo entre a ambição arrogante de Freud e o medo, a dúvida e a culpa que ele tem de superar para seguir em frente com sua "flor favorita", ignorando as repreensões de seus colegas profissionais (talvez sobre ele ter negligenciado suas obrigações com a esposa e a família?), e poder saborear o pleno florescimento de sua inspiração nascente: o segredo da interpretação dos sonhos.

Mais evidências para esta interpretação são fornecidas pelo fluxo aparentemente inconsciente de associações da monografia botânica (279) ao sonho da barba amarela (280) e sobre sua frustração e raiva pelas barreiras impostas aos judeus no Império Austro-húngaro (280-282). Há uma associação entre desfolhar alcachofras e "a desintegração do Império Chinês" (279) (outra consumação desejada com fervor?) e também seu comentário de que por trás das alcachofras estão meus pensamentos sobre a Itália" (388). Os pensamentos de Freud sobre a Itália são discutidos na passagem que se segue à interpretação do sonho da barba amarela, na qual ele fala de seu anseio irrealizado de ir para Roma (recorrente em muitos sonhos) e de sua identificação com Aníbal, que atravessou os Alpes, embora, como Freud, fosse impedido de entrar na terra prometida de Roma (282-285). Aqui Freud escreve:

> Para minha mente jovem Aníbal e Roma simbolizavam o conflito entre a tenacidade do judaísmo e a organização da Igreja Católica... Assim, para minha vida onírica, o desejo de ir a Roma tinha se tornado um disfarce e símbolo para vários outros desejos apaixonados. A realização deles deveria ser perseguida com toda a perseverança e determinação dos cartagineses, embora sua consumação no momento parecesse tão pouco favorecida pelo destino quanto o desejo de Aníbal, alimentado ao longo de sua vida, de entrar em Roma (1900/1976, 285).

E então Freud passa à descrição do incidente que seu pai lhe contou, em que foi vítima de um ataque antissemita no qual seu gorro foi jogado na lama. Freud se sentiu profundamente desapontado em ouvir que o pai tinha se resignado a, em silêncio, pegar de volta o gorro, e ele relaciona isso a sua identificação (compensatória) com Aníbal e, através deste, com Napoleão – ou seja, seu anseio por uma vingança triunfal contra as crueldades e ultrajes do preconceito antissemita.

Há mais uma menção à monografia botânica que reforça essa interpretação dela como uma representação simbólica do ansiado triunfo de Freud contra seus inimigos. Muito mais tarde em *A interpretação dos sonhos*, quando Freud está discutindo a aparente supressão de afetos nos sonhos (através do deslocamento), ele contrasta a ausência descolorida de um intenso afeto, no sonho manifesto, com os pensamentos oníricos nos quais ele encontra "as mais intensas moções psíquicas [...] buscando se fazer sentir, e lutando, em geral, com outras, que as contrariam violentamente". No caso da monografia botânica, ele diz:

> Os pensamentos que correspondem a ela consistiam numa defesa apaixonada da minha liberdade de agir como eu escolho agir e de governar minha vida única e exclusivamente como me parece correto. O sonho que resulta deles parece indiferente [...]. *É como a paz de um campo de cadáveres; não se percebe mais nada da fúria da batalha* (1900/1976, 603, itálicos acrescentados).

Portanto, *este* é o desejo que deve ser saciado no sonho da monografia botânica. Isso está muito longe de uma ausência de afeto: se considerarmos a imagem de Freud como uma associação a mais para o sonho (uma amplificação dele), podemos ver a enormidade da violência da ambição expressa em sua identificação com heróis militares como Aníbal e Napoleão. Podemos ver também seu medo e insegurança, pois tanto Aníbal quanto Napoleão acabaram sendo derrotados. Terá sido por isso que Freud mais tarde se sentiu tão ameaçado por Jung? O imaginário do sonho se refere a ambos esses aspectos, com a monografia no sonho representando o aguardado livro dos sonhos que irá vingá-lo, banir os fracassos passados e derrotar seus inimigos. E, devido a suas múltiplas associações, a imagem onírica faz isso de um modo muito mais complexo do que uma imagem do seu livro verdadeiro poderia ter feito. Claro, é isso que torna o sonho *simbólico*.

Em suma, este sonho é uma ilustração perfeita da ideia de Jung da *função transcendente*, a imagem simbólica que emerge do, reconcilia e transcende o conflito dos opostos em guerra (a "fúria da batalha"). E mesmo a discussão do próprio Freud, especialmente com referência à importância de Roma, deixa claro que nessa época ele via os símbolos como muito mais do que meros substitutos de partes sexuais do corpo. As próprias associações de Freud oferecem abundante evidência do pensamento inconsciente complexo, coerente, direcionado por propósitos, e diretamente relacionado com os mais profundos temores e desejos do sonhador. Freud mostra claramente como esses processos de pensamento inconsciente, irrompendo na superfície como um sonho, se valem de uma gama incrivelmente vasta de conexões, reunindo toda a vida do sonhador numa única imagem do folhear as lâminas coloridas de uma monografia botânica.

A função do sonhar

Seria bem possível interpretar esse sonho como uma espécie de "mensagem" do inconsciente, na linha do encorajamento inconsciente para que Freud perseguisse seus objetivos e não se deixasse derrotar por suas dúvidas (como projetadas em seus colegas, e assim por diante). Alguns junguianos poderiam até querer chamar isso de uma mensagem do "Guru Si-mesmo", a sabedoria do inconsciente, ou algo assim. Mas é igualmente possível e coerente ver nele uma expressão dos desejos edipianos de Freud – o pequeno Aníbal que tenta vencer o pai e usufruir da alcachofra da mãe, com seus lábios suculentos e carnudos, e por aí vai. O sonho é tudo isso, mais que isso e nada disso. Pois o sonho é, como diz Jung, simplesmente ele próprio e só se torna significativo através da contemplação dele na consciência vígil. Ou, como Rycroft coloca, "o imaginário no sonho está ausente antes do significado que o transformará numa metáfora" (Rycroft 1979, 71). Só então o potencial simbólico do sonho é revelado como uma rede de infinitas possibilidades. Esta visão do sonhar, embora reconhecendo seu imenso potencial criativo, não nos exige privilegiar o sonhar como um tipo especial de pronunciamento oracular "do Si-mesmo".

Bem pode ser que, como um resultado de seu desejo incomumente intenso, os sonhos de Freud realmente *fossem* a realização de desejos, e sem dúvida muitos sonhos se encaixariam nesta descrição. Não apenas crianças, mas também adultos às vezes têm sonhos escancaradamente do tipo "fantasia do herói" – um paciente meu os descreveu como seus "sonhos do tipo "atire neles, Indiana Jones". As interpretações por Freud de seus próprios sonhos claramente expressam a poderosa constelação do arquétipo do herói nele, elaborado em algo muito mais dotado de propósito do que uma mera fantasia escapista. Contudo, poucos analistas atualmente afirmariam que *todos* os sonhos são desse tipo. Na psicanálise, o desenvolvimento da teoria das relações de objeto levou a uma visão, similar à de Jung, que considera muitos sonhos como um quadro da situação psíquica do paciente, no qual vários personagens e situações representam as relações objetais relativas ao mundo interno do paciente, que são frequentemente encenadas na transferência.

Como Jung coloca, “o sonho é *uma autorrepresentação espontânea, em forma simbólica, da situação atual do inconsciente*” (Jung 1948/1969, § 505, itálicos no original).

Por exemplo, o seguinte sonho ocorreu no início da terapia de uma jovem executiva ambiciosa e impulsiva, em luta com uma série de doenças psicossomáticas:

> *Há uma espécie de comando* [tipo de soldado de elite treinado para tarefas especiais (N.T.)] *trabalhando para a resistência e que estava numa missão e que agora luta para voltar ao acampamento de base, enfrentando vento frio e chuva torrencial. Quando finalmente chega lá, gripado, faminto e exausto, o oficial comandante lhe diz que ele precisa descansar e se recuperar antes da próxima missão, mas o comando se recusa a descansar e insiste em partir para a missão imediatamente.*
>
> *Na segunda parte do sonho, há uma jovem num estabelecimento educacional, atravessando os corredores e, de vez em quando, sub-repticiamente, chutando as canelas de alguém.*

A terapeuta reconheceu que o sonho descrevia com exatidão o problema que a paciente estava trazendo à terapia – ela estava inconscientemente identificada com “o comando”, bem como com a garota rebelde e provavelmente resistiria às objeções da terapeuta (oficial comandante), mas revidaria com um chute na canela. Ao longo da terapia, o sonho e particularmente a figura do “comando” se tornaram um *leitmotiv* da compulsão da paciente em prosseguir sua “missão”, independentemente do custo para sua saúde física. A tarefa terapêutica então se focou primeiramente na elaboração do significado dessa figura interior, especialmente com relação à sua identificação com o *animus* masculino como um “movimento de resistência” contra sua mãe pouco solidária, e em segundo lugar em como essa figura interior poderia se tornar mais integrada e menos destrutiva para a paciente, embora reconhecendo-se seus aspectos positivos de heroísmo, autossacrifício, vontade e determinação. Inicialmente, foi só a terapeuta que captou a importância simbólica do comando, mas, posteriormente, a paciente se tornou capaz de usar a imagem para aprofundar sua própria autocompreensão e para conquistar alguma escolha consciente sobre como ela gostaria de viver sua vida. Ao ser capaz de imaginar o comando, a paciente se tornou capaz de desenvolver uma "terceira posição" ante seu feroz dirigente interno (superego).

Sonhos assim sugerem a presença de um aliado inconsciente trabalhando ao lado do analista para criar construções significativas das dificuldades do paciente. E embora sonhos particulares possam preencher um vasto leque de funções (inclusive a satisfação de desejos), creio que *todos* os sonhos expressam, como este, as ocupações e preocupações inconscientes do sonhador na época – daí a importância dos "resíduos diurnos". E isso pela razão ainda mais simples de que *sonhar é a forma que o pensamento toma quando se dorme*. Assim como, em nossos momentos silenciosos em vigília nos descobrimos refletindo sobre nossas atuais ocupações e preocupações, especialmente aquelas com as quais estamos emocionalmente comprometidos, também nos voltamos a essas questões em nossa mente durante o sono. Essas ocupações podem ir dos mais simples dos desejos físicos às soluções dos problemas filosóficos mais complexos. Portanto, os sonhos bem podem se ocupar com qualquer um ou todos os variados tipos de pensamento que nos engajam quando estamos acordados, contudo pode ocorrer que, enquanto estamos dormindo e não há nenhuma outra distração, nós encontremos o que é *realmente* importante para nós e, se tivermos sorte, poderemos também descobrir o porquê. Emerson expressa isso de modo belo: "O sonho apresenta uma resposta em hieróglifos para a questão que nós colocamos (apud Whitmont & Perera 1989, 8). Mas, uma vez que é evidente que o modo como pensamos durante o sono é muito diferente do modo como pensamos acordados, a questão é trabalhar para apurar no que é que estávamos pensando durante o sonho!

Mas é exatamente porque nosso pensamento toma tal forma diversa, que os sonhos podem nos oferecer modos novos e úteis de pensar sobre nossa situação. Encarado do ponto de vista da razão cognitiva, o sonhar é uma forma *inferior* de pensamento, já que são justamente aqueles aspectos do funcionamento mental que estão fechados (inibidos) durante o sono. Mas, de outro ponto de vista, a inibição da razão cognitiva permite um tipo de pensamento muito mais livre, mais associativo que é capaz de se valer de um leque muito mais amplo de associações e reunir de modos novos e inesperados material de diferentes áreas da mente, fundindo o que a consciência vígil mantém separado em categorias de tempo, espaço e lógica. Embora possamos ver algumas coisas mais claramente durante o dia, precisamos atenuar a luz solar da atenção consciente para ver os céus estrelados que nos são revelados em nossa infinita paisagem onírica.

Por essas razões, o psicanalista Charles Rycroft propôs substituir a diferenciação de Freud, valorativamente carregada, entre processo primário e secundário, pela distinção da filósofa Susanne Langer entre simbolismo discursivo e não discursivo (Rycroft 1979; Langer 1942). O simbolismo discursivo se refere ao sentido em que as palavras podem ser consideradas como símbolos – ou seja, as palavras são unidades de representação com significados fixos e definidos que são estabelecidos de modo mais ou menos permanente. No simbolismo discursivo, o significado é fortalecido pela precisão e especificidade. No simbolismo não discursivo, o oposto é verdadeiro. Símbolos não discursivos têm significados múltiplos que são indeterminados e adquirem seu significado e importância através da integração de muitos significados em uma apresentação simultânea. Rycroft sugere que neste aspecto os sonhos se parecem com obras de literatura: "Diferentemente de afirmações factuais como 'A Batalha de Waterloo ocorreu no dia 18 de junho de 1815' ou 'arsênico é um veneno', que têm apenas um significado, sonhos, poemas e romances não têm nenhum significado ou vários significados" (Rycroft 1979, 162). Assim, ao invés de ver o pensamento figurativo e associado dos sonhos como *regressivo* e, portanto, inferior à racionalidade dirigida e lógica do processo secundário, Rycroft sugere que eles são apenas *diferentes*, pois têm propósitos e funções diferentes. Como Jung (1912/1952/1956), que de modo similar faz uma distinção entre pensamento dirigido e não dirigido, Rycroft reconhece que o valor do pensamento simbólico é justamente sua múltipla indeterminação de significado.

Como a interpretação de Freud do sonho da monografia botânica mostra tão intensamente, os símbolos oníricos são a expressão em forma condensada de redes altamente complexas de associação. Para mim, este é o modo mais claro de marcar a distinção entre os modos discursivo e não discursivo de pensamento. O pensamento e a linguagem racionais usam o *pensar linear*, de modo que a clareza é alcançada ao trilhar uma sequência definida. O pensamento não discursivo, por outro lado, envolve o *pensar em rede*, onde todos os elementos da rede são potencialmente presentes ao mesmo tempo. Por isso a apreensão da rede requer ferramentas de pensamento que agem como *hubs* [núcleos (N.T.)] de redes, nos quais muitas ligações na rede convergem – em suma, *símbolos*. Quanto mais complexa a rede, ou seja, quanto maior é o número de *hubs* associativos que estão ligados na estrutura geral, maior é o leque potencial de significados – daí a ideia de o sonho, ou a obra de arte, ser uma rede de infinitas possibilidades.

Similarmente, então, a interpretação dos sonhos requer uma atitude aberta e alusiva, fazendo ligações levantando possibilidades ao invés de tentar achar uma "solução", uma interpretação "correta" que feche o potencial do sonho ao reduzi-lo a uma única coisa. Daí a objeção de Jung à interpretação sexual dos sonhos por Freud e sua preferência pela amplificação. À diferença dos fatos e teorias científicas, cuja validade decresce na medida em que sejam ambíguos e suscetíveis a múltiplas interpretações, o valor dos símbolos e da interpretação deles aumenta quanto mais variadas e indeterminadas são as interpretações das quais eles são capazes. Considere, por exemplo, a ambiguidade e a inerente incerteza de obras de arte como *Hamlet* ou a Mona Lisa. Este é motivo para a "capacidade negativa" recomendada por Keats para os poetas e adotada por Bion como uma diretriz para a psicanálise. A capacidade negativa, a capacidade para "permanecer em incertezas, mistérios, dúvidas, sem qualquer perseguição irritada de fatos e razões" (Keats 1817/1958 I, 193, apud Bion 1970) é o estado mental requerido tanto para a produção de imagens simbólicas (o sonhador, o poeta) e sua interpretação (o psicanalista).

A mente sonhadora produz metáforas, imagens e símbolos "naturalmente", espontaneamente, do mesmo modo negativo indicado por Keats: é pelo que a mente *não* está fazendo (perseguir fatos e razões) que ela é capaz de produzir os múltiplos significados do sonho. O poeta e o analista cultivam esta faculdade mental para, por assim dizer, aprender a falar – e a interpretar – a linguagem inconsciente "natural" do sonho. Em ambos os casos, isso exige o desenvolvimento de um estado mental que tem tanto formas de pensamento da vigília como do sono, suprimindo as funções cognitivas o bastante para permitir um estado onírico se desenvolver, enquanto as mantém o suficiente para serem capazes de atribuir significado metafórico e simbólico aos "pensamentos oníricos" que emergem. Bion chamou isto de o "devaneio" do analista; Jung, de a função transcendente.

Se sonhar é uma forma de simbolismo não discursivo, isso sugeriria que o sonho, ou, talvez mais amplamente, a imaginação inconsciente, é o material bruto não apenas para a arte, mas também para qualquer atividade criativa que utiliza a imaginação simbólica como um modo de refletir sobre os aspectos emocionais e espirituais de nossa vida psíquica – ou seja, de nossa experiência *subjetiva*. Arte, religião e psicanálise, todas oferecem arenas imaginativas que estimulam o desenvolvimento consciente da capacidade imaginal, através da elaboração do imaginário simbólico. Deste modo, elas podem ser consideradas como uma forma conscientemente cultivada de sonhar.

O sonho do campo de concentração: significando o insignificável

Eu gostaria de concluir com um sonho meu, que me ocorreu no meio de minha análise, uns vinte anos atrás. É um exemplo do modo como o processo da análise pode promover a função simbólica do próprio paciente, de modo a que torne possível sonhar uma situação interior que anteriormente era insignificável. Embora tais sonhos possam ser horríveis, como este era, eles também podem propiciar imenso alívio, parecido à retirada de uma lasca dolorosa, um sentimento de "ah, agora eu vejo o que é!"

Este sonho ocorreu após uma sessão particularmente penosa com um paciente que tinha flagrado sua mulher na cama com o amigo dele, no primeiro aniversário de casamento deles. Eu tinha ficado profundamente perturbado pela violência da agonia do paciente, e sua ameaça sombria, e bastante realista, de matar os dois. Identificado com sua dor ainda repelida pelo seu desejo violento de vingança, eu fiquei deprimido e preocupado por esta sessão, como se repleta de algo que eu poderia agora chamar de "improcessado". A uma hora da manhã eu acordei do seguinte sonho:

> *Nós estamos nos campos de concentração onde eu sou um comparsa involuntário de uma tentativa de estupro. Apesar de meu*

> *nojo e horror, as regras da vida no campo exigem que eu fique quieto e nunca proteste ou me queixe.*
>
> *Mais tarde, nós somos liberados dos campos, mas em nós mesmos não fomos liberados. Pela mesma lei do silêncio, isso permanece não visto e desconhecido dos outros. É um estado de desespero desolador tão terrível de contar que paira sobre nós sem esperança de alívio.*
>
> *Mais tarde, eu estou vomitando violentamente, como que vomitando a morte, decadência e corrupção ainda dentro de mim. Mas mesmo isso não é permitido, e eu sou cercado por uma gangue que quer me punir pela minha transgressão. Eu tento gritar, e através deste grito pelo menos se percebe que nós não fomos liberados absolutamente, mas estamos neste estado muito pior de não termos nenhuma esperança de liberação, já que ninguém sabe que estamos ainda mentalmente confinados. O sonho termina com um desembarque de comida do ar e eu acordo, soluçando violentamente com o alívio da liberação deste pesadelo.*

Este sonho retrata a sua própria importância na imagem do grito: o sonho *é* o grito que trouxe à minha consciência vígil um sentimento vitalício, que é representado simbolicamente como estar num campo de concentração. Ele descreve uma situação de saber algo que, ao mesmo tempo, não pode ser sabido porque não há palavras para dizê-lo – é insignificável. Através dessa representação de uma situação interior literalmente inconcebível, eu me libertei de um sentimento anteriormente não notado de opressão. Como na sessão com meu paciente, eu recuo com horror e nojo ante um ato violento e desprezível, mas agora sou forçado a reconhecer minha própria cumplicidade e culpa. O "resíduo diurno" da sessão perturbadora e os afetos insignificáveis, improcessados, que desencadeei em mim, encontraram vazão agora numa narrativa simbólica que representava algumas das ocupações mais profundas de meu mundo interior. Por trás deste sonho estão sentimentos de traição, mágoa e desespero associados com uma separação, na primeira infância, que eu nunca tinha sido capaz de exprimir ou conhecer – esta era a importância do tema de não poder reclamar. De fato, uma das primeiras interpretações que minha analista fez para mim foi de que eu precisava reclamar amargamente – algo que eu não tinha realmente compreendido na época. Agora eu sei o que ela quis dizer. Assim o sonho expressa uma *coniunctio* inconsciente entre o entendimento de minha analista e minha própria luta para simbolizar e então comunicar minha situação interior para ela.

No sonho eu vomito o terrível complexo de sentimentos que tinham sido evocados em mim por identificação projetiva com meu paciente. Embora alguns desses sentimentos pudessem ter pertencido a ele, eles também tinham desencadeado um complexo em mim que agora era, por assim dizer, vomitado neste sonho agoniante. E assim, a despeito da ameaça de castigo, eu tinha sido capaz de superar as barreiras da repressão, despertando de um pesadelo de vida toda no qual eu, como meu paciente, me sentia prisioneiro sem esperança. Deste modo, o próprio pesadelo se tornou um símbolo do objeto opressivo do qual eu tinha sido liberto ao ser capaz de sonhá-lo. Foi, como diria Bion, a transformação de elementos beta em elementos alfa pelo trabalho inconsciente da função alfa.

Este sonho ainda permanece na minha mente não apenas por seu conteúdo e importância pessoal, mas também como uma percepção do que os sonhos podem fazer e por que eles são tão imensamente valiosos no processo analítico. É por causa de experiências como essas que eu, como a maioria dos analistas, aguardo os sonhos dos meus pacientes com a esperança de um novo *insight* e compreensão. Por isso foi também o último pesadelo que eu tive – desde então eu dei boas-vindas aos meus sonhos, não importa quão ameaçadores e perturbadores, como fontes de novo entendimento e veículos de transformação.

Referências

Bion, W. (1970). *Attention and interpretation.* Londres: Tavistock.

Freud, S. (1931/1976). Prefácio à terceira edição em inglês (revisada) de *The interpretation of dreams.* Vol. 4. Penguin: Freud Library.

______ (1900/1976). *The interpretation of dreams.* Vol. 4. Penguin: Freud Library [Reimpresso da Standard Edition, vol. 4-5, 1953].

Gellner, E. (1985). *The psychoanalytic movement.* Londres: Paladin.

Hobson, A. & McCarley, R. (1977). "The brain as a dream state generator: An activation-synthesis hypothesis of the dream process". In: *American Journal of Psychiatry* 134: 1.335-1.348.

Jung, C.G. (1963/1977). *Memories, dreams, reflections*. Glasgow: Fountain Books.

______ (1948/1969). "Aspectos gerais da psicologia do sonho". OC 8/1.

______ (1934/1966). "A aplicação prática da análise dos sonhos". OC 16/2.

______ (1916/1969). "A função transcendente". OC 8/1.

______ (1912/1952/1956). "Os dois tipos de pensamento". OC 5.

Keats, J. (1817/1958). *The letters of John Keats 1814-1821*. Ed. H.E. Rollins. Cambridge, MA: Harvard University Press.

Langer, S.K. (1942). *Philosophy in a new key*: A study in the symbolism of reason, rite, and art. Cambridge, MA: Harvard University Press.

Rycroft, C. (1979). *The Innocence of dreams*. Londres: Hogarth.

______ (1966). "Causes and meanings". In: *Psychoanalysis observed*. Londres: Constable.

Solms, M. & Turnbull, O. (2002). *The brain and the inner world*: An introduction to the neuroscience of subjective experience. Londres/Nova York: Karnac.

Whitmont, E. & Perera, S. (1989). *Dreams*: A portal to the source. Londres/Nova York: Routledge.

10 Amplificação: desvelando a emergência do significado

John Hill*

Perde e ganha

Os seres humanos nunca pararam de contar histórias sobre as maravilhas e contradições da vida. Os sonhos fazem o mesmo. A amplificação foi aclamada como uma contribuição original de Jung para os métodos de interpretação dos sonhos. Diferindo das associações pessoais, a amplificação consiste em tornar disponível para os sonhos e fragmentos de sonhos narrativas encontradas nos contos de fada, no mito, no ritual e "em todos os ramos das ciências humanas" (Mattoon, 69). A amplificação com motivos de filmes, da literatura, história e eventos contemporâneos também pode ser significativa. As associações pessoais elaboram em torno dos temas oníricos para conectá-los com experiências efetivas que foram reprimidas ou esquecidas. Com a amplificação, o analista geralmente oferece uma elucidação de certos motivos e símbolos oníricos com a intenção de ligá-los com temas universais encontrados na herança narrativa da humanidade, dos quais o sonhador pode não

* John Hill, MA, é um analista didata e supervisor da International School of Analytical Psychology em Zurique. Graduou-se em filosofia na University of Dublin e na Catholic University of America. É autor de artigos sobre o experimento de associações, mitos celtas, James Joyce, sonhos e misticismo cristão.

ter nenhum conhecimento prévio. A amplificação pode ser entendida como uma tentativa de ancorar a identidade dentro desta herança.

Os psicanalistas junguianos são treinados para terem à sua disposição conhecimento o bastante do rito e do mito em diversas práticas culturais, para poderem elucidar o material onírico. Pode ser muito surpreendente quando um motivo desses oferece acesso a um sonho que de outro modo permaneceria opaco à consciência. A amplificação, porém, se arrisca a ser uma abordagem sujeita a um perde e ganha aleatório [*a hit or miss approach*, no original (N.T.)] para a interpretação dos sonhos. Não obstante, o analista e o sonhador podem nunca mais esquecer aqueles momentos em que um tema universal ressoa no âmago do sonhador, lança luz sobre partes ocultas de seu comportamento, abre novas perspectivas de futuro, ou liga a mente do sonhador com a herança cultural da humanidade. Por exemplo, o sonho de uma jovem começava com: "Eu era um cisne". Eu imediatamente me lembrei da história das crianças de Lir, na qual as filhas do Rei Lir são transformadas em cisnes por uma madrasta malvada para serem redimidas apenas muitos anos depois. Eu respondi por um apelo dramático à sonhadora: "Penso que você precisa descer para a terra". Vinte e sete anos depois do fim da análise, a mesma pessoa me informou que este momento mudou toda a vida dela.

O exemplo acima é um exemplo de sucesso impressionante. E quanto aos fracassos? Em várias ocasiões, ao amplificar sonhos com motivos do mito e da alquimia, minhas observações não acertaram o alvo, e aconteceu uma desconexão de consciência entre sonhador, sonho e analista. A amplificação pode fazer todo o sentido para o analista, mas não ressoar de modo nenhum na mente do sonhador. Fordham era ciente deste perigo. Os motivos míticos e alquímicos podem se tornar ideias abstratas divorciadas da vida contemporânea do(a) paciente, especialmente se ele/ela tem pouco conhecimento do contexto histórico em que eles foram criados (Fordham 1978, 145). Não obstante, ele admitia que a amplificação pode ter um efeito transformador para o analista e o paciente no contexto da transferência (1974, 149).

Descontinuidade entre a vigília e o sono

A interpretação dos sonhos se ocupa em primeiro lugar de fazer uma ponte entre duas áreas de consciência muito diferentes. A mente humana é ativa nos estados de consciência tanto na vigília como no sono, embora haja uma diferença formal entre os dois. No sonho, a cognição e a memória de curto prazo são reduzidas, enquanto que o afeto, a imagem e a memória de longo prazo são fortalecidas (Hobson, 14). Os sonhos nos permitem uma existência alternativa, que só descartamos como irreal se presumimos que a consciência é exclusivamente limitada aos estados de vigília da mente. Durante um estado de sonho nós sentimos que somos conscientes. Uma vez acordados, tendemos a limitar a subjetividade à consciência diurna. Os analistas podem deslizar rápido demais para interpretações verbais e se arriscam a perder o conteúdo emocional do sonho. Esta presunção restringe gravemente os limites de nossa compreensão dos sonhos. Nós não mais cruzamos a ponte que liga os dois modos de subjetividade. Perdemos a atenção ao sujeito que cria estas paisagens enigmáticas noite após noite e fracassamos em apreciar os poderes criativos da mente que sonha. Todas as tentativas de interpretação devem levar em conta a radical alteridade de uma mente que cria sonhos sem a consciência diurna.

É muito fácil criar uma ponte entre os estados de consciência na vigília e no sono através das associações pessoais do sonhador. Material biográfico dos resíduos diurnos e a ativação de memórias recentes frequentemente dão ao sonhador material suficiente para ligar ambos os estados de consciência. As intervenções, suporte ou comentários do analista são sintonizados com os componentes relacionais da história do cliente que podem ser reativas na transferência. Os sonhos, porém, também ativam padrões universais de significado que podem iniciar outro tipo de vínculo entre analista e cliente. Aqui as intervenções analíticas envolvem um complexo intercâmbio cultural. Ao abordar o sonho, o analista pode não apenas narrar um motivo mítico, mas presumivelmente faz alguma avaliação dele; não só o mito, mas o seu significado é aplicado ao sonho específico. Esse significado, é de se esperar, não é simplesmente uma avaliação intelectual, desencarnada, impessoal do mito, mas reflete níveis profundos do entendimento do mito pelo analista, que pode ou não ter afinidades com a busca por sentido do cliente. Se a amplificação deve acessar a consciência noturna do sonhador, o encontro analítico enquanto tal deve ter prioridade com relação a uma abordagem explicativa ou pedagógica do arquetípico.

Discernindo os poderes do destino

A amplificação é uma aventura, um modo de se lançar num processo que tenta trazer à consciência padrões emergentes de significado conforme eles aparecem encarnados no particular e no relacional. Ao amplificar, arrisca-se a perder os fios de uma vida individual por continuamente fazer o sonho remontar ao arquetípico. Mas, ao avaliar biografias e sonhos, um psicanalista junguiano não pode perder de vista aqueles aspectos arquetípicos da "mãe" ou do "pai" emergentes nos e através dos relacionamentos pessoais. Nós podemos ouvir histórias sobre fronteiras rompidas assumirem qualidades demoníacas, ou a idealização de um pai ou mãe alimentar expectativas impossíveis de preencher nos relacionamentos posteriores. Tendo tido seu processo de desenvolvimento gravemente prejudicado, vítimas podem descobrir que são incapazes de lembrar o que deu errado, incapazes de distinguir as várias partes do enigma, incapazes de reconhecer o que pertence aos pais, à cultura ou a Deus. Em algum momento, um processo de solução começa. Na análise, a reunião de associações pessoais e o *timing* correto no uso da amplificação se tornam cruciais para o processo de cura.

Já em 1909, Jung descobriu o arquetípico nos poderes do destino cuja influência sobre uma família podia ser comparada à de um espírito bom ou mau (Jung 1909/1961, § 727). Traçar as origens do destino pode ser o trabalho da amplificação. Primeiramente, é provável que nós descubramos seu poder transpessoal inserido na identificação com uma figura parental. Ele então pode ser ligado com o padrão cultural que teve um efeito vital benéfico ou nocivo nos membros da família ao longo das gerações. Tais padrões, frequentemente encarnados nos cuidadores primários, têm uma intensa influência nas atitudes para com a vida que falham em respeitar o indivíduo, tais como ideologias de controlar as pessoas através do medo, culturas de degradação da mulher e sociedades julgando as pessoas pela cor de pele, filiação religiosa ou algum fator de "impureza".

Preenchendo a lacuna

De um ponto de vista junguiano, o inconsciente não simplesmente armazena eventos passados na memória, mas, como um fator criativo, permite à fantasia abrir as asas. Os psicanalistas junguianos não deixaram de notar semelhanças entre a narrativa onírica e práticas culturais anteriores, especialmente ritos de passagem que lidam com os estágios da vida, sobrevivência e o incremento do potencial da vida (Jacobi, 76-78). Explorando os fundamentos da fantasia, Jung afirmou que a fantasia, especialmente a de tipo mitológico, é simbólica, e a considerou uma expressão do potencial da psique para antecipar significado. Não é um mero desvio da realidade, mas tem raízes filogenéticas que estiveram outrora "expostos à luz do dia" (Jung 1912/1970, § 27). O que alguns podem interpretar como uma distorção da realidade foi outrora um costume consciente, uma lei ou uma crença geral que moldava a vida espiritual das civilizações. Ao ligar a fantasia individual com material mitológico de culturas mais antigas, Jung estava convencido de que as leis fundamentais da mente permanecem as mesmas e, portanto, têm uma explicação comum (Jung 1912/1970, § 27-29). E explicação comum está na habilidade da mente de criar símbolos e assim antecipar significado.

Nas narrativas oníricas, os símbolos culturais podem não aparecer de forma explícita. Enraizados numa herança cultural e expressos na existência encarnada de uma pessoa, os sonhos também têm uma base biológica, que levou alguns neuropsicólogos a interpretar a natureza bizarra das narrativas oníricas como uma expressão da atividade cortical aleatória. Outra pesquisa neurobiológica, contudo, sugere que o símbolo e a metáfora tendem a "iluminar mais centros cerebrais do que qualquer outra forma de comunicação humana" (Wilkinson, 147). Considerando o princípio de Mallarmé, "nomear é destruir, sugerir é criar" (Hederman, 118) e a compreensão de Jung do símbolo como expressão de "algo que é apenas pressentido e não ainda claramente consciente" (Jung 1923/1971, § 475), a criação noturna de símbolos pode ser considerada como um ato de uma consciência aberta que antecipa significado. Os sonhos podem refletir os "circuitos de curiosidade-interesse-expectativa" do cérebro, conforme defendido por Panksepp e Solms (Solms, 171-174), mas, dada a predisposição do símbolo ao sentido, o impulso da curiosidade inclui um componente específico aos humanos, de busca de sentido.

Tendo em vista a ligação entre o impulso da curiosidade e o simbolismo onírico, a amplificação pode ser compreendida como uma tentativa de conectar a consciência antecipatória, simbólica, dos sonhos com empreitadas culturais mais antigas, criadas por uma sociedade, para conter as transições da vida em forma e ritual significativos. Não se trata de provar a ligação através de uma enumeração de material paralelo; antes, trata-se de comparar, definir, avaliar e traduzir disposições afetivas a respeito de imagens míticas ou ritualísticas num discurso significativo entre o sonhador e o analista. A amplificação pode preencher a lacuna entre o simbolismo não discursivo e o discursivo, entre a imediaticidade da imagem mítica e a extensão de seu significado na linguagem por meio da comparação, da reflexão e do uso do conceito. Seu propósito não é substituir a imagem pelo conceito, mas sim estimular a imaginação e fundamentá-la numa matriz histórica; em consonância com a obra de Susanne Langer, tenta ancorar a mente humana dentro de sua herança genética, social e histórica: "Mas o obstáculo mais desastroso é a desorientação, o fracasso ou destruição dos símbolos vitais e a perda ou repressão das ações votivas. Uma vida que não incorpora algum grau de ritual, de gesto e atitude, não tem nenhuma ancoragem mental. É prosaica ao ponto da total indiferença, puramente casual, desprovida desta estrutura de intelecto e sentimento, que nós chamamos de personalidade" (Langer 1996, 290). O trabalho da amplificação é ligar formas embrionárias de significado como expressas no afeto e no simbolismo onírico a um contexto de vida específico, tornando-o inteligível dentro de uma moldura de enraizamento histórico para além do inconsciente pessoal. Estando o processo de preenchimento a caminho, o sentido do símbolo se traduz na linguagem da consciência diurna, tornando-se um veículo de comunicação, criando novas afinidades de sentido não só no contexto do relacionamento analítico, mas também na vida social e cultural de uma comunidade.

Quatro vinhetas

As seguintes vinhetas demonstram a presença de material arquetípico em quatro sonhos, constelados numa época em que os processos de vida do sonhador estavam bloqueados. As vinhetas ilustram quatro diferentes abordagens no uso da amplificação.

a) Pressentimentos do arquetípico

Um rapaz sonhou que via um alagamento [*swamp*] cheio de pessoas mortas, mas de aspecto de serpente. Sempre que as tocava, elas ganhavam vida e o sonhador acordou com medo. Na época do sonho, o rapaz estava começando a ganhar confiança em sua sexualidade e em seus relacionamentos com mulheres. O candidato em treinamento se tornou um pai solidário para seu cliente. Com os sonhos ele recolheria associações pessoais; suas interpretações permaneceram num nível pessoal. Ciente de que o sonhador ficava apavorado com tais sonhos, ele presumiu que o sonhador precisava antes de mais nada de tranquilização. O analista pensou que o sonho se referia à masturbação, e assegurou ao sonhador que era normal se masturbar para conhecer o próprio corpo. Esta abordagem foi útil a um jovem temeroso dos relacionamentos sexuais, mas errou ao não ver a estrutura mítica contida no sonho. Se o analista tivesse pensado no motivo da morte e renascimento, ele teria feito questões importantes, sem necessariamente amplificar uma narrativa particular, como por exemplo: O que morreu dentro de você? Você sente alguma coisa ganhando vida? Fazendo tais perguntas, o analista descobriu que o jovem começava a tirar dele sua atenção e focá-la em seus próprios sentimentos, sua própria sexualidade e sua própria criatividade, que haviam sido alagadas [*swamped*] por uma mãe possessiva. Através deste e de outros sonhos, o jovem percebeu que partes reprimidas de sua personalidade estavam agora no processo de ganhar vida novamente. O motivo da morte e renascimento estabeleceu uma virada na análise. O sonhador precisava menos de um "pai solidário" do que de um "parceiro" ou "amigo" que o ajudaria a tocar para a frente sua própria vida.

b) Desfazendo os nós do destino

Um sonho de uma jovem estudante de medicina, pouco antes de um exame importante: *Eu entrei na sala do exame. O professor se senta numa grande cadeira. Aqueles que são autorizados a fazer o exame são mandados para a direita, e os que não são autorizados, são mandados para a esquerda, para as câmaras de gás. Eu sou mandada para a esquerda, e acordo aterrorizada.*

Quando esta mulher trouxe seu sonho para mim, ela estava convencida de que o destino estava contra ela e que ela iria fracassar no exame. Eu reconheci uma disparidade entre os motivos cristãos do juízo final, localizado num cenário nazista, e a situação real de exame, compreendida como uma iniciação moderna acerca da identidade profissional. Em várias sessões dramáticas, o trabalho se focou em separar seu medo real de exames da ansiedade mais profunda da condenação eterna. Eu confirmei que sua preparação para o exame era boa o bastante e que suas chances de triunfar eram excelentes. O sonho estava apontando para outro medo, um medo de um Deus todo-poderoso e inumano, que já tinha pronunciado o julgamento sobre ela e sobre o mundo. Ao longo de várias sessões nós mantivemos o foco nas duas formas de ansiedade. Finalmente, numa dada sessão, ela inesperadamente recordou a governanta da família, encarregada da educação das crianças. Toda noite essa pessoa dava às crianças uma leitura sobre bom comportamento e as advertia de que se fizessem algo de mau, o diabo viria à noite, as pegaria e elas nunca mais voltariam para casa. Cada noite da infância dessa mulher foi uma noite de terror. Não importa o que fizesse durante o dia, o demônio todo-poderoso da noite iria encontrar culpa nela. O destino dela estava selado; ela não tinha como se defender. Amplificar o sonho foi crucial ao nosso trabalho. Nós descobrimos a raiz de uma ligação fatal com uma humana que havia assumido o poder de um Deus, aprisionando a alma desta mulher numa religião de culpa e medo. Sua vida havia sido determinada por um destino cruel ante o qual ela se sentia impotente. Com a ajuda da amplificação ela pôde separar o inumano do humano. Isso envolveu várias discussões destrinchando o "juízo final de Cristo", "Hitler", "a governanta" e "o professor". Neste processo ela pôde internalizar "o juiz" e ganhar mais confiança em sua própria capacidade de se avaliar. Ela por fim decidiu se desvincular da religião de sua família que havia borrado as fronteiras entre Deus, o demônio e a governanta. Ela obteve sucesso no exame e mais tarde em sua profissão.

c) A criatividade perene da psique

Um sonho de uma mulher de trinta anos sofrendo de depressão:

> *Estou deitada no chão de uma caverna que estava totalmente às escuras. Sentia-me cansada e vazia. Perguntei-me se devia orar a Deus para que me deixasse entrar em seu Reino. E estava preparada para tomar todas as minhas pílulas de dormir e assim morrer tranquilamente. A hora seria essa, minha mãe não iria sentir minha falta, e meu analista havia estado longe por tanto tempo que ele mal notaria minha ausência no seu retorno. Senti de repente a presença de um anjo atrás de mim. Embora meus olhos estivessem fechados, eu podia ver suas asas enormes e brilhantes. Ele falou: "Há muitos outros mundos além deste, mas eles não são melhores. Você pode escolher ir para onde quiser, mas o Reino de Deus só está aberto àqueles que Ele chama, e Ele ainda não chamou você. Há ainda uma tarefa a cumprir nesta terra". Eu pedi uma ordem definitiva, que eu prometi obedecer. Ele respondeu: "As grandes massas de pessoas precisam de ordens, já a você cabe agir livremente. Sua tarefa não pode ser revelada até que você esteja pronta para viver com seu próprio livre-arbítrio". Senti-me derrotada e com medo quando ouvi essas palavras. Houve um grande silêncio. Então o anjo sussurrou no meu ouvido: "Cuidado, o tempo urge e sua natureza trabalha lentamente. Portanto, você deve usar mais do que nunca as pessoas que são enviadas para te ajudar. Eu vou te acompanhar e estarei perto para te ajudar. Mas lembre-se, eu sou o anjo da força e não posso me relacionar com sua fraqueza". Não fiz nenhuma réplica, mas senti uma calma crescente dentro de mim. O brilho das asas se apagou, mas o anjo ficou comigo até eu adormecer.*

Este sonho ilumina um aspecto de amplificação diferente dos outros sonhos. Aqui o analista é confrontado com um nível da psique que desafia sua capacidade habitual de aplicar a amplificação. Tendo em vista a extraordinária numinosidade do sonho, põe-se o dilema de amplificar ou apenas permanecer em respeito silencioso. Eu não escolhi nenhuma das alternativas, considerando que o trabalho da interpretação é primeiramente fazer contato com a consciência do sonhador. O sonho começa com um estado de total abandono, uma reencenação de sua infância real. Através do sonho a cliente estava fazendo ao analista um apelo para que ele tivesse empatia por esta parte da vida dela; ele estava muito distante e, de fato, estava então em suas férias de verão. Só depois de admitir as limitações do meu auxílio, e reconhecendo que minhas férias tinham iniciado uma retraumatização da infância da minha cliente, nós pudemos caminhar rumo a níveis mais profundos do sonho. Ficou claro para nós dois que o anjo tinha assumido onde eu falhei. A amplificação se tornou um processo mútuo, e nós falamos de histórias familiares acerca dessas intervenções estranhas, inesperadas e frequentemente inexplicáveis que acontecem a despeito do fracasso humano, especialmente na lenda e no conto de fada. Podemos compreender tais intervenções como uma mensagem de Deus, a voz do si-mesmo ou a autonomia da psique humana. Qualquer que seja nosso sistema de crença, a consciência noturna registrou este tema arquetípico como um anjo. A celebração da liberdade, pelo anjo, derrota as injunções de instituições autoritárias que governam o coração humano à base do medo. A presença do anjo sensibilizou o coração do analista para a profundidade extraordinária da psique da sonhadora e deu sentido e direção ao trabalho futuro.

d) Uma narrativa para todos

Uma mulher de cinquenta e cinco anos teve o seguinte sonho:

> *Eu estou rebocando e puxando um barquinho inflável de borracha de cor cinza. Estou tentando dobrá-lo. Estou fazendo grandes esforços, mas nada está acontecendo. De repente o barquinho se tornou um pequeno vaso prateado e uma voz disse: "Este é o navio do espírito: trate-o com gentileza". Estou segurando o navio com minhas duas mãos e sinto uma grande paz.*

A sonhadora, hospitalizada e morrendo de câncer, contou o sonho a seu terapeuta que, com permissão dela, o repassou a um grupo de discussão de sonhos no qual eu estava presente. Nós ouvimos sobre o corpo em sofrimento da paciente, acinzentado e devastado pelos últimos estágios do câncer. Ela fez grande esforço para morrer, tudo em vão. Após o sonho ela soube que a sua luta tinha acabado, pôde entrar em relaxamento profundo e dar boas-vindas a outro tipo de vida. Os presentes no grupo se comoveram profundamente com o relato. Ficou claro que o sonho tinha um significado não só para a paciente moribunda, mas para todos nós. Alguns responderam com grande simpatia pela paciente, vários falaram em aceitação do inevitável fim da vida e outros foram tocados pela profunda intenção espiritual. Muitas histórias foram contadas durante essa sessão. Uma pessoa mencionou o barco solar do Egito faraônico que levava as almas dos mortos para o Outro Mundo à espera da vida nova, outros prosseguiram com histórias irlandesas sobre jornadas noturnas no mar para as Ilhas dos Bem-aventurados. Naquele dia o sonho se tornou uma fonte de inspiração e ofereceu uma oportunidade de compartilhar experiências sobre um tema relevante para todos os presentes.

Conclusão

Eu delineei quatro modelos de aplicação da amplificação, correspondentes a quatro maneiras diversas pelas quais o motivo arquetípico pode aparecer em sonhos. O motivo comum a todos os quatro sonhos é morte e renovação: Renascimento no primeiro sonho, inferno no segundo, o anjo da força no terceiro e o barco da vida no quarto. O contexto de cada sonho no relacionamento analítico difere um do outro e requer uma abordagem específica para a amplificação. Primeiramente há aqueles sonhos em que o arquetípico está apenas implícito, agindo como um tipo de *background*, não obstante emprestando a estrutura para o sonho. O sonho do rapaz com seres serpentinos ganhando vida não requer amplificação explícita. Seguindo a teoria da interpretação de Masud, Samuels nos lembra que os analistas não têm de articular seu conhecimento amplificatório do mito, mas usá-lo indiretamente para guiar suas intervenções e ajudá-los a verem para onde as coisas estão levando (Samuels, 198). Em segundo lugar vêm aqueles sonhos em que temas mitológicos poderosos estão tão misturados na biografia pessoal que mal se consegue distinguir o humano e o arquetípico. A amplificação explícita do nazi-Cristo foi crucial para que a sonhadora pudesse adquirir distância da autoridade puritana da governanta, separar aquela influência opressiva das circunstâncias reais do exame e internalizar uma capacidade de autoavaliação. Em terceiro lugar, os sonhos com um conteúdo arquetípico aparentemente incontaminado por figuras influentes do passado. Esses sonhos revelatórios representam um aspecto autônomo da psique que expõe mensagens inesperadas, profundamente significativas para a vida inteira do sonhador. Contudo o propósito da amplificação não é elaborar em torno da numinosidade do sonho de um modo exclusivo, mas incluir o contexto da transferência. E em quarto lugar os sonhos nos quais o arquetípico só pode ser vagamente conectado com a biografia pessoal. Eles provavelmente florescem da mesma fonte que originalmente inspirou os humanos a criar o mito e o ritual para aceitar as inevitáveis mudanças da vida. São conhecidos como os grandes sonhos, portadores de uma significância para além do individual. A amplificação pode se tornar uma experiência enriquecedora e iluminadora para um contexto social mais amplo.

Com a veneração de templos do consumo e uma abordagem meramente pragmática da vida, tão óbvias na cultura contemporânea, velhas crenças míticas e religiosas perderam muito de seu significado ou se tornaram estandartes de movimentos ideológicos coletivos, frequentemente divisivos. Noite após noite, nós criamos narrativas sobre temas perenes, especialmente motivos concernentes à morte e ao renascimento. A psique parece nos desafiar, proteger e conter, conforme passamos pelas transições da vida. Talvez este amparo benéfico de uma rede de significado emergente garanta a sobrevivência, permita a transformação e fortaleça uma consciência comunitária na qual os valores da psique encontrem respaldo. A amplificação dentro do encontro analítico pode ser compreendida como um modo de conter, antecipar e diferenciar a intenção arquetípica da alma. Ela facilita a descoberta de afinidades de sentido de um modo relacional. Se não mais amplificássemos nossos sonhos, os valores humanos compartilhados, tais como compaixão, solidariedade, amizade e um senso de comunidade em face de um destino humano comum, perderiam muito de sua significância. Com o uso cuidadoso da amplificação, o analista pode trazer à consciência diurna novas perspectivas sobre narrativas e rituais que outrora capacitavam uma sociedade a estruturar um mundo e dar-lhe sentido. O analista, amplificando histórias paralelas implícita ou explicitamente, pode ajudar os clientes a se reconectarem com imagens de renascimento, inferno, anjos ou navios do espírito, convidando cada pessoa a redescobrir inclinações filogênicas da psique dentro do contexto de sua situação de vida concreta.

Referências

Fordham, M. (1978). *Jungian Psychotherapy*. Londres: Karnac.

______ (1974). *Technique in Jungian analysis*. Londres: Karnac.

Hederman, M. (2007). *Symbolism*. Dublin: Veritas.

Hobson, A. (2002). *Dreaming*: A very short introduction. Oxford: Oxford University Press.

Jacobi, J. (1967). *The way of individuation*. Londres: Hodder & Stroughton.

Jung, C.G. (1923/1971). *Tipos psicológicos*. OC 6.

______ (1912/1970). *Símbolos da transformação*. OC 5.

______ (1909/1961). *Freud e a psicanálise*. OC 4.

Langer, S. (1951). *Philosophy in a new key*. Cambridge: Harvard University Press, 1996.

Mattoon, M. (1984). *Understanding Dreams*. Dallas: Spring.

Samuels, A. (1985). *Jung and the post-jungians*. Londres: Routledge.

Solms, M. (1997). *The neuropsychology of dreams*. Nova Jersey: Lawrence Erlbaum.

Wilkinson, M. (2006). *Coming into Mind*. Londres: Routledge.

II

Peregrinações da imaginação ativa

A quintessência elusiva no labirinto pós-moderno

Sherry Salman*

Mercúrio como um dragão alado entrando no vaso hermético deslacrado. Ilustração de um manuscrito alquímico do século XVII ou XVIII "Sapientia Veterum". Museu Britânico, Londres. Cortesia de www.aras.org

* Sherry Salman, Ph.D., tem um doutorado em Neuropsicologia e é uma psicanalista junguiana com clínica na cidade de Nova York e em Rhinebeck, NY. Foi uma integrante-fundadora e primeira presidente da Jungian Psychoanalytic Association. Publicações recentes incluem "Blood Payments" (in: *Terror, violence, and the impulse to destroy*, 2003), "True imagination" (in: *Spring*, 2006), "The creative psyche" (in: *The Cambridge Companion to Jung*. 2. ed., 2008) e *Dreams of totality: Where we are when there's nothing at the center* (2011, Routledge).

A "imaginação ativa" é o uso deliberado da imaginação criativa visando a verdades e possibilidades quintessenciais. Como um método, ela estrutura e fortalece a expressão espontânea e natural de arquétipos e o fluxo vivo de processos psicológicos construtivos e desconstrutivos. "Sonhar com os olhos bem abertos", a imaginação ativa é ao mesmo tempo um processo oferecido pela tendência natural da psique à expressão mitopoética, um método formal que deve ser cultivado e, no seu melhor, uma atitude da psique para consigo e para com o mundo. Ao mesmo tempo em que somos confrontados com o "nada no centro" do labirinto pós-moderno, o uso ativo da imaginação pode criar um ponto de vista que oferece uma óptica do processo psicológico que põe a psique numa interatividade radical com o onipresente outro.

De muitas maneiras, a imaginação ativa é semelhante aos vários procedimentos alquímicos, mas num vaso pós-moderno que sustenta o sujeito, as imagens, o ato de imaginar, e mesmo o pressentimento de uma meta invisível, que é um estado de ser e realidade a ser descoberta e criada. Esta meta é o que os alquimistas chamavam de "quintessência", o "bálsamo celestial" e a pedra filosofal. A pedra frutífera da imaginação ativa não é, evidentemente, a pedra da literalidade, nem o inconsciente, e tampouco as imagens da imaginação em si mesmas. É antes, como quintessência, processo enquanto tal, parente tanto da individuação pessoal quanto da "grande obra" cultural mais ampla – o projeto esotérico ocidental descrito do modo mais sucinto e poético por Goethe em *Fausto*: "Formação, transformação, eterna recriação da mente eterna" (Ato I, 69). Para a psique pós-moderna, a quintessência do processo imaginativo não é a objetividade da sabedoria revelada, nem a subjetividade do criador individual exaltado, tampouco a soberania das imagens em si, mas um relacionamento reimaginado entre si mesmo e o que é(são) outro(s), em que o significado emerge na interdependência – como uma série infinita e reflexiva de respostas.

A história desta quintessência elusiva reflete a história do pensamento junguiano e seu futuro possível na psicologia pós-moderna. Como a subjetividade do *artifex* entrou por inteiro no vaso da imaginação com as imagens, como o vaso em si é compreendido como existindo em nenhum lugar e em nenhum espaço – como virtual –, como os velhos deuses se foram e o que nos cerca (se não nos contém), informação, globalização corporativa, virtualidade e o ciberespaço é de uma outra ordem de realidade – como até a própria imaginação está sendo desconstruída pelos desfazimentos em curso no coletivo, pode ser que o que há no vaso a ser trabalhado seja agora a própria imaginação e o descentramento das imagens.

Este capítulo não é primordialmente um lamento pós-moderno sobre a crise, o desaparecimento ou a morte da imaginação. Ele tenta, ao invés disso, estimular o movimento e os possíveis futuros de uma imaginação pós-moderna. É escusado dizer que a imaginação foi colonizada: o sequestro da sensibilidade mitopoética pós-moderna pelos fundamentalismos, o turbilhão literalizado de imagens pela indústria da imagem, e o fluxo infinito de informação no espaço virtual são simultaneamente subprodutos do colapso da imaginação e os movimentos da psique onde ela efetivamente reside. Ao mesmo tempo que a imaginação na cultura coletiva parece perdida ou escondida, também está sendo revelada como verdadeiramente subversiva – como que se tornando nas bordas do artifício e da coerção, no vazio do lugar e do ciberespaço – ouvindo transparente e reflexivamente os acontecimentos da psique e da sociedade de hoje: além disso, quase inimaginavelmente, liberta da fixidez e da subjetividade.

Origens

Os junguianos historicamente privilegiaram a imaginação na teoria e na prática. A preocupação com as tendências construtivas e sintéticas, e mesmo proféticas, tendências do processo psicológico e da imaginação, permeia toda a literatura. Não seria exagero dizer que a imaginação criativa é "o caminho", um mandala-em-movimento, um regulador e criador essencial do processo psicológico. A origem do método particular de Jung de usar a imaginação foi no início seu confronto com sua própria crise psicológica, e está registrada e ilustrada no recém-publicado *Red Book* (2009) [*O Livro Vermelho*, lançado no Brasil pela ed. Vozes em 2010 (N.T.)], e elaborada em *Memórias, sonhos, reflexões*. Ele se engajou na torrente de imagens que o tomaram, e no meio dela, em 1916, escreveu um artigo seminal, "A função transcendente", sua primeira afirmação escrita da imaginação ativa, embora só publicado cerca de quarenta anos depois. Ele apresenta uma visão sintética do processo psicológico e um método para lidar com intenso afeto, medo e imaginário tais como ele vinha experimentando. Jung concluiu que, deixado a seus próprios dispositivos, o material inconsciente nos impacta de um modo potencialmente adaptativo e compensatório, equilibrando e cambiando a energia psíquica, mesmo se através de sintomas perturbadores e bizarros ou uma forte inundação de emoções e imagens. A chave é tornar este processo o mais consciente possível, interagir com ele, e modificá-lo e aprofundá-lo. O método visava um meio melhor, mais durável e flexível de encontrar e processar as dificuldades e surtos de crescimentos inevitáveis e inerentes à vida. Jung sentia que os problemas mais importantes da vida eram insolúveis por natureza. Eles poderiam, contudo, ser ultrapassados, ou seja, substituídos por um escopo mais sintético de consciência. Pretendeu-se com a imaginação ativa facilitar este ultrapassamento pelo estímulo à "função transcendente", uma capacidade psicológica que congrega o que se consideravam fatores conscientes e inconscientes num novo relacionamento.

O método original da imaginação ativa em quatro etapas

1) Concentre-se numa emoção ou imagem com a consciência reduzida de um estado de transe (Cwik 1997). Isso desloca a psique a um processo mitopoético, à linguagem das imagens, história, símbolos e campos afetivos. Figuras imaginais, histórias e sentimentos emergirão. Dar-lhes forma de qualquer maneira permite sua expressão espontânea, seja verbalmente, escrevendo, desenhando, dançando ou qualquer coisa que enriqueça a emoção e a imagem e a deixe falar. Fique próximo da integralidade da imagem específica sem se extraviar em associações livres de tipo emocional ou intelectual. Nesta etapa, a não interferência é essencial: simplesmente deixe as coisas acontecerem. Jung diz sobre esta primeira fase:

> Tome o inconsciente em uma de suas formas mais à mão, como, por exemplo, uma fantasia espontânea, um sonho, uma disposição irracional de ânimo, um afeto ou algo desse tipo, e opere então com isto. Preste-lhe atenção, concentre-se nela e observe

> as alterações dela objetivamente. Não poupe nenhum esforço ao se devotar a esta tarefa, siga as subsequentes transformações da fantasia espontânea atenta e cuidadosamente. Sobretudo, não deixe nada de fora entrar nisto, pois a fantasia tem "tudo de que precisa" [Jung evoca aqui uma declaração acerca do *lapis* que é repetida muitas vezes na alquimia, "*omne quo indiget*" (tudo de que precisa) (N.T.)]. Dessa maneira tem-se a certeza de não interferir com algum capricho consciente e de dar livre-curso ao inconsciente (Jung 1955-1956/1970, 404).

2) Então trabalhe de um modo dirigido com o que emergiu, tentando compreendê-lo na dimensão do significado e/ou elaborando-o de acordo com a sensibilidade artística consciente.

3) O diálogo em vaivém entre os processos psicológicos dirigidos e não dirigidos cria um campo no qual se desenvolvem símbolos, sentimentos ou posições mais sintéticas.

4) O processo é completado com um "acerto de contas". Conclusões são realizadas e sacrifícios são feitos conforme os frutos do processo são implementados na vida. Isso foi imaginado como essencialmente um processo ético, uma questão de *conscience*, e não apenas *consciousness* [o jogo de palavras do texto original é de difícil transposição para o português; *conscience* se refere à consciência moral, cujos valores de bem e mal, certo e errado implicam o sentimento de mérito, inocência ou culpa em nossas ações voluntárias, enquanto que *consciousness* se refere à consciência no seu aspecto mais "perceptual", a consciência do eu em relação ao mundo externo e interno, por contraste em relação a situações como a do sono ou do coma (N.T.)]. Isso é muito difícil, porque, como Jung descreveu:

> É exatamente como se se travasse um diálogo entre dois seres humanos com direitos iguais, no qual cada um dos interlocutores considerasse o outro capaz de lhe apresentar um argumento válido e, por consequência, achasse que valeria a pena modificar os pontos de vista em conflito, seja pela comparação e discussão minuciosa, seja pelo esclarecimento das diferenças entre ambos. Como o caminho da concordância só raramente está aberto, na maioria dos casos um longo conflito terá de ser suportado, exigindo sacrifícios de ambos os lados (Jung 1916/1969, § 186).

Na mesma época em que apurava este método, e por muitos anos depois disso (1912-1930), Jung estava laborando devotadamente nos selvagens personagens imaginários e encontros dramáticos que tinham vindo até ele à noite durante seu "confronto com o inconsciente", e formulando-os em *O Livro Vermelho*. Jung mostrou o texto e as imagens de *O Livro Vermelho* a poucos amigos e colegas de confiança, mas depois de descobrir a alquimia ele interrompeu o trabalho com o livro. Depois de sua morte o livro foi escondido num cofre bancário da Suíça, e finalmente publicado em 2009. Como o elo perdido do *opus* de Jung – a obra monumental de suas próprias imaginações ativas – *O Livro Vermelho* ilustra exatamente o que Jung quis dizer ao propor o uso ativo da imaginação, e o quanto ele valorizava a integridade e a vida desconhecida, mas cognoscível da imaginação. Como Jung disse ao final de sua vida: "Minha vida inteira consistiu em elaborar o que tinha emergido do inconsciente e me inundado numa torrente enigmática [...] tudo o que veio depois foi meramente a classificação exterior [...]" (2009, vii).

Antes de explorar o método com mais detalhes e na sua relevância para a psique pós-moderna, vale a pena voltar mais longe no tempo. Retornando aos tempos arcaicos e míticos pré-modernos, vê-se que a agência da mudança profunda no processo psicológico era experimentada como a ação misteriosa de espíritos, deuses e oráculos. Eles apresentavam imagens não egoicas em forma "objetiva", embora muito diferentemente. As supostas projeções da humanidade então se tornaram projetos psicológicos conforme os deuses se tornaram conscientes – ou melhor dizendo, se tornaram – o inconsciente. Jung viria a diferenciar e amplificar esta "sabedoria do inconsciente" em imagens específicas: por exemplo, como o conhecimento intuito da alma do mato [*brush-soul*]. Ela se tornou altamente diferenciada em termos dinâmicos e práticos no método da imaginação ativa, na qual o outro agora aparece inteiramente de dentro, um movimento que espelhou a guinada cada vez maior da psique coletiva para o sujeito.

É curioso como ainda existe uma aura de sagrado e de tabu cercando a imaginação ativa em círculos junguianos, um *status* de culto que tanto a exalta como a marginaliza. Esse *status* ressoa em parte a conexão do método com abordagens mítico-ritualistas mais antigas do processo imaginal, tais como o ritual egípcio "Lavagem e abertura da boca". Realizada para reanimar a alma do morto após a lavagem e a purificação de várias imagens dos deuses, as estátuas mumificadas de reis e mesmo de animais favorecidos tinham suas bocas cerimonialmente abertas pelo toque de uma lâmina. Isso lhes permitia ver, ouvir, respirar e comer – em suma, desfrutar das oferendas de comida e bebida feitas a eles, assim mantendo vivo seu *ka* (espírito). Uma vez sendo este rejuvenescimento realizado, as imagens poderiam retribuir e ajudar os vivos (Rundle-Clark 1959).

O método original da imaginação ativa, tal como praticado pela primeira geração de junguianos, foi concebido neste modelo de diálogo com os deuses e demônios, com o "corpo divino" de cada um de nós (Dallett 1982, 175). Embora este modelo dialógico tenha feito o grande serviço de objetivar a autonomia do processo psicológico de um modo particular, permitindo uma apreciação de uma ordem de realidade para além da consciência do ego, os psicanalistas junguianos contemporâneos não mais abrem, nem mesmo simbolicamente, a boca dos deuses e reis, nem romantizam ou reificam o poder da imagem de nos alimentar. Além disso, nós reconhecemos a *hybris* na noção de que o ego possa de algum modo assimilar, isto é, "comer" os dinamismos arquetípicos representados pelas imagens divinas para seu próprio "crescimento". Entendendo isso à sua maneira própria, nossos antepassados psicanalíticos experimentavam com escrita automática, hipnose, espíritos e sessões, associação livre e associação de palavras, num esforço de ir além das margens das identificações do ego. Jung e a geração que ele treinou se devotaram inteiramente às técnicas da amplificação e da imaginação ativa, que se validavam, eles sentiam, pelo registro histórico transcultural das mitologias e pelos métodos das tradições herméticas, sobretudo a alquimia. Eles seguiram os trilhos mitopoéticos da imaginação descobertos nos sonhos e visões, em seu esforço de ir além das margens do ego, e acreditavam firmemente na noção de que todas as culturas, inclusive a cultura da psique individual, se originavam de incursões na imaginação. Essas incursões, "estados alterados" de processos imaginais, eram os portais através dos quais os fundadores passaram conforme definiam o ofício da análise em seus inícios. O que tanto fascinou os primeiros psicanalistas foram os movimentos mitopoéticos da imaginação – e sua função construtiva, curadora. Os junguianos desde então formalizaram seu trabalho com imagens e imaginação em dois métodos clássicos, da amplificação e da imaginação ativa, ambos os quais são empregados na análise.

A amplificação como um método de interpretação ancora as imagens em mitologemas, que são diferentes de explicações científicas ou de referentes históricos (cf. o capítulo anterior sobre amplificação). Ela evoca o passado, o que é "conhecido" conforme foi expresso simbolicamente na mitologia coletiva e cultural, no folclore, nos símbolos tradicionais e nos costumes. Ela amplifica o campo de uma imagem do obscuramente pessoal ao cultural e arquetípico. Como uma experiência, a amplificação pode ser numinosa ao revelar a maravilha da conexão das imagens de alguém e sua consonância com o universal. A imaginação ativa, por vezes chamada de uma amplificação natural

Trabalhando com imagens

Amplificação
- Imaginação coletiva sistematizada
- Infere de mitologias existentes (o conhecido)
- Extrai mitologemas essenciais e relevantes

- Não é uma explicação convencional ou científica
- Liga o simbolismo coletivo passado ao presente
- Interpretativa
- Conservadora

Imaginação ativa
- Amplificação individual natural ou inconsciente
- Extrai da imaginação mitopoética (o desconhecido)
- A imagem desdobra seu próprio significado
- Pode desconstruir a mitologia coletiva

- Não é oração, meditação ou arte tradicionais
- Liga o presente emergente ao futuro
- Experiencial
- Subversiva

ou inconsciente, é uma evocação e relacionamento individuais com o material psicológico emergente, expresso em linguagem e em imagens mitopoéticas. Como um método, ela aborda o "desconhecido" presente. Difere da oração, da arte ou da meditação, que apelam a outros aspectos do processo psicológico. Usando tanto a amplificação como a imaginação ativa, as imagens e o material inconsciente são ligados ao passado, ao presente e a possíveis desenvolvimentos futuros. Ambos os métodos presumem que uma imagem revela aspectos cruciais de informação e de experiência, que agem para empoderar a própria imagem, o imaginador e o que é "outro" através de campos mútuos de ressonância (o que costumava ser chamado de "magia simpática"). Em ambos os métodos, as imagens são circum-ambuladas, visitadas e atravessadas, bem como experimentadas e analisadas numa contínua circulação entre os campos pessoal e arquetípico da psique e da vida.

Veneno ou panaceia?

Jung se preocupou inicialmente com o "manejo" de tal material inconsciente:

> O essencial é se diferenciar desses conteúdos inconscientes ao personificá-los, e ao mesmo tempo lhes colocar em relacionamento com a consciência. Esta é a técnica para despojá-las de seu poder. Não é muito difícil personificá-los, pois sempre possuem certo grau de autonomia, uma identidade à parte. A autonomia deles é a coisa mais difícil com que nos reconciliarmos, mas o próprio fato de que o inconsciente se apresente desse modo nos dá os melhores meios de lidar com isso (Jung 1961/1989, 187).

E ele continuou a acreditar que havia um demônio na *prima materia* do processo inconsciente que poderia levar pessoas, e culturas por inteiro, à loucura.

Se a imaginação ativa é "veneno ou panaceia" tem sido uma incessante questão para os clínicos. Embora seja muito favorável a ela, Hillman (1983) assinalou que a psicopatologia é uma descrição em termos funcionais e dinâmicos dos mesmos fenômenos personificados pela demonologia medieval, e neste sentido praticar a imaginação ativa abre a porta para o diabo e para os habitantes do inferno! Este método é um veneno para uma pessoa que já esteja esmagada pela emoção e por estranhas imagens e ideias? Deveria ser reservado para aqueles com fortes fronteiras egoicas? A experiência clínica frequentemente prova que não, especialmente se compreendemos os processos psicológicos numa perspectiva mais fluida e multivalente, e menos como uma polaridade ego *versus* inconsciente. Muitos clínicos descobriram, como escrevi num artigo anterior:

> A estrutura mitopoética da imaginação ativa e sua origem em um processo não racional pode criar uma ressonância empática que penetra fundo os mais remotos níveis da perturbação e do processo. Isso se torna particularmente pertinente durante aqueles estados alterados de processo psicológico em que os dramas alquímicos estão sendo encenados – *solutio, mortificatio, separatio* –, aqui nós participamos mais plenamente na destruição e na criação de velhos caminhos e de novas possibilidades. Na contramão da noção de que a imaginação ativa não é terapeuticamente efetiva em níveis iniciais do processo e de que pode ser invasiva, pode ser que o processo ofereça ligações empáticas que não são possíveis mediante a análise intersubjetiva, fortalecimento do ego ou análise tradicional da transferência, pois estes requerem habilidades cognitivas e afetivas que são posteriores aos primeiros níveis da experiência (Salman 2006, 186).

Nesses níveis do processo psicológico nas desordens de caráter, e em certos degraus de um processo mais maduro, o trabalho analítico com transferência pode também ser um tipo de imaginação ativa, se a transferência for compreendia como um aspecto, ou mesmo um substituto, da função transcendente. Esta compreensão também levou a uma compreensão modificada da neutralidade analítica como estando baseada em imagens e no desdobramento delas através da transferência, não numa atitude de desapego ou de espelhamento. Acessar a autonomia da imagem através da imaginação ativa ou da amplificação gera objetividade no seu sentido mais profundo. Ver através das lentes da imaginação pode propiciar uma neutralidade verdadeiramente funcional, baseada como ela é numa matriz de dinâmicas arquetípicas.

Mesmo assim, há precauções a adotar quanto ao método, similares àquelas associadas com o "cozinhar", "mergulhar" ou "secar" do material no vaso alquímico. Como ocorre com todos os métodos e técnicas, é preciso respeitar questões de *timing* e de resistência sadia.

Os venenos

A) Na evocação de imagens e fantasias

1) A produção defensiva de pseudossímbolos que são meras reproduções de imagens coletivas, uma espécie de ouro de tolo.

2) Irrupção de possessão por ou identificação com o material.

B) Na subsequente compreensão e elaboração de imagens e fantasias

1) Degradação defensiva na associação livre.

2) Um interesse estético defensivo ou dissociado.

3) Tendências a uma super ou subestimação do material e das questões de julgamento correlatas, segundo padrões subjetivos ou coletivos.

4) O empuxe ao reducionismo arquetípico, uma prematura concretização do processo psicológico em mitologemas e categorias reificadas, ao invés de acompanhar o processo até seu final, que é frequentemente uma surpresa.

C) Com relação ao uso do método como um todo

1) A prática de magia negra, na qual outras pessoas e eventos são manipulados.

2) A prática de uma psicologia do ego, em que os conteúdos inconscientes são aparentemente assimilados, ou "comidos", pelo ego, servindo para seu crescimento ao invés de sua relativização.

3) Os polos gêmeos da idolatria – o culto das imagens como mensagens mágicas do si-mesmo –, e do iconoclasmo, a destruição das imagens pela alegorização, conceitualização e psicologização delas.

4) Uma confusão entre a ética do comportamento humano e a ética da imagem.

Os alquimistas se enganaram repetidamente ao pensar que sua meta (ou seja, o ouro) havia sido alcançada, quando o que parecia ser panaceia era na verdade veneno. O mesmo acontece na psicanálise quando nos identificamos com e reificamos qualquer aspecto da teoria ou da prática. Com isto posto, há pepitas de ouro, elementos "não vulgares" do processo psicológico, que precipitaram como "panaceias", embora nem todas sejam incontroversas.

As panaceias

1) A psique é povoada não por pedaços de "mim", mas por "outros" que reivindicam uma participação emocional e relacional. Esta visão salienta a "realidade da psique" como não derivativa. Uma das figuras que Jung encontrou em *O Livro Vermelho* foi "Filêmon", um "pagão" coxo que o instruiu:

> Filêmon e outras figuras das minhas fantasias me propiciaram o *insight* crucial de que há coisas na psique que eu não produzo, mas que se produzem a si mesmas e que têm vida própria. Filêmon representou uma força que não era eu mesmo. Em minhas fantasias, mantive conversas com ele, e ele disse coisas que eu não tinha pensado conscientemente. Eu observei claramente que era ele quem falava, não eu. Ele disse que eu trato os pensamentos como se eu próprio os gerasse, mas que na visão dele os pensamentos eram como animais na floresta, ou pessoas numa sala, ou pássaros no céu, e acrescentou: "Se você visse pessoas numa sala, não pensaria que tinha feito essas pessoas, ou que era responsável por elas". Foi ele quem me ensinou a objetividade, a realidade da psique (Jung 1961/1989, 183).

2) Libera-se energia psíquica das identificações inconscientes quando é trazida à consciência e implicada. Similarmente, libera-se energia das fixações conscientes quando é enriquecida por conteúdos inconscientes. Um complexo psíquico ou fator arquetípico existe tanto em imagem como em formas afetivas. As imagens dão forma às emoções, e as emoções dão um corpo vivo às imagens. A liberação das imagens das emoções, e vice-versa, contribui para quebrar as identificações, daí por que a imaginação também "funciona" como uma ferramenta terapêutica.

3) Há uma diferença entre imaginação ativa e "fantasiação" passiva, entre o que os alquimistas chamavam de "imaginação verdadeira" (OC 12, § 218) e "imaginação fantástica", que experimentamos no processo psicoló-

gico como o desdobramento de fatores arquetípicos (o verdadeiro) *versus* a compulsão repetitiva dos complexos (o fantástico).

4) A imaginação ativa é uma maneira de "conhecer-te a ti mesmo", não de um "conhecer-me a mim mesmo" num sentido personalista. Não é primordialmente sobre a cura de sintomas, ab-reação de emoções, solução de problemas ou "trabalho consigo". Tampouco se trata da prática de magia ritual num sentido transpessoal – invocação de sincronicidades, indução de visões, estímulo das capacidades proféticas, ou "convocação ou libertação" dos deuses. O propósito é antes curar a psique ao desliteralizá-la cada vez mais, o que Hillman assinala ser "interminável, revelador, não linear e descontínuo [...]. Nós podemos inventar conexões entre os momentos reveladores, mas essas conexões estão escondidas como os espaços entre as centelhas ou os mares escuros em torno dos luminosos olhos de peixes, imagens que Jung emprega para referir-se às imagens" (Hillman 1983, 80).

Nesta visão do processo psicológico, o que faz a diferença, a "solução" ou o "solvente", os espaços e os mares escuros, é sempre uma natureza não racional, um processo energético. Esta visão difere da formulação de que a consciência e a ética são a "última palavra" na imaginação ativa.

5) O "conhece-te a ti mesmo" se abre mais para o mundo com o advento do pós-modernismo em que a imaginação, as imagens e o imaginador, enquanto imagina, entram todos no vaso, que também entrou em si mesmo. Este desenvolvimento desloca a imaginação ativa do parâmetro da sensibilidade alquímica da "cocriação" rumo ao de uma interatividade simultânea. A diferença entre o que é "visto", o que é "compreendido" e o que é "feito" com isso é radicalmente relativizado, e os processos anteriormente concebidos como lineares do método são agora imaginados como ocorrendo simultaneamente.

Três modelos de processo imaginal

Os vários venenos e panaceias podem ser resumidos em três modelos, que representam reviravoltas ou diferenciações em sistemas dinâmicos que são aplicados no trabalho analítico: "polaridade", "pluralidade" e "simultaneidade".

Modelos dinâmicos de processo imaginal

Polaridade
- Existe uma distinção entre "o ego" e "o inconsciente"
- Consciência e o inconsciente funcionam num relacionamento dialógico, compensatório
- Esses opostos clamam por integração, união ou transcendência num "terceiro"
- A consciência é a palavra final

- Apoia-se numa imagem de unidade e de eixo ego/si-mesmo

Pluralidade
- Há centros múltiplos e separados de consciência
- A consciência do ego é relativizada
- As imagens têm atribuições próprias
- A imagem – o "meio" – é a sua própria "mensagem" e significado
- O solvente final é não racional

- Baseia-se em imagens de multiplicidade e dissociabilidade

Simultaneidade
- Colapso das distinções sujeito/objeto, espaço/tempo, narrativas e lineares
- O significado de todas as imagens e narrativas é simultâneo e holográfico
- O processo imaginal revela verdade mais do que as imagens – o meio não é a mensagem.

- Baseia-se na imagem da quintessência invisível – holográfica

Subversão e o momento da verdade

A imaginação ativa tinha sido tradicionalmente enquadrada numa polaridade "consciente-inconsciente" e "ego-outro", pares de opostos que subsequentemente clamavam por integração ou transcendência num "terceiro".

Novos entendimentos do processo psicológico, baseados em imagens de multiplicidade, dissociação, emergência, cocriação e interatividade puseram algumas das formulações originais em questão. Precisamos perguntar o que permanece sendo útil e o que precisa ser acrescentado.

Subverter significa "virar de baixo", e o uso ativo da imaginação subverte costumes, autoridade e mitologia estabelecidos porque ela vem "de baixo", da tendência arcaica da psique rumo ao processo e às imagens mitopoéticas não racionais. Jung falou sobre a natureza subversiva da imaginação e de sua desconstrução da mitologia coletiva:

> É certamente irônico que eu, um psiquiatra, deva, em quase cada passo da minha experiência, ter deparado com o mesmo material psíquico que constitui a psicose e se encontra no insano. Este é o fundo das imagens inconscientes que fatalmente confundem o paciente mental. Mas é também a matriz da imaginação mitopoética que foi suprimida de nossa era racional. Embora tal imaginação esteja presente por toda parte, ela é tomada como tabu e temida, de modo que até parece ser um experimento arriscado ou uma aventura questionável confiar-se ao caminho incerto que leva às profundezas do inconsciente. É considerado o caminho do erro, do equívoco e do mal-entendido. Lembra-me as palavras de Goethe: "Ouse empurrar a porta diante da qual todos procuram esquivar-se" (*Fausto*, parte 1) [...]. Impopular, ambígua e perigosa é a viagem de descoberta ao outro polo do mundo (Jung 1961/1989, 189).

Há sempre um elemento de perigo e "surpresa" na imaginação ativa porque os modos mitopoéticos de reconstrução não funcionam apenas para recriar histórias antigas e realidades obsoletas, mas sim para colocá-las de lado, triturá-las e criar novas narrativas e novas variações em dinâmicas arquetípicas que apontam para possibilidades futuras. Sempre em movimento, essas variações são frequentemente discordantes em relação à mitologia coletiva prevalente, que por sua vez atribui ao método, e com razão, um papel subversivo. A imaginação ativa oferece uma crítica das normas sociais através da contínua desconstrução pela psique individual dos mitos pessoais e coletivos. Ela também nos permite, de um modo subversivo, identificar e nutrir nossa empatia para com o esquecido, "expulso", censurado, desfigurado ou apenas emergente. Ao passo que o mito e o ritual são frequentemente conservadores, a imaginação ativa pode ser progressista e democrática, permitindo que elementos marginalizados da psique falem. E além do mais, o elemento subversivo não é aleatório, simplesmente anárquico ou caótico, mas pretende ser psicologicamente "verdadeiro", uma noção impopular nos círculos psicanalíticos e pós-modernos. Em meio ao turbilhão da relativização e do artifício pós-modernos, e à multiplicidade das imagens da psique e das reproduções do coletivo, onde se ancora agora a questão da "precisão" com relação ao processo imaginal?

Seguindo os alquimistas, podemos nos referir à "imaginação verdadeira". Isso era entendido como a criação e a evocação de imagens que têm uma vida própria e se desenvolvem de acordo com sua própria lógica, um "feito autêntico do pensamento ou da ideação" (Jung 1936/1976, § 396-397) que apreende os fatos interiores e os retrata em imagens féis a sua natureza. Isso estava em contraste com a imaginação "fantástica" (fantasia), uma "mera veleidade" de pensamento insubstancial, que "apenas joga com seus objetos", fazendo girar fantasias inconsistentes na superfície das coisas, e preocupada primordialmente com "expectativas conscientes" (Jung 1936/1976, § 396-397). Os alquimistas alertavam (Jung 1944/1968, § 218) que sua obra tinha de ser feita com imaginação "verdadeira", ou seja, com criação ativa, propositiva, e não com imaginação fantástica. Isso tem uma analogia na análise, que tenta diferenciar as fantasias defensivas geradas por complexos que atrapalham a integração e a reconstrução, e a trajetória da imaginação verdadeira da psique, a síntese coerente do real, do imaginal e do mistério do que pode ser (Salman 2006).

Sob a influência do pós-modernismo, as cisões e os espaços entre o que é visto (as figuras e visões), o que é compreendido (as elaborações e amplificações do significado) e o que é feito com tudo isso (a questão ética) estão se reduzindo. Se o que é experimentado é "verdadeiro", a coisa se torna, na verdade é, investida com aquela verdade no mesmo momento em que é "vista". "Quem atira, e qual é o alvo?", indaga um koan japonês: sujeito, objeto, espaço, tempo e intenção se colapsam num único momento de significado, um ponto nodal de tempo que os antigos gregos chamavam de *kairos*, o momento designado e oportuno. Desta perspectiva há um único "evento", um *kairos*, um "momento de verdade", que é revelado na imaginação ativa. As imagens e sequências temporais específicas são subprodutos do meio narrativo e imaginal, e não são o mesmo que a "mensagem". Nós podemos especificar a verdade da "mensagem" e também preservar sua invisibilidade, que é seu caráter indispensável, do seguinte modo: a imaginação ativa expressa mensagens essenciais sobre *o relacionamento emergente da psique consigo mesma*, o que Giegerich (2001) chama de "a vida lógica da alma", cujo domínio é o território do invisível, a terra do que "não é". Do mesmo modo que a "pedra não é uma pedra", que "o ouro não é o ouro", as imagens e mesmo a imaginação têm de ser vistas e compreendidas como "não vulgares" (não literais).

Os frutos da imaginação ativa não são "verdades" como uma verdade subjetiva de alguém ou como "a" verdade objetiva. Eles são verdades quando "atingem o alvo" com exatidão, quando penetram no "coração da matéria". Os símbolos arquetípicos da imaginação ativa, com seus laços paralelos com o sujeito e o objeto, se desdobram simultaneamente na radical especificidade subjetiva, em todas as avenidas encarnadas, objetivas de experiência e expressão, em face do outro, e em sua própria verdade. Mesmo os alquimistas sempre afirmaram que "O Mistério mais elevado de toda a Obra é a Dissolução física no Mercúrio, enquanto metal" (Fabricius 1976). As próprias imagens devem ser "dissolvidas" num solvente mais amplo, em que a verdade da vida psicológica é revelada por trás de suas imagens – a psique em seu movimento constante e "líquido" no mundo. O processo de desidentificação, até em relação aos símbolos e imagens, se torna cada vez mais completo, ao mesmo tempo em que a apreensão da realidade e dos outros se alarga exponencialmente. A participação neste processo pode realizar um potencial inerente ao pós-modernismo.

Simpatia pelo demônio e empatia pelo outro – a imaginação na mesa redonda

Se a capacidade da psique de imaginar efetivamente estrutura tanto a subjetividade como a objetividade, a conclusão radical é que há pouca relação com a realidade sem a capacidade de imaginação. Sempre interessado nos desenvolvimentos científicos, Jung teria se deleitado em saber que estudos usando neuroimagens via PET [sigla em inglês para tomografia por emissão de pósitrons (N.T.)] ou ressonância magnética demonstraram que, quando as pessoas imaginam que estão andando numa rua, ou apertando um botão experimental, as mesmas áreas do cérebro se tornam ativas, tão ativas como quando estão "realmente" andando numa rua ou apertando um botão. Além disso, imaginar que se está fazendo esses movimentos aumenta a habilidade subsequente ao se fazê-los na realidade física. "Praticar" na imaginação é quase tão efetivo quanto o treinamento real (Frith 2007).

Nós estamos bem cientes das profundas projeções contaminadoras e venenosas que uma pessoa pode lançar sobre outra e sobre o mundo. Tendemos a enfatizar menos o lado gracioso deste efeito, a saber, as conexões salutares e empáticas forjadas pela imaginação e pelas emoções compartilhadas. A fluidez do processo inconsciente abre a psique para a subjetividade e a objetividade de outros si-mesmos e de outras realidades. A imaginação ativa detecta o que é "possível", aumentando a adaptação às possibilidades que já existem e as que surgem posteriormente, e agindo para transformar tais realidades. Seus símbolos são parte da experiência que foi deflagrada, espelhados e refletidos em vários campos da vida emocional, biológica, social, política e espiritual, e eles clamam por participação. A imaginação ativa, ao nos levar mais profundamente rumo a nós mesmos, também nos põe em contato com o que é mais do que nós mesmos. É uma trilha subjetiva para a consciência objetiva. A imaginação abre a sombra, movendo a identidade para além de suas margens, rumo à realidade da psique e do mundo, ao coração das trevas da experiência vivida, ao choque do reconhecimento interior e do onipresente outro.

A simpatia por nossos próprios demônios se desenvolve lado a lado com a empatia pelo outro. Até as características específicas do método apoiam os ideais da democracia e da diplomacia: mutualidade, pluralismo, diálogo, interatividade, negociação, reciprocidade e o reconhecimento de que, subjacente, há sempre uma "psique grupal" em ação. Nada poderia ser mais sincrônico com as necessidades da comunidade e da vida coletiva. O diálogo com "o outro" é também isso: a construção de uma conexão empática com os outros. Jung comentou:

> Os tempos atuais mostram com uma clareza espantosa o quão pouco as pessoas são capazes de considerarem o argumento dos outros, embora esta capacidade seja uma condição fundamental e indispensável para qualquer comunidade humana. Quem quer que se proponha a um acerto de contas consigo deve reconhecer este problema básico. Pois na medida em que ele não admite a validade de outra pessoa, ele nega ao "outro" dentro de si o direito de existir – e vice-versa. A capacidade de diálogo interno é uma pedra de toque da objetividade exterior (Jung 1916/1969, § 187).

O modelo compensatório original da imaginação ativa desde há muito mudou nosso entendimento da dissociabilidade e vínculo na vida psicológica. Dito de outro modo, não é que "o inconsciente" é de algum modo "inconsciente demais", ou que a consciência é "unilateral demais", mas sim que a falta de vínculo libidinal entre os vários conteúdos psicológicos é o que gera perturbação. Um campo emergente de vínculos libidinais entre fatores psicológicos, idiossincráticos e arquetípicos seria uma imagem mais atual da função transcendente. E esse campo libidinal se estende no campo interpessoal, até mesmo no campo político, no qual imagens compartilhadas da dinâmica inconsciente criam um intenso campo relacional que pode tanto degenerar em contágio psíquico (assédio moral) ou facilitar a empatia e liames maduros.

Se a imaginação ativa é um meio pelo qual os vários setores da psique podem se relacionar entre si, é a empatia e eros que desempenham o papel definitivo no ancoramento desses relacionamentos. Nós sabemos que a psicopatologia e a sociopatia se definem pela falta de empatia e de imaginação, e além disso é claro que a presença ou ausência de relacionamentos entre os setores da psique é o fator determinante no caráter, "destino", saúde e criatividade psicológica. Isso se aplica igualmente bem a nações e culturas, tanto interna quanto internacionalmente. A imaginação que se descentra da subjetividade pode se abrir plenamente às necessidades do outro.

Uma das últimas operações no processo alquímico era chamada de *multiplicatio*, uma operação imaginada para mudar a natureza do próprio vaso, do elixir e do alquimista. Na *multiplicação*, que a mente medieval representava como uma explosão de estrelas sob o domínio em expansão de Júpiter "avançando rumo ao infinito em poderes de 10", o elixir "jorra" do vaso com poder de "tintura", tornando-se um com a estrutura política, ativo no mundo conforme se move em todas as atividades da alma humana. As expressões da psique e do mundo se tornam simultâneas e inseparáveis, o que Jung visava com a frase "*mysterium coniunctionis*". Deste modo, a imaginação refinada como um elixir de vida não é mais apenas uma "ponte" entre sujeito e objeto. Ela se torna o que contém, estrutura e respira ao mesmo tempo. A imaginação, como uma "alma", ou o que Henry Corbin (1969) chamou de o *mundus imaginalis*, torna-se emaranhada na psique e no mundo.

Em nosso momento no tempo, quando as imagens inundam e saturam a vida coletiva, a noção de uma imaginação criativa parece ameaçada. Isso engendra sentimentos de desespero e impotência, suscitando imagens de uma "terra devastada" pós-moderna. Como Richard Kearny observou em *The Wake of Imagination*:

> Disseminada na imanência absoluta dos jogos de signos, a imaginação para de funcionar como um centro criativo de significado. Ela se torna ao invés disso um significante flutuante sem referência ou razão – ou, tomando de empréstimo a expressão de Derrida, um cartão-postal produzido em série e dirigido "a quem se interessar possa" e vagando sem propósitos por uma rede de comunicação, desprovida de "destino" ou de "destinação" (Kearny 1988/1994, 13).

É importante, neste momento da história, olhar dos dois modos – porque um "jogador" sem propósitos também joga – e jogar é uma atividade que pode ser manipulativa ou comunicativa, ofuscante ou libertadora. Parece que o sujeito, o "meio", a "mensagem", o analista, a arte e mesmo todo o artifício da cultura pós-moderna entraram no vaso da imaginação, que em virtude de sua crescente "virtualidade" também desapareceu dentro de si. Isso nos incita uma vez mais a fazer a "questão de Parsifal" sobre o pós-modernismo e a imaginação ativa: Para que serve? E isso é muito ligado à nossa compreensão do "sentido" na vida pós-moderna.

A sensibilidade "divinamente inspirada" da imaginação e do sentido suscitaram no tempo a prevalência do sujeito criativo, que por sua vez deu lugar à imagem de um "jogador" descentrado, num universo de significantes sem profundidade e reproduzidos. Mas não há caminho de volta para o "sentido", na velha acepção mítico-ritualística. Aqueles deuses e suas imagens vieram e agora se foram. Um apego nostálgico e sentimental às "essências" na forma de vários "fundamentalismos", junguianos ou outros, é uma defesa contra essa perda. Tampouco estamos presos "à imagem" como oráculo "do inconsciente", ou ao delírio sisifiano de tornar o "inconsciente consciente", ou à subjetividade exaltada da imaginação e de seu criador. Mesmo a imagem *enquanto* imagem está perdendo seu brilho pós-moderno, pois somos convidados, no fim das contas, a conhecer a psique abstraída até de suas imagens. Assim como não há mais um "fora" no qual jogar ou mesmo reciclar o lixo, ou uma câmara interna sagrada na qual comungar com o que é "escolhido", ou um "eu" separado de um "você", o uso ativo da imaginação em nossos tempos pós-modernos oferece a possibilidade de libertar a vida psicológica até dessas imagens, conforme o "conhece-te a ti mesmo" abre à interatividade radical.

Referências

Chodorow, J. (1997). *Jung on active imagination*. Princeton, NJ: Princeton University Press.

Corbin, H. (1969/1998). *Alone with the alone*: Creative imagination in the sufism of Ibn 'Arabi. Princeton, NJ: Princeton University Press.

Cwik, A. (1995). "Active imagination: Synthesis in analysis". In: Stein, M. (ed.). *Jungian Analysis*. 2. ed. Chicago: Open Court.

Dallett, J. (1982). "Active imagination in practice". In: Stein, M. (ed.). *Jungian Analysis*. Chicago: Open Court, 173-191.

Fabricius, J. (1976). *Alchemy*: The medieval alchemists and their royal art. Londres: Aquarian.

Frith, C. (2007). *Making up the mind*: How the brain creates our mental world. Oxford: Blackwell.

Giegerich, W. (2001). *The soul's logical life*. Frankfurt: Peter Lang.

Goethe, J.W. (1961). *Faust*. Trad. Walter Kaufmann. Nova York: Anchor Books.

Hillman, J. (1983/2005). *Healing fiction*. Putnam, CT: Spring.

Jung, C.G. (2009). *The Red Book*. Ed. Sonu Shamdasani. Nova York: W.W. Norton [*O Livro Vermelho*. Trad. Edgar Orth et al. Petrópolis: Vozes, 2010].

______ (1961/1989). *Memories, dreams, reflections*. Nova York: Vintage Books.

______ (1955-1956/1976). *Mysterium coniunctionis*. OC 14/1.

______ (1944/1968). *Psicologia e alquimia*. OC 12.

______ (1936/1976). "Fundamentos da psicologia analítica" [Tavistock Lectures]. OC 18/1.

______ (1916/1969). "A função transcendente". OC 8/2.

Kearney, R. (1988/1994). *The wake of imagination*. Nova York: Routledge.

Rundle-Clark, R.T. (1959/1978). *Myth and symbol in ancient Egypt*. Londres: Thames & Hudson.

Salman, S. (2006). "True imagination". In: *Spring* 74: 175-187.

12
Sobre o fazer e o fazer uso de imagens em análise

Mary Dougherty

Explorar o relacionamento entre imagem e emoção tem sido, desde há muito, uma característica central da psicanálise junguiana. Jung informa em sua autobiografia: "Na medida em que consegui traduzir as emoções em imagens, ou seja, descobrir as imagens que estavam escondidas na emoção, eu me senti interiormente acalmado e reassegurado. Se tivesse deixado aquelas imagens ficarem escondidas nas emoções, eu poderia ter sido aniquilado por elas" (Jung 1961, 177). Neste capítulo, tentarei transmitir minha experiência de introduzir a realização de imagens com pacientes em análise, como um modo para eles descobrirem as imagens escondidas em suas emoções. Eu então discutirei modos como essas imagens, uma vez formadas, podem servir ao processo analítico.

Meu uso da realização de imagens em análise foi informado e emergiu da minha prática tanto como artista como arteterapeuta. Como artista atuante, eu tinha uma forte convicção de que, enquanto eu formava minha obra, minha obra me formava. Em análise, eu percebi que o processo de fazer *performances* e vídeos a partir de material dos sonhos funcionava como eventos psíquicos transformadores em minha vida. Esta percepção, por sua vez, influenciou minha abordagem do fazer e do ensinar arte, e também consolidou minha decisão de me tornar uma arteterapeuta, e, por fim, me motivou a me tornar uma psicanalista junguiana. Na minha formação psicanalítica, porém, eu descobri que as exigências normais de espaço, tempo e material para a prática da arteterapia estavam em contradição com as práticas aceitas na estrutura analítica. Para complicar um pouco mais as coisas, Jung não ofereceu um modelo sobre como incorporar trabalho imaginal dentro da análise, já que ele supunha que a realização de imagens e a imaginação ativa aconteceriam fora da sessão analítica. Em meu desenvolvimento como analista, eu vim a descobrir modos de incorporar a realização de imagens na análise, a partir da perspectiva de que é possível um vaivém entre os modelos sintético e redutivo de análise (Cwik 1995, 165, apud Fordham 1967, 51-65). Em outras palavras, as técnicas imaginais podem ser incorporadas como uma parte da prática analítica se esta prática é também assentada na consciência da dinâmica transferencial dentro do campo analítico. Além disso, a incorporação da imaginação ativa dentro da sessão analítica pode servir como um fundamento para a função transcendente, bem como para o desenvolvimento de uma atitude simbólica em relacionamento com conteúdos inconscientes (Cwik 1991, 106).

No processo de incorporação da realização de imagens na análise verbal, eu modifiquei aspectos de minha prática anterior da arteterapia, para facilitar sua integração na estrutura analítica. Por exemplo, eu não uso a palavra "arte" quando introduzo a construção de imagens com pacientes. Eu apresento o processo como "fazer traços no papel", ao invés de "fazer um desenho", porque envolver materiais visuais pode acarretar dúvida e ansiedade para muitos, especialmente para não artistas (Edwards 1987, 100). Ao imaginar o processo como realização de traços e não realização de arte, a dúvida e a ansiedade são reduzidas. Similarmente, o produto é validado não por suas qualidades artísticas, mas por sua capacidade simbólica de gerar significado no contexto da análise. Os materiais visuais são simplificados para uso fácil no *setting*. Esta ênfase difere do trabalho de muitos arteterapeutas que valorizam o processo de fazer arte como o componente central do processo terapêutico, com as intervenções verbais servindo sobretudo para dar suporte à integração psíquica da imagem. Seguindo este ponto de vista, os pacientes usam materiais artísticos num espaço que é concebido como um ateliê artístico e produzem obras que servem para fins tanto estéticos quanto terapêuticos (Case & Dalley 2006). Embora eu dê valor aos arteterapeutas que focalizaram sua prática na arteterapia como a modalidade central, creio que há também algumas vantagens específicas na inclusão da realização de imagens que sirvam de suporte à análise verbal.

Como este método é praticado

O analista sugere o uso de materiais visuais na sessão analítica em resposta a um sentimento de que algo está emergindo no ou entre o paciente e o analista. Este "algo" pode ser sentido como uma perturbação, tristeza, confusão ou apenas uma espécie de bloqueio [*"stuckness"*]. Enquanto se mantenha em sintonia com o que parece pressionar por atenção, o analista salvaguarda a dupla analítica de qualquer pressão, para desenvolver o processo imaginal (Ogden 1997, 161). Ao abrir espaço na sessão analítica para um processo imaginal, o analista e o paciente entram num espaço imaginal dentro do qual a capacidade deles de estarem presentes a fenômenos emergentes no campo analítico é aprofundada. Dentro desse espaço, o analista oferece o *holding* necessário para permitir ao paciente o acesso à e experiência dos conteúdos e sentimentos emergentes. Materiais visuais são introduzidos no campo da concentração focalizada nesses estados de sentimento. Uma imagem se materializa conforme essa concentração contínua nos sentimentos internos se mistura com os meios externos e ganha forma na superfície do papel. A imagem que emerge é uma realidade que existe dentro de um espaço de jogo imaginal que conecta os opostos do fora e do dentro, do conhecido e do não conhecido. Este espaço imaginal incorpora o processo da imaginação ativa no continente analítico e forma a base para a função transcendente. É também um espaço intermediário onde fenômenos transicionais podem emergir (Cwik 1991, 106-107).

Como mencionado acima, eu simplifiquei os materiais visuais dentro do contexto da análise verbal para uso fácil no consultório. Eu mantenho uma prancheta (18 x 24 polegadas) com um bloco de papel de mesmo tamanho e uma cesta com pastéis de fácil acesso. Eu deixo os pastéis no sofá ao lado do paciente e a prancheta com o papel no colo deles. O processo começa com o analista convidando o paciente à introspecção - fechar os olhos e respirar mais fundo. Eu faço o mesmo. Mantendo-me em sintonia com o paciente, eu medito em voz alta sobre o conflito, tristeza, confusão ou bloqueio que parecem estar clamando por atenção. Eu peço que eles [o texto original oscila entre o singular e o plural ao se referir ao(s) paciente(s) neste trecho (N.T.)] imaginem esses sentimentos no corpo deles - sentir onde eles estão localizados no corpo deles e estarem com esses sentimentos nesse lugar. Após alguns minutos desta maneira - nossos olhos fechados -, eu digo: "Imagine a cor desses sentimentos". Após uma pequena pausa: "Abram seus olhos e escolham um ou dois pastéis que se alinham com esses sentimentos em seu corpo". Tendo selecionado a(s) cor(es), eles novamente fecham os olhos e continuam a observar sua respiração, mantendo-se conectados a esses sentimentos. Em algum momento, eu digo: "Permitam que este sentimento se mova pelo seu corpo, pelo seu braço, através de sua mão e do pastel e até o papel - deixe esses sentimentos fazerem traços no papel".

Este modo de dar forma aos sentimentos internos é um tipo de imaginação ativa (cf. o capítulo sobre imaginação ativa, acima). Ele inicia uma redução da consciência vígil, o que diferencia a imaginação ativa de outras formas de atividade imaginativa, tais como a livre-brincadeira das crianças e o envolvimento criativo na pintura e na criação de objetos (Cwik 1995, 142, apud Fordham 1956). Diferentemente de outras formas de imaginação ativa em que a concentração é focalizada na imagem interior, o foco neste processo imaginativo está em acessar e se sintonizar aos estados de sentimento internos da pessoa. A ênfase é em ficar imaginalmente conectado a esses estados de sentimento conforme eles descem pelo braço e se misturam ao meio externo para fazer marcas concretas no papel. O que estou descrevendo é um modo de ficar alinhado com uma experiência instintiva de afeto conforme ela se mistura com a substância calcária do pastel se movendo contra a superfície do papel enquanto ela libera o afeto no papel. O processo de realização de imagens tem lugar a meio-caminho entre o devaneio e a ação propositada ou consequente (Milner 1993, 22). Este processo existe numa área de experiência intermediada na qual o paciente faz uso de um meio como uma parte do mundo externo que é maleável e segura o bastante para ser tratada como um pedaço dele próprio (Milner 1993, 33).

Esse processo de realização de imagens pode continuar com o paciente de olhos fechados – focando nos estados de sentimento internos que emergem –, ou o paciente pode trabalhar com os olhos abertos – respondendo aos e expandindo os primeiros traços colocados no papel. Neste estágio, o analista evita qualquer tendência de antecipar o que deveria acontecer, permanecendo aberto e ancorado em sua experiência emocional com o paciente. Durante este processo de realização de imagens, exige-se da dupla analítica que suporte a liminaridade de energias psíquicas regressivas e prospectivas ativadoras de resíduos infantis bem como de potencial arquetípico, todas buscando expressão consciente através do canal comum da imagem. Obviamente, quando um paciente faz uma imagem na presença de um analista, pode ser uma experiência saturada de significado para ambos.

O analista e o paciente recebem a imagem recém-incubada juntos, sendo cuidadosos em sua observação e silenciosos em sua presença. A imagem agora existe diante deles como uma presença externa, fora de quem a fez e, ao mesmo tempo, temporariamente sustentada num espaço também habitado por quem a fez (Schaverien 1991, 19). Os estados de sentimento interno ativamente imaginados estão agora concretizados nesta imagem externa; a imagem é tanto uma afirmação sobre quanto uma descrição do que era, anteriormente, um estado interno invisível (Edwards 1987, 103). A imagem é também a evidência ocular enfatizada por Jung como necessária para promover um relacionamento consciente com o inconsciente. Essa evidência ocular se contrapõe à tendência ao autoengano e ajuda a prevenir que os conteúdos do inconsciente acessados através da imaginação ativa deslizem de volta para o inconsciente (Cwik 1991, 103, apud Jung 1955).

Neste ponto do processo há uma passagem do imaginar ativo dos estados de sentimento internos para o encontro da imagem recém-desenhada. A primeira resposta do analista à imagem não é interpretativa ou dirigida à compreensão da imagem para fins analíticos. Ao invés disso, é sentar-se à mesa com a imagem e com os vários ingredientes que compõem a imagem: os elementos formais e ideacionais da imagem, os estados afetivos agora encarnados na imagem e os fenômenos transicionais que emergem no e em torno da dupla analítica. Este processo de resposta à imagem requer do analista que tolere a experiência de estar à deriva, um estado cujo término não se pode querer apressar (Ogden 1997, 160-161). O trabalho do analista é criar um ambiente de *holding* seguro e permitir ao paciente descobrir o que está acontecendo na imagem. Ao mesmo tempo, a atenção constante do analista às especificidades da imagem permite que esta acumule significado mesmo quando uma parte resistente do seu fazedor possa querer evitar aspectos particulares da imagem.

O processo de passagem à simbolização verbal da imagem pode agora começar. Não há regras estritas governando a interpretação de imagens na psicanálise junguiana (Schaverien 1992, 3). Ao dar passos rumo à simbolização verbal da imagem, o analista começa por recolher uma experiência sensorial dos elementos formais constitutivos da imagem. Esse é um processo de sintonização com a presença física do meio (pastéis) conforme ele existe no papel e ressoa no corpo. Há algumas questões básicas a serem consideradas. Qual é a qualidade dinâmica da linha, desde seu ponto inicial no papel e através de seu movimento ao longo do caminho que dá forma à imagem? (Klee 1953, 16-18). A linha se move rápida ou lentamente, é forte ou fraca, precisa ou tortuosa? Observar a qualidade dinâmica das linhas que formam a imagem pode transmitir qualidades dos estados de sentimento que elas retratam. Outra questão a considerar são as cores inicialmente escolhidas pelo paciente, as associações dele com essas cores e com as formas feitas com o uso delas. E, finalmente, é preciso considerar o tamanho e intensidade das formas, bem como o relacionamento espacial entre as formas feitas com essas linhas e as cores. Sintonizar com a experiência sensorial desses elementos formais firma o terreno para se visualizar e relacionar com o conteúdo ideacional retratado na imagem, que frequentemente é paralelo à intensidade e às qualidades enérgicas dos estados de sentimento internos em relação com a capacidade do ego de regulá-los. Quando o analista e o paciente observam a imagem juntos desse modo, o paciente frequentemente fica impressionado com o senso imediato do que está acontecendo na imagem. Mesmo nesse estágio inicial, a imagem recém-formada quase sempre revela mais que o foi conscientemente pretendido ou imaginado. Ao mesmo tempo, pode haver algo na imagem, ou outro modo de ver a imagem, que seja óbvio ao analista mas permaneça obscuro ao paciente. Nesta situação, o analista oferece o *holding* necessário para que o paciente possa testemunhar o poder iconográfico da imagem, bem como fazer uso da imagem no seu próprio ritmo, sem ser esmagado (Edwards 1987, 103; Schaverien 1991, 107).

Um exemplo clínico deste processo

Clara não conseguia encontrar nenhum lugar ou situação na sua vida em que pudesse experimentar uma sensação de competência ou desfrutar de suas realizações. Música clássica profissional, quarenta e quatro anos de idade, esposa e mãe, ela regularmente se sentia uma "*loser*" porque era incapaz de fazer as coisas perfeitas o bastante. Esta pressão por perfeição havia sido instalada permanentemente como uma estrutura competitiva nela - bem como em seus três irmãos - pela presença exigente e aviltante do seu pai. Na adolescência, ela começou a estudar música para se tornar excelente em alguma coisa que ninguém mais na família pudesse fazer. Ao mesmo tempo, porém, ser a melhor em alguma coisa também a fez se sentir vulnerável e culpada.

Após um ano e meio de análise, Clara me contou uma história de sua infância em que ela se lembrou de estar sozinha na biblioteca da casa de sua família, chorando e se sentindo uma "*loser*". Então, numa tentativa de se sentir melhor, ela se recompôs para fazer acrobacias de ginástica para seu pai quando ele estava vendo TV. No processo de contar esta história de seu passado para mim, os sentimentos se tornaram intensos para nós duas. Foi em resposta à intensidade destes sentimentos que eu iniciei um processo de realização de imagens.

A fase inicial do processo imaginal focalizou a acolhida e o estar presente aos sentimentos trazidos à nossa sessão por esta lembrança e em criar um espaço no qual Clara pudesse refletir sobre estes sentimentos de um ponto estratégico exterior ao poder destrutivo deles. Ela escolheu o pastel preto e, sem fechar os olhos, colocou a figura chorosa no topo à direita da folha. Ela então circulou a figura com linhas feitas de modo intempestivo, que quase a esconderam. Ao observar a intensidade dessas linhas, eu fiquei espantada com a possibilidade de que este fosse o modo como ela tratava a parte de si mesma que se sentia uma "*loser*". Então, mudando o foco para a parte ativa de si mesma, Clara selecionou um pastel *pink* e situou esta figura no topo esquerdo da folha. Ainda em silêncio, ela então escolheu o pastel preto e rapidamente inscreveu pequenas figuras pretas sob cada uma das outras duas, como se quisesse se livrar da tarefa rapidamente. A pressa com que ela fez esses traços coincide com o tratamento que Clara dá a si mesma – dando pouca importância a seu autocuidado.

Clara associou as duas figuras no topo com os dois modos de ser que dominavam sua personalidade. A figura *pink* à esquerda era seu eu ativo, e a figura preta à direita era a "*loser*". Ela descreveu essas duas imagens como se sobrepondo àquelas inferiores. A imagem ofereceu evidência ocular dos dois lados do complexo: a implacável exigência de agir e a convicção autodepreciativa de ser uma "*loser*". O tamanho e a localização das figuras superiores em relação com as inferiores retratavam o poder que o complexo bipolar tinha sobre o autorretrato embaixo delas. Outro modo de ver as relações entre essas figuras é que esta imagem poderia estar iniciando um processo de diferenciação entre o complexo bipolar punitivo acima e o autorretrato sofredor indicado abaixo.

Esta imagem inicial continua a servir como um ponto de referência para a análise em curso. Ela permitiu a Clara identificar sentimentos esmagadores em outros contextos como "*pink*" ou "preto". As figuras desta imagem inicial também vieram a ser usadas como elementos simbólicos na realização de outras imagens. A participação de Clara no espaço de jogo imaginal do processo de realização de imagens a ancorou num processo intermediário e mediatizador com o qual ela pode experimentar-se a si mesma e aos outros de fora da opressão do complexo. Desse modo, o processo de realização de imagens funciona como uma atividade simbólica que oferece uma ponte para a criação de uma nova atitude com relação ao mundo exterior, baseada em *insights* sobre seu mundo interior (Goodheart 1982, 12).

O preço de criar uma nova realidade e de descobrir o si-mesmo é, contudo, o sacrifício de velhos confortos (Goodheart 1982, 13). No começo, Clara tinha desejado que a análise servisse como uma varinha de condão que a libertaria de sua parte "*loser*", mas sem ter de renunciar à "melhor parte de mim mesma" - a exigência da parte ativa pela perfeição e excelência. O uso por Clara desta, e de outras imagens que ela fez em análise, gradualmente lhe permitiu fazer pequenos ajustes diários na navegação entre os dois lados do complexo mostrados por esta imagem aparentemente trivial. Esta imagem continua a funcionar na análise como um meio para a realização da função transcendente. Ela nos ajuda a trilhar o processo do acerto de contas com os opostos que ela retrata.

Referências

Case, C. & Dalley, T. (2006). *The handbook of art therapy*. Londres/Nova York: Routledge.

Cwik, A. (1995). "Active imagination: Synthesis in analysis". In: Stein, M. (ed.). *Jungian Analysis*. Chicago/La Salle, Ill.: Open Court, 136-169.

______ (1991). "Active imagination as imaginal play-space". In: Stein, M. & Schwartz-Salant, N. (eds.). *Liminality and Transitional Phenomena*. Wilmette, Ill.: Chiron, 99-114.

Edwards, M. (1987). "Jungian analytic art therapy". In: Rubin, J. (ed.). *Approaches to art therapy*: Theory and technique. Nova York: Brunner Mazel, 92-113.

Fordham, M. (1967). "Active imagination: deintegration or disintegration?" In: *Journal of Analytical Psychology* 12 (1): 51-65.

Goodheart, W. (1981). "Book review of reality and fantasy: Transitional objects and phenomena". In: *San Francisco Jung Institute Library Journal* 2 (4): 1-24.

Jung, C.G. (1961). *Memories, dreams, reflections*. Nova York: Random House.

______ (1955/1976). *Mysterium conjunctionis*. OC 14.

Kalshed, D. (1996). *The inner world of trauma*: Archetypal defenses of the personal spirit. Londres/Nova York: Routledge.

Milner, M. (1993). "The role of illusion in symbol formation". In: Rudnytsky, P.L. (ed.). *Transitional objects and potential spaces*: Literary uses of D.W. Winnicott. Nova York: Columbia University Press, 13-39.

Ogden, T. (1997). *Reverie and interpretation*: Sensing something human. Northvale, NJ/Londres: Jason Aronson.

Schaverien, J. (1991). *The revealing image*: Analytical art psychotherapy in theory and practice. Londres/Nova York: Routledge.

13
Sandplay

Eva Pattis Zoja*

Diante de uma caixa de madeira (57 x 72 x 7cm), areia, água e um grande número de objetos em miniatura e figuras como plantas, animais, humanos e prédios, os pacientes perguntam: "O que é que devo fazer com tudo isso?" Eles ficam divididos entre a curiosidade, a inibição e o medo de não saberem as regras do jogo. Dora Kalff, a fundadora do *Sandplay* [o termo, em inglês, de grande difusão na bibliografia psicológica em português, se traduziria como Jogo de Areia (N.T.)], geralmente respondia: "Apenas dê uma olhada em todas as figuras, e talvez você repare em uma ou outra que atraia sua atenção". Ela assim pavimentava o caminho para deixar que o inconsciente se expresse numa forma tridimensional. Durante o *Sandplay*, o paciente se aventura numa atmosfera semelhante a um transe, na qual os objetos ganham vida. Uma árvore em miniatura se torna a própria essência da "arvoricidade". Também é possível não dirigir atenção deliberada às miniaturas, mas antes encorajar uma percepção consciente da experiência interior através da areia. "Feche os seus olhos se você quiser e toque a areia; tente experimentar conscientemente como ela parece. Você consegue sentir se suas mãos almejam al-

* Eva Pattis Zoja tem diploma de analista e analista de crianças (Instituto C.G. Jung de Zurique) e é uma terapeuta de *Sandplay* (Isst). Com consultório particular em Milão, dá palestras, leciona e forma terapeutas de *Sandplay* na Europa, Estados Unidos, China, África do Sul e Argentina.

guma coisa?" Esta é uma tentativa de alcançar um estado psicológico no qual o conteúdo inconsciente se expressa não na forma de imagens, mas sim de uma experiência sensorial, como um estado do corpo todo.

Com base nesses dois modos diversos de entrar no *Sandplay*, duas abordagens teóricas se tornam patentes. Na primeira, a ênfase está em ver o *Sandplay* como um meio não verbal de expressar imagens simbólicas e arquetípicas que podem se originar do inconsciente pessoal ou coletivo. A segunda abordagem tenta obter acesso a uma área pré-simbólica da psique que é similar ao jeito holístico, "psicossomático" como nós experimentamos a vida na infância mais remota.

Dora Kalff escreveu apenas uma pequena obra com uma seleção limitada, ainda que impressionante, de estudos de caso. Nas últimas décadas, porém, numerosas publicações apareceram nos Estados Unidos, Itália, Inglaterra, Alemanha e Japão, com extensas descrições da teoria e da prática do *Sandplay*. Especialmente com relação ao seu leque de aplicações, o *Sandplay* experimentou uma expansão significativa. Se os terapeutas do *Sandplay* nos anos de 1980 eram contra o uso do *Sandplay* para tratar psicoses, hoje ele é usado em hospitais psiquiátricos dos Estados Unidos, Itália, Alemanha e Japão para tratar não só de transtornos emocionais, mas também de síndromes clínicas como a anorexia nervosa, dependências e psicoses. Em 2007, um estudo do *Sandplay* com crianças e adolescentes aos quais foi oferecida a terapia do *Sandplay* por um ano pôde mostrar uma redução altamente significativa de comportamento problemático (Von Gontard 2007). O *Sandplay* pode facilmente ser combinado com várias abordagens teóricas. Às vezes ele pode parecer a encarnação física e tridimensional da teoria psicanalítica. Donald Kalsched escreve em seu estudo sobre o trauma e o "sistema arquetípico de autocuidado" como mecanismos arcaicos de defesa podem parecer, às vezes, como sentinelas primitivas e gigantes que reagem cegamente a qualquer nova experiência como se fosse um novo trauma a cada vez. Muitos terapeutas de *Sandplay* se lembrarão de terem deparado com esse tipo de figura monstruosa nas imagens de *Sandplay* – um enorme guarda-costas ambivalente, protegendo o ego contra novos inimigos, mas o mantendo prisioneiro, ao mesmo tempo – embora sem compreender sua relevância teórica total.

Novos *insights* teóricos vindos especialmente das neurociências ajudaram o *Sandplay* a fortalecer suas práticas frequentemente intuitivas com uma base teórica sólida, e assim permitem um trabalho mais efetivo em bases mais seguras.

A seguir eu gostaria de descrever três elementos que o *Sandplay* não tem em comum com a análise: em primeiro lugar, a própria substância – a areia; em segundo lugar, a natureza triangular do *setting*; e em terceiro lugar, uma forma especial de regressão que pode ocorrer durante o *Sandplay*.

Por que justamente a areia é o material escolhido? Ela permite um amplo escopo de possibilidades, porque se pode facilmente fazer e desfazer, sem o requisito de quaisquer habilidades manuais específicas. Ao simplesmente desenhar umas poucas linhas na areia seca, deixam-se traços que nunca parecem grosseiros ou inábeis. A precisão com que os grãos de areia reagem mesmo ao menor movimento ou rearranjo cria uma atmosfera de atenção. A areia se comporta como um dispositivo receptor muito sensível, que pode registrar a menor influência com infinita precisão. É como se um milhão de grãos de areia estivesse ouvindo intensamente e então respondendo juntos em perfeita sincronia. Pouco a pouco os gestos do paciente crescem notavelmente sintonizados com este espírito de alerta. Eles se movem mais conscientemente, ouvem suas próprias vozes, seu tom e mesmo suas próprias palavras de um jeito novo. Além disso, a areia oferece tanto adaptação como resistência, em igual medida. Ela representa a matéria na sua forma mais elementar, tendo sido moldada pelo vento e pela água, num processo infinitamente lento, em partículas em miniatura que mal são discerníveis para o olho humano. Esses grãos minúsculos de areia estão constantemente se rearranjando, e eles se esforçam para preencher cada lacuna como se fossem líquidos. A areia é um material sólido, mas em forma fluida. Essa consistência única a torna perfeitamente adequada para a visualização de processos psicológicos.

A areia pode incorporar todo um rol de polaridades de uma forma descomplicada. Dependendo de quanta água é misturada nela, a areia pode ser brilhante, seca e clara, ou escura, úmida e pesada. A areia pode ser limpa e pura, simbolizando a ordem, ou pode aparecer lamacenta e suja, representando o caos. Essas poucas qualidades opostas bastam para nos capacitar a ver condições psicológicas tais como a depressão, a mania ou o comportamento compulsivo, expressos na areia. A areia pode ser compacta e apropriada para a construção; ou pode ser tão indócil que qualquer coisa, assim que construída, começa imediatamente a desmoronar. A areia pode parecer persecutória por se manter presa sob as unhas dos dedos; ou pode ter uma função curativa por gentilmente esfriar as palmas de mãos quentes. Às vezes a fina textura da areia traz à mente a sensação da pele e suscita o anseio de tocar e ser tocado. Noutras ocasiões a areia tem de suportar ser grosseiramente comprimida, esmagada ou mesmo batida. Ela pode ser radicalmente sacudida, de modo que tudo que estava em cima acaba ficando embaixo; e os gestos impetuosos e explosivos que realizam isso podem propiciar uma sensação de alívio e regeneração. Com uns poucos movimentos, montanhas, vales, rios e desertos são formados. Sobretudo, criam-se lugares que são profundamente familiares, mas nos quais ninguém jamais viveu. As formações de areia são facilmente mudadas; toda destruição quase que organicamente leva a uma nova criação. Nada está perdido para sempre. Não se pode jogar nada fora. É a mesma areia, sempre pronta a ser reutilizada, e sempre disposta a ser transformada de novo em seu próprio oposto. Torna-se claro o quão semelhante a areia é do que poderíamos chamar de uma substância psicológica ou, em termos alquímicos, de uma substância com propriedades mercuriais.

É frequente o inconsciente se tornar tão imediata e diretamente constelado que, após uns poucos movimentos involuntários da mão, uma face subitamente parece estar olhando pela areia seca. O paciente fica desconcertado e pergunta: "Eu fiz isso?" (Ou seja, ele não consegue assumir a responsabilidade por isso.) Naturalmente este óbvio estado de surpresa é o próprio critério pelo qual o terapeuta pode avaliar se processos psicológicos mais profundos e mais autênticos estão realmente acontecendo, ou se o jogo do paciente está ainda dominado pela resistência. Não que não pudesse haver surpresas mesmo durante uma fase de resistência, mas elas seriam provocadas mais provavelmente pela intervenção do terapeuta quando, por exemplo, assinalasse um aspecto inesperado de algo que foi retratado na areia.

Uma regra básica é que o conteúdo em si do *Sandplay* não deveria jamais ser interpretado ou diretamente comentado pelo terapeuta. Presume-se que tudo o que é formado durante o *Sandplay* não apenas tem uma razão, mas também um propósito, a direção do que ainda tem de se revelar conforme o tempo progride. Esse processo poderia ser grave e irreversivelmente perturbado por uma intervenção precoce demais. O pensamento e o sentimento empáticos do terapeuta podem ser nomeados de *interpretação silenciosa*, e sabe-se que isso tem uma influência importante no resultado de uma sessão de *Sandplay*. Descrições do campo interativo entre terapeuta e paciente lançam mais luz nesses fenômenos (cf. cap. 19 abaixo sobre Contratransferência e intersubjetividade). Naturalmente, isso significa que o ato de brincar e seus resultados se enraízam no campo interativo entre o inconsciente e a consciência de ambas as partes.

Eu me volto agora para uma dinâmica muito especial do *Sandplay*, a constelação triangular do *setting*. No *setting* analítico normal, dois indivíduos tentam elaborar uma terceira região de comunicação, que é a dimensão simbólica. Juntos eles criam um campo de energia que é enriquecido por elementos inconscientes, dos quais eles tentam apreender alguns e trazê-los à consciência. Se não conseguem, suas consciências compartilhadas tenderão a encenações ou ao *acting out*. O *Sandplay* começa diferentemente. Este terceiro e potencialmente simbólico espaço é previsto e presente desde o início como algo concreto e material. Ele simplesmente está lá. Esta situação frequentemente causa uma constelação súbita do outro lado, do lado oculto do paciente. A caixa de areia é oferecida como um espaço concreto adicional, que de fato é mais neutro do que o analista poderia ser. O paciente tem uma sensação de estar mais sozinho, mais privado. Qualquer coisa que é dolorosa ou que pode causar emoções como medo ou raiva pode agora aparecer. O analista fica muito menos "no caminho" da expressão de afetos. Para o paciente, tudo de ruim está agora lá na areia, e não só dentro de sua subjetividade.

O paciente pode temporariamente criar uma certa distância do afeto, embora permanecendo em contato com ele e expressando-o. Para pacientes cujas psiques constelam intensas transferências, isso significa que eles também tiveram acesso a uma parte do analista e podem pacífica e tranquilamente tomar controle dela sem temerem que o analista possa se sentir ferido, sobrecarregado ou exageradamente amado. Tudo, mesmo o inimaginável, pode primeiro ter lugar na areia, e só depois correr o risco de ser vocalizado no relacionamento.

Mesmo antes que algo tenha sido expresso na areia, esta situação triangular também pode ativar tendências primitivas de cisão da personalidade. Nós normalmente pressupomos que conteúdos inconscientes se permitem ganhar representação tridimensional no *Sandplay*. Isso é válido para conteúdos que estão próximos da consciência e que já existem na forma de imagens. Mas há também elementos inconscientes que não têm nenhuma forma e nenhuma conexão com imagens; elas podem até então não possuir sequer substância psicológica. Nos sonhos eles não se apresentam como imagens. Ao invés disso, eles podem se localizar na estrutura subjacente de certos sonhos, forças invisíveis que são altamente determinantes. Tais elementos têm uma tendência de romperem com toda proporção e se tornarem incomensuráveis. A situação triangular do *Sandplay* se torna disponível justamente para tais elementos "disruptivos". Nesta instância, nós encontramos cenas como a seguinte. Numa sessão, o paciente brinca com a areia e está cheio de iniciativa. Ele percebe a areia como agradável, maleável, protetora, e se sente confortável. "Se a analista ao menos não estivesse aqui, perturbando as coisas ao fazer anotações em seu caderno", ele pensa. "Ela bloqueia a minha criatividade. Ela monitora cada movimento meu. Se ela não estivesse aqui, eu poderia fazer todo tipo de coisas...." Na sessão seguinte, o mesmo paciente começa declarando que a areia parece fria e dura. Até as cores dela o surpreendem como diferentes: ela está mais escura. "O que aconteceu? Nada parece querer tomar forma. E as miniaturas? Elas tinham sido sempre tão convidativas, mas agora elas parecem tão ridículas - *kitsch* puro. Sorte que a analista está aqui; ela se senta ali tão pacientemente. Pelo menos ela é alguém com quem você pode conversar. Ela vai entender". Uma vez a areia é boa e a analista é má. Outra vez a areia é má e a analista é boa. O paciente experimenta pessoalmente, com todos os seus sentidos, que a mesma areia e a mesma analista podem repetidamente trocar de lado e inverter suas qualidades. O paciente pode se tornar consciente de seus próprios fenômenos de cisão inconsciente enquanto eles estão em curso. A analista se permite ser usada como um objeto neutro. Ela pode ter as reações contratransferenciais correspondentes, uma vez se sentindo pobre e inútil, e outra vez, importante e necessária. Mas ela percebe o que está acontecendo e sabe que ambos os sentimentos são de fato dois lados da mesma moeda.

A terceira característica do *Sandplay* que o distingue da análise deriva do método em si. O *Sandplay* oferece uma marcada tendência para a regressão psicológica, a qual não se restringe à própria infância do paciente, mas, do ponto de vista de nossa história de desenvolvimento coletivo como uma espécie, uma regressão da própria consciência humana.

Dora Kalff fez um uso concreto – por vezes concretista – das ideias de Jung. Ela criou condições nas quais os conteúdos inconscientes poderiam ser colhidos da própria matéria. Em termos da história da consciência, isso equivale a uma regressão, pois remonta a uma fase remota do desenvolvimento humano essa possibilidade de um objeto concreto ser carregado de substância psicológica e se tornar não apenas uma imagem de outra coisa, mas realmente ter o "poder" de funcionar como uma *pars pro toto*. Jean Gebser, que oferece uma ampla descrição de cinco fases da consciência humana, chama esta de a fase "mágica" (Gebser 1986). Parece que o *Sandplay* nos dá a possibilidade não só de remontar à infância individual, como a análise, mas também de regressar a profundezas análogas nas infâncias coletivas da humanidade.

Isso constitui uma vantagem incomparável sobre outras práticas psicoterapêuticas, mas também implica alguns perigos. Pode-se explicar assim por que o *Sandplay* tenha rapidamente se propagado pelo globo, por um lado, e ainda assim seja às vezes descartado como uma forma mistificadora de terapia, por outro. Certamente uma das principais e frequentemente citadas vantagens do *Sandplay* é que ele pode constelar diretamente um conteúdo inconsciente ou semiconsciente que não é verbalmente exprimível. Além disso, como mencionei, ele pode atingir as regiões ditas pré-simbólicas da psique. Dependendo da disposição do paciente para aceitar a oferta da regressão em um "espaço livre e protetor", diferentes níveis de experiência acontecem, independentemente das instruções do terapeuta. Memórias pessoais podem emergir, por exemplo: "Isso é como quando eu costumava brincar na praia na infância"; ou imagens simbólicas como: "Eu quero empilhar a areia para formar uma montanha". Podem ocorrer também sensações não pictóricas, informes, totalmente corporais ou estados mentais, tais como "algo está me derrubando"; "estou me sentido frio e contraído"; ou "tudo está mortalmente quieto, e nada está respirando". Essas são frequentes experiências intensas dos sentidos, que podem não ser conectadas com alguma lembrança específica. Essas são regiões que a "cura pela fala" (*talking cure*) da análise raramente consegue acessar. Ocorrências traumáticas que estavam encapsuladas, sem palavras e sem forma, são frequentemente disponibilizadas para a experiência consciente. O termo "pré-simbólico" descreve algo que está para além das fronteiras da mera representação. Frequentemente o único modo de ter acesso a esses elementos é através da *identificação projetiva*. Isso significa que a terapeuta deve primeiro entrar em contato com a experiência traumática do paciente no seu próprio corpo e nas próprias emoções dela. Se a terapeuta tiver sucesso em processar esta experiência percebendo que é parte da vida do paciente, mas ao mesmo tempo remover a partilha de sua própria história de vida, o paciente pode começar a retratar o "inexprimível" na areia e confrontá-lo de fora. O próprio eu interno do paciente se reflete de volta a partir da areia. E embora o paciente o tenha formado, até então ele era desconhecido e inomeado. Mal algo se formou na areia, já está em processo de mudança. Daí por que nada que é feito durante o *Sandplay* se limita a descrever o *status quo*, mas também já começa a processá-lo.

O *Sandplay* pode nos capacitar a constelar um processo criativo sem requerer conhecimento de nenhuma técnica de antemão. Isso faria dele um atalho para um estado em que a mudança psicológica é possível. As falhas do *Sandplay* têm a ver com a regressão, com a possibilidade de viajar de volta a um estado em que a matéria e a psique não estão ainda separadas. Os possíveis perigos são "pensar em termos mágicos", identificação com conteúdos inconscientes, idealização do método e inflação. Precisamente porque o *Sandplay* pode liberar uma energia psicológica tão potente de um nível anterior de consciência em nossa história de desenvolvimento, torna-se tanto mais importante seu enraizamento seguro num sistema coordenado de princípios psicológicos e psicanalíticos básicos. O *Sandplay* é mais eficaz quando conduzido no contexto da análise.

Sandplay com crianças

O *Sandplay* faz uso de um comportamento que é inato, comum a todas as culturas e com o qual as crianças reagem natural e espontaneamente a qualquer dificuldade, trauma, medo ou insegurança, a saber, o brincar. Brincar pertence ao repertório comportamental sadio de uma criança e é o modo mais íntimo de abordagem do mundo pela criança. Pode-se mesmo dizer que as crianças experimentam o mundo através do brincar. É como um filtro pelo qual todos os novos impulsos e experiências são traduzidos na linguagem própria da criança e só assim podem se tornar apropriados. Ser criança e brincar é uma só e mesma coisa. O brincar está na fronteira entre realidade e imaginação, o que Winnicott descreve como *espaço transicional*. Dentro desta área especial, a substância psicológica é moldável, e a psique é capaz - dentro de certos limites - de autocurar. Através do brincar, certas mudanças ocorrem na psique servindo ao crescimento e diferenciação psicológicos. Experiências ruins podem, por exemplo, virar tema do brincar até que sua carga emocional seja esmaecida. Brincando, novas estratégias comportamentais são refinadas e ensaiadas até uma melhor adaptação ao mundo ser conquistada. Afora o puro gozo da experimentação e da expressão de si, há sempre também um propósito no brincar. O brincar exige riscos, novos desafios, a descoberta de nossos limites e a tentativa de novas variações em coisas já familiares. Isso acontece espontaneamente.

Se uma criança é encorajada o bastante neste desenvolvimento, então o brincar da criança irá livremente florescer em variantes criativas e infinitas, e irá desfrutar de si mesmo como uma obra de arte ou o voo de um pássaro. Se esse processo é dificultado, porém, o brincar vai automaticamente se colocar por inteiro a serviço do desenvolvimento psicológico da criança. Os temas de uma brincadeira irão imediatamente circular em torno do que constitui o bloqueio. Em variações sempre novas e frequentemente dramáticas, a criança ilustra o que vai mal, o que está errado e como as coisas seriam se não fosse o bloqueio. Grandes quantidades de energia psicológica são mobilizadas para abordar a obstrução interna e externa por todos os lados. O conflito é repetidamente representado na brincadeira. Se nenhuma ajuda é oferecida de fora, então essas representações se tornam ainda mais dramáticas, caóticas e enigmáticas para o observador. Se o desenvolvimento psicológico da criança não avança, seu brincar se limitará a fronteiras cada vez menores. As variações se tornarão menores, até que restem muito poucos elementos, repetindo-se a si mesmos. A situação em torno da criança pode às vezes se tornar tão ameaçadora que o brincar cessa completamente. Nesses casos a vida psicológica da criança está grave e irreversivelmente ameaçada. Tão logo haja mesmo que uma pequena perspectiva de mudança, variantes e possibilidades de aumentar essa pequena centelha de esperança serão tentadas incansavelmente. E é bem frequente que símbolos emerjam espontaneamente durante o brincar, permitindo que se possa alcançar um novo nível de desenvolvimento. Nesses casos a psique se curou brincando.

No *Sandplay*, a provisão de um espaço livre e protegido e a presença de um adulto auxiliador intensificam o processo, e isso poupou as vidas de muitas crianças em uma situação extremamente precária. Através do *Sandplay*, elas cuidadosamente começam a reencontrar o comportamento sadio que haviam temporariamente perdido – mesmo se isso não seja mais do que amassar alguma areia por semanas a fio. Algo incomparavelmente especial acerca do *Sandplay* se torna patente aqui. Uma criança sob choque e trauma emocionais dificilmente vai querer usar lápis de cor, ou falar ou participar de atividades de grupo. Mas sentar diante de uma caixa de areia – uma área separada, fechada e protegida – e simplesmente dar uma palmadinha na areia, como se sua própria existência tivesse antes de mais nada que ser testada para responder à questão se há de fato algo deixado no mundo que irá perdurar – isso parece ser possível. A areia é maleável, mas também sólida. Ela pode transmitir um sentimento tranquilizador de ser algo simples – elementar –, não ameaçador, que não espera nada de nós, e que simplesmente é.

Sandplay em grupo para crianças – novos desenvolvimentos

Em Johannesburg (África do Sul) e em Guangzhou (sul da China), uma forma simplificada de *Sandplay*, chamada de "*Sandwork* Expressivo", mostrou-se útil em vários projetos assistenciais para crianças. As crianças em Johannesburg vinham das regiões mais pobres, as favelas, e eram desassistidas e emocionalmente traumatizadas. Essas crianças nunca tinham falado a um assistente social sobre seus problemas, mas descreveram suas circunstâncias de vida na areia e não foram tímidas para expressar o que cada figura representava. Aqui, as imagens do *Sandplay* devem ser tomadas primariamente de modo literal. Uma casa é o lar real, e as figuras são pessoas da vida das crianças, mas ao mesmo tempo há sempre pistas de significados alegóricos ou simbólicos. Um garoto de seis anos de idade representou na areia como ele vivia num barraco com seus dois irmãos. A figura representando o irmão mais velho tinha uma corrente em torno do seu pescoço. O garoto explicou que este irmão ficava geralmente bêbado e batia nas outras crianças, e a corrente significava que ele estava aprisionado pela bebida. Questionado se havia adultos vivendo com eles, o garoto respondeu que os pais haviam partido muito tempo antes. Toda esta informação se mostrou correta e os meninos puderam ser ajudados pelos assistentes sociais. Poder trabalhar na areia havia ajudado o garoto a superar seu sentimento de vergonha e foi mais efetivo do que qualquer outro questionamento poderia ter sido.

Em outro caso, a ajuda veio tarde demais. Um garoto de sete anos retratou como seu padrasto batia em sua mãe e ameaçava matá-la. Havia uma casa, a mãe, o padrasto e o garoto corria a uma delegacia. Três dias depois da sessão de *Sandplay* do garoto a mãe foi morta, assassinada pelo padrasto. Felizmente o garoto pôde ser cuidado e também pôde continuar as sessões de *Sandplay*. Nas sessões seguintes ele retratou seu luto de vários modos. Ele retratou um túmulo e também a si mesmo brincando com um crocodilo. Poder-se-ia pensar que no contexto o crocodilo simbolizasse seu mundo emocional traumatizado, ou também a agressividade inumana, a sangue-frio, a que o menino foi exposto e que ele precisava processar, para evitar se tornar ele próprio um agressor no futuro. Por outro lado, como todo símbolo, também o crocodilo tinha um significado oposto – neste caso a proteção maternal. Nas histórias infantis na África, a mãe-crocodilo é frequentemente descrita carregando seus filhotes pela boca, onde eles ficavam em segurança atrás de seus dentes afiados.

Esses dois exemplos, embora uma amostra mínima, mostram o imenso potencial que o *Sandwork* Expressivo tem a oferecer em situações como essas, que o auxílio psicoterapêutico normalmente não alcança.

No sul da China, o *Sandwork* Expressivo em pequenos grupos é oferecido em jardins de infância particulares. O sucesso deste projeto permitiu que o *Sandplay* fosse introduzido em três orfanatos estatais. Não só psicoterapeutas trabalham com crianças lá, mas também professores, estudantes de psicologia e assistentes sociais. Não se pretende substituir a psicoterapia, mas, em um tempo notavelmente curto, se produziram mudanças de comportamento em crianças emocionalmente perturbadas, que tiveram também garantida a satisfação de necessidades básicas (comida, um mínimo de atenção emocional e brincadeiras). O princípio básico do *Sandplay* permanece o mesmo nessas situações. O espaço livre e protegido é oferecido por um adulto, que foi ensinado a não abordar a criança pedagogicamente, mas a permitir liberdade de expressão, não importa o quão incompreensível e caótico isso possa ser.

Eu gostaria de fechar com um exemplo de processo de *Sandplay* – neste caso num menino de três anos de idade, de uma família de classe média dos Estados Unidos – que mostra como cada criança pequena já sabe o que quer. O menino não tinha começado a falar, embora sua escuta estivesse em ordem e suas capacidades cognitivas fossem normais para sua idade. Na primeira sessão de *Sandplay* ele pegou dois copos plásticos e começou a derramar areia de um no outro. Ele repetiu isso várias vezes durante muitas sessões, sem reparar particularmente no terapeuta. O terapeuta ora falou com a criança, ora assistiu em silêncio. De um modo ou de outro, o terapeuta deixou claro que nada mais era esperado do menino do que o que ele já estava fazendo, e que as ações dele estavam sendo percebidas e pensadas por outra pessoa – às vezes também verbalmente expressas. Após algumas sessões, o menino começou a olhar para o terapeuta mais frequentemente, e o contato visual se tornou cada vez maior conforme as sessões progrediam. Sua brincadeira com a areia e com os copos, enquanto isso, continuou como era. Após três meses, o menino começou a falar e nunca teve uma recaída.

O significado de sua ação é facilmente compreensível. É uma representação notavelmente simples da comunicação: algo precisa ser passado de uma pessoa para outra.

Aparentemente, este princípio teve primeiro de ser trabalhado fisicamente, pelas mãos, como se o menino precisasse primeiro obter a certeza de que esta forma de vaivém podia mesmo ser possível. Quaisquer que tenham sido as razões para o atraso do desenvolvimento do garoto, pode-se dizer que ele primeiro aprendeu a falar num nível pré-linguístico, com o auxílio do *Sandplay*. Nenhuma estratégia orientada pelo sintoma foi usada neste caso, e nenhuma tentativa foi feita de buscar ativamente as razões psicológicas subjacentes do sintoma. Tudo o que o terapeuta realmente fez durante as sessões de *Sandplay* foi assegurar ao menino o espaço livre e protegido, e pôr sua própria personalidade à disposição dele, no sentido de lhe oferecer um relacionamento. Com calma e no seu próprio ritmo, o menino pôde se assegurar do fato de que as coisas podem ser transmitidas de um para outro: primeiro a areia de um copo plástico para outro, depois o contato visual entre dois seres humanos, e finalmente palavras faladas. Uma vez que fez esta experiência, ele estava pronto para falar.

Ao longo dos últimos anos, o *Sandplay* se estabeleceu como uma parte inerente da prática junguiana. Em alguns institutos de formação, a experiência com *Sandplay* é parte do currículo. Mas o *Sandplay* também é oferecido como um dos numerosos meios de expressão em vários outros tipos e disciplinas de psicoterapia. Ele às vezes é usado também apenas para propósitos diagnósticos, como o *szeno test*. Este último uso é por vezes problemático, porém, pois no *Sandplay* mesmo a primeira sessão já põe um processo em movimento. Após as crianças terem finalizado tal sessão diagnóstica com *Sandplay*, e derramado seu coração e alma no trabalho, elas frequentemente se sentem, e com justiça, traídas, porque o processo, que frequentemente não é sequer compreendido por inteiro pelos diagnosticadores, não continua. O

Sandplay nunca é apenas uma descrição de um estado atual, mas também é sempre o começo de um processo e de uma mudança. Usar o *Sandplay* meramente para objetivos de curto prazo é como aquecer uma lareira com móveis antigos. A sala certamente ficará agradável e aquecida, mas toda uma escala diferente de potencial não é apenas completamente negligenciada, mas corre o risco de ser perdida.

Referências

Gebser, J. (1986). *The ever present origin*. Athens, OH: Ohio University Press.

Kalsched, D. (1997). *The inner world of trauma*: Archetypal defense of the personal spirit. Londres: Routledge.

Pattis Zoja, E. (2003). "Digging in the air: inflative fantasies in Sandplay therapy". In: *Journal of Sandplay Therapy* 11, 1: 49-62.

Von Gontard, A. (2007). *Theorie und praxis der Sandspieltherapie, ein Handbuch aus kinderpsychiatrischer Sicht*. Stuttgart: Kohlhammer.

14
O corpo e o movimento em análise

Cedrus Monte*

> *Quando um indivíduo foi arrastado para o mundo dos mistérios simbólicos, nada vem dali; nada pode vir dali, a não ser que seja associado com a terra, a não ser que tenha ocorrido quando este indivíduo estava no corpo. [...] Só se você primeiramente volta para seu corpo, para sua terra, a individuação pode ter lugar. [...] só então a coisa se torna verdadeira.*
>
> C.G. Jung (*Visions Seminar*, 1.313-1.314)

Quando estava na casa dos vinte anos, eu entrei num impasse. Embora longe de estar aleijada, eu não podia aguentar mais de quinze ou vinte minutos sem experimentar uma dor debilitante. Para compensar a exaustão, eu dormia por horas durante o dia. O médico veio a sugerir uma operação para fundir a vértebra da minha região lombar. Isso evidentemente estava fora de questão para mim, então eu comecei a procurar modalidades diferentes de tratamento. Alguém acabou me falando de uma abordagem pouco conhecida, chamada Rolfing, um método desenvolvido por Ida Rolf (1990). Naquela época, existiam apenas uns trinta terapeutas rolfistas, todos treinados pela própria. Ida Rolf. Hoje, o Rolfing é praticado em todo o mundo.

---

* Cedrus Monte, Ph.D., é formada no Instituto C.G. Jung em Zurique. Originária da Baía de São Francisco, agora vive e pratica em Zurique. O princípio organizador em todas as suas empreitadas tem sido a força vitalizadora do impulso criativo.

Após a série de tratamentos, eu estava estrutural e psicologicamente diferente, muito diferente. Entre muitas outras mudanças, fiquei mais ereta, naturalmente, e assim quase um centímetro e trinta mais alta; sem esforço, minha cabeça se dispunha diferentemente sobre meu tronco; o tamanho dos meus sapatos mudou consideravelmente com o aumento dos meus pés, permitindo maior contato com o chão; e o mais importante, eu deixei de sentir dor, uma condição que se manteve até hoje, décadas depois.

Toda a energia usada para sustentar o desequilíbrio estrutural e suportar a dor estava agora liberada, disponível para me impulsionar para frente na vida. Eu senti o chão sob mim como nunca antes; eu podia mais prontamente contar com meus próprios dois pés. Eu tinha a energia e a força para ir ao encontro do mundo, e desenvolver e promover meu trabalho como artista. Em termos junguianos, poder-se-ia dizer que o complexo negativo, em torno do qual toda a minha libido estivera focada, foi atingido na medida em que me tornei menos presa regressivamente, e alinhada construtivamente com meu próprio processo de individuação, não mais com tanto conflito como eu era, e com o modo como eu podia ser útil no mundo.

Logo após passar pelo Rolfing, eu entrei numa terapia reichiana, uma abordagem psicanalítica somaticamente orientada, e desenvolvida por Wilhelm Reich. Embora Reich tenha sido colega tanto de Freud quanto de Jung, seu trabalho foi largamente ignorado. Durante o período de dois anos de minha terapia reichiana, o inconsciente foi abordado usando-se a combinação de um trabalho prático direto sobre as couraças corporais e do *insight* psicológico que é parte do trabalho reichiano. Eu pude compreender a importância psicológica mais profunda do processo em curso. E, de modo mais significativo, tornei-me uma participante ativa no processo. Tornei-me cada vez mais sensível ao que estava acontecendo fisicamente em meu corpo, ao mesmo tempo aprendendo a compreender a dimensão psicológica de meus sentimentos e sensações corporais. O que eu experimentava somaticamente era a imagem no espelho do que eu experimentava psicologicamente. Assim como as couraças do meu corpo, também cedia terreno o empuxo regressivo das feridas psicológicas que me mantinham encouraçadas e na defensiva.

Com o tempo, minhas explorações somáticas como uma paciente começaram a se transformar em treinamento somático, enquanto eu continuava a buscar e me envolver com outros modos de trabalho, inclusive abordagens que não necessariamente requerem manipulação prática e direta. Essas abordagens incluem exercícios que empregam o peso e o posicionamento do corpo como alavanca para a libertação das couraças e para o aumento do fluxo de energia no corpo. Elas também incluíam modos de traduzir no corpo, através do movimento, material imaginal do inconsciente, tais como os sonhos, fantasias, energias arquetípicas e sintomas psicossomáticos.

Durante o mesmo ano em que fiz Rolfing, fui introduzida aos escritos de C.G. Jung. Como acontece a muitos, eu fui profundamente tocada, suas palavras deram forma e vida ao que até então permanecia informe em minha própria mente. Só quinze anos depois, porém, eu ingressaria na formação junguiana em Zurique, onde comecei a entrelaçar a psicologia junguiana com meu trabalho como artista visual e com a dimensão psicofísica do corpo. Durante minha formação, eu também encontrei o trabalho de outros junguianos envolvidos na análise centrada no corpo, como Joan Chodorow (1991) e Marion Woodman (1996).

Algumas pessoas me perguntaram: "Você trabalha com o corpo em suas sessões ou trabalha analiticamente?" Por minha experiência, não há nenhuma dicotomia entre ambas as coisas, entre trabalhar com o corpo e trabalhar analiticamente com o inconsciente. Isso não é meramente uma ideia teórica. Como o leitor pode compreender a partir da história pessoal que eu compartilhei, é um conhecimento vivencial, profundamente sentido, do *continuum* espírito-matéria que Jung tão cuidadosamente rastreou na literatura alquímica, e que se tornou central em sua obra, inclusive em sua compreensão da sincronicidade. Da minha perspectiva como uma analista, o "trabalho de alma" que a psicologia analítica oferece só pode ser plenamente vivido através da experiência da unidade corpo-mente, psique-soma, uma unidade que pode ser compreendida como o próprio território do *opus* analítico. Qualquer separação de corpo e mente, de soma e psique, neste contexto, é artificial e desnecessariamente divisiva.

Antes de descrever elementos de uma sessão somática, corporalmente centrada, gostaria de introduzir dois pontos que o leitor pode considerar úteis ao entendimento de como eu vejo o corpo na psicologia analítica. O primeiro discute a transferência; o segundo, a qualidade do movimento.

A transferência na análise centrada no corpo

Tradicionalmente, a transferência na psicologia analítica é formada entre analista e analisando em dimensões de interação conscientes e inconscientes, cognoscíveis e incognoscíveis, arquetípicas e pessoais. Além disso, um importante aspecto da transferência descreve o analista como "sustentando" o processo intrínseco de fazer-se todo ou de autocura do analisando, espelhando-o para o analisando até que ele, ou ela, seja capaz de reivindicar e integrar o processo rumo à totalidade mais prontamente e mais independentemente.

O mesmo vale para a abordagem junguiana centrada no corpo. Há, contudo, da minha perspectiva, diferenças notáveis, descritas em parte pelo que se segue.

Supondo-se que os indivíduos estejam abertos a trabalhar somaticamente, é possível para eles ganhar *insight* e compreensão de material inconsciente diretamente através do corpo. Mesmo no começo do trabalho, isso pode ocorrer sem a intervenção de interpretações pelo analista. Isso só é possível, contudo, como um resultado da experiência direta do(a) analista do *insight* corporalmente desencadeado, em seu trabalho pessoal. Só então o analista encoraja o analisando a ganhar confiança naquilo que é oferecido somaticamente.

Eu entendo esta oferta somática como a sabedoria do corpo, expressa alternativamente como o si-mesmo contido na carne, como a própria carne (Monte), experiência esta que se torna um veículo para a reconstrução e fortalecimento da nossa experiência da totalidade. Trabalhando somaticamente, o arquétipo do curador – inicialmente transferido ou projetado ao analista – pode mais prontamente se incorporar no analisando. Através da compreensão direta do nível corporal e instintual, o *insight* é mais plenamente do analisando, assim engendrando um maior senso de autonomia desde o início. Um indivíduo pode reter a memória da experiência interior mais prontamente do que a interpretação vinda de fora. Para esse fim, acessar o saber corporalmente pode se tornar um recurso imediato para apoio positivo e sustentação psíquica. Nós descobrimos que podemos confiar em nós mesmos mais prontamente. Aprendemos que somos capazes de acessar o conhecimento através do sempre presente recurso de nosso próprio corpo.

Nós sabemos que sabemos porque temos experiência na carne de nosso próprio ser, não porque alguém nos disse que é verdade.

O fenômeno da transferência na análise centrada no corpo ou em outras formas de trabalho corporal psicoterapêutico pode, assim, passar rapidamente da interação analista-analisando como primária ou última, para a experiência corporal como o intermediário que pode refletir sabedoria, autoconsciência e a experiência do si-mesmo. Noutras palavras, o campo da transferência pode mudar da interação analista-analisando para um intercâmbio mais intrapsíquico – ou seja, entre a experiência do analisando através do corpo e a subsequente autorreflexão. O analisando se ampara menos na interpretação do analista, sendo sim encorajado a dar voz à experiência somática e, mais importante, ao sentido desta experiência.

Portanto, há uma guinada da abordagem mais hierárquica, em que o analista é "aquele que sabe", para uma abordagem que promove a sabedoria instintiva e direta – a *sofia* somática.

O movimento como um veículo para o e do inconsciente

É frequente na dança ou em movimento semelhante a uma dança que se expresse um sentimento, uma imagem ou uma sensação; por exemplo, tristeza, ficar sozinho diante de um rio, mortificação ou rigidez. Uma vez que as imagens oferecidas por este tipo de expressão são quase sempre reconhecíveis, tem-se uma estrutura de referência confortável. Embora esta abordagem não deva de modo algum ser excluída de uma abordagem analítica centrada no corpo, a ideia mais ampla de movimento, para mim pessoalmente, repousa em níveis mais profundos do que o expressivo.

Em níveis mais profundos, o movimento não é mais empregado no corpo para expressar uma imagem; ao invés disso, o movimento surge no corpo como um resultado de se ser impressionado e mobilizado pela imagem.

Para entrar nesta região, a pessoa precisa confiar o bastante, precisa correr o risco dos terrores à espreita ao se entrar nas trevas do ainda desconhecido. Pondo em termos diversos, permite-se que impulsos somáticos momentaneamente assumam o comando, sem tentar encontrar um modo de expressar ou controlar o que emerge. Quando podemos esvaziar-nos das ideias preconcebidas sobre como deveríamos nos mover, criamos espaço para receber uma impressão ou impulso do inconsciente. Podemos nos permitir sermos guiados pelo significado próprio do movimento.

Além disso, o movimento se torna o que está sendo movido. Não é uma representação deste. Não é uma pantomima. Nós nos tornamos, em nosso ser físico, a imagem do inconsciente: Você sonha com uma porta se abrindo... Como "uma porta se abrindo" é experimentada dentro de você, como você?

Falando de imagens oníricas, Jung diz: "A imagem e o significado são idênticos, e à medida que a primeira ganha contornos, o segundo fica mais claro" (Jung OC 8/2, § 402). O impulso ou imagem no corpo, no movimento, também carregam seu próprio significado: conforme o movimento se desdobra, o significado se torna claro. Para isso acontecer, porém, precisa-se de disposição para ser movido, para render o próprio ego o bastante para que seja penetrado pela visitação do inconsciente em impulso e movimento.

Segundo minha experiência, acessar a sabedoria do corpo depende da habilidade de ouvirmos e nos deixarmos ser movidos por algo maior do que nós mesmos. Não mais movemos nosso ego, mas somos movidos por aquilo que nos move. Só quando esperamos, sem apego a resultados, aquilo que espera nascer do inconsciente pode vir à luz.

Para ajudar a iluminar essas ideias, ofereço a seguinte nota de diário de explorações somáticas pessoais:

Outro dia, meu amigo me levou a um lugar novo na floresta. Esse seria um bom lugar para morrer, pensei, para simplesmente relaxar e deixar meu espírito encontrar alívio, deixar meu corpo se dissolver na terra.

O desafio para mim tem sido deixar minha vigilância consciente e racional ser subsumida, no que for possível, pelos impulsos do mundo natural, inclusive de meu próprio corpo. Vim a perceber, contudo, que dificilmente tenho inteligência o bastante para fazer isso. Eu me arriscaria a dizer que, em certo ponto, talvez vinte e cinco anos atrás, essa inteligência era mais forte em mim, mas ao longo dos anos a necessidade de ser alguém me tornou obtusa.

Tornei-me tão densa, tão sobrecarregada de informação e pensamentos e expectativas, que o mundo natural tem dificuldades de encontrar uma entrada.

Quando voltei à floresta esta manhã, pensei que trabalharia no "movimento de morrer". Eu tinha um plano, em outras palavras. Eu faria isso, aquilo e aquilo outro, e então mais aquilo... o que, é claro, não é morrer de jeito nenhum. Felizmente, achei uma saída dessa sandice, ou, melhor dizendo, uma saída me achou.

Ficando em meio às árvores, elas encontraram uma entrada. Não havia mais um "eu" tentando se mover. Por alguns momentos cheios de graça, as árvores estavam me movendo, falando um texto sem palavras, cinético. Por graça, de novo, "meus planos" de morrer morreram. Pela terra e em meus pés velhas raízes e antigas memórias preencheram meus membros. Uma tempestade desabou. Mudos clamores de revolta e gritos torturados. De quem eram essas memórias? De quem a tempestade? Essas árvores estavam falando, ou eram minhas próprias memórias desenterradas e arrancadas?

Acredito que a única resposta a esta questão é, sim!

Este lugar de árvores estava falando a mesma fala em mim.

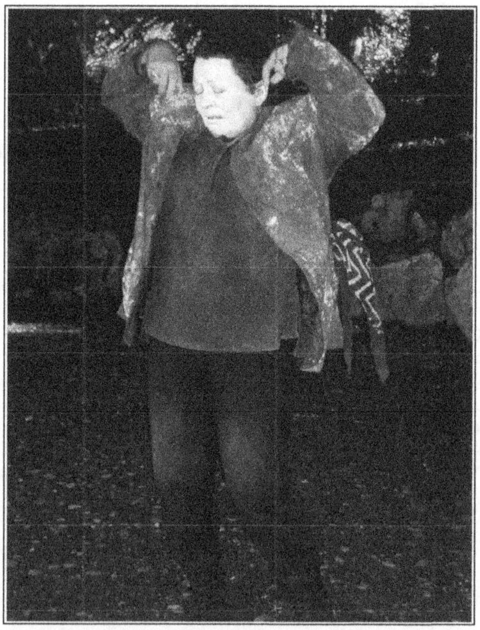

O trabalho analítico centrado no corpo na prática

A exploração somática nas sessões individuais pode assumir muitas formas. Talvez um sonho tenha imagens muito fortes que acenam. Também é possível explorar certas energias arquetípicas e polarizadas, particularmente relevantes para o paciente: esgotamento/vitalidade, criação/destruição. Uma exploração encarnada das energias polarizadas pode frequentemente propiciar um "terceiro" elemento que surge inesperada e surpreendentemente para inspirar resolução.

Nas sessões e cursos que eu conduzo não há nenhum método específico empregado. Ao invés disso, eu escuto muito atentamente as necessidades que emergem do momento e então faço inferências a partir de uma variedade de abordagens reunidas ao longo de um período de quase trinta anos.

No contexto deste ensaio, só posso oferecer exemplos limitados. Embora seja virtualmente impossível comunicar as experiências efetivas por palavras, espero que o que se segue ilustre ao menos alguma dimensão das ideias aqui apresentadas.

Isso é de um diário de uma pessoa que trabalhou comigo um período concentrado de tempo e é usado aqui com a permissão do participante:

> *Eu foquei num sonho que tive... sobre meu pai. Conforme eu ia imergindo mais profundamente em seu gestual sem gestos [no sonho], notei quão fortemente minha atenção era atraída para meu/seu braço esquerdo – o que fora quebrado e arrancado pelo carro vindo em sentido contrário quando eu tinha quatro anos de idade. E recosturado e sustentado por pinos metálicos pelo resto de sua vida. Conforme eu sonhava com seu corpo, conforme eu mergulhava cada vez mais fundo, longe de meu corpo mental e entrando em microssensações, eu me apercebia de que meu braço esquerdo estava completamente frio! O resto do meu corpo estava quente.*
>
> *Reemergir deste processo, sentir meu pai de um modo visceral, de algum modo abriu as portas da compaixão [por ele]. Ele era atormentado pela morte de meu irmão, seu filho favorito, e por seu amor/doença do álcool.*
>
> *Lembro-me das palavras de Cedrus: "Quando caímos mais profundamente em nossa experiência, as defesas físicas, psíquicas e emocionais começam a ruir [...]. Deixe a imagem cair da men-*

> *te para o corpo. Aquilo que ouve, ouve de dentro. Deixe o corpo se tornar o ouvido na escuta. Se você sente como se estivesse se desmantelando, isso é perfeito. Se continuamos intactos, jamais estaremos abertos o bastante para ouvir bem".*

Conforme mencionado acima, eu também trabalho com a encarnação [*embodiment*] das imagens dos analisandos que vêm de outras fontes que não os sonhos. Neste caso, nós trabalhamos com uma pintura que a analisanda fez quando começava a análise.

Este quadro em particular era de um tronco feminino postado diante de um mar crescente de ondas semelhantes a dentes caninos. Fluindo da área pélvica saía um grande arco de tinta vermelho-escura. Ela disse não fazer ideia do que se tratava nesse quadro, mas que simplesmente "tinha de pintá-lo". Ela estava muito focada na área vermelho-escura na região pélvica.

Perguntei se ela queria explorar o quadro através de seu próprio corpo, especialmente porque era uma imagem do corpo que ela tinha pintado. Embora ela expressasse medo sobre o que viria à tona, seu desejo de aprender mais falou mais alto. Eu perguntei se ela gostaria de se deitar no chão; pus um travesseiro sob sua cabeça e a cobri com um cobertor, avisando-a que ela poderia parar a qualquer momento. Conforme ela explorava a imagem em sua área pélvica ao se conectar em profundidade com essa parte de seu corpo, isto é, ao fazer sua consciência descer, ouvindo, esperando por quaisquer impulsos ou sensações, ela começou a chorar. Ela chorou por um longo tempo, sem dizer nada. Depois de retornar de sua viagem interna, ela disse que percebeu que o quadro era sobre o aborto que tinha tido anos atrás.

Como resultado de se deixar guiar pelos impulsos e sensações do corpo, estimulada pela imagem do inconsciente na forma de sua pintura espontânea, ela estava capacitada a se conectar com sua dor e pesar. Ela estava capacitada a fazer o luto de seu bebê e começar a se livrar da vergonha e da culpa opressivas que a haviam engolfado. Ela não tinha nunca contado a ninguém, antes, guardando a experiência na profundeza do seu corpo por muitos anos. Seu medo de longa data de jamais ter um relacionamento bem-sucedido ou uma criança se dissolveu no curso da análise num casamento amoroso e três lindas crianças.

Epílogo

Conforme minha experiência, seja como paciente ou praticante, trabalhar com o corpo para acessar o inconsciente é um dos espaços mais empoderadores para a cura autogerada. Trabalhando através do corpo, incluímos aspectos da vida que haviam sido perigosamente marginalizados. Começamos a curar a ferida que é criada pela privação daquilo que justamente esta abordagem abraça: a sabedoria do corpo, a *sofia* somática.

Referências

Chodorow, J. (1991). *Dance therapy and depth psychology*: The Moving Imagination. Londres: Routledge.

Jung, C.G. (1998). *Visions Seminar 2*: Notes of the seminar given in 1930-1934. Londres: Routledge.

______ (1954/1960). "A natureza da psique". OC/2.

Monte, C. (2005). "Numen of the flesh". In: *Quadrant* 35 (2): 11-31.

Rolf, I.P. (1978/1990). *Rolfing and physical reality*. Rochester, Verm.: Healing Arts.

Woodman, M. (1996). *Dancing in the flames*. Boston: Shambhala.

Parte III

O processo analítico

Introdução ao processo analítico

Murray Stein

Em seus escritos tardios, a metáfora preferida de Jung para discutir o processo analítico era o *opus* alquímico, como evidenciado no seu uso do texto alquímico *Rosarium Philosophorum* em sua importante obra "A psicologia da transferência" (OC 16/2). Com este tropo ele pretendia comunicar uma multiplicidade de possibilidades de transformação inerentes à empreitada da análise. No processo analítico, argumentou, movimentos redutivos e sintéticos acontecem em conjunto, um descontruindo uma posição e identidade conscientes fixas e unilaterais, o outro construindo uma nova série consciente de atitudes, imagens e identidades fundamentadas na união de elementos conscientes e os inconscientes emergentes. Como psicanalistas junguianos contemporâneos trabalham para conquistar as condições que irão gerar esses resultados é o tema de discussão nesta sessão.

A reflexão começa com o capítulo evocativo e poético de Paul Ashton, "Começos e finais". O processo analítico formal tem um começo e um término, embora, como Ashton deixa explícito, o começo e o final não são tão nítidos quando se considera o conjunto mais amplo do processo de individuação de uma vida inteira. Kazuhiko Higuchi aborda o tema das fronteiras em sua reflexão sobre a análise na cultura japonesa, que é famosa por seu estilo indireto de comunicação.

Todos os psicanalistas junguianos subscrevem a importância de estabelecer um firme e sólido "continente" analítico no qual praticar o *opus* analítico.

No linguajar alquímico, isso é referido ao *vas bene clausum* ("um vaso bem fechado"). August Cwik escreve inspiradamente sobre a natureza desta estrutura essencial no capítulo "Do enquadre pelo *holding* ao continente". O *vas* é uma espécie de ventre, o lugar de crescimento onde um novo tipo de consciência pode ser nutrido e a partir do qual ela pode afinal emergir e se tornar viável e independente.

O processo que ocorre dentro do vaso da análise foi batizado indelevelmente por uma paciente de Freud quando ela o chamou de uma "*talking cure*" [cura pela fala], e assim permaneceu em grande extensão do trabalho junguiano, embora com algumas modificações e extensões, como os capítulos de Dougherty, Pattis e Monte mostram na seção anterior. Uma diferença essencial entre as formas freudiana e junguiana clássicas de cura pela fala é que, na primeira, a fala era realizada quase exclusivamente pelo paciente, enquanto que na última a fala tomava a forma de um diálogo ativo entre duas pessoas, o analista e o analisando. O trabalho da transformação na psicanálise junguiana é colaborativo, semelhante ao que é ilustrado tão frequentemente nas ilustrações alquímicas que mostram o alquimista trabalhando com uma *soror mystica* no laboratório ou duas figuras em um banho, e assim por diante. Claus Braun e Lilian Otscheret, em seu capítulo "Diálogo", discutem três modelos paradigmáticos de diálogo que caracterizam várias escolas e épocas e argumentam que o modelo estabelecido pelo próprio Jung é próximo à visão contemporânea dos intersubjetivistas.

No coração do processo analítico está, é claro, o relacionamento que se desenvolve entre analista e analisando. Jean Knox emprega seu extenso estudo da teoria do apego na primeira infância e meninice para discutir as profundas conexões entre os dois protagonistas no drama analítico em "O relacionamento analítico". Linda Carter prossegue esta discussão em "Contratransferência e intersubjetividade", e acrescenta *insights* adicionais da ciência e da psicanálise contemporâneas para a perspectiva junguiana sobre o papel que a psique do analista desempenha no processo de mudança e transformação dentro do continente analítico.

Às visões expressas em vários dos capítulos precedentes, Angela Connolly coloca algumas questões críticas, que aprofundam a reflexão sobre como os analistas podem efetivamente estimular mudança nas psiques de seus analisandos. Seu capítulo, "Analisando projeções, fantasias e defesas", sublinha a importância de manter um grau de objetividade e de distância analítica mesmo dentro do íntimo campo intersubjetivo gerado na análise.

Uma das perplexidades permanentes do relacionamento analítico gira em torno da presença clara do fator gênero, que é o tema da reflexão de Joy Schaverien em "Gênero e sexualidade: encontros imaginais e eróticos". Se Schaverien aborda o tema do gênero e suas implicações para a sexualidade dentro do campo alquímico constelado pela díade analítica, Birgit Heuer, por sua vez, introduz um tópico que pode ser considerado o seu oposto polar no capítulo "A experiência do numinoso na sala do consultório". Pode-se discernir entre os dois capítulos o arco da tensão histórica entre uma ênfase psicanalítica tradicional no instinto, por um lado, e uma ênfase junguiana clássica no espírito, por outro. Em seu texto teórico tardio, "Considerações teóricas sobre a natureza do psíquico" (OC 8/2), Jung descreve este arco como um arco-íris com um dos polos do espectro se misturando com o corpo e o outro desaparecendo no espírito puro. Ambos os autores reconhecem as ligações profundas entre sexualidade e espiritualidade e demonstram como psicanalistas junguianos contemporâneos trabalham nesses campos de energia altamente carregados.

Para que não esqueçamos que a análise e a psicoterapia têm lugar em cenários culturais específicos, o capítulo de Kazuhiko Higuchi, "A psicanálise junguiana no contexto da cultura japonesa", nos lembra de que trabalhar em profundidade com a psique de indivíduos também implica encontro e envolvimento com hábitos e expectativas culturais. Seu capítulo fascinante fala de como um método de análise originário de um contexto cultural da Europa Central foi assumido e sutilmente transformado no contexto cultural oriental muito específico e tradicional do Japão.

15
Começos e finais

Paul W. Ashton*

"Era uma vez..." ou "No começo..." é como se iniciam as histórias que tratam do devir da consciência. Num sentido estritamente simbólico, o "começo" carrega a sugestão de algo positivo, em aberto, dotado de frescor, possível, abrindo as portas para um novo mundo, nascimento e crescimento.

"No 'começo' – na verdade, antes do 'começo' –, o mito e a religião identificam uma matriz de imagens multifacetadas, símbolos de 'pré-criação', poderíamos assim chamá-los, que sustentam o potencial de tudo o que há para ser criado. São o abismo, o vazio, o caos, a alienação e as trevas que cobrem tudo; e, é claro, um criador". Assim escreve Louis Stewart (Stewart 1995, 1). Eu juntaria todas essas imagens sob o título geral de "vazio" e sugeriria que mesmo o espírito criativo é parte deste vazio (Ashton 2007). E diria que o vazio escuro do desconhecido doloroso, "no começo", pode imperceptivelmente se tornar o vazio branco em que é aceitável não saber. Este estado, que Bion chamou de "O", para representar a "realidade última, incognoscível" (Bion 1967, 145), é aquele em que podemos abraçar o desconhecido com reverência ao invés de nos envergonharmos de nós mesmos, e é este estado que

* Paul W. Ashton, M.D. é psiquiatra e psicanalista junguiano e analista didata na South African Association of Jungian Analysts. Tem consultório na Cidade do Cabo, África do Sul. Publicou uma monografia intitulada *From the Brink* e organizou uma coletânea de ensaios: *Evocations of Absence*.

pode ser pensado como o ponto de chegada e a meta de uma análise, senão de uma vida.

Há vários níveis ou aspectos da consciência – mental, simbólico, subsimbólico, sensório-motor, instintivo (Sylvia Perera 2006, Seminário na Cidade do Cabo). No começo, algo em um ou mais desses domínios está faltando, e ao longo do caminho para o fim algo é encontrado, embora o que foi encontrado possa não ser o que foi procurado. Segundo a psicanalista Gilda de Simone, os temas das metas e finais são interligados de modo que "o nível alcançado no final não pode ser visto separadamente daquele do começo" (de Simone 1997, 1). Para ela, uma conclusão satisfatória se liga com a solução dos conflitos iniciais; certamente precisamos de um plano inicial que nos ajude a avaliar se a conclusão a que chegamos é adequada ou não. (Isso é particularmente verdadeiro nas avaliações "baseadas em evidência" do tratamento.)

Jung escreve: "Muitas vezes, os sonhos iniciais são de uma clareza e transparência espantosas" (Jung 1934/1966, § 313). Ele então sugere que os sonhos podem perder sua clareza conforme o trabalho avança, e que similarmente o analista pode sentir que tem uma boa compreensão do paciente no começo, mas que com o tempo vai ficando mais confuso. Ele acrescenta que "nada é mais insuportável para o paciente do que ser compreendido o tempo todo" (Jung 1934/1966, § 313). Eu entendo que isto se relaciona com saber e não saber. Esses aspectos devem ser de algum modo mantidos juntos. O saber ou compreender será sempre apenas um aspecto de uma pessoa, e não saber pode ser de sua totalidade, que nunca pode ser completamente conhecida. Paradoxalmente, pacientes que começam a análise num estado confuso e alienado podem começar a "se sentirem si mesmos" cada vez mais, mesmo se o entendimento do analista declina.

Eu me lembro de um garoto de dez anos de idade cuja mãe estava achando difícil de lidar. Ele desenhou uma imagem de um menino surfando em frente de uma onda gigante, e na onda atrás o surfista era um enorme tubarão. Quando eu interpretei sua ansiedade, ele recuou para trás de uma defesa impenetrável, da qual a análise nunca mais se recuperou. Para ele, ser conhecido como um "brutamontes" destemido era mais importante do que ser conhecido em sua completude.

T.S. Eliot articulou a natureza paradoxal dos começos e finais em *Os quatro quartetos* quando afirma: "O que chamamos de começo é muitas vezes o fim / E fazer um fim é fazer um começo" (Eliot 1974, 221). Ou, mais sucintamente: "No meu começo está o meu fim" (Eliot 1974, 196).

Tornar-se mais consciente resulta em que a ilha do ego, da consciência, se expande, e assim sua orla, ou o ponto de contato entre o ego e o si-mesmo, a conexão ego/si-mesmo, aumenta (Murray Stein, Seminário na Cidade do Cabo, 1997). O inconsciente, ser infinito, não diminui, enquanto que a consciência cresce. Assim nos tornamos mais e mais conscientes do quão inconscientes nós somos (uma percepção dolorosa), e, todavia, conforme o eixo ego/si-mesmo se torna mais acessível, sentimos uma conexão cada vez maior com "o que é".

No começo há um anseio pela fusão pré-consciente, a *participation mystique*. Conforme a consciência cresce, assim também a diferenciação, e, portanto, o senso de fusão diminui. Em *Psicologia e alquimia* (1944), Jung descreve como algumas pessoas deixam a análise por uma ou outra razão, mas outros se agarram a ela. Isso pode parecer a continuidade da busca pela união com outrem, um tipo de dependência, mas pode também levar finalmente à união dos opostos dentro de uma pessoa e assim rumo à totalidade ou individuação (apud Fordham 1974, 101).

Um paciente de meia-idade entrou em análise devido a sentimentos de depressão e uma sensação de falta de sentido. O vazio em torno dele começou a ser preenchido com um certo grau de espanto [*awe*, termo cuja rica malha semântica abrangeria, em português, uma escala de afetos que vão da admiração ao pavor, passando também pelo termo aqui adotado, aparentemente mais permeável a essas ambiguidades do original (N.T.)], e ele começou a sentir um estado de conexão com o mundo. Quando eu estive ausente por cerca de seis meses, ele se sentiu bem e parou sua análise, mas um mês depois de meu retorno ele a recomeçou. Meu entendimento foi de que ele valorizou a presença de um outro atencioso, sem quem ele era incapaz de manter o compromisso com sua psique, que para ele era necessário para sentir que a vida fazia sentido.

Pouco depois do seu "novo começo", ele teve um sonho que sugeriu que sua análise não tinha sentido e que não passava de uma construção de sentido a partir do sem-sentido que era o seu mundo onírico. Uma semana depois ele ficou chocado em sonhar que dormia com sua mãe. Embora soubesse que ela estava morta, ela estava se relacionando com ele. Ao mesmo tempo que dividindo o leito dela, ele a viu num trono de mármore negro elevado, como uma deusa. Mais tarde, ele estava tomando um banho numa banheira preta apertada, e foi assolado por culpa e vergonha devido ao que tinha feito. (Esses sentimentos de vergonha permaneceram com ele durante os dias que se seguiram.) Mais tarde, naquela noite, ele sonhou que ajudava seu filho mais jovem a pesquisar um saxofone de brinquedo em uma pilha de lixo que havia caído de sua cama. Uma garota afirmou: "O sol está brilhando, o que tornará mais fácil encontrar". Efetivamente, eles descobriram um trompete dourado, completo, e que, surpreendentemente, estava apto a ser tocado adequadamente. É manhã, o sol brilha e há orvalho.

A vergonha causada pelo fato de dormir com sua mãe virtualmente vedou a capacidade do meu paciente de refletir ou ter curiosidade sobre seu material onírico. Mas tendo sido capaz de lidar com essa vergonha através de minha compreensão e aceitação, ele se abriu às energias transformadoras de dentro dele. Talvez a paralisação de sua análise o tenha ajudado a se separar de seu analista, por ele estar seguindo seu próprio caminho, mas seguir seu próprio caminho o levou a perceber que ele precisava de certos aspectos de seu analista que o ajudassem em seu trabalho. Ele podia começar de novo, não dependendo de seu analista, mas apto a usá-lo.

Alguns indivíduos começam sua análise antes de efetivamente encontrarem seu analista, mas outros podem ir para muitas sessões antes de que se possa dizer que eles realmente começaram sua análise. Foi dito que são necessárias 100 horas de análise antes que um processo mais profundo tenha começado, e daí por que ver um paciente que tenha passado por uma análise anterior é frequentemente recompensador, já que eles podem entrar diretamente na nova análise.

Recentemente eu tirei um período sabático de seis meses de minha atividade, e assim que voltei recebi uma ligação telefônica de alguém a quem eu fora recomendado por um de meus pacientes, quatro meses antes. Este homem de meia-idade havia sido fortemente impactado ao ler um livro de James Hollis, dado a ele pela mesma pessoa que me recomendou. Em sua cabeça, como ficou claro lentamente, o sábio James Hollis e o "brilhante analista local" ficaram misturados, e eu não poderia dizer nada que não fosse profundamente útil para ele. Era lisonjeador, embora também um fator de ansiedade, ter um paciente inteligente, que fora profundamente afetado pela "sabedoria" das minhas interpretações, mas eu também percebi que ele tinha me idealizado muito antes de nos conhecermos, e que ele provavelmente tinha tido "conversas" comigo que foram totalmente dirigidas por suas projeções.

Recentemente fui alertado para o fato de que a internet torna um analista potencialmente mais "conhecível" pelo paciente/analisando do que se era antes de seu uso comum. Se você publicou, os pacientes podem ter lido sobre o autor com avidez, e é surpreendente o que se pode descobrir numa surfada virtual. Isso significa que o analista pode ser mais bem conhecido pelo paciente do que o paciente pelo analista, e o analista provavelmente não estará ciente do fato de que ele está longe de ser uma "tela em branco" mesmo na primeira sessão.

Freud começa seu capítulo "Sobre o começo do tratamento" com uma referência sobre a seleção de pacientes, e sugere que na ausência de conhecimento sobre um determinado paciente é prudente vê-lo "provisoriamente", por um período de avaliação de uma ou duas semanas (Freud 1958, 124ss.). Isso parece ter visado particularmente a detectar casos ocultos de esquizofrenia, que não seriam passíveis de tratamento. Ele então recomenda que o paciente fique a par da extensão de tempo necessária, e detalhes da moldura que se espera que ele ou ela preencha. Freud costumava "alugar" as horas para um paciente e vê-lo de três a seis vezes por semana. De seu ponto de vista, o começo da análise era um momento delicado, durante o qual a transferência (positiva) deveria se desenvolver, pois era essa transferência que iria manter o paciente na análise a despeito das inevitáveis vicissitudes posteriores.

Mesmo numa análise estabelecida, cada sessão em separado tem um começo, e elas podem ser problemáticas de modos diferentes. Elas podem constelar medo seja no analista ou no analisando: "Eu consigo ser o que ele ou ela quer que eu seja: esperto o bastante, caloroso o bastante, mesmo distante o bastante, maduro o bastante?" Por outro lado, os começos podem ser uma expressão de esperança ou renovação, e a expectativa pode ser algo de positivo, ao invés de negativo. Cada novo começo pode ser uma oportunidade e uma pressão para a dupla terapêutica fazê-lo melhor.

Talvez por conta de suas conotações intrinsecamente negativas, o "final" (que sugere fechamento, desligamento, consumação, a perda da possibilidade, fechar a porta do passado ou do futuro, morte e enterro) recebeu mais atenção do que o "começo" na literatura psicológica. De Simone enfatiza a "contínua e inexaurível possibilidade de mudança". Isso significa que nenhuma análise pode jamais ser completada, e ela usa o termo "insaturabilidade" para descrever essa incompletude. Eu gosto da sugestão dela de que poderíamos pensar numa análise sendo "interrompida", e não "concluída", pois, após um término, isso dá permissão ao paciente para se reconectar com seu analista quando necessário. Ela afirma: "a análise enquanto uma experiência concreta é terminável", mas ainda assim "oferece possibilidades intermináveis de experiência" (de Simone 1997, 60-61).

Num capítulo sobre "A fase pós-analítica", ela questiona se "o final de uma análise (é) a conclusão de um processo ou apenas de um relacionamento" (de Simone 1997, 63). Esta é outra diferenciação útil, que permite um discernimento entre o processo interno e externo. Para alguns é verdade que é só quando terminou o relacionamento analítico (no mundo externo) que a conexão mais profunda com nosso próprio si-mesmo, a individuação, pode acontecer.

Os relacionamentos terminam quando as projeções não se encaixam mais. Que o final torne possível um novo começo. Cada final pode ser um novo começo. Começos e finais são assim múltiplos, repetitivos e aparentemente circulares. De fato, eles são mais próximos de serem espirais em que cada volta está num lugar ligeiramente diferente. O começo inicial e o último final têm lugar no vazio.

Há muitas questões, tais como quando é o final e quem decide e mesmo que parte de quem é que decide. Fordham diferencia entre "parar" e "terminar". Para ele, parar é uma decisão unilateral do analista ou do analisando, enquanto que terminar "é separação com a qual analista e paciente concordam" (Fordham 1974, 100). Uma razão para parar é quando a sensação de conexão com "o Todo", ou o "Uno", parece não ter relevância para o, ou pelo menos ser independente do analista. Terminar pode parecer adequado quando parece que mais nada pode ser atingido ou aprendido.

A análise começa com certas esperanças, desejos ou propósitos, e parar decorre, às vezes, da percepção de que o analista é incapaz de preencher essas expectativas. Mas a desilusão com o analista ou com o processo pode levar seja a um término, seja ao começo de uma análise mais profunda.

Uma paciente sensível veio para uma sessão num feriado em que eu não estava trabalhando. Certa de que eu não a tinha avisado, ela veio para uma outra sessão para me dizer o quão mau eu era, antes de desaparecer para sempre. Um analisando ficou muito desiludido comigo quando eu o avisei que não tinha lido os muitos sonhos que ele tinha deixado em minhas mãos, só abordando aqueles sobre os quais ele tinha falado. Fiquei em dúvida se ele continuaria na análise, já que estava tão furioso comigo e se sentindo tão traído, mas falar sobre suas expectativas e sensação de traição resultou numa nova profundidade de nosso trabalho em conjunto.

Às vezes a desilusão ou sentimento de fracasso são sentidos pelo paciente consigo mesmo. Ele sente que decepcionou o analista, que não pode atender os desejos dele, e então pode partir por causa disso.

Não é frequente conseguirmos ou desfrutarmos de um final perfeito. Eu tinha acompanhado uma criança por cerca de dois anos, devido ao seu sofrimento prolongado após a perda de sua mãe por câncer, na infância. Isso tinha resultado em surtos por vezes violentos (*acting out*) na escola, e exigia mais do que a quota de atenção que lhe era dada por sua madrasta. Nós tínhamos passado por um período de *Sandplay*, em que ele muitas vezes ficava em oposição a mim e deliberadamente enfrentava quaisquer regras "éticas" para que pudesse demolir minhas "forças". Eu podia interpretar esses ataques como um modo de me transmitir o que é ser amoralmente destruído, como quando sua mãe morreu, e os ataques lentamente se reduziram. Pouco depois ele disse que embora gostasse de vir me ver, sentia já não ser necessário, e que gostaria de parar num futuro não muito distante. Após consultar seu pai e sua madrasta, nós fixamos uma data para dali a quatro semanas, e deliberadamente fizemos a "contagem regressiva" para essa data. Ele, eu e seus pais sentimos que o final era inteiramente adequado e congruente.

Embora eu tenha escrito acima que o processo analítico, como um espiral, começa e termina num vazio, o vazio da falta de sentido ou do desconhecido, percebi que acho difícil deixar que ele acabe ali. Quando estou acompanhando alguém através de uma Imaginação Ativa não gosto que ela termine quando não há nenhum "chão firme", e a despeito de ser um pessimista realista, geralmente deixo a Imaginação Ativa acabar quando o sentido está presente. Eu encorajo a persistência em meio ao vazio escuro até que algo positivo emerja. Contrariamente, quando há luz e um senso de conexão, é improvável que eu sugira um Imaginação Ativa para "ver no que dá", pois já estamos onde queremos estar. Noutras palavras, embora eu não sugira a um analisando o que ele ou ela deve pensar, eu realmente pondero o processo na direção do sentido. Eu dificilmente sugiro o encerramento quando meu paciente está num buraco negro.

Alguém diria que terminar nunca é bom porque o trabalho nunca está completo! Mas talvez se pudesse dizer que um final poderia acontecer quando a pessoa pode manter o processo por si mesma, ou, mais apropriadamente, quando a pessoa pode manter o processo que ela quer para si mesma por si mesma. Mesmo após analista e analisando pararem de se ver, a análise continua. O que o analista aprendeu se torna assimilado e é usado para outros pacientes, e o que o paciente internalizou, em termos do analista e do processo analítico, continua a afetá-lo.

Da perspectiva dos estados vazios, pode-se dizer que uma pessoa entra em análise devido a um vazio interno. Ela fica na análise porque, quando em presença do analista, o vazio parece tolerável. Ela pode ir embora quando o vazio se torna desejável e ela precisa ficar sozinha para experimentá-lo. Para isso acontecer, o analista precisa ser não invasivo, de modo que o indivíduo possa experimentar, de um modo não ameaçador, estar sozinho na presença do analista (Winnicott 1965, 29-36).

Os finais raramente são satisfatórios para o analista. Eles podem deixar uma sensação de perda, experimentada como um sentimento de vazio dentro do analista, ou eles podem trazer um alívio talvez misturado com culpa ("Eu fiz o bastante para ele?") ou vergonha ("Sou um analista inadequado").

Durante meus anos como analista, houve um punhado de indivíduos que eu gostaria que fossem embora. Um era uma jovem profissional que tinha sido obrigada a se submeter a uma psicanálise, para que lhe fosse permitido prosseguir em sua formação. Ela não queria estar ali, e o material que começou a ser descoberto era excruciante demais para que ela o assimilasse. Comecei a pensar que um dia ela poderia me matar, e costumava esconder objetos cortantes como tesouras e o abridor de cartas antes das sessões dela. Saudei com alívio sua capacidade de se encolher em sua cadeira e adormecer, porém, quando ela de fato terminou a análise e mudou de carreira eu senti (junto com o alívio) que eu a tinha decepcionado de algum modo.

Não há um verdadeiro fim para o processo analítico, a pessoa simplesmente vai mais fundo, ou se experimenta na vida mais plenamente. Mas esse processo não necessariamente acontece na presença do analista original. Um "teste de separação" poderia ser avaliar se um paciente é capaz de prosseguir o processo na ausência do analista ao invés de constatar desanimado em quantos complexos ele cai. Eu costumava sentir se um analisando estava dentro ou fora da análise. Se você está "dentro", isso significa ver seu analista frequentemente e regularmente, e se "fora", então você não vê seu analista nunca. Eu agora sou muito mais flexível e sinto que uma pessoa pode mergulhar de novo por algumas sessões, talvez para se reabastecer, talvez para instalar o observador terapêutico dentro dela. Este é um trabalho de longo termo, e o analista deve permanecer disponível para essa "fase pós-analítica". Mas, quando a conexão de longo prazo é uma dependência mórbida tanto para o analista quanto para seu paciente, e quando é uma associação sadia ainda que prolongada? Isso pode se assemelhar ao relacionamento com pais, de quem alguns indivíduos nunca se separaram, e, portanto, nunca assumem as rédeas de suas próprias vidas, enquanto que outros se separam completamente mesmo se isso possa significar privarem-se de uma fonte potencial de algo positivo. E outros mantêm uma conexão de vida inteira que muda com o tempo conforme os estágios da vida vão perfazendo seu ciclo. O relacionamento com um pai ou uma mãe não termina quando deixamos sua casa, assim como o relacionamento com um analista, especialmente com o analista interior, quando se abandona a análise.

Jung afirma: "Além de *prima materia* como início inferior e *lapis* como meta suprema, Mercurius é o processo entre ambos e o seu agente mediador. Ele é 'começo, meio e fim da obra'" (Jung 1943/1967, § 283). Se aceitamos esta descrição e a afirmação de T.S. Eliot, "No meu começo está o meu fim", então a separação dos começos e dos fins se torna impossível.

E, contudo, não devemos apenas tentar manejar os começos e finais de uma análise, mas também as sessões dentro de uma análise. Para fazer isso devemos nos perguntar como elas são negociadas. Muitas vezes se notou que o material é trazido à tona bem no fim de uma sessão. É porque o tempo da sessão é curto demais, ou porque o analisando é ambivalente sobre se tornar plenamente consciente do que quer que ele suscita? Às vezes isso que é suscitado neste caminho cai no vazio para nunca mais ser visto de novo, mas às vezes ele parece preencher o intervalo entre as sessões, contornando o vazio. Por vezes pode parecer como uma sedução que atiça o analista para garantir um pouco mais de tempo, ou talvez uma figura de Scheherazade, evocando a curiosidade do analista, está garantido que ela não está "terminada". Sua analista vai querer saber como sua história se desdobra.

Há alguns que se demoram e devem praticamente ser forçados a sair no final da sessão, enquanto outros tendem a olhar o relógio, parecendo odiar que lhes digam que "deu a hora". O fim de uma sessão, a "minimorte" ou "minitérmino", pode ser um ensaio para o último final e pode ser usado por ambas as partes como um indicador de progresso ou de prontidão para esse final. Uma das minhas pacientes costumava "alugar" a primeira e a última sessão de minha semana de trabalho até eu entrar no período sabático. Depois do meu retorno, ela mudou seus horários, de modo que nos víssemos no fim do meu primeiro dia da semana e no começo do meu último dia. Pareceu-me que o modo como ela usa a análise mudou. No começo, a análise era um continente para sua própria existência, mas agora se tornou meramente uma parte de sua semana de trabalho. Cada final de sessão não é mais um evento cataclísmico, e isso sugere o seu progresso rumo à possibilidade de ser capaz de tolerar o encerramento da análise no futuro.

Embora eu tenha a injunção de Bion, de me engajar com cada paciente "sem memória nem desejo" soando na minha cabeça, isso não é tão fácil quanto parece (Bion 1967, 143ss.). Estou ciente de muitas emoções no curso de uma hora analítica e ciente também de que os começos e finais são ligados com aquelas emoções e podem ser parte de sua expressão ou usadas para turvar minha consciência delas.

Mas se pudermos, como Eliot, ver que "O fim é de onde nós começamos", então poderemos de modo otimista abraçar o mundo de possibilidades que nossos pacientes estão trazendo para nós assim como levando de nós... Que admirável mundo novo.

Referências

Ashton, P. (2007). *From the brink*: An Exploration of the void from a depth psychological perspective. Londres: Karnac.

De Simone, G. (1997). *Ending analysis*: Theory and technique. Londres: Karnac.

Eliot, T.S. (1974). *Collected poems 1909-1962*. Londres: Faber and Faber.

Fordham, M. (1969). "On terminating analysis". In: Fordham, M.; Gordon, R.; Hubback, J. & Lambert, K. (eds.). *Technique in Jungian analysis*. Londres: William Heinemann Medical Books, 100-107.

Freud, S. (1958). *Collected works*. Vol. 12. Londres: Hogarth.

Jung, C.G. (1943/1967). "O espírito mercurius". OC 13.

______ (1934/1966). "A aplicação prática da análise dos sonhos". OC 16/2.

Stewart, L. (1995). *The primal symbols of pre-creation* [Copyright do autor, usado com a gentil permissão de Joan Chodorow].

Wheelwright, J. (1994). "Termination". In: Stein, M. (ed.). *Jungian analysis*. La Salle/ Londres: Open Court, 111-119.

Winnicott, D. (1965). *The maturational processes and the facilitating environment*. Londres: Hogarth.

16
Do enquadre pelo *holding* ao continente

August J. Cwik*

Este capítulo vai discutir três ricas metáforas para a estrutura na qual o processo analítico ocorre: o enquadre, o *holding* e o continente (Siegelman 1990). Esses tropos se tornaram parte de nosso léxico psicanalítico devido a sua habilidade de evocar a experiência de estar num espaço analítico verdadeiramente curador. Eles são interconectados, mas formam um *continuum* das dimensões "concretas" às espirituais ou não materiais da situação terapêutica. Esses elementos imbricados formam uma membrana psicológica que protege e permite que o complexo sistema da análise ocorra.

Toda psicanálise junguiana é informada pelo *insight* fundamental de Jung de que o relacionamento de analista e analisando é dialético e forma um "terceiro elemento" (Jung 1946a). A natureza e experiência desse elemento inconsciente dirige o processo em qualquer momento determinado e é moldado pelos padrões arquetípicos subjacentes. Ambos os participantes são mutuamente transformados por uma análise que vai a certa profundidade, resultando em conexões sentidas mais profundamente com o inconsciente

---

* August J. Cwik, Psy.D., é psicanalista junguiano com consultório particular na área de Chicago e analista didata na Chicago Society of Jungian Analysts. Também é editor-assistente do *Journal of Analytical Psychology* e publicou artigos sobre alquimia, supervisão, sonhos e imaginação ativa.

em ambos os participantes. Isso por sua vez leva à aptidão a uma vida mais plenamente simbólica – uma vida vivida com um senso de vivacidade impregnada de sentido e propósito. A estrutura analítica, com seus três componentes do enquadre, *holding* e continente, apoia e facilita o funcionamento desse sistema e leva à individuação tanto do analista como do analisando.

Enquadre

"Enquadre" – a própria palavra denota uma acepção de rigidez na estrutura que cerca, que literalmente enquadra, o processo terapêutico. As razões para ter um enquadre sólido e consistente na terapia e na análise são legião. Langs (1979) explora extensamente o enquadre na análise, bem como a importância de escutar as comunicações simbólicas do paciente. Ele expõe o valor do *setting* de tratamento e as grandes regras básicas da terapia: confidencialidade, fixação do preço, o lugar e horário, as fronteiras e limites apropriados e a posição básica do terapeuta (1973). Ele frequentemente entra em muitos detalhes sobre aspectos concretos do ambiente de trabalho, a ponto de questionar se uma caixa de lenços deveria ser oferecida por um analista. Ele nos força à consciência de que tudo e qualquer coisa pode ser significativo em seu impacto para o paciente. Os analistas tendem a uma mentalidade uniformizada, e Langs encontra respaldo para suas teses na imediaticidade das respostas inconscientes dos pacientes. Usando a ideia das "comunicações derivadas", baseada em contextos adaptativos ou gatilhos que estimulam o inconsciente do paciente, ele demonstra reiteradamente que os próprios pacientes inconscientemente monitoram a inviolabilidade do enquadre e respondem rapidamente a qualquer alteração nas regras fundamentais. No mínimo, ele oferece uma firme crítica *ética* contra qualquer tendência à "análise livre, leve e solta". Quando ela se desvia do procedimento operativo padrão, ela precisa ser questionada. Goodheart é quem vai mais longe na integração dessas ideias sobre a importância do enquadre na perspectiva junguiana. Seu trabalho oferece um corretivo muito necessário para qualquer frouxidão acerca da manutenção de fronteiras sólidas. O enquadre seguro promove a tradução das ações e emoções em palavras.

O lado sombra desta "solidez", que pode se tornar uma dedicação inflexível e inalterável ao enquadre pelo enquadre, é abordado por Winnicott, que vê a estrutura de trabalho analítico como uma possível expressão do *ódio* do analista ao paciente. Ele escreve, "o fim da hora, o fim da análise, as regras e regulações, tudo isso vai vigorar como expressões de ódio [do analista ao paciente], assim como as boas interpretações são expressões de amor, e símbolos da manutenção e atenção" (Winnicott 1945, 147). Essas palavras derivam muito de seu poder persuasivo do fato de que os analistas de fato expressam seu ódio nessas ações. Isso é imediatamente recognoscível por qualquer analista como parte da experiência com virtualmente todo paciente. Winnicott está reconhecendo/interpretando a expressão muda de ódio que os analistas inconsciente e preconscientemente experimentam (muitas vezes com um sentimento de alívio) ao "jogar fora o paciente" (ao terminar cada encontro na hora) e ao estabelecer os limites do que ele vai oferecer aos pacientes. Além disso, o medo dos analistas da destrutividade de seu ódio pelos pacientes pode levar a violações destrutivas do enquadre (Ogden 2001).

Langs considera que o inconsciente não é apenas um receptáculo para impulsos, pensamentos e sentimentos reprimidos e indesejados, mas também um "subsistema profundo de sabedoria inconsciente" (Langs 1994, 24). Searles afirma que mesmo as crianças pequenas "podem ser vistas como querendo ser psicoterapeutas... para ajudar os outros a realizar suas potencialidades psicológicas humanas" (Searles 1979, 381). Esse tipo de reação do inconsciente está tentando "curar" um analista inadvertido que rompe a fronteira ao fornecer *percepções inconscientes válidas*, em oposição a projeções transferenciais, para retificar a situação. Os pacientes precisam de uma análise que funcione analiticamente, e que não produza *acting out* para além das regras do tratamento. Embora Langs tenha sido criticado por expressar seus pressupostos com uma certeza indevida (cf. Siegelman 1990, para uma crítica excelente de Langs), deve-se ressaltar que ele oferece um modo estimulante de ouvir pacientes que estão desesperadamente clamando por um terapeuta que possa estar presente de modo confiável e útil.

A estrutura da análise, entretanto, é muito maior do que apenas os parâmetros concretos do enquadre. Como afirma McCurdy: "A estrutura não é uma entidade *a priori* usada ou oferecida por um analista, mas sim um complexo de várias áreas inter-relacionadas do processo analítico, envolvendo questões que vão da atmosfera do intercâmbio à técnica do analista" (McCurdy 1995, 82). Embora Jung tenha tido o gênio de ver um "terceiro" como criado no *setting* analítico, ele não descreve como essa construção inconsciente é experimentada e utilizada no encontro clínico. Em *A psicologia da transferência*, ele inclusive assinala: "Neste trabalho, o leitor não encontrará uma apresentação dos fenômenos clínicos da transferência" (Jung 1946a, 48). Contudo, Jung foi o primeiro a apresentar um modelo interativo de análise em que o analista se compromete plenamente, de um modo encarnado. Esta compreensão é demonstrada por afirmações como a que se segue:

> É inevitável que o médico seja de certa forma influenciado, e que a sua saúde nervosa sofra alguma perturbação ou dano. Ele "assume", por assim dizer, o mal do paciente, compartilhando-o com ele (Jung 1946a, § 358).
>
> Pelo fato de debruçar-se com interesse, compreensão e solicitude sobre o sofrimento psíquico do paciente, o médico fica exposto aos conteúdos do inconsciente que o oprimem e consequentemente à ação indutiva dos mesmos (Jung 1946a, § 364).
>
> O fato de o paciente transmitir ao médico um conteúdo ativado do inconsciente também constela neste último o material inconsciente correspondente, através da ação indutiva regularmente exercida em maior ou menor grau pelas projeções (Jung 1946a, § 364).
>
> A indução psíquica é inevitável e faz com que ambos sejam atingidos e transformados pela transformação do terceiro, sendo que o saber do médico é então a única fraca luz a iluminar como uma lamparina bruxuleante a profunda escuridão do que está sucedendo (Jung 1946a, § 399).

Na escola intersubjetiva, Ogden (1997, 1994, 1999) explica sua noção do "terceiro analítico intersubjetivo". Isso se refere a um terceiro sujeito na análise, que é cocriado por analista e analisando. Ele vive uma vida autônoma no campo interpessoal entre ambos. Embora ambos os indivíduos participem na criação do terceiro analítico, eles o fazem assimetricamente (a "lamparina bruxuleante do saber do médico" de Jung tendo uma ligeira predominância). Por se tratar basicamente de uma criação inconsciente, o analista frequentemente tem maior acesso a ela através de seus "devaneios". Ogden usa a noção bioniana de devaneio como sendo composta de conteúdos naturais e mundanos da mente, como pensamentos, sentimentos, ruminações, preocupações cotidianas, fantasias diurnas, sensações corporais, e assim por diante. Presume-se que os devaneios da mãe quando segura seu bebê criam estrutura na criança, ou seja, eles realizam um trabalho psicológico para seu bebê e acabam por criar uma matriz mental. A importância de monitorar o terceiro analítico através do uso do devaneio é enfatizada pela afirmação de Ogden: "no meu próprio trabalho clínico, o uso de minha experiência devaneante é o *compasso emocional* sobre o qual eu mais fortemente me apoio (mas não posso ler claramente) nos meus esforços para me orientar sobre o que está acontecendo no relacionamento analítico em geral, e nos trabalhos do terceiro analítico em particular" (1999, 3, itálicos acrescidos). Ogden observa que ele fala *a partir da* experiência devaneante efetiva. Ela o informa do que pode estar acontecendo inconscientemente entre analista e paciente. Ele raramente fala *diretamente sobre* a experiência em si.

Este conceito é muito semelhante, se não idêntico, à noção de Jung de um terceiro inconsciente no campo interativo. O entendimento de Jung é, mais, de que o terceiro não é tanto "cocriado" por analista/analisando, mas sim que é uma função natural do campo interativo; é arquetipicamente determinado e mais tarde "descoberto" pelo analista. Esta foi sua intenção original ao usar gravuras alquímicas para demonstrar a dinâmica da transferência. Mas Ogden nos brinda com sua perspicácia clínica ao descrever como o terceiro é experimentado, e como ele o usa para basear suas intervenções em numerosos exemplos clínicos. Ogden entende que o terceiro analítico é portador de tal material informativo para a situação analítica devido ao mecanismo da identificação projetiva (Ogden 1979). O paciente lança aspectos inconscientes indesejados do si-mesmo no analista, e por sua vez o inconsciente do analista responde e retrabalha esses conteúdos. Na literatura da psicologia analítica, essa capacidade criativa do terceiro inconsciente para informar tanto analista como analisando tem sido discutida como a dinâmica do arquétipo do cuidador ferido (Groesbeck 1975; Sedgwick 1994). Aqui um analista, se relacionando através de seu si-mesmo inconsciente ferido, inconscientemente se comunica com o cuidador interior do paciente. Tal sistema poderia facilmente compreender o "sistema de sabedoria" teorizado por Langs oferecendo *input* e correção para uma díade analítica através de percepções inconscientes válidas oferecidas pelo paciente. Isso pode ser um dos modos primários do si-mesmo se manifestar no encontro terapêutico para mover ambos os participantes rumo à individuação.

Ogden apresenta o devaneio como o único modo para o analista obter acesso ao terceiro analítico. Mas outros conteúdos da mente e do corpo do analista oferecem um sutil campo associativo intermediário, que vai de formas indiretas como o devaneio a formas mais diretas de associação, ou seja, amplificações arquetípicas (Samuels 1985). Esses conteúdos que surgem entre analista e paciente e são formatados pela psique não egoica são todos materiais válidos, informando o analista sobre a natureza do terceiro em formação. Talvez até melhor do que o devaneio, a técnica junguiana da imaginação ativa descreva os trabalhos da mente de um analista durante o encontro analítico (Cwik 2006, 215-217; Schaverien 2007). O analista, num estado ligeiramente alterado, permite que o livre fluxo de imagens, pensamentos, sentimentos e sensações corporais emerja à consciência. Este campo mercurial é envolvido pelo analista à maneira da imaginação ativa para que se possa extrair algum sentido do que está acontecendo no campo. Schaverien dá vários exemplos clínicos sobre formas de imaginação ativa dentro da transferência, bem como ao discutir a contratransferência como imaginação (Schaverien 2007, 427).

Holding

A ideia da terapia oferecendo um "ambiente de *holding*" foi assumida pelas mentes e corações de terapeutas e analistas por toda parte. Evocativa da mãe suficientemente boa segurando (*holding*) e sendo capaz de acalmar sua criança, o conceito é tanto prático como imaginativo. Mesmo Langs o adota quando afirma: "Não permita que a analogia do enquadramento sugira algo de madeira, inanimado, inumado ou isolado. O enquadramento terapêutico é uma moldura muito humana, preenchida com comunicações inconscientes flutuantes. É um modo de *amparar* (*holding*) o paciente, oferecendo-lhe uma sensação de segurança, criando condições para a comunicação aberta..." (Langs 1979, 108, itálicos acrescidos).

Winnicott (1971) observou a díade mãe/criança e sugeriu que é vital para a mãe atender as necessidades do bebê *tais como elas estão ocorrendo*. Há "uma compreensão mágica da necessidade" na mãe suficientemente boa. Essa satisfação imediata das necessidades primárias cria a "ilusão" na criança de que a mãe e ela são máxima e intimamente uma só. Parece que o amor do bebê, ou sua necessidade de comida e conforto, cria o seio, o "satisfazedor" de necessidades. Essa ilusão é necessária para o amadurecimento sadio e leva à sensação infantil de onipotência, um componente do narcisismo sadio. A criança sente que o ambiente vai "magicamente" atender suas necessidades. Winnicott vê isso como um pré-requisito necessário para um *self* criativo. Esta experiência profundamente afetiva é o que ele quer dizer por "*holding*" (Cwik 1991a). A fase transicional começa a acontecer quando a criança é capaz de criar objetos que representem a mãe, embora não sejam ela, os começos da formação simbólica. Isso demonstra a capacidade primária da criança para brincar. Para Winnicott, a psicoterapia pode ser resumida como dois indivíduos *brincando juntos*. Quando isso não é possível, o papel do analista é trazer o paciente a um lugar em que o brincar é possível. A função de *holding* do analista provê o componente afetivo para esse processo e o "*holding*... frequentemente toma a forma da transmissão em palavras, no momento apropriado, de algo que mostra que o analista conhece e compreende a ansiedade mais profunda que está sendo experimentada, ou que está esperando ser experimentada" (Winnicott 1963, 240). Ogden parte disso ao afirmar: "*Holding*, para Winnicott, é um conceito ontológico que ele usa para explorar as qualidades específicas da experiência de estar vivo em diferentes estágios de desenvolvimento, bem como os meios intrapsíquicos e interpessoais de transformação pelos quais o senso de continuidade do ser é sustentado ao longo do tempo" (Ogden 2005, 94).

Ogden estende a metáfora do brincar à do sonhar, tal como teorizado por Bion. Novamente, usando uma imagem muito poética e evocativa, ele afirma: "Sonhar envolve uma forma de trabalho psicológico no qual acontece uma conversa germinativa entre aspectos pré-conscientes da mente e pensamentos, sentimentos e fantasias perturbadoras que estão banidas da, mas forçando a entrada na consciência (o inconsciente dinâmico)" (Ogden 2005, 99-100). Sonhar é uma capacidade de fazer um trabalho psicológico inconsciente – transformar impressões sensoriais brutas em material passível de ligação usado para o pensamento e a memória. Usando duas categorias de distúrbios do sono – terrores noturnos e pesadelos – de uma maneira metafórica, Ogden aprofunda a sensibilidade analítica em duas áreas amplas de funcionamento psicológico. No caso de uma pessoa que sofre de terrores noturnos, o indivíduo não consegue dormir, e, portanto, não consegue sonhar. Ele não consegue usar impressões sensoriais básicas para o pensamento e o sentimento. Pode-se dizer que esse indivíduo sofre de "sonhos não sonhados", material não metabolizado. Pacientes deste tipo não conseguem fazer trabalho psicológico, portanto o trabalho do analista é "sonhar os sonhos não sonhados" para e com o paciente. Isso acontece quando o analista cria condições em que o terceiro analítico intersubjetivo seja experimentado através do devaneio e falado com o paciente. No caso de pesadelos recorrentes, poeticamente referidos como "gritos interrompidos", o analista oferece um ego auxiliar no trabalho de conter afetos devastadores, assim evitando que o paciente continue a sonhar.

Embora Langs pareça sugerir que todos os pacientes requerem o mesmo tipo de *holding*, a descrição de Winnicott do "ambiente de *holding*" é de uma experiência fenomenológica profundamente subjetiva; só o paciente sabe se e quando está sendo amparado (*held*) pelo analista/mãe. Winnicott ficou conhecido por mudar certos aspectos do enquadre, como a extensão da sessão, e então manter essa estrutura modificada. Podemos pensar na "experiência fusional", ou sintonia, criada pela antecipação das necessidades do paciente, como também sendo replicada quando um analista é capaz de falar a partir do lugar do terceiro analítico. Ou quando, como Ogden liricamente afirma, nós ajudamos os pacientes a sonhar seus "sonhos não sonhados" e conter seus "gritos interrompidos". Só deste lugar se pode criar a "ilusão" necessária de que o paciente está com alguém que conhece, ou que pelo menos compreende, suas necessidades mais profundas. Com o tempo, o paciente começa a introjetar essa capacidade de *holding* e contenção.

Continente

A visão de Jung do continente ou vaso da análise, influenciado por seus entendimentos alquímicos, é uma imagem profundamente simbólica. Ele fala dele como um *temenos*, ou recinto sagrado, sugerindo fortemente um sentimento numinoso e religioso correlato. "O *vas bene clausum* (vaso bem fechado), medida de precaução frequentemente aplicada pelos alquimistas, é um equivalente do círculo mágico. Em ambos os casos, o que está dentro deve ser protegido da invasão ou contaminação por aquilo que está fora, bem como desse modo será impedido de escapar" (Jung 1944/1968, § 219). A suposição é de que o vaso bem fechado tem tudo o que requer para a transformação dos materiais do interior. O corolário para a análise é que o terceiro analítico contém toda a informação necessária para prover o "compasso emocional" que guiará a direção da empreitada analítica, desde que seja corretamente compreendido no momento. Ogden, amplificando as teorias de Bion do continente-contido, acrescenta à compreensão psicanalítica padrão, acerca do continente: não é apenas o que é pensado, mas o modo como o pensamos. O conceito de continente-contido descreve como a experiência vivida é processada e o que pode ocorrer psiquicamente quando o trabalho psicológico não pode ser feito com alguns aspectos da experiência de vida da pessoa. "O continente não é uma coisa, mas um processo. É a capacidade para o trabalho psicológico inconsciente de sonhar, operando em sintonia com a capacidade para o pensamento onírico pré-consciente (devaneio) e a capacidade para um processo secundário de pensamento mais plenamente consciente" (Ogden 2005, 101). O que está sendo contido, por outro lado, está em pensamentos e sentimentos da atualidade que estão emergindo da experiência emocional viva.

O vaso em si é de natureza paradoxal. Newman escreve: "Ele é tanto o continente como o que está contido, no que ele sustenta os conteúdos trabalhados, enquanto que, ao mesmo tempo, é também o que é trabalhado. Ele contém o processo e é o processo" (Newman 1981, 230). Aqui a unicidade é enfatizada, ao invés da mentalidade uniformizadora. O molde do vaso se conforma ao processo em si. Jung, citando os alquimistas, sublinha a importância vital de encontrar o continente correto: "é mais importante buscar a 'visão' do vaso hermético do que a escritura" (Jung 1944/1968, § 350). A singularidade deste tipo de continente pode ser facilmente apreendida na afirmação de Ogden: "Sentir-se conhecido na situação analítica não é tanto o sentimento de ser entendido quanto o sentimento de que o analista sabe quem somos. Isso é em parte comunicado pela *fala do analista ao paciente de um tal modo que o que ele diz e o modo como ele diz não poderia ter sido dito por nenhum outro analista a nenhum outro paciente*" (Ogden 2004, 866-867, itálicos acrescidos). Quando um analista usa jargões ou fala através de teoria, o paciente se sente isolado e abandonado.

Outra experiência associada ao continente pode ser vista na operação de certos tipos de sincronicidade. Winnicott defendeu a noção do analista que diz ou oferece exatamente a coisa certa na hora certa, mas às vezes é o próprio mundo que oferece o que é "magicamente necessário" através de experiências sincronísticas. A noção de sincronicidade, tal como desenvolvida por Jung, é um princípio de conexão *acausal* ou de coincidência significativa (Samuels et al. 1986). Em sua aparentemente aleatória conexão de um evento interior com uma experiência exterior, é a epitome do "mágico". Vindo no momento preciso, a sincronicidade frequentemente funciona para "conter" o analista e/ou o paciente. Um exemplo clínico dessa continência através da sincronicidade me aconteceu durante um período de análise, quando uma paciente estava descobrindo lembranças de abuso e sonhou com um tigre gigante. Para ela, essa imagem trazia a promessa de grandes coisas por vir – deu-lhe um sentimento de esperança. Conforme o afeto ligado às lembranças de abuso começaram a esmagá-la, a função do "pesadelo" descrita por Ogden tomou as rédeas e ela se tornou suicida. Eu estava em dúvida sobre hospitalizá-la ou não. Quando voltava para casa naquela noite, e absorto na minha própria angústia acerca da situação, eu percebi que estava seguindo um caminhão que tinha o que parecia ser uma espécie de grande desenho de Rorschach atrás. Eu tomei alguma distância e percebi que na verdade se tratava da face de um enorme tigre – o logotipo de um serviço de entrega em que eu nunca reparara antes. O sonho da paciente com o tigre me voltou à mente, e houve uma mudança palpável na minha angústia. O significado que emergiu foi a sensação de que estávamos no caminho certo. A mudança no estado emocional é um sinal de continência e uma indicação de que o trabalho psicológico está sendo cumprido. A paciente pôde prosseguir em sua regressão sem hospitalização. Houve vários outros fenômenos sincronísticos em torno do trabalho com essa paciente *borderline*. Muitas vezes a continência é propiciada por tais ocorrências. (Cf. Cambray 2001 para um relato de um dia de análise focando na presença de fenômenos sincronísticos.)

Podemos bem nos perguntar por que tais fenômenos sincronísticos acontecem em certas análises. Elas são mais bem compreendidas como compensações para alguma coisa que está faltando no relacionamento da díade com o terceiro analítico? Por definição, contudo, essas ocorrências são *acausais*. Ao invés de uma ligação que acontece através e no devaneio/imaginações ativas do analista, a ligação da sincronicidade da psique com o mundo material manifesta um nível diferente do terceiro analítico. O *vas bene clausum* mais periférico pode bem simbolizar o *vas rotundum* que... [os alquimistas] relacionavam com a alma do mundo, ou cosmos, que abrange o universo físico a partir de fora" (Newman 1981, 231). Isso pode ser o canal através do qual o si-mesmo trabalha mais diretamente para guiar os participantes à individuação.

Devido a sua natureza arquetípica, a energia liberada durante as experiências sincronísticas pode facilmente fazer o elemento "ilusório" do relacionamento se inflar no rumo do delirante. Então a fusão se torna infundida com uma sensação de excepcionalidade e de mistura. Aqui um exemplo de sincronicidade conduzindo a uma tentativa de frear o enquadre. Uma mulher estava procurando hipnoterapia para melhorar uma dor intratável decorrente de um acidente. (A hipnoterapia pode ser vista como operando na e através da criação consciente de ilusão [Cwik 1991b].) Ela estava movendo ação judicial por perdas e danos, e o julgamento era iminente. Perguntada sobre o porquê de querer tratamento antes do julgamento, ela enfaticamente afirmou que precisava de alívio o quanto antes. Durante o trabalho hipnótico, ela pôde mover ligeiramente a localização da dor (um protocolo comum para trabalhar com o manejo de dor, se você pode mover a dor você pode acabar por controlá-la e reduzi-la). Ela deixou a sessão num estado altamente excitado, hipomaníaco. No caminho de casa ela ouviu uma apresentação no rádio sobre feiticeiros e seu poder. Ela me contatou dizendo que precisávamos fazer nossa próxima sessão na floresta, para invocar o poder curador da natureza. Ao sustentar as fronteiras, fomos capazes de analisar seu conflito e sua culpa acerca da percepção de que ela não havia sido tão lesada quanto pensara e dissera. Sua busca de tratamento antes da audiência da corte era uma indicação de que ela inconscientemente sabia a verdade sobre sua dor. Mas a percepção deste fato, conjugada com a sincronicidade, a levou a um estado próximo do delírio.

A imagem do vaso ou do continente da análise se vale das interpretações psicanalíticas, bem como do simbolismo alquímico. Muito mais do que parâmetros concretos, ela enriquece nossa abordagem da estrutura da análise com uma sensibilidade mais dinâmica, espiritual e imaterial.

Conclusão

Os três conceitos, do enquadre, *holding* e continente, colocam perspectivas diferentes, mas entrelaçadas, acerca da estrutura da análise. Racional e profundamente psicanalíticas, embora imaginativas e emocionalmente cativantes, esses conceitos se tornaram sementes férteis vitalizando a apreensão da situação analítica. Como a energia psíquica em si, que Jung vê como oscilando entre o ultravioleta do instinto e o infravermelho do arquétipo e do espírito (Jung 1946b), a estrutura da situação analítica reverbera através do espectro, do enquadre literal, concreto, ao continente sagrado do *temenos*. Quando uma análise se torna perigosamente inflacionada de uma sensação de unicidade e/ou excepcionalidade, os parâmetros firmes do enquadre devem ser ressaltados. Este fim do espectro fundamenta a análise na realidade profissional e ética e oferece um espaço para a "agressão" do analista ao paciente. Num enquadre "apertado" demais, o analista pode precisar acomodar as necessidades específicas do paciente e lutar por um continente mais individualizado. No fim, a função primária do analista é o cuidado e o manuseio da unidade trinitária enquadre/*holding*/continente através do monitoramento consciente do *setting* literal e da consciência sutil acerca do terceiro criado pela díade analítica que permite aos pacientes brincarem/sonharem a si mesmos na totalidade.

Referências

Cambray, J. (2001). "Enactments and amplification". In: *Journal of Analytical Psychology* 46: 275-303.

Cwik, A.J. (2006). "The art of the tincture: Analytical supervision". In: *Journal of Analytical Psychology* 51: 209-225.

______ (1991a). "Active imagination as imaginal play-space". In: Schwartz-Salant, N. & Stein, M. (eds.). *Liminality and transitional phenomena*. Wilmette, IL: Chiron, 99-114.

______ (1991b). *Jung, hypnosis and active imagination*. C.G. Jung Institute of Chicago [Tese].

Goodheart, W. (1980). "Review of Langs and Searles". In: *San Francisco Jung Institute Library Journal* 1: 2-39.

Groesbeck, C.J. (1975). "The archetypal image of the wounded healer". In: *Journal of Analytical Psychology* 20: 122-145.

Jung, C.G. (1946a/1966). "A psicologia da transferência". OC 16/2.

______ (1946b/1969). "Considerações teóricas sobre a natureza do psíquico". OC 8/2.

______ (1944/1968). *Psicologia e alquimia*. OC 12.

Langs, R. (1994). *Doing supervision and being supervised*. Londres: Karnac.

______ (1979). *The therapeutic environment*. Nova York: Jason Aronson.

______ (1973). *The technique of psychoanalytic psychotherapy*. Nova York: Jason Aronson.

McCurdy, A. (1995). "Establishing and maintaining the analytical structure. In: Stein, M. (ed.). *Jungian Analysis*. 2. ed. Chicago: Open Court, 81-104.

Newman, K.D. (1981). "The riddle of the *vas bene clausum*". In: *Journal of Analytical Psychology*, 26: 229-341.

Ogden, T.H. (2005). "On holding and containing, being and dreaming". In: *This Art of Psychoanalysis*: Dreaming undreamt dreams and interrupted cries. Nova York: Routledge, 93-108.

______ (2004). "This art of psychoanalysis: Dreaming the undreamt dreams and interrupted cries". In: *International Journal of Psycho-Analysis* 85: 857-877.

______ (2001). "Reading Winnicott". In: *Psychoanalytic Quarterly* 70: 299-323.

______ (1999). *The analytic third*: An overview [Disponível em http://www.fortda.org/Spring_99/ana-lytic3.html – Acesso pelo link http://www.psychspace.com/psych/viewnews-795 em out./2018 (N.T.)].

______ (1997). "Reverie and metaphor: Some thoughts on how I work as a psychoanalyst". In: *International Journal of Psycho-Analysis* 78: 719-732.

______ (1994). "The analytic third: Working with intersubjective clinical facts". In: *International Journal of Psycho-Analysis* 75: 3-19.

______ (1979). "On projective identification". In: *International Journal of Psycho-Analysis* 60: 357-373.

Samuels, A. (1985). "Countertransference, the mundus imaginalis and a research project". In: *Journal of Analytical Psychology* 30: 47-71.

Samuels, A.; Shorter, B. & Plaut, F. (1986). *A Critical Dictionary of Jungian Analysis*. Londres: Routledge/Kegan Paul.

Schaverien, J. (2007). "Countertransference as active imagination: Imaginative experiences of the analyst". In: *Journal of Analytical Psychology* 52: 413-431.

Searles, H. (1979). "The patient as therapist to his analyst". In: *Countertransference and related subjects*: Selected papers. Madison: International Universities Press, 380-459.

Sedgwick, D. (1994). *The Wounded Healer*: Countertransference from a Jungian Perspective. Londres: Routledge.

Siegelman, E. (1990). "Metaphors of the therapeutic encounter". In: *Journal of Analytical Psychology* 35: 175-191.

Winnicott, D.W. (1971). "Transitional objects and transitional phenomena". In: *Playing and Reality*. Nova York: Basic Books, 1-25.

______ (1963/1965). "Psychiatric disorder in terms of infantile maturational processes". In: *The maturational processes and the faciltating environment*. International Universities Press, 230-241.

______ (1945/1975). "Primitive emotional development". In: *Through paediatrics to psycho-analysis*. Nova York: Basic Books, 145-156.

17
Diálogo

Claus Braun*

Lilian Otscheret**

A psicanálise representa um salto da tentativa de curar por influência direta sobre o inconsciente, mediante transe/hipnose, para a cura através da consciência. Desde seu início, a psicanálise era um diálogo, um encontro terapêutico entre duas pessoas no nível da linguagem, com o objetivo de identificar e alterar atitudes e complexos neuróticos e inconscientes.

O *diálogo*, como um método filosófico de reconhecimento, é tão antigo quanto a própria filosofia, tendo seu pináculo inicial refletido primeiramente nos diálogos socráticos de Platão. Primeira e principalmente, nós devemos a descoberta da função relacional no diálogo – a descoberta da importância do outro, do "tu", a superação da cisão sujeito-objeto – ao filósofo e erudito hegeliano Ludwig Feuerbach (1804-1872). Foi ele quem primeiro reconheceu que o autoconhecimento só é possível através de outra pessoa e do encontro com o outro (Jung 2005, § 228ss.). Posteriormente, Martin Buber (1887-1965) comparou o relacionamento objetificador "Eu-Isso" com o en-

---

* Claus Braun, MD, é médico especialista em psiquiatria e neurologia e analista didata no C.G. Jung--Institutes, Berlim/Munique. Atualmente é coeditor da revista trimestral *Analytische Psychologie*.

** Lilian Otscheret, Dr. phil., uma psicóloga e psicanalista junguiana que mora e trabalha em Munique. Atualmente é presidente do C.G. Jung-Institute Munich e coeditora da revista trimestral *Analytische Psychologie*.

contro "Eu-Tu" no diálogo, e na esteira dele Emmanuel Lévinas (1906-1995) assinalou a importância fundamental do outro para nosso relacionamento com o eu e com o mundo. Hoje em dia é Jürgen Habermas (nascido em 1929) quem apresenta a noção de um "diálogo livre de dominação". Central para este modo de pensamento é a figura do outro e de sua "alteridade", que só pode se revelar a partir de dentro de seu próprio eu (Lesmeister 2005, 38ss.).

A história da psicanálise pode ser descrita como a história das regras e procedimentos aplicados no tratamento, bem como a história da relação ou do relacionamento entre os atores envolvidos: o paciente e o analista, cada qual com seus próprios "horizontes de expectativa". Deve-se notar que a história da posição psicanalítica e da técnica psicanalítica de tratamento não segue de modo algum as "consequências lógicas derivadas da pesquisa". De fato, as raízes de todas as direções de desenvolvimento subsequentes devem ser encontradas no próprio começo. Dadas certas constelações de pessoas e de história, elas ganham impulso conforme juntam seus poderes de persuasão. Por exemplo, como evidência de que a visão intersubjetiva atualmente em moda "sempre existiu", pode-se fazer referência aos esforços de Ferenczi para realizar "análise mútua" e as obras de Jung sobre o caráter intersubjetivo do processo analítico.

Podemos começar com três modelos paradigmáticos de interação psicanalítica (cf. Lesmeister 2005, 29ss.), correspondentes a três formas de diálogo psicanalítico.

O modelo da técnica "clássica" padrão, que é característica da psicologia dos instintos e da psicologia do ego, entende a prática analítica como análoga a uma situação científica "objetiva" num laboratório. As psicodinâmicas inconscientes do paciente são observadas pelo investigador, o psicanalista, particularmente sob a transferência, e interpretadas por atribuição a constelações na história do paciente. O tipo de diálogo que tem lugar frequentemente se assemelha à coleta de "evidência criminológica", como exemplificado por Freud no caso de Katarina: "Então quando ela tinha terminado sua confissão, eu lhe disse: 'Agora eu sei o que foi que você pensou quando olhou o quarto'. Você pensou: 'Ele está fazendo com ela o que queria fazer comigo naquela noite e nas outras vezes'. É disso que você sentia repugnância...' (porque você se lembrou do sentimento de quando você acordou à noite e sentiu o corpo dele)" (Freud 1893, 192).

Neutralidade e abstinência são os pilares da técnica clássica da interpretação. A posição analítica se encontra no ideal do anonimato do analista e na ilusão de que a situação analítica pudesse se desenvolver "livre de relacionamento". Psicanalistas que são guiados por uma teoria das relações de objeto, com foco específico no aqui e agora da transferência, bem como os analistas da escola kleiniana clássica, são orientados pelo mesmo tipo de técnica.

Nos modelos da "teoria das duas pessoas", por outro lado, o analista abandona o esforço da impessoalidade. A noção da "experiência emocional corretiva" no processo psicanalítico situa o relacionamento no centro da técnica (Ferenzci, Balint, Kohut, Ornstein). A subjetividade do analista foi valorizada. O mote da escola inglesa da teoria das relações de objeto (Fairbairn, Guntrip, Bowlby, Winnicott) apregoa: "O ego não busca satisfazer o instinto, mas sim o objeto" (Fairbairn 1952). Na França, a nova perspectiva se estabelece graças à elaboração posterior por Bion do modelo kleiniano conjugada à ascensão da teoria linguisticamente orientada de Lacan. Poder-se-ia asseverar agora que os próprios analistas criam um espaço para um relacionamento no curso da terapia, fazendo uso de suas próprias funções relacionais (empatia, *holding*, continência). Por ora, não há reciprocidade genuína. O foco está ainda na "técnica", aplicada exclusivamente pelo analista, porém agora dentro de um relacionamento no qual o analista fica disponível como um modelo (ou objeto) ideal.

É nisto também que a psicologia do *self* de Kohut é ancorada. A responsividade especular de um "*self*-objeto" pode ser utilizada pelo paciente para construir um *self* contínuo, coerente e positivo. O princípio de cura da terapia é a experiência positiva de um *self*-objeto que capacita o paciente a se experimentar de novo. Embora a psicologia do *self* categoricamente não cubra o relacionamento intersubjetivo e Kohut privilegie uma atitude neutra e objetiva no analista, a escola reconhece que além da interpretação a empatia e a relação são essenciais para a cura psicanalítica.

O novo relacionamento paciente-analista, agora fundado na "psicologia das duas pessoas", desenvolve em termos radicalmente alterados por uma teoria da intersubjetividade as noções de processo analítico, a posição analítica e os conceitos técnicos associados com eles. O paradigma da intersubjetividade postula que o processo analítico incorpora uma matriz contínua de influências recíprocas que só podem ser apropriadamente vistas e adequadamente entendidas como fenômenos intersubjetivos-interativos do par analítico. Durante este processo, o analista é visto não como um novo objeto, tal como era com Ferenczi, Balint, Winnicott, mas sim como o *medium* de uma *subjetividade* na qual, evidentemente, o analista não é totalmente disponível e transparente, mas cuja presença pessoal se considera que legitima e beneficia o processo (Lesmeister 2005, 30ss.). O encontro analítico agora assume o caráter de uma "equivalência não simétrica" (Treurniet 1996, 26), caracterizada por um grau mais elevado de transparência, autenticidade e reciprocidade.

Com o novo paradigma, o aparelho psíquico isolado do paciente e a dinâmica conflitiva em suas estruturas internas não são mais o objeto da atenção, mas sim o modo pelo qual o *self* interage com seu ambiente desde o início de seu desenvolvimento e como os processos intrapsíquicos se conjugam com os processos intersubjetivos.

Essa mudança de paradigma é mais claramente visualizada se considerarmos o relacionamento terapêutico da perspectiva da transferência e contratransferência. O tradicional termo, transferência, anteriormente denotava uma distorção de percepção por parte apenas do paciente, um produto de várias dinâmicas e projeções. Deste ponto de vista, o analista não estava envolvido na interação e permanecia um mero observador (um espelho ou tela projetiva).

O uso interativo do termo transferência (Bettighofer 1998), por outro lado, denota uma interação intensa entre analista e paciente. Ambos reagem sutilmente um ao outro, e ambos moldam ativamente a transferência e o relacionamento terapêutico. É impossível não se envolver, mesmo que permanecendo passivo (não falando nada, não fazendo nada, mostrando reserva) ou tentando permanecer abstinente. Neutralidade e abstinência têm tanto impacto sobre o paciente quanto ações tangíveis. Em todas as transferências, as percepções do paciente sempre incorporam um "grão de verdade".

Em sua compreensão do processo da transferência, C.G. Jung descreveu o quão intensamente duas pessoas encontram-se uma à outra em níveis conscientes e inconscientes, e como suas projeções se amalgamam. Ele caracterizou a transferência como uma "*coniunctio*" ou como um "*hierosgamos*" (Jung 1946, § 358) e a comparou com uma reação química na qual duas substâncias reagem uma à outra, ambas sendo modificadas pelo processo. Ele via o processo terapêutico como um intercâmbio entre aspectos conscientes e inconscientes das duas partes envolvidas, em que conteúdos inconscientes são projetados reciprocamente (transferidos/contratransferidos). Para ele, tornar-se consciente significava que o sujeito retira as projeções/transferências. Ao fazê-lo, Jung empreendeu a diferenciação entre a parte da transferência que deriva da projeção de ideias provenientes de padrões arquetípicos, e a parte que resulta de experiências prévias da vida do indivíduo. A despeito de se concentrar nos aspectos arquetípicos da transferência, Jung foi um dos primeiros a reconhecer a importância clínica da contratransferência. Para ilustrar a contratransferência neurótica, ele se referiu ao quadro clínico da "infecção psíquica" quando o analista tende a se identificar com o paciente porque eles são semelhantes em seus motivos e disposições inconscientes (Jung 1946, § 365). Jung estava convencido de que apenas a habilidade de sustentar um "diálogo interior", ou seja, confrontar a voz de nosso próprio inconsciente, possibilita qualquer "objetividade exterior". Isso permite o argumento do outro se colocar e criar uma condição fundamental de congraçamento humano. Quem quer que seja incapaz de admitir o argumento do outro, falha em observar o direito de existir do "outro em si", e vice-versa (Jung 1916, § 187).

Outra complicação observada por Jung foi que a consciência egoica e a supremacia da vontade podem ser ameaçadas por constelações de complexos que levam à perturbação da habilidade de sustentar um diálogo (Jung 1934, § 199ss.). Aqui é que seu interesse de pesquisa anterior nos complexos e nos efeitos deles entra em jogo. Os *insights* propiciados pela pesquisa da infância, pela teoria do apego e pela teoria da mente, não estavam disponíveis em sua época, e eles hoje são altamente sugestivos quanto a uma visão intersubjetiva do desenvolvimento humano e dos processos analíticos de mudança e individuação.

Na Alemanha foi sobretudo o Grupo de Berlim (Dieckmann 1980) e, na Suíça, Mario Jacoby (1993), quem abordou o vácuo intersubjetivo nas técnicas terapêuticas, isto é, o problema da transferência em termos de relacionamento ao invés apenas de projeção. Para Jacoby, a capacidade do analista de formar um genuíno relacionamento Eu-Tu, como definido por Martin Buber, é determinante, o que requer que a proximidade e a distância sejam tão reguladas que o analista seja capaz de manter "um pé no relacionamento e um pé fora". O "estar dentro" denota a empatia pela experiência do paciente. O "estar fora" é necessário como demarcação, para refletir psicologicamente nos fenômenos internos e na situação clínica.

Jacoby comenta a contradição inconciliável entre transferência e relacionamento. A transferência denota o relacionamento Eu-Isso, mas pode se transformar num relacionamento Eu-Tu se as projeções forem retiradas.

Segundo Buber (1923/1970), a existência evolui na interface entre a "esfera da subjetividade" (Eu-Isso) e a "esfera do entre" (Eu-Tu). O relacionamento Eu-Tu pode ser descrito pela imediaticidade, reciprocidade e igualdade; é o mundo do relacionamento verdadeiro. Por contraste, a esfera do Eu-Isso é caracterizada pela subordinação e o foco no ego, denotando a experiência de objetos. O princípio do diálogo na psicanálise é aberto e conscientemente concede validade à tese e à antítese. A responsabilidade mútua não é eliminada pela necessidade de síntese. As contradições não devem ser anuladas nem pelo compromisso (síntese) nem pela supressão (extremismo).

O filósofo social Goldschmidt (1964) chama a aceitação da contradição e as restrições assim implicadas de "estágio adulto" na humanidade.

Isso significa abandonar o desejo de onipotência e confrontar fatos conflitantes.

A unicidade do relacionamento entre paciente e analista pode ser vista como uma forma especial de encontro, caracterizada pela *reciprocidade restrita*. Aqui o relacionamento permanece assimétrico. O relacionamento analítico tem um objetivo definido: ele busca ampliar o relacionamento entre o ego e o inconsciente do paciente e possibilitar a diferenciação, assim realizando um grau de evolução da consciência. Isso é natural e artificial. Esse relacionamento pode produzir intimidade e ao mesmo tempo permanecer profissional. Um fator importante é que o analista seja capaz de se permitir ser "usado" pelo paciente.

Considerando o tema da intersubjetividade e suas consequências terapêuticas, deve-se voltar a atenção para a "farpa da assimetria". Uma complicação adicional é gerada pelo contraste, descrito em profundidade por Lesmeister (2005) em particular, entre a técnica terapêutica por um lado e um relacionamento que está em perigo permanente de ser deletado ou mesmo pervertido em "técnica relacional". O antagonismo entre técnica e relacionamento na psicanálise persiste. Ele constitui um dilema que não pode ser resolvido. Nós concordamos com Lesmeister (2005, 55) em sua afirmação de que só uma atitude aberta para com esse dilema permitirá a qualquer simetria evoluir com o paciente se sentindo compreendido de um modo que possa curar.

Aqui está um importante pré-requisito para a surpreendente formulação de Orange (2004), isto é, de que a "compreensão" cura. A experiência relacional e a disponibilidade emocional do analista abrem a porta para um segundo desenvolvimento da relação entre o *self* e o objeto. Isso se funda na disposição e na habilidade do analista de imergir na vida emocional do paciente. "A compreensão psicanalítica significa construir sentido juntos" (Orange 2004, 25). Orange vê toda experiência como dada e já interpretada. Essa noção compósita de experiência exige nossa habilidade de suportar a ambivalência e a incerteza. A compreensão psicanalítica também requer a memória. A "memória emocional" é a quintessência de nosso passado relacional. "Nossa história permanece dentro de todo o nosso ser" (Orange 2004, 156). *Insight* e compreensão emocional podem aliviar as repercussões patológicas da história de vida estabelecida, e lentamente tornar essa história manejável e tolerável.

Os escritos de Jung têm de fato um tom fortemente intersubjetivo: "A pessoa é um sistema psíquico, que... entra em interação com outro sistema psíquico" (Jung 1935/1966, § 1); "mais ou menos metade de cada tratamento em profundidade consiste no autoexame do médico, porque ele só consegue pôr em ordem no paciente aquilo que está resolvido dentro de si mesmo"

(Jung 1951/1966, § 239); "o terapeuta não é mais o agente do tratamento, mas um coparticipante num processo de desenvolvimento individual" (Jung 1935/1966, § 7); "o médico também 'está em análise', tanto quanto o paciente" (Jung 1929/1966, § 166); "não há uma só teoria em todo o campo da psicologia prática que não possa, dependendo do caso, se mostrar radicalmente errada" (Jung 1951/1966, § 237); "o terapeuta deve abandonar todos os seus pressupostos e técnicas e limitar-se a um procedimento puramente dialético, adotando a atitude que abandona todos os métodos" (Jung 1935/1966, § 6). O procedimento dialético deve estar isento de autoridade e de desejo de influenciar, ele deve consistir numa comparação de descobertas mútuas (Jung 1935/1966, § 2), Jung afirma, a partir do que ele parece presumir que a transferência recíproca e a contratransferência devem ser postas lado a lado, assim garantindo que o "procedimento dialético" ocorra no relacionamento real e para além da contratransferência. O perigo iminente de que o ego seja inundado no procedimento dialético por conteúdos do inconsciente coletivo é compensado por um processo de alinhamento derivado do inconsciente, pelo surgimento e o impacto de um novo centro de personalidade, o si-mesmo (Jung 1941/1966, § 219).

Este processo é o processo de individuação, descrito por Jung como um "processo interno e subjetivo de integração" e, ao mesmo tempo, um "processo de relacionamento objetivo" (Jung 1946/1966, § 448). O fator decisivo aqui é a importância ou o papel que pode ser atribuído ao "processo de relacionamento objetivo" no processo de individuação. Segundo Jung, a pessoa não relacionada não incorpora a "totalidade" que combina o Eu e o Tu como partes de uma unidade transcendente: "A totalidade consiste em uma combinação do Eu e do Tu, ambos se manifestando como partes de uma unidade transcendente cuja natureza só pode ser apreendida simbolicamente... (Jung 1946/1966, § 454). Contudo, ao introduzir a "totalidade", Jung vê o valor do "Tu" e do relacionamento externo em termos relativos, como sendo de interesse principalmente enquanto um *medium* das projeções individuais, de caráter auxiliar e como um "estágio inicial da individuação". O fator importante é a retirada de nossas próprias projeções, e não primordialmente a capacidade e a possibilidade de um relacionamento (Höhfeld 1997, 190). Quando muito, o outro participa como um "sistema em interação" desprovido de uma realidade relacional efetiva, e a ele se renuncia em favor da noção de uma "individuação introvertida" primordialmente (Braun 2004).

Tendo em vista as descobertas desenvolvimentistas da pesquisa psicológica moderna com crianças e os *insights* neurofisiológicos sobre o desenvolvimento das estruturas em rede do sistema nervoso central, contudo, não podemos mais evitar direcionar a maior atenção possível à gênese intersubjetiva do eu. Segundo Altmeyer (2000), que dá ênfase à constituição intersubjetiva do eu, o eu aprende a se assistir a partir de fora e a assumir a perspectiva do outro conforme interage. Como resultado, ele adquire consciência no sentido da autorreflexão. "O eu se desenvolve a partir do espelhamento experimentado com o outro" (Altmeyer 2000, 206). Em particular, a capacidade de "*se ver a si mesmo com os olhos do outro*" é agora considerada, mesmo na neurobiologia, como o pré-requisito intersubjetivo para que qualquer sentimento de identidade se desenvolva.

É possível considerar que o reconhecimento intersubjetivo está no cerne de um desenvolvimento bem-sucedido da identidade (Benjamin 1995). Paradoxalmente, a "destruição do objeto" (Winnicott 1965) torna possível a transição de um relacionamento meramente intrapsíquico com o outro para o seu uso efetivo, ou seja, estabelecendo um relacionamento com um interlocutor que é objetivamente percebido como existente fora de nosso próprio eu, um ser com direito próprio. Se o outro sobrevive à ofensiva sem se vingar ou se retirar, então nós também sabemos que ele/ela existe fora de nosso eu e não é um mero produto de nossa imaginação. Daí que Benjamin veja a tensão fundamental entre negação e confirmação do outro, entre fantasias de onipotência e reconhecimento da realidade. Aceitando que a mãe que deixa sua criança não é má, mas apenas independente, a criança ganha independência por si mesma. A partir disso, desenvolve-se um quadro do eu que permite intrapsiquicamente diferentes vozes, assimetria e contradição, que suporta a ambivalência e se abstém de moldar uma consciência perfeitamente uniforme.

A individuação como um processo de organizar a experiência tem lugar tanto "internamente" (intrassubjetivamente) quanto "internamente" e "externamente" entre um "sujeito" e um "objeto". Além disso – em nossa opinião, de importância primordial –, ela acontece "intersubjetivamente" num sistema vivo que é produzido a partir das intersecções e interação entre mundos subjetivos.

Nós descrevemos este encontro como um *processo de compreensão dialógico* e intersubjetivo, quando esforços em comum são feitos para "procurar conflitos e sentido". Os parceiros do diálogo incorporam suas perspectivas subjetivas de modo a compreender melhor, em termos cognitivos e emocionais, o outro e a experiência do outro.

Uma das maiores responsabilidades do analista é moldar o diálogo com o paciente de modo que os *modelos internos de funcionamento de relacionamentos e os padrões emocionais de expectativa* (Bovensiepen 2004) sejam capazes de se desenvolver como funções relacionais maduras, no sentido de alcançar a "função depressiva" (Klein). Isso é importante porque as *características estruturais* das pessoas têm uma enorme influência em sua definição do eu e no tipo de conflitos que elas são capazes de experimentar e superar.

No caso de deficiências estruturais, requerem-se sobretudo as funções afetivas, mas também as de discernimento e diferenciação, para regular o eu e seus relacionamentos, que só estão disponíveis com restrições (Rudolph 2005, 48ss.). As características estruturais são sobretudo ancoradas psiquicamente na *memória relacional implícita.*

O eu é formado como *um self primário original* (Fordham) não apenas em relação com o outro, mas desde o começo há uma premonição arquetípica virtualmente diferenciadora, embora rudimentar, do outro e consequentemente de nosso próprio eu. A realização desta premonição é possibilitada por uma *capacidade perceptiva precoce* e um *prazer primário na "conversação"*. Desde o início nós somos seres "dialógicos", e a experiência adquirida de nossas interações e conversações assenta as bases para a formatação posterior de nossa "sintaxe emocional dinâmica" (Trevarthen), nossa semântica "ritmo-afetiva" (Molino), ou nossa "textura psíquica" (Bollas) como conteúdos da memória relacional implícita. Por um lado, a memória relacional implícita tem diretas repercussões no desenvolvimento cerebral posterior; por outro lado, ela também afeta todas as futuras "conversações" e relacionamentos.

Essas descobertas dão respaldo à ideia da importância dos "distúrbios precoces" para o desenvolvimento das *características estruturais* de uma pessoa. Com "distúrbios precoces", que são específicas condições deficientes de mentalização, o mundo é em grande medida experimentado como moldado por interações arcaicas e assustadoras no passado. Devido a esses afetos facilmente evocáveis e excessivamente negativos, situações sociais recentes vão se caracterizar, em termos da experiência interior, o que C.G. Jung descreveu como "introversão da libido", em termos de relação de objeto o que Melanie Klein chamou de "posição esquizoparanoide": não é mais possível visar uma "interação boa". Vistos assim, "distúrbios precoces" são primeira e principalmente perturbações patognomônicas de longo prazo das possibilidades de ajustamento afetivo interpessoal, ou seja, de sintonia afetiva (Stern), que são encarnados psiquicamente na memória relacional implícita como um resultado dos complexos formados.

Em suma, pois, podemos dizer que o princípio dialógico introduzido pelo "procedimento dialético" de C.G. Jung está atualmente sendo levado adiante através da teoria da intersubjetividade e dos requisitos filosóficos e desenvolvimentistas aos quais ele se submete. Está assim assumindo uma forma que dá particular reconhecimento ao "outro desconhecido" em sua relevância constitutiva para o desenvolvimento do eu.

O princípio dialógico efetua uma mudança total no processo psicanalítico. Ele altera a compreensão e o manejo da transferência e da contratransferência e possibilita ver a abstinência e a neutralidade sob uma nova luz. Ele traz maior simetria e reciprocidade ao relacionamento moldado durante a terapia analítica. E, por fim, o princípio dialógico se abre a um novo território "além da interpretação", ao focar a atenção nos "momentos no agora", ou "momentos de encontro", que criam um novo ambiente intersubjetivo e uma região de "conhecimento relacional implícito" (Stern et al. 1998, 909).

Referências

Altmeyer, M. (2000). *Narzissmus und Objekt*: Ein intersubjektives Verständnis der Selbstbezogenheit. Göttingen: Vandenhoeck & Ruprecht.

Benjamin, J. (1995). *Like subjects, love objects*: Essays on recognition and sexual difference. New Haven: Yale University Press.

Bettighofer, S. (1998). *Übertragung und Gegenübertragung im therapeutischen Prozess*. Stuttgart: Kohlhammer.

Bovensiepen, G. (2004). "Bindung-Dissoziation-Netzwerk". In: *Analytische Psychologie* 35: 31-53.

Braun, C. (2004). "Der Mythos der introvertierten Individuation". In: *Analytische Psychologie* 35: 423-447.

Buber, M. (1923/1970). *I and Thou*. Nova York: Scribner.

Dieckmann, H. (ed.) (1980). *Übertragung und Gegenübertragung*. Hildesheim: Gerstenberg.

Fairbairn, W.R.D. (1952). *Psychoanalytical studies of the personality*. Londres: Tavistock.

Freud, S. (1893). "Katharina". In: *The Standard Edition of the Complete Psychological Works of Sigmund Freud*, II. Londres: Hogarth, 125-134.

Goldschmidt, H.L. (1964). *Dialogik*. Frankfurt a. M.: Europäische Verlagsanstalt.

Höhfeld, K. (1997). "Individuation und neurose". In: *Analytische Psychologie* 28: 188-202.

Jacoby, M. (1984). *The Analytic Encounter*: Transference and human relationship. Toronto: Inner City Books.

______ (1980/1985). *The Longing for Paradise*: Psychological perspectives on an archetype. Boston: Sigo.

Jung, C.G. (1951/1966). "Questões básicas da psicoterapia". OC 16/1.

______ (1946/1966). "A psicologia da transferência". OC 16/2.

______ (1941/1966). "Psychotherapy today". CW 16.

______ (1935/1966). "Princípios básicos da prática da psicoterapia". OC 16/1.

______ (1934/1969). "Considerações gerais sobre a teoria dos complexos". OC 8/2.

______ (1929/1966). "Os problemas da psicoterapia moderna". OC 16/1.

______ (1916/1969). "A função transcendente". OC 8/2.

Jung, Christine (2005). "'Der erste Gegenstand des Menschen ist der Mensch': Ludwig Feuerbach entdeckte die Dialogik". In: Otscheret, L. & Braun, C. (eds.) (2005). *Im Dialog mit dem Anderen*. Frankfurt: Brandes/Apsel, 216-235.

Lesmeister, R (2005). “Technik und Beziehung. Erkundung eines Widerstreits”. In: Otscheret, L. & Braun, C. (eds.) (2005). *Im Dialog mit dem Anderen*. Frankfurt: Brandes/Apsel, 29-56.

Otscheret, L. & Braun, C. (eds.) (2005). *Im Dialog mit dem Anderen*. Frankfurt: Brandes/Apsel.

Rudolph, G. (2005). *Strukturbezogene Psychotherapie*. Stuttgart, NY: Schattauer.

Stern, D. et al. (1998). “Non-interpretive mechanisms in psychoanalytic therapy – The ‘something more’ than interpretation”. In: *International Journal of Psycho-Analysis* 79: 903-921.

Treurniet, N. (1996). “Über eine Ethik der psychoanalytischen Technik”. In: *Psyche* 50: 1-31.

Winnicott, D.W. (1960). *The maturational processes and the facilitating environment*. Londres: Hogarth.

18
O relacionamento analítico
Integrando perspectivas junguianas do apego e desenvolvimentais

Jean Knox*

Jung situava o relacionamento entre analista e paciente no coração do processo analítico e, ao fazê-lo, ofereceu um modelo inteiramente diferente da abordagem interpretativa desenvolvida por Freud. No lugar da visão modernista (e aos nossos olhos de hoje, um tanto simplista) da análise, em que um analista totalmente analisado curaria o paciente através de interpretações cuidadosamente calculadas e acuradas dos impulsos, fantasias e defesas inconscientes, Jung descreveu um processo muito mais turvo, no qual tanto analista como paciente descem em emaranhados e projeções inconscientes mútuas, e a partir do qual a individuação e a compreensão irão por fim emergir. O modelo de análise de Jung requer que o analista seja levado a um nível inconsciente profundo e que use suas respostas emocionais como um guia contratransferencial para definir a tarefa analítica (Jung 1946/1966, § 365).

---

* Dra. Jean Knox é membro sênior e terapeuta didata da British Association of Psychotherapists, analista didata da Society of Analytical Psychology, editora-consultora do *Journal of Analytical Psychology* e palestrante sênior honorária da Universidade de Kent. Também é autora de *Archetype, Attachment, Analysis: Jungian Psychology and the Emergent Mind*. Sua pesquisa atual está centrada na questão da autoagência e sua expressão na linguagem e em outros atos comunicativos no relacionamento terapêutico.

Michael Fordham estendeu a pesquisa de Jung nesta área e por fim veio a considerar a contratransferência como uma expressão de identificação projetiva e uma fonte útil de informação sobre o estado mental do paciente, se o analista aceitar que "uma analista pode se deparar agindo de modos que destoam do que ele conhecia de si mesmo, mas compatíveis com o que ele conhecia de seu paciente" (Fordham 1979/1996, 165). Ele sugeriu que "algo da mesma natureza pode estar contido nas ilusões contratransferenciais" e concluiu que "a situação analítica por inteiro é uma massa de ilusões, delírios, deslocamentos, projeções e introjeções" (172). Penso que o que Fordham estava esboçando é que um processo essencialmente relacional é a base necessária para a compreensão e a interpretação.

Neste capítulo, quero explorar esta abordagem junguiana fundamental do relacionamento analítico à luz da pesquisa recente em teoria do apego, neurociência e psicologia do desenvolvimento. Eu sugiro que muito desta pesquisa respalda a visão de Jung da análise como um processo no qual o relacionamento consciente e inconsciente com o analista oferece o fundamento essencial da individuação. Essas novas disciplinas estão levando muitos psicanalistas a uma nova mudança de paradigma em termos da natureza da análise, com uma ênfase crescente na facilitação e compreensão dos processos relacionais inconscientes e uma menor ênfase na identificação exata do conteúdo mental específico (BCPSG 2007). Eu argumentei alhures que essa mudança de perspectiva significa que a psicanálise terá que se haver com a compreensão de Jung do relacionamento analítico, que antecipou muitos desses *insights* na atual psicanálise baseada no apego (Knox 2007).

Também sugeri que esse corpo crescente de pesquisa nos ajuda a assumir uma abordagem verdadeiramente desenvolvimental no processo analítico em si, e a definir mais claramente os diferentes modos pelos quais o relacionamento analítico pode ser usado a serviço da individuação. A pesquisa em teoria do apego dá uma nova profundidade e precisão ao conceito de individuação, clarificando a natureza auto-organizativa da psique e os processos de desenvolvimento que contribuem para a maturidade psicológica e emocional. Ela apoia a visão de que o relacionamento analítico precisa ser mais flexível do que os modelos interpretativos clássicos da psicanálise e do que os modelos arquetípicos junguianos clássicos permitiriam; ao invés do desvendamento de um conteúdo mental específico (p. ex., material edipiano reprimido ou o inconsciente coletivo), um analista orientado pelo apego acompanha o paciente numa jornada de desenvolvimento, a qual por vezes vai exigir a interpretação de tal material, mas que também vai permitir que novas experiências emerjam no relacionamento analítico.

Esta abordagem desenvolvimental, portanto, exige que o uso da técnica pelo analista esteja em sintonia com as tarefas concretas de desenvolvimento inconscientes do analisando. Joseph Sandler (Sandler 1976, 44) cunhou a expressão "*role responsiveness*" para descrever o modo pelo qual um analista permite [tenha assim "responsividade", *responsiveness* (N.T.)] ao paciente que projete nele um papel [*role*], uma visão que ressoa com a de Fordham, acima esboçada, segundo a qual a identificação projetiva não é uma força a que o analista deva resistir, mas uma força que oferece uma fonte útil de informação através das reações contratransferenciais do analista. Eu gostaria de ampliar esta ideia sugerindo que a "sintonia desenvolvimental" exige do analista que use suas reações contratransferenciais para identificar a natureza particular da inibição de desenvolvimento que o paciente traz para a análise e para usar as técnicas analíticas apropriadas em resposta. Isso não significa uma identificação total com uma identificação projetiva particular. Ela por vezes requer uma resposta afetiva sintonizada ou por vezes um sentimento contratransferencial do qual uma interpretação será feita.

Então, o que a pesquisa baseada no apego nos diz sobre os processos que levam à maturidade psíquica, para a qual Jung cunhou o termo individuação? Já existe uma vasta literatura, com autores focalizando diferentes aspectos da neurofisiologia, do relacionamento interpessoal e do autodesenvolvimento. Mas todos parecem essencialmente concordar que há três tarefas de desenvolvimento fundamentais envolvidas na conquista do "estado de unidade" (Winnicott 1960, 44). Elas são o desenvolvimento da regulação dos afetos, da capacidade de mentalização e de um senso seguro do *self*. Mas me parece que a última delas é um conceito menos preciso do que as outras duas. Para mim, é o desenvolvimento da autoagência que descreve com mais precisão esta específica tarefa desenvolvimental. Eu sugiro, pois, que o relacionamento analítico pode oferecer o contexto para o desenvolvimento:

- da regulação dos afetos;
- da capacidade para a mentalização (a base para a função reflexiva);
- do senso de autoagência.

Na prática, essas tarefas desenvolvimentais são mutuamente interdependentes em suas trajetórias, de modo que o progresso numa área depende criticamente do progresso nas outras duas. Também é verdade que o trabalho analítico em cada uma dessas três áreas fará diferentes exigências para o relacionamento analítico em diferentes estágios da análise, por vezes exigindo um estado de entrelaçamento inconsciente entre analista e analisando e por vezes um processo de crescente separação e diferenciação. O detalhado estudo da alquimia por Jung explorou esses aspectos cambiantes do relacionamento analítico e oferece uma moldura na qual esses três aspectos do relacionamento analítico podem ser examinados.

Regulação dos afetos

Uma das funções de qualquer terapia é ajudar o paciente a desenvolver a capacidade para a regulação dos afetos no contexto de um relacionamento intenso. A transferência é o principal foco deste trabalho. Allan Schore sintetizou muitas evidências de pesquisas interdisciplinares que indicam que "as comunicações transferenciais-contratransferenciais, da dupla terapeuta-paciente, ocorrendo em níveis abaixo da consciência, representam rápidas transações afetivas não verbais do hemisfério direito para o hemisfério direito" e que a expressão facial, gestos espontâneos e tom emocional da voz do terapeuta desempenham um papel-chave na interação emocional inconsciente. Essas "transações afetivas dentro da aliança terapêutica cocriam um contexto intersubjetivo que permite a expansão estrutural do sistema orbitofrontal do paciente e suas conexões corticais e subcorticais" (Schore 2003, 264). Tal sintonia também oferece a experiência da contratransferência da qual a interpretação é extraída. Em outras palavras, a mudança em terapia depende criticamente da regulação dos afetos que gradualmente se desenvolve da interação relacional; a regulação emocional oferecida pelo relacionamento cria as condições necessárias para o desenvolvimento neural no córtex orbitofrontal e em outras áreas, das quais a regulação dos afetos depende.

Na prática, muitos aspectos do relacionamento analítico podem assim ajudar a promover o processo da regulação dos afetos. Quando as emoções do paciente estão fora de controle, a consciência é inundada por emoções e experiências corporais rudimentares, e neste momento as tentativas do analista de criar um processo de autorreflexão através da interpretação dificilmente terão êxito. A interpretação depende de palavras que, pelo próprio fato de precisarmos usá-las, transmitem a separatividade de uma mente em relação à outra, e, portanto, pode ser insuportável para alguém que ainda não pode ter certeza de que lhe é permitido ter um impacto emocional muito mais direto sobre o analista. O paciente precisa descobrir que o analista não tem medo da necessidade que ele, paciente, tem de uma sintonia íntima, e que esta necessidade não destruirá o analista e sua função analítica.

Nessas situações, o tom de voz, linguagem corporal e expressão facial do analista têm um papel crucial na regulação dos afetos. Uma resposta sintonizada, um espelhamento kohutiano [alusão ao psicanalista austríaco Heinz Kohut (1913-1981, criador da chamada Psicologia do *Self* (N.T.)] pode criar uma nova experiência de relação de objeto e oferecer uma contenção através da modulação dos afetos instintiva e decrescente do analista. Isso poderia ser em grande medida uma resposta intuitiva e inconsciente pelo analista, um equivalente, na análise, da resposta sintonizada dos pais às manifestações de um bebê (Beebe & Lachmann 2002). A teoria do apego e a neurociência dão forte respaldo ao argumento de que esta atitude empática, sintonizada do analista, é uma precondição necessária para o processo de luto, que é uma parte integral da compreensão analítica (Schore 2003, 52-57). Foi Jung quem primeiro reconheceu que é a contratransferência do analista que pode guiar seu julgamento sobre o quanto uma sintonia íntima ou uma interpretação é apropriada a cada momento da análise (Jung 1931/1966, § 163-167). Separação e perda devem ocorrer no ritmo que o paciente infantil ou adulto pode administrar. Se elas são forçadas ou impostas cedo demais, levam não a ciclos de integração e reintegração, mas a estados de desintegração, dissociação e encapsulamento autístico da mente, que se torna cada vez mais impenetrável (Fordham 1979/1996, 36).

Mas a regulação dos afetos também se desenvolve a partir da contenção criada de outros modos no relacionamento analítico. Isso inclui a estrutura e fronteiras claras do *setting* analítico, a consistência e confiabilidade do analista, e seu foco no significado simbólico ao invés da passagem ao ato concreto. Quando a capacidade do paciente para a regulação afetiva é altamente instável, o simples ato de nomear as emoções, identificar as sugestões que as disparam, e ajudar o analisando a antecipar o impacto delas sobre si e sobre os outros, contribui para esta capacidade de regulação. Quando a regulação dos afetos já está mais firmemente estabelecida, a tarefa da compreensão e interpretação do mundo interno inconsciente do paciente contribui para o desenvolvimento da função reflexiva e, portanto, da regulação dos afetos. A capacidade da autorregulação na análise é inextricavelmente ligada à regulação interativa oferecida por um analista consistente, empático, mas ainda assim bem delimitado e reflexivo. O foco da abordagem do analista também precisa refletir o nível de autoagência no qual o paciente está operando (cf. abaixo).

O analista deve, é claro, ter desenvolvido a capacidade de se autorregular, de manejar suas respostas afetivas ao paciente. Isso inclui prestar cuidadosa atenção a suas reações contratransferenciais. O exemplo do próprio Jung de seu sonho sobre uma paciente em uma torre numa alta colina, paciente a qual ele havia considerado um tanto irritante e chata, lhe revelou o desprezo inconsciente que ele sentia por ela, e ele reconheceu a função compensatória do sonho, que ele deveria "admirá-la" mais. Isso demonstrou sua capacidade altamente desenvolvida de refletir sobre e usar suas próprias reações emocionais para compreender os aspectos inconscientes do relacionamento analítico (Jung 1937/1966, § 549). Sua exploração da alquimia foi a mais antiga pesquisa detalhada sobre a dinâmica transferência-contratransferência e o modo como esses aspectos do relacionamento analítico contribuem à tarefa analítica da individuação (Jung 1946/1966).

Mentalização e a função reflexiva

Uma das principais ferramentas para a regulação dos afetos é o uso pelo analista de sua função reflexiva, com a qual ele apreende a experiência consciente e inconsciente do paciente via interpretação. O simples ato de identificar e nomear sentimentos tem em si um efeito de continente, assim como a nomeação pelos pais das sensações da criança. A análise oferece uma moldura para o desenvolvimento da capacidade de mentalização e da função reflexiva, a capacidade de nos relacionarmos com e nos apreendermos a nós mesmos e uns com os outros, em termos mentais e emocionais, não apenas comportamentais (Fonagy 1991). Isso depende tanto da experiência da transferência quanto da exploração detalhada da história pessoal e da gradual construção de narrativas analíticas, que dependem da compreensão dos desejos, necessidades e crenças da própria pessoa e dos outros. A capacidade de ligar experiências de um modo significativo é uma parte crucial do desenvolvimento psicológico humano e é intuitivamente nutrido pelos pais no desenvolvimento inicial de seus filhos. Histórias são veículos cruciais para o desenvolvimento da mentalização. Uma das características definidoras de qualquer história para antes de dormir é que ela liga eventos de um modo significativo através dos desejos e intenções das pessoas que desempenham os vários papéis na história, seja ela fictícia ou não. Em qualquer narrativa, as mentes são os agentes da mudança, suscitando decisões, escolhas e ações que produzem efeitos e ligam eventos numa estrutura coerente. Sem agência mental não haveria nenhuma história, nenhum fio condutor ligando os eventos, e esses eventos pareceriam aleatórios e absurdos.

Holmes cunhou o termo "competência narrativa" para descrever essa capacidade de compreender as experiências e ligou déficits no desenvolvimento da capacidade narrativa a diferentes padrões de apego inseguro. Holmes também destaca o fato de que a narrativa é um diálogo: "Há sempre um outro a quem o eu está contando sua história, mesmo se em adultos isso tome a forma de um diálogo interior" (Holmes 2001, 85). Esse diálogo é também, em si mesmo, um processo construtivo de aumento da complexidade, no qual a história é criada primeiro por uma pessoa e depois retomada e recontada noutro nível por outrem.

Esse processo dentro da narrativa, inicialmente pertencendo aos pais e depois assumido pela criança, é também espelhado no diálogo analítico. As teorias analíticas são uma espécie de narrativa, que nós construímos de modo a oferecer um devaneio analítico que nos permita encontrar sentido nas comunicações verbais e não verbais de nossos pacientes, frequentemente enquanto eles próprios não conseguem fazê-lo. Uma narrativa analítica bem-sucedida é aquela que se torne significativa para o paciente, de modo que ele a possa assumir, usar e adaptar a fim de estabelecer seu próprio senso de causalidade psíquica, as ligações entre experiências intrapsíquicas e o mundo externo. Holmes descreve o papel do psicoterapeuta neste aspecto como o de um "autobiógrafo assistente", cujo papel é descobrir histórias que correspondam à experiência. Este papel começa na entrevista de avaliação, em que o terapeuta "usará sua competência narrativa para ajudar o paciente a moldar a história num padrão mais coerente" (Holmes 2001, 86). Ele sugere que o paciente então gradualmente "aprende a construir uma 'função de contar histórias', que toma a experiência a partir de 'baixo' e, à luz dos sentidos globais 'de cima' (que podem, eles próprios, ser vistos como histórias armazenadas ou condensadas) fornecidos pelo terapeuta, molda uma nova narrativa sobre si e sobre o mundo" (Holmes 2001, 85).

Este aspecto do relacionamento analítico é muito familiar a junguianos ao longo de todo o espectro de nossas orientações teóricas. O papel ativo e criativo do inconsciente, mostrado através de sonhos, fantasias, pinturas, *Sandplay* e outras formas de expressão simbólica, recebeu frequentemente uma cuidadosa atenção na prática clínica junguiana. Uma análise junguiana "desenvolvimental" pode resultar na coconstrução por analista e paciente de um diferente tipo de narrativa em relação à que emerge numa análise junguiana mais "clássica", mas em ambas as abordagens se admite que o inconsciente do paciente desempenha um papel ativo e criativo na emergência de uma história analítica significativa.

Um senso de autoagência

A análise é também um contexto no qual o desenvolvimento inibido da autoagência pode ser superado. Uma autoagência crescentemente complexa e psíquica pode emergir, na qual o senso de si não depende do impacto físico ou emocional direto que uma pessoa tem em outra, mas na capacidade de autorreflexão e consciência da separatividade mental e emocional do eu e do outro.

Um senso de autoagência se desenvolve numa série de estágios predizíveis, resumidos por Fonagy et al. (2002):

1) Agência física: 0-6 meses

Consciência de que as ações produzem mudanças no ambiente físico (contingência perfeita).

2) Agência social: 3-9 meses

As ações produzem respostas espelhadas, comportamentais e emocionais (contingência imperfeita) em outras pessoas – ação a distância.

3) Agência teleológica: 9-24 meses

Senso de propósito; as ações vistas como dirigidas por objetivos. Capacidade de escolher a ação que propicie o resultado desejado. Intenção ainda não reconhecida como separada da ação.

4) Agência intencional: 2 anos

Reconhecimento de intenções como sendo distintas da ação. As ações são vistas como causadas por intenções e desejos prévios. As ações podem mudar estados mentais.

5) Agência representacional: 3-4 anos

As ações vistas como causadas por intenções que também são reconhecidas como processos mentais. A mente é representada para si mesma. Assim, as intenções não são apenas meios para um fim, mas estados mentais em si mesmos.

6) O Eu autobiográfico

A organização das memórias como experimentadas pessoalmente – ligadas a autorrepresentações e à consciência da história pessoal (Fonagy et al. 2002, 204-207).

Esses estágios de autoagência são níveis de organização psíquica, modelos de funcionamento implícitos não conscientes que estruturam as experiências, embora eles próprios estejam além da consciência. Os primeiros estágios no desenvolvimento da autoagência não são completamente substituídos ou apagados por estágios desenvolvimentais posteriores, mas permanecem escondidos atrás deles até que algum colapso psíquico lhes permita predominar de novo se estágios posteriores de autoagência – os estágios do eu reflexivo e autobiográfico – estão estabelecidos de um modo inseguro ou não se desenvolvem a contento. Jung reconheceu a importância deste processo de "*reculer pour mieux sauter*" [recuar para melhor saltar (N.T.)] como uma contribuição essencial ao processo de individuação (Jung 1935/1966, § 19).

Eu sugiro que o nível de autoagência do paciente influenciará profundamente a efetividade da abordagem do analista, requerendo a sintonia desenvolvimental a que eu aludi acima. O analista precisa focar intuitivamente na técnica analítica que é mais apropriada ao nível de autoagência que inconscientemente predomina, e isso é uma habilidade complexa e constantemente em mutação, desenvolvida durante muitos anos de prática analítica. Se o senso de autoagência de uma pessoa está funcionando num nível teleológico, no qual ela só se sente real enquanto controla as ações e sentimentos de outra pessoa, então as interpretações que se baseiam na função reflexiva dessa pessoa estarão condenadas ao fracasso. Esse é o caso muitas vezes com pacientes *borderline*. No nível intencional, desejos e impulsos proibidos podem parecer perigosamente poderosos, capazes de criar aspirações e desejos no outro – por exemplo, no analista. Neste caso, interpretações de aspirações incestuosas, por exemplo, podem receber resistência veemente, porque a crença inconsciente do paciente é que se o analista souber dessas aspirações, poderá ser seduzido por elas.

Eu explorei alhures (Knox 2005, 2007) algumas das consequências a longo prazo na vida quando o desenvolvimento da autoagência foi deficiente na infância. Sugeri então que os problemas mais graves surgem quando uma criança cresce com o medo de que ter qualquer impacto emocional noutra pessoa é ruim e destrutivo. Isso se baseia na experiência de pais que não conseguiram suportar nenhuma consciência das necessidades emocionais da criança e que, portanto, não conseguem se relacionar com ela como alguém que tem sua identidade própria. A criança vem a temer que amar é afastar o outro.

Essa pode ser exatamente a situação na qual o relacionamento analítico precisa recriar o espelhamento altamente sintonizado, como quase perfeitamente contingente, que fez falta na infância dessa pessoa. Isso não é uma tática simplista de oferecer uma experiência emocional corretiva. É uma forma de contenção analítica necessária para que se permita a regressão a um estágio desenvolvimental que ofereça o senso sólido de autoagência que é o fundamento essencial da separação e do processo de individuação. A neurociência e a teoria do apego nos dizem que o senso do eu é fundamentalmente relacional, exigindo uma internalização do espelhamento do outro para que se desenvolva um senso seguro do eu e da autoagência, e que isso se baseia na comunicação de cérebro direito a cérebro direito desde os primeiros momentos da infância. Isso respalda a visão de que o "relacionamento confirmador" deve ser a base para qualquer trabalho analítico com um analisando cujas experiências remotas não ofereceram o fundamento para um senso seguro de si. No modelo alquímico de Jung, este tipo de sintonia íntima pode ser pensado como sendo o estágio da imersão (Jung 1946/1966, § 453).

Estágios posteriores de autoagência requerem uma abordagem diferente, na qual a ênfase é na separação ao invés de na sintonia íntima. Foi Winnicott quem reconheceu o papel crucial da destrutividade no "ato do sujeito de colocar o objeto fora da área do controle onipotente do sujeito" (Winnicott 1971, 89). Winnicott argumentou que a sobrevivência repetida do objeto à destruição capacita o sujeito a reconhecer que o objeto é uma entidade independente, com direito próprio. Winnicott sugeriu que para muitos pacientes a principal tarefa analítica é ajudar o paciente a adquirir a capacidade de usar o analista: "O analista, a técnica analítica e o *setting* analítico dependem da sobrevivência ou não aos ataques destrutivos do paciente. Esta atividade destrutiva é o esforço do paciente em colocar o analista fora da área do controle onipotente, ou seja, no mundo" (Winnicott 1971, 91). Há igualmente um importante lado oposto da moeda. Vista da perspectiva do autodesenvolvimento, a destruição repetida na fantasia do objeto e o gradual reconhecimento de que o objeto sobrevive a tais ataques e continua a existir não é só a base para o senso de consistência do objeto. É também o meio pelo qual a criança se torna cada vez mais segura de saber que também existe separada e independentemente de seu efeito sobre o objeto. Se o objeto sobrevive ao ataque, o sujeito pode descobrir que o ser é separado do fazer e que a existência independe das nossas ações físicas. A criança continua a existir e a saber que existe, mesmo tendo de reconhecer a continuidade e sobrevivência física e psíquica da outra pessoa, que ela acabara de tentar destruir. A sobrevivência do objeto aos ataques destrutivos implica a passagem do nível teleológico e intencional de autoagência, no qual eu sei que existo só através do impacto físico ou emocional que exerço no outro, para a verdadeira autonomia psíquica do nível representacional, no qual a mente pode refletir sobre seus próprios processos ao invés de convertê-los automaticamente em ação física ou emocional. *Neste sentido, a verdadeira separatividade e autonomia psíquica dependem diretamente do reconhecimento da nossa própria impotência em controlar ou coagir os outros.*

Na infância, a grandiosidade narcísica – o senso de controle onipotente e mágico sobre o mundo dos objetos – é essencial, como uma forma de proteção psíquica contra a terrível consciência do desamparo. Contudo, para sair do nível teleológico, sua gradual erosão é também essencial, embora a dor que acompanha a desilusão contribua para as birras e raiva da primeira infância. Para muitas pessoas que vêm para a análise, também é necessário passar por uma experiência semelhante de raiva na vida adulta, como os analistas sabem especialmente a partir do trabalho com pacientes com uma história de trauma grave. O relacionamento analítico precisa ser tal que permita os ataques destrutivos repetidos do paciente sobre o analista, aos quais tanto o analista como o paciente possam sobreviver.

É este trabalho intenso com a transferência negativa que permite ao paciente gradualmente se livrar do controle coercitivo do analista, que acompanha os níveis teleológico e intencional, e que permite a experiência da separação e da diferença, que reflete uma autoagência verdadeiramente psicológica e simbólica.

O relacionamento analítico e o processo de individuação

No âmago de todos esses aspectos da análise está a dinâmica relacional que Jung chamou de "função transcendente". A visão de Jung era que nos símbolos "a união de consciente e inconsciente é consumada" (Jung 1939/1968, § 524). Nos termos da teoria do apego, a função transcendente pode ser entendida como um processo dinâmico constante de comparação e integração de informação e de lembranças conscientes e explícitas com um conhecimento mais generalizado que nós acumulamos inconscientemente nos modelos internos de funcionamento da memória implícita, uma parte crucial do que constitui o senso do eu. Esse processo de "comparar e contrastar" - chamado na teoria do apego de "avaliação" - é um processo inconsciente pelo qual as experiências são constantemente inspecionadas e avaliadas para se determinar seu significado e importância. Bowlby escreveu: "O influxo sensorial passa por muitas etapas de seleção, interpretação e avaliação antes de que possa ter qualquer influência no comportamento, seja imediatamente ou mais tarde. Esse processamento ocorre numa sucessão de etapas que, com exceção das mais preliminares, exigem que o influxo esteja relacionado com informação correlata já armazenada na memória de longo prazo (Bowlby 1980, 45). Novas experiências estão, pois, sendo constantemente organizadas pelos modelos de funcionamento internos inconscientes, e padrões implícitos inconscientes são constantemente identificados na linguagem consciente. As teorias de Jung sobre a autorregulação e a compensação antecipam assim o conceito contemporâneo de avaliação na medida em que ele considerava a autorregulação como um processo no qual a compensação inconsciente é um fator de equilíbrio ou suplementação da orientação inconsciente. De uma perspectiva relacional, James Fosshage descreveu a teoria psicanalítica como uma "dança implícita-explícita", na qual há um constante fluxo de mão dupla de informação entre os sistemas de memória explícita e implícita (Fosshage 2004). Siegel oferece apoio neurocientífico para o papel central da emoção neste processo, sugerindo que um "*processo integrativo* pode estar no âmago do que a emoção *faz* e na verdade do que a emoção *é*" (1998, 7).

A experiência significativa, pois, depende da função transcendente, um processo que compara e integra o seguinte:

- objetos internos (o "outro" internalizado) e o eu;
- um novo evento e uma experiência passada;
- conhecimento explícito e implícito;
- cognição e emoção;
- cérebro esquerdo e cérebro direito;
- córtex orbitofrontal e redes subcorticais.

Consciência e inconsciência não são atributos fixos de cada polo dessas díades, mas estão distribuídos em vários graus entre os dois polos, refletindo a variedade de modos pelos quais o conteúdo mental pode ser processado e armazenado.

A essência do mecanismo subjacente à auto-organização, da perspectiva do apego, é o "comparar e contrastar", a avaliação constante da similaridade e diferença entre a nova informação e o conhecimento existente. A metáfora alquímica salienta o fato de que alguns pacientes precisam regredir a um estágio de imersão, uma descida mútua ao inconsciente. Esta experiência analítica se foca na regressão a experiências infantis da "contingência perfeita", quando as semelhanças, ao invés das diferenças, são descobertas e exploradas, e quando a ilusão da fusão não é ainda desafiada, tendo antes a permissão de seguir o seu curso (Gergely & Watson 1996). Marcus West partiu do modelo de Matte Blanco para sugerir que um mecanismo de avaliação alternativa é predominantemente uma preferência inconsciente pela identidade, de modo que a diferença excessiva é primeiro ignorada (dando a impressão de narcisismo primário), mas então gradualmente buscada/permitida (West 2007).

Gergely e Watson sugerem que esse estágio é seguido pela crescente separação, conforme a criança começa a se interessar mais pela "contingência imperfeita", o que significa que seus interesses passam da similaridade à diferença. Outros, como Tronick e Beebe, diferem de algum modo de Gergely e Watson, ao sugerir que a ruptura e o reparo são tão essenciais à dinâmica de apego inconsciente de mãe e criança quanto a regularidade e previsibilidade, mesmo nas primeiras semanas de vida, como parte do processo de categorização inconsciente que é fundamental ao desenvolvimento do significado.

Em ambos os modelos, contudo, esses processos desenvolvimentais acabam por levar à realização do "estado de unidade", o reconhecimento da similaridade e diferença complexas e sempre em mutação entre o eu e o outro, que fundamenta a capacidade de ter relacionamentos emocionais profundos sem temer uma perda catastrófica do eu. Similarmente, na análise de adultos, a exploração inconsciente da similaridade e da diferença são inseparáveis uma da outra, bem como da regulação dos afetos. Por exemplo, o estresse emocional parece levar a uma posição de preferir a identidade e resistir à mudança. A exploração, a curiosidade acerca da diferença, dá lugar ao recuo para uma base segura – ao que é seguro e familiar – porque o estresse indica perigo.

Uma visão integrada das tarefas do relacionamento analítico

Eu sugiro que a riqueza de informações de outras disciplinas nos coloca, pela primeira vez, numa posição em que podemos harmonizar o processo analítico e o relacionamento analítico com a tarefa desenvolvimental com a qual um paciente está lutando em qualquer ponto do processo. Podemos construir um quadro no qual os três principais objetivos analíticos que eu descrevi no começo deste capítulo são:

- ativar o sistema de apego para facilitar o desenvolvimento de um apego seguro;
- desenvolver a capacidade de mentalização e a função reflexiva;
- facilitar o desenvolvimento da autoagência.

Podem ser correlacionados com as três principais abordagens terapêuticas:

- a interpretação, permitindo a tomada de consciência dos conteúdos mentais reprimidos ou dissociados;
- novas experiências relacionais, nas quais o analista é um novo objeto para o paciente;
- facilitação da regressão (*reculer pour mieux sauter*).

Este quadro, pois, nos permite situar uma variedade de técnicas analíticas específicas no contexto de determinada tarefa, e determinada abordagem analítica ampla que o analista considerar corresponder melhor à tarefa:

	Interpretação (ligada à narrativa)	**Nova experiência (analista como novo objeto)**	**Facilitação da regressão**
Desenvolve apego seguro	Transferência e interpretação no aqui-agora.	Espelhamento empático, sintonia, contenção.	Permite projeção, experiência do passado no presente.
Desenvolve função reflexiva	Transferência e interpretação, ligar passado e presente.	Analista focado mais no simbólico do que no concreto.	Regressão e trabalho via experiência dolorosa passada.
Desenvolvimento da autoagência	Interpretação de sonhos, fantasias, sintomas como intencionais, criativos.	Analista sobrevive a ataques destrutivos.	Imaginação ativa, arte, *sandplay*.

Com este tipo de modelo multivetorial, diferentes teorias analíticas podem ser vistas como refletindo diferentes ênfases entre grupos analíticos segundo suas visões particulares do relacionamento analítico. Daí por que o modelo desenvolvimental e processual se torna essencial para melhorar nosso entendimento do relacionamento analítico, pois ele pode abranger um leque de abordagens analíticas. Ele também confere uma responsabilidade ao analista de desistir da "base segura", do território seguro de seu modelo analítico familiar e de explorar a diferença e as ideias geradas por outras abordagens analíticas e outras disciplinas, inclusive a neurociência e a teoria do apego. Precisamos ser capazes de adaptar nossa abordagem analítica a cada paciente e não impor um modelo uniformizado de relacionamento analítico em nossas práticas clínicas. Assim como as crianças guiam as respostas de seus pais para que se harmonizem a suas necessidades desenvolvimentais, assim também nossos pacientes podem nos guiar no relacionamento analítico.

Referências

Beebe, B. & Lachmann, F. (2002). *Infant Research and Adult treatment*: Co-constructing interactions. Hillsdale, NJ/Londres: The Analytic.

Boston Change Process Study Group (BCPSG) (2007). "The foundational level of psychodynamic meaning: Implicit process in relation to conflict, defence and the dynamic unconscious". In: *International Journal of Psychoanalysis* 88: 843-860.

Bowlby, J. (1980). *Attachment and Loss, 3* – Loss: Sadness and depression. Londres: Hogarth.

Fonagy, P. (1991). "Thinking about thinking: Some clinical and theoretical considerations in the treatment of a borderline patient". In: *International Journal of Psychoanalysis*, 72 (4): 639-656.

Fonagy, P.; Gergely, G.; Jurist, E. & Target, M. (2002). *Affect regulation, mentalization and the development of the self.* Nova York: Other.

Fordham, M. (1979/1996). "Analytical psychology and countertransference". In: Shamdasani, S. (ed.). *Analyst-patient Interaction* – Collected papers on technique. Londres/Nova York: Routledge.

______ (1957/1996). "Notes on the transference". In: Shamdasani, S. (ed.). *Analyst-patient Interaction* – Collected papers on technique. Londres/Nova York: Routledge.

Fosshage, J. (2004). "The explicit and implicit dance in psychoanalytic change". In: *Journal of Analytical Psychology* 49 (1): 49-66.

Gergely, G. & Watson, J. (1996). "The social biofeedback theory of parental affect mirroring: The development of emotional self awareness and self-control in infancy". In: *International Journal of Psycho-analysis* 77: 1.181-1.212.

Holmes, J. (2001). *The Search for the Secure Base.* Londres/Nova York: Brunner-Routledge.

Jung, C.G. (1946/1966). "A psicologia da transferência". OC 16/2.

______ (1939/1968). "Consciência, inconsciente e individuação". OC 9/1.

______ (1937/1966). "Os problemas da psicologia moderna". OC 16/1.

Knox, J. (2007). "The fear of love". In: *Journal of Analytical Psychology* 52 (5): 543-564.

______ (2005). "Sex, shame and the transcendent function: the function of fantasy in self development". In: *Journal of Analytical Psychology* 50 (5): 617-640.

Sandler, J. (1976). "Countertransference and role responsiveness". In: *International Review of Psychoanalysis* 3: 43-47.

Schore, A. (2003). *Affect regulation and the repair of the self.* Nova York/Londres: W.W. Norton.

Siegel, D. (1998). “The developing mind: Towards a neurobiology of interpersonal experience”. In: *The Signal* 6 (3-4): 1-11.

West, M. (2007). *Feeling, being, and the sense of self:* A new perspective on identity, affect and narcissistic disorders. Londres: Karnac Books.

Winnicott, D. (1971). “The use of an object and relating through identifications”. In: *Playing and reality*. Londres: Tavistock.

______ (1965). “The theory of the parent-infant relationship”. In: *The maturational process and the facilitating environment* – Studies in the theory of emotional development. Londres: Hogarth.

19
Contratransferência e intersubjetividade

Linda Carter*

Embora Jung levasse em conta o método redutivo de psicanálise em Freud, com sua ênfase na história remota e na causalidade, sua própria visão do processo de individuação se ocupava dos processos transformativos de mudança e o desvelamento prospectivo da psique. Com seu método sintético ou construtivo, ele encarava os símbolos inconscientes como antecipações de um progressivo desenvolvimento rumo a uma nova atitude (Jung 1943/1966, § 159). Para Jung, o significado símbolo, que reúne elementos conscientes e inconscientes em tensão, é elaborado através do processo de amplificação (cf. o capítulo sobre amplificação, acima), em que o padrão arquetípico fundamental inerente ao símbolo é combinado com uma imagem analógica do mito, do conto de fadas ou do exemplo cultural. Usando este material amplificatório, o analista e o analisando se engajam num esforço colaborativo para expandir e aprofundar o significado do símbolo enquanto expressão e emergente da díade analítica, que por sua vez se inscreve num contexto cultural maior.

---

* Linda Carter, MSN, CS, tem consultório em Providence, RI e em Boston; é analista didata na Jungian Psychoanalytical Society of New York. Para o *Journal of Analytical Society*, Linda é a editora nos Estados Unidos e editora-assistente de *The Jung Journal*.

Como Freud, Jung tinha plena consciência da transferência e da contratransferência, mas ele as via como um processo de influência mútua, como fica evidente em *A psicologia da transferência* (Jung 1946/1966), onde ele usa o imaginário e as operações alquímicas para amplificar os múltiplos níveis das transações analíticas, tanto conscientes como inconscientes. Da tensão consciente/inconsciente dentro do indivíduo e da tensão entre analista e analisando vem a emergência do terceiro como uma nova vida, o que Jung chama de a função transcendente, a síntese dos opostos (Jung 1921/1971, § 828). Essas ideias fundamentais são formidavelmente prescientes e ressoam com as noções contemporâneas de interação/intersubjetividade, emergência e Sistemas Adaptativos Complexos (em inglês, CAS). Nós quase podemos pensar em Jung como um prototeórico dos sistemas.

Psicanalistas e pesquisadores da infância interessados na intersubjetividade estão desafiando a concepção da transferência e contratransferência como localizadas dentro de cada indivíduo participante do par analítico, ao invés de uma região entre ambos que é mutuamente coconstruída. A multiplicidade de eus de cada pessoa, incluindo a história passada e as expectativas, se encontram na sala de consultório, onde velhos padrões emergem junto com novas possibilidades interativas. A díade analítica é um fenômeno emergente que é contingente na interação num dado momento e é aninhada dentro de um campo arquetípico. Evidentemente, a reconstrução da história familiar e da narrativa de vida são importantes em termos de compreensão e *insight*, mas o processo de estar junto com outro num relacionamento no momento atual é altamente relevante. O passado se revela, ele próprio, no momento presente, de modo que a repetição é envolvida, embora, ao mesmo tempo, o presente seja sempre único e se movendo para um futuro potencialmente predizível, mas desconhecido.

Ao invés de olhar estreitamente a contratransferência, eu prefiro observar o uso pelo analista do eu (ou de múltiplos eus) dentro de um sistema analítico multiestratificado (cérebro, mente e cultura) de dois indivíduos em interação. A descrição fenomenológica, aprofundada através da imagem, da metáfora e da amplificação, frisa a compreensão da transação analítica aberta a processos emergentes, ao invés de reduzi-la a estruturas teóricas.

O termo contratransferência pode estar sobrecarregado com uma bagagem histórica e teórica no que remonta às noções psicanalíticas de uma psicologia da pessoa isolada. O relato alquímico de Jung da dinâmica da transferência/contratransferência é fundamentalmente um sistema psicológico de duas pessoas, contendo aspectos intra e interpsíquicos. O analista não "possui" ou "tem" uma contratransferência; ele está "em" uma experiência fenomenológica cocriada com o outro. As duas pessoas da díade analítica estão em conjunção, simbolicamente sustentada pelo vaso alquímico construído através do relacionamento analítico. A contratransferência não pode nunca ser completamente analisada porque não é uma coisa ou ente em si; ao invés disso, ela é emergente num dado momento e num dado relacionamento. Certamente, compreender o conteúdo narrativo da história de um paciente é central para a prática do analista, mas simplesmente tornar o inconsciente consciente não basta para a mudança e a individuação. Compreender como se é "com outro" é essencial, juntamente com a capacidade para a função reflexiva e para o jogo com a metáfora e a analogia.

O desenvolvimento de uma compreensão mais ampla do uso pelo analista do "eu em relação", ao invés de focar específica e estreitamente na contratransferência, é promovido através da consideração do processo comunicação multimodal e multifacetada da díade, não só dos indivíduos. O uso da metáfora, do mito e do sonho tem sido meios de comunicação centrais para os junguianos, mas devemos considerar mais cuidadosamente comunicações não verbais (através da expressão facial, voz, movimento corporal) e processos não verbais como o ritmo e o fluxo da interação momento a momento numa hora analítica. A reflexão interna e simultânea do analista sobre os pensamentos, sentimentos, percepções e imagens no bojo do engajamento na díade parece ser um processo complexo que exige uma atitude e consciência analíticas bem desenvolvidas.

Em última instância, não pode haver nenhum analista sem um analisando, e nenhuma contratransferência sem transferência. As duas formam uma matriz intersubjetiva conforme descrita por Ogden, que diz: "Eu não concebo transferência e contratransferência como entidades psicológicas separáveis que surgem independentemente ou em resposta uma à outra, mas como aspectos de uma única totalidade intersubjetiva" (Ogden 1997, 78).

Embora Ogden continue a usar a linguagem tradicional da transferência e contratransferência, parece-me que um termo mais geral como interação intersubjetiva caracteriza melhor o relacionamento complexo, mutuamente construído, sempre em mutação e amorfo que emerge entre analista e analisando num sistema diádico aninhado. Psicanálise contemporânea, pesquisadores da infância e neurocientistas estão lutando para entender e descrever a natureza e o valor terapêutico deste intercâmbio interativo que transpira na região liminar da sala do consultório. Há algo que acontece "entre" duas pessoas, "entre" a vida externa e interna, "entre" inconsciente e consciente, que é cocriado e potencialmente terapêutico e vitalizante.

Ao longo dessas linhas, Ogden fala do terceiro analítico como o terceiro sujeito criado pela interface inconsciente de analista e analisando. Ele vê o terceiro analítico como algo continuamente em estado de fluxo, como um processo, não uma entidade. Não é experimentado identicamente por cada sistema de personalidade; noutras palavras, é experimentado assimetricamente (Ogden 1997, 30). Conectando algumas das ideias de Ogden com Jung, Joe Cambray sugere que os sonhos podem ser vistos como emanando do terceiro analítico, e acredita que Jung sugeriu esse tipo de constelação intersubjetiva em várias ocasiões, como no seguinte exemplo:

> [Jung] comentou em 1934 a James Kirsch uma série de sonhos de transferência explícitos que uma das pacientes de Kirsch havia tido. "Com relação à sua paciente, é correto que os sonhos dela são ocasionados por você... No sentido mais profundo, todos sonhamos não a partir de nós mesmos, mas do que está entre nós e os outros" (Cambray 2002, 427).

Intersubjetividade e teorias dos sistemas

As antigas considerações de Jung sobre a interação dinâmica na análise parecem ser precursoras de perspectivas intersubjetivas contemporâneas e de teorias dos sistemas que substanciam algumas dessas ideias antigas e oferecem modos mais refinados de considerar velhos referenciais analíticos como as noções de transferência e contratransferência. Antes de discutir o modelo alquímico de Jung como uma apresentação poética, imagética do campo intersubjetivo, gostaria de oferecer alguns aspectos fundamentais do pensamento intersubjetivista e da teoria dos Sistemas Adaptativos Complexos (CAS).

Não há nenhuma definição clara da intersubjetividade, contudo se pode dizer que "todas as teorias da intersubjetividade são teorias da interação" (Beebe et al. 2005, 4). Pondo de modo simples, a intersubjetividade "se refere ao que está acontecendo entre duas mentes... [ela] abrange toda a complexidade de como duas mentes se inter-relacionam, se alinham, falham em se alinhar ou rompem e reparam o alinhamento" (Beebe et al., 73). Segundo Beebe e colegas, a psicanálise abordou o conceito de intersubjetividade primordialmente no modo verbal/explícito, enquanto que a pesquisa da infância focou o conceito de intersubjetividade no modo não verbal/implícito de sequências de ação, ou conhecimento procedimental. Além disso, a pesquisa da infância estudou a mente pré-simbólica enquanto a psicanálise atentou à mente simbólica (Beebe et al., 1-2). Argumenta-se então que "uma integração das teorias explícita/linguística e implícita/não verbal da intersubjetividade é essencial a um entendimento mais profundo da ação terapêutica na psicanálise hoje" (Beebe et al., 2). Essas abordagens intersubjetivistas reúnem múltiplas vertentes em redes e sistemas, e compartilham com Jung perspectivas construtivistas e holísticas. A interação é o elemento crítico para conectar elementos que emergem em sistemas cada vez mais complexos, como os neurônios do cérebro formando redes a partir das quais a mente se apresenta e interage com outras mentes, assim formando sistemas sociais. A díade analítica emerge de uma matriz relacional multiestratificada de um Sistema Adaptativo Complexo cujo motor é a interação/intersubjetividade.

Perspectivas de Sistemas Adaptativos Complexos (CAS) foram discutidas na literatura junguiana por Tresan (1996), Knox (2003, 2004), Hogenson (2004, 2007), Cambray (2002, 2004) e outros. Eu tenho particularmente acompanhado as aplicações da literatura da pesquisa da infância na psicanálise adulta segundo a obra de Beebe e Lachmann (2002), Beebe et al. (2005), Stern (1998, 2004) e Tronick (2007), que manifestaram gratidão ao trabalho pioneiro de Louis Sander (1982, 2002). Todos esses pesquisadores e teóricos consideram a teoria CAS como fundante.

A teoria dos Sistemas Adaptativos Complexos pode ser de enorme ajuda para a compreensão da interação humana, e especificamente da constelação transferência/contratransferência. Cambray descreve os CAS assim:

> Eles são sistemas que têm o que foi chamado de propriedades emergentes, ou seja, características auto-organizativas que surgem em resposta a pressões competitivas e ambientais [...]. Os CAS formam *gestalts* em que o todo é verdadeiramente maior do que a soma de suas partes. Nas palavras de Steven Johnson, nesses sistemas agentes que residem numa escala produzem comportamento que está numa escala acima deles... O movimento de regras de nível inferior para uma sofisticação de nível superior é o que chamamos de emergência (Cambray 2002, 45).

Nós operamos dentro de uma rede de partes componentes em interação que levam à emergência de sistemas cada vez mais complexos, começando de conexões de nível local e micro, rumo a padrões de organização de nível maior, macro. Pense aqui na interação de neurônios que "são ativados juntos e permanecem juntos" (Lei de Hebb). Os neurônios formam redes neuronais que por sua vez formam o cérebro do qual a mente emerge, de modo que o cérebro e a mente são necessariamente sistemas complexos e auto-organizativos, influenciando-se reciprocamente como elementos do organismo humano relacionado com um ambiente. Esse desenvolvimento ascendente não é hierárquico ou planejado com consciência explícita ou a visão panorâmica de um grande *designer*; antes, padrões naturais vêm a existir implicitamente e só podem ser compreendidos em grandes números ou com distância e perspectiva. Pense em olhar para uma colônia de formigas ou ter uma visão aérea de bairros de uma cidade.

A compreensão de sistemas complexos tem crescido com simulações de computador, que permitem que padrões de grande escala emerjam. Nós somos influenciados por padrões repetitivos que permitem a continuidade e por rupturas surpreendentes, que levam à mudança. Por exemplo, mãe e bebê desenvolvem expectativas de "estar com" um ao outro que são forjadas através da repetição. Isso oferece a continuidade necessária. Então subitamente, num certo dia uma nova sequência de comportamentos emerge na díade e o sistema se move para um novo nível. A lembrança deste evento, se ele for persistente, se incorpora nas expectativas interativas. Tal interação se move do sistema mãe/bebê para novos níveis de complexidade e simultaneamente muda a função cerebral dos participantes (Schore 2003, 97). Ao discutir a obra de Sander, Beebe e Lachmann dizem: "um sistema interativo está sempre em processo, com uma dialética entre a previsibilidade e a transformação" (2002, 30), uma visão que parece se harmonizar muito com as ideias de Jung sobre o relacionamento dialético na análise.

Sistemas diádicos e a pesquisa infantil

Em sua obra, Beebe e Lachmann definem modelos de sistemas diádicos como as abordagens que integram a contribuição do indivíduo e a da díade para a organização do comportamento e da experiência. Eles usam termos como *coconstrução* e *cocriação* para transmitir a contribuição mútua dos dois parceiros numa contínua coordenação do eu e da regulação interativa. Eles afirmam:

> uma teoria da interação deve especificar como cada pessoa é afetada por seu próprio comportamento – ou seja, autorregulação – e pelo comportamento do parceiro – ou seja, regulação interativa... Cada pessoa deve tanto monitorar o parceiro (influenciar e ser influenciado) quanto, ao mesmo tempo, regular seu próprio estado. A autorregulação e a regulação interativa são processos simultâneos e recíprocos (Gianino & Tronick 1988). Cada um afeta o sucesso do outro. Eles são otimamente em equilíbrio dinâmico para se mover para trás e para frente (Beebe & Lachmann 2002, 26).

Tronick desenvolve essas ideias quando fala sobre estados diádicos de consciência:

> No momento em que o sistema diádico é criado, ambos os parceiros experimentam uma expansão de seu próprio estado de consciência (organização cerebral). Seus estados de consciência se tornam diádicos e se expandem para incorporar elementos da consciência do outro em uma forma nova e mais coerente. Neste momento de formar um estado diádico de consciência,

> e para a duração de sua existência, deve haver algo semelhante a uma poderosa experiência de plenitude na medida em que, paradoxalmente, a pessoa se torna maior do que ela própria (Tronick 2007, 408).

Esta ideia fundamentalmente emergente de expansão diádica parece muito ressonante com as noções de Ogden de transferência e contratransferência como sendo "aspectos de uma única totalidade intersubjetiva" (Ogden 1997, 78). Ao meu ver, Jung está tentando lidar com os mesmos fenômenos relacionais em seus estudos alquímicos, onde ele descreve a conjunção dos opostos como uma união num campo de influência mútua. Através das imagens alquímicas de *A psicologia da transferência*, ele está tentando trabalhar com o envolvimento visível, consciente e verbal, bem como com forças invisíveis, inconscientes (e talvez não conscientes) nos níveis pessoal e arquetípico.

Memória explícita e implícita

Para ampliar o entendimento do que acontece na transação analítica, uma discussão do que quer dizer memória implícita e explícita é útil. Para isso me voltarei para a neurociência e examinarei como essas descobertas estão sendo integradas em perspectivas intersubjetivistas contemporâneas.

A memória explícita, também conhecida como memória declarativa (Siegel 1999, 33), tende a ser verbal e requer a consciência e atenção focal para a codificação. Ela inclui a memória semântica (factual) e a memória autobiográfica episódica, que começa a operar por volta dos dois anos de idade. Implícita ou não declarativa, a memória procedimental (Siegel 1999, 33) está presente no nascimento e é desprovida de um senso de recordação. Ela inclui a memória comportamental, emocional, perceptiva e somatossensorial. Essas memórias nunca foram, na maior parte, "conscientes", e, portanto, não podem ser esquecidas. (Há exceções; p. ex., para aprender uma nova habilidade como andar de bicicleta, precisa-se de atenção consciente, focada. Contudo, uma vez que essa habilidade foi adquirida, a memória procedimental assume o controle e andar de bicicleta acontece automaticamente.) A implícita é frequentemente transmitida através do ritmo vocal, entonação, cadência, *timing* e por movimentos corporais e sensações geralmente fora do reconhecimento consciente. A coordenação e integração desses dois domínios são influenciadas por experiências de apego remotas (Beebe & Lachmann 2002; Stern et al. 1998; Tronick 2007) e autorregulações e regulações interativas profundamente efetivas. Como a pessoa se relaciona com outros e com seu próprio mundo interno emana não só da internalização do objeto, mas da emergência do "processo de regulação mútua" (Stern et al. 1998, 907). Isso não tem a ver com a internalização de objetos; antes, pesquisadores/psicanalistas da infância como Stern e Beebe descobriram que, através de conexão interpessoal, padrões interativos formam "expectativas" relacionais contínuas. Elas se enraízam na história pessoal, e influenciam e moldam o que chamávamos anteriormente de transferência e contratransferência.

A memória implícita é também conhecida como não consciente, o que ressoa com modelos analíticos de dissociação tais como foram propostos por Jung. O modelo inconsciente dinâmico fundado por Freud, que é baseado na repressão, não dá conta da memória implícita. Segundo Regina Pally, "Os neurocientistas usam o termo 'não consciente' ao invés de 'inconsciente'. O termo psicanalítico 'inconsciente' implica que a experiência é reprimida ou cindida por propósitos defensivos" (Pally 2005, 193). Essas novas diferenciações de memória implícita e explícita confirmam o senso de Jung de que há mais no inconsciente do que os aspectos reprimidos do trauma histórico. Noções psicanalíticas tradicionais acerca do processo terapêutico que são baseadas em defesas como a resistência e a repressão no inconsciente dinâmico não podem dar conta dos efeitos poderosos do não consciente descrito aqui.

Daniel Stern e colegas (1998) certamente reconhecem a importância da transferência, mas também se interessam pelo "novo" relacionamento emergente que é cocriado dentro da díade analítica, que acontece através da interface das regiões explícita e implícita. Stern et al. (1998, 908) notam que a interpretação rearranja o relacionamento explícito e que *momentos de encontro* rearranjam o conhecimento relacional implícito. Por *momento de encontro*, Stern et al. entendem um momento de "adequação" intersubjetiva, em que "ambos os parceiros compartilham uma experiência e sabem disso implicitamente" (Stern 2004, 168). A resposta do terapeuta deve ser autêntica e espontânea, congruente com a situação imediata e indo além de uma resposta técnica neutra (Stern 2004, 168). Essa ideia de um novo relacionamento se desdobrando no futuro, sob o estímulo de momentos interativos, combina bem com as ideias junguianas acerca da função prospectiva da análise. Esses momentos cocriativos promovem conexões entre as duas pessoas e internamente em cada um. Entender a influência do passado, manifestado através das expectativas históricas de cada parceiro, é essencial para a análise, e a possibilidade do futuro e de um novo modo de ser é igualmente importante. A despeito do fato de os modelos de Stern e colegas, Beebe e Lachmann, e Tronick serem baseados numa teoria de sistemas multiestratificados, falta-lhes o *link* transpessoal oferecido por uma compreensão arquetípica, que liga a díade analítica com os padrões culturais transculturais que atravessam as culturas e o tempo.

Jung e modelos de sistemas

As famosas imagens de Sol e Luna (Sol e Lua, Rei e Rainha) do *Rosarium Philosophorum* (1550), o foco da atenção de Jung em *A psicologia da transferência* (Jung 1946/1966), ilustram lindamente um sistema de complexidade e emergência interativas. Ele examina a comunicação entre indivíduos (representados arquetipicamente como Sol e Luna) ao longo de vários eixos: consciente/consciente, consciente/inconsciente e inconsciente/inconsciente. O argumento de que Jung é um prototeórico dos sistemas pode se sustentar quando consideramos citações como as seguintes:

> O encontro de duas personalidades é como a mistura de duas substâncias químicas diferentes: no caso de dar uma reação, ambas se transformam. Como se espera de todo tratamento psíquico efetivo, o médico exerce uma influência sobre o paciente; mas esta influência só pode ocorrer se o paciente tem uma influência recíproca no médico. Você não pode exercer nenhuma influência se não for suscetível de ser influenciado (Jung 1946/1966, § 163).

Jung está descrevendo aqui um sistema de influência bidirecional que é consonante com as abordagens intersubjetivas assinaladas acima. Médico e paciente estão envolvidos num diálogo recíproco (mas, Ogden poderia dizer, assimétrico) em múltiplos níveis. Pesquisadores da infância têm mapeado a região multimodal e não verbal do não consciente intersubjetivo que influencia profundamente a interação através da expressão facial, olhar, orientação espacial, toque, postura e as dimensões prosódicas e rítmicas da vocalização (Beebe 2005, 23). Trevarthen (1989) criou um diagrama do intercâmbio face a face mãe/bebê com flechas cruzadas entre os olhos, mãos, boca e ouvidos da mãe e os aspectos correspondentes do bebê, tentando ilustrar as complexas transações na esfera não verbal e não consciente. Este mapeamento diagramático tem em comum com o esquema alquímico de Jung a tentativa de explorar o *processo* interativo de dois sistemas mutuamente influentes. O que importa aqui é que Jung, através da amplificação com imagens e metáforas alquímicas, foi capaz de capturar o *processo dinâmico* de interação (intersubjetiva) na análise. No que se segue, ele fala do processo recíproco de dois sistemas psíquicos envolvidos na dialética da psicoterapia:

> A psicoterapia [...] é um tipo de procedimento dialético, isto é, um diálogo ou discussão entre duas pessoas. Originalmente a dialética era a arte da conversação entre os antigos filósofos, mas logo adquiriu o significado de método para produzir novas sínteses. Uma pessoa é um sistema psíquico, que, quando atuando sobre outra pessoa, entra em interação com outro sistema psíquico (Jung 1946/1966, § 1).

Novas sínteses emergem criando sistemas cada vez mais complexos. Na linguagem junguiana, podemos pensar nisto como a função transcendente, que sustenta a tensão dos opostos e apresenta um símbolo, uma síntese, uma terceira criação. Jung está falando aqui, é claro, de sistemas psíquicos adultos, que diferentemente das díades mãe/bebê têm uma capacidade para o pensamento e a linguagem simbólicas. Os adultos têm dois modos de comunicação, enquanto que os bebês são limitados, em termos desenvolvimentais, à comunicação não verbal e ao pensamento pré-simbólico. Compreender o entrelaçamento intrincado desses dois modelos é crucial para uma apreciação mais completa do processo e do conteúdo da análise, e para alcançar uma visão holística. Temos muito a aprender com os pesquisadores da infância que acreditam que "muito da comunicação não verbal permanece semelhante ao longo da vida" (Beebe & Lachmann 2002, 26).

O que os junguianos têm a oferecer ao discurso analítico acerca da intersubjetividade e do valor de termos tais como transferência e contratransferência? Mito, histórias e imaginário abrem possibilidades para o jogo metafórico, não linear e ambíguo no espaço "entre". Mover-se do pessoal ao coletivo é um movimento para outra camada do sistema mutuamente influenciador. Quando a combinação intersubjetiva é ativa na díade coconstruída e há um senso verdadeiro de ressonância afetiva (isso é essencial), a vibração alcança e é sentida no nível arquetípico. A imagem que evolui "entre" representa a interação de duas mentes, dois corpos, duas psiques se encontrando conscientemente, inconscientemente e não conscientemente num "estado diádico de consciência", um "momento de encontro", como a "função transcendente". Nós lutamos para encontrar palavras que descrevam a experiência. Talvez seja por isso que o caráter indireto da metáfora é tão valioso. A metáfora apresenta em quadros, possibilidades, imagens indefinidas e permite o mistério do desconhecido.

Pairando sobre essas operações alquímicas está a figura de Mercurius (Samuels 1984), o deus de natureza dual da comunicação que transgride fronteiras, pois se move com pés alados e veste o gorro da invisibilidade, funcionando como um "psicopompo" ou guia das almas para o mundo inferior. Para mim, ele é o deus da fluidez, da flexibilidade e da possibilidade, e ocupa o espaço "entre". Metaforicamente, sua presença cria uma atmosfera de fluxo, facilitando o diálogo, a ligação e a conexão em todos os níveis – corpo, mente e alma. A submissão a sua natureza fluida e flexível leva a díade analítica entre os opostos de ordem e caos rumo à transformação. Ele é o espírito intangível e invisível do relacionamento e do processo transformador. Diz Jung, "Além de *prima materia* como início inferior e *lapis* como meta mais elevada, é também o *processo entre ambos*, e o meio pelo qual ele é efetuado. Ele é o 'começo, meio e fim da obra'. Por isso é designado como o Mediator [mediador], Servador [conservador] e Salvator [Salvador]" (Jung 1948/67, § 283; destaques meus).

A amplificação, quando bem usada, é uma arte. Não é necessariamente empregada com *intencionalidade explícita*, mas é antes um *fenômeno emergente* que captura a essência da constelação psicológica. Ele conecta o pessoal e o arquetípico e deve ser apresentado tentativamente como uma opção, uma possibilidade com que se entreter, algo com que brincar. Com cuidadosa atenção às respostas explícitas e implícitas do analisando, o emprego da linguagem e da imagem metafóricas tem o potencial de conectar corpo e mente dentro de um relacionamento continente. Arnold Modell escreve sobre isso: "A metáfora é uma estrutura fundamental e indispensável do entendimento humano" (Modell 1997, 219). E "A metáfora não apenas transfere significado entre diferentes domínios, mas através de novas recombinações a metáfora pode *transformar* significado e gerar novas percepções. A imaginação não poderia existir sem este processo metafórico recombinatório" (Modell 2003, 27).

Um momento clínico

Um homem na faixa dos cinquenta anos de idade estava enfrentando um divórcio, a razão imediata para começar o tratamento. Desde o início, ele estava às voltas com a dor, lamento e humilhação ligadas ao fim de seu casamento. Relativamente logo, ele e eu desenvolvemos uma facilidade de relacionamento num ir e vir rítmicos, bom contato visual e um elo de afeto entre nós. Seu *background* educacional era tal que ele facilmente citava poesia e associava frequentemente personagens de romance, permitindo um intercâmbio divertido. Lidando com a vergonha nas últimas decisões e eventos de sua vida, ele parecia estar sofrendo pela diminuição de sua integridade, que trouxe consigo a perda de amigos e de sua boa reputação anterior na comunidade.

Ele estava esmagado pela bagunça que sua vida tinha se tornado. Durante uma sessão, ele recontou uma cena recente na qual ele estava sentado no limiar entre a casa que tinha compartilhado com a esposa e sua garagem de três compartimentos. Fumando um cigarro e bebendo uma cerveja, ele olhava os três compartimentos completamente lotados com vinte e cinco anos de bens acumulados e sentia que a tarefa de arrumar isso seria impossível. Contando sua história, ele sentou-se curvado na cadeira com uma expressão terrivelmente triste na face. Ele parecia sobrecarregado, pesado.

Em resposta, senti-me triste e esmagado pelo tanto que havia para arrumar. Neste específico momento clínico, vendo o paciente (na minha mente) sentado no limiar de montanhas de coisas a organizar, outra imagem simultaneamente emergiu espontaneamente em minha consciência. O que me ocorreu foi a lembrança de uma imagem linda e dolorosa da figura mitológica de Psiquê, desolada e abandonada, defrontada pelo desafio de arrumar montanhas de minúsculas sementes para reconquistar o relacionamento com seu amante, Eros. Sempre achei esse quadro profundamente comovente.

Simplesmente disse a meu paciente: "Talvez você pareça Psiquê e as sementes". (Sem pensar conscientemente sobre isso, eu sabia que ele tinha um bom domínio de mitologia e que se relacionaria emocionalmente com a história.) Ele começou a chorar. Eu comecei a chorar. Houve a sensação de que algo transcendente tinha acontecido. Uma imagem metafórica emergiu entre nós e capturou a essência de uma experiência de vida profunda, nos níveis pessoal e arquetípico. As duas imagens/histórias – meu paciente no limiar e a Psiquê chorando – foram um tipo de experiência do olhar, em que estivemos cocoordenados num estado "emparelhado" como o da situação mãe/bebê.

A noção de Tronick dos estados diádicos de consciência é importante aqui. Ele e outros do grupo Boston Process of Change argumentam que há "algo mais" do que a interpretação, que é curativo em terapia. Ele diz que "esses estados de consciência emergem da regulação mútua de afeto entre o paciente e a terapeuta" (Tronick 2007, 410) e são "a criação pelo terapeuta e pelo paciente de estados diádicos únicos e novos" (411).

A linda e metafórica história de Psiquê, de amor, perda, descoberta de si e do outro no relacionamento é uma história de desdobramento, criação e emergência. Psiquê como alma e Eros como amor transmitem o sofrimento e regozijo do relacionamento e o nascimento potencial de uma nova vida, a partir de sua conjunção, como o bebê Voluptas, ou alegria. Pensando nesse par mitológico, Hillman diz: "O que transpira *em* nossa psique não é *da* nossa psique; tanto o amor como a alma finalmente, e desde o início, pertencem à região da realidade arquetípica [...]. Não importa o quão personalisticamente nós os sintamos como 'nossos', eros e psiquê são poderes arquetípicos que encontram sua 'casa' final e original quando estão no lugar a que pertencem, como eventos transpessoais que paradoxalmente formam o chão da personalidade" (Hillman 1972, 104-105).

Para mim, a psicologia analítica de Jung, com a inclusão da dimensão arquetípica, traz uma profundidade de significado não encontrada em outras psicologias. As camadas culturais e coletivas da psique estão sempre presentes e influenciando as interações intrapsíquica e interpessoal. No nível pessoal, momentos emergentes na análise como o descrito acima poderiam ser vistos como um "momento de encontro", ou uma constelação da "função transcendente". Sob tais circunstâncias, a psicologia junguiana oferece palavras e linguagem para a experiência espiritual, misteriosa ou numinosa que vem à existência através desses momentos de interação que realmente transcendem as psicologias e díades individuais, alcançando, mais longe, redes de conexão e comunicação como uma psique coletiva transpessoal.

Referências

Beebe, B. & Lachmann, F. (2002). *Infant research and adult treatment*: Co-constructing interactions. Hillside, NJ/Londres: The Analytic.

Beebe, B. et al. (2005). *Forms of intersubjectivity in infant research and adult treatment.* Nova York: Other.

Cambray, J. (2004). "Synchronicity as emergence". In: Cambray, J. & Carter, L. (eds.). *Analytical Psychology*: Contemporary Perspectives in Jungian Analysis. Nova York: Brunner-Routledge, 223-248.

______ (2002). "Synchronicity and emergence". In: *American Imago* 59 (4): 409-434.

Cambray, J. & Carter, L. (2004). *Analytical Psychology*: Contemporary Perspectives in Jungian Analysis. Nova York: Brunner-Routledge.

Gianino, A. & Tronick, E.Z. (1988). "The mutual regulation model: The infant's self and interactive regulation, coping and defensive capacities". In: Field, T.M.; McCabe, P. & Schneiderman, N. (eds.). *Stress and Coping*. Hillsdale, NJ: Erlbaum, 47-68.

Hillman, J. (1972). *The myth of analysis*. Nova York: Harper Colophon.

Hogenson, G. (2007). "From moments of meeting to archetypal consciousness: Emergence and the fractal structure of analytic practice". In: Casement, A. (ed.). *Who Owns Jung?* Londres: Karnac, 293-314.

______ (2004). "Archetypes: Emergence and the psyche's deep structure". In: Cambray, H. & Carter, L. (eds.). *Analytical Psychology*: Contemporary Perspectives in Jungian Analysis. Nova York: Brunner-Routledge, 32-55.

Jung, C.G. (1973). *Letters* 1. Ed. G. Adler e A. Jaffé. Londres: Routledge/Kegan Paul.

______ (1948/1967). "O espírito mercurius". OC 13.

______ (1946/1966). "A psicologia da transferência". OC 16/2.

______ (1943/1966). *Psicologia do inconsciente*. OC 7/1.

______ (1921/1971). "Definições". OC 6.

Knox, J. (2004). "Developmental aspects of analytical psychology: New perspectives from cognitive neuroscience and attachment theory". In: Cambray, J. & Carter, L. (eds.). *Analytical Psychology*: Contemporary Perspectives in Jungian Analysis. Nova York: Brunner-Routledge, 56-82.

______ (2003). *Archetype, attachment, analysis*: Jungian psychology and the emergent mind. Londres: Bruner-Routledge.

Loewald, H. (1986). "Transference-countertransference". In: *Journal of the American Psychoanalytic Association* 34: 275-287.

Modell, A. (2003). *Imagination and the Meaningful Brain*. Cambridge, MA: MIT.

______ (1997). "Reflections on metaphor and affects". In: *Annual of Psychoanalysis* 25.

Ogden, T. (1997). *Reverie and interpretation*. Northvale, NJ: Jason Aronson.

______ (1994a). "The analytic third: Working with intersubjective clinical facts". In: *The International Journal of Psycho-Analysis* 73: 517-526.

______ (1994b). *Subjects of Analysis*. Northvale, NJ: Jason Aronson.

Pally, R. (2005). "A Neuroscience perspective on forms of intersubjectivity in infant research and adult treatment". In: Beebe, B. et al. (orgs.). *Forms of intersubjectivity in infant research and adult treatment*. Nova York: Other Press, 191-241.

Samuels, A. (1985). "Symbolic dimensions of eros in transference-countertransference: Some clinical uses of Jung's alchemical metaphor". In: *International Review of Psychoanalysis* 12: 199-214.

Sander, L. (2002). "Thinking differently: Principles of process in living systems and the specificity of being known". In: *Psychoanalytic Dialogues* 12 (1): 11-42.

______ (1983). Polarities, paradox, and the organizing process of development. In: Call, J.D. et al. (eds.). *Frontiers of infant psychiatry*. Nova York: Basic, 333-345.

Schore, A. (2003). *Affect dysregulation and disorders of the self*. Nova York: W.W. Norton.

Siegel, D. (2007). *The mindful brain*: Reflection and attunement in the cultivation of well-being. Nova York: W.W. Norton.

______ (1999). *The developing mind*. Nova York: The Guilford.

Stern, D. (2004). *The present moment in psychotherapy and everyday Life*. Nova York: W.W. Norton.

Stern, D. et al. (1998). "Non-interpretive mechanisms in psychoanalytic therapy: the 'something more' than interpretation". In: *International Journal of Psychoanalysis* 79: 903-921.

Tresan, D. (1996). "Jungian metapsychology and neurobiological theory". In: *Journal of Analytical Psychology* 41 (3): 399-436.

Trevarthen, C. (1989). "Development of early social interactions and the affective regulation of brain growth". In: Von Euler, C.; Forssberg, H. & Lagercrantz, H. (orgs.). *Neurobiology of early infant behavior*. Londres: Macmillan, 191-216.

Tronick, E. (2007). *The Neurobehavioral and social-emotional development of infants and children.* Nova York: W.W. Norton.

Wilkinson, M. (2006). *Coming into mind* – The mind-brain relationship: a Jungian Clinical Perspective. Londres/Nova York: Routledge.

20
Analisando projeções, fantasias e defesas

Angela M. Connolly*

Se, como diz Jan Wiener, "seria difícil encontrar um analista junguiano, no mundo inteiro, que contestasse a inevitabilidade das projeções transferenciais fazendo-se sentir no relacionamento analítico" (Wiener 2004, 149), no presente momento o que os junguianos se arriscam a perder, em certo sentido, é a especificidade do método clínico clássico junguiano, com ênfase na importância da dimensão intrapsíquica e dos processos imaginais do analista. É talvez paradoxal que seja o mundo freudiano que pareça estar mais atento aos riscos de um foco excessivo no elemento interpessoal ou relacional na análise. Cada vez mais, segundo Lombardi, nossos analisandos tendem a demonstrar graves déficits em sua capacidade de integrar suas experiências sensoriais num nível simbólico, e em tais casos uma ênfase excessiva na "intepretação da transferência corre o risco de reforçar os mecanismos fusionais/confusionais primitivos, ou fortalecer os mecanismos imitativos, assim criando obstáculos a uma participação individual real na experiência analítica" (Lombardi 2000, 693). Nesta discussão de como eu analiso proje-

* Angela M. Connolly, M.D., psiquiatra e psicanalista junguiana, é analista didata e supervisora no Centro Italiano di Psicologia Analitica (Cipa), Roma. Atualmente é integrante do Comitê Executivo da Iaap. Ela também tem muitas publicações em italiano e em inglês.

ções, fantasias e defesas, referir-me-ei aos estados mentais primitivos típicos desses tipos de analisandos, pois é exatamente aqui que o método junguiano clássico é relevante.

Primeiramente, porém, proponho discutir muito brevemente modelos psicanalíticos de funcionamento psíquico que mostram interessantes paralelos com as ideias de Jung, e que nos oferecem ferramentas teóricas potenciais para a integração entre as abordagens clássica e desenvolvimental. Isso é fundamental se quisermos criar uma versão especificamente junguiana de conceitos clínicos tais como fantasia, projeção e defesa. O modelo de Jung da psique é essencialmente um modelo multiestratificado que pressupõe diferentes níveis de consciência. Eles vão dos mais lúcidos, caracterizados por um predomínio do pensamento abstrato, aos níveis psicoides mais inconscientes, em que o tempo e o espaço não são mais relevantes. Este é um modelo que tem muito em comum com o de Matte Blanco. O modelo ao qual eu quero me referir, devido a sua relevância clínica, é o do psicanalista italiano Armando Ferrari, que enfatiza que, quando analisamos, temos de levar em conta não só relações de objeto e transferências, mas também a relação entre mente e corpo. Ferrari postulou a hipótese de que o corpo é o objeto original concreto que "representa cada pessoa individual em seus aspectos originais... não se relaciona com o processo de introjeção e não é formado por contribuições externas" (Ferrari 2004, 48). O funcionamento mental começa com o primeiro registro de uma percepção, de modo que as operações de perceber uma sensação e registrá-la tomam diferentes sentidos, criando assim uma passagem da unidade do corpo à dualidade de um corpo e de uma mente com suas representações e atividades simbólicas. Com o eclipse da centralidade do corpo, a área ocupada pelo mundo sensorial é gradualmente reduzida, propiciando a constituição de um espaço mental e a possibilidade de dinâmicas projetivo-introjetivas. O papel da mãe é sustentar esse relacionamento, e qualquer fracasso na capacidade da mãe para o espelhamento e o devaneio levará a perturbações neste relacionamento. Portanto, há dois diferentes tipos de relacionamento básico: um vertical primário, entre a mente e o corpo, e um horizontal, entre mãe e criança. Um funcionamento desarmônico do relacionamento mente-corpo pode levar, por um lado, ao predomínio de fenômenos sensoriais, que podem prejudicar a atividade reflexiva, como na psicose, ou, por outro lado, a uma prevalência da abstração intelectual em que há uma rejeição parcial ou total da corporalidade. Segundo Ferrari, quando houve um fracasso em estabelecer o eixo vertical, a tarefa do analista passa a ser a de facilitar a representação e a dimensionalidade no mundo das sensações e afetos primitivos, ao invés da tarefa que é mais geralmente explorada, a da transferência.

Esta ênfase na importância do eixo vertical em certas análises é muito similar às ideias de junguianos como Cambray e Carter (2004), que veem o desenvolvimento psíquico como um processo emergente auto-organizativo no qual a psique se desenvolve num eixo vertical, passando de níveis mais simples e cada vez mais complexos, em resposta às pressões do ambiente. Eles também sugerem que a análise é um processo emergente, no qual as respostas afetivas e imaginais do analista desempenham um papel importante em catalisar a transição de uma fase a outra.

Isso sugere que em qualquer discussão de como analisamos projeções, fantasias e defesas, o essencial é ser capaz de determinar o nível desses fenômenos em qualquer momento particular do processo analítico, e detectar o que nós fazemos precisamente para propiciar uma transformação de um nível a outro. Um modo de fazer isso é refletir sobre as diferentes respostas imaginais do analista, como demonstrado por exemplo na obra de Joy Schaverien (2007) sobre a contratransferência. Para levar isso mais longe eu proponho voltar às definições de Jung de fantasia e de imaginação de modo a criar correlações entre o tipo de atividade imaginativa característica dos diferentes níveis de inconsciência, as diferentes formas que a projeção e as defesas podem assumir, e as diferentes respostas que elas podem provocar no analista. Vou depois ilustrar isso dando uma olhada nova em duas análises muito diferentes, conduzidas por mim num *setting* junguiano clássico, e concluídas com sucesso muitos anos atrás, nas quais algo aconteceu que mudou o curso da análise, sem que eu fosse capaz de entender plenamente, na época, como essas transformações aconteceram.

Fantasia

Jung usa o termo "fantasia" para se referir a duas diferentes ordens de ideias: o fantasma e a atividade imaginativa (Jung 1921/1971, § 799-810). O fantasma se refere a um complexo de ideias que não tem nenhum referencial objetivo na realidade externa, mas que floresce diretamente da psique. A atividade imaginativa, por outro lado, é considerada como o ato criativo da psique, uma de suas formas mais elevadas, cuja função é criar ligações e aproximar e unir a personalidade consciente e a inconsciente, os mundos interno e externo (Jung 1921/1971, § 73-74). Assim, como vemos, há diversas facetas nas ideias de Jung sobre a fantasia. Por um lado, há fantasia como uma função criadora de imagens e cuja meta é, como nota Carvalho, de revelação: "tornar o que quer que chamemos de 'mente' como se fosse visível para si mesma em forma analógica, de modo a ficar disponível ao sujeito para manipulação e escrutínio simbólicos" (Carvalho 1991, 331-332). Se pensarmos em termos do modelo de Ferrari, veríamos que, antes de a mente se apresentar a si mesma, é preciso primeiro apresentar o corpo à mente. A fantasia no sentido da criação de imagens é uma atividade biologicamente adaptativa, primordial, cuja função é tornar visível ou representar as sensações e emoções não processadas. Por outro lado, a fantasia como atividade imaginativa trabalha ligando imagens para construir esquemas representacionais cada vez mais complexos, e através da criação de símbolos ela reúne consciência e inconsciência, uma função a que mais tarde Jung se refere como a função transcendente ou simbólica. Importante aqui é a distinção de Fordham entre atividades imaginativas como o jogo, que estão a serviço do ego, e a imaginação ativa, cuja função é fortalecer o eixo ego-si-mesmo (Fordham 1956, 207).

Há problemas na conceitualização por Jung de fantasia, imaginação e sonhos. Na medida em que ele vê a fantasia e a imaginação como atividades inatas e espontâneas da psique, ele mostra pouco interesse na qualidade das imagens ou nas patologias da fantasia. Além disso, ele não trata com a consideração devida o problema de não ser capaz de sonhar ou o da não representação em certos estados patológicos como o trauma. Ao invés disso, ele prefere concentrar sua atenção no conteúdo de fantasias ao invés de nos processos em si ou nos aparatos responsáveis pela produção de imagens e pelo sonhar.

As ferramentas do método junguiano clássico são instrumentos que visam a aumentar o que Hogenson (2004, 161) chama de a densidade simbólica das imagens, mas, onde há graves déficits no funcionamento do ego, é a atividade imaginativa do analista, sua capacidade de oferecer uma imagem ou dar profundidade metafórica a imagens empobrecidas que se torna essencial.

Projeção

Em *Tipos psicológicos*, Jung define a projeção como uma "expulsão de um conteúdo subjetivo para um objeto" (Jung 1921/1971, § 881). Para Jung, tais conteúdos são geralmente inconscientes, e a projeção resulta da "identidade arcaica de sujeito e objeto", ou, em outras palavras, de um estado de *participation mystique*. A projeção é um fenômeno universal que é tanto normal quanto patológico, e está na base da empatia e da transferência (Jung 1921/1971, § 554).

Gordon assinalou que as ideias de Jung sobre a projeção se referem, na verdade, a experiências psíquicas muito diferentes, algumas das quais são pensadas mais proveitosamente em termos da identificação projetiva de Melanie Klein. Para Gordon, termos como *participation mystique* sugerem que Jung na verdade está pensando em algo muito similar à identificação projetiva (Gordon 1965, 129), e de fato referências à identificação projetiva se tornaram frequentes na literatura junguiana. Há, porém, problemas com a ideia de identificação projetiva, sobretudo porque não há uma concordância geral sobre o que este termo significa. Ele se refere a uma fantasia puramente intrapsíquica ou a um mecanismo interpessoal? É uma defesa puramente patológica ou um modo universal, embora primitivo, de comunicação? É algo genético, presente desde o nascimento, ou segue um caminho desenvolvimental? Ela exerce seus efeitos através da indução ou há uma transferência efetiva de conteúdos inconscientes, uma espécie de transferência de pensamento? Kernberg, numa análise sofisticada, traça um caminho desenvolvimental "da identificação projetiva que é baseada numa estrutura egoica centrada na divisão, como sua defesa essencial, à projeção que é baseada numa estrutura egoica centrada na repressão como uma defesa básica" (Kernberg

1987, 797). Ogden salienta, contudo, que, para que a identificação projetiva aconteça, já deve haver "algum senso de espaço interno no qual a pessoa possa projetar um aspecto de si mesma, ou no qual ela possa pegar um aspecto do objeto" (Ogden 1989, 135). Fordham, também, parece ter alguma intuição desta diferença, quando fala em "projeções para" e em "projeções em" (Fordham 1963, 7), como Bick, que descreve um tipo primitivo de identificação narcisista que ela chama de identificação adesiva, na qual a ideia de "entrar em" é substituída pela ideia de "entrar em contato com", de superfícies grudadas, sem nenhum espaço entre elas. Tudo isso sugere que, além da projeção e da identificação projetiva, há outros modos mais primitivos de transferir um conteúdo da mente do analisando para a mente do analista, e o que quero fazer é descrever esses tipos de projeção, o que é transferido, os mecanismos de defesa usados e os efeitos exercidos na mente do analista.

Analisando projeções, fantasias e defesas primitivas

Embora a observação infantil e estudos cognitivos desafiem a ideia de uma fusão ou unidade primárias, e sugiram que objetivamente não há nenhuma confusão entre o eu e o outro em nenhum momento da infância, a experiência analítica salienta que do ponto de vista subjetivo parece muito provável que o bebê tenha alguma experiência de unidade ou fusão com o cuidador. Na infância, esta experiência subjetiva de unidade é criada através do espelhamento materno. Se o espelhamento materno, que acontece através da capacidade da mãe para a imitação, a sintonia emocional e o devaneio, fracassa ou é inadequado, então eu sugeriria que há um risco potencial de regressão a um ou dois diferentes estados patológicos de unidade: num, o sujeito se modela a si mesmo no outro através de mecanismos imitativos, de modo que o eu é reduzido à imagem especular do outro; noutro, há controle onipotente do outro, que se reduz a reflexo do eu. No primeiro, que eu chamarei de projeção autista, não há distinção entre interno e externo, nenhuma fronteira entre o eu e o outro, e, portanto, nenhum espaço interno e nenhuma capacidade representacional de transformar sensações e afetos em imagens. É aqui que o analista pode se ver regredindo a um estado descrito em artigo recente por Carvalho, no qual é tamanha a confusão entre analista e paciente que qualquer esforço de rastrear a transferência é fútil. Em tais casos, a tarefa do analista é antes a de registrar sensações físicas e afetos para "traduzi-los na moeda da mente" (Carvalho 2007, 234). Na projeção autista, o fracasso do espelhamento materno leva ao fracasso de internalizar uma função continente da pele, fundamental para a criação de um espaço interno. A falta de espaço interno para representações significa que as sensações se tornam uma fonte de desintegração caótica, e o resultado é ou a degeneração na confusão psicótica ou uma profunda dissociação entre mente e corpo, entre pensamentos e afetos e sensações. Em tais casos, imitação e mímese se tornam os mecanismos dominantes de defesa, e o indivíduo se equaciona com as qualidades superficiais do objeto para criar uma "segunda pele" ou uma superfície continente que evite sentimentos de desintegração e seja capaz de sustentar "atributos do objeto na ausência da experiência de ter um espaço interno no qual qualidades ou partes da outra pessoa possam em fantasia serem armazenados" (Ogden 1989, 136). No segundo [estado patológico de unidade (N.T.)], que eu chamarei de projeção contígua, a mãe tem alguma capacidade de espelhamento, mas a imagem que ela transmite de volta para o bebê é um puro reflexo do que a criança transferiu para a mãe. Noutras palavras, não é modificado pelo devaneio. Aqui há uma experiência rudimentar de espaço interno, mas é um espaço plano, capaz apenas de conter representações bidimensionais. A criança tem alguma capacidade de mentalizar e de representar sensações, mas as representações são meramente indexicais ou icônicas, ou seja, são imagens concretas formadas na base da semelhança ou contiguidade, desprovidas de qualquer poder metafórico. Na projeção contígua, o indivíduo vive num mundo dominado por sensações, em que sensações corporais são experimentadas num nível puramente concreto, como coisas a serem usadas para preencher os buracos na segunda pele, como certos rituais sexuais ou sadomasoquistas. Há uma profunda dissociação entre representações de sensação e de afeto, que só podem ser descarregadas, nunca representadas. Nesses casos, o outro é experimentado como uma superfície plana capaz apenas de refletir de volta o que foi projetado para ele. A impossibilidade de tolerar a ausência devido ao fracasso de estabelecer uma imagem afetiva impede qualquer capacidade de atribuir significância simbólica a sensações corporais e afetos.

Em cada um desses fenômenos, a experiência que é transferida é muito diferente e produzirá diferentes respostas imaginais no analista; no primeiro, a função produtora de imagem fracassou, e o que é transferido é uma experiência puramente corporal e traumática, um rastro mnemônico da percepção de um não evento, algo que deveria ter acontecido, mas que não aconteceu, ao invés de uma representação, enquanto que, no segundo, o que é transferido é uma imagem plana desnuda, sem profundidade afetiva e significância metafórica. Eu agora usarei dois eventos clínicos para ilustrar esses processos.

Maggie

Maggie entrou em análise por conselho de um amigo que lhe disse que ela estava deprimida e que poderia se beneficiar de uma análise. Rapidamente ficou claro que Maggie existia apenas como uma mente desencarnada, e seu corpo era experimentado como uma "coisa" inútil e inanimada que ela arrastava consigo. Toda sua vida era gasta tentando encobrir seus sentimentos de não identidade através de um processo mimético de se adaptar a vontades e necessidades de outrem, e tudo o que ela esperava de mim era uma imagem nova e, tomara, melhor, com a qual se identificar. Após umas poucas sessões, ela trouxe um sonho:

> *Estou em frente a um espelho tirando minha maquiagem com um demaquilante e algodão, mas parecia que eu não conseguia tirar tudo e o algodão estava sempre sujo e eu entrei em pânico porque a camada de maquiagem não parecia diminuir em nada. Então eu pensei que devia ter esquecido de remover minha maquiagem por muito tempo e senti menos medo, e continuei a tirar a maquiagem até que o algodão ficasse praticamente limpo. Ao mesmo tempo eu estava falando com alguém que eu não conseguia identificar.*

Na época, eu atentei apenas aos aspectos de transferência, aparentemente positivos, da segunda parte deste sonho, ou seja, a presença de um outro que lhe permitia pensar que era possível remover a máscara. Eu falhei em não levar na devida conta seu terror de que talvez, sob a maquiagem, não houvesse nada. É esta imagem, de fato, que sugere que seus sentimentos de não estar viva se ligavam ao fato de que ela não tinha nenhuma representação de seu próprio rosto e de seu próprio corpo.

Após uns poucos meses os sentimentos positivos iniciais deram lugar a seus sentimentos habituais de prostração e falta de vida, e se tornou cada vez mais claro que o que estava se passando era uma imitação de uma boa análise e que, na realidade, nada estava acontecendo. Foi nesse ponto que algo dramático ocorreu. Maggie chegou a uma sessão me falando que se sentia desesperançada e incapaz, mas dessa vez, de modo inusual, ela descreveu uma sensação física de um grande peso no estômago. Quando eu lhe pedi que imaginasse esse peso, ela respondeu que ele a fazia pensar em algo marrom, terra, uma massa de terra, mas ela parou. Eu então subitamente tive uma imagem olfativa de intensidade quase alucinatória, com o cheiro de terra úmida que então se traduzia numa imagem tátil da terra pressionando um rosto e então numa imagem visual de um túmulo recém-escavado. Ao invés de sustentar a imagem, como geralmente eu faria, me vi dizendo para ela que essa terra talvez fosse o túmulo de uma garotinha má que não tinha nunca sido capaz de viver. Maggie ficou extremamente agitada e angustiada, com sentimentos agudos de despersonalização, e disse que pensar nesta imagem fez com que ela se sentisse como se estivesse dividida em duas, como se ela estivesse duplicada, e só gradualmente ela pôde se acalmar o bastante para conseguir sair da sala do consultório. Esta imagem de um bebê morto permaneceu com ela, contudo, e de fato se tornou central na análise e em seus sonhos, nos quais houve uma progressão de uma infinidade de bebês mortos para um bebê morto e finalmente para imagens de dar à luz um bebê vivo. Esta série de imagens a capacitou a representar seu sentimento de que seu corpo não tinha nunca existido realmente para ela, e nos permitiu gradualmente ajudá-la a integrar seu corpo, com suas sensações e emoções, em sua autoimagem.

Silvia

A próxima pessoa que descreverei era muito diferente de Maggie, no sentido de que Silvia tinha uma representação de seu corpo, mas sua imagem corporal era de uma superfície bidimensional ao invés de um continente tridimensional. Suas sensações corporais eram dissociadas dos afetos e reduzidas ao nível de acontecimentos concretos que ela manipulava em rituais masoquistas de autoferimento para ancorar seu frágil senso de si, enquanto os afetos dissociados eram evacuados no vazio sem nenhuma possibilidade de transformação. Silvia foi indicada para mim devido a uma depressão decorrente da separação de seu amante, com quem ela tinha um relacionamento extremamente sadomasoquista, um fator que rapidamente se fez sentir na dinâmica da transferência-contratransferência. Ela insistiu para que eu adaptasse o *setting* a suas necessidades específicas, constantemente desvalorizava a mim e a minhas interpretações, e não me deixava nenhum espaço para reflexão, enquanto que ao mesmo tempo me experimentava como uma figura extremamente sádica.

Silvia tinha muitos sonhos, repletos de imagens fascinantes, mas eu gradualmente percebi que essas imagens eram marcadas por uma qualidade singularmente plana, um pouco como as imagens de quadrinhos. Nada realmente acontecia em seus sonhos, nem ela mostrava qualquer reação emocional às imagens, seja ao sonhá-las ou quando narrava o sonho. Assim, ela era incapaz de usar os sonhos de algum modo significativo para obter um *insight* ou enriquecer sua realidade psíquica empobrecida. Conforme a análise prosseguia, ficou claro que não estávamos indo a lugar nenhum, algo claramente expresso num sonho:

> *Estou com você numa sala, mas você está sentada atrás de uma escrivaninha. Eu vou para o seu lado da escrivaninha, mas você me fala para voltar para o outro lado. Eu tento de novo me aproximar, mas você me afasta, fazendo-me entender que eu devo me sentar. Não há, porém, nenhuma cadeira, e assim eu finjo sentar, mas é muito desconfortável e eu não consigo manter meu equilíbrio. Estou chateada porque você me faz fazer algo que é sem sentido e inútil.*

Na época, eu pensei em termos de identificação projetiva e de fato fiz inúmeros esforços inúteis para interpretar nessa direção, com o resultado de que Silvia se sentiu cada vez mais perseguida e começou a falar em largar a análise. Ao olhar de novo a situação agora, posso ver que Silvia estava me desumanizando ao ponto de que eu era meramente uma "coisa no sonho dela", parafraseando Lewis Carroll, mas isso não tinha nada a ver com ter quaisquer sentimentos por mim ou ser capaz de me usar de qualquer modo. Era simplesmente seu modo de expressar o que parecia ser a Silvia. Novamente, como com Maggie, algo aconteceu que mudou o curso da análise. Silvia trouxe um sonho no qual ela estava num casamento. De vez em quando imagens de vestidos de casamento apareciam. Um vestido em especial era bem estranho, ela pensou, pois a saia do vestido era na verdade duas pernas de calça mantidas juntas por um zíper branco. Eu fiquei impressionada com esta imagem, e de um modo divertido, bem irreverente, que geralmente era impossível com ela, eu disse: "É difícil se casar se você não sabe se quer ser a noiva ou o noivo". Como de hábito, não houve reação a essa interpretação, mas à noite ela me ligou em pânico, dizendo que não tinha sido capaz de aplicar na mãe uma injeção, de tanto que sua mão estava tremendo. Mas assim que ela ouviu minha voz, começou a se acalmar. A partir deste ponto a análise mudou dramaticamente. Silvia começou a me experimentar como um continente no qual ela podia projetar seus afetos, como podemos ver pelo sonho que ela trouxe na sessão seguinte. Nele, estamos sentadas juntas, de modo acolhedor, em sua cama, e eu conto a Silvia uma história bem confusa sobre meus pais, dizendo que eu me sentia ressentida em relação a eles.

O que eu não pude compreender na época era como essa interpretação aparentemente banal funcionou enquanto muitas outras haviam deparado com ouvidos moucos.

Discussão

Se observarmos o que tinha acontecido na sessão com Maggie, o que parece ter ocorrido foi que nesse momento Maggie e eu nos encontramos num estado em que não havia nenhuma distinção entre dentro e fora. Aqui se trata de algo que está no ar, uma sensação não mentalizada que eu peguei. Isso é o que eu mencionei anteriormente como projeção autista. O que é importante é que o que é transferido não é nem uma imagem nem um afeto, mas uma percepção, e é o trabalho imaginativo do analista que ligou a sensação de

Maggie – o peso de seu estômago e sua tentativa parcial de visualização, a terra – com a minha sensação – o cheiro da terra – que então se combinaram com uma modalidade sensorial diferente, a terra no rosto, que então fez surgir uma imagem, a garotinha morta. Só com a comunicação dessa imagem que o terror da não existência de Maggie, decorrente do fato de que ela só se experimentava como um duplo de sua mãe, se tornou pensável.

Minha capacidade de transformar sua sensação rendeu a Maggie uma imagem de sua experiência de seu corpo, uma imagem que apresentou seu corpo a sua mente, para propiciar os começos de uma capacidade de imaginar seu corpo, assim reestabelecendo o eixo vertical fraturado. Isso é o que Botellas menciona como a capacidade do analista para a "figurabilidade", um trabalho que só pode acontecer quando o analista é capaz de aceitar uma regressão aos níveis mais inconscientes da psique, nos quais ele se torna o "duplo" do analisando (Botella & Botella 2005, 71).

No caso de Silvia, por outro lado, o que se transferiu foi uma imagem bidimensional sem qualquer significado metafórico, e foi através da atividade imaginativa do analista, a capacidade de brincar com a imagem, de dotá-la com uma qualidade de "como se", que a imagem pôde reverberar dentro de Silvia, assim aliviando a raiva sádica inconsciente que ela sentia pela sua mãe e por seu pai. Ao mesmo tempo, porém, a atividade imaginativa da analista também deu a Silvia o sentimento de que a analista não era meramente uma superfície, mas um continente potencial capaz de devaneio, no qual ela podia projetar seus afetos não metabolizados (uma verdadeira identificação projetiva), confiante de que a analista seria capaz de torná-los pensáveis, expressos na imagem da analista calma que, contudo, tinha problemas com o pai.

Conclusão

Grande parte do trabalho de Jung se dirigiu principalmente ao estudo da dimensão intrapsíquica da constituição da subjetividade humana, e seu método, na medida em que possamos falar de um método junguiano, foi projetado para desenvolver esta dimensão. Nesse sentido, a insistência de Fordham na importância da dimensão relacional do desenvolvimento humano e na necessidade de um método que pudesse facilitar o desdobramento da dinâmica transferência-contratransferência foi uma contrapartida útil. Mas igualmente, como eu tentei mostrar neste breve comentário sobre a análise de projeções, fantasias e defesas em estados primitivos da mente, há análises nas quais a interpretação sistemática da transferência não faz sentido, se não for mesmo positivamente contraproducente. Nos casos descritos, foi a atividade imaginativa da analista que propiciou transformação. No caso de Maggie, foi minha função produtora de imagens que ofereceu uma imagem para a experiência dela, de seu corpo como algo morto, sem emoções ou sensações; no caso de Silvia, foi minha atividade imaginativa que foi capaz de dar profundidade metafórica a sua imagem corporal empobrecida. A imaginação é, como diz Coleridge, um "poder sintético e mágico" (1983, 12) que nos permite entrar e sair dos objetos que se nos apresentam. Sem isso, não é possível nenhuma análise.

Referências

Bick, E. (1968). "The experience of the skin in early object-relations". In: *International Journal of Psycho-Analysis* 49: 484-486.

Botella, C. & Botella, S. (2005). *The work of psychic figurability.* Hove/Nova York: Bruner-Routledge.

Cambray, J. & Carter, L. (2004). "Analytical methods revisited". In: Cambray, J. & Carter, L. (eds.) *Analytical Psychology*: Contemporary Perspectives in Jungian Analysis. Hove/Nova York: Bruner-Routledge, 116-148.

Carvalho, R. (2007). "Response to Astor's paper". In: *Journal of Analytical Psychology* 52 (2): 233-237.

______ (1991). "Mechanism, metaphor". In: *Journal of Analytical Psychology* 36: 331-341.

Coleridge, S.T. (1817/1983). *Biographia literaria.* Vol. 2. Princeton: Princeton University Press.

Ferrari, A. (2004). *From the eclipse of the body to the dawn of thought.* Londres: Free Associations.

Fordham, M. (1963). "Notes on the transference and its management in a schizoid child". In: *Journal of Child Psychotherapy* 12 (1): 7-15.

______ (1956). "Active imagination or imaginative activity". In: *Journal of Analytical Psychology* 1 (2): 207-208.

Gordon, R. (1965). "The concept of projective identification: an evaluation". In: *Journal of Analytical Psychology* 10 (2): 127-149.

Hogenson, G. (2004). "The self, the symbolic and synchronicity: Virtual realities and the emergence of the psyche". In: Cowan, L. (ed.). *Edges of Experience*: Memory and Emergence. Einsiedeln: Daimon, 155-167.

Jung, C.G. 1921/1971. *Tipos psicológicos*. OC 6.

Kernberg, O. (1987). "Projection and projective identification: Developmental and clinical aspects". In: *Journal of the American Psychoanalytical Association* 35: 795-819.

Lombardi, R. (2000). "Corpo Affetti, Pensiero: Riflessioni su alcune ipotesi di Ignazio Matte Blanco e Armando Ferrari". In: *Rivista di Psicoanalisi* 46 (4): 683-706 [tradução minha].

Matte Blanco, I. (1988). *Thinking, feeling, being*. Londres: Routledge.

Ogden, T. (1989). "On the concept of an autistic-contiguous position". In: *International Journal of Psycho-Analysis* 70: 127-140.

Schaverien, J. (2007). "Countertransference as active imagination: Imaginative experiences of the analyst". In: *Journal of Analytical Psychology* 52 (4): 413-433.

Wiener, J. (2004). "Transference and countertransference". In: Cambray, J. & Carter, L. (eds.). *Contemporary perspectives in Analytical Psychology*. Hove/Nova York: Bruner-Routledge, 149-175.

21
Gênero e sexualidade: encontros imaginais e eróticos

Joy Schaverien*

O objetivo deste capítulo é considerar gênero e sexualidade na sala do consultório como uma experiência tanto real quanto imaginal. Há vezes em que o elemento erótico na dinâmica transferência/contratransferência envolve analista e analisando numa mistura poderosa. Jung (1946) mostrou graficamente que a transferência erótica é central na análise, até mesmo, por vezes, desafiando os liames do relacionamento analítico. Seguindo Jung, eu explorei esse tipo de envolvimento analítico em profundidade (Schaverien 2002, 1995). Contudo, essa conexão intensamente íntima é apenas um tipo de encontro analítico que envolve significativamente o tema da sexualidade. Muitas vezes, especialmente nas primeiras etapas da análise, quando o material sexual apresentado está longe de ser erótico. Frequentemente isso revela precisamente o problema com o qual o analisando está em luta na vida. A dificuldade, vou argumentar, reside na ligação psicológica entre sexo, gênero e imaginação. Duas vinhetas de análises ilustrarão isso de perspectivas muito diversas. No primeiro exemplo, a imaginação foi paralisada devido ao medo

* Joy Schaverien, Ph.D., é membro profissional da Society of Analytical Psychology em Londres, terapeuta didata e supervisora na British Association of Psychotherapists Jungian Section, professora-visitante de Arte e Psicoterapia na University of Sheffield.

inconsciente de psicose; no segundo, houve muita evidência de imaginação, mas uma falta de relação. Em ambos houve um profundo medo da intimidade, e, portanto, pouco significado simbólico foi atribuído ao sexo. Por essas razões, embora repletos de discussão sobre sexo, inicialmente faltou a intimidade de um encontro erótico.

Quando Jung (1946) ligou a alquimia à transferência, ele conectou a realidade material à imaginal. Samuels (1985) chamou a atenção para o fato de que isso era uma metáfora, portanto um símbolo do relacionamento terapêutico. O relacionamento terapêutico é uma empreitada simbólica e imaginal, bem como erótica. Contudo, certas vezes, é como se houvesse pouca alquimia imaginativa no encontro. A imaginação então está longe de ser ativa. Três fatores desempenham um papel: uma ausência de eros, uma falta ou medo da imaginação e uma inabilidade de se relacionar de uma maneira simbólica. Para o analisando cuja visão do gênero ou da sexualidade é rigidamente fixada, a tarefa da análise é transformar a atitude psicológica do concreto ao simbólico. Isso abre o caminho para uma abordagem profunda do relacionamento através da fantasia e da imaginação.

Nós começamos da situação mais real – o encontro – no começo da análise. Uma ligação telefônica é em geral a primeira abordagem. Nesse contato inicial há muitas pistas sobre quem é essa pessoa. A primeira coisa que o analista escuta, seja conscientemente ou não, é o gênero. Na maioria das ocasiões, o analista sabe imediatamente, a partir da voz, se este analisando em potencial é masculino ou feminino. Isso pode influenciar a conversa telefônica, e ocasionalmente pode até influenciar a aceitação ou não do consultante para uma sessão inicial. Na maior parte dos casos, porém, o gênero faz pouca diferença no começo, mas, seja conscientemente ou não, a percepção do gênero é parte da impressão formada quando do contato inicial.

Antes desta ligação, o analisando em potencial pode ter pensado no gênero e talvez escolhido o analista com base no gênero. Eles podem estar ativamente procurando um analista masculino ou feminino por conta de uma preferência consciente. Em centros de terapia de mulheres, por exemplo, a abordagem é geralmente baseada na suposição de que certos aspectos da experiência feminina podem ser mais bem-compreendidas por outra mulher. Williams (2006) discute como uma escolha pode se basear numa idealização, depreciação ou evitação inconsciente. De modo semelhante, um analisando *gay* pode buscar um analista *gay* prevendo que sua sexualidade será mais provavelmente compreendida. O ponto é que isso é parte da realidade de uma situação que será certamente marcada por antecipações, esperanças e medos, conforme uma pessoa aborda a jornada que é a análise.

Meu uso dos termos "sexo", "gênero" e "sexualidade" precisa ser definido e elaborado neste ponto. Aqui eu sigo Stoller (1968, 9), que distingue entre sexo e gênero. Ele encara o sexo como biológico, uma coleção de características físicas, e os termos que se aplicam a essa realidade são macho e fêmea. O sexo se distingue do gênero, que é psicológico e cultural. Os termos para isso são masculinidade e feminilidade. Esta distinção é, pois, importante, ao diferenciar a realidade biológica da experiência vivida que se associa a ela. Masculinidade e feminilidade não são rigidamente presas a macho e fêmea: "Há elementos de ambos em muitos humanos, mas o macho tem uma preponderância de masculinidade e a fêmea, uma preponderância de feminilidade (Stoller 1968, 9). Podem-se notar alguns paralelos com o trabalho de Jung sobre a contrassexualidade psicológica, os opostos tais como apresentados pelos princípios masculino e feminino na psique (Jung 1928/1969, 1946/1966). Stoller argumenta que a experiência vivida é condicionada tanto por fatores biológicos quanto culturais, o que leva à formação da "identidade de gênero" e ao "papel de gênero" (Stoller 1968, 29-30). No fim dos anos de 1960 e na década de 1970, essa diferenciação se tornou um tema feminista e, seguindo Stoller, a socióloga Oakley argumentou que "o gênero não tem nenhuma origem biológica... as conexões entre sexo e gênero não são realmente 'naturais', de modo algum" (Oakley 1972, 188). Sua visão era de que precisamos observar a construção psicológica e social desses conceitos, para entender como homens e mulheres podem experimentar o mundo de modos diferentes.

Esses argumentos contra uma visão essencialista ou fixa da associação entre sexo e gênero são significativos para os junguianos, porque no passado a tendência foi, usando as visões de Jung sobre os opostos, argumentar que homens e mulheres são psicologicamente diferentes devido à diferença biológica entre os sexos. Seguia-se então que às mulheres se atribuía a feminilidade e com ela o papel feminino na relação com os homens, e vice-versa para os homens. Assim o gênero era demasiadamente amarrado à biologia. A assimilação das visões mais contemporâneas é vital para o psicanalista junguiano no século XXI. Embora não haja espaço aqui para uma referência completa à bibliografia, é importante reconhecer que parte do trabalho sobre gênero e sexualidade tem sido de responsabilidade de junguianos (Colman 2005; Hopcke 1989; Young-Eisendrath 1987, 1999; Samuels 1995, 2001; Schwartz-Salant & Stein 1992). A sexualidade pode ser compreendida como a conjunção de biologia e cultura; embora o sexo esteja preso à biologia, o gênero (masculino e feminino) pode ser atribuído à sexualidade em graus variados. É a forma que as relações sexuais, sejam físicas ou psicológicas, tomam. Dignas de nota nesse contexto são as propostas de Samuels (2001, 38-39) de que uma atitude saudável para com o gênero e a sexualidade deve ser fluida, ao invés de fixa, e a observação de Hopcke de que "a sexualidade de um indivíduo pode mudar ao longo de sua vida" (Hopcke 1989, 187).

Este ponto de vista é bem expresso pela psicanalista feminista Chodorow, que escreve: "Entender a feminilidade e a masculinidade e as várias formas de sexualidade exige que entendamos como uma mulher ou homem em particular cria seu próprio gênero e sexualidade culturais e pessoais" (Chodorow 1994, 92). Embora diferenças biológicas sejam um fator, há muitos modos pelos quais o gênero pode ser imaginalmente fluido, levando a relacionamentos sexuais gratificantes. Contudo, isso é um nível sofisticado de relação que requer a atitude simbólica.

Transferência e repetição

Os analistas habitam e também engendram o mundo da memória e da imaginação. O analisando, perturbado no presente, viaja pela memória do passado recente. Conforme a análise progride, lembranças do passado distante podem emergir. A imaginação é posta em jogo conforme a repetição na transferência evoca conexões e associações mais antigas. Esta interação psicológica é simbólica, salpicada de fantasias e imagens e ensombrecida por lembranças de relacionamentos íntimos pretéritos.

Isso pode ser observado pelo modo como os analisandos se apresentam numa sessão. Alguns entram na sala do consultório mostrando confiança de que serão estimados – até mesmo amados; outros entram mostrando vergonha e medo de rejeição. No coração de cada um está a antecipação da repetição do deleite ou depreciação parental; a memória corporal inconsciente do contato com o primeiro cuidador. Às vezes o sexo e o gênero tiveram um papel importante na formação desta atitude. O analisando que foi bem-vindo incondicionalmente ao mundo se sente confiante em seu estado encarnado. Aquele cujo sexo ou gênero foi um problema na infância pode sofrer conflitos, antecipando abuso ou rejeição. Essas experiências desenvolvimentais precoces podem ser melhoradas ou agravadas pelas da adolescência. Essa experiência infantil pode reverberar emocionalmente ao longo da vida, afetando a capacidade de acessar a imaginação e assim de construir relacionamentos amorosos. Confusão sobre o gênero e o papel de gênero, bem como sobre a sexualidade, pode resultar em ricos potenciais de vida não serem vividos. Isso pode se dever à psique estar sendo conservada inconscientemente rígida por medo de um colapso psicótico.

Vinheta Clínica 1

A análise da Sra. X se desenvolveu com uma coloração erótica pouco discernível, e havia pouco espaço para um pensamento simbólico ou imaginal em relação à sexualidade. Música profissional, na faixa dos 40 anos, ela me foi indicada num estado confuso. A Sra. X era uma mulher pequena, com um cabelo loiro, comprido e amarrado num estilo muito severo. Ela tinha crescido numa família em um país do Leste Europeu onde, na superfície, tudo era aparentemente normal e de classe média. Seu pai, um político eminente, muitas vezes estava ausente de casa. A mãe ficava em casa com as crianças. Na época em que ela me foi indicada para análise, a Sra. X tinha concluído que o relacionamento ideal que ela e a mãe pareciam ter havia sido uma farsa. Essa descoberta havia emergido pouco depois de ela ter se mudado para este país, quando, horrorizada, ela começou a se lembrar dos anos de abuso psicológico que haviam marcado sua infância. Ela tentou falar com seu pai sobre isso, mas nessa época ele já era idoso e parecia alheio ao sofrimento dela. Parecia à Sra. X que ele não queria saber sobre a natureza da crueldade da mãe e que assim era tacitamente cúmplice dela.

Nenhum de seus irmãos parecia ter experimentado o sutil abuso a que a Sra. X fora submetida; portanto, o abuso parecia ter uma especificidade de gênero. A mãe abusava de sua filha de um modo bizarro. Embora aparentando ter um relacionamento próximo com essa criança, ela sussurrava no ouvido da menina que ela era como os irmãos, que era na verdade um garoto.

Em consequência, a Sra. X cresceu com um senso de insegurança sobre seu sexo, e isso afetou sua identidade de gênero. Ela temia que seus genitais não fossem normais. Ela queria saber se poderia checar isso com um médico, mas estava preocupada demais para pedir. Na época em que ela veio até mim, embora a oportunidade tivesse se apresentado várias vezes, ela nunca havia ousado ter uma relação sexual. Sempre que havia sido possível, ela recuou do contato e a relação não se desenvolveu. Em paralelo, embora ela fosse uma música formada, tinha sido incapaz de desenvolver sua vida profissional num nível satisfatório. Ao meu ver, ambos os fracassos em se desenvolver normalmente se deviam a uma inabilidade de acessar o mundo da imaginação, da simbolização e da metáfora. Devido ao terror que dominava seu mundo interno, ela era incapaz de ir para a frente psicologicamente. Ela vivia num mundo rígido, congelado de fixidades concretas.

Ela se apresentou na sala do meu consultório num estado muito paranoide, e levou vários meses para que a história acima fosse contada. O constante abuso psicológico pela mãe tinha afetado o centro de seu ser e criado uma séria deficiência em seu bem-estar psicológico e em seu senso de identidade de gênero encarnada. Ela pensava escutar comentários nas ruas, ou quando estava com pessoas conhecidas, insinuava que elas sabiam que ela era de fato um homem. Embora tivesse toda a aparência de ser uma mulher, ela tinha pouca noção de como os outros a viam. Por fim, depois de pensar muito e de algumas consultas com um colega, eu concluí que este medo muito concreto não poderia ser resolvido apenas por meios psicológicos. Interpretações simbólicas não se conectavam com ela, então eu sugeri que ela marcasse uma consulta com uma especialista em medicina sexual. Lá lhe disseram que ela era exatamente o que devia ser e que era plenamente feminina, em termos biológicos. O efeito disso foi um alívio imediato de sua preocupação, e o problema nunca mais veio à tona de novo. A Sra. X acreditou na especialista.

A questão aqui é que a Sra. X era biologicamente fêmea, mas sua *identidade de gênero* havia sido prejudicada pelo ambiente familiar. Não havia nada errado fisicamente com ela, mas sua capacidade de se imaginar como uma mulher tinha sido interrompida. Sua necessidade era de ser capaz de conceber-se mentalmente como sendo do sexo feminino, e assim dar à luz a si mesma como uma mulher. Isso a capacitaria a assumir a *identidade de gênero* e o *papel de gênero* adequados ao seu sexo. A Sra. X havia sido congelada pelo terror inconsciente. Pouco trabalho simbólico poderia acontecer até que a legitimidade de seu sexo lhe fosse comprovada. Só então ela poderia começar a ter um senso de seu eu encarnado como um ser de gênero.

Ao depreciar a sexualidade feminina de sua filha e ao insinuar constantemente que ela era, na verdade, um garoto, a mãe da Sra. X tinha efetivamente afetado a menina porque lhe interrompeu a conexão com seu próprio corpo. Dentro do relacionamento terapêutico, foi necessário trabalhar num nível bem concreto com a Sra. X devido à possibilidade de que seu frágil senso de si se perdesse, possivelmente a mergulhando num estado totalmente psicótico. Sua capacidade de imaginação era volátil, com a possibilidade de se tornar paranoide e fora de controle, e ela compensava tornando-se muito concreta em seu pensamento.

A simbolização através da transferência

Com a Sra. X em mente, eu passarei agora a considerar as facetas do relacionamento terapêutico que levam à simbolização. A discussão um tanto linear de Greenson (1967) de processos que estão longe de serem lineares é útil, ao considerar a diferença entre os aspectos simbólicos e reais do relacionamento terapêutico. Seguindo Freud, Greenson discutiu o relacionamento terapêutico em termos de três elementos: o relacionamento real, a aliança terapêutica e a transferência. O *relacionamento real* é o que é real entre duas pessoas que inicialmente se encontram e concordam em trabalhar juntas. A aliança terapêutica se baseia na confiança e na ligação não sexual, e, portanto, exige uma cisão psicológica, já que o analisando está ao lado do analista observando sua própria *transferência*. Considerando-se sexo e gênero, essa divisão artificial é útil. O sexo, o gênero e a orientação sexual do par analítico são partes do relacionamento real. Contudo, embora vivamos uma existência limitada pelo corpo que habitamos, na fantasia podemos ser fluidos. Na *transferência*, padrões potenciais passados e não vividos de relação emergem no relacionamento terapêutico, assim se tornando acessíveis à consciência e à transformação através do desenvolvimento da atitude consciente. A transferência é caracterizada pela inconsciência, repetição e inadequação à situação presente. Isso se revela no comportamento, dentro e fora da análise, bem como nos sonhos. O relacionamento terapêutico oferece um espaço à parte em que a transferência é ativada através da combinação da interação real e imaginativa entre analisando e analista. Este aspecto do encontro analítico é simbólico.

Com a Sra. X nós vimos que há ocasiões em que a situação real precisa de atenção durante o trabalho na aliança terapêutica. Nesta análise tivemos que levar seriamente a realidade material de sua situação. A Sra. X não podia se permitir experimentar a transferência plenamente porque inconscientemente ela tinha medo de que sua mãe negativa e crítica se tornasse ativa de novo no presente. Por eu estar ciente desta transferência potencial, nós trabalhamos na aliança terapêutica e não nos aprofundamos demais nos domínios da imaginação e da imago materna negativa. Neste caso, a realidade das questões sobre o sexo tinha um papel neste temor. A forma mais forte de transferência que ela podia se permitir era o de irmãs, em que eu poderia acompanhá-la e testemunhar seu sofrimento, identificando-me com ela como uma mulher.

Transferência: incestuosa e erótica

A transferência, como um sonho, pode evocar a imaginação, e pode parecer temporariamente ser muito real. Contudo, confundi-la com a realidade leva a expectativas irreais e, em alguns casos, a um impulso poderoso de pôr em prática os sentimentos que emergem. Isso acontece assim, especialmente quando há uma dinâmica incestuosa, e o encontro é eroticamente carregado. A visão de Jung (OC 16 e OC 5) era que as fantasias incestuosas experimentadas na transferência têm "um sentido e propósito". Elas evocam padrões emocionais passados numa tentativa de resolver uma situação que não foi adequadamente trabalhada na família. Assim, a transferência representa um problema psicológico inacabado, com um forte potencial para desenvolvimento no futuro. Embora a transferência erótica seja a cola que gruda o analisando à tarefa da análise, ela também evoca temor e pavor. Esses padrões emocionais engendram algumas das experiências humanas mais pessoais e íntimas. Jung escreve sobre o elemento incestuoso na transferência, que se trata do "esconderijo de todos os sentimentos mais secretos, dolorosos, intensos, delicados, embaraçosos, atemorizantes, grotescos, amorais e ao mesmo tempo mais sagrados que constroem a riqueza indescritível e inexplicável dos relacionamentos humanos e lhes conferem seu poder imperioso" (Jung 1946/1966, 15).

Não é de surpreender, então, que os analisandos evitem a consciência de um material tão poderoso. Alhures eu escrevi que, quando a transferência erótica começa a se tornar ativa, muitos analisandos homens, trabalhando com analistas mulheres, abandonam abruptamente a análise (Schaverien 1995, 2006). Esse é um modo de evitar a consciência da transferência erótica. Outro é o *acting out* sexual.

Vinheta Clínica 2

Ao invés de pensar na situação emocional, os analisandos podem escolher se envolver concretamente em comportamento sexual. Podemos ver isto como um fracasso da imaginação. O Sr. Z poderia ter sido um dos "homens que vão embora cedo demais", mas ao invés disso permaneceu na análise e, por algum tempo, envolvido em uma grande quantidade de atividade sexual em torno das sessões analíticas. Para o Sr. Z, o sexo se misturava na sua mente com desejos incestuosos, e, portanto, a emergência do eros na análise era atemorizante para ele. Contudo, notavelmente ele ficou e o confrontou.

O Sr. Z, casado e sem filhos, trabalhava como executivo num banco. Ele era alto, tinha cabelo louro com entradas, e em meados de seus trinta anos. Ele tinha sido indicado a mim por um colega que pensou que lhe seria benéfica uma análise com uma mulher. O material de uma série de sessões, ligadas muito de perto, ilustra o movimento de uma atitude concreta em relação à sexualidade, para uma atitude mais simbólica, em que ele pôde suportar pensar. Ele tinha uma vida imaginal muito rica, que o levava a sonhos fascinantes e à escrita criativa, mas achava que relacionamentos íntimos eram problemáticos.

Houve uma ocasião em que eu tive de cancelar o horário do Sr. Z. Na sessão seguinte, ele disse que, apesar de não querer encerrar a análise, talvez fosse a hora de dar um tempo. Após deixar isso passar em silêncio por um tempo, eu perguntei em voz alta se poderia ser útil tentar entender por que foi agora que ele estava pensando nisso. Eu o lembrei que eu tinha estado fora na semana anterior. Ele respondeu com ar divertido, dizendo que sabia que eu iria fazer essa correlação. O tema parecia ter sido abandonado nesse momento. Então, após uma pausa, ele disse que tinha pensado em ir a um salão de massagem ao invés de vir à sessão hoje. Isso tinha sido um traço constante de fases anteriores da análise, mas fazia algum tempo que ele não mais o mencionava. Parecia que ele estava deixando claro que poderia compensar adequadamente minha ausência.

Conforme eu refletia sobre esse dado, ocorreu-me que era seu modo de negar minha importância para ele, a qual ele considerava muito perturbadora. Parecia também um modo de denegrir a análise e a mim como mulher. Recentemente, algumas das sessões haviam sido sexualmente carregadas, e ele tinha estado muito desconfortável e ciente de estar sozinho comigo. Ele gostava disso, mas se preocupava de que *eu* pudesse gostar *dele* demais; isso ele teria achado opressivo. Tudo bem para ele ter sentimentos sexuais, contanto que ele não suspeitasse que fosse mútuo. Em resposta a isso, senti-me desconfortavelmente sensível a ele sexualmente.

Eu uso o termo sexual aqui, ao invés de erótico, deliberadamente. As sessões com o Sr. Z nesta época eram sexuais, mas não eróticas – ou seja, havia uma percepção desconfortável do sexo no ar, mas pouco senso da intimidade profunda que caracteriza uma conexão verdadeiramente erótica, e, portanto, criativa. Não causava surpresa que houvesse um problema nessa área para o Sr. Z, uma vez que havia uma história de uma situação muito pouco delimitada com sua mãe, cujo deleite para com seu filho único beirava o incestuoso. O Sr. Z cresceu com o senso de que, ao invés do pai, era ele o verdadeiro parceiro da sua mãe. Sem se envolver concretamente em atos de incesto, isso tinha sido uma violação psicológica em que as fronteiras geracionais não haviam sido adequadamente estabelecidas e mantidas. Refletindo sobre essa história, tornou-se evidente que na transferência ele estava inconscientemente reatualizando seu desconforto com os sinais ambíguos que havia pego de sua mãe. Assim o desconforto que eu experimentei durante essas sessões era uma resposta contratransferencial.

A sessão descrita acima foi a primeira de uma sequência em que o sexo se destacou, levando a uma mudança de foco do sexo para Eros, de uma relação de modo sexual concreto a uma outra, imaginativa. O Sr. Z veio bem-vestido no próximo encontro, explicando que estava vestido assim devido a um encontro formal de negócios numa cidade vizinha. Ele tinha tido algum tempo de espera entre o encontro e o horário comigo, e por isso tinha ido a um salão de massagem. Ele descreveu como a mulher atraente de lá havia se conduzido muito profissionalmente; tinha sido um encontro agradável, mas profissional. Após refletir sobre isso um tempo, eu concluí que o paralelo implícito com sua análise precisava ser explicitado. Eu sugeri que talvez ele reconhecesse algumas semelhanças. Esse também era um encontro profissional, e ele me pagava para que eu agisse profissionalmente com ele, como ele o fez no salão de massagem. Ele parecia estar aliviado por eu te percebido isso, e então, encorajado pela permissão implícita a falar disso, ele comparou o que tinha pago pelos serviços dela com o que pagava pelos meus.

Meu ponto aqui é que ele estava tentando diminuir a conexão íntima, e, portanto, criativamente erótica, entre nós, ao ligar a análise a um ato sexual anônimo. Ao denegrir desse modo a mim e o que eu estava oferecendo, ele era capaz de manter uma sensação de controle da situação. Conforme a discussão disso se desenvolvia, ficou evidente que ele estava satisfeito e aliviado com a ligação metafórica. Ele estava aberto a explorar por que era compelido a atos sexuais anônimos e breves – com homens e mulheres. Ele admitiu que achava o sexo excitante no momento, mas não muito satisfatório. Conforme exploramos isso, sugeri que talvez ele estivesse preocupado que, se achasse a análise satisfatória, alguma exigência obscura fosse feita a ele. Enquanto ele pudesse mantê-la como um mero "encontro profissional", pelo qual ele pagava, ele podia evitar a coisa mais temida de todas, que era a intimidade. Assim ele começou a abordar o significado psicológico de sua necessidade ansiosa por encontros sexuais anônimos.

Na semana seguinte, ele chegou dez minutos atrasados para sua sessão e se desculpou, dizendo que tinha se atrasado porque havia feito sexo com sua esposa. Estava ficando claro que ele tinha que se esvaziar de seus sentimentos e desejos sexuais para tornar a análise segura. Se ele tinha feito sexo antes, então isso estaria fora do caminho. Ele bem pode ter sentido que teria menos chance de ser explorado por mim, o objeto de desejo incestuoso, se não estivesse num estado sexualmente desperto quando me visse. Ele se sentia responsável por manter a fronteira geracional. O fato de que nesta ocasião o sexo aconteceu com sua esposa, ao invés de com uma prostituta, indicava uma forma mais relacional de intercurso. Ainda assim, uma vez que aconteceu justamente antes de sua hora analítica comigo, isso indicava algo de seu medo de mim. Minha resposta, como mulher, era não me sentir interessada nele sexualmente. Contudo, isso era análise e assim claramente se tratava de uma contratransferência que precisava ser compreendida. A transferência aqui evocava um padrão obsoleto de relacionamento que o tinha defendido no passado de ficar totalmente consciente de seu interesse sexual em sua mãe. O comportamento nessa ocasião era uma defesa contra a excitação suscitada pela analista, que, como sua mãe, era uma mulher.

Isso levanta a questão se esse material teria vindo à tona do mesmo modo se o analista dele fosse um homem. Poderia ter acontecido através de uma transferência homossexual evocando uma contratransferência recíproca, mas isso teria suscitado diferentes respostas no analista. Meu interesse é nessas diferenças específicas nas contratransferências evocadas pelo gênero do par analítico (Schaverien 1995, 2006). Uma analista mulher provavelmente experimenta tal material de modo muito diverso do que um analista homem. Nesse caso, o senso dela de seu eu como uma mulher era afetado e, embora não fosse diretamente discutido, seu corpo era parte do material. Assim eu penso que o gênero do par era um fator importante na análise.

Lembrando-o da sessão anterior, eu comentei sua compulsão de fazer sexo antes de seus encontros comigo. Parecia que ele queria pôr o sexo fora do caminho antes da sessão. Isso levou à exploração de seu medo de mim e do que eu poderia demandar dele. Ele usou o divã, mas isso o deixou angustiado, porque se sentiu sexualmente aberto lá e vulnerável. Ele queria se permitir estar aberto comigo, mas não podia confiar que eu mantivesse a distância apropriada. Agora ele visivelmente relaxou e, se permitindo explorar seus sentimentos na sala, uma experiência imaginal poderosa emergiu.

Ele descreveu uma imagem. Havia um grande seio que pairava sobre ele, e ele o queria. Houve silêncio por um tempo considerável, pois ele se permitiu prolongar a fantasia. Então ele disse o quão pequeno se sentia e que essa não era uma imagem sexual. Eu fiquei impressionada pelo quanto ele parecia um bebê naquele momento, enquanto ele se encolhia na direção do seio imaginário. Então ele disse que estava preocupado que ele seria demais para isso – ele queria ficar realmente nervoso e chutar, mas então tomou consciência de que era um homem crescido, o que tornou isso difícil. Então foi depois de termos discutido seu medo de ter de performar para mim, isto é, fazer sexo, com uma analista mãe/mulher, que sua dependência emergiu. Isso foi uma experiência simbólica, imaginal que se desenvolveu a partir de um começo de confiança no relacionamento terapêutico. Parecia que ele não podia confiar que sua mãe não sexualizasse o relacionamento deles, mesmo quando ele era muito pequeno. Embora tivesse achado isso muito excitante, isso o havia deixado com uma necessidade infantil insatisfeita que se confundia com sexo. Após essa sessão me senti mais calma em sua presença e mais conectada com ele de um modo íntimo. A conexão erótica podia começar a emergir entre nós, e parecia que o contato sexual com sua esposa antes da sessão tinha facilitado isso. Um espaço simbólico emergiu no relacionamento terapêutico, abrindo espaço para a experiência imaginal.

Na sessão seguinte, ele relatou que no seu caminho até o consultório ele tinha feito um desvio. Isso foi porque, quando tinha passado por uma certa rua anteriormente, ele notara um salão de massagem que anunciava que ele poderia ter duas mulheres ao mesmo tempo. Ele gostou da ideia. Ele tinha ido lá no seu caminho para me ver, e tinha entrado no lugar, numa área de espera, quando percebeu que estava escolhendo um encontro sexual breve ao invés de sua sessão analítica. Ele deixou o salão e chegou à sessão analítica pontualmente. Ele estava muito feliz porque sentiu que isso era um avanço. Ele tinha sido capaz de priorizar a intimidade à gratificação sexual. As duas mulheres ao mesmo tempo poderiam ser tomadas como representando sua esposa e eu, que estávamos oferecendo-lhe atenção íntima, embora de modos diferentes. A triangulação abre o espaço para o pensamento simbólico e, assim, para que uma conexão imaginal fosse feita.

Nesta fase da análise, o Sr. Z começou a separar e diferenciar em sua mente o sexo da intimidade. Seu desejo genuíno por conexão íntima com outro ser humano tinha sido comprometido por seu comportamento sexual ao longo dos anos. De vários modos, a sexualidade pode ser usada como um desvio dos problemas com intimidade. O Sr. Z temia se sentir atraído por mim no presente da hora terapêutica ou, ainda pior, de seu ponto de vista, que eu me sentisse atraída por ele.

A contratransferência é um modo de mensurar a qualidade de uma conexão. O analista precisa ter plena consciência de seu sentimento para que possa compreender a natureza e significado de sexo e de eros em qualquer análise particular. Eu não sentia desejo pelo Sr. Z, apesar de ele ser um homem atraente, mas sentia sim uma tensão sexual que era caracterizada pela ansiedade. Às vezes eu me sentia sexualmente denegrida. Mais tarde, conforme ele se envolveu em profundidade, o relacionamento mudou, e então eu pude sentir uma conexão profundamente íntima com ele. Em regra geral, quando a sexualidade se torna consciente e pode ser discutida, perde parte de seu poder. Uma vez que o sexual foi deixado às claras, nós dois pudemos relaxar na presença um do outro.

Como já foi dito, esta indicação tinha sido feita com base no gênero por um colega que sentia que o Sr. Z precisava ver uma mulher. Portanto, a diferença de gênero foi um fator desde o início. Em alguns círculos analíticos, considera-se que o mesmo material irá emergir independentemente do gênero da díade analítica. Em outros, o gênero é considerado tão importante que se espera que um analisando veja tanto um homem como uma mulher no curso de sua experiência analítica. Jung, por exemplo, indicava um analisando para uma colega mulher ao mesmo tempo que o atendia, ou após encerrar o trabalho com ele (Bair 2003, 377). Certamente, a qualidade do envolvimento neste material teria sido diferente se eu fosse um homem. É muito diferente para um homem discutir uma visita a uma prostituta – de homem para homem – do que discuti-la com uma mulher. Além disso, é possível que, se o analista fosse um homem, o complexo materno não tivesse sido reatualizado do mesmo modo. Eu espero ter mostrado como a sexualidade e o gênero oferecem um elemento particular na simbolização, e que a imaginação é central neste processo. Isso é importante para que o paciente permaneça na análise ao invés de abandoná-la quando a transferência erótica emerge.

Referências

Bair, D. (2003). *Jung, a Biography*. Boston/Nova York/Londres: Little/Brown.

Chodorow, N. (1994). *Femininities, masculinities, sexualities*: Freud and beyond. Lexington, KY: University of Kentucky Press.

Colman, W. (2005). "Sexual metaphor and the language of unconscious phantasy". In: *Journal of Analytical Psychology* 50 (5): 641-660.

Greenson, R. (1967). *Technique and the Practice of psychoanalysis*. Londres: Hogarth.

Hopcke, R.H. (1989). *Jung, jungians and homosexuality*. Boston/Londres: Shambhala.

Jung, C.G. (1956/1970). *Símbolos da transformação*. OC 5.

______ (1946/1966). "A psicologia da transferência". OC 16/2.

______ (1928/1969). *A energia psíquica*. OC 8/1.

Oakley, A. (1972). *Sex, gender and society*. Londres: Maurice Temple Smith.

Samuels, A. (2001). *Politics on the Couch*. Londres: Karnac.

______ (1985). *The plural psyche*: personality, morality and the father. Londres/Nova York: Routledge.

Schaverien, J. (2002). *The dying patient in psychotherapy*: Desire, dreams and individuation. Londres/Nova York: Palgrave/Macmillan.

______ (1995). *Desire and the female therapist*: Engendered gazes in psychotherapy and art therapy. Londres/Nova York: Routledge.

Schaverien, J. (ed.) (2006). *Gender, Countertransference and the erotic transference*: Perspectives from analytical psychology and psychoanalysis. Londres/Nova York: Routledge.

Schwartz-Salant, N. & Stein, M. (eds.) (1992). *Gender and soul in psychotherapy*. Wilmette, IL: Chiron.

Stoller, R.J. (1968). *Sex and gender*. Londres: Hogarth.

Williams, S. (2006). "Women in search of women". In: Schaverien, J. (ed.). *Gender, countertransference, and the erotic transference*: Perspectives from analytical psychology and psychoanalysis. Hove/East Sussex/Nova York: Routledge, 145-156.

Young-Eisendrath, P. (1999). *Women and desire*: Beyond wanting to be wanted. Nova York: Harmony Books.

Young-Eisendrath, P. & Wiedemann, F. (1987). *Female authority*: Empowering women through psychotherapy. Nova York: Guilford.

22
A experiência do numinoso na sala do consultório

Birgit Heuer*

Introdução

Recentemente, eu me vi refletindo sobre o tema da maturidade profissional. Então eu me perguntei se a maturidade profissional estimula nossa capacidade de nos abrirmos a mudanças no cerne da abordagem analítica que tínhamos aprendido, e vínhamos praticando ao longo de muitos anos. Isso por sua vez poderia significar mudanças no cerne do paradigma clínico no qual nos baseamos. Feitas em tempo, tais mudanças poderiam facilitar o fluxo paradigmático no contexto mais amplo da profissão. Para o analista individual, poderia requerer que ele se permitisse considerar diferentes visões clínicas e deixá-las entrar em seu horizonte. Tais visões poderiam se originar de outras abordagens dentro da profissão, ou virem de fora da profissão. O tema do numinoso na hora clínica e particularmente no relacionamento terapêutico, ao meu ver, é um caso desses, pois o discurso clínico junguiano – por uma variedade de razões e dependendo da abordagem – tende a limitar

* Birgit Heuer é uma analista junguiana da British Association of Psychotherapists, Londres. Tendo se formado em psicoterapia de orientação corporal, teve consultório particular por trinta anos. Também foi supervisora clínica do Kingston University Health Centre e serviu ao comitê de formação junguiana da BAP.

o alcance clínico do numinoso. Ele assim pode ser confinado aos conteúdos simbólicos dos sonhos dos pacientes ou aos aspectos arquetípicos da transferência. Neste capítulo eu gostaria de sugerir que o Sagrado se torna parte da hora clínica de modos mais fundamentais, entrando no relacionamento transferencial/contratransferencial e na experiência encarnada do paciente e do analista. O Sagrado como *temenos* pode incluir a realidade física de nossas salas de consultório.

O número crescente de livros e artigos sobre espiritualidade e análise no presente indica a importância do meu tema. Quando eu apresentei o artigo na conferência da Iaap em 2001 que mencionava a possibilidade de orar pelos pacientes como sendo parte do trabalho analítico (Heuer 2003), surpreendi-me com a intensidade da resposta de meus colegas. Emergiu então um senso de sigilo, e um sentimento de permissão necessária clinicamente para considerar a oração, que eu mesma tinha encontrado ao escrever o artigo. De um ponto de vista espiritual, achei profundamente doloroso que algo tão crucial, para tantas de nossas vidas, parecesse inaceitável em nosso trabalho, como se fosse vergonhoso, ou que houvessem fronteiras tão estritas para com o numinoso como realidade sentida, ao invés de uma entidade simbólica. Isso enfatiza a necessidade de criatividade clínica com relação ao fluxo paradigmático, que requer a capacidade da pessoa de estar aberta a mudanças no cerne da sua abordagem clínica. Como uma profissão, podemos também liderar pelo exemplo: assim como estimulamos mudanças no cerne de crenças e experiências de nossos pacientes, nós bem que poderíamos encorajar a possibilidade de mudanças em nossas próprias crenças clínicas essenciais.

Neste capítulo vou traçar meu tema de vários modos. Como uma das intenções é contribuir para o fluxo paradigmático no discurso clínico, preciso oferecer contexto epistemológico. Portanto, eu preciso tornar inteligível a visão da realidade que oferece o contexto mais convincente para o tema da espiritualidade na sala do consultório. No presente, contribuições epistêmicas vêm da física quântica contemporânea, oferecendo uma lógica paradoxal ao invés de aristotélica, e impactando numa mudança do que é visto como real, com referência à realidade quântica. Isso é importante, pois os vários aspectos da realidade quântica se sobrepõem conceitualmente à realidade mística no sentido mais amplo da experiência direta, não mitigada, do Divino e da graça divina. Usando a realidade quântico-mística como contexto paradigmático, o tema do Sagrado na clínica é fortalecido ao nascer mais plenamente e ser abrigado mais adequadamente.

Tentarei também descrever a experiência do numinoso na minha própria sala do consultório. Aqui eu vou considerar o Sagrado com relação à atitude terapêutica, o relacionamento transferencial/contratransferencial, os aspectos físicos da sala do consultório e os aspectos de fronteira e contratuais do trabalho. Sobretudo, vou abordar o Sagrado de uma maneira que enfatiza sua realidade sentida e encarnada.

Além disso, vou considerar os conceitos de ego e si-mesmo, tentando reavaliar o *status* clínico deles. Ego e si-mesmo tendem a ser diferenciados clinicamente de modos lineares, de modo que, dependendo da abordagem, um deles é enfatizado em detrimento do outro, seja de uma maneira temporal, quando se considera clinicamente que um vem depois do outro, ou de uma maneira julgadora, quando um é considerado inferior ou superior ao outro. Minha sugestão é considerar o ego e o si-mesmo como coincidentes de um ponto de vista da realidade quântica, e explorar as implicações clínicas dessa imagem paradigmática.

A seção final deste capítulo vai considerar o que eu chamei de uma psicologia da graça, empregando um conceito retrabalhado de ego e de si-mesmo, a pesquisa quântica empírica contemporânea e a experiência mística interagindo sutilmente dentro da hora clínica ordinária. Isso permite um movimento delicado, embora potencialmente profundo, no fluxo paradigmático, conforme uma preocupação central no discurso clínico muda de formato. Uma preocupação conceitual com a patologia e suas manifestações empalidece suavemente, conforme o Sagrado, ou um paradigma clínico da graça, emerge na realidade de nossas salas de consultório.

Metodologia e epistemologia

A brevidade deste capítulo favoreceu a ousadia de nossa própria visão em detrimento da erudição acadêmica. Por isso não vou perseguir algum argumento específico, nem tentarei definir conceitos-chave como o Sagrado e o numinoso ou lhes rastrear a origem. Será melhor aos propósitos deste trabalho manter os termos fluidos, permitindo que os significados deles se desenvolvam através do contexto e por meio da ressonância. Este capítulo então está escrito mais no espírito da exploração e da reflexão do que da argumentação. Às vezes, o significado será comunicado por ressonância, em outras, inversamente, ele será mais raciocinado.

Meu tema precisa de algum esclarecimento epistêmico, contudo, pois ele é abordado – em parte – via misticismo. A experiência mística é muitas vezes tida como incompatível com o *logos* da linguagem, e isso pode ser porque ela embute uma visão de mundo de algum modo diversa. A experiência mística compartilha uma visão de mundo paradigmática com o que veio a ser conhecida como realidade quântica (Heuer 2008). Um traço-chave desta é a capacidade de sustentar o paradoxo, de permitir que dois fatos logicamente opostos sejam verdadeiros ao mesmo tempo. Outro aspecto é o declínio da causalidade – "fatos" místicos ou quânticos cocausam uns aos outros – e a emergência da não localidade graças à qual as "coisas" se movem mais rápido do que a velocidade da luz, transcendendo o espaço. Disto se segue a ideia de uma conectividade mais profunda que é – paradoxalmente – tão simbólica quanto concreta. Similarmente, o misticismo é impregnado de uma experiência do Divino que é profundamente imanente e pessoal, embora ao mesmo tempo completamente transcendente. Assim a capacidade para o paradoxo está no coração do misticismo. O paradoxo, porém, requer um tipo específico de razão, com características particulares, ao invés da suspensão da razão, daí por que o misticismo é uma preocupação epistêmica assim como uma abordagem do numinoso.

A capacidade conceitual para o paradoxo é também um traço central de muito do pensamento de Jung. Pode-se dizer que *Mysterium coniunctionis* e "A psicologia da transferência", em particular, empregam processos místico-paradoxais e o uso da metáfora alquímica como contexto epistemológico para fins de mudança clínica. Por razões de espaço, tais considerações estão além do escopo deste capítulo, e a referência a Jung e a muitos outros, embora ricamente disponível, deve ser reduzida a um mínimo.

O sagrado na sala do consultório

Para mim, a psicoterapia requer como sua locação literal e simbolicamente um espaço sagrado, o *temenos* de Jung. Um espaço sagrado precisa ser delineado para manter sua identidade e integridade. Isso, então, enfatiza os aspectos de fronteira da psicoterapia e os coloca no contexto do Sagrado, ao invés das "regras" reificadas de comportamento terapêutico em que eles às vezes se transformam. As fronteiras terapêuticas se tornam significativas por capacitar e conter a sacralidade do trabalho. Isso inclui o contrato, o tempo do paciente, a confidencialidade, a atitude ética contínua do analista e o espaço físico. Reconhecer o *temenos* das fronteiras psicoterapêuticas também significa que há uma fronteira estrita em torno dos aspectos espirituais da minha abordagem, de modo que eu nunca trago ativamente a dimensão espiritual para o conteúdo do trabalho, mas sou, é claro, receptiva a que meus pacientes o façam. Mas eu estou ciente de que minha orientação se comunica através da qualidade de meu estar com o paciente.

Eu vejo minha sala do consultório concreta como um templo, do qual eu sou a cuidadora. Portanto, eu estou ciente da energia da sala do consultório: num nível físico, eu vou preenchê-lo regularmente com ar fresco. Alguns colegas acendem um fogo para buscar o mesmo efeito. Eu também preparo energeticamente a sala e a mim mesma a cada dia, antes de começar a trabalhar. Eu fico no meio da sala, respirando profundamente e parada. Então eu me conecto com a fonte universal de toda a luz, e peço proteção em torno do meu ser. Peço que minha sala se torne o templo curativo de Deus, que ele seja consagrado, que o milagre da cura se desdobre nele. Também peço que a sala seja preenchida com a substância, essência e presença do Divino. Ao mesmo tempo, eu sinto a energia da sala mudando e minhas palavras se tornando realidade energética. Eu então sinto/vejo minha sala sutilmente revestida com um templo de luz e eu mesma cercada de uma órbita dourada protetora. Esse efeito pode ser fraco se eu tiver feito o ritual muito rapidamente, ou mais intenso se eu tiver dispendido tempo com ele. Ao final do dia de trabalho, eu peço que o templo seja limpo ao preenchê-lo mentalmente com luz, e que sua energia seja renovada. Eu também limpo minha própria energia, sentindo brevemente a luz que emerge de dentro, limpando a órbita. Quando eu volto ao trabalho no dia seguinte, sinto uma atmosfera fresca, limpa, radiante na sala. Conforme meus pacientes entram na casa, eu posso silenciosamente abençoá-los e, depois que vão embora, eu geralmente gasto um momento atrás da porta fechada, invocando a luz divina para que os cerque, proteja e cure. Como esses rituais fluem de um estado meditativo da mente, parecem não demandar nenhum esforço nem tempo.

O numinoso na clínica também abrange a atitude terapêutica. Conforme meus pacientes entram na sala do meu consultório, eu estou consciente de sua unicidade, beleza e qualidade transpessoal, que é semelhante, embora diferente em cada paciente. Eu os vejo igualmente como divinamente amados, perfeitos aos olhos do divino, e, portanto, sagrados, e como em luta com o que quer que estejam trazendo à sessão. Essa atitude se traduz na qualidade do meu estar com os pacientes, no modo como eu os olho, e na maneira e tom de voz com que eu falo com eles. Uma colega recentemente me descreveu como ela tinha "oferecido" uma interpretação de algum modo desafiadora a sua paciente "como alguém pode apresentar uma oferenda a uma deusa" (Dickinson 2007). Esta atitude descreve uma postura clínica que combina uma consciência do Sagrado com o vigor clínico. (Eu prefiro esse termo ao mais habitual "rigor clínico", por conta de suas conotações mais amistosas.) O numinoso na sala do consultório não se confina, pois, a "ocasiões especiais", por assim dizer. Ao invés disso – como a abordagem ética continua de Solomon (2001) – ele se torna uma parte integral da atitude analítica, estendendo-se a todos os aspectos do trabalho clínico. O analista está, pois, aberto à realidade do Sagrado – dentro e fora – a todo tempo.

O si-mesmo e o ego

Tradicionalmente, os aspectos clínicos do numinoso têm sido embrulhados conceitualmente no si-mesmo, que recebeu recentemente uma atenção renovada. Mas como o si-mesmo funciona no discurso clínico pós-junguiano? No presente, tende a haver uma visão clínica dualista do ego e do si-mesmo e de suas respectivas competências, onde o foco é um ou o outro. Devido a esse delineamento conceitual, pode haver uma visão implícita de que o vigor clínico e uma ênfase no Sagrado tendem a ser mutuamente excludentes, ou que um vem depois do outro, primeiro a integração psicológica ou individuação e depois o Sagrado. Além disso, pode haver um medo implícito da inflação ao se dar escopo clínico ao Sagrado, como se ele fosse secretamente considerado como uma força corruptora. Ou o espiritual pode ser visto como tendo a ver sobretudo com estados exaltados, que são clinicamente suspeitos. O Sagrado como o amor pelo paciente pode ser visto como potencialmente sedutor. Uma abordagem clínica que se centra em torno da transferência/contratransferência pode ver o Sagrado como uma contaminação disso. Assim, é feita uma diferenciação pela qual ao ego é atribuída a tarefa de lidar com a realidade ordinária (ou seja, a realidade emocional, a patologia, a realidade do eu e do outro), enquanto que ao si-mesmo são atribuídos todos os aspectos da realidade transpessoal. Essa cisão conceitual entre ego e si-mesmo se apoia num exclusivismo linear, que encontra sua expressão histórica nas cisões entre as sociedades ou entre as abordagens analíticas, tais como a arquetípica e a desenvolvimental.

Ao meu ver, tal exclusivismo é desnecessário e uma integração dessas posturas clínicas é salutar. O que a prática clínica pode ser quando é tanto vigorosa quanto impregnada de espírito e baseada no Sagrado? A relação entre o ego e o si-mesmo pode ser reconsiderada paradigmaticamente? Para isso, é importante assinalar, um ponto de vista místico acrescenta uma nova perspectiva. No sentido mais amplo, uma abordagem mística tem a ver com a experiência direta interior e/ou exterior do Divino e com uma maneira de receber o conhecimento que abrange todas as quatro funções de uma só vez, de modo que conhecimento e experiência coincidem. Um caso desse tipo é a resposta de Jung: "Eu não acredito, eu sei", quando perguntado se acreditava em Deus (McGuire & Hull 1977, 414). É importante distinguir entre esse conhecimento místico, que é conquistado epistemologicamente fora de um quadro empírico, e o fundamentalismo. O "Eu sei" de Jung é descritivo do método pelo qual o conhecimento é alcançado e não necessariamente implica um julgamento de valor nem exclui outras visões.

Quando a relação do ego e do si-mesmo é reconsiderada de um ponto de vista místico, então – através dos amorosos olhos do Divino – o ego e o si-mesmo coincidem. Isso porque a experiência mística requer, epistemologicamente, a realidade paradoxal, na qual contradições lógicas podem coexistir e/ou se resolver. De uma perspectiva mística, o poder extremo casado com a extremamente dócil suavidade do Divino amoroso, fácil e naturalmente incluem a experiência transpessoal, bem como a pessoal. Além disso, o fluxo místico da graça divina traz consigo uma aceitação abrangente, e assim um perdão e transformação contínuas. Ainda assim, o olhar amoroso do Divino só vê perfeição, então a transformação que pode ser necessária já aconteceu. Ainda mais fundamentalmente, o Divino mantém em mente tanto nossos perfeitos si-mesmos diamantinos e nossa experiência egoica, envolvendo ambos no mesmo amor divino. Esse amor é tão poderosamente inclusivo e tão infinitamente abrangente que toda distinção entre ego e si-mesmo se torna praticamente insubstancial e/ou desaparece. Sei que essa é uma visão de algum modo radical, tanto em termos espirituais quanto clínicos, embora as palavras de Cristo: "Eu e o Pai somos um", expressem a mesma dinâmica. Paradoxalmente, a realidade mística permite a diferenciação para coexistir com a identidade, de modo que os dois elementos – o ego e o si-mesmo –, embora sendo essencialmente um, podem também agir cada qual com sua identidade, por assim dizer, e efetuar mudanças que se desdobram de uma maneira temporal. Deste ponto de vista, nenhuma superação do ego é necessária espiritualmente e nenhuma ativação do si-mesmo na segunda metade da vida, psicologicamente.

Como esse misticismo epistêmico pode se traduzir clinicamente? Ele sugere, por exemplo, que, quando um novo paciente chega, o trabalho já está feito, embora simultaneamente se desdobrando, enquanto que, de uma outra perspectiva, estejamos sempre no começo. Ele também implica que os pacientes com quem estamos sentados trazem seus si-mesmos diamantinos, sua sacralidade, e sua bondade divinamente inspirada, embora também lutem. Assim eu frequentemente imagino os pacientes como o divinamente amado quando estão lutando em relação a si mesmos ou a mim. Em tais momentos eu posso sussurrar mentalmente: "Contemple teu profundamente amado", e sentir o divino ardor fluindo para o paciente. Eu também posso imaginar a forma de um coração em torno do paciente. Enquanto uma parte profunda de mim está engajada, orante e meditativamente, eu me sinto, ao mesmo tempo, disponível, relacional e transferencialmente. Quando há uma sensação de insuportável dor ou fúria na sala, eu tendo a repetir silenciosamente: "Cristo, tende piedade", até que uma mudança ocorra. Isso acontece nos silêncios do trabalho analítico ordinário, portanto estou envolvida transpessoal e pessoalmente, aproximadamente ao mesmo tempo, o que se tornou meu estado ordinário na sala do consultório. Sei que estou usando linguagem e referenciais cristãos, pois essa é a minha tradição. Isso não quer expressar uma preferência enviesada, pois, ao meu ver, o Divino é igualmente fluente em qualquer linguagem e igualmente responsivo, como quer que seja concebido ou abordado.

Uma psicologia da graça

Para mim, a graça divina está no centro da hora clínica, e nela eu sempre me baseio e espero que se manifeste. É como se houvesse uma quietude no coração da hora clínica na qual eu sempre espero em Deus. Neste lugar, o bom resultado é tão certo quanto desconhecido. A graça é como que uma substância sutil que pervade o espaço físico, o espaço temporal e o relacionamento analítico. Para mim, ela é como que uma infinita gentileza ou suavidade, que é igualmente capaz de qualquer firmeza necessária. Da graça floresce a necessidade e a capacidade da aceitação. O trabalho analítico ordinário, quando vai bem, fortalece a capacidade de encarar e tolerar a realidade, embora a graça seja necessária para facilitar a aceitação dessa realidade, e assim essa aceitação profunda permite guinadas e mudanças na realidade. O fluxo místico do amor e da graça divinas inspira esse processo no qual o ego e o si-mesmo cooperam e coincidem. Tudo que é profundamente aceito ganha mais estrutura e textura e igualmente desaparece. Nesta conceitualização não hierárquica do ego e do si-mesmo não há aspectos inferiores nem qualquer coisa a ser postergada. Isso é espelhado pelo modo como, misticamente, a realidade e a eternidade agem uma sobre a outra para a transformação, embora elas, de modo profundamente paradoxal, coincidam.

Num artigo anterior, eu desenvolvi a ideia da graça como um princípio subjacente à mudança clínica positiva (Heuer 2008). Para esse propósito, eu explorei a confluência da experiência mística direta da graça divina e as implicações da pesquisa quântica contemporânea. A pesquisa quântica revela uma dimensão cósmica sutil que inclui poderosos princípios harmônicos, que inspiram um tipo holístico e holográfico de ordem que é também de uma natureza responsiva. Esses princípios dinâmicos subjazem a processos aleatórios e ao aparente caos. Cosmologicamente, isso pode ser imaginado como um universo responsivo que torna tudo que nós criamos mais gracioso, total e sagrado. Esses são processos muito sutis, não lineares e acausais no que são objetivos na acepção de Jung para o termo, embora não possam ser coagidos. Na imaginação mística eles lembram o fluxo sutil, embora todo-poderoso, constante e responsivo, da graça divina. Como se descobriu que as leis quânticas operam nas células vivas (McTaggart 2001) – ao invés de estarem confinadas à matéria subatômica –, isso sugere uma coincidência, bem como uma interação criativa das realidades quântica e ordinária de uma maneira supreendentemente similar à conceituação mística de ego e si-mesmo acima exposta. Importante aqui é o modo no qual uma visão de mundo baseada na segunda lei da termodinâmica – epistemicamente assentada num paradigma newtoniano – se vê sobreposta pelo entrelaçamento com leis quânticas intrinsecamente mais poderosas. Para além da ênfase na desintegração ou destrutividade implicadas pela segunda lei da termodinâmica, surge um senso de uma força todo-poderosa, embora toda dócil, responsiva, embora não coercitiva. Essa força é conhecida através da pesquisa empírica da física quântica contemporânea, embora sua natureza sugira a descrição em termos místicos: graça. A mística apreensão da graça divina é, em termos conceituais, perfeitamente equivalente à complexidade de um poder transformativo mais forte e mais suave do que o imaginável, que é tanto transcendente quanto imanente. Em termos clínicos, isso significa que o numinoso não se restringe ao mundo arquetípico interior do inconsciente, mas também se estende à região corpórea e interpessoal. O Sagrado então sutilmente entrelaça todos os aspectos da hora clínica como graça. Devido a sua natureza conceitual abrangente, um paradigma clínico da graça funciona com a maioria das abordagens clínicas, e ao mesmo tempo altera gentilmente crenças paradigmáticas essenciais no discurso clínico. O envolvimento com a patologia e o sofrimento do paciente deixa sutilmente de ser uma preocupação central conforme o si-mesmo imanente relembra a bondade, o amor, a criatividade e perfeição do paciente. Ainda assim, não são necessárias mudanças radicais na hora clínica. Uma mudança de um minuto na consciência oferece toda a abertura necessária para que a graça flua tranquilamente e o Sagrado se torne sutilmente visível.

Ao mesmo tempo, os pré-padrões holísticos e holográficos da pesquisa quântica ou o divino místico vão providenciar que tudo aquilo com que lutamos se revele, fortalecendo nossa capacidade para a realidade. Ao se desafogar, a alma precisa ser deixada desnuda. E novamente este processo pode ser sustentado pela graça. De um ponto de vista místico, o paciente é profunda ou divinamente amado sempre, não importa se o foco clínico é atingido pelo ódio ou pelo amor do paciente. Paradoxalmente, com o passar do tempo, o divino ardor aumenta, de modo que o paciente, embora divinamente amado para além da compreensão, se torna ainda mais assim. Inversamente, o Divino místico, incapaz de esperar qualquer sofrimento, inclusive o ódio, deve abraçá-lo e sofrer junto, embora o numinoso como graça mística assiste a todo sofrimento mais rápido do que a velocidade da luz. Cientificamente, a descoberta dos neurônios-espelhos (Bauer 2001) se soma a essa dimensão, pois enfatiza a base neurológica da capacidade humana para a empatia profunda. O Sagrado na hora clínica então inclui a capacidade do analista para encampar empaticamente tudo que os pacientes sentem ser mais renhidamente intocável dentro de si. Quando o analista se envolve nesse espírito, a qualidade da luta – tanto na dinâmica do paciente quanto na contratransferência do analista – passa por uma pequena, mas potencialmente profunda guinada. Similarmente, nos experimentos quânticos, pequenos movimentos como o proverbial bater de asas da borboleta, tem efeitos poderosos. Conforme o pensamento e a prática clínicas são impregnadas de conhecimento quântico e místico, o Sagrado em seus diversos disfarces ganha um lugar claramente reconhecido em todos os aspectos da hora clínica.

Conclusão

Neste capítulo, eu considerei a experiência do numinoso na hora clínica usando a confluência da pesquisa quântica contemporânea e a experiência mística do Divino como *background* paradigmático. Assim, a experiência do Sagrado é evocada e se torna mais inteligível. Nesse contexto, eu retrabalhei o conceito de ego e de si-mesmo e usei o conceito místico de graça divina como um princípio clínico curador. Ao explorar o numinoso em minha própria sala de consultório, eu me tornei atenta à necessidade de nutrir uma linguagem clínica do Sagrado. Portanto, o numinoso é uma preocupação profundamente clínica para muitos colegas, embora isso possa não ter sido registrado suficientemente no discurso clínico, devido ao senso de proibição mencionado acima ou a uma falta de terminologia clínica. Naturalmente, meu relato representa apenas uma das maneiras possíveis de o numinoso ser avivado na hora clínica. Ao finalizar, gostaria de lembrar as palavras do oráculo délfico que Jung esculpiu em sua porta: "Vocatus atque non vocatus deus aderit": "Chamado ou não, o Divino está sempre presente".

Referências

Bauer, J. (2001). "Integrating psychiatry, psychoanalysis, neuroscience". In: *Psychotherapie Psychosomatik Medizinische Psychologie* 51: 265-266.

Dickinson, P. (2007). Comunicação pessoal, set.

Heuer, B. (2008). "Discourse of illness or discourse of health: Towards a paradigm-shift in post-Jungian clinical theory". In: Huskinson, L. (ed.). *Dreaming the myth onward.* Londres: Routledge, 181-190.

______ (2003). "Clinical paradigm as analytic third: reflections on a century of analysis and an emergent paradigm for the millennium". In: Christopher, E. & Solomon, H.M. (eds.). *Contemporary Jungian Clinical Practice.* Londres: Karnac, 329-339.

McGuire, W. & Hull, R.F.C. (1977). *C.G. Jung speaking.* Londres: Thames/Hudson.

McTaggart, L. (2001). *The Field.* Londres: HarperCollins.

Solomon, H. (2001). "Origins of the ethical attitude". In: *Journal of Analytical Psychology* 46: 443-454.

23
A psicanálise junguiana no contexto da cultura japonesa

Kazuhiko Higuchi*

Meu tema emergiu a partir de uma questão silenciosa que tive em mente, desde o início de minha prática analítica, especialmente da análise dos sonhos. A questão concerne às diferenças básicas entre os processos e as metas do trabalho analítico no Oriente e no Ocidente. Desde a época do meu retorno ao Japão para praticar a psicologia analítica e ensinar em nossas universidades, já há quarenta anos, eu pensava que meu trabalho deveria ser imaturo na medida em que eu não conseguia conceitualizar inteiramente o processo analítico com meus analisandos ou captar exatamente o que estou fazendo. Eu senti que essa imaturidade poderia estar impedindo meu trabalho de alcançar o coração dos profundos *insights* analíticos de Jung.

Sempre que eu ouvia um ocidental apresentar um caso, eu admirava a clareza com a qual ele vê o processo e seu *insight* sobre a psique do analisando. Muitas vezes minha cabeça concordava com as suas explicações para os casos apresentados, mas eu sentia meu coração dizendo: "Algo parece diferente". Eu

---

* Kazuhiko Higuchi, D. Min., é ex-presidente da Kyoto Bunkyo University e da Association of Jungian Analysts, Japão, do Jung Club, Japão, e da Japanese Association of Sand Play Therapists. Também é presidente do Japan Life Line Telephone Service for Suicide Prevention. Ele é bastante conhecido entre os japoneses como um dos pioneiros que ajudaram a trazer a psicologia analítica ao Japão. É autor de *Jung shinrigakuno Sekai* (O mundo da psicologia junguiana).

tenho agora oitenta anos e, com alguma experiência em nosso campo, gostaria de tentar refletir sobre essas diferenças que eu sentia.

Deixem-me começar voltando nossa atenção às famosas peças japonesas, Nô. Eu deparei com elas por acaso. Não sou um especialista em Nô, nem um ator Nô. Não lutei para entender o Nô no sentido clássico. Antes, eu sou simplesmente um estudioso interessado, observando o Nô da perspectiva do meu trabalho com sonhos na análise. Ao olhar o Nô, eu fui surpreendido por algumas similaridades, tanto de processo quanto de objetivos, em relação ao meu trabalho como psicanalista junguiano. Creio que essas similaridades oferecem uma via de acesso às diferenças entre como a análise é praticada no Oriente, no meu caso no Japão, em contraste com a forma como é realizada no Ocidente.

Quando uma peça Nô começa, aparece um personagem que, através de sua sensibilidade espiritual e psíquica, evoca dos mundos invisíveis o personagem central no drama. Este personagem inicial, o *waki*, nunca usa máscara. Em muitas peças, o *waki* é um monge viajante. Ele dá uma pausa em sua peregrinação num lugar onde ele sente energia espiritual, um "algo" evocativo, e começa a orar. Ele continua a orar, revelando seu coração compassivo, pelo bem-estar de tudo e todos que ele sente presentes ali. Respondendo a esse interesse compassivo, o principal personagem, o *shite*, lentamente emerge do mundo invisível. O *shite* pode ser de ambos os gêneros, mas está sempre mascarado. Ela ou ele pode mudar de máscara várias vezes durante a recitação de sua história, que frequentemente começa com o lamento ou um rancor que ela ou ele carregam de sua existência prévia. Usando diferentes máscaras, o *shite* conta uma história, assumindo os rostos dos personagens psíquicos do passado que influenciaram ou inspiraram a personalidade essencial desse protagonista. Quando a história foi ouvida e testemunhada, o *shite* desaparece novamente no reino invisível.

A trama de uma história, que é encenada na peça Nô, é comparável à criação de uma narrativa, evocando materiais conscientes e inconscientes, que são uma parte tão importante do trabalho do analista. Na persuasão que acontece, as múltiplas características (rostos, personas) e finalmente a verdadeira face do personagem aparece. A receptividade, sensibilidade e compaixão do *waki* tornam a aparição possível. A história do *shite* pode então ser plena e verdadeiramente contada.

No Nô, o *waki* é um coadjuvante. Ele nunca controla o drama. Sua vestimenta é simples, se comparada à dos outros personagens. Ele simboliza a vida ordinária. Ele é do mundo real, do mundo da realidade. Um analista é também uma pessoa do mundo real. Um analista cobra um preço. Esse dinheiro representa a realidade do trabalho. Se ele nega a realidade do seu trabalho e recusa um pagamento, talvez devido a sua sensibilidade espiritual, é fácil para ele escorregar de sua posição no mundo real. Um analista deve manter uma perspectiva tanto dentro como além da realidade ordinária.

Assim, o *waki* não tem um papel de liderança. Ao invés disso, ele sobriamente põe seu coração e alma em sua posição nos bastidores. Quando o verdadeiro personagem principal, o *shite*, é introduzido, o *waki* em geral simplesmente se senta ao lado do palco e assiste ao desenrolar do drama. O personagem dominante é o *shite*, mas o *waki* tem um privilégio único de se sentar e assistir ao lado do *shite*. Isso é semelhante para o analista. Nós nos sentamos, usando nossas habilidades, nosso treinamento e nossa compaixão para convencer as várias formas mascaradas do *shite*, uma mais profunda do que a outra, a aparecer. Como o *waki*, conforme peregrinamos em nosso trabalho, nós às vezes sentimos que um determinado lugar é onde devemos parar. No Nô, esse lugar pode ser onde um poema famoso foi escrito, ou um evento trágico aconteceu. É percebido, em grande medida, como um animal poderia usar seu faro para descobrir algo importante. Quando chegamos a um lugar assim, com um analisando, sentimos que não podemos seguir adiante. Há uma certa gravidade da alma que nos impede de prosseguir. Este é também o caso quando fazemos uma escolha de trabalhar com um determinado analisando. Podemos chamar isso de transferência ou contratransferência, ou podemos simplesmente chamar isso de mistério.

Alguns dos lugares que foram importantes em minha própria vida, lugares onde tive uma forte sensação de gravidade espiritual, foram Viena, Zurique, Ascona e Kyoto. Como o *waki*, somos viajantes nos mundos externo e interno, peregrinos da alma, homens e mulheres numa estrada que não tem nenhum destino ou fim último. Como o médico medieval Paracelso, nós perambulamos cá e acolá. Como o *waki*, estamos sempre na estrada, em busca da totalidade do ser humano.

O palco Nô

O único *setting* para uma peça Nô é um palco nu com um pinheiro pintado no fundo. O chão, feito de madeira polida e lisa, amplifica ao máximo o som e a percepção do movimento. A simplicidade maximiza o jogo da imaginação dos atores e da plateia. Algumas pegadas silenciosas simbolizam uma viagem de mil milhas. Um leve movimento de uma máscara para o alto simboliza prazer, e um movimento para baixo denota tristeza.

Numa peça Nô moderna composta pelo imunologista Dr. Tomio Tada, um monge viajante aparece no palco (como é usual) e se aproxima de um poço. Ele encontra ali o fantasma de um jovem pescador cujo coração tinha sido removido para transplante, após um acidente que lhe causou morte cerebral. Uma jovem, receptora de seu coração, também aparece do lado do poço. O pescador começa a falar sobre invejar a jovem pelo coração recebido. Deste modo, o Dr. Tomio Tada revela um problema na medicina moderna. Os órgãos são simplesmente considerados partes do corpo sem referência à realidade transcendente da alma. Eles são partes do corpo e podem ser extraídos sem levar em conta como esse jovem pescador poderia sofrer pela perda de seu coração. Nesta peça, a jovem é o *shite* e o poço é o lugar especial onde tudo pode se encontrar.

O som tem um papel importante no Nô. É ainda mais importante que as palavras. Uma nota aguda de uma antiga flauta japonesa, ou os sons de um tambor, são mais eficazes para a comunicação dos sentimentos dos personagens ou a gravidade de uma situação do que o diálogo. Tais sons provocam em nossos espíritos a reflexão sobre nossa moderna abordagem da medicina e nosso modo de vida.

A simplicidade do palco Nô e da narração me faz pensar quão diferente ele é da cena da sala de consultório habitual de um analista de formação ocidental. As paredes são geralmente cobertas de quadros, diplomas e livros.

As salas estão cheias de móveis, carpetes e objetos artísticos. Não há nenhum espaço negativo. Nas palavras, também, a simplicidade frequentemente é melhor. Ao invés da repetição infinita das histórias do analisando ou das explicações do analista ao cliente, um pequeno "Oh" pode ser mais eficaz para mover o coração do analista ou do analisando. Esse "Oh" bem colocado pode provocar o espírito dos pacientes, trazendo à tona sua alma mais verdadeira.

Começar e terminar a análise

Numa peça ocidental moderna, a ação começa quando a cortina se levanta, e termina quando a cortina cai novamente. Na análise também temos, muitas vezes, começos e finais bem claros em nosso trabalho. Poderíamos dizer que esse relacionamento terapêutico especial, com seu começo e fim, na verdade define a análise. Contudo, no Oriente, especialmente no Japão, esse relacionamento irá durar por toda uma vida, terminando apenas na morte. É um relacionamento de mestre e discípulo. Antes da morte, nenhum final é possível. Ainda assim, há marcos na jornada relacional, assim como nas peças Nô.

No Nô há uma sala especial de bastidor chamada de Kamaginoma – literalmente uma sala para se circular. Há também uma ponte, chamada Hashigakari, que está entre Kamaginoma, uma sala de espera, e o palco propriamente dito. Esse é um lugar bem especial, nem dentro nem fora do palco. Quando os atores se aproximam e cruzam a ponte, a plateia antevê que o drama vai começar. Quando eles se retiram pela mesma ponte, a plateia saboreia o aroma do que aconteceu no palco. Geralmente, durante essas fases de transição a plateia permanece em silêncio, mas não sem sentir uma grande onda de emoção.

Quando consideramos isso, podemos dizer que a análise começa antes do primeiro encontro efetivo entre analista e analisando. No Japão, o período pré-analítico é muito importante. Nossa sociedade é intimamente relacionada com a comunidade. É muito fácil obter informações sobre os pacientes antes que eles batam à porta da minha sala de consultório. Eu aprendo sobre eles simplesmente pelos seus nomes, ou por um colega, por um rumor ou pela voz deles no telefone. Nossa relação começa antes que tenhamos nos conhecido. Por essa razão, os analistas orientais devem aceitar que o relacionamento com o analisando não é apenas entre os dois. Ele inclui também o nível da família, do grupo social, a região do país e assim por diante. Se você recebe uma pessoa, você também recebe toda a sua família e sociedade. É muito difícil dizer não a essa situação estendida. O não é realmente difícil em nossa sociedade. A necessidade do paciente pode ser tão exigente, tão intensa, que nós precisamos de uma espécie de ponte, como a Hashigakari do Nô, que não é nem o começo nem o fim, mas um lugar entre os dois. Se esse lugar e tempo intermediários, esse vir e ir, são manejados com habilidade, tudo irá bem. Se não, irá terminar miseravelmente.

No Japão, nós às vezes dizemos que, quando o sol nasce, é o momento em que o dia começa. Não podemos dizer que o momento em que vemos a lua é o momento em que o dia termina. A lua frequentemente aparece enquanto ainda há luz no céu. Ela também está parcialmente clara antes que o sol apareça. No Oriente, o começo e o fim de muitas coisas acontecem no crepúsculo ao invés de na plena claridade solar.

A alma peregrina

No Japão, as pessoas muitas vezes sentem que os espíritos dos que estão mortos carregam uma espécie de rancor em relação a esse mundo ou às circunstâncias em que viveram. Frequentemente são fantasmas furiosos. Mesmo pessoas modernas ainda nutrem em segredo essa ideia. Talvez essa seja a razão pela qual nós japoneses sejamos ainda tão profundamente influenciados pelo xamanismo. Mesmo o budismo tem essa ideia, juntando forças com nosso xintoísmo nativo, e sustentando que toda criatura tem o espírito do Buda. Fenômenos naturais como os animais, plantas, rios, montanhas e cataratas são vivificados com espírito. Todas as coisas têm a capacidade de serem salvas, de se tornarem conscientemente unas com sua natureza búdica intrínseca, quando são ajudadas nessa transição através de orações, do cântico de sutras, dos mantras e dharanis [o dharani é um tipo de fórmula de evocação verbal de figuras significativas do panteão budista, e que geralmente se faz acompanhar de específicos gestos de mão, os mudras (N.T.)]. Se isso não ocorrer, suas almas vagam sem rumo pelo mundo terreno. Esse senso das coisas também tem espaço no Nô.

Na era medieval, mais ou menos na época em que o Nô surgiu, muitos monges perambulavam pelo Japão cantando por aqueles que haviam morrido e por aqueles cujas almas foram abandonadas por seus pais. Eles também cantavam sutras por todas as coisas naturais. Uma vez que todos os seres tinham a natureza de Buda, era importante que fossem cultuadas como o Buda.

Caso contrário, as almas deles vagariam para sempre. Por essa razão, muitas peças Nô medievais focavam em circunstâncias infelizes da vida como ferimentos, envelhecimento, doença e morte. Os monges nas peças perambulavam pelo país e ouviam histórias sobre essas dores e rancores. Eles ouviam sobre a tensão entre pais e filhos, maridos e esposas, amantes desventurados e outras histórias de sofrimento.

As coisas não são tão diferentes hoje. A análise lida com esses mesmos problemas. Histórias de tensão sem solução, de demandas insensatas e as várias dores da alma são o material de uma hora analítica. Nós lidamos com os problemas em aberto da vida. O monge no Nô percorre o país orando pelos andarilhos cujas vidas estão sem solução. Ele quer evocar a figura mais profunda dentro daquela alma que pode aparecer e contar sua história. Nós, psicanalistas junguianos, somos tão diferentes desse monge, o *waki* do Nô japonês?

Mulheres no Nô

Eu fico espantado com a variedade de máscaras usadas pelas mulheres! Há tal diferenciação e riqueza de expressão. Entre elas, há uma máscara muito forte, conhecida como a Mulher louca. Ela expressa o aspecto negativo da mulher. A máscara retrata uma mulher que é selvagem em sua raiva, sofrendo de uma inveja insuportável, sua língua bifurcada rachada e seca como uma serpente em agonia num fogo furioso. Outra máscara mostra uma bela garota que se transformou numa enorme serpente.

Talvez as mulheres na era medieval tenham sofrido muito quando a tradição japonesa dos samurais se tornou hegemônica. Antes disso, as aristocratas japonesas eram muito independentes e gozavam de grande soberania.

Elas criavam seus próprios estilos literários, escrevendo prosa e poesia na corte imperial. Em matéria de amor, elas eram livres e não julgadas. Quando a tradição guerreira tomou o poder, as mulheres foram rebaixadas a uma posição muito inferior e mais controlada na sociedade. A raiva nas máscaras vestidas pelas personagens femininas expressa bem sua fúria. Os espetáculos Nô eram frequentemente realizados ao ar livre em santuários ou outros lugares atmosféricos. Na noite profunda, com fogueiras e archotes, as máscaras deviam assumir um aspecto ainda mais misterioso e retratavam vibrantemente o lado negativo da psique feminina.

As peças Nô muitas vezes têm personagens femininas que estão em busca de uma criança perdida, desejando fortemente reencontrar um filho ou filha que foi sequestrado(a) ou tomado(a) delas de alguma outra forma. Às vezes a peça é um Hannyo e lida com o amor romântico entre homens e mulheres. Talvez uma garota de rua de uma classe inferior conheça um nobre e não consiga esquecê-lo. Ela anseia por ele sem cessar e enlouquece. Ela dança em frente do santuário Shimogamo Shrine, segurando o abanador que ele lhe tinha dado. No Japão, um abanador é o símbolo da união e da unidade. Após muitos anos, o nobre acaba passando em frente ao santuário e vê a dançarina louca. Ele não a teria reconhecido se não fosse pelo abanador que ela segura. Não é possível para eles ficarem juntos no mundo real, mas eles conseguem descobrir a unidade no símbolo do abanador que representa sua união. A garota, enlouquecida por seu desejo pelo nobre, encarna um feroz desejo pela união dos opostos e uma busca da Totalidade.

No meu trabalho como analista, eu geralmente encontro meu cliente no meu consultório. Não estou certo, porém, sobre quem eu estou realmente encontrando. Às vezes leva um longo tempo antes que a figura real, o âmago central, da pessoa apareça. Às vezes eu vejo muito mais máscaras de sombra antes que a verdadeira essência daquela personalidade emerja. Quando isso acontece, pode ser numa forma positiva ou negativa. O que quer que venha, fico feliz de ver o que é verdadeiro nesta pessoa. Fico feliz de encontrar o *shite* daquela vida. No Nô, há o *mae* (antes do) *shite*, e o verdadeiro *shite*. O verdadeiro *shite*, uma representação mais profunda da personalidade, aparece numa forma e vestimenta diferentes do *mae shite*. Ele emerge de uma camada psíquica mais profunda.

A diferença visível na imagem é também útil para compreender os sonhos, histórias e produções artísticas do analisando.

Monotonia e interesse

Quando eu vi pela primeira vez um espetáculo Nô, que frequentemente dura várias horas, tive uma sensação de monotonia pelo fato de o movimento ser tão lento. Eu experimentei essa mesma monotonia no consultório. As coisas frequentemente parecem se mover muito devagar. No começo da análise, o analisando normalmente está empolgado. Mais tarde, há um retardamento no processo que se parece muito com o serpentear vago dos monges andarilhos. O ritmo lento é muito importante para nosso trabalho, num mundo onde as coisas se movem tão rapidamente e as pessoas querem um conserto rápido e uma resposta fácil para os problemas da vida. O curar é naturalmente um processo lento. Não acontece no tempo ordinário. No Nô, um ator pode dar cinco passos no palco e aquele movimento representar uma jornada de mil milhas. Tudo no Nô acontece fora do tempo ordinário. Os sonhos também funcionam nessa espécie de tempo alterado e frequentemente têm a atmosfera de eras passadas. Histórias oníricas são de interesse para si mesmo, e talvez para o si-mesmo, e evocam nosso interesse e prazer nas atividades da alma.

Sonhos quebrados

Entre as muitas peças Nô, há uma que se chama *Mugen Noh*. É o mais velho dos dramas. Eu o considero especialmente interessante porque, no fim da peça, um personagem diz: "O sonho está quebrado, a manhã está chegando. Isso significa que o drama inteiro foi um sonho que agora acabou.

A história começa no outono. Um monge andarilho aparece e visita um poço famoso no Templo Nata. O poço é famoso porque, certa vez, um belo homem amou uma filha do Rei Aritsune, um nobre rei. O casamento deles foi realizado atrás do poço. Quando o monge para ali, uma garota aparece e lhe oferece um copo de água do poço. O monge lhe pergunta quem ela é. Ela diz que é uma garota da aldeia vizinha, mas, na verdade, ela é a *mae shite* da filha do rei. Ela começa a contar sua história de grande dor e então desaparece no poço. A *shite* real então aparece no palco.

Ela dança, carregando um pedaço de roupa que pertencera ao belo nobre. Esta é a parte central de todo o drama. Ela continua a dançar, olhando para o poço. Primeiro ela olha seu próprio reflexo. Depois, ela olha o reflexo do homem através do poder da roupa que ela segura. Nos tempos medievais, homens nobres e mulheres tinham cada qual sua fragrância especial, criada pela aplicação de incenso em suas vestes com composições especialmente preparadas de aromas. Segurando essas vestes perfumadas junto ao rosto, ela pode aspirar o perfume dele e aumentar a vivacidade da imagem dele. Desse modo, a separação entre eles é atenuada e os mundos da vida e da morte, do masculino e do feminino, do passado e do presente são reunidos no palco Nô. A união que ocorre no espetáculo Nô é um sonho. A manhã, ou a consciência, chegará.

Morte e renascimento no Nô

O Nô começou na antiga dança que acontecia no pátio de um santuário xintoísta ou de um templo budista. Mais tarde, ele veio a ser realizado nos castelos dos senhores feudais. Em seus estágios mais antigos, seu propósito era cerimonial.

Ele pedia bênçãos para o povo e suas plantações, purificava o mal e rezava por uma vida longa. Havia um personagem central cujo papel era conjurar o mal e invocar a felicidade. A máscara vestida por este personagem era a de um ancião. Essa imagem é importante porque nos dá um meio de recomeçar, trocando as coisas antigas por coisas novas. O ancião, caracterizado, fazia visitas de porta a porta e trazia vida nova a cada família, na forma de seu rosto idoso e feliz.

Vocês talvez conheçam o termo *hängenbleiben*, que significa ficar pendurado ou fixado. Ao contrário desta fixação, ou falta de movimento, os monges andarilhos do Nô trazem mudança, e então saem de cena. Nos tempos medievais, a filosofia entre as classes aristocráticas tangenciava o niilismo. A morte e sua proximidade permeavam seus pensamentos. Este nada e sua falta de solução se estendiam à classe guerreira, uma classe que estava em sintonia com o Nô. Talvez por isso é notável que os finais nas peças Nô, muito frequentemente, não resolvem o problema central do drama. Ao invés disso, elas contam por inteiro a história do rancor ou da tragédia, e então o personagem desaparece do mundo. Isso é uma forte afirmação de que todas as coisas são reiniciadas pela morte e então renovadas no renascimento.

As máscaras Nô

Eu tenho muitas máscaras Nô no meu consultório. Gostaria de lhes mostrar algumas das que eu acho mais interessantes. Esta é Hishimen, produzida no Distrito de Kyoto.

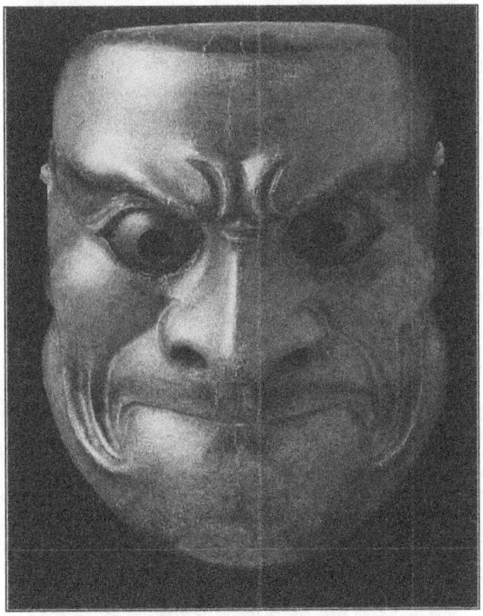

Figura 1 Hishimen

Ela é contorcida e simboliza um homem com um grave problema. Muitos tipos de máscaras representam aspectos tanto positivos quanto negativos da vida humana diária. Algumas são muito velhas e têm um nome único.

Figura 2 Drugemask

Figura 3 Ancião

É interessante notar quantos tipos de máscaras representam o aspecto da velhice na vida de uma mulher.

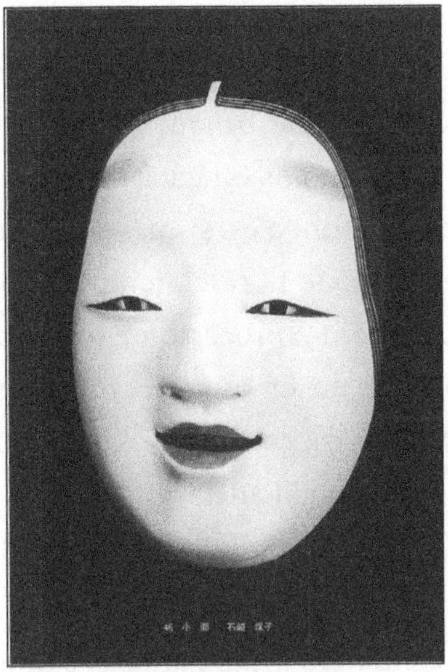

Figura 4 Jovem mulher

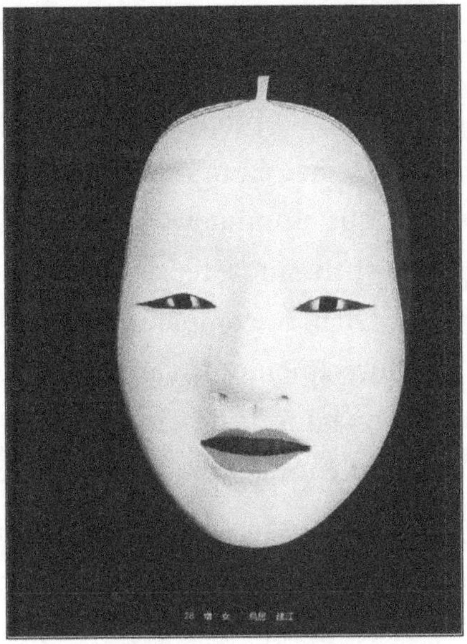

Figura 5 Donzela celestial

Treinando os atores Nô

Como eu mencionei acima, o papel de um ator como *shite* ou *waki* era tradicionalmente determinado por sua família de origem. Essa tradição ainda existe, mas não tão forte nos tempos modernos. Hoje em dia, mesmo um homem não nascido numa família Nô pode vir a se tornar um grande ator Nô. O treinamento de um ator é especialmente interessante.

Em 1433, o famoso ator Zeami escreveu um livro. Ele tinha setenta anos quando escreveu o *Kadensho*, um relato secreto do treinamento profissional de um ator Nô. Ele disse que o treinamento começa aos sete anos de idade e requer que o aluno tenha uma voz muito boa.

Quando o aluno tem doze ou treze anos, conforme sua voz muda, ele deve ser capaz de cantar bem. Com dezessete ou dezoito anos, ele pode ter seu primeiro florescimento preliminar. Por volta dos vinte e três, vinte e quatro anos, ele alcança o limite do seu treinamento e pode ter seu primeiro florescimento. Com trinta e quatro, trinta e cinco anos, ele alcança o auge. Quando está com quarenta e quatro, quarenta e cinco anos, ele não pode mais imitar nenhum ator. Quando chega aos cinquenta, produziu sua verdadeira florada e continua a florescer até a velhice.

Não tenho certeza do que *shin no hana* (a verdadeira flor, ou talvez a flor da verdade) significa em essência. Claramente, é vista como o auge da carreira de um ator. O propósito do Nô não é apenas atuar belamente no sentido tradicional, mas é um modo de exprimir a beleza nos estágios de desenvolvimento, que culmina no tocar a parte mais profunda do si-mesmo. A realização do si-mesmo é representada pelos estágios do florescimento da flor da verdade. Quando comparamos esses estágios com o processo de formação e de amadurecimento na carreira de um analista, devemos acrescentar alguns anos aos estágios do desenvolvimento. Ainda assim, em ambas as circunstâncias, a meta é uma união mais profunda com a Totalidade.

Em conclusão, eu cito uma passagem de uma famosa peça Nô que é conhecida por todo japonês. Isso é falado por Atsumori no *Ko Waka Mai*, num estilo muito antigo de Nô. Atsumori ama cantar e dançar e atuar justamente antes de enfrentar suas guerras fatídicas. Na peça, Oda Nobunaga (uma figura histórica) fala pouco antes de sua morte em combate. Ele diz: "A vida dura só cinquenta anos. Comparada com o movimento do céu, é só um sonho. Quem nasceu uma vez neste mundo jamais pode ser diminuído". Nossa dança da vida é como uma peça, um poema ou uma canção. Como analistas ou analisandos, devemos escolher nossos papéis e desempenhá-los com uma verdadeira intensidade de coração. Talvez então a flor seja a rosa ocidental ou o lótus oriental, floresça na velhice e além.

Parte IV

Tópicos especiais

Introdução a tópicos especiais

Murray Stein

Não é muito conhecido o fato de que as conferências de Jung na Clark University em 1909, quando ele e Sigmund Freud viajaram para lá juntos, incluiu o relato de caso do tratamento de uma criança de três ou quatro anos que sofria uma neurose. Esse é um dos mais antigos relatos de análise infantil na literatura psicanalítica. Mais tarde Jung faria a afirmação célebre de que teve pouco interesse, pessoalmente, no desenvolvimento infantil e que deixou isso para os freudianos, e, contudo, vários de seus seguidores foram na verdade importantes analistas de crianças, caso sobretudo de Michael Fordham. Erich Neumann, também, escreveu um importante livro sobre o desenvolvimento na primeira infância, *A criança*. Nesta seção, Brigitte Allain-Dupré, em seu capítulo "O lado da criança: genealogia do si-mesmo", apresenta a história e o lugar contemporâneo da análise de crianças entre os psicanalistas junguianos. Gustav Bovensiepen, um autor muito publicado e palestrante internacional, oferece uma perspectiva junguiana sobre o trabalho analítico com um amplo espectro de pacientes adolescentes.

Donald Kalsched, em seu capítulo "Trabalhando com o trauma em análise", prossegue a discussão dos problemas e conflitos não resolvidos do desenvolvimento infantil conforme surgem na análise de adultos. Katrin Asper segue com seu capítulo "Psicoterapia e deficiência física congênita," que mostra as raízes psicológicas traumáticas remotas do sofrimento enfrentado por analisandos que nasceram com deficiências físicas. Ambos os capítulos ilustram os modos pelos quais os psicanalistas junguianos contemporâneos trabalham com problemas e sofrimentos psicológicos que derivam de feridas precoces, déficits, e prejudicam a autoestima e as capacidades funcionais.

A relação entre a psique e o corpo é aprofundada por Margaret Wilkinson em "Psique e cérebro", enquanto que Axel Capriles focaliza a psicossomática e a teleologia da paixão em "As paixões: táticas da alma". Esses dois capítulos representam os dois lados de uma mesma moeda, a infinitamente fascinante e intrigante psique humana.

Falar de paixão imediatamente implica a questão da ética: Como devemos nos conduzir no meio do envolvimento passional com outrem, que é o que a análise frequentemente se torna? Para o psicanalista junguiano essa é uma preocupação contínua, uma vez que o trabalho é conduzido em territórios emocionais que nunca são fáceis de julgar e que frequentemente dificultam a avaliação e o controle. Hester Solomon, cujo trabalho sobre a ética e o si-mesmo recebeu ampla atenção na comunidade junguiana, apresenta considerações éticas para sustentar a condução da análise em seu capítulo "A atitude ética na prática analítica". John Dourley, cujos provocativos livros sobre a compreensão das teologias monoteístas pela psicologia profunda encontraram um grande público, prossegue a reflexão sobre religião e maturidade psicológica em "Religião e psicanálise junguiana".

Como todas as outras formas de psicoterapia e psicanálise, a psicanálise junguiana tem sido confrontada pela exigência de provar seu valor como um modo de tratamento no mundo contemporâneo. A pesquisa de laboratório de Jung sobre a psique, em seu começo de carreira, que resultou no conceito tão altamente popular e clinicamente útil de "complexo", lançou as bases para a pesquisa junguiana posterior sobre uma variedade de tópicos, incluindo, mais recentemente, estudos sobre os resultados da terapia. Verena Kast, uma expoente junguiana na defesa da necessidade de mais pesquisas no campo da psicologia analítica, oferece um *background* histórico da pesquisa em psicologia analítica, bem como uma argumentação convincente pela necessidade de maiores e contínuos esforços nessa direção.

Finalmente, Helen Morgan apresenta uma nova aplicação do trabalho com os sonhos em sua exposição "A matriz social do sonhar". Partindo do trabalho de W. Gordon Lawrence na Clínica Tavistock em Londres, Morgan e outros adaptaram a matriz social do sonhar às interpretações junguianas das interconexões permeáveis entre a psique e o social. Esse capítulo, que fecha a sessão sobre Tópicos especiais, considera a resposta da psique em cenários e contextos sociais mais amplos.

24
O lado da criança: genealogia do si-mesmo

Brigitte Allain-Dupré*

Jung a Freud: Você tem experiência com crianças?
Freud a Jung: Trabalho psíquico sobre o que nós não temos a menor ideia!

Análise de crianças e o mundo junguiano

Poder-se-ia acreditar que o reconhecimento da análise de crianças data do primeiro congresso da Iaap [International Association for Analytical Psychology (N.T.)], em 1958, em que cinco das vinte apresentações foram dedicadas a esse tema (Adler 1958). A análise de crianças aparentemente foi integrada plenamente no mundo junguiano.

Mas a verdade não é tão simples: embora as organizações junguianas ofereçam ao campo da análise de crianças sinalizações explícitas de legitimidade, em termos de uma presença contínua em publicações e congressos, os junguianos ainda têm de integrar a análise de crianças em suas representações e identidade. Por exemplo, o trabalho de um analista de crianças é raramente citado enquanto tal pelos analistas que trabalham com adultos.

---

* Brigitte Allain-Dupré, Dess, é analista didata e supervisora na Société Française de Psychologie Analytique; foi codiretora do Jung Institute, onde era responsável pela formação de psicoterapeutas de crianças e adolescentes. Com psicanalistas junguianos da Itália, Alemanha e França, ela publicou em francês e italiano *Maria et le Thérapeute: une écoute plurielle.* Tem consultório particular em Paris.

Na minha opinião, isso se deve a lacunas na identificação de seus conceitos teóricos básicos.

Hoje é possível preencher essas lacunas porque um *corpus* significativo de pesquisa e de pensamento coerente foi acumulado ao longo dos últimos cinquenta anos. Eu sugiro que retornemos às origens da análise de crianças, e retracemos o território percorrido pela análise junguiana de crianças desde então. Isso exigirá que descrevamos a ampliação dos conceitos junguianos históricos, assinalando aqueles que gradualmente emergiram conforme a prática prosseguia e aqueles que oferecem fundamentos teóricos para os praticantes de hoje.

Freud e Jung discutem sobre a criança e o infantil

Para entender plenamente a evolução, senão revolução, representada no mundo junguiano pela legitimação da análise de crianças, devemos remontar à sua gênese na correspondência entre Freud e Jung. Na época, a infância e o *infantil* foram temas de um intercâmbio intenso.

As observações que Freud e Jung fizeram sobre a vida psíquica e afetiva das crianças com as quais tiveram contato (Allain-Dupré 1996) suscitaram um intercâmbio de hipóteses metapsicológicas. Os primeiros heróis foram o Pequeno Hans, filho de um dos amigos vienenses de Freud, e Agathli, a filha mais velha de Jung. O caso do Pequeno Hans permitiu a Freud conceber sua hipótese do complexo de Édipo (McGuire 1974, 186-187). As observações de Jung sobre sua filha, quando a família esperava um novo bebê, permitiram-no escrever "Sobre os conflitos da alma infantil" (Jung 1910/1916/1946).

Publicado em 1910, "Sobre os conflitos da alma infantil" é uma observação psicológica sobre uma criança com os surtos de crescimento psicológico, envolvida no processo pelo qual ela alcançará um novo grau em sua vida simbólica. Diferentemente de Freud, que enfatiza a angústia da castração como a fonte da fobia do Pequeno Hans, Jung mostra como as dificuldades da sua filha são sinais da atividade natural do trabalho simbólico, quando a criança tenta penetrar nos mistérios da procriação.

Somando-se aos ensaios sobre "O boato" (Jung 1910) e "A importância do pai" (Jung 1909/1949), e a uma das conferências dadas na Fordham University (a ser discutida adiante), temos aqui as únicas incursões que Jung fez no mundo específico da infância.

A tensa relação de Carl Gustav com a infância

Nos primeiros dois capítulos de *Memórias, sonhos, reflexões*, pode-se notar o vívido relacionamento de Jung com o substrato psicológico da humanidade. Sua capacidade de reconhecer o poder do anseio *de ser* da criança é particularmente evidente. Hoje, este anseio pode ser interpretado como a pressão do si-mesmo, buscando integração num ego aberto ao mundo da identidade e da alteridade. Contudo, é interessante observar que o velho Jung, refletindo sobre sua infância, não consegue relacioná-la com uma abordagem geral da psicologia infantil, o que o teria levado à ideia de que uma criança, como um sujeito, poderia se beneficiar de um espaço terapêutico assim como um adulto. Pelo contrário, a característica distintiva da infância de Jung é sua solidão com relação à depressão de sua mãe (Bair 2004, 18).

Essa necessidade de compensação ainda está presente para Jung quando, aos 33 anos, voltando para a casa em que passou a infância, ele lembra: "O mundo da minha infância, no qual eu acabava de mergulhar, era eterno, e dele eu fora arrancado, e tinha caído num tempo que ia rolando incessantemente, e se afastando cada vez mais. A atração deste outro mundo era tão forte que eu tive que me arrancar violentamente do lugar para não perder as rédeas do meu futuro" (Jung 1961, 20).

Essas fantasias arquetípicas nos oferecem uma compreensão das primeiras relações de Carl Jung consigo, que claramente formam as bases de uma hipótese teórica da influência do si-mesmo como o princípio que organiza e orienta a "realização do inconsciente" de um sujeito (Jung 1961, v).

Diferentemente de Freud, que tinha lembranças de ter sido adorado por sua mãe, Jung pode ter sentido uma necessidade de se afastar da infância para evitar reabrir antigas feridas. Ele, contudo, chegou aos aspectos inconscientes da infância através de um caminho muito mais amplo, o do arquétipo.

A análise infantil num mundo de analistas adultos

Em "A importância da psicologia analítica para a educação", Jung afirmou: "[...] a psique da primeira infância, até certo ponto, é apenas parte da psique materna e, logo depois, também da psique paterna, em consequência da atuação comum dos pais. Daí provém o fato de que as perturbações nervosas e psíquicas infantis, até muito além da idade escolar, por assim dizer, se devem exclusivamente a perturbações na esfera psíquica dos pais. Dificuldades no relacionamento dos pais entre si se refletem infalivelmente na psique da criança, podendo produzir nela perturbações até mesmo doentias" (Jung 1923/1946, § 106). Embora esse caminho seja restritivo para a criança, ele tem sido seguido por muitos analistas junguianos de adultos.

A despeito do fato de que Jung parece ter preterido a análise de crianças, o mundo junguiano é aberto o bastante para permitir que novas posições emerjam. As necessidades de psicoterapeutas de crianças suscitaram posições pioneiras como um meio de minorar o que foi experimentado como a falta de uma abordagem metapsicológica da psique da criança.

Para além de Jung: a individuação da criança

Já em 1944, com a publicação de *The Life of Childhood*, Michael Fordham anunciava: "Investigar o inconsciente das crianças é acrescentar pedras às fundações de uma casa que está em processo de construção [...]. Qualquer que seja a originalidade que este livro possa ter, ela se deve à vitalidade do gênio do Professor C.G. Jung" (Fordham 1944, vi). Logo na introdução, Fordham escreve: "um reparo que deve ser tratado com mais justiça na psicologia analítica é sua negligência para com a psicologia da infância" (Fordham 1944, 4).

Durante a Segunda Guerra Mundial, a experiência de Fordham nos albergues terapêuticos, cuidando de crianças que haviam ficado órfãs, lhe possibilitou ver: "elas foram evidências para minha tese de que o si-mesmo, no sentido de Jung, era um fator ativo no desenvolvimento infantil, embora os junguianos pensassem que ele só se tornasse importante na segunda metade da vida. [...] Foi demolidora a ideia de que crianças neuróticas e psicóticas só podiam ser tratadas indiretamente, através do tratamento dos pais. O caso das crianças abandonadas se tornou uma confirmação de minhas ideias: não havia virtualmente nenhum dos pais à disposição, de modo que a influência parental na situação presente tinha cessado inteiramente" (Fordham 1993, 62, 85).

Como Jung antes dele, Fordham adotou uma atitude empírica, validando suas intuições teóricas com experiência clínica. Essas intuições seriam evidentes para as gerações de analistas de crianças inspirados por suas ideias. Contudo, a natureza inovadora delas deve ser enfatizada. Elas significam que, embora os escritos iniciais de Jung sobre a criança, antes de 1912, sejam importantes, eles não são necessariamente a base teórica para a análise infantil junguiana contemporânea. Ficaria claro mais tarde que as ideias que Jung elaborou para a segunda metade da vida nos capacitam a abordar os produtos do inconsciente da criança tão bem quanto os do adulto.

Essa amplificação dos conceitos junguianos "do lado da criança" é também um meio de fazer o trabalho de Jung avançar – com toda a modéstia devida – e ligá-lo às muitas descobertas contemporâneas sobre a psicologia infantil, sejam elas da pesquisa de várias escolas de psicanálise ou dos campos da antropologia, sociologia e até da educação (Allain-Dupré 2006).

Em termos institucionais, a análise infantil foi reconhecida como um campo de estudo plenamente legítimo no Congresso de 1983 da Iaap em Jerusalém (Relatório do comitê executivo[1]). Contudo, essa legitimidade é ainda preliminar. Por exemplo, na minha opinião, o livro de Thomas Kirsch (Kirsch 2000) faz uma apresentação insuficiente da especificidade da análise infantil, considerando-se o grande número de praticantes e países abrangido.

O si-mesmo: eixo do crescimento psíquico

Seguindo este breve relato dos *insights* de Fordham sobre a emergência do conceito de individuação começar do nascimento, nós agora vamos

1. Minutas do Comitê Executivo, Zurique, out./1983, § 9: "1° Workshop de Psicologia Analítica da Infância e Adolescência. Mara Sidoli, uma analista de crianças de Londres, propôs, no Congresso de Jerusalém, que mais atenção deve ser dada ao trabalho analítico com crianças e adolescentes pela Iaap. Um encontro foi marcado durante o congresso e assistido por um bom número de analistas de crianças interessados, de diferentes países. A ideia cresceu e formou um grupo internacional (mas não uma seção da Iaap), para comunicar ideias sobre o trabalho analítico com crianças e adolescentes, e materiais formadores" (Arquivos da Iaap) [Disponível em http://www.materia-prima.net/].

examinar como analistas junguianos incorporaram esses *insights* em seu trabalho. Muito mais do que um único capítulo seria necessário para acessar o significado do termo *individuação* para os autores junguianos que escrevem sobre a análise infantil, bem como as definições que eles atribuem ao termo si-mesmo. Permitam-nos, porém, delinear a questão.

O si-mesmo, classicamente definido pela teoria junguiana como "o centro arquetípico de toda a personalidade, consciente e inconsciente" (Agnel 2005), é o "verdadeiro eixo para o crescimento da psique", como afirmou Elie Humbert (Humbert 1977), o elemento que propicia o advento da personalidade, um processo de crescimento que se desenrola durante toda a vida de uma pessoa.

A questão é, portanto, se a mesma concepção do si-mesmo é adequada para descrever o crescimento e adaptação que ocorrem na infância. Deixem-nos resumir o que Jung entende por "adaptação", considerando que ela é a consequência direta do fato de que as pessoas não são *tabula rasa* ao nascerem. "O homem não pode transformar-se em alguma coisa exclusivamente pelo raciocínio, mas apenas naquilo que já está em potencial dentro dele" (Jung 1912/1952, § 351).

Jung quer explorar a capacidade inata de formar um relacionamento; o termo contemporâneo para isso é sintonização [*attunement*] segundo Daniel Stern (Stern 1985). Em outras palavras, Jung vê o conceito de adaptação na infância, que pode ser estendido à primeira metade da vida, como a jornada de amadurecimento conduzida pelo arquétipo do si-mesmo. Para ele, a vida psíquica do sujeito ocorre dentro do contexto de um ego que se origina no si-mesmo. Este ego se desenvolve pela formação de relacionamentos com outros e consigo, pois o arquétipo está ativo e vivo, enquanto tal, apenas quando é estimulado num relacionamento com um outro (Agnel 2004, 30).

Nos escritos de Jung sobre a infância (1906-1912), como nas descrições de sua própria infância nos dois primeiros capítulos de *Memórias* (Jung 1961), o anseio psíquico de alcançar a consciência, impulsionado pelo si-mesmo no ego, pode ser reconhecido em representações simbólicas. Jung descreve as condições pelas quais um suposto sujeito foi capaz de emergir nele como um jovem, em particular na possibilidade de ganhar consciência de seus próprios aspectos de sombra, tanto coletiva como individual (Allain-Dupré 2007).

Se concordamos com a ideia de que "o si-mesmo objetivo só adquire significado pleno na realização do ego subjetivo" (Agnel 2005), devemos considerar o período da infância como dando início a essa realização. Precisamos considerar o que Jung chama de "adaptação" num sentido muito mais criativo do que seu eco behaviorista poderia sugerir. O progresso do processo arquetípico que impulsiona essa maturação adaptativa também deve ser examinado.

O trabalho de Jung o compelia continuamente a aprofundar sua compreensão dos conteúdos de uma psique que não é *tabula rasa* no momento do nascimento. Como resultado, a emergência de um ego permitindo à criança alcançar a subjetividade, segundo o projeto arquetípico humano, foi considerada autoevidente, como Fordham assinala: "Assim, o fato da existência dos arquétipos na infância foi negligenciado e, ao invés disso, sua inscrição no passado histórico foi investigada. Não é de estranhar que um estudo tão fascinante se mostrasse irresistível, mas as crianças não devem, por conta disso, ser negligenciadas" (Fordham 1944, 4).

As mães pioneiras: Marie Moltzer e Frances Wickes

A despeito das lacunas metapsicológicas que nós assinalamos, analistas de crianças apareceram muito cedo ao lado dos pensadores Jung e Freud. Elas eram mulheres. Após Emma Fürst, que acompanhou Jung em sua primeira pesquisa com crianças (Fürst 1907), a analista infantil Marie Moltzer forneceu a Jung o material clínico que ele apresentou em 1912, numa das suas conferências na Fordham University, intitulada "Um caso de neurose infantil" (Jung 1912/1949, § 458).

A próxima analista infantil junguiana de destaque foi Frances G. Wickes. Em 1927, ela publicou *The Inner World of Childhood* [O mundo interior da infância], prefaciado por Jung. Desde o início, ela enfatizou a abordagem educacional ou reabilitativa adotada para qualquer assunto relacionado à infância. O conceito de si-mesmo, ausente da edição de 1927, aparece no prefácio revisado de 1988. É mencionado em termos da personificação do arquétipo: "O si-mesmo – esse sábio que desde o início vive na psique da criança e que diz a palavra decisiva em tempos de perigo. [...] É então que a experiência há muito esquecida, mas ainda numinosa, vem em socorro do viajante perplexo e lhe mostra o que ele deveria fazer agora se fosse livre para prosseguir no seu caminho. Assim o si-mesmo dá testemunho das Grandes Realidades da Alma" (Wickes 1927/1988, xv). Aqui, o conceito de si-mesmo é aplicado sem nenhuma referência à prática clínica. É examinado exclusivamente em termos de sua influência positiva e até mesmo moral.

O prefácio de Jung ao livro dela cita conceitos que desde então têm sido amplamente explorados por escritores psicanalíticos acerca do relacionamento mãe-bebê. À luz do conhecimento que temos hoje, eles parecem insuficientes, mas ao mesmo tempo representaram um grande progresso. Pode-se notar, em especial, a ideia de uma partilha psíquica entre mãe e embrião, e mais tarde entre mãe e bebê, baseada na *participation mystique*. Esta *participation* entre mãe e bebê tem sido estudada da perspectiva da possessão e da personalidade *mana* constelada entre os dois parceiros no relacionamento (Allain-Dupré et al. 2005).

Os escritos de Frances Wickes são valiosos por indicarem a distância que os analistas junguianos de crianças tiveram de percorrer desde o ponto de partida para construir o *corpus* metapsicológico que é o fundamento da prática deles hoje.

Michael Fordham e Erich Neumann, os pais fundadores da segunda geração

Michael Fordham (1905-1995)

Em 1944, quando publicou *The Life of Childhood – A Contribution to Analytical Psychology* [A vida da infância – Uma contribuição à psicologia analítica], Fordham vinha trabalhando na Child Guidance Clinics e em consultório particular há dez anos (Fordham 1944). O fato de que tenha sido publicado em tempos de guerra é especialmente eloquente. Aos olhos de Fordham, o desenvolvimento exige crescimento da consciência, a base da capacidade do indivíduo de distinguir o certo e o errado. Fordham estabelece um relacionamento com o mundo dos arquétipos baseado em sua experiência com pacientes adultos, em quem ele consegue identificar a influência energética dos arquétipos independentemente da influência consciente ou inconsciente dos pais (Fordham 1944, 26). A pesquisa ao longo das últimas décadas, como as ligações com a neurociência estudadas por Jean Knox (Knox 2003) e Margaret Wilkinson (Wilkinson 2006), provaram que Fordham tinha razão.

O exame por Fordham do conceito de individuação o levaram à descoberta inovadora de que a psique infantil pode se valer da objetividade psicológica: "A criança começa a vida com uma psique que não lhe é conhecida, mas através da qual ela cresce e se torna consciente. É como se ele crescesse mais e mais na consciência de sua natureza interior, através da experiência dos arquétipos, que nós, como adultos, reconhecemos serem partes dele mesmo, ainda que a princípio não sejam percebidos como tais pela criança" (Fordham 1944, 7).

Embora possam parecer autoevidentes hoje, a autonomia e a objetividade psíquicas da infância são as teorias fundamentais que estavam ausentes do pensamento junguiano. Contudo, Fordham não tinha ainda tornado a aplicação da teoria de Jung do si-mesmo completamente explícita. Em 1957, Fordham continuou a explorar este terreno com a publicação de *New Developments in Analytical Psychology* [Novos desenvolvimentos na psicologia analítica] (Fordham 1957). Como o prefácio anunciava, "O título se justifica pelo fato de que uma série de observações [...] me levaram a algo próximo de uma visão geral da análise infantil e do desenvolvimento do ego: uma consequência foi enfatizar o acerto do conceito clássico de Jung de individuação como uma manifestação da segunda metade da vida" (Fordham 1957, ix). Fordham tinha começado a descobrir em Jung "também o esboço de uma teoria do desenvolvimento do ego, embora seja verdade que uma leitura cuidadosa é necessária para revelá-la e ela nunca foi realizada completamente" (Fordham 1957, 104). Fordham tinha finalmente descoberto o elo ausente entre o pensamento de Jung e as teorias que fundamentariam suas próprias visões sobre o tema da analisabilidade das crianças.

Em 1951, Fordham escreveu o seminal artigo "Some Observations on the Self and the Ego in Childhood" [Algumas observações sobre o si-mesmo e o ego na infância] (Fordham 1957, 131), no qual ele adaptou a teoria junguiana dos poderes integrativos do si-mesmo à psique da criança. A observação por Fordham de uma criança de um ano de idade rabiscando despreocupadamente até que ela produziu o "I" [Eu] provou sua hipótese de uma representação da função integrativa do si-mesmo, conforme evidenciado pelo *mandala*. Ele comenta: "A relação no tempo entre a descoberta do círculo e a descoberta do 'I' sugere que o círculo representa a matriz do *self* a partir da qual o ego se ergue" (Fordham 1957, 134).

Em 1955, Fordham escreveu um ensaio correlato, "The Origins of the Ego in Childhood" [As origens do ego na infância], em que definia dois novos conceitos, integração e deintegração, como um meio de descrever os resultados da intervenção do si-mesmo na psique infantil. "Comparando o si-mesmo na infância com o si-mesmo na individuação, estamos também comparando o processo de integração com o outro para o qual eu proponho o nome *deintegração*. Este termo é usado para a divisão *espontânea* do si-mesmo em partes – uma necessidade manifesta para que a consciência emerja" (Fordham 1957, 117). A deintegração poderia ser também caracterizada como uma "prontidão para a experiência, uma prontidão para perceber e agir, mas não há até então nenhuma percepção e nenhuma ação. Ambas veem a consciência sem distinção entre sujeito e objeto" (Fordham 1957, 120). Com base na deintegração, o si-mesmo inicia um processo pelo qual fragmentos do ego são integrados e organizados em torno de um ego central. A observação infantil, segundo o método de Esther Bick, capacitou Fordham a confirmar um vaivém entre deintegração e reintegração na gradual emergência do ego da criança.

Todas essas descobertas levaram Fordham a desenhar uma definição mais precisa de como ele acreditava que a análise infantil devia ser estruturada, no capítulo "Child Analysis" (Fordham 1957, 155). Em 1969, ele revisou *The Life of Childhood* para uma nova edição, intitulada *Children as Individuals* [As crianças como indivíduos]. Ela difere significativamente da edição anterior: "Eu dei muita proeminência ao si-mesmo como a totalidade organizada dos sistemas conscientes e inconscientes. A concepção aplicada à criança a trata como uma entidade em si mesma, da qual o processo de amadurecimento pode ser derivado. Isso não inclui a mãe ou a família" (Fordham 1976, 11).

Em conclusão, sinto ser importante confirmar que o trabalho inicial de Fordham teve uma profunda influência sobre a comunidade de analistas junguianos de crianças. Mais tarde, a influência de Melanie Klein daria uma marca especial à análise infantil junguiana britânica e a seus seguidores. A influência kleiniana é uma particularidade cultural britânica, que não é necessariamente compartilhada por analistas junguianos de crianças em outros países, embora eles tampouco a rejeitem. Os escritos de Mara Sidoli (Sidoli 1989, 2000) e Miranda Davies (Davies & Sidoli 1988), com Gustav Bovensiepen (Sidoli & Bovensiepen 1995), Barry Proner e Jane Bunster, atestam a especificidade da Escola de Londres no campo da análise de crianças. Do mesmo modo, analistas infantis na França foram influenciados pela lacaniana Françoise Dolto e pelo freudiano Serge Lebovici. A abordagem deles deixou uma marca perceptível no substrato epistemológico dos analistas infantis junguianos franceses (Vandenbroucke 2006).

Erich Neumann (1905-1960)

A abordagem de Neumann (Vitolo 1990) difere fundamentalmente daquela de Fordham na medida em que "descreve a dialética consciência-inconsciência na psicologia humana como um afresco mitológico e simbólico magistral" (Lyard 1979). Seu pensamento é mais criativo do que metapsicológico, no que amplifica a ideia do arquétipo numa visão extremamente precisa e complexa. Sua teoria do arquétipo reflete a de *Símbolos da transformação* como um *pattern of behavior*.

The Origins and the History of Consciousness [As origens e história da consciência] (Neumann 1950) é a obra em que Neumann lança as bases teóricas de sua compreensão da gênese da personalidade. Jung concordou em escrever uma introdução, na qual afirmava que "a obra assenta a psicologia analítica numa base evolucionária firme" (Young-Eisendrath 1997). A abordagem filogenética de Neumann gerou muita discussão (Fordham

1981, Shamdasani 2003, Hillman 1975, Vannoy-Adams 1997) na qual não entraremos aqui.

Contudo, a contribuição de Neumann para a psicologia infantil merece consideração, embora se deva notar que ele não baseou seu pensamento na prática clínica com crianças. Como Fordham, ele está convencido de que um processo de individuação está em ação desde o momento em que a vida começa. Esse processo é impulsionado pela presença precoce do que ele chama de eixo ego-si-mesmo. "A filiação do ego significa o estabelecimento do eixo ego-si-mesmo e um 'distanciamento' do ego em relação ao si-mesmo, que alcança seu cume na primeira metade da vida, quando os sistemas se dividem e o ego é aparentemente autônomo" (Neumann 1966). Assim, os primeiros momentos da consciência emergem do inconsciente, suas sementes sendo nutridas pelo relacionamento primordial da criança com a mãe. Este é o conceito no coração de uma obra de Neumann publicada postumamente, *The Child, Structure and Dynamics of the Nascent Personality* [A criança, estrutura e dinâmica da personalidade nascente] (Neumann 1973).

O relacionamento criança-mãe, específico do desenvolvimento humano, é uma "realidade mitológica, pois é inacessível à experiência, que é contingente após certo grau de consciência. [...] Neumann escolhe o termo *urobórico* para descrever a unidade sem tensão desta realidade psíquica" (Lyard 1979, 15). A amplificação desta unidade urobórica postulada por Neumann o leva a considerar que mãe e criança se desenvolvem numa realidade una e compartilhada, indiferenciada: a psique está tão intimamente ligada ao corpo e ao mundo que nenhuma distinção pode ser feita entre corpo e mundo.

Do lado da criança, o organizador arquetípico desta unidade mãe-criança é o que Neumann (também Fordham 1969, 100-101) chama de *si-mesmo primário*. Conforme o embrião humano se desenvolve, o si-mesmo primário contém o aspecto autônomo individual de sua personalidade. Contudo, seu desenvolvimento é parte da "realidade estrangeira da mãe, que tem uma influência supraordenada sobre o embrião. Só quando a fase embrionária pós-uterina acabou podemos demonstrar o pleno estabelecimento desta autoridade chamada de si-mesmo individual pela psicologia analítica" (Lyard 1979, 9).

A dinâmica entre o si-mesmo individual da criança e sua mãe cria uma especificidade que Neumann chama de *corpo-si-mesmo*. De fato, na "fase embrionária, o corpo da mãe é o mundo no qual a criança vive, ainda não dotado de uma consciência perceptiva e controladora; além disso, a totalidade-regulação do organismo da criança, que designamos como símbolo do Corpo-Si-mesmo, é, por assim dizer, revestida pelo si-mesmo da mãe" (Neumann 1988, 10).

Neumann cunhou os termos *centroversão* e *automorfismo* para descrever os mecanismos em ação no desenvolvimento da vida psíquica. "Na primeira parte da vida, a centroversão leva sobretudo à formação de um centro da consciência, o uso do qual sendo gradualmente assumido pelo complexo do ego. O automorfismo é a tendência específica e única de cada indivíduo a realizar seu potencial, sua natureza particular e constitucional dentro da comunidade ou, se necessário, em oposição ou independentemente dela. [...] O automorfismo e a relação com o outro são inseparáveis, o que parece ser característico do desenvolvimento humano" (Lyard 1969, 10).

Enquanto que Fordham ganhou um leque tão amplo de seguidores que é visto como o fundador da Escola de Londres, Neumann, em comparação, permaneceu isolado. Contudo, isso não significa que a comunidade junguiana seja impermeável a suas ideias. Ele é provavelmente menos conhecido porque sua obra como um teórico, mais do que um clínico, o afastou, em algum grau, dos jovens analistas em formação. A psiquiatra infantil e analista junguiana francesa Denyse Lyard (Lyard 1998) desenvolveu um profundo conhecimento das teorias de Neumann, que ela ilustra magistralmente com sua experiência clínica, um fundamento que está ausente dos escritos de Neumann.

Há algo como uma análise infantil junguiana?

Esta é a questão levantada por Denyse Lyard, ecoando as reflexões apresentadas aqui. Ela procede ao estabelecimento de um inventário de fontes epistemológicas, situando a teoria do *si-mesmo primário* em primeiro plano. Quer o conceito seja compreendido no sentido de Fordham ou no de Neumann, o si-mesmo funciona, segundo Denyse Lyard, "como uma memória individual, registrando os traços das experiências inconscientes, e capaz de restaurá-los num sonho, em particular, ou nos conteúdos projetados na situação específica da transferência analítica" (Lyard 1998, 79). Assim, tanto a abordagem de Neumann quanto a de Fordham confirma que é possível analisar a criança reconhecendo o efeito fertilizador do si-mesmo no processo de individuação, a fonte da construção da personalidade infantil, na dinâmica da diferenciação entre ego e inconsciente. É interessante notar que, quando um mesmo caso clínico é considerado à luz de ambas as abordagens (Blotto & Nagliero 2005), o resultado não é contraditório, mas complementar.

Contudo, o campo de exploração e criação da análise infantil de inspiração em Jung não se limita a esses dois pensadores. Em encontros como o anual International Workshop of Analytical Psychology in Childhood and Adolescence, instituído em 1983 por Mara Sidoli e Gustav Bovensiepen, a profundidade de seu intercâmbio dá provas de que o campo é dinâmico e pujante.

Agora que os pioneiros abriram o caminho com seu escrutínio do conceito junguiano de si-mesmo, o desafio que aguarda uma nova criação de analistas infantis é avançar esta exploração buscando um entendimento mais preciso de: (a) dinâmica arquetípica, (b) dos eventos psíquicos que antecipam a identidade de gênero da criança baseada na *anima* e no *animus*, (c) dos meios pelos quais um senso de ética é organizado, entre o desapego do superego parental e a diferenciação entre o certo e o errado.

Que cada qual adote seu próprio estilo, dependendo de seu *background*. A prática clínica cuidadosamente pensada irá permitir coerência, e cada qual contribuirá para esse imenso e infinito projeto que Jung começou: o esforço de lançar luz sobre os arcanos da psique humana.

Referências

Adler, G. (1958). "The First International Congress for Analytical Psychology". In: *Journal of Analytical Psychology* 4 (2): 187-189.

Agnel, A. (2004). *Jung*: La Passion de l'Autre. Toulouse: Milan [Collection Les Essentiels].

Agnel, A. et al. (2005). *Le vocabulaire de Carl Gustav Jung*. Paris/Voice: Ellipses/Le Soi.

Allain-Dupré, B. (2009). "The ethics of the subject in child analysis: The question of subjectivation". In: Bennett, P. (ed.). *Cape Town 2007*. Einsiedeln: Daimon.

______ (2006). "What do the child analysts bring to the Jungian thought?" In: Cowan, L. (ed.). *Proceedings of the 16th International Congress for Analytical Psychology*. Einsiedeln: Daimon, 49-62.

______ (1996). "Enfants de la clinique, clinique de l'enfant". In: *Cahiers Jungiens de Psychanalyse* 86: 67-81.

Allain-Dupré, B. (2005). "Maria et le thérapeute: une écoute plurielle". In: Allain-Dupré, B. (ed.). *Cahiers Jungiens de Psychanalyse.*

Bair, D. (2004). *Jung*: A Biography. Boston: Little/Brown.

Bosio Blotto, W. (2005). "Le paradis, retrouvailles et pertes". In: Allain-Dupré, B. (ed.). *Cahiers Jungiens de Psychanalyse*, 155-168.

Davies, M. & Sidoli, M. (eds.) (1988). *Jungian Child Psychotherapy*: Individuation in Childhood. Londres: Karnac Books.

Douglas, C. (1997). "The historical context of Analytical Psychology". In: Young--Eisendrat, P. & Dawson, T. (eds.). *The Cambridge companion to Jung*. Cambridge: Cambridge University Press, 17-34.

Fordham, M. (1993). *The making of an analyst*: A memoir. Free Association Books.

______ (1981). "Neumann and childhood". In: *Journal of Analytical Psychology* 26 (2): 99-122.

______ (1976). *The self and autism*. Londres: Heineman.

______ (1969). *Children as individuals*. Londres: Hodder/Stoughton.

______ (1957). *New Developments in analytical psychology*. Londres: Routledge.

______ (1944). *The Life of Childhood*: a contribution to analytical psychology. Londres: Kegan Paul/Trench/Trubner.

Fürst, E. (1907). "Statistical investigations on word associations and on familial agreement in reaction type among uneducated persons". In: Jung. OC 2, § 886 n. 13.

Hillman, J. (1975). *Re-visioning psychology*. Nova York: Harper & Row [*Re-vendo a psicologia*. Trad. Gustavo Barcellos. Petrópolis: Vozes, 2010].

Humbert, E. (1977). *Vocabulaire des psychothérapies*. Ed. André Virel. Paris/Voice: Fayard/Le Soi, 274.

Jung, C.G. (1961). *Memories, dreams, reflections*. Registrado por Aniela Jaffe. Nova York: Vintage Books.

______ (1923/1946). "A importância da psicologia analítica para a educação". OC 17.

______ (1912/1952). "Símbolos da mãe e do renascimento". OC 5.

______ (1912/1949). "Um caso de neurose infantil". OC 4.

______ (1910/1949). "Contribuição à psicologia do boato". OC 4.

______ (1910/1916/1946). "Sobre os conflitos da alma infantil". OC 17.

______ (1909/1949). "A importância do pai no destino do indivíduo". OC 4.

Kirsch, T. (2000). *The Jungians*: A comparative and historical perspective. Londres: Routledge.

Knox, J. (2003). *Archetype, attachment, analysis*: Jungian psychology and the emergent mind. Londres: Routledge.

Lyard, D. (1998). *Les Analyses d'enfants*: Une clinique jungienne. Paris: Albin Michel.

______ (1979). Le modèle théorique d'Erich Neumann. *Cahiers de Psychologie Jungienne* 20: 1-50.

McGuire, W. (ed.) (1974). *The Freud/Jung letters*. Princeton: Princeton University Press.

Nagliero, G. (2005). "Empathie et technique". Apud Allain-Dupré, B. (2005). "Maria et le thérapeute: une écoute plurielle". In: Allain-Dupré, B. (ed.). *Cahiers Jungiens de Psychanalyse*, 77-89.

Neumann, E. (1973/1988). *The child-structure and dynamics of the nascent personality*. Londres: Maresfield.

______ (1966). "Narcissism, normal self formation and the primary relationship to the mother". In: *Spring, an Annual of Archetypal Psychology and Jungian Thought*, 81-106.

______ (1950). *The origins and history of consciousness*. Princeton: Princeton University Press.

Shamdasani, S. (2003). *Jung and the making of modern psychology*. Cambridge: Cambridge University Press.

Sidoli, M. (2000). *When the body speaks*. Londres: Routledge.

______ (1989). *The unfolding self*. Boston: Sigo.

Sidoli, M. & Bovensiepen, G. (1995). *Incest fantasies and self-destructive acts*. Londres: Transaction.

Stern, D. (1985). *The interpersonal world of the infant*: A view from psychoanalysis and developmental psychology. Nova York: Basic Books.

Vandenbroucke, B. (2006). "On the experience of a group of child and adolescent analysts: Reinventing jungian concepts". In: Cowan, L. (ed.). *Proceedings of the 16th International Congress for Analytical Psychology*. Einsiedeln: Daimon.

Vannoy-Adams, M. (1997). "The archetypal school". In: Young-Eisendrath, P. & Dawson, T. (eds.). *The Cambridge Companion to Jung*. Cambridge: Cambridge University Press.

Vitolo, A. (1990). *Un esilio impossibile, Neumann, tra Freud e Jung*. Roma: Borla.

Wickes, F.G. (1927/1955). *The inner world of childhood*. Londres: Appleton.

Wilkinson, M. (2006). *Coming into mind* – The mind-brain relationship: A Jungian Clinical Perspective. Londres: Routledge.

25
Adolescência: uma perspectiva desenvolvimentista

Gustav Bovensiepen*

É outra coisa.
A. Rimbaud

A adolescência frequentemente é descrita como uma fase de transição da infância e vida familiar para a idade adulta e o mundo coletivo, em termos do desenvolvimento do ego e da adaptação social. Contudo, a individuação, o desenvolvimento e o desdobramento do si-mesmo acontece simultaneamente como um processo interior.

Para resumir alguns aspectos dos estados adolescentes da mente, eu ofereço a seguinte caracterização:

Os humores adolescentes frequentemente se alternam entre o alto astral e o total desespero; é típica uma mudança abrupta da ansiedade e de sentimentos de inadequação para uma forma de certeza grandiosa de onipotência. Estados insensatos são comuns e levam às vezes a um comportamento maníaco, que pode ser interpretado pelos pais (que estão identificados com o superego projetado do adolescente) como a total recusa do adolescente de

* Gustav Bovensiepen, M.D., é coeditor de *Analytische Psychologie*. É um analista didata e supervisor na Deutsche Gesellschaft für Analytische Psychologie e tem prática particular (adultos, adolescentes e crianças) em Colônia, Alemanha. É autor de numerosos artigos clínicos e faz palestras na Europa e nos Estados Unidos.

assumir a responsabilidade por suas ações. Por vezes, os adolescentes sofrem também de um intenso sentimento de vergonha, resultante de uma morbidez, feiura e insuficiência fantasiosas de seus corpos; pela primeira vez eles se conscientizam de sua própria mortalidade.

Dolorosas pontadas de consciência são comuns quando o adolescente simultaneamente condena e idolatra os pais, sustentando a frágil esperança de ser completamente compreendido e aceito por eles. Em termos psicodinâmicos, esses estados mentais complexos e frequentemente confusos indicam a tarefa do adolescente, que é se separar da mãe e do pai e deixar para trás o relacionamento infantil.

A grande maioria dos adolescentes consegue lidar com esses conflitos internos e externos sem sinais graves de colapso mental. A psicologia analítica atribui isso a forças do si-mesmo que conservam o mundo interno do adolescente, um mundo ameaçado pela *fragmentação*. Se o si-mesmo será ou não capaz de se desenvolver com força e eficácia suficientes para manter a coesão depende das experiências infantis mais remotas da pessoa. O adolescente deve conseguir manter uma *continuidade interna* numa fase da vida em que muitas mudanças internas e externas acontecem.

Segundo Jung, há interação de energia regressiva e progressiva, uma atividade arquetípica em busca da totalidade: é a função dinâmica do si-mesmo. Psiquicamente experimentado como um renascimento, esse processo cria imagens derivadas do arquétipo da criança. A criança como imagem arquetípica contém o passado, o presente e as potencialidades futuras: a unidade e a multiplicidade da psique.

Dois aspectos são, ao meu ver, de importância fundamental para compreender o desenvolvimento adolescente e trabalhar com adolescentes em terapia: (1) A *regressão*, e (2) o *papel do corpo* na experiência psíquica deles.

Em *Símbolos da transformação*, Jung modifica o entendimento de Freud do complexo edipiano. Ele interpreta a regressão não apenas como uma defesa contra tendências genitais, mas também como uma regressão a imagos parentais pré-genitais no inconsciente. Isso é uma busca da totalidade, a união dos opostos e renascimento. Jung considera o incesto como uma metáfora para simbolizar essa transformação regressiva da libido. Embora ele enfatize a natureza criativa e regenerativa da regressão, era muito ciente do perigo inerente à regressão da libido, como ilustrado na seguinte citação:

> O "passo sacrílego para trás" de que fala Nietzsche, despojado de seu invólucro incestuoso, revela-se como uma reversão ao estado passivo original, em que a libido é retida nos objetos da infância. Esta inércia, como diz La Rochefoucauld, é também uma paixão... Esta paixão perigosa é que aparece sob a máscara temerária do incesto. Ela nos confronta sob o aspecto da Mãe Terrível (Jung 1911/1912/1970, § 253-254).

Para ilustrar este argumento, Jung inclui uma figura que mostra um amuleto xamânico que descreve uma mãe devoradora. A fantasia do incesto é tratada por Jung como um caso especial de regressão a um estado de imersão com a mãe da infância. Essa tendência regressiva é inconscientemente repetida na puberdade, quando as ansiedades infantis subjacentes são misturadas a ansiedades sexuais e fantasias incestuosas inconscientes. *As imagens parentais pré-edipianas se tornam sexualizadas*. Para evitar a experiência emocional deste estado mental, alguns adolescentes exibem uma forte defesa (a "inércia da libido" de que fala Jung; cf. Jung 1911/1912/1970, § 253) e fracassam em se separar de seus laços infantis. Se o desejo de fusão inconsciente é esmagador demais, só um ego constrito pode ser salvo da adolescência através de defesas patológicas (p. ex., cisão patológica, negação, identificação projetiva). O resultado é a formação de sintomas como as psicoses, desordens alimentares, estruturas *borderline* e vícios. Adolescentes em regressão não conseguem desenvolver uma autorrepresentação suficientemente estável para o desenvolvimento. As imagos parentais arcaicas reativas pela puberdade – por exemplo, a mãe devoradora ou o pai estuprador, violentador (como objetos parciais) – não podem ser integrados no complexo do ego. Em consequência, as fronteiras do ego não são aumentadas e o ego permanece numa frágil dependência infantil.

O segundo aspecto de importância central para o tratamento analítico de adolescentes é a *função do corpo* na experiência psíquica deles (para uma apresentação detalhada desta concepção, incluindo estudos de caso, ver Sidoli e Bovensiepen 1995). Isso decorre da importância particular da regressão na adolescência. Adolescentes na puberdade *projetam suas fantasias inconscientes de um relacionamento com seus pais internos em seus próprios corpos e muitas vezes encenam inconscientemente esse relacionamento em seus corpos.* A importância psicológica particular do corpo corresponde à importância do corpo à psicopatologia da adolescência. As aflições psíquicas que tipicamente acontecem durante a adolescência são relacionadas, essencialmente, à experiência corporal: desordens alimentares, drogas, psicoses, autolesão, suicídio e os resultados do abuso sexual.

Para além de sua qualidade como um palco para a encenação do relacionamento com os pais internos, o corpo também é usado de um modo que os adolescentes o tomam como um continente, um tipo de objeto-continente que os ajuda a lidar com seus impulsos, afetos, ansiedades e fantasias destrutivas esmagadoras (Bovensiepen 1991, 2008).

Tudo isso nos faz compreender por que o corpo recebe um investimento narcísico tão extremo na adolescência, um fato que deveria ser considerado com a maior atenção em qualquer trabalho psicanalítico com adolescentes.

As subfases da adolescência e as técnicas de tratamento relevantes

Ao final do processo de individuação adolescente, algumas das seguintes *metas desenvolvimentais* deveriam ser alcançadas:

1) a capacidade de aceitar e amar nosso próprio corpo adulto e sexualmente maduro;

2) a capacidade para relações de objeto não incestuosas e a separação dos pais interiores da infância;

3) estabilização e diferenciação da relação ego-si-mesmo (identidade);

4) sacrifício das fantasias bissexuais de grandeza (sexualidade adulta);

5) a capacidade de conter opostos internos (deintegração e reintegração do si-mesmo);

6) a capacidade de assumir a responsabilidade pelas próprias ações ao entrar na sociedade (persona, desenvolvimento ego/ideal de ego).

Eu suponho que psicanalistas de diferentes escolas concordarão com esse item (e mesmo outros poderiam ser acrescidos). Os pontos 3 e 5, em especial, são centrais na perspectiva da psicologia analítica.

A adolescência, concebida como ocorrendo entre os 10 e os 25 anos de idade, é uma fase da vida em que mudanças internas e externas, físicas, psicológicas e sociais acontecem em rápida sucessão. Também no domínio psicológico é uma etapa de extremo crescimento. Durante esse período, o adolescente passa por várias subfases no comportamento e na experiência que exigem diferentes abordagens técnicas. Eu distingo cinco subfases que são apresentadas de acordo com cinco critérios diferentes: *(1) desenvolvimento dos instintos, (2) nível de ansiedade, (3) defesas, (4) dinâmica dos complexos/transferência, (5) relacionamento ego-si-mesmo.*

Neste capítulo eu só posso, claro, dar uma descrição aproximada dessas subfases, baseado não só em manifestações clínicas ou "patológicas" na adolescência, mas principalmente no processo de individuação como um processo normal de desenvolvimento. As postulações de idade neste panorama desenvolvimental não devem ser vistos esquematicamente demais; elas servem apenas como uma aproximação básica.

A) Pré-adolescência: 10-11/12 anos

O *leitmotiv* desta idade poderia ser marcado pela ativação do instinto regressivo *versus* o controle do ego. O ego infantil deve, por assim dizer, desenvolver qualidades heroicas para manter a distância o terror que emana dos objetos parciais "monstruosos" pré-edipianos. Em um nível mitológico, figuras como Hércules ou Super-homem/Super-mulher ou heroínas virtuais como Lara Croft de *Tomb Raider* vêm à mente. As crianças na pré-adolescência frequentemente se identificam com figuras cujos *backgrounds* coletivos se enraízam nas imagens arquetípicas de Vamp/Amazona para garotas e do policial/gângster para rapazes.

O desenvolvimento dos instintos nesta subfase é caracterizado por uma *ativação instintual* ainda muito inespecífica e geral, ao invés de especificamente sexual, e por uma *regressão instintual* (anal-oral) como, por exemplo, um anseio ampliado por movimento ou ambições esportivas. Muitas garotas descobrem seu amor por cavalos (o complexo de "Diana") nessa idade. Os garotos experimentam, por sua vez, sua "adrenalina" por *playstations* ou *games* de computador. A vontade deles de importunar garotas ou contar piadas sujas só é superada pelo amor deles por filmes de ação. *Games* de computador, em especial, são muito apropriados para lhes darem a experiência de controle absoluto sobre as fantasias e impulsos inconscientes, frequentemente agressivos ou sádicos, que são estimulados por certos *games*.

O *nível de ansiedade* nesse estágio corresponde à ativação instintual ainda inespecífica. A situação é dominada por ansiedades instintuais e de regressão a um nível pré-edipiano bastante difusas, que podem ameaçar a integridade do ego da criança. A defesa ante impulsos sexuais nos rapazes é feita de algum modo pela atividade motora aumentada, enquanto que as garotas começam – mais cedo do que os rapazes – a observar seu corpo como um todo e sua aparência exterior, e a passar muito tempo em frente ao espelho.

As *defesas* nesta etapa dificultam o tratamento analítico através da cisão, externalização e negação. O conflito interior é fortemente negado, e as crianças usam cisões extremamente rígidas, como na latência. Ansiedades primitivas são rapidamente afastadas por um excesso maníaco de atividade, comportamento contrafóbico, hiperatividade ou comportamento agressivo esquizoide. As defesas na terapia podem se tornar manifestas através da adesão rígida a jogos de regras ou de tabuleiro (resistência superegoica). Muitas vezes é difícil entrar em contato com a vida de fantasia das crianças. Os rapazes, em particular, têm uma notável aversão à verbalização.

A despeito do ressurgimento gradual das ansiedades pré-edipianas, as dinâmicas dos complexos na transferência são sobretudo afetadas edipianamente, e partes do superego são copiosamente projetadas. Ou seja, o terapeuta é facilmente convertido num professor ou autoridade estrita, cujas regras precisam ser confrontadas, por um lado, mas, por outro, são inconscientemente desejadas, para dar um basta aos impulsos regressivos. O relacionamento com os colegas é muito importante; ele fortalece a identificação contrassexual e a diferenciação em relação ao outro sexo, e para ambos os sexos os grupos formados tomam frequentemente o aspecto de gangues.

Relacionamento ego-si-mesmo: como na latência, o ego ainda se sente relativamente forte ante o inconsciente. A deintegração do si-mesmo, estimulada pela ativação instintual, ainda não abala muito a criança, pois o eixo ego-si-mesmo é bem rígido e firme. Em crianças mais profundamente perturbadas, porém, defesas do si-mesmo (Fordham 1985) como a cisão, a identificação projetiva e a negação se tornam dominantes. Essa é uma razão para a resistência frequentemente forte na terapia analítica, onde uma crescente permeabilidade ao inconsciente é promovida.

Vinheta: com um garoto no limiar entre a pré-adolescência e a primeira adolescência (começo da puberdade), pode-se ilustrar muito claramente o quão ameaçadora regressão foi experimentada, e o quanto seu ego temeu perder o controle do inconsciente (para uma apresentação detalhada deste tratamento, cf. Bovensiepen 1986). Ele era um rapaz muito imaginativo e esperto, que sofria várias ansiedades fóbicas. No começo do tratamento, ele cindia completa e rigidamente suas ansiedades e fantasias agressivas inconscientes e as projetava em pessoas externas, a quem então temia. Quando alcançou a puberdade no curso do tratamento, os impulsos regressivos desencadeados pelo amadurecimento sexual não podiam mais ser controlados por seu ego infantil. À noite, na cama, ele frequentemente sofria ataques de pânico intensos. Nesta situação ele desenvolveu uma estratégia contrafóbica: sentava ao computador e escrevia pequenos anúncios, como que para jornais, com títulos como "procurado" ou "à venda". Essa atividade lhe trazia alívio para suas ansiedades. Os pequenos anúncios divertidos estavam repletos de alusões e palavrões anal-agressivos e oral-agressivos.

B) Primeira adolescência: 12-13/14 anos

O *leitmotiv* desta fase é uma regressão dupla: *regressão do ego* e *regressão do corpo-si-mesmo*. Imagens arquetípicas como as mitologias do par mãe/filha e da mãe/filho – Deméter/Core (continuidade) ou Cibele/Átis (descontinuidade) – formam o *background* do complexo que é característico para esta fase. O tratamento analítico nesta fase parece ser mais difícil, e frequentemente acaba sendo interrompido. As diferenças entre meninas e meninos se tornam cada vez mais marcadas nesta subfase.

O *desenvolvimento instintual* nesta fase é grandemente dominado pela sexualidade, embora uma forte mistura de fantasias e desejos edipianos e pré-edipianos também aconteça. Fantasias masturbatórias podem ter coloração tanto homoeróticas como heterossexuais. Elas se conectam frequentemente com fantasias pré-edipianas, às vezes bem bizarras.

Vinheta: eu vi uma forma extrema disso no fascínio quase viciado de um menino pelos assim chamados *splatter movies* [subgênero de filmes de terror caracterizados por traços como a ênfase no caos, inclusive dispensando a expectativa moral de uma vitória final do "bem" sobre o "mal", e a fartura de cenas de derramamento de sangue, mutilações etc. (N.T.)], onde, em sequências de ação selvagens, partes de corpos explodem pelos ares. Isso é uma forma moderna da fantasia do desmembramento. Para ele, a cisão e as partes fragmentadas do si-mesmo eram "recuperadas" na preocupação com o próprio corpo de alguém, e, assim, eram experimentadas perigosamente próximas à consciência.

Os *níveis de ansiedade* são altos nessa fase. Ansiedades instintuais, ansiedades de castração e ansiedades de separação pré-edipiana podem estar fortemente em primeiro plano. As mudanças alarmantes no corpo são inconscientemente respondidas por ansiedades antigas de separação e perda (separação do corpo da mãe da primeira infância). Distúrbios escolares, e outras fobias, como desordens alimentares, emergem preferencialmente em garotas, enquanto que distúrbios compulsivos e ansiedades hipocondríacas frequentemente ocorrem em garotos desta idade, pela primeira vez. O medo de um relacionamento homossexual é muito mais forte em garotos do que em garotas. Enquanto as ansiedades dos meninos são muito mais focadas na integridade e preocupações sobre sua virilidade e força de seu pênis, as garotas experimentam seu corpo de um modo mais holístico e integrado. Embora o interesse seja também fortemente focado, para as garotas, nas características sexuais secundárias em desenvolvimento, ele inclui mais intensamente o corpo como um todo. Nessa idade, processos de cisão no si-mesmo e a projeção de partes do si-mesmo em partes específicas do corpo são muito mais desenvolvidas nos garotos do que nas garotas. Mesmo mais tarde, na idade adulta, as mulheres permanecem muito mais conectadas com seu corpo como um todo.

Quanto às *defesas*, os garotos agora enfrentam suas ansiedades preferencialmente através de ideações de grandiosidade e fantasias de onipotência. As catexias defensivas no corpo materno da primeira infância podem ser expressas na somatização e em sintomas psicossomáticos. O ego está numa posição relativamente frágil ante o inconsciente nessa época. Portanto, as defesas procuram manter pelo menos uma continuidade mínima no si-mesmo infantil ameaçado. O interesse sexual direto do garoto na garota não é ainda central, pois a ansiedade prevalece a esse respeito. As garotas, porém, se conscientizam de sua identidade sexual e do impacto erótico sobre os homens, mais cedo. Falar sobre garotos entre elas é muito mais frequente do que os garotos falarem entre si sobre garotas.

Vinheta: o pequeno incidente seguinte pode servir como um exemplo de brincadeira ingênua com uma sexualidade já "adulta". Um grupo de amigas na puberdade se divertia muito ao ligar para números de telessexo à noite – os pais tendo saído –, e fingindo serem mulheres adultas, esperando se conectar com homens que estivessem à procura de sexo pago por telefone.

Os garotos nessa idade são mais ambivalentes com relação a um encontro sexual com garotas, e parecem achá-las mais ameaçadoras.

Vinheta: um garoto de 14 anos, bem precoce fisicamente, veio me ver para uma primeira entrevista, tendo sido indicado por um urologista a quem tinha consultado, pois estava com medo de não ser potente o bastante para fazer sexo com sua namorada de 14 anos, o que ele queria muito. Cansado, deprimido e de algum modo ansioso, ele sentou em frente a mim, e subitamente (eu mal pude acreditar no que via) percebi que ele estava brincando o tempo todo com um tampão. Na nossa conversa, ficou claro que o tampão servia como um símbolo de seu pênis "pequeno demais", e também como uma defesa contra seu desejo consciente de fazer sexo com sua namorada, que, "quando olhava para os garotos, só olhava para as calças deles".

Dinâmica dos complexos/transferência: o tópico da separação e da perda também se torna importante, com a catexia libidinal sendo agora retirada dos pais interiores da infância. Mas os adolescentes são então abandonados com seus complexos parentais, por assim dizer. Esses estados de vazio objetal podem evocar depressão ou um muito *acting-out* externalizador. Os pais podem ser experimentados de uma forma altamente ambivalente, tal como eram durante os tempos do maior esforço da criança para alcançar autonomia. Juntar-se a grupos de colegas é um modo para os adolescentes evitarem um potencial conflito. Na terapia, a aliança, as regras e os acordos do trabalho são experimentados como restrições da autonomia. Inconscientemente, contudo, há uma forte necessidade de controle do ego pelo terapeuta. A resistência transferencial aumenta no caso de uma transferência parental positiva porque induz à ansiedade incestuosa.

Relacionamento ego-si-mesmo: a deintegração do si-mesmo deflagrada pelas mudanças físicas do(a) adolescente os(as) conecta com seus primeiros objetos. O processo que Jung chamou de uma "divisão interior do indivíduo" (Jung 1931/1969, § 757) alcança um primeiro clímax aqui. Pode-se responder ao medo da fragmentação com fortes tendências de cisão ou de mistura do ego e do si-mesmo. Uma oscilação extrema do senso de si e uma instabilidade do relacionamento ego-si-mesmo pode ocorrer, e levar a sintomas clínicos consideráveis.

C) Adolescência média: 15-17 anos

Esta fase pode ser vista como o auge do processo de individuação adolescente. Aqui se torna evidente se a reorganização de um relacionamento ego-si-mesmo flexível (no sentido de um renascimento simbólico) será alcançado. Se não, um desenvolvimento psicótico (fusão do ego e do si-mesmo) pode ocorrer, ou um procedimento neurótico (separação do ego em relação ao si-mesmo) pode ser iniciado. Na linguagem das imagens arquetípicas essa situação pode ser simbolizada pelo "confronto" do herói: a batalha decisiva do herói/da heroína (o ego) resultando na morte ou renascimento.

O desenvolvimento instintual claramente alcança um nível genital agora, e tem uma coloração – por vezes manifesta, mas latente com certeza – bissexual. A masturbação pode assumir a função de experimentação sexual.

As atividades e fantasias masturbatórias servem ao desenvolvimento do si-mesmo (deintegração) e à manutenção da coesão interior (reintegração). Em geral, os adolescentes nessa idade estão sexualmente maduros e tentam integrar sua sexualidade aos seus relacionamentos e amizades pessoais. A autoimagem é primordialmente mensurada segundo a suposta atração sexual própria, e fortemente orientada por modelos da mídia.

Nível de ansiedade: a ansiedade de regressão, em termos de fantasias incestuosas inconscientes, ainda é forte, pois a aniquilação e a dissolução continuam uma ameaça (o herói/o ego na barriga da baleia/dragão) e o relacionamento entre o ego e o si-mesmo corre o risco de se perder. Mas agora a ansiedade de regressão põe um perigo real também num nível não simbólico, uma vez que as fantasias incestuosas inconscientes dos adolescentes devem agora confrontar a capacidade deles para a sexualidade adulta. Se uma maior retirada libidinal dos objetos parentais já ocorreu, ansiedades de perda e de separação podem estar no primeiro plano, bem como a culpa ou o medo de uma retaliação imaginária por parte dos pais por terem sido abandonados.

Defesas: uma luta defensiva central é buscada contra a tendência incestuosa regressiva (e assim contra as partes de complexos ameaçadores da infância) e tem sobretudo a característica de uma defesa arquetípica (Kalsched 1996) e "defesas do si-mesmo", como Fordham (1985) a concebe. Defesas, como a cisão patológica, negação, identificação projetiva e introjetiva, podem temporariamente determinar toda a experiência do adolescente. Em termos diagnósticos, é muitas vezes difícil decidir, no caso de um adolescente com uma dramática crise de identidade, se um desenvolvimento psicótico se aproxima ou se é apenas uma turbulência passageira. Naturalmente, defesas típicas do ego adolescente, como a racionalização, o ascetismo e a intelectualização também evoluem nesta fase. A resistência transferencial na terapia pode se mostrar como uma permanente depreciação ou arrogância (como se verifica, p. ex., na "arrogância" frequente e muito inconsciente dos heróis/heroínas na mitologia grega!) e no total descaso para com o terapeuta. Num nível inconsciente, isso serve como afirmação de autonomia. Mudanças rápidas de humor numa mesma sessão e oscilações permanentes entre desconfiança e falta de distância podem fazer do terapeuta alvo constante de estímulos, fantasias e sentimentos. Sob uma pressão tão forte na transferência, o terapeuta frequentemente acha difícil perceber o que o adolescente realmente quer comunicar e manter uma atitude de contenção e a capacidade de pensar.

Nessa idade, a ocorrência mais frequente entre as garotas é o começo de algum distúrbio alimentar, e a defesa de seu corpo adulto e sexualmente maduro pode se manifestar num desenvolvimento anoréxico.

Dinâmica dos complexos/transferência: A retirada da libido dos pais interiores e a catexia de objetos não incestuosos (amigos masculinos e femininos) estão muito no primeiro plano. Agora o grupo dos colegas tem uma função muito importante (diferente da que tinha na pré e na primeira adolescência) ao assimilar esta libido liberada e provar várias formas de catexia. O grupo de colegas também pode operar como um continente, assumindo a função de "cuidar" e de "*holding*", que era da mãe, o que é veementemente atacado na mãe pessoal, mas ainda fortemente desejado, de modo inconsciente. Na terapia analítica é importante que uma transferência homoerótica idealizadora (autorrepresentativa) se desenvolva rapidamente, para criar um espaço interno onde o relacionamento ego-si-mesmo possa ser reorganizado. Isso frequentemente implica uma radical desvalorização ou depreciação dos pais pessoais, o que pode acabar sendo uma armadilha para o terapeuta, se ele falhar em interpretá-la na transferência, ou negar manifestações transferenciais negativas. Eu penso que é facilmente negligenciado que nessa fase, particularmente, o mundo interno do adolescente precisa de uma mãe/pai positivo, mesmo se o adolescente possa se comportar como se não precisasse mais de pais de modo algum.

Deste ângulo, não causa surpresa que os adolescentes nessa idade resistam em imaginar seus pais como um casal ainda ativo sexualmente. A fantasia arquetípica da *conjunctio*, a união dos opostos, da qual algo novo – a "criança" – pode se desenvolver, é uma fantasia inconsciente difícil de lidar para adolescentes nesta fase desenvolvimental. Por outro lado, o tema da criança pode emergir, especialmente em períodos de grandes mudanças, e isso é particularmente ativo durante a adolescência. Para o ego adolescente, isto implica uma dupla ameaça: o medo regressivo de se tornar uma criança novamente, por um lado, e, por outro, o medo de ser capaz de se tornar um pai ou uma mãe e ter uma criança.

Relacionamento ego-si-mesmo: ainda há uma considerável vulnerabilidade do eixo ego-si-mesmo nessa fase e uma supersensibilidade narcísica. Se nada der errado, uma diferenciação ego-si-mesmo é alcançada e fantasias inconscientes, fantasias de onipotência, e ideias de grandeza podem ser mais bem verbalizadas na terapia do que durante a primeira adolescência.

Quando o desenvolvimento adolescente nessa idade leva a uma crise desenvolvimental grave, ela frequentemente se manifesta no modo como o indivíduo lida com, e experimenta, o corpo e a sexualidade. A que grau extremo o corpo, como um lugar psíquico de fantasias incestuosas inconscientes (em termos da minha explicação anterior da função psicológica do corpo como um objeto-continente), pode ser tratado ou maltratado, é ilustrado pela seguinte vinheta condensada (uma apresentação mais completa deste tratamento pode ser encontrada em Sidoli & Bovensiepen 1995):

A., a princípio gravemente anoréxica, depressiva, e frequentemente suicida, desenvolveu uma forte bulimia com abuso de purgantes no curso do tratamento de longo prazo. Quando essa mudança de sintoma aconteceu, A. tinha uma transferência idealizante e crescentemente erótica em relação a mim. Ao longo do trabalho analítico, nós descobrimos que ela tinha fortes desejos incestuosos em relação a seu irmão mais velho, e que antes da irrupção de sua bulimia ela tinha casualmente escutado, à porta do quarto dos pais, eles tendo relação sexual, o que a fez se sentir muito angustiada e culpada. A mudança sintomática para a bulimia, com suas ferozes orgias de purgantes, fez sentido: em sua imaginação inconsciente na transferência paterna, ela tinha a fantasia de ter um filho comigo, que teria de ser abortado como o fruto proibido de incesto. Frequentemente ela ficava de pé em frente ao espelho, nua e cheia de comida, e com nojo imaginava qual seria sua aparência grávida. Ela tinha uma fantasia inconsciente de procriação oral, que é muito comum em crianças. Ao mesmo tempo, essa fantasia incestuosa a ajudava a evitar trabalhar seu relacionamento infantil com sua mãe e seu estado lamentável.

D) *Adolescência tardia: 17-20 anos*

O *leitmotiv* desta fase é a conclusão da formação da identidade psicossexual. Desiste-se da fascinante ideia da bissexualidade (como uma fantasia inconsciente, ela representa a totalidade do si-mesmo) em favor de uma orientação heterossexual ou homossexual definida. A fantasia da bissexualidade teve de ser sacrificada, porque nessa idade é uma fantasia defensiva de grandeza (identificação do ego com o si-mesmo). O *background* arquetípico deste conflito pode ser caracterizado pela imagem do hermafrodita. Isso pode em parte explicar a identificação de muitos adolescentes com figuras da mídia e da cultura *pop*, cuja aparência e vestimentas são frequentemente andróginas.

Desenvolvimento instintual: a sexualidade é agora amplamente devotada ao serviço de relacionamentos exogâmicos (não incestuosos), e as formas pré-genitais de satisfação não são mais predominantes.

Nível de ansiedade: o medo de se comprometer numa identificação psicossexual determinada pode impedir a desistência da fantasia da bissexualidade. A finalização de um desenvolvimento homossexual manifesto ocorre sobretudo nessa fase de desenvolvimento. Em contrapartida ao aprimoramento das capacidades mentais e dos interesses tão típicos desta idade, medos acerca da própria criatividade e poder emergem agora.

As *defesas* têm agora o caráter de defesas do ego e não mais aquele de defesas do si-mesmo (Fordham 1985). Meltzer (1973) assinala que a rígida cisão da latência deve agora ser substituída por uma maior "cisão resiliente", de modo que permite o emergir do "centro gravitacional" de uma nova identidade pessoal própria. A cisão (enquanto um processo normal, não patológico) deve ser resiliente para que diversas e cambiantes identificações (através da identificação projetiva e introjetiva) possam ser testadas.

A resistência na terapia frequentemente se refere ao luto por abandonar os pais, pelo sacrifício do "paraíso" infantil e pelo recuo das ideias de grandeza. Isso foi drasticamente demonstrado por um adolescente de 18 anos, arrastando os pés para dentro do consultório, se jogando na cadeira e dizendo: "Agora eu saquei, não sou o centro do mundo!" A técnica terapêutica e as resistências se parecem cada vez mais com as do tratamento adulto.

Dinâmica dos complexos/transferência: com a estabilização da separação dos pais interiores da infância, o adolescente consegue diferenciar seus pais interiores como homem e mulher e como um casal adulto, e é assim capaz também de se separar dos pais exteriores. Na transferência, esse processo vai junto com a diminuição das distorções da realidade, e isso ajuda o ego adolescente a estabelecer relações menos distorcidas com a realidade exterior. O corpo perde sua importância como o lugar preferido para projetar o relacionamento com os pais infantis. Nos sonhos, figuras com as características típicas da *anima* e do *animus* emergem cada vez mais. A capacidade para uma transferência positiva, embora não tão idealizante, facilita o trabalho analítico nessa idade, e permite uma aliança no nível do ego.

Relacionamento ego-si-mesmo: as fases de deintegração do si-mesmo são experimentadas pelo ego como sendo menos ameaçadoras. Dado um desenvolvimento favorável, um relacionamento relativamente permeável e livre de ansiedades do ego com o inconsciente se desenvolveu e pode se tornar operativo em termos da criatividade e atividade adolescentes.

E) Pós-adolescência: 20-25 anos

Sem entrar em detalhes, pode-se dizer que esta idade é marcada principalmente pela estabilização da identidade psicossocial (a persona) e a reaproximação com os pais. A sexualidade se dedica à procriação. Quando a adolescência não pode ser "encerrada", mas é arrastada como uma parte neurótica da personalidade, os traços de personalidade que representam lados negativos do arquétipo do *puer aeternus* (von Franz 1981) ou da *puella aeterna* podem se tornar bloqueios: rigidez ao invés de autorrenovação, superestimação do mental, isolamento, inquietude, bem como promiscuidade sexual. Recentemente esta fase de desenvolvimento tem sido chamada de "idade adulta emergente" (Arnett 2000, 2007), e se tornou evidente que, também nessa fase do desenvolvimento, distúrbios consideráveis de identidade e colapsos desenvolvimentais podem acontecer (Bovensiepen 2009), mesmo em jovens que lidaram com a adolescência sem maiores problemas. O dado psicossocial oferece evidência de que hoje as pessoas desta idade (20-28 anos) têm mais liberdade e oportunidades de desenvolvimento do que em qualquer outro período de suas vidas antes ou depois (Seiffge-Krenke 2007, 70). Talvez exatamente essas "oportunidades ilimitadas", externamente, sejam perigosas para um relacionamento ego-si-mesmo que parecia ter atravessado a adolescência sem problemas, mas que possivelmente atingiu apenas uma pseudomaturidade e então se vê em risco de colapso.

Conclusão

Do ponto de vista da psicologia analítica desenvolvimental, uma separação bem-sucedida na adolescência pressupõe um "revival" emocional e afetivo do relacionamento infantil primordial com a mãe, especialmente com o corpo da mãe. A adolescência como uma fase do processo de individuação oferece uma segunda chance de integração daquelas partes infantis (fantasias, emoções e sensações) que não puderam ser integradas durante o desenvolvimento anterior. Esse processo de integração não pode ser separado do desenvolvimento do si-mesmo. Esse conceito é uma das mais importantes áreas de diferença entre a psicologia analítica e a psicanálise clássica. Na psicanálise, a ênfase conceitual é dada ao ego e a sua integração, em contraste com a psicologia analítica, que enfatiza o si-mesmo como uma totalidade da personalidade consciente e inconsciente, na qual o ego está contido. Nesta última teoria, o si-mesmo salvaguarda a coesão psíquica, que é severamente ameaçada durante a adolescência. Se o curso da individuação é bem-sucedido, o ego se diferencia do si-mesmo. Contudo, as intensas agitações da adolescência ativam a deintegração do si-mesmo, e esta deintegração/reintegração do si-mesmo nesta etapa da vida facilita a diferenciação do ego em relação ao si-mesmo. A psicologia analítica define a identidade (principal meta desenvolvimental na adolescência) como um relacionamento equilibrado entre ego e si-mesmo.

Referências

Arnett, J.J. (2007). *Adolescence and Emerging Adulthood*: A Cultural Approach. Englewood Cliffs: Prentice Hall.

______ (2000). "Emerging adulthood – A theory of development from the late teens through the twenties". In: *American Psychologist* 55: 469-480.

Bovensiepen, G. (2010). "Living in the soap bubble: The fertile couple and the standstill of the transcendent function in the treatment of an adolescent girl". In: *Journal of Analytical Psychology* 55 (2): 189-203.

______ (2008). "Mentalisierung und Containment – Kritische Anmerkungen zur Rezeption der Entwicklungs-und Bindungsforschung in der klinischen Praxis". In: *Analytische Kinder-und Jugendlichenpsychotherapie* 39 (137): 7-28.

______ (1991). "Können Roboter lieben? – Suizid, Selbstverletzung und die psychische Funktion des Körpers als 'Container' bei Jugendlichen mit Frühstörungen". In: *Analytische Psychologie* 22: 273-294.

______ (1986). "Die Funktion des Traumes für die Beziehung des Ich zum Unbewussten in der Analyse von Prä-Adoleszenten". In: *Kind und Umwelt* 51: 2-33.

Fordham, M. (1985). "Defences of the self". In: *Explorations into the self.* Londres: Academic, 152-160.

Franz, M.-L. (1981). *Puer aeternus*. Santa Mônica, CA: Sigo.

Jung, C.G. (1931/1969). "As etapas da vida humana". OC 8/2.

______ (1911/1912/1970). *Símbolos da transformação.* OC 5.

Kalsched, D. (1996). *The inner world of trauma*: Archetypal defenses of the personal spirit. Londres/Nova York: Routledge.

Meltzer, D. (1973). *Sexual states of mind.* Perthshire, Esc.: Clunie.

Seiffge-Krenke, I. (2007). *Psychoanalytische und tiefenpsychologisch fundierte Therapie mit Jugendlichen.* Stuttgart: Klett-Cotta.

Sidoli, M. & Bovensiepen, G. (eds.) (1995). *Incest fantasies and self destructive acts*: Jungian and post-Jungian psychotherapy in Adolescence. New Brunswick/Londres: Transaction.

26
Trabalhando com o trauma em análise

Donald E. Kalsched*

Há uma dor tão completa
Que engole toda a matéria
Depois cobre o Abismo de Transe
- Para a Memória andar
Em torno - através-sobre
Como que em êxtase -
Vai segura - onde um olho aberto
A derrubaria - Dente por dente.
Emily Dickinson

O trauma diz respeito a uma dor tão "completa" que engole os processos desenvolvimentais normais, deixando um "abismo" ou "falha básica" (Balint 1979, 18) entre o eu e o mundo, externamente, e entre o ego e o si-mesmo (Edinger 1972, 40), internamente. Felizmente, a história não acaba com esta clivagem, porque a psique humana tem enormes poderes autocuradores. Ela "cobre o abismo de transe" de modo que a vida pode prosseguir.

No que se segue, explorarei este "transe" e como ele emerge do inconsciente na forma de um sofisticado sistema de defesas que emprega a dissociação e a cisão para compartimentalizar aspectos intoleráveis da experiência. Eu chamo este complexo defensivo de *self-care system* [sistema de autocuidado], doravante abreviado como SCS. Ele consiste num conjunto interligado

---

* Donald E. Kalsched, Ph.D., é psicólogo clínico e psicanalista junguiano; tem clínica e leciona em Albuquerque, Novo México. Analista didata na Inter-Regional Society of Jungian Analysts, ele dá muitas palestras sobre o tema do trauma infantil e de seu tratamento.

de representações do eu e de objetos – geralmente uma "criança" interior e seu "guardião" protetor ou perseguidor (Kalsched 1996). Essas personificações interiores frequentemente aparecem em sonhos quando o trauma antigo tenha sido "disparado" por algo na vida do paciente ou no relacionamento terapêutico. Dois exemplos de casos serão apresentados.

O SCS apresenta grandes dificuldades no tratamento analítico do trauma devido à *resistência* que ele opõe à mudança. É importante que os analistas compreendam essa resistência e seu paradoxal papel de preservação e de limitação da vida na história do paciente. O SCS não abrirá mão de seu controle sem que o paciente tenha uma *experiência* na qual a "criança" perdida, que se esconde no seu mundo interior, seja encontrada e ajudada. Isso, por sua vez, não acontecerá sem uma atenção aos sentimentos envolvidos no relacionamento entre terapeuta e paciente – especificamente ao senso do paciente de segurança afetiva na situação analítica.

Para quem está familiarizado à teoria do apego, o SCS pode ser pensado como um conjunto de modelos de funcionamento ou esquemas interiores que refletem padrões de relacionamentos que foram generalizados e internalizados (Stern 1985; Knox 2003, 104-137). Esses esquemas oferecem um conjunto de estimativas e expectativas sobre relacionamentos exteriores que determinam como o mundo interpessoal é interpretado e experimentado. De um ponto de vista junguiano, porém, o SCS é muito mais do que uma internalização de padrões de relacionamento exteriores. Sua imagística e efeitos são amplificados pelo dinamismo arquetípico e mitopoético da psique, e a aparente "sabedoria" com a qual ele gera significado, cria histórias imaginativas para a "criança" e oferece sonhos curadores, parece transcender o que frequentemente é descrito como ilusão infantil ou fantasia defensiva. Mais de um clínico tem se sentido profundamente tocado pela extraordinária inteligência interna que parece ser mobilizada sob as condições do estresse traumático – a ponto de sugerirem que, no esforço dela para curar o trauma, a psique parece ter acesso a poderes precognitivos ou transracionais "superiores" (Ferenczi 1988, 81; Jung 1912, 330; Bernstein 2005).

Como quer que o visualizemos, o SCS realiza uma cura *parcial* do trauma, suficiente para que a vida prossiga, apesar da dissociação e dos efeitos limitantes dela para o pleno potencial da pessoa. Quando as pessoas vêm para a psicanálise, *elas frequentemente não sabem que esta cura parcial está em vigor*, nem esperam que suas identidades, informadas por muitos anos de "interpretações" pelo SCS, terão de ser "desconstruídas" no curso da terapia. Como nos lembra Masud Khan (1974), no caso desses indivíduos traumaticamente feridos... "raramente lidamos, a princípio, com a doença autêntica do paciente. [Antes,] [...] o que é mais difícil de resolver e curar é a prática de autocura do paciente. Curar uma cura é o paradoxo que nos desafia nesses pacientes [...]" (97).

A natureza da autocisão

Imagine uma criança muito pequena – digamos, uma garotinha de três anos de idade – que se dirige com amor a uma figura parental – digamos, seu pai. Imagine que isso aconteça quando o pai alcoólatra está bêbado e que ele explore o afeto de sua garotinha violando seu corpo, e depois a aterrorizando caso ela conte alguma coisa. Em momentos traumáticos como este, a criança enfrenta o aniquilamento potencial de sua própria personalidade – a destruição de seu espírito pessoal – "assassinato da alma", como Leonard Shengold (1989) o chamou. Esta possibilidade catastrófica deve ser evitada a todo custo e, para tal, algo muito extraordinário acontece. Nós tendemos a considerar essa coisa extraordinária como óbvia.

Subitamente "ela" está no teto, olhando do alto o que está acontecendo com seu corpo que "ela" desocupou. Nós chamamos isso de dissociação. Se você está numa situação insuportável que é impotente para abandonar, uma parte de você abandona, e para que isso aconteça o eu como um todo deve se dividir em dois para impedir que a ansiedade inconcebível seja totalmente experimentada. O notável, nessa quase universal experiência de cisão traumática, é que a "consciência testemunha" parece permanecer "presente", mas de outro lugar, independente do corpo!

Temos razões para pensar que a natureza desta cisão é universal. Parte da garotinha, no nosso exemplo, "regride" a um estágio embrionário de relativa inocência e segurança, anterior ao trauma. Essa parte regredida será enterrada profundamente no corpo (inconsciente somático) e protegida pelas barreiras da amnésia erigidas pelo SCS (transe). Por outro lado, uma parte separada da garotinha, em nosso exemplo, "progride", em outras palavras, cresce muito rápido, *identificando-se com o agressor e com a mente adulta*, transcendendo a dor imediata insuportável com um precoce entendimento filosófico, racional e às vezes "transcendental". A parte progredida então "supervisiona" a parte regredida. Em seu papel protetor, ela oferece conforto como um anjo guardião. Noutras vezes, para manter a parte regredida "dentro", o eu progredido pode se tornar negativo e persecutório. Em casos raros, se o trauma exterior continua inalterado, e o âmago essencial da pessoa corre o risco do aniquilamento, torna-se tarefa do SCS organizar o suicídio da criança (Ferenczi 1988, 10).

Assim, um propósito maior do SCS é *preservar e proteger um cerne sagrado da personalidade da violação imanente e da destruição.* Este "cerne sagrado da personalidade", que frequentemente se apresenta nos sonhos na imagem de uma "criança", é referido por D.W. Winnicott (1963, 187) como um "centro incomunicável" da personalidade, ou por Harry Guntrip (1971, 172) como o "coração perdido do *self* pessoal", ou pelo psicoterapeuta espiritualmente orientado T.H. Almaas (1998, 76-82) como uma presença ontológica descrita simplesmente como "essência", ou, no meu livro anterior, como "o espírito pessoal imperecível" ou "alma" (Kalsched 1996). Este centro sagrado da pessoa humana não é *equivalente* à "criança" no sistema, mas representa sua herança divina, sua inocência geradora e seu potencial de vida. Portanto, quando essa "criança" vem à consciência (cf. o segundo caso adiante), ela às vezes aparece com uma aura de numinosidade, ou seja, como uma criança "divina" ou arquetípica.

Origem e função do sistema de autocuidado

Para resumir, o SCS emerge de um campo de experiência traumática com outros, especialmente com figuras que foram alvo de apego infantil, e registra uma cisão psíquica que se tornou necessária devido à experiência insuportável da criança. A cisão é memorizada como uma defesa arquetípica – um complexo bipolar contendo um eu progredido (guardião ou perseguidor) e sua contrapartida regredida (a criança). O SCS desempenha as seguintes funções:

Função hermenêutica: oferece um "significado" para a vida dolorosa da criança, quando o caos e o absurdo ameaçam. Interpreta a experiência subsequente da criança à luz de sua "história", que frequentemente diz que a criança é que causou o trauma, sendo por isso "má", devendo constantemente se esforçar para ficar "boa".

- **Função interpessoal:** segura a ansiedade, regula o afeto e evita a retraumatização ao inibir a autoexpressão e desencorajar apegos, portanto regulando a distância em relação ao cuidador. Seu lema favorito é "tudo por minha conta". Nega a dependência, a vulnerabilidade e a "fraqueza" (cf. o primeiro caso a seguir). Molda as estimativas e as expectativas do mundo interpessoal e preenche sua "agenda" através da identificação projetiva.
- **Função autorregulativa:** supervisiona a dissociação da experiência insuportavelmente traumática, a separação da sensação, do afeto e da imagem, de modo que um significado inadmissível é obliterado. Controla a agressão e estados do si-mesmo "maus" ou envergonhados através da dissociação. Controla as sequências de alteração no Distúrbio Dissociativo da Identidade.
- **Função autopreservativa:** mantém a parte da criança pré-traumática "inocente", com sua centelha de alma, ao abrigo do sofrimento, garantindo que ela nunca seja violada. Oferece auto-hipnose (transe) quando necessário, inclusive por vícios. Recruta os recursos mitopoéticos da psique para oferecer "histórias" para a criança interior devastada, a ajuda a curar através das belezas da natureza, do amor pelos animais, do ritual religioso, da música, e assim por diante. Mantém-na em contato com o mundo interior, às vezes se tornando rígida e cruel com sua agenda disciplinar. Organiza o suicídio quando tudo o mais fracassa.

Diferentes tipos de trauma

Na sua autobiografia (Jung 1965), Jung descreve o trauma como uma "história não contada".

> Em muitos casos, o paciente que vem até nós tem uma história não contada, e que em geral ninguém conhece. Para mim,

> a terapia só começa realmente após a investigação de toda esta história pessoal. É o segredo do paciente, a pedra que o despedaçou (117).

Quando usamos a palavra "trauma", estamos nos referindo a alguma experiência aguda ou acumulativa que nos "despedaça". Este despedaçamento é tanto um evento exterior que nos choca e um evento interior que chamamos de dissociação. O despedaçamento traumático a que Jung se refere é um que, ao final, com ajuda, pode ser relembrado como uma história coerente. Este é frequentemente o caso em traumas adultos em que a dissociação se limita a evento(s) traumático(s) que leva(m) ao *stress* pós-traumático com seus sintomas característicos. Contudo, nem todo trauma pode ser relembrado como uma história coerente. Eventos traumáticos na infância podem ocorrer cedo demais para serem recuperados na memória explícita. Aqui os eventos abaladores ocorrem quando o ego da criança é imaturo, ou ainda majoritariamente informe, ou talvez profundamente identificado com pessoas abusivas no ambiente do qual a criança é dependente. Com o trauma *precoce*, a dissociação é de mais amplo alcance e sistemática em seus efeitos, afetando na verdade o hemisfério direito do cérebro, que é mais ativo durante os primeiros dezoito meses de vida, por vezes deixando déficits duradouros na regulação afetiva (Schore 2003, 272).

O trauma infantil precoce envolve um "despedaçamento" que Jung não contemplou quando descreveu o trauma como uma história que permanece não contada. Esse trauma precoce é um segredo até para a própria pessoa, e *frequentemente não será relatado* quando a pessoa entrar na psicanálise. Este trauma precoce não lembrado apresenta um quadro mais complicado para a psicoterapia analiticamente informada e requer abordagens de tratamento que vão além das técnicas interpretativas habituais de desvendamento de fantasias, modificação de defesas, ou de confiança nos processos espontâneos de autocura da psique em individuação descritas por Jung.

Como o trauma precoce é "relembrado" na terapia

Os efeitos sistemáticos da dissociação na primeira infância permitem que a vida prossiga, mas ao preço de uma grave ruptura no mundo interior.

Uma criança traumatizada não vai compreender o que aconteceu com ela, e, frequentemente, não será capaz de contar para os pais ou outras pessoas. Elementos da experiência traumática, tais como sensações, afetos e imagens, podem ser "codificados" na episódica memória "dependente de estado", em regiões subcorticais do cérebro direito, e se tornarem indisponíveis a processos verbais, inclusive a memória narrativa (Van der Kolk & Fisler 1995). Pedaços da experiência original podem ser "armazenados" no corpo, criando sintomas somáticos, sem estarem disponíveis à consciência (Van der Kolk 1994). Isso é parte do "transe" arquitetado pelo SCS.

Quando fragmentos de tais eventos intoleráveis da infância emergem mais tarde na terapia analítica, eles podem ameaçar de desestabilização toda a personalidade. A pessoa tendo tais experiências não apenas se sentirá "perturbada" pela intrusão de *flashbacks*, como no distúrbio de estresse pós-traumático, mas pode se sentir "louca" ou "possuída". Todo o senso de identidade da pessoa pode ser abalado.

Uma sobrevivente de trauma, recém-ingressa na terapia, tem *flashbacks* invasivos sempre que para de se apresentar em sua habitual enxurrada charmosa de palavras. Num momento de silêncio, ela de repente ouve a batida de uma porta! Cada vez que isso acontece a põe em pânico e a convence de que está tendo um "colapso". Lentamente, e com cuidadosa atenção a seus sentimentos de segurança naquele momento, nós juntamos as peças de uma lembrança coerente. Ela tinha três anos de idade. Sua família vivia num *trailer*. Era inverno. Sua mãe, que vinha tendo um caso com um homem alcoólatra de um *trailer* ao lado, a empurrou da porta para fora, dizendo que não voltasse antes que se passasse uma hora. Minha paciente perambulou sozinha pela neve, perdida e sozinha. Aparentemente isso tinha acontecido repetidamente e era "lembrado" apenas como uma sensação súbita, desprovida de afeto, sem imagens visuais, e com um efeito profundamente desestabilizador. Tais respostas, do tipo "*kindling*" [literalmente, o termo remete ao reacendimento periódico de uma fogueira pelo estímulo de novos gravetos (N.T.)] (Wilkinson 2006, 79-81), em que o estado hiperexcitado do trauma original irrompe mais tarde na situação terapêutica, devem ser cuidadosamente conduzidas pelo terapeuta, cuja maior preocupação deve ser a regulação dos afetos e a restauração da segurança e do equilíbrio homeostático.

Além de *flashbacks*, o trauma infantil não lembrado pode aparecer na forma de encenações recorrentes com outros, que repetem padrões relacionais da situação original, amplificados pelos modelos de funcionamento interior que constituem o SCS. Vítimas de trauma se veem continuamente retraumatizados, como se apanhados por uma profecia autorrealizada. Nos primeiros tempos da psicanálise, esse fenômeno aparentemente autodestrutivo ficou conhecido como compulsão à repetição. Hoje se entende que tal repetição inevitavelmente acontecerá *dentro do relacionamento terapêutico também*, e que, embora isso seja frequentemente experimentado como uma crise relacional, oferece uma oportunidade para o paciente viver o colapso traumático do apego na transferência – desta vez, espera-se, com um resultado diferente.

Finalmente, o trauma precoce pode retornar na forma de "lembranças arquetípicas" ao invés de pessoais. Sobreviventes de traumas precoces frequentemente têm histórias vívidas sobre experiências de vidas passadas, abduções alienígenas, abusos em rituais satânicos e assim por diante (cf. Hedges 2000). Sem questionar a validade de tais "lembranças", o terapeuta deve estar ciente de que há um filtro arquetípico através do qual o trauma precoce chega até o ego, ou seja, SCS. Assim, o significado arquetípico é substituído pelo significado pessoal. Tais histórias podem oferecer um andaime de significado mitopoético de uma "outra vida", que preserva a pessoa, até que o impacto mais doloroso da traição, negligência e abandono interpessoal *nesta vida* possa ser abordado.

A importância do relacionamento na cura do trauma

Nos últimos vinte anos, clínicos que trabalham com pacientes vítimas de traumas precoces fizeram uma descoberta dolorosa, a saber, que a situação analítica habitual, com sua ênfase nas palavras, sua diferença de poder entre paciente e analista e sua tendência a "objetificar" o paciente através da interpretação, frequentemente retraumatiza as próprias pessoas que ela tinha sido chamada a ajudar. Tornou-se claro que o trabalho com sobreviventes de traumas requer muito mais mutualidade, transparência e sintonia afetiva na parceria analítica, reminiscente da interação mãe/criança. Esta descoberta então levou a um interesse renovado na observação infantil (Beebe & Lachmann 1994) e na teoria do apego (Bowlby 1988), em que é claramente demonstrado que a mais remota e corporalmente baseada comunicação emocional diádica entre bebê e mãe é crítica para a própria formação do que Alan Schore (2003, 270) chama de "autossistema implícito" e a mente inconsciente. Bowlby e seus seguidores foram capazes de mostrar o quão facilmente o trauma interpessoal pode romper este *relacionamento de apego* inicial, levando a uma internalização de "esquemas" ou modelos de funcionamento internos rígidos, obsoletos e mal-adaptativos que tomam o lugar do fluxo fácil da negociação com o objeto. Isso por sua vez leva a várias formas de apego inseguro ou desorganizado que afetam profundamente os relacionamentos interpessoais posteriores do sobrevivente de trauma na vida e na análise (Knox 2003, 115).

Os analistas começaram a perceber que *o que havia se quebrado relacionalmente deve ser reparado relacionalmente*. O trauma relacional precoce inevitavelmente invade o relacionamento psicanalítico, e embora isso apresente muitas potenciais dificuldades, também oferece oportunidades únicas para a reparação do trauma. Se isso ocorrer, contudo, é preciso um *tratamento afetivamente focado* – o que Schore (2003, 49) chama de comunicação cérebro-direito-cérebro direito. O analista "se sintoniza" num nível afetivo com aquelas "lacunas" ou lugares de descarrilamento dissociativos em que a conexão de sentimentos com o paciente corre o risco de desmoronar. O trabalho de Philip Bromberg (2006) oferece muitos exemplos desta negociação delicada e de como o analista precisa se tornar um parceiro pleno na "regulação diádica" do afeto e na cocriação de uma realidade intersubjetiva inteiramente nova. Felizmente, neste processo, o que o analista diz ou faz será menos importante do que "o quão abertamente o que acontece é processado com o analisando" (Mitchell 1988, x).

Além do crescente monitoramento dos estados emocionais interiores encontrado nas abordagens relacionais, a neurociência afetiva, a teoria do apego e a observação infantil inspiraram uma variedade de novos modos de trabalhar com o trauma no corpo. Esses métodos entendem que o trauma passado e suas defesas serão incorporadas em estados fisiológicos presentes, tais como a respiração, os gestos, a tensão muscular, o movimento e assim por diante, e procuram trabalhar diretamente com elas, ajudando o paciente a se tornar mais consciente de suas sensações e percepções interiores. Entre as contribuições especificamente junguianas a esse trabalho, devemos mencionar o trabalho sensível ao corpo de Marion Woodman (1984), o trabalho de longa data de Joan Chodorow (1978, 1984), sobre a "imaginação ativa em movimento, e o trabalho em prol do "movimento autêntico" de Tina Stromsted (2001). Fora do campo junguiano, a articulação por Pat Ogden (2006) de uma "Abordagem sensório-motora" com a psicoterapia oferece muitas maneiras úteis pelas quais técnicas sensíveis ao corpo podem ser incorporadas à psicanálise convencional.

Outras formas de "terapias de artes expressivas", incluindo várias formas de arteterapia e de terapia na caixa de areia (Pattis Zoja, neste volume) também são especialmente eficazes em tratar do trauma, porque evitam o hemisfério esquerdo, e exploram os recursos mitopoéticos da psique diretamente, abrindo afetos de outro modo dissociados no corpo. O mesmo se pode dizer do trabalho focado nos sonhos feito por Robert Bosnak (2007). Os dois casos seguintes incorporam alguns desses novos entendimentos.

Exemplo clínico do sistema de autocuidado em operação

O seguinte caso é uma dessas raras situações em que um momento de descoberta numa sessão de psicoterapia, mais o sonho que se seguiu, desmascararam a estrutura e a função do SCS da paciente, muito claramente. O incidente que eu quero reportar ocorreu vários meses após o início do tratamento analítico, de uma bem-sucedida corretora de imóveis de 38 anos de idade, que me consultou em crise porque as coisas não estavam indo bem com um novo homem que ela estava namorando, e com quem esperava vir a se casar. Ele tinha reclamado de, na verdade, não a conhecer muito bem, e sentia que ela "estava se escondendo" dele. A observação a perturbou tanto que a mandou para a terapia.

Minha paciente era uma filha única, atraente, charmosa e completamente equilibrada do lado de fora, com uma vida muito ativa como mulher de negócios e atleta, mas com pouco acesso a sua vida interior, ou aos seus sentimentos íntimos femininos. Sua infância, ela disse, tinha sido monótona – sem problemas reais com que lidar –, e ela decidiu (após pesquisar na internet) que o namorado era "narcisista" e tinha problemas em se comprometer.

Um dia ela veio claramente magoada por algumas observações críticas que ouvira da sua melhor amiga, que a chamara de "rasa e superficial". Minha paciente parecia arrasada com isso, e embora, inicialmente, tivesse se desviado de minhas delicadas indagações sobre seus sentimentos, e tentado encobri-los com humor negro, finalmente ela pôde (com minha ajuda) ficar com sua dor e tristeza por alguns momentos. Eu perguntei onde essa tristeza estava localizada em seu corpo, e ela apontou para o seu coração.

Neste momento, seus olhos começaram a cercar-se de lágrimas. Aproveitando este novo afeto, pudemos ligar a crítica dolorosa de sua amiga a um padrão de vergonha incessante com relação ao seu amado pai, que a tinha provocado incessantemente, durante o período da escola primária e dos primeiros anos do ensino médio, porque o corpo dela era "gordo" (ela tinha sido uma criança ligeiramente acima do peso) e, além disso, a ridicularizado por sua "burrice" na escola.

Conforme os detalhes humilhantes dessas experiências emergiram nesta sessão, ela começou a entrar em pânico e ter dificuldade de respirar. Seguiu-se um padrão de aproximação/evitação com relação a seus sentimentos. Seus olhos se encheriam de lágrimas, seguidos de uma espécie de grito contido, espasmódico. Após se recuperar, ela faria uma piada sobre o caso perdido que ela era – para depois morder nervosamente os dedos até que as lágrimas vinham de novo. O tempo todo eu a encorajei a simplesmente deixar os sentimentos emergirem sem censura; a respirar com eles e me contar mais sobre o que estava vindo à mente. Mas ela os reprimiu involuntariamente, desculpando-se por usar meus lenços, fazendo alguma ironia, e finalmente, para seu grande alívio, a sessão tinha acabado.

Eu fiquei muito comovido por essa difícil sessão, mas, enquanto passava pela sala de espera e descia as escadas, minha paciente comentou ironicamente que eu "não devia me preocupar [...] ela nunca mais traria de novo aqui aquela pequenina choramingas e vomitadora", se pudesse! Fiquei chocado em ouvir essa afirmação da minha paciente, que eu pensei que estivesse tão satisfeita quanto eu por essa abertura que havia ocorrido em seus sentimentos.

Na sessão seguinte ela veio com o seguinte sonho.

> *Sou prisioneira com um grupo de moças numa casa-barco em algum sistema de canais. Era uma noite que parecia pintada de tinta escura – muito ameaçadora. O Capitão – vestido de preto – ia tentando nos matar, uma por uma. Ele é sinistro e maligno, como Hannibal Lecter em* O silêncio dos inocentes. *Estou tentando escapar com uma moça a quem estou acorrentada nos tornozelos, mas ela é fraca e não pode me acompanhar. Ela cai na água e não podemos continuar, até que finalmente somos capturadas. A moça fica na água rasa. Eu tento puxá-la para cima com a corrente para que ela possa respirar, mas ela continua caindo de novo na água. O Capitão assiste a tudo isso com prazer. Ele vem, lança-me um olhar de soberba sádica, e com sua bota na garganta dela a empurra para baixo da água. Estou tomada de dor e raiva enquanto a vejo afogada. Estou impotente.*

Minha paciente sabia que esse sonho se relacionava de alguma maneira com a sessão do dia anterior, mas lhe parecia que o sonho confirmava seus piores temores sobre si mesma, em outras palavras, que havia algo basicamente errado. "Quem mais", ela insistia, "tinha sonhos sádicos como este?"

O que minha paciente não percebeu (e nem eu) era o quanto uma parte desconhecida dela (o Capitão) aparentemente odiava esses sentimentos recém-descobertos de vulnerabilidade (a jovem fraca a quem ela estava acorrentada) e estava tentando "matá-los", empurrá-los de volta para o inconsciente. Retrospectivamente, eu percebi que seu comentário sarcástico ao sair da sessão anterior tinha vindo diretamente deste "Capitão", do lado persecutório do SCS com o qual seu ego estava, naquele momento, completamente identificado. O Capitão deve ter estado presente também na sessão, como aquele fator interno inconsciente que ficava tentando eliminar seus sentimentos e movê-la do corpo para a cabeça.

No sonho da minha paciente, seu eu inocente e infantil pré-trauma é representado pela moça fraca a quem ela está acorrentada. O ego onírico tenta tirá-la da água, para que "ela possa respirar", assim como na sessão anterior ela tinha lutado para expressar seu afeto dissociado em seu corpo, conforme emergia, e era repetidamente "morto".

Esse sonho e nosso entendimento mútuo dele ajudaram minha paciente a ficar mais tolerante a seu eu infantil interior dependente, e conforme nosso trabalho progrediu ela pôde se arriscar a um afeto mais encarnado, aliviando sua estrutura defensiva blindada representada pelo "Capitão" destrutivo e vigilante.

Caso final: a criança arquetípica e os golfinhos

Um corretor de WallStreet, no fim da casa dos vinte anos de idade, consultou-me por motivo de depressão após sua noiva ter rompido o compromisso com ele e o trocado por outro homem. Em resposta à traição, meu paciente não sentiu apenas os sentimentos usuais de pesar, tristeza e raiva, mas começou a se sentir desolado, irreal, "desconectado" e "morto por dentro". Esses sentimentos de despersonalização e desrealização pareciam vagamente familiares. Conforme eu escutava sua história, eu me perguntava que trauma precoce poderia ter sido deflagrado no episódio atual do abandono pela namorada. Nós descobrimos logo qual era esse trauma precoce.

Após um período inicial da psicoterapia focando no seu relacionamento perdido, nós começamos a explorar sua história pessoal. Ele não conseguia lembrar muita coisa de sua infância, que tinha sido "tediosamente normal, tipicamente de classe média", com uma única exceção. Ele nunca se sentiu realmente pertencente a sua família, e uma fantasia persistiu de que ele tinha sido adotado. Ele sentia que havia algo secreto em seu passado..., alguma obscura "outra vida" que ele deve ter vivido. Ele tinha até checado seus registros de nascimento e confrontado seus pais com essas ideias, mas nada veio à tona.

Vários meses após o início da análise, e se sentindo especialmente deprimido acerca do relacionamento amoroso perdido, meu paciente lembrou um pesadelo repetitivo que tinha tido quando era garoto. No sonho, ele de algum modo acaba parando no lixo de cozinha, que era guardado num armário trancado na despensa, um lugar no qual ele tinha sido exilado, banido por sua mãe, quando era "mau". Esse lugar foi sempre aterrorizante para ele. Ele disse que algumas vezes chorava tão forte que "tinha um branco".

Esperando que este sonho remoto nos desse acesso a seu mundo interior, eu pedi a meu paciente que fechasse os olhos e reingressasse no sonho, contando-me o que via e sentia. A princípio ele resistiu, mas eu brinquei e o tranquilizei, e finalmente ele se permitiu mergulhar na imagem. O lugar em que ele se encontrava se tornou um palco de horrores – uma mistura de imagens distorcidas de seres semi-humanos e espectros repulsivos. Eu pedi que ele permanecesse junto a essas imagens, e me contasse tudo o que lhe ocorresse... especialmente o que ele sentia em seu corpo. Ele disse que estava se sentindo muito pequeno e amedrontado – e então, quando acrescentei o quão descartado e indesejado ele deve ter se sentido em sua família – ele explodiu em lágrimas. Com ajuda, ele se permitiu entregar-se a essas lágrimas, e não reprimi-las. Ele deixou a sessão muito abalado, mas estranhamente movido. Naquela noite ele teve o seguinte sonho:

> *Estou caminhando numa praia deserta. Sou mais jovem, não sei ao certo o quanto. A distância está uma mulher que eu conhecera antes. Ela está vestindo um manto branco, de tecido felpudo, com um capuz. Ela parece etérea, vagamente de um outro mundo. Nem seu rosto estava visível. Uma tempestade está se armando. Nós vemos um torrão na areia. Ela aponta para ele, indicando querer que eu o escave. Eu faço isso, e descubro o corpo vivo de um garotinho. Primeiramente eu tiro a areia de seu tronco, de modo que ele conseguisse se sentar. Ele também está vestindo um longo manto branco com um capuz. Seu rosto ainda está sob a areia. Eu tento limpá-lo, mas a areia fica caindo de volta e recobrindo seus olhos. Só a sua testa e o seu queixo ficam expostos. Finalmente eu o tiro e nós três caminhamos na praia juntos. De repente nós percebemos um boto elegante pulando na água. Logo ele se torna dois, depois quatro, depois oito... até que o oceano está repleto desses animais. Enquanto nós assistimos isso de uma torre salva-vidas, um forte vento nos empurra para trás.*

Este sonho excepcionalmente vívido pareceu muito estranho ao meu paciente, embora ele soubesse que tinha algo a ver com a sessão anterior, que o fizera, como ele disse, ser "arrastado pelo vento". Ele sentia que escavar o corpo do garoto deve ter algo a ver com escavar seu passado.

Não muito depois, meu paciente descobriu de uma tia que a sua agora falecida mãe tinha sofrido uma depressão pós-parto após o nascimento dele, e tinha ficado hospitalizada por seis semanas. Ele foi enviado para morar com a tia, que contou que ela o devolveu à mãe dele gradualmente, ao longo de um período de um ano, pois a mãe dele continuava deprimida e incapaz de lidar com ele. Essa informação nos deu uma pista sobre o trauma precoce sendo repetido na vida do meu paciente, quando sua noiva o abandonou. Ele já havia sido abandonado muito tempo antes, e no processo algo dentro dele havia sido enterrado, permanecendo encapuzado e indisponível – sem rosto. Podemos pensar nesse garoto enterrado como uma versão mais jovem dele, a "criança" pré-traumática cuja energia o tinha abandonado (através da dissociação) nas ocasiões de terror recorrente no que ele chamou de seu "armário do castigo". Como tal, essa criança encapuzada representa a parte perdida, e agora reencontrada, do todo do seu próprio eu animado.

Enquanto eu refletia sobre essas possibilidades, ocorreu-me uma passagem do ensaio de Jung (1959, § 298) sobre o arquétipo da criança em que ele discute a "criança divina". Jung comenta a imagem do "encapuzado":

> Fausto, depois de sua morte, é recebido como um menino no "coro dos meninos bem-aventurados". Não sei se Goethe estava se referindo, com essa estranha ideia, aos cupidos dos antigos sepulcros. Não é inconcebível. A figura do *cucullatus* indica o gênio encapuzado, isto é, invisível, do morto, que agora aparece na ciranda infantil de uma nova vida, cercado por figuras marinhas de golfinhos e tritões.

Essa imagística corresponde quase exatamente à do sonho do meu paciente. Uma parte dele, invisível até agora – desde há muito afastada e enterrada – seu "gênio" ou "daimon" – se faz conhecer novamente através da atenção mediadora do "eu cuidador" (a mulher encapuzada), uma defesa "do outro mundo" com uma estranha sabedoria e uma conexão de geminidade com seu espírito enterrado.

Nossa interpretação deste sonho ganha ainda maior respaldo ao amplificarmos a imagem do golfinho. A associação mítica do golfinho com o "filho" que morre e renasce é muito antiga. Pausânias relata que uma criança em parte divina, em parte humana, chamada Taras, filho de Poseidon e

Satyraea, era a Criança do Ano-novo da cidade dórica de Tarento, que cavalgava um golfinho. De outra evidência de Pausânias, Graves (1955, 291-292) considera provável que o advento ritual da Criança do Ano-novo fosse apresentado teatralmente em Corinto com a ajuda de um golfinho domesticado treinado pelos sacerdotes do Sol.

Esta imagística arquetípica nos dá um vislumbre da função salvadora do SCS. Ele preserva o coração perdido do eu, invisível e encapuzado, até que esta parte inocente com sua carga "divina" - até então mantida fora do alcance do sofrimento da vida - reingresse na corrente da vida, novamente cercada, em seu sonho, por animais saltitantes e brincalhões que sempre foram associados à vitalidade, animação, e o retorno da luz ao mundo.

Meu paciente não estava muito interessado nesses paralelos míticos. Mas se sentiu profundamente tocado por um senso de que ele estava de algum modo sendo reunificado com uma parte perdida de si mesmo, através da exploração analítica de sua vida pessoal. Sua vida já não parecia tão desolada, mas, de algum modo, significativamente tempestuosa. Ele logo encontrou uma nova namorada e deixou sua terapia para uma nova vida.

Psicologia sem psique?

Na discussão acima, eu enfatizei as funções mitopoéticas, psicológicas e "espirituais" do SCS e o fiz por uma razão. Por um lado, recentes desenvolvimentos revolucionários na neurociência e nos estudos cerebrais (Schore 2003a, 2003b), juntamente com a descoberta de que o cérebro depende do relacionamento precoce entre a criança e a mãe (Gerhardt 2004), levaram a uma estimulante convergência no campo. Essas duas correntes de pensamento se juntam para enfatizar dois aspectos até então negligenciados do trauma e do seu tratamento, isto é, como o trauma é codificado no cérebro/corpo e curado através da atenção ao corpo e a seus *afetos* e, em segundo lugar, o quão importante é o relacionamento entre terapeuta e paciente para a reparação do trauma precoce (Bromberg 1998, 2006).

Eu fui pessoalmente muito influenciado por essas novas tendências e não tenho senão admiração e gratidão para com os homens e mulheres que puseram essas realidades em foco. Compartilho da empolgação deles. Não há dúvida de que no passado nós nos focamos demasiadamente nas formas verbais/interpretativas de tratamento na psicanálise e negligenciamos os sentimentos, o corpo e o relacionamento terapêutico. Na abordagem junguiana do trauma nós também nos preocupamos com a versão particular de Melanie Klein da fantasia arquetípica, e como essas imagens são em si mesmas traumáticas. Isso nos levou a uma relativa negligência para com a realidade externa do trauma, sua prevalência em nossas vidas, e seu poder de moldar e distorcer o mundo interior.

Contudo, o lado sombrio de todo esse entusiasmo pelo cérebro e pelo interpessoal é aquilo para que Jung alertou muitos anos atrás, isto é, de que podemos acabar numa "psicologia sem a psique" (Jung 1933, 178). Há uma tendência, em muito do que li, de voltar as costas à contribuição central de Jung – sua descoberta da centelha numinosa de divindade no mundo interior, que ele chama de o si-mesmo. Muito é feito da compatibilidade do pensamento de Jung com as novas descobertas, sua atenção ao afeto, sua relacionalidade, e mesmo a sua ênfase ao si-mesmo sobre o ego. Mas há também um reducionismo que me preocupa. Nada menos que um luminar no campo do trauma e de seu tratamento, como Peter Levine (1997) afirma, que "o trauma é fisiológico, não psicológico" (apud Taki-Reece 2004, 65). Margaret Wilkinson (2006), cujo livro trouxe uma enorme contribuição ao ligar a psicologia junguiana com as novas descobertas na neurociência, apresenta dois belos casos de sobreviventes de trauma que foram literalmente salvos pela psique mitopoética – num caso por livros e filmes, noutro através do desenho, do amor aos animais e uma figura interna imaginal que manteve a esperança viva. Mas ao resumir sua obra, ela diz que os casos demonstram que as crianças "precisam se retirar do perigoso mundo exterior para o mundo do faz de conta relacionado ao trauma" (Wilkinson 2006, 51).

A meu ver, isso minimiza a importância da imaginação, como se o mundo "exterior" fosse onde nós "devêssemos" viver, livres do "faz de conta" do mundo interior. Ao invés disso, como nos lembra James Hillman (1975), nós vivemos na psique como o peixe na água, e sobreviventes de trauma às vezes moram mais lá do que o restante de nós. Frequentemente eles têm uma visão privilegiada do "outro" mundo que se faz presente nos nossos sonhos e naqueles grandes momentos de silêncio que mesmo a dissociação instaura.

As teorias das relações de objeto e interpessoal oferecem a melhor compreensão de como o trauma se desenvolve, mas, à falta de uma apreensão das capacidades autocurativas do mundo interior da psique, elas não encaram adequadamente a cura do trauma, que acontece não só mediante outros recursos pessoais. O sistema de autocuidado acontece como um resultado do fracasso agudo ou crônico do ambiente relacional em oferecer sintonia e responsividade empáticas "boas o bastante" para o bebê em crescimento. O trauma ocorre quando esse "fracasso" escapa do que Winnicott chama de "área de onipotência", que ele define como a experiência que o bebê pode significar ou "metabolizar", dentro de seus próprios limites de tolerância ou de sua nascente capacidade simbólica. Eventos que escapam desta área são "insuportáveis" ou "inconcebíveis" e constituem nada menos do que a "loucura", isto é, o que Winnicott entende como literalmente um "colapso" da infância que não pode ser relembrado, e em torno do qual a criança em crescimento (com a ajuda de defesas primitivas) deve erigir um falso *self*, como uma árvore que cresce em torno de um centro ausente, que o golpe de um relâmpago tornou oco.

Esta versão lúcida e convincente dos efeitos do trauma precoce representa uma verdade parcial, mas não a história inteira. Há algo de essencial que Winnicott deixa de fora de sua metapsicologia completamente interpessoal, isto é, o "ambiente não humano" exteriormente (Searles 1960), e o "ambiente pré-humano" interiormente, em outras palavras, a camada arquetípica da psique (Jung). A criança não se relaciona apenas com a mãe, mas com o "mundo" além, e com o "mundo" dentro – posicionada, por assim dizer, entre dois grandes, belos e terríveis mistérios. É função da mãe ajudar a mediar essas realidades titânicas. Sem a mediação da "mãe suficientemente boa", a criança será exposta a essas belezas/terrores internos e externos e levada, inevitavelmente, a sintomas traumáticos *em relacionamento*, por exemplo, onipotência e grandiosidade irresolvidas, apego inseguro/desorganizado, e assim por diante.

Mas a criança não ficará necessariamente "louca". O SCS virá para resgatá-la, e esse sistema recrutará os poderes arquetípicos da natureza interior e exterior para salvar o espírito da criança – seu âmago de saúde. Os muitos mitos que recontam a história de crianças sendo abandonadas e expostas, mas resgatadas por poderes transpessoais ou animais selvagens, relembram esse milagre de "salvamento" pelo SCS (Otto Rank). É verdade, sem um relacionamento adequado que mediatize "a psique e o mundo", a criança traumatizada terá dificuldades de intimidade com outros ao longo da vida. Nascido de vínculos de apego rompidos, seu SCS não lhe permitirá confiar num processo de reapego com os outros, por medo de retraumatização. Mas o eu que cresce em torno dessas limitações não será necessariamente um "falso" *self*, e pode de fato ser mais criativo do que louco, talvez com um rico mundo interior, um acesso privilegiado à "realidade não ordinária", uma vida cultural profunda e uma enorme paixão pela e capacidade para a vida. Na linguagem de Jerome Bernstein, esses indivíduos ocuparão uma "Borderland" [literalmente, terra na fronteira (N.T.)] entre os mundos, ao invés de terem distúrbios de personalidade "Borderline" (Bernstein 2005).

Referências

Almaas, A. (1998). *Essence*: The diamond approach to inner realization. York Beach, ME: Samuel Weiser.

Balint, M. (1979). *The basic fault*: Therapeutic aspects of regression. Evanston, IL: Northwestern University Press.

Beebe, B. & Lachmann, F. (1994). "Representations and internalization in infancy: Three principles of salience". In: *Psychoanalytic Psychology* 11: 165.

Bernstein, J. (2005). *Living in the Borderland*: The evolution of consciousness and the challenge of healing trauma. Londres: Routledge.

Bosnak, R. (2007). *Embodiment*: creative imagination in medicine, art and travel. Londres: Routledge.

Bowlby, J. (1988). *A secure base*: Parent-child attachment and healthy human development. Nova York: Basic Books.

Bromger, P. (2006). *Awakening the dreamer*: Clinical journeys. Mahway, NJ: The Analytic.

______ (1998). *Standing in the spaces*: essays in clinical process, trauma, and dissociation. Hillsdale, NJ: The Analytic.

Chodorow, J. (1984). "To move and be moved". In: *Quadrant* 17 (2): 39-48.

______ (1978). "Dance therapy and the transcendent function". In: *American Journal of Dance Therapy* 2 (1): 16-23.

Edinger, E. (1972). *Ego and archetype*. Nova York: Penguin.

Ferenczi, S. (1988). *The clinical diary of Sandor Ferenczi*. Ed. J. Dupont. Cambridge, MA: Harvard University Press.

Gerhardt, S. (2004). *Why love matters*: how affection shapes a baby's brain. Hove/Nova York: Brunner-Routledge.

Graves, R. (1955). *The Greek myths*. Londres: Penguin.

Guntrip, H. (1971). *Psychoanalytic theory, therapy, and the self*. Nova York: Basic.

Hedges, L. (2000). *Terrifying transferences*: Aftershocks of childhood trauma. Northvale, NJ: Jason Aronson.

Hillman, J. (1975). *Re-visioning psychology*. Nova York: Harper & Row [*Re-vendo a psicologia*. Trad. Gustavo Barcellos. Petrópolis: Vozes, 2010].

Jung, C.G. (1963). *Memories, dreams, reflections*. Nova York: Random House.

______ (1940/1959). "A psicologia do arquétipo da criança". OC 9/1.

______ (1933). *Modern man in search of a soul*. Nova York: Harcourt Brace.

______ (1912/1970). *Símbolos da transformação*. OC 5.

Kalsched, D. (1996). *The inner world of trauma*: Archetypal defenses of the personal spirit. Londres: Routledge.

Khan, M. (1974). "Towards an epistemology of cure". In: *The privacy of the Self*. Nova York: International Universities Press, 93-98.

Knox, J. (2003). *Archetype, attachment, analysis*: jungian psychology and the emergent mind. Nova York: Brunner-Routledge.

Levine, P. (1997). *Waking the tiger*: Healing trauma. Berkeley, CA: North Atlantic.

Mitchell, S. (1988). *Relational concepts in psychoanalysis*. Cambridge, MA: Harvard University Press.

Ogden, P.; Minton, K. & Pain, C. (2006). *Trauma and the body*: A sensorimotor approach to psychotherapy. Nova York: W.W. Norton.

Schore, A. (2003a). *Affect regulation and the repair of the self*. Nova York: W.W. Norton.

______ (2003b). *Affect dysregulation and disorders of the self*. Nova York: W.W. Norton.

Shengold, L. (1989). *Soul murder*: the effects of childhood abuse and deprivation. Nova York: Fawcett Columbine.

Stern, D. (1985). *The interpersonal world of the infant*: a view from psychoanalysis and developmental psychology. Nova York: Basic.

Stromsted, T. (2001). "Re-inhabiting the female body: Authentic movement as a gateway to transformation". In: *The Arts in Psychotherapy* 28 (1): 39-55.

Taki-Reece, S. (2004). "Sandplay after a catastrophic encounter: From traumatic experience to emergence of a new self". In: *Archives of Sandplay Therapy* 17 (2): 65-75.

Van der Kolk, B.A. (1994). "The body keeps the score: Memory and the evolving psychobiology of posttraumatic stress". In: *Harvard Review of Psychiatry* 1: 253-265.

Van der Kolk, B.A. & Fisler, R. (1995). "Dissociation and the fragmentary nature of traumatic memories: Overview and exploratory study". In: *Journal of Traumatic Stress* 8 (4): 505-525.

Wilkinson, M. (2006). *Coming into mind, the mind-brain relationship*: A Jungian clinical perspective. Londres: Routledge.

Winnicott, D. (1963/1965). "Communicating and not communicating leading to a study of certain opposites". In: *The maturational processes and the facilitating environment*. Londres: Hogarth Press.

Woodman, M. (1984). "Psyche/Soma awareness". In: *Quadrant* 17 (2): 25-37.

27
Psicoterapia e deficiência física congênita

Kathrin Asper*

Psicoterapia e deficiência constituem um terreno baldio na paisagem da psicologia, da medicina e da pedagogia social. Há poucas publicações sobre o assunto, e o tópico aparece geralmente, na literatura especializada – se é que aparece – apenas em notas de rodapé. Por um lado, os estudos têm aumentado nos últimos vinte anos, embora seus efeitos não sejam ainda disseminados. Além disso, os estudos são mais frequentemente quantitativos, e relatam apenas tendências gerais, enquanto que nós, como analistas, vemos indivíduos, o que requer uma abordagem individual. Não obstante, os estudos são importantes, porque ajudam os clínicos a refinarem seus conceitos e empatia.

Meus comentários aqui se limitam a deficiências físicas de natureza congênita. As deficiências afetam a qualidade do apego e exigem atenção médica e terapias de vários tipos. Potencialmente elas podem ter consequências traumáticas a longo prazo. Eu não me ocuparei neste capítulo, portanto, com a deficiência psíquica e mental nem com deficiências sensoriais ou as que ocorrem mais tarde na vida.

---

* Kathrin Asper, Ph.D., é analista didata e supervisora na International School of Analytical Psychology, Zurique. É autora de muitos artigos e vários livros e dá palestras internacionalmente. Tem consultório em Meilen, perto de Zurique.

O problema é complexo, uma vez que a deficiência afeta a vida familiar e põe em jogo os campos da medicina, fisioterapia e psicoterapia, e levanta preocupações de natureza social, política e de visão de vida, sem mencionar problemas com relação ao seguro. A deficiência, além disso, se liga com a cultura e a etnologia e com seus alicerces religiosos e mitológicos. Vista em perspectiva arquetípica, a deficiência é um dos temas ubíquos do deus incapacitado (Sas 1964). Pense, por exemplo, no deus grego aleijado, Hefesto, bem como no diabo com seus pés de bode. Adolf Guggenbühl foi o primeiro a escrever sobre o arquétipo do inválido (Guggenbühl 1979), e ele remeteu o assunto ao tema geral da alteridade.

Pessoas com deficiências experimentam um tipo diferente de socialização na família e na sociedade, o que requer delas que vivam em "dois mundos", se participam do mundo da normalidade. Isso significa que elas vivem com experiências que são diferentes daquelas dos não deficientes. Viver como uma pessoa com uma deficiência no assim chamado mundo normal, e existir e trabalhar estando socialmente conectado com esse mundo, representam um enorme desafio e esforço. Viver e existir nele sem ser continuamente perturbado pela alteridade significa um constante estresse, e requer um esforço psíquico incessante.

O caminho entre esses dois mundos é repleto de riscos e armadilhas. Ele começa com a família, onde, pela minha experiência, a deficiência mal é discutida. Esse tipo de silêncio e suspeita continua na vida adulta. Falar e dialogar é difícil para ambos os lados.

Considere deficiências congênitas como a *situs inversus* [anomalia que acarreta que órgãos como os pulmões e o coração, fiquem em posições opostas ao normal dentro do organismo (N.T.)], más-formações craniofaciais, paralisia cerebral ou o pé torto, por exemplo. As dificuldades que as pessoas com deficiência física congênita encontram mais tarde na vida são as mesmas que as de outras pessoas quando problemas graves acontecem, ou uma transição na vida requer reorientação. Seria errado dizer que a deficiência física em si gera dificuldade psíquica, mas o terapeuta deve estar ciente dos diferentes tipos de desenvolvimento envolvidos e das circunstâncias especiais que cada tipo de deficiência pode criar. Tratamento médico intensivo e obstáculos sociais e psicossociais podem deixar cicatrizes abertas e requerem os recursos e abordagens especiais a serem compreendidas, tendo por pano de fundo a deficiência particular em questão. Se isso não for compreendido, não se faz justiça à pessoa com deficiência e ela é prejudicada. As perspectivas de dificuldades emocionais vindas de uma fonte psíquica devem ser ampliadas no caso de uma deficiência, uma vez que o corpo deficiente, seu tratamento e sua visibilidade têm um profundo efeito sobre a psique. É, pois, importante pensar somatopsiquicamente – a partir do corpo (Frank 1997, 40).

Defeitos congênitos geralmente exigem tratamentos precoces de tipo médico, fisioterapêutico e de terapia com a fala. Essas medidas interrompem o relacionamento da criança com os cuidadores maternais. Esses tratamentos com efeitos potencialmente traumáticos muitas vezes começam num estágio muito delicado de ligação afetiva, e eles têm uma grande influência sobre o período pré-verbal de desenvolvimento psicológico e físico. Eles marcam o bebê psicobiologicamente, portanto, e formam a base para sentimentos de abandono, ansiedade e ameaça existencial. Em termos neurobiológicos, essas experiências precoces – independentemente de fatores genéticos – condicionam associações neuronais que são armazenadas na memória implícita. Elas não podem ser evocadas e nem representadas na fala, mas influenciam a experiência futura e a natureza da integração psicológica.

Certos eventos – por exemplo, o tratamento médico – podem funcionar como gatilhos mais tarde na vida, relembrando experiências precoces na forma de um "distúrbio de estresse pós-traumático agudo" (ou PTSD, na sigla em inglês). Nas crises, muitas posições mais antigas podem ser revividas, causando estresse psicológico e necessitando de um reprocessamento do desenvolvimento remoto. Consequências traumáticas de longo prazo, na forma de um "distúrbio de estresse pós-traumático complexo" (Herman 1993), podem se manifestar, o que deve ser reconhecido e tratado com sensibilidade e circunspecção. A experiência emocional que ficara muitos anos calada atravessa o limiar da consciência com uma enxurrada de emoções caóticas. Convicções básicas balançam, perspectivas futuras desaparecem. Aqueles que são afetados não se compreendem mais, correm risco de suicídio e desenvolvem queixas psíquicas e somáticas. A desorientação e desamparo deles e de suas famílias e de seus cuidadores são tão profundas porque o fio de sua história pessoal foi rompido. Há também o risco de falsas associações.

Infelizmente, as consequências tardias da deficiência física congênita recebem muito pouca atenção na educação, na pesquisa e na psicoterapia. Esse fato se combina com a negligência geral da deficiência física na psicoterapia e na elaboração teórica (Olkin 1999). Além disso, é pequena a demanda por psicoterapia pelos afetados por deficiência física congênita. Isso porque, entre outras razões, as teorias e abordagens derivadas do trabalho com pessoas sem deficiência física são simplesmente transferidas para aqueles que têm esse problema específico. As interpretações e intervenções resultantes podem facilmente fazer as pessoas com deficiência se sentirem incompreendidas e intimidadas. Graças à mudança de paradigma promovida pelos "Estudos de deficiência", pessoas com uma deficiência têm conquistado uma voz que é cada vez mais ouvida. No passado, elas eram um objeto nos arquivos de vários especialistas, e suas experiências e conhecimento eram amplamente negligenciados (Frank 1997).

Acrescentam-se a isso a discriminação e a estigmatização (Goffman 1963) e o fato de que a deficiência é um fator de estresse permanente. A separação e a autonomia são etapas de desenvolvimento frequentemente postergados. Pessoas com uma deficiência mais raramente vivem com independência, casam-se menos e, mais tarde, experimentam restrições ocupacionais e são em geral excluídas do serviço militar.

O restante deste capítulo será dedicado a discutir certos fatores e problemas críticos que devem ser levados em consideração ao se lidar psicoterapeuticamente com adultos em crise que vivem com uma deficiência congênita.

Apego e trauma

Um trauma é ameaçador, ocasionando sentimentos de perigo e desamparo para além da capacidade de processamento daqueles que foram afetados. A experiência de si mesmo e do mundo são abaladas (Van der Kolk et al. 1996). Uma vez que a fase do apego é a matriz do crescimento estrutural, traumas durante esse período têm consequências particularmente graves se a regulação diádica das emoções é interrompida por eventos traumáticos (Lieberman & Amaya-Jackson 2005). Durante essa fase, os sistemas adaptativos e não adaptativos se diferenciam, influenciando todas as relações subsequentes consigo, com o mundo e o transpessoal. Deficiências neste estágio influenciam a regulação das emoções, que forma a base da estrutura em crescimento necessária para contê-las e processá-las mais tarde na vida (Schore 2003, cap. 4).

O reconhecimento da importância de traumas médicos tem sido lento no âmbito da pesquisa. Nós sabemos agora que o tratamento de doenças/deficiências pode ter graves consequências traumáticas. Estudos estão disponíveis em particular para pacientes de câncer, do coração e de Aids (Mundy & Baum 2004, 123-124). Ainda temos pouco conhecimento preciso sobre como as operações na fase de vinculação na infância influenciam a qualidade do apego ou marcam a facilitação neuronal e seu posterior desenvolvimento (Landolt 2004, 68). Por outro lado, o atual conhecimento dos fatores que danificam o apego (Brisch 1999, 77; Brisch & Hellbrügge 2003, 105ss.) e descobertas neurocientíficas (Schore 2005, cap. 2), estudos de caso (Diepold 1996), e a experiência clínica de psicoterapeutas levaram ao reconhecimento de que o tratamento de deficiências congênitas, em combinação com outros fatores desfavoráveis, têm um efeito potencialmente traumático e podem ter consequências a longo prazo (Bürgin 2007).

Experiências relacionais entre a mãe/cuidador primário e a criança nos primeiros anos de vida desempenham um papel decisivo no desenvolvimento posterior e são conhecidas como apego. Crianças pequenas introduzem um leque relacional que no caso mais favorável é intrinsecamente misturado com o da mãe, buscando então a mãe soluções empáticas para problemas interpessoais e intrapsíquicos. Se o apego é relativamente intacto, a base está formada para sentimentos se segurança, confiança, pertencimento, continuidade e a experiência do consolo e de ser desejado. Um "modelo interno de funcionamento" é estabelecido, instalando expectativas subsequentes de um encontro confiável (Bretherton 2001, 52). Rupturas durante a fase da ligação afetiva podem suscitar um apego "inseguro" ou "desorganizado". A atitude geral para com a vida fica sendo de incerteza e falta de confiança, e as expectativas relacionais são marcadas pela ansiedade, desconfiança e ambivalência.

Lesões do aparato motor e más-formações craniofaciais afetam a qualidade do apego. O movimento ou a ingestão de alimento são obstruídos e requerem medidas especiais, tais como fisioterapia e terapia da fala. Elas perturbam e interrompem o contato visual, a continuidade, a presença da mãe, os sons, a fala e o contato táctil (Egger 2006; Oster 2005, 276).

A natureza do apego não passa por mudanças essenciais no curso da vida, mas sua qualidade é capaz de mudar de algum modo através de novas experiências (cf. Gloger-Tippelt 2001). Distúrbios na fase da ligação afetiva são responsáveis por uma ansiedade e depressão comparativamente maiores na vida posterior (Brisch 1999, 234ss.; cf. Brisch/Hellbrügge 2003).

Processos cotraumáticos

Uma criança com deficiência cria incerteza nos pais e requer deles que se adaptem a uma situação geralmente não familiar (Stern & Bruschweiler 1998, cap. 9). Os pais participam nos estresses e traumas das crianças, e elas por sua vez induzem estados semelhantes nos pais, assim nós falamos em processos cotraumáticos (Pleyer 2004).

Esperar um filho gera fantasias idealistas nos futuros pais, com relação à criança e à futura vida familiar deles. Na cabeça e no coração da mãe e do pai, o bebê imaginário nasce antes do real. Ele será uma criança feliz porque eles querem lhe dar tudo! A criança imaginária é incorporada à representação arquetípica da criança divina, que renova todas as coisas (Asper 1992; Jung & Kerényi 1969). Esse processo normal permite aos pais viverem voltados ao evento feliz com alegria e confiança. Contudo, as fantasias positivas são acompanhadas por outras mais preocupantes, o que pode ser resumido assim: "se tudo der certo, se o bebê for realmente sadio e se desenvolver normalmente!" Afortunados, de fato, são os pais cuja confiança no futuro não é maculada; eles são fortalecidos por uma qualidade que tem um efeito positivo também sobre a criança futura. Após o nascimento do bebê real, os pais deverão inevitavelmente superar uma discrepância entre o bebê imaginário e o bebê real, de carne e osso. Quando um defeito de nascença existe, o passo a ser dado é ainda maior.

O efeito sobre os pais de um bebê com algum defeito se expressa primariamente na alegria com a criança, seguida de um cuidado extra e um sentimento esmagador de vontade de fazer tudo o que for possível para facilitar uma vida normal para a criança. Além disso, susto, angústia, medos, sentimentos de culpa e vergonha e, ocasionalmente, autorrecriminações não são raros. Somam-se problemas práticos como a dificuldade dos movimentos do bebê, sua ingestão de comida, e toda a miríade de questões relativas à forma e local de tratamento e esclarecimentos sobre a cobertura de seguro.

Pouco conhecido, mas de graves consequências para o casal, é o reavivamento de lesões e traumas na mãe. A gravidez, o nascimento e a primeira infância são um período de vulnerabilidade para a jovem mãe, porque constituem uma transição em sua vida. Isso ativa dinâmicas e conteúdos inconscientes anteriores que podem se mostrar estressantes (Fraiberg 2003, 466). Por exemplo, uma mãe que sofreu muita discriminação na infância terá de se distanciar desses sentimentos, e assim ela se torna insensível à discriminação que sua criança deficiente encontra. Um trauma médico próprio pode talvez ser deixado de lado, tornando-se emocionalmente entorpecido quando a criança passa por cirurgia, recebe tratamento e sofre dor. Essas medidas defensivas infelizmente resultam em negligência emocional para com a criança (Asper 1993, 147), pois a ressonância e a sintonia com relação às necessidades da criança ficam severamente restritas e abafadas.

Defeitos orgânicos de fala de crianças com palato fendido tornam necessários exercícios diários e repetidos com a mãe, e a constante atenção à fala e a correções dela. A terapia no jardim de infância vem mais tarde. A mãe, assim, se torna uma coterapeuta do instrutor de fala. Ela se concentra na pronúncia correta da criança, e isso interrompe as comunicações espontâneas. Isso significa que, com o passar do tempo, a atenção é posta na formação fonética das palavras pela criança e menos em sua comunicação emocional e intencional. Isso afeta a natureza da comunicação e da associação em níveis emocionais e cognitivos. A mensagem é interrompida, o que bloqueia a confiança da criança na representação verbal e também sua capacidade de se comunicar. O apego inseguro no período pré-verbal inicial continua. Para a criança, isso significa, no mais amplo sentido, não ser ouvida ou vista. A criança pode perder a confiança em sua capacidade de se expressar, e começa a ficar calada. Para a mãe e a criança isso significa estresse e aumento inconsciente da incerteza de ambas as partes. Obstruções no aparato cinético, como displasias, lesões cerebrais do movimento ou pé torto, por exemplo, exigem cirurgia e fisioterapia intensiva e contínua. Isso implica uma incessante correção do movimento espontâneo, que pode ser acompanhada de dor. Os limites do corpo são violados, e o corpo é ocupado de fora por intervenções alheias e intrusivas no movimento (Egger 2006). O tratamento das displasias, no passado, envolvia o engessamento do corpo e das extremidades inferiores, e o gesso tinha de ser substituído em intervalos de poucas semanas, conforme o crescimento do corpo. Isso significava hospitalização. Esses procedimentos continuavam até o terceiro ano de vida. Não apenas o comportamento da criança pequena era assim obstruído, mas ela também perdia o contato visual e auditivo com a mãe, pois a mãe não podia carregar pela casa uma criança engessada, simplesmente por causa do seu peso. À luz do tratamento e dos processos cotraumáticos que começam durante o período de ligação emocional, as tentativas da mãe e do bebê de formarem uma díade segura são impedidos. Para a criança, isso é uma usurpação de sua segurança vital e de sua confiança, mas também significa uma perda para a mãe, que não pode viver uma díade tranquila com o bebê e às vezes desenvolve uma atitude de apego preocupado (Gomille 2001, 201) e pode tender à depressão (Oster 2005, 276; Riecher-Rössler & Steiner 2005).

Abordagem terapêutica

A deficiência física não é uma doença. Nem significa, necessariamente, problemas psicológicos ou uma propensão a desenvolvê-los. As pessoas com uma deficiência física podem sofrer de depressão, sintomas de ansiedade, neuroses e psicoses etc., tanto quanto outras pessoas. No que se refere à abordagem terapêutica, porém, é importante lembrar que pessoas com uma deficiência têm diferentes experiências psicossociais e uma história marcada por cirurgias e medidas terapêuticas de longo prazo que podem ter sido experimentadas como traumáticas. Isso significa que o terapeuta deve obter conhecimento da deficiência e do seu tratamento, e levar em conta este fator, para projetar estratégias e métodos de tratamento. A empatia entre terapeutas não deficientes é muitas vezes limitada, e eles devem alargar sua imaginação através da leitura e de outras fontes, tais como narrativas, literatura acerca da deficiência, entrevistas e filmes, para se familiarizarem com as experiências de pessoas com uma deficiência. Pessoas com uma deficiência congênita têm experiências pré-verbais armazenadas na memória implícita, mas que não podem ser relembradas. Elas têm efeitos, contudo, e é importante que essas emoções que às vezes invadem a consciência sejam colocadas em ordem. Aqueles afetados muitas vezes sabem surpreendentemente pouco sobre seus tratamentos precoces, e apenas o terapeuta, que assumiu o problema de descobri-los, podem se referir a eles no contexto do manejo terapêutico cuidadoso. Contudo, nem todos os problemas psíquicos podem ser reduzidos à deficiência, primeiro porque as pessoas são mais do que sua deficiência, e segundo porque em certos casos a história seria, assim, repetida. A história, em particular, é geralmente que a criança deficiente já se envolveu num projeto de reabilitação dentro da família, e todo o seu ser está submetido a este aspecto. Se isso for repetido, a posição de vítima é aprofundada e fortalecida. A autonomia e o ser um indivíduo têm assim menos chances de desenvolvimento, e a regressão é estimulada. De um ponto de vista diagnóstico, é extremamente importante que os efeitos a longo prazo dos traumas médicos sejam reconhecidos. O distúrbio de estresse pós-traumático complexo (em inglês, (C-PTSD) deve ser reconhecido e o paciente deve ser abordado adequadamente. Esse diagnóstico torna o diagnóstico de comorbidade amplamente supérfluo[2], alivia o paciente, e com o tratamento adequado obtém-se estabilização. Isso cria o pré-requisisto para uma ligação entre os "dois mundos" nos quais as crianças e posteriormente adultos costumam viver. O mundo geralmente silencioso e sem fala da deficiência e as

2. O diagnóstico "distúrbio de estresse pós-traumático complexo" substitui uma longa lista de outros, tais como depressão, distúrbio de ansiedade, dissociação, aspectos *borderline*, distúrbio de personalidade etc. Frequentemente esses clientes recebem um diagnóstico de comorbidade, que era muito prejudicial e não incidia sobre as raízes traumáticas de suas dificuldades.

experiências de apego precoces podem agora abordar melhor o outro mundo, assim chamado, normal. O ego é gradualmente localizado numa posição de representar os dois mundos da experiência prática e empírica. Uma adequada consciência da experiência empírica associada com a deficiência é extraordinariamente importante, e assim inferências equivocadas são evitadas. Onde existem traumas médicos e a personalidade da criança é atada às emoções que os cercam, sobrevém uma enxurrada emocional que não é fácil de ser colocada no devido lugar. As emoções – frequentemente atadas ao corpo e encontrando expressão ali – requerem uma extensão de tempo e trabalho intensivo até que sejam representadas nos sonhos e expressas na fala. Em suma, a situação é por vezes incontrolável, ocasionando desesperança no paciente e no terapeuta, e isso cria uma base para fantasias que podem ser muito destrutivas.

Por exemplo, um paciente com distúrbio de estresse pós-traumático complexo estava deprimido, ansioso e inundado de emoções para as quais ele não tinha pontos de referência. Ele tinha um pé torto e havia recebido um tratamento médico adequado e fisioterapia intensiva. Suas limitações físicas foram finalmente superadas, mas o tratamento resultou num sentimento pessoal de estar sob controle alheio, um objeto de cuidados parentais, de ser um caso nos arquivos dos médicos e terapeutas com os quais tinha estado em contato. Isso resultou num desenvolvimento inadequado da capacidade de alcançar objetivos desejados, de impor limites, de dizer não. Ele mostrou sintomas de abuso, que sua terapeuta atribuiu a um abuso sexual pela mãe, sem saber do histórico e a despeito da história de caso somático do paciente. A terapeuta considerou que essa interpretação se encaixava no cenário clínico, e isso pôs um fim ao sentimento dela de desamparo. O próprio paciente sabia muito pouco de sua história e assim aceitou que pelo menos ele tinha uma explicação para suas emoções inespecíficas e esmagadoras, pelo menos uma explicação para as dificuldades que tinha com seus pais e que ele tinha achado muito estressantes no começo da adolescência e no curso da separação em relação a eles. Ninguém levou em consideração que a separação dos pais é muito difícil no caso de uma deficiência. Afinal, a mãe – geralmente – é o sistema de suporte vital por muitos anos, e afrouxar os laços é, portanto, muito difícil para ambos os lados. As posições emocionais e interpessoais remotas da infância foram confundidas aqui com abuso sexual, as experiências mostrando sintomas semelhantes, como traumas médicos. A consequência desta má interpretação dos sintomas foi altamente destrutiva, criando fortes sentimentos de culpa entre os pais e o paciente, uma paralisação do contato, solidão interior e enorme sofrimento. Tudo isso teria sido evitado se a terapeuta se desse ao trabalho de descobrir o histórico do tratamento e a dinâmica particular nas famílias com uma criança deficiente, aprendido os fatos da história de vida do paciente e deixado de lado os preconceitos habituais precisamente nesta área, onde, como sabemos, há pouca literatura.

Devemos lembrar que, com a deficiência física, pacientes são os especialistas com relação a seu sofrimento, e são eles que têm a experiência, o conhecimento de qual é a sensação, de quais são os efeitos. Os especialistas são indispensáveis, mas eles devem não esquecer jamais que eles não têm essa experiência, e devem assim abandonar pré-concepções e presunções, ainda mais do que com pessoas sem deficiência física.

Um conhecimento preciso da experiência e da biografia médico-terapêutica se mostrou frutífero também no trabalho com sonhos. Um homem com deficiência craniofacial sonhou que outro motorista estava furioso com ele num estacionamento porque queria a mesma vaga, e estava a ponto de atacá-lo. O sonhador sentiu sua fúria crescer e simultaneamente queria levantar seu braço em defesa. A meio-caminho de fazer isso, seu braço ficou dormente. Seria fácil ver aqui que o paciente tinha uma agressividade inibida. Contudo, essa inibição do paciente tinha uma história que precisava ser conhecida. Sua inibição surgira de um medo profundo de que seu rosto pudesse ser lesionado. Isso teria tremendas consequências, uma vez que a reabilitação óssea e dentária que lhe tinha custado décadas de vida possivelmente seria destruída. Isso por sua vez acarretaria um tratamento laborioso, complexo, sem a certeza de que o resultado seria tão bom quanto da vez anterior. Não surpreende, pois, que seu braço fique dormente, que ele pense em seu corpo e queira protegê-lo!

As dinâmicas familiares também são tema de interpretação prematura. Psicanalistas junguianos que gostam de se reportar a temas mitológicos são, não raro, apressados demais em dizer sobre a deficiência que a mãe rejeita a criança deficiente e se referem ao mito de Hefesto, que, quando bebê, foi expulso do Olimpo pela sua mãe, Hera. É um fato que o relacionamento mãe-criança é difícil quando a criança tem uma deficiência. Muitos fatores explicam essa dificuldade – os processos cotraumáticos entre mãe e criança, as primeiras separações, a interrupção do vínculo, o modo como a deficiência é integrada à pessoa em questão, que frequentemente se imbui de sentimentos de culpa primários, autoestima reduzida, ansiedade e falta de comunicação sobre o assunto. Os terapeutas não devem esquecer que uma deficiência afeta tanto a criança como a mãe. Em certas circunstâncias, não apenas leva a criança a desenvolver um complexo materno negativo, mas a mãe também é afetada por esse complexo negativo, sem tê-lo causado pela rejeição. A mãe negativa em ação é arquetípica, como expresso no mito. Imputar responsabilidade à mãe pessoal é prematuro e destrutivo. Os relacionamentos e as situações concretas são mais complexos. As pessoas sem deficiência física ficam muitas vezes chocadas com a deficiência de uma criança e projetam rejeição na mãe, supondo que ela tenha dificuldades de aceitar a criança. Contudo, as mães não percebem isso como tal – precisamente no período da primeira infância – que Winnicott chamou de uma "doença normal" (Winnicott 1975, 305), porque o complexo da maternagem toma o controle da personalidade – o aspecto de mãe nutridora, providencial da personalidade assume o papel central, e a mãe vê seu bebê como especialmente necessitado, uma criança com necessidades especiais. A rejeição projetada nela inexiste; pelo contrário, ela é afligida por medos com relação ao futuro da criança.

O que deve ser fortemente afirmado com relação à abordagem terapêutica junguiana é a ênfase por vezes equivocada no simbolismo. As deficiências são rapidamente demais consideradas simbólicas. Diz-se de uma pessoa que não pode andar, que ela não pode assumir seu próprio ponto de vista; do cego, que ele deve ativar sua percepção interior. Eu não inventei esses exemplos, mas os ouvi no consultório e por pacientes que foram afetados por eles. Tais afirmações são simplesmente inadequadas e repugnantes.

Os seguintes pontos são essenciais, a se considerar, quando problemas de apego são dignosticados e onde a díade foi rompida como resultado de traumas médicos:

- Aprender a compreender a história própria de cada um.
- Conquistar novas experiências reguladoras dos afetos, que modificam um vínculo inseguro e desenvolvem a estrutura para o controle emocional.
- Trabalhar com os recursos disponíveis e substituir a abordagem patogênica pela salutogênica [i. é, voltada aos fatores que promovem a saúde, e não apenas aos que explicam a doença (N.T.)] (Antonovsky 1987). Contudo, não fazê-lo ao preço de não observar ou de não avaliar as condições afetivas dolorosas, e sim levar na devida conta ambas as possibilidades.
- Trabalhar as introjeções negativas (superego arcaico, sabotador interno, protetor-perseguidor, trauma).
- Trabalhar com os recursos disponíveis para desenvolver habilidades especiais, *insights* e sabedoria.
- Trabalhar as personalidades parciais – o trabalho com o estado do ego, distinguindo o ego do complexo.
- Trabalhar imagens interiores, poderes de representação através da imaginação.

Todo esse tipo de trabalho deve ser abordado psicodinamicamente e adaptado ao trauma (Reddemann 2001). Com o *insight* cautelosamente, pacientemente e amorosamente interiorizado, o que uma pessoa se tornou sendo apreciado, e gradualmente integrado a seus recursos e feridas (Asper 1993) – em busca do encorajamento de que fala Paul Tillich da "aceitação de ser aceito" (Tillich 1962, 177), um paciente pode, no curso do encontro terapêutico, lançar novas raízes e abrir o futuro a novas possibilidades de vida.

Referências

Aaron, A. (1987). *Unravelling the mystery of health*: how people manage stress and stay well. São Francisco: Jossey/Bass.

Asper, K. (1993). *The abandoned child within*: on losing and regaining self-worth. Nova York: Fromm International Publishing Corporation.

______ (1992). *The Inner child in dreams*. Boston: Shambhala.

Bretherton, I. (1990). "Communication patterns, internal working models, and the intergenerational transmission of attachment relationships". In: *Infant Mental Health Journal* 11: 237-251.

Brisch, K.-H. (1999). *Bindungsstörungen*. Stuttgart: Klett-Cotta.

Brisch, K.-H. & Hellbrügge, T. (eds.) (2003). *Bindung und trauma*. Stuttgart: Klett--Cotta.

Bürgin, D. (2007). "Potenziell traumatogene faktoren in der intensivmedizin". In: *Jahrbuch der Psychotraumatologie 2007*. Kröning: Asanger, 43-50.

Diepold, B. (1996). "Diese wut hört niemals auf". In: *Analytische Kinder-und Jugendlichen Psychotherapie* 89: 73-85.

Egger, P. (2006). "Die besetzung des körpers". In: Graf, E.O. & Weisser, J. (eds.). *Die Welt als Barriere* – Deutschsprachige Beiträge zu den Disability Studies. Rubigen/Berna: Soziothek, 75-82.

Fraiberg, S. et al. (1975). "Ghosts in the nursery". In: *Journal of American Academy of Child Psychiatry* 14: 387-421.

Frank, A.W. (1997). *The wounded soryteller*. Chicago/Londres: The University of Chicago Press.

Gloger-Tippelt, G. (ed.) (2001). *Bindung im erwachsenenalter*. Berna: Hans Huber.

Goffman, E. (1963). *Stigma*: Notes on the management of spoiled identity. Englewood Cliffs, NJ: Prentice Hall.

Gomille, B. (2001). "Unsicher-präokkupierte mentale bindungsmodelle". In: Tippelt, G.G. (ed.). *Bindung im Erwachsenenalter*. Berna: Hans Huber, 201-226.

Guggenbühl, A. (1979). *Der archetyp des invaliden* – Gorgo: Zeitschrift für archetypische Psychologie und bildhaftes Denken 2.

Herman, J.L. (1993). "Sequelae of prolonged and repeated trauma: evidence for a complex postraumatic syndrome (Desnos)". In: Davidson, J.R. & Foa, E.A. (eds.). *Postraumatic Stress Disorder* – DSM IV and Beyond. Washington: American Psychiatric Press, 213-228.

Jung, C.G. & Kerényi, K. (1969). *Essays on a science of mythology*: The myth of the divine child and the mysteries of Eleusis. Princeton: Princeton University Press [Bollingen Series XX] [*A criança divina* – Uma introdução à essência da mitologia. Trad. Vilmar Schneider. Petrópolis: Vozes, 2011].

Kalland, M. (1995). *Psychosocial aspects of cleft lip and palate*. Helsinki: Yliopistopaino.

Landolt, M. (2004). *Psychotraumatologie des kindesalters*. Göttingen: Hogrefe.

Lieberman, A.F. & Amaya-Jackson, L. (2005). "Reciprocal influences of attachment and trauma". In: Berlin, L.J.; Ziv, Y.; Amaya-Jackson, L. & Greenberg, M.T. (eds.).

Enhancing Early Attachments: Theory, research, intervention, and policy. Nova York/Londres: The Guilford.

Mundy, E. & Andrew, B. (2004). "Medical disorders as a cause of psychological trauma and posttraumatic stress disorder". In: *Current Opinion in Psychiatry* 17 (2): 123-128.

Olkin, R. (1999). *What psychotherapists should know about disability.* Nova York/ Londres: The Guilford.

Oster, H. (2005). "The repertoire of infant facial expression: An ontogenetic perspective". In: Nadel, J. & Muir, D. (eds.). *Emotional Development, Recent Research Advances.* Oxford/Nova York: University Press.

Pleyer, K.-H. (2004). "Co-traumatische prozesse in der elter-kind-beziehung". In: *Systema* 2: 132-149.

Reddemann, L. (2001). *Imagination als heilsame Kraft.* Stuttgart: Pfeiffer/Klett-Cotta.

Riecher-Rössler, A. & Steiner, M. (eds.) (2005). *Perinatal stress, mood and anxiety disorders.* Basileia: Karger.

Sas, S. (1964). *Der hinkende als symbol* – Studien aus dem C.G. Jung-Institut. Zurique: Rascher.

Schore, A. (2003). *Affect regulation and the repair of the self.* Nova York/Londres: W.W. Norton.

Stern, D.N. & Bruschweiler-Stern, N. (1998). *The birth of a mother.* Nova York: Basic.

Tillich, P. (1962). *The courage to be.* New Haven/Londres: Yale University Press.

Van der Kolk, B.; McFarlane, A. & Weisaeth, L. (eds.) (1996). *Traumatic stress*: the effects of overwhelming experience on mind, body and society. Nova York/Londres: The Guilford.

Winnicott, D.W. (1975). *Through paediatrics to psychoanalysis.* Nova York: Basic.

28
Psique e cérebro

Margaret Wilkinson*

A psique abrange "a totalidade dos processos psíquicos, tanto os conscientes quanto os inconscientes" (Jung 1921, § 752). O desenvolvimento da psique pode ser compreendido como emergente e relacional, pois ela é formada na relação com outra pessoa, o cuidador primário. Podemos pensar no ser humano individual como um ser único, mente-cérebro-corpo, que emergiu da experiência das primeiras e mais fundamentais experiências de relacionamento. É nos olhos da mãe que a criança vê pela primeira vez seu eu único, e é através dos aspectos de regulação dos afetos na relação com a mãe que uma criança é capaz de chegar à autorregulação afetiva. O desenvolvimento mais pleno da criança se realiza quando o pai intervém como uma ponte para o mundo exterior, propiciando a experiência que permite a chegada da criança à plena agência. Para Jung, a função transcendente permite acesso à função autorreguladora da psique na idade adulta, superando a distinção entre consciente e inconsciente e permitindo a experiência mais plena da totalidade psíquica para o indivíduo que embarca na jornada que Jung chamou de individuação.

---

* Margaret Wilkinson é membro profissional da Society of Analytical Psychology, em Londres, e membro do conselho editorial do *Journal of Analytical Psychology*. Dá palestras internacionalmente sobre a neurociência contemporânea e sua relevância para a prática clínica. Tem consultório particular em North Derbyshire, Inglaterra.

Ao trabalhar psicanaliticamente com traumas relacionais precoces, o desenvolvimento infantil é frequentemente espelhado na qualidade do relacionamento transferencial e então retrabalhado no curso da análise. Cada vez mais os praticantes clínicos se conscientizaram de que o aspecto relacional da terapia é primordial. As pesquisas demonstram consistentemente que a qualidade do relacionamento com o terapeuta importa mais do que a orientação teórica deste. Contudo, assim como a criança cresce e precisa de um pai como ponte para o mundo exterior, assim também nossos pacientes precisam da interpretação que promova o mais pleno crescimento da mente. A questão para o analista deve sempre ser descobrir o equilíbrio sutil entre os dois, e, então, o *timing* adequado de cada qual, em cada fase do tratamento com um paciente individual. Equilíbrio e *timing* são essenciais. Na contratransferência, o analista é capaz de desenvolver uma rica compreensão das questões relacionais de um paciente particular, e através da interpretação facilitar a conquista da capacidade de um apego separado adulto, caracterizado pela autonomia conectada (Orbach 2007, 9) que permitirá o processo de individuação.

O mistério da consciência, da subjetividade, da psique, preocupa a muitos no campo da neurociência. Edelman e Tononi comentam:

> Não importa o quão exata a descrição dos processos físicos subjacentes, é difícil conceber como o mundo da experiência subjetiva – ver o azul, sentir calor – floresce de meros eventos físicos. E, contudo, numa época em que as imagens cerebrais, a anestesia geral e a neurocirurgia estão se tornando lugares-comuns, nós estamos cientes de que o mundo da experiência consciente depende muito intimamente das delicadas operações do cérebro (Edelman & Tononi 2000, 2).

O desenvolvimento mais remoto da psique

O próprio Jung deu pistas sobre o desenvolvimento mais remoto da psique com suas reminiscências. Octogenário, ele evocou sua lembrança mais antiga:

> Estou deitado no meu carrinho de bebê, à sombra de uma árvore. É um belo dia de verão, quente, o céu azul, a luz dourada do sol se esgueirando através das folhas verdes. A capota do carrinho foi erguida. Eu acabei de despertar para a gloriosa beleza

> do dia, e tenho uma sensação de indescritível bem-estar. Vejo o sol brilhar através das folhas e flores dos arbustos. Tudo é maravilhoso, colorido, esplêndido (Jung 1963, 21).

Jung também contou uma lembrança de estar sentado "numa cadeira alta de criança e sorvendo a colheradas leite quente em que há pedacinhos de pão misturados. O leite tem um gosto bom e um cheiro característico" (Jung 1963, 21). Em ambos os registros nós vemos a ligação da experiência sensorial com a sensação corporal e o bem-estar emocional em relação com suas mais remotas experiências de cuidado.

Quando a importância da perspectiva desenvolvimental da psique é plenamente avaliada, compreende-se o impacto da negligência emocional por parte da mãe. Bromberg comenta que o trauma desenvolvimental importa tanto porque "ele molda os padrões de apego que estabelecem o que se tornará um âmago do eu estável ou instável" (Bromberg 2006, 6). Às vezes a teoria moderna coloca responsabilidade excessiva nas costas do pai sem olhar com a atenção devida o trauma precoce e a negligência no relacionamento materno. Talvez isso seja porque se a traição de uma criança por qualquer um dos pais nos pareça inadmissível, a deslealdade por parte da mãe é a mais difícil para nós entendermos. Woodhead se volta para a neurociência para fundamentar seu pensamento sobre seu trabalho com mães e bebês traumatizados (Woodhead 2004, 2005). Ela concebe uma atitude pela qual a mãe tem a oportunidade de internalizar o bastante para "começar a ser capaz de seguir as pistas do bebê e ir ao encontro das necessidades dela mais empaticamente" (Wilkinson 2006, 41-42).

A psique encarnada

A psique é essencialmente encarnada e só pode ser conhecida de um modo encarnado. Mas como a psique se desenvolve a partir da experiência corporal? Como a psique vem a ser experimentada e conhecida: Onde está o papel do cérebro em tudo isso?

A natureza integral do ser mente-cérebro-corpo se apresentou poderosamente para mim de um modo muito pessoal quando, recentemente, eu fiz uma prótese total de joelho. No dia seguinte à operação parecia estar além da órbita do possível erguer meu calcanhar da cama ou mover um milímetro para o lado meu pé, como o fisioterapeuta pedira. Meus esforços em mover meu pé ao menos um milímetro para o lado, continuaram infrutíferos. Subitamente, eu me deparei pensando sobre as observações de Knox sobre os esquemas de imagem mais remotos. Knox as descreve como "provavelmente os produtos mais antigos que emergem da auto-organização do cérebro humano, um processo que continua desde o nascimento e que provavelmente começa até *in utero*" (Knox 2004, 69). Tais esquemas se desenvolvem diretamente em relação com as experiências mais antigas do corpo da mãe. Knox comenta: "É crucial enfatizar aqui as bases corporais do esquema da imagem – *é uma Gestalt mental que se desenvolve a partir da experiência corporal* e forma a base dos significados abstratos, tanto no mundo físico como no da imaginação e metáfora" (Knox 2004, 69, itálicos meus). Ela comenta que o "padrão abstrato em si nunca é experimentado diretamente", mas "oferece os andaimes de todo o leque de extensões metafóricas que podem ser expressas no imaginário consciente" (Knox 2003, 62). Knox explora o trabalho de Johnson em relação com o específico esquema de imagem "fora", e o modo como tais esquemas de imagem são metaforicamente estendidos do plano físico para o não físico (Knox 2004, 69-70, apud Johnson 1987, 34). Ao querer mexer meu pé até a ponta da cama, eu tentei recrutar esse esquema de imagem remota para me ajudar naquele dilema. Eu disse a mim mesma "fora", e realmente o que antes parecia impossível aconteceu, pois meu cérebro foi capaz de representar algo já profundamente estabelecido na mente com o propósito de construir um novo caminho neural. Seguiu-se o "dentro", que me permitiu mover meu pé lentamente de volta. A partir de então, ao buscar reconquistar o movimento total, fui capaz de usar cada grão de conhecimento que eu tinha sobre caminhos neurais, construindo não só a partir dos esquemas mais remotos, mas também ecoando as ações do outro lado do meu corpo, assim fortalecendo as mensagens conforme me exercitava.

Knox chamou nossa atenção para a importância dos esquemas de imagens ou modelos de funcionamento internos no desenvolvimento da capacidade para a imaginação e função reflexiva, incluindo o senso da psique e o senso do eu. Em resposta à experiência relacional mais remota com o cuidador primário, a psique em desenvolvimento emerge do cérebro em desenvolvimento. Isso por sua vez afeta o desenvolvimento do cérebro, conforme se fazem novas conexões neurais, como um resultado de interações com os outros significativos ao longo da vida. Uma psique robusta pode ser pensada como uma realização desenvolvimental, pois ela se desenvolve a partir de uma relação boa o bastante com o cuidador mais remoto. Stein enfatiza que "o grau da riqueza da matriz neste estágio de contenção é altamente dependente da atitude e dos recursos que estão disponíveis aos cuidadores adultos" e que também é "crucialmente dependente de sua estabilidade e maturidade emocionais" (Stein 2006, 201). Em circunstâncias menos afortunadas, a psique pode ser ferida nos níveis mais profundos através do fracasso do cuidador em revelar a possibilidade de ser amada da psique infantil emergente.

Psique, si-mesmo e neurociência

Tanto a teoria do apego quanto a neurociência atribuíram importância fundamental à psique, ao si-mesmo, como Jung o fez em contraste com a antiga ênfase de Freud no ego e na função do ego. Schore comenta: "O centro da vida psíquica sai do *ego* de Freud, que ele localizava na 'área discursiva do lado esquerdo' (Freud 1923) e das áreas posteriores do hemisfério esquerdo verbal, para os níveis mais altos do hemisfério direito, o *locus* do sistema do *si-mesmo* corporalmente baseado" (Schore 2001, 77). Jung argumentou que "O si-mesmo é uma quantidade que engloba o ego consciente. Ele abrange não só a psique consciente, como também a inconsciente, e é assim, por assim dizer, uma personalidade que nós *também* somos" (Jung 1953, § 274).

Uma exploração completa da riqueza da complexidade da relação entre si-mesmo, psique e mente no pensamento de Jung ultrapassa em muito o escopo deste capítulo. Basta dizer que a noção da psique é a área de uma compreensão em que a perspectiva junguiana talvez seja mais relevante aos recentes estudos empíricos em neurociência. A noção de Jung de uma psique que se desenvolve integralmente ao longo da vida através do processo de individuação é compatível com o trabalho de Damasio. Damasio sugeriu um "precedente biológico pré-consciente", inteiramente fora da consciência, e que ele chamou de "proto-eu" (Damasio 1999, 153). Com este termo, ele se referiu a um fundamento essencialmente inconsciente e corporalmente ancorado para a psique, do qual o eu central, que cada um de nós nos tornamos capazes de sentir interiormente, pode se desenvolver. Stein explica que o conceito de Jung de individuação pode ser compreendido como "o processo de tornar-se a personalidade que cada qual é *potencialmente*, de modo inato, desde o começo da vida" (Stein 2006, 198).

Os neurocientistas enfatizam a importância das zonas de convergência que recebem e integram *inputs* vindos de muitas áreas cerebrais diversas. Áreas específicas do tronco encefálico superior que recebem *inputs* de todas as modalidades sensoriais produzem um "mapa virtual" do corpo esquelético-muscular. Essas áreas são adjacentes à área onde ocorre o mapeamento dos estados viscerais internos. O colículo inferior (onde se supõe que a impressão da voz da mãe é armazenada) também é próximo dessas áreas, assim nosso próprio senso de quem somos pode ser esculpido pelas nossas experiências mais remotas da voz de nossa mãe. É dessas áreas que uma tomada de consciência de um senso coerente de eu pode, em última instância, emergir. Panksepp sugere que "os estados afetivos básicos, que surgem inicialmente da neurodinâmica em transformação de um mecanismo de AUTO-representação [SELF-representation, expressão que inclui o termo "*self*", também traduzível, de acordo com o contexto, como "eu" ou como o "*Selbst*" (si-mesmo) de Jung (N.T.)] pode oferecer um andaime psíquico essencial para todas as outras formas de consciência" (Panksepp 1998, 309).

Schore reuniu um corpo substancial de pesquisas (dados de exames como eletroencefalograma, ressonância magnética funcional e tomografia computadorizada por emissão de pósitrons) que demonstram que o processamento inconsciente da emoção se associa preferivelmente com o hemisfério direito, do que com o esquerdo, e que o hemisfério direito, em sua fase de desenvolvimento mais remota, está densamente interconectado com as regiões límbicas e contém a maior parte do circuito da regulação emocional. Pesquisas demonstram que "a reação psicobiológica da criança ao trauma se compõe de dois padrões de resposta separados – hiperestimulação e dissociação" (Schore

2007, 757). Na primeira fase, a mãe, que deveria ser a fonte de segurança, torna-se a fonte da ameaça, levando a expressões somáticas de medo-terror; na segunda fase, desesperança e desamparo tomam o controle, e a criança recua para um estado de separação, de dissociação, enquanto seu sistema como um todo se faz de morto como uma última defesa. Schore conclui que a maciça dessintonia psicobiológica de tal trauma de apego "prepara o cenário para o uso caracteriológico da dissociação patológica do hemisfério direito em todos os estados subsequentes do desenvolvimento humano (Schore 2007, 759).

O processo curativo

> O nascimento da própria personalidade tem ação curativa sobre o indivíduo. É como se um rio, que antes se perdesse em braços secundários e pantanosos, repentinamente descobrisse seu verdadeiro leito, ou como se uma pedra posta em cima de uma semente germinante fosse retirada, e assim o broto pudesse começar seu crescimento natural. A voz interior é a voz de uma vida mais plena, de uma consciência mais ampla e abrangente (Jung 1934, § 317-318).

A psique pode mobilizar uma grande variedade de experiências a propósito da totalidade. Uma paciente, que chamarei de Elly, tinha uma experiência infantil muito pobre. Ela veio a uma sessão e descreveu uma noite mágica que passou com amigos, a qual ela experimentou como tendo ajudado a curar a psique dela. Elly tinha passado férias no exterior, na casa de uma amiga. Uma noite ela estava se sentindo abatida, com uma virose, e confortavelmente acomodada na sala de estar. Jenny, a amiga dela, estava em casa com a filha de doze anos, Marie, enquanto que o marido de Jenny estava fora, a negócios. Jenny começou a fazer o jantar quando aconteceu um prolongado corte de energia, algo comum naquele país em particular. A amiga de Elly ainda pôde continuar a cozinhar, graças ao gás, enquanto Marie iluminou todos os cômodos com velas. Mãe, filha e convidada fizeram um piquenique com a comida posta sobre o belo tapete indiano cujas cores brilhavam lindamente à luz das velas. Foi uma boa experiência para Elly. Ela viu mãe e filha desfrutarem da companhia uma da outra de um modo que Elly não tinha conhecido com sua própria mãe. Após o jantar Elly foi para a cama. Ela estava num dos quartos das crianças, que tinha uma qualidade mágica à luz de vela, especialmente para Elly, que tinha experimentado as doenças na infância em circunstâncias muito diferentes. Ela gostou muito do tom rosa-lilás do quarto e as luas prateadas das cortinas fechadas. Acima da escrivaninha da criança havia muitas fotos felizes de família, tiradas ao longo da vida da criança. Enquanto Jenny saiu para buscar uma criança mais velha numa atividade noturna, Marie, que tinha confessado ficar nervosa no escuro, veio ao quarto e se sentou na poltrona, dizendo: "Você gostaria que eu lesse para você?" Elly percebeu que ela estava agindo empaticamente, como a mãe dela faria com ela, se ela estivesse doente, bem como descobrindo uma maneira de administrar seu próprio medo do escuro. As duas gostaram da leitura, primeiramente de poesia, a pedido de Elly, e depois a adorada história da Sra. Tiggy-Winkle, de Beatrix Potter, escolhida por Marie. Para Elly, a noite como um todo teve uma qualidade mágica, tranquilizante, curativa, que de algum modo ela sentiu que falara de um modo especial à criança ferida que ela tinha dentro de si.

Este breve relato indica algo dos estados de si muito diversos pelos quais podemos passar, em ocasiões diversas. Num momento, podemos ser a amiga crescida que normalmente cada uma dessas mulheres era para a outra; noutro, a sonhadora com a capacidade de imaginar o tapete mágico; e noutro ainda, quando o feminino emergente se revela na garota pré-adolescente quando ela experimenta o papel de mãe; ou como Elly, quando ela se permite ser criança de novo por um breve instante. Quando sadios, podemos nos ver com suavidade entre diferentes estados de si mesmo retendo um senso do "Eu", de uma identidade coerente. Para alguns pacientes que experimentaram um trauma relacional precoce, tais transições certamente não serão suaves. Num momento, o terapeuta pode experimentar um relacionamento com um adulto muito autocontrolado, com o eu adaptativo que permitiu ao paciente administrar a vida bem o bastante, mas então subitamente um aspecto muito vulnerável do paciente pode vir à tona, e tanto o paciente como o terapeuta podem ser esmagados pela transição súbita a esse estado de si diferente.

As próprias lutas de Jung indicam que ele entendeu muito bem esses processos desde muito cedo. Em *Memórias, sonhos, reflexões*, ele nos conta de sua luta solitária, aos doze anos, entre um eu cotidiano e um eu interior, que carregava um senso de sua verdade emocional mais profunda. Jung comenta: "para minha grande confusão, percebi que eu era, na verdade, duas pessoas diferentes [...]". "Eu me sentia confuso e estava transbordando de reflexões pesadas" (Jung 1963, 50-51). Jung teve uma experiência traumática no início de seu décimo segundo ano de vida – o assédio de outro garoto resultou numa batida do rosto no chão que o deixou inconsciente por um breve período. Isso então foi sucedido por episódios de desmaios. Jung entendeu, mesmo naquela idade, que o ganho secundário dessas crises era a chance de ficar longe da escola, onde ele se sentia cada vez mais deslocado. Sua crescente autoconsciência, que emergiu no início da adolescência, deixou muito claro para ele sua alteridade em relação a seus colegas de escola. Sua conclusão inicial de que a segunda pessoa "deve ser um completo *nonsense*" foi algo com que ele teve de lutar até muito mais tarde na vida, quando, como resultado de uma jornada dolorosa rumo à individuação, ele veio a se sentir mais à vontade com seu eu.

Bromberg alerta que o afeto não integrado de um trauma psíquico "ameaça desorganizar o molde interno do qual a experiência de autocoerência, autocoesão e autocontinuidade dependem [...]. A experiência do 'não eu' quando não processada, mantida por um estado de si dissociado como uma memória afetiva sem a memória autobiográfica de suas origens, 'assombra' o eu" (Bromberg 2003, 689).

Van der Hart et al. sublinharam o modo como a dissociação pode ser usada para manter um sistema defensivo efetivo em face de um trauma esmagador. Eles sublinham as divisões entre a personalidade aparentemente normal e outros aspectos emocionais da personalidade. A "personalidade aparentemente normal" pode ser equacionada com o "falso eu" adaptativo, defensivo, que é bem conhecido, tanto no consultório como na literatura analítica, como a parte da personalidade que administra a vida cotidiana. A personalidade emocional é reminiscente do complexo traumático de Jung. Os escritores entendem que a "personalidade emocional" é prisioneira da experiência traumática que persistentemente fracassa em se transformar numa memória narrativa coerente.

A personalidade emocional pode ser caracterizada pela emoção veemente, entendida como esmagadora e desadaptativa. Esse é o domínio em que a personalidade emocional vive e que o terapeuta encontrará no consultório. Lembro-me do comentário de Jung sobre o complexo traumático impondo-se "tiranicamente sobre a mente consciente. A explosão do afeto é uma invasão total do indivíduo. O indivíduo é atacado como que por um inimigo ou um animal selvagem" (Jung 1928, § 267). Os autores entendem a personalidade aparentemente normal como "fixada na tentativa de prosseguir a vida normal... enquanto vai evitando as lembranças traumáticas" (Van der Hart et al. 2006, 5). Eles argumentam que cada indivíduo manifesta uma diferente resposta psicobiológica às lembranças traumáticas, o que inclui um diferente sentido de si.

Na época em que Jung começou a lutar com seu senso de uma personalidade dividida, ele também quase foi esmagado por uma experiência semelhante a um sonho, que ocorreu na mesma praça da catedral em que ele havia caído, por força do ataque do colega de escola (Jung 1963, 52-59). A metáfora emergente na forma de sonhos tem sido um dos veículos mais poderosos pelos quais a psique pode alcançar uma maior integração. Mancia sugere que a função do sonho é criar imagens que sejam "capazes de preencher o vazio da não representação, representando simbolicamente experiências que originalmente foram pré-simbólicas" (Mancia 2005, 93). Os sonhos podem ser compreendidos como metáforas que levam ao desenvolvimento de novos caminhos neurais, assim enriquecendo a mente-cérebro. O sonho de Jung o aterrorizou, mas também o fez se mexer, particularmente com relação a sua compreensão dos ancestrais no sentido mais amplo.

A análise que busca processar afetos não integrados precisa ser como uma dupla hélice capacitando os processos do cérebro esquerdo e do direito a interagirem. A pesquisa de Teicher sobre sequelas do trauma mostrou conexões lesionadas entre os hemisférios direito e esquerdo. Em especial, o funcionamento efetivo do feixe de fibras conhecido como corpo caloso, que é a principal via entre os dois hemisférios, pode ser reduzido por conta dos efeitos do trauma (Teicher 2000). Embora os pesquisadores procurem a natureza exata da maneira pela qual o afeto não integrado pode ser integrado e o medo desnecessário modulado, o que é claro é que isso envolverá o circuito do hemisfério direito. Também é claro que a compreensão da experiência e o processamento do afeto positivo experimentado no consultório envolverão o esquerdo.

Conclusão

Como a psique é fundamentalmente associativa e seu desenvolvimento se baseia na identificação psicológica, mecanismos como a transferência e a contratransferência se enraízam na experiência mais remota da mente. Eu trabalho com muitos pacientes que experimentaram traumas relacionais precoces. Nas fases iniciais, a experiência de consultório desses pacientes precisará explorar o amparo primordial. Mas, como Stein assinala, a longo prazo esse trabalho será ineficaz a não ser que ocorra a transição, com o paciente se transformando em "outro tipo de pessoa, um pai simbólico" (Stein 2006, 209), que age como uma ponte para o mundo exterior. Tal análise espelha os passos desenvolvimentais que facilitam o pleno acesso à e a expressão da psique, e assim permitem o processo do "vir à mente" (Wilkinson 2006).

Referências

Bromberg, P.M. (2006). *Awakening the Dreamer*: Clinical Journeys. Nova York: The Analytic.

______ (2003). "One need not be a house to be haunted – On enactment, dissociation, and the dread of 'Not-Me': case study". In: *Psychoanalytic Dialogues* 13 (5): 689-709.

Damasio, A. (1999). *The feeling of what happens*: Body, emotion and the making of consciousness. Londres: Heinemann.

Edelman, G.M. & Tononi, G. (2000). *Consciousness*: how matter becomes imagination. Londres: Penguin.

Johnson, M. (1987). *The body in the mind*: the bodily basis of meaning, imagination and reason. Chicago/Londres: University of Chicago Press.

Jung, C.G. (1963). *Memories, dreams, reflections*. Nova York: Random House.

______ (1953/1966). "A função do inconsciente". OC 7/2.

______ (1934/1964). *O desenvolvimento da personalidade*. OC 17.

______ (1928/1966). "O valor terapêutico da ab-reação". OC 16/2.

______ (1921/1971). "Definições". OC 6.

Knox, J.M. (2004). "Developmental aspects of analytical psychology: New perspectives from cognitive science and attachment theory – Jung's model of the mind". In: Cambray, J. & Carter, L. (eds.). *Analytical Psychology*: Contemporary perspectives in Jungian analysis. Hove/Nova York: Brunner-Routledge, 56-82.

______ (2003). *Archetypes, attachment and analysis*: jungian psychology and the emergent mind. Londres: Brunner-Routledge.

Mancia, M. (2005). "Implicit memory and the early repressed unconscious". In: *International Journal of Psychoanalysis* 87: 83-101.

Orbach, S. (2007). "Separated attachments and sexual aliveness: How changing attachment patterns can enhance intimacy". In: *Attachment*: New Directions in Psychotherapy and Relational Psychoanalysis 1: 1.

Panksepp, J. (1998). *Affective neuroscience*: The foundations of human and animal emotions. Nova York/Oxford: Oxford University Press.

Schore, A.N. (2007). Resenha de *Awakening the dreamer*: Clinical Journeys, por Philip Bromberg. In: *Psychoanalytic Dialogues* 1 (75): 753-767.

______ (2001). "The right brain as the neurobiological substratum of Freud's dynamic unconscious". In: Scharff, D. (ed.). *The Psychoanalytic Century* – Freud's Legacy for the Future. Nova York: Other.

Stein, M. (2006). "Individuation". In: Papodopoulos, R.K. (ed.). *The handbook of Jungian psychology*. Hove/New York: Routledge.

Teicher, M. (2000). "Wounds time won't heal". In: *Cerebrum* 2, 4.

Van der Hart, O.; Nijenhuis, E.R.S. & Steele, K. (2006). *The haunted self*: structural dissociation and the treatment of chronic traumatization. Nova York/Londres: W.W. Norton.

Wilkinson, M.A. (2007). "Jung and neuroscience: The making of mind". In: Casement, A. (ed.). *Who owns Jung*. Londres: Karnac.

______ (2006). *Coming into mind: the mind-brain relationship* – A jungian clinical perspective. Hove/Nova York: Brunner-Routledge.

Woodhead, J. (2005). "Shifting triangles: Images of father in sequences from parent-infant psychotherapy". In: *International Journal of Infant Observation* 7 (2-3): 76-90.

______ (2004). "'Dialectical process' and 'constructive method'; microanalysis of relational process in an example from parent-infant psychotherapy". In: *Journal of Analytical Psychology* 49 (2): 143-160.

29
As paixões: táticas da alma

Axel Capriles*

O escritor porto-riquenho Luis Rafael Sánchez começa sua novela *La Importancia de Llamarse Daniel Santos* [A importância de chamar-se Daniel Santos] com a historiografia das mulheres do famoso cantor latino-americano. Ele comenta que a simples menção do nome deste compositor popular do Caribe, um rigoroso crítico da razão e notável pupilo da sensualidade, produzia um caos genital. Daniel Santos tinha, de fato, uma vida erótica variada e intensa. Afora um número imenso de relações curtas e casuais, ele se casou dez vezes e teve doze filhos, de doze diferentes mulheres. Contudo, mais do que uma representação do macho latino-americano, a vida turbulenta de Daniel Santos, suas músicas e sua voz deslocada se tornaram um mito, um símbolo da paixão no sentido mais amplo. Rebelde e independente, ele compôs a música *Sierra Maestra*, em 1957, dedicada a Fidel Castro, que mais tarde se tornou o hino da Revolução Cubana. Um alcoólatra totalmente entregue a uma vida de dissipações e intensamente noturna, ele foi parar na prisão muitas vezes. O bolero, gênero musical que ele melhor cultivou, e do qual se tornou o expoente mais extraordinário, é uma ética e uma estética da paixão

* Axel Capriles, Ph.D., é professor-associado da Universidade Católica em Caracas, onde fundou a cadeira de Economia Psicológica. É diretor da C.G. Jung Foundation de Caracas e ex-presidente da Sociedade Venezuelana de Analistas Junguianos (Svaj). Também é colunista do principal jornal venezuelano: *El Universal*.

no sentido etimológico do termo, como aflição e sofrimento. O bolero é um hino para o que o filósofo francês Claude-Adrian Helvétius pensava ser para a alma o que o movimento é para a física, um culto de intensas emoções que nos abre ao mistério e ao sentido da vida. Daniel Santos compartilhava com Helvétius da ideia da superioridade do homem apaixonado sobre o homem sábio e prudente, e eu imagino que ele também pensava que a falta de paixões nos torna estúpidos (Helvétius 2007). Não muitos psicólogos e pensadores na história do pensamento ocidental são da mesma opinião. Pelo contrário, a maior pare da tradição intelectual ocidental é o resultado dos problemas que a paixão apresenta à razão.

C.G. Jung parece, à primeira vista, não diferir em nada dessa tradição. Um passar de olhos apressado e desatento a sua *Obra Completa* e aos escritos de seus seguidores mais proeminentes, à procura do termo paixão e do modo como é usado mais habitualmente, certamente nos desviará para conclusões prematuras e equivocadas acerca das limitações da psicologia junguiana para a compreensão do complexo mundo dos afetos, sentimentos e emoções. O campo carece não só de uma terminologia diferenciada e usa vários termos de modo intercambiável com outros, como também não gerou formulações integradas e consistentes para uma teoria dos afetos. Como um todo, a visão que prevalece dentro da psicanálise junguiana parece ser enviesada e seguir o que Robert Solomon (1993) chama de o "Mito das paixões", isto é, a abordagem intelectual na qual razão e emoção aparecem como antagonistas, o hábito infundado de pensar no vasto leque de estados de afecção como reações involuntárias e inerentemente corporais conectadas aos instintos e enraizadas no inconsciente. Há uma enormidade de razões pelas quais uma visão geral impensada pode ser enganosa.

A primeira menção ao termo paixão, na *Obra Completa* de Jung, encontra-se em *Símbolos da transformação* (1911-1912/1970), quando Jung apresenta uma metáfora, anteriormente usada por Immanuel Kant, para diferenciar as paixões das emoções. Kant dissera que um afeto é "como uma água que rompe uma barreira", violenta e imprudente, enquanto que a paixão "espera e reflete" (Kant 1974, 120). Jung, porém, não confere nenhuma capacidade reflexiva às paixões, e usa só a primeira parte da metáfora de Kant para assinalar a natureza abrupta e perturbadora dos afetos ("como o mar que quebrou seus diques") (Jung 1911-1912/1970, § 170). Essa visão é conspícua. Numa obra muito posterior como *Sincronicidade: um princípio de conexões acausais*, o psiquiatra suíço ainda considera que "todo estado emocional produz uma alteração da consciência que Janet chamou de *abaissement du niveau mental* [redução do nível mental]; ou seja, há um certo estreitamento da consciência e um correspondente fortalecimento do inconsciente" (Jung 1952/1969, § 856). Ele chega a associar as paixões à psicologia dos humanos primitivos, "incapazes de juízo moral" e com outras fraquezas, como vemos em *Aion*, onde Jung afirma que os "afetos, em geral, ocorrem quando a adaptação é a mais fraca, e ao mesmo tempo eles revelam a razão dessa fraqueza, a saber, um certo grau de inferioridade e a existência de um nível inferior da personalidade" (Jung 1951/1968, § 15). Muitos outros autores em diferentes escolas de psicologia analítica assumiram a mesma abordagem. Marie-Louise von Franz e Jolande Jacobi, ambos junguianos clássicos, consideram que a sombra e a as partes subdesenvolvidas e inferiores da personalidade se manifestam em explosões de raiva, covardia, inveja, cobiça e todos os tipos de disposições emocionais inadequadas. Erich Neumann, um evolucionista, escreve que "as emoções e afetos estão presos aos níveis mais baixos da psique, os mais próximos dos instintos" (Neumann 1973, 330), e Rafael López-Pedraza, um arquetipalista, acredita que as emoções são irracionais, não cognitivas e enraizadas no corpo (López-Pedraza 2008).

Com esta perspectiva é difícil entender a psicologia de uma pessoa como Edmond Dantès, o personagem principal do romance de Alexandre Dumas *Le Comte de Monte-Cristo*, que fria e racionalmente planejou sua vingança ao longo de mais de quinze anos. Ela também limita nossa compreensão das emoções culturalmente codificadas, como o japonês *Amae*, um complexo comportamento que não se relaciona apenas a necessidades de dependência e à vontade de ser amado, ou ao desejo de fazer uma figura de autoridade cuidar de nós, mas também com o apoiar-se premeditadamente e tirar vantagem da boa vontade dela. Nesse sentido, a psicanálise junguiana é herdeira do insólito processo da teorização psicológica que teve lugar durante os séculos XVIII e XIX na mente europeia e norte-americana e que substituiu o amplo leque de categorias muito diferenciadas, como apetites, paixões, afecções, agitações, alterações, sentimentos morais, sensações ou humores por um conceito secular abrangente e global: emoção (Dixon 2003). Apesar de o termo emoção ter se tornado intercambiável com outras categorias como afeto ou paixão, ele não é sinônimo dos termos anteriores *pathë*, *pathos* ou *páschein*, em grego; *passio, affectus, affections*, ou *cocitatio animi* em latim. Ele perdeu os significados refinados e distintivos desenvolvidos durante muitos séculos do pensamento ocidental. Ao contrário do que comumente se acredita, mesmo nos ensinamentos cristãos clássicos sobre a alma, alguns tipos de afetos eram movimentos ativos e voluntários da vontade. Em épocas distantes, como a de *A Cidade de Deus*, Agostinho, criticando a visão negativa dos estoicos sobre as paixões, escreveu sobre as afecções virtuosas, racionais e voluntárias da alma (Agostinho 2003).

A interpretação contemporânea das paixões como ações racionais e intencionais não ganhou muita aceitação na comunidade junguiana. A maior parte dos junguianos clássicos se acostumou a ver as paixões como impulsos irracionais e turbulentos que embaçam nossa avaliação da realidade como estados de possessão. Nós comumente as descrevemos como os antigos o faziam, isto é, como forças obscuras que tomam as rédeas de nossa vontade sem o nosso consentimento, tal como as obras de poderosos demônios ou deuses aos quais nós sucumbimos – como a deusa Afrodite que, encantada e movida pelo desejo, foi "compelida por Zeus a se apaixonar [o verbo em inglês, "*to fall in love*", algo como "cair de amor", é especialmente sugestivo N.T.)] pelo pastor Anquises" (Kerényi 1961, 77), recobriu sua verdadeira forma após o instante prazeroso e se sentiu envergonhada por ter dormido com um mortal. Quase intocada desde a mais remota Antiguidade, esta noção e modo de interpretar a experiência da paixão encontrou na psicologia junguiana sua paráfrase moderna. É o modelo implícito por trás das nossas explicações científicas de sintomas e reações afetivas como sendo o efeito de personalidades parciais ou complexos emocionalmente carregados. É a mesma narrativa que usamos ao falar da epifania *numinosa* de um arquétipo que toma o controle do ego, ou de alguém possuído pela sombra ou pela *anima*, com a única exceção de que a causação exterior foi substituída pela determinação interna e os deuses foram renomeados como conteúdos inconscientes, arquétipos ou complexos. Nada muito novo debaixo do sol, ao que parece. Se observamos mais de perto os escritos de Jung, contudo, e deixamos de lado as opiniões culturalmente enviesadas do médico suíço, nós descobrimos que a teoria dos complexos e a psicologia dos arquétipos oferecem uma contribuição original e extraordinária a uma compreensão mais contemporânea das paixões e das emoções. Eles não apenas ajudam a diferenciar as variedades do afeto e a integrar os diversos aspectos que compõem uma emoção (cognições, julgamentos, valores, motivos, apetites, comportamentos, fins), mas também nos trazem a um relacionamento mais íntimo com os mistérios e paradoxos das paixões.

Ao contrário das passagens citadas acima, Jung define o sentimento como uma função racional, como "um processo que acontece entre o ego e um dado conteúdo, um processo que atribui ao conteúdo um valor definido no sentido de aceitação ou rejeição", enquanto que o afeto é o resultado de um aumento da intensidade do sentimento, "acompanhado por inervações físicas consideráveis" (Jung 1921/1971, § 896). Esta afirmação aparentemente paradoxal, que coloca uma função racional (o sentimento) no centro de um fenômeno irracional (afeto), é provavelmente uma das intuições mais enriquecedoras de Jung. Como a *logique du coeur* [lógica do coração] de Pascal, ou o formalismo dos valores éticos de Max Scheler, a função sentimento de Jung desvela a razão por trás do irracionalizável, e oferece um código para decifrar a linguagem oculta das paixões como formas integradas de cognição, julgamento, sentimentos e ações propositais com as quais nós avaliamos, valoramos e reagimos ao mundo interno e externo. A carga emocional dos complexos de tonalidade sentimental tem uma lógica própria, que provê significado e cor ao que é mais intrinsecamente humano. A hipótese do inconsciente como múltiplas consciências, da existência de múltiplas luminosidades e quase-conscientes conteúdos inconscientes é, além disso, uma ideia poderosa de diferenciação das emoções. As representações afetivamente carregadas, as imagens atreladas a nossas paixões, revelam os diferentes estilos de consciência e o propósito das diversas tendências que vivem em nós e pedem expressão.

A maioria dos atuais pensadores e pesquisadores na área da afetividade considera que as emoções são importantes mecanismos de adaptação. Antonio Damasio assinala, por exemplo, que "as emoções são curiosas adptações que são parte e parcela da maquinaria com a qual os organismos regulam a sobrevivência" (Damasio 1999, 54). Manuais de psicologia definem emoções como esquemas coerentes de organização ou sistemas de sincronização que coordenam diversos aspectos do funcionamento orgânico e psíquico, assim permitindo reações adaptativas ao ambiente. A experiência comum, porém, nos mostra que a maioria das paixões pode ser tremendamente destrutiva e inadequada para a adaptação. Exemplos são abundantes. A fúria incontrolada que nos faz perder um emprego; uma falta de calma que nos fazer errar o alvo num processo de negociação; uma paixão erótica maluca que destrói nosso casamento e arruína nossa carreira política; uma inveja que inibe nossas realizações e desvia energia para a destruição de outrem. Tome o caso de Otelo, cujos ciúmes o levam ao assassinato de seu maior valor e amor, Desdêmona, e ao suicídio, quando toma consciência do que havia feito. Ou, ainda, a vida de Harpagão na peça *O avarento*, de Molière, cuja ansiedade mesquinha sobre perder a sua riqueza faz sua vida ser infeliz e isolada, temeroso até de suas próprias crianças. Tome a imagem mítica e literária do amor passional e impossível, nascido em meio a proibições e obstáculos, consumido por transgressões que acabam em tragédia e morte. Podemos dizer que a paixão do ressentimento que leva alguém a um ato de vingança, que finalmente põe a pessoa na cadeia, serve à função de adaptação ou é parte dos "dispositivos biorregulatórios com os quais estamos equipados para sobreviver"? (Damasio 1999, 53). É realmente racional?

Autores contemporâneos criticam a teoria de James das emoções como sentimentos ou sensações de processos fisiológicos, e entendem as emoções como engajamentos no mundo, como processos inteligentes e complexos que envolvem conceitos e avaliações. Eles geralmente consideram os afetos como reações ao mundo, como atos da consciência na qual se avaliam pessoas, relacionamentos, situações, coisas. Sua racionalidade é da ordem da adaptação, maximizando nosso bem-estar. O julgamento das emoções leva em conta o ambiente, a situação social e as pessoas envolvidas. A principal limitação dessas teorias do afeto que enfatizam a intencionalidade e a racionalidade das emoções e sua função adaptativa é que elas consideram apenas a lógica e o propósito das emoções com relação aos objetos externos e ao mundo externo. Confrontadas com paixões complexas e destrutivas, entretanto, suas explicações fracassam. Elas só podem considerar afetos positivos que servem ao princípio da vida ou apoiam o sistema da consciência. Mas, como Denis de Rougemont (1940) ilustrou muito claramente em seus estudos do amor no mundo ocidental, paixão e morte estão intimamente conectadas. Para esclarecer as muitas definições e conceitos de apetites, impulsos, sentimentos e emoções, alguns pesquisadores estabeleceram escalas ou níveis de organização psicológica da vida afetiva, desde protoemoções, ou sensações muito simples, até estados internos do organismo, de emoções de terceiro nível, que se tornam processos simbólicos muito complexos. É neste nível complexo, superior, que podemos propriamente falar em paixões. É neste estágio de complexidade, porém, que também descobrimos que as paixões raramente se conectam com as funções da sobrevivência e da adaptação do organismo. Pelo contrário, muitas vezes elas trabalham contra isso. Devido ao seu amor não correspondido por Lotte, Werther se mata. O impacto cultural do romance de Goethe *Os sofrimentos do jovem Werther* foi tão forte que produziu mimetismo, um efeito chamado de "Febre Werther", suicídio de cerca de dois mil leitores. O estranho apelo de paixão e morte preocuparam tanto as autoridades e a sociedade alemã, que alguns escritores pensaram ser necessário escrever um romance alternativo com um final mais construtivo e feliz. A sexualidade serve à função da reprodução e preservação da espécie, mas o amor platônico impossível e o amor cortês não. A essência do erotismo árabe e provençal é que o amor insatisfeito só pode ser expresso na aspiração pela morte. A emoção da *orgé*, que para os gregos era a essência do temperamento heroico, pode levar a uma morte rápida em batalha. O herói clássico, de fato, preferia uma vida curta e intensa em guerra a uma existência equilibrada e longa, cercada por uma família amorosa com esposa, filhos e netos. Além disso, a definição comum da paixão como o domínio de uma emoção sobre toda a personalidade tende a nos tornar tão unilaterais que nós perdemos a flexibilidade necessária para um acordo eficaz na vida social. Nós temos sido testemunhas de casos de ambição extrema que não apenas paralisa a vida amorosa de uma pessoa, mas também se volta contra o sucesso econômico do homem de negócios porque o induz a atos de corrupção que acarretam sua ruína. Se as paixões podem ser tão negativas e não necessariamente servem à função adaptativa, por que depois de tantos séculos de críticas contra elas, elas foram preservadas pelo processo de evolução? O princípio-chave do evolucionismo darwinista não estabelece que só aqueles comportamentos que contribuem à sobrevivência das espécies serão preservados? Se a maioria das paixões não pode ser entendida com relação ao mundo externo, deveríamos olhá-las por um outro ângulo, e examinar seu propósito e significado em relação à alma. A proposição da psicologia junguiana da existência de um mundo interior, de um universo de arquétipos como sendo tão real e poderoso quanto o mundo exterior, se torna uma contribuição e convite importantes para ler a linguagem das paixões de uma outra e mais enriquecedora perspectiva. Se as paixões são formas de engajamento, de avaliação racional, e julgamentos do mundo, elas são, sobretudo, cognições e valorações do estado da alma, interações com o mundo psíquico interior através das figuras e situações do mundo exterior.

Eu tenho uma amiga muito inteligente que nunca concluiu a universidade, se casou cedo e que, apesar de sua curiosidade e inquietude, dedicou a maior parte de sua vida ao bem-estar de seu marido e crianças e ao cultivo de relacionamentos sociais convencionais. Embora atraída pela espirituosidade e eloquência e pelo aroma dos círculos intelectuais cosmopolitanos, ela teve de se conformar a uma vida bem superficial e comum. Ela fez análise por décadas e nunca encontrou remédio para sua angústia. Aos 42 anos, foi capturada por um relacionamento erótico cego e apaixonado. Numa noite, num encontro festivo, tipo *coquetel*, ela conheceu um jovem atraente, dez anos mais novo que ela, e se apaixonou loucamente por ele. Ela não teve que falar com ele por muito tempo; ela não precisou saber mais sobre ele. Ela simplesmente sentiu um anseio premente de ficar com ele. Após este encontro, ela começou a ter encontros secretos com ele, e após umas poucas semanas decidiu ir embora com ele, fugir e abandonar sua família, e assim ela deu fim aos seus vinte anos de casamento. Ela teve que sofrer o diabo para suportar o conflito e juntar energia para tomar sua decisão, mas então, um dia, escreveu uma carta de despedida para seu marido e crianças revelando seu segredo, e partiu. Além da dor e da destruição de sua família, o evento se tornou um escândalo nos círculos sociais da classe alta de Caracas e gerou todo tipo de fofoca. A paixão, contudo, não durou muito, e após cerca de um mês a magia tinha acabado, ela foi compelida a voltar e enfrentar sua realidade normal e profana novamente.

Essa história, tão importante e significativa para minha amiga, é de fato um evento muito comum na vida de muita gente. Experiências parecidas se refletem no mito e foram a inspiração de inúmeros romances e filmes. Tais eventos frequentemente deixam um rastro de sentimentos feridos, desconfiança, famílias destruídas, estresse econômico e até tragédia. Julgada em termos de seus efeitos na vida exterior, a paixão parece não ser algo muito inteligente, e, de fato, mais destrutiva do que construtiva. Se seguirmos, porém, os escritores cristãos clássicos e compreendermos a *perturbatio animi* como alterações ou afecções da alma, ou seja, como movimentos e transformações autônomas da psique, podemos ler as paixões como rituais e danças de divindades e personalidades inconscientes, como expressões simbólicas do processo de individuação. Esta abordagem não contradiz a interpretação da emoção como um comportamento teleológico com objetivos formais e particulares. Ao invés de focar nossa atenção nos objetos exteriores e explicar os afetos em termos das situações que as estimulam ou das pessoas a quem elas são concretamente dirigidas, devemos atentar a seu significado simbólico e procurar os objetos interiores, as personalidades parciais do inconsciente. Isso não é o velho e típico excesso de psicologização, que vê o mundo inteiro como uma mera projeção de necessidades interiores ou como exteriorizações de eventos internos. As emoções não se restringem a uma região dentro de nós. Elas não são apenas uma questão privada. Elas entram no espaço exterior, na atmosfera social, e criam um campo de interação entre o interno e o externo, em que o significado é derivado de ambos. Elas são julgamentos multidimensionais que incluem o objeto bem como o sujeito, um estado de consciência através do qual nós reconstituímos o mundo segundo nosso estado psíquico.

Longe de ser original, a experiência da minha amiga obedece a um padrão arquetípico bem descrito em romances, filmes e mitos. A atração súbita, o tabu, os obstáculos, a transgressão, os encontros secretos, a adversidade, tudo isso pertence a esse padrão. O objeto da paixão, neste caso o jovem atraente, é indispensável, mas ele é basicamente um veículo, o instrumento necessário para a constelação do padrão inteiro da expressão da alma. Uma vez que o fascínio desapareceu, minha amiga não conseguia entender como foi possível ela ter perdido a cabeça por este homem. A ocasião é determinada por necessidades internas, pelos movimentos do inconsciente em sua confluência com o presente social. Seguindo o título da música de Bryan Ferry, usado como o título em inglês de um filme chinês de 2002 dirigido por Wong Kar-wai, minha amiga estava "In the Mood for Love " [algo como "no clima para o amor"; o filme, cujo lançamento na verdade foi em 2000, recebeu no Brasil o título de "Amor à flor da pele" (N.T.)]. Poucos meses depois, ela não estava mais nesse clima. Cada parte do padrão é uma metáfora psíquica, uma imagem que descreve a condição e a intenção da alma. A atração súbita: a ativação e projeção do *animus*. As proibições e obstáculos: a inércia e os hábitos que a mantêm em sua vida comum e tornam-lhe impossível mudar. A transgressão: a ruptura da persona, o salto para outro nível de existência. As consequências destrutivas: o caos necessário para redefinir uma vida mais fidedigna a sua natureza arquetípica – tudo isso é parte da mesma história contada e recontada ao longo dos tempos e nas diversas culturas. Muito frequentemente, o desempenho concreto do padrão arquetípico na vida real produz importantes *insights* e promove um processo de transformação interior. Às vezes não. Após um período de intensa descoberta interior, a pessoa sente medo das mudanças abruptas que percebeu em si, e realiza o que Jung chamou de "restauração regressiva da persona" (Jung 1916/1953). A exposição do padrão, contudo, deixa as cicatrizes do processo de individuação. Num certo sentido, as paixões são chamadas a ajustes na psique. Minha amiga finalmente começou sua tão desejada carreira como escritora. Ela publicou um livro de poemas eróticos.

Ao contrário da ideia de Jean-Paul Sartre de que as emoções são estratégias que usamos para eludir a responsabilidade e evitar enfrentar a nós mesmos

(Sartre 1999), consideramos as paixões como o sistema mais coerente para expressar nossa condição existencial. A linguagem delas, porém, é simbólica. Nesse sentido, podemos considerar a inveja como um alarme que relembra algo que está faltando em nós, um sinal que aponta nossa incapacidade de desenvolver certos aspectos de nossa personalidade, uma característica da qual a pessoa invejada se torna a evidência. Não basta compararmo-nos com os outros ou percebermos em alguém algo que nós queremos, mas somos incapazes de obter. Para que um desejo se torne inveja, as qualidades ou posses dos outros devem se tornar símbolos de nossa própria incapacidade e inferioridade. Essa é a razão pela qual o objetivo da inveja rancorosa é muito mais a destruição da capacidade criativa do outro do que a conquista da sua excelência e virtude. Se atentarmos a esse chamado, contudo, podemos trabalhar a inveja e transformá-la em emulação ou competição, ou ela pode nos ajudar, pelo menos, a aceitar e compreender a natureza de nossos déficits e fracassos. Seria enganoso analisar a emoção apenas em termos de objetos externos, o dinheiro ou a pessoa bem-sucedida. Segundo Murray Stein, a inveja é um "anseio pelo si-mesmo" (Stein 1996, 201), um "desejo de acesso direto à nascente do valor" (200), que pertence à "fonte da energia criativa" (203). Esta abordagem abre a porta para uma valoração mais positiva das emoções. Ela nos permite ver a teleologia das paixões, seu significado e objetivo ocultos. Como afirma Murray Stein: "Numa teoria junguiana da inveja, pensaríamos nela como um sintoma psíquico, ao invés de uma expressão de destrutividade primária... um sinal de algo que vai mal, mas que se desvia de uma fome de outro modo benigna pela individualidade plena" (Stein 1996, 204).

Para superar as reivindicações enganosas das emoções básicas, Richard Shweder propõe que "termos emocionais são nomes de esquemas interpretativos particulares (p. ex., "remorso", "culpa", "raiva", "vergonha") de uma história, enredo ou narrativa particulares de que as pessoas "fazem uso para dar sentido e forma à experiência delas" (Shweder 1994, 32). A psicanálise junguiana e a psicologia dos arquétipos aprofundam essa metáfora ao propor a criação de mitos como a atividade primária da psique. A linguagem básica dos padrões arquetípicos que moldam nossa vida é o mito, histórias de deuses e heróis apaixonados que revelam os dominantes da experiência humana. É o *mundus imaginalis* conforme descrito por Henry Corbin, "um campo específico de realidades imaginais" (Hillman 1988, 3), que oferece valores e formas para os *scripts* essenciais dos complexos de tonalidade sentimental. Os afetos podem ser diferenciados e revelam seu significado através da história contada. James Hillman, o analista junguiano que escreveu mais explicitamente sobre as emoções, diz que "um humor desce, uma paixão golpeia, uma ânsia se ergue", mas a principal questão que temos que fazer sobre cada condição emocional é: "O que a emoção quer? Quais são seus traços, suas características? [...] Como ela se move em meu corpo, qual é sua dança?" (Hillman 1992, xi). Este é o trabalho da análise. Se as paixões são movimentos irredutíveis da alma em sincronia com o mundo exterior e assim estratégias da psique, temos que entender suas intenções veladas e compreender seu plano. Não importa se elas parecem inadequadas, se elas são alheias a nossa vontade e ao nosso ego. Como rituais psíquicos, elas desvelam nossa natureza arquetípica, as imagens divinas por trás de nossos comportamentos irracionais aparentes, o ritmo de nosso processo de individuação.

Referências

Augustine (2003). *The city of God.* Trans. Henry Bettenson. Penguin Classics.

Damasio, A. (1999). *The feeling of what happens.* San Diego: Harcourt.

Helvétius, C.-A. *Del Espíritu* [Disponível em http://thales.cica.es/rd/Recursos/rd99/ed99-0257-01/bhelvet.html].

Hillman, J. (1992). *Emotion*: A comprehensive phenomenology of theories and their meanings for therapy. Evanston: Northwestern University Press.

______ (1990). *Archetypal Psychology*: A Brief Account. Dallas: Spring.

Jung, C.G. (1952/1969). "Sincronicidade: um princípio de conexões acausais". OC 8/3.

______ (1951/1968). *Aion.* OC 9/2.

______ (1921/1971). *Tipos psicológicos.* OC 6.

______ (1916/1953). *O eu e o inconsciente.* OC 7/2.

______ (1911-1912/1970). *Símbolos da transformação.* OC 5.

Kant, I. (2006). *Anthropology from a pragmatic point of view.* Trad. e ed. Robert B. Louden. Cambridge: Cambridge University Press.

Kerényi, C. (1961). *The gods of the greeks*. Londres: Thames and Hudson.

López-Pedraza, R. (2008). *Sobre emociones*. Caracas: Festina Lente.

Neumann, E. (1973). *The origins and history of consciousness*. Princeton: Princeton University Press.

Rougemont, D. (1940). *Love in the Western World*. Nova York: Harcout/Brace.

Sánchez, L.R. (1989). *La importancia de Llamarse Daniel Santos*. Hanover: Norte.

Sartre, J.-P. (1999). *Bosquejo de una teoría de las emociones*. Madri: Alianza.

Shweder, R.A. (1994). "You're not sick, you're just in love": Emotion as an interpretative system". In: Ekman, P. & Davidson, R.J. (eds.). *The Nature of Emotion*. Oxford: Oxford University Press, 32-34.

Stein, M. (1996). *Practicing wholeness*. Nova York: Continuum.

Solomon, R. (1993). *The passions*: Emotion and the meaning of Life. Indianápolis: Hackett.

30
A atitude ética na prática analítica

Hester McFarland Solomon*

O provimento de supervisão contínua durante a formação, bem como a pós-qualificação, ajudam a garantir acesso confiável ao pensamento ético durante a prática analítica e são, por si sós, um ato ético no âmago da atitude analítica. Estou defendendo que o provimento de supervisão regular é a pedra de toque de uma atitude analítica profissional. Essa posição se baseia no raciocínio teórico e prático e deriva também das perspectivas desenvolvimentais e arquetípicas.

Crucial ao meu argumento é a visão de que a atitude analítica é em essência uma atitude ética, e que a realização da atitude ética equivale à realização de uma posição desenvolvimental com fontes arquetípicas. Essa posição desenvolvimental vai além do que Klein e Bion tinham em mente quando se referiam às posições esquizoparanoide e depressiva como estágios no processo desenvolvimental. A atitude ética, como as posições esquizoparanoide e depressiva, não é uma realização feita de uma vez por todas, mas sim parte de uma luta dinâmica humana interior que é experimentada juntamente e

---

* Hester McFarland Solomon é analista didata e supervisora na Jungian Analytic Section da British Association of Psychotherapists; ex-presidente do Conselho da BAP, do Comitê de Formação Analítica Junguiana e do seu Comitê de Ética e integrante daquela associação. É a atual presidente da International Association for Analytical Psychology. Publicou amplamente e é autora e coorganizadora de vários livros.

em relação com estados mentais mais primitivos e às vezes mais perigosos. Portanto, assim como a posição depressiva, a realização de uma atitude ética requer esforço mental, em particular, esforço consciente, para que se sustente. Ela tem suas raízes em fontes arquetípicas e não é simplesmente uma questão de regras que podem ser esquecidas desde que as proscrições éticas não sejam violadas. Essa perspectiva sugere a importância de uma contínua relação de supervisão no trabalho clínico do praticante, como um lugar em que esse esforço consciente é compartilhado, explorado e reforçado.

A visão que eu defendo neste capítulo incorpora o papel, desenvolvimental e arquetipicamente, de um "terceiro espaço", ou triangulação, e argumenta que é essencial à higiene da atitude analítica e da prática analítica, assim como é essencial ao crescimento e desenvolvimento pessoais. A natureza arquetípica do relacionamento triangular – representada aqui pela tríade praticante/supervisor/paciente – respalda a realização desenvolvimental da capacidade mental para o pensamento e o comportamento éticos que são cruciais tanto profissional quanto pessoalmente.

Realizando uma atitude ética: um modelo desenvolvimental com fontes arquetípicas

É um truísmo dizer que não é possível ser ético num vácuo. A função ética é uma função relacional envolvendo a avaliação de estados subjetivos e intersubjetivos. Ao longo de seus muitos escritos, Jung enfatizou a centralidade dos valores morais e éticos no tratamento analítico. Ele assinalou (1936/1964) que tais valores são ubíquos e, portanto, têm um fundamento arquetípico, coletivo, embora sejam ao mesmo tempo experimentados o mais vividamente no nível pessoal. John Beebe, em sua importante obra *Integrity in Depth* [Integridade em profundidade], também salienta os aspectos teleológicos da integridade: a instância ética está na fonte da totalidade e é o princípio organizador da vida humana (Beebe 1992, 75). Mas como surge uma capacidade de pensamento e ação éticas? De onde vem tal capacidade e quais são as bases para que elas desdobrem um potencial arquetípico ao longo de um processo desenvolvimental?

Para começar a tratar dessas questões fundamentais é necessário manter em mente os princípios de simetria e assimetria que derivam de nossa constituição genética primordial, incluindo-se a noção da libido endógena e exógena como a matriz fundamental subjacente. Isso está no cerne do trabalho de uma vida de Jung, e foi uma das importantes áreas em que ele divergiu de Freud. A visão de Jung da energia psíquica ("libido") era mais ampla do que a de Freud e constituiu um aspecto de seu esquema dos opostos psíquicos: por um lado, o impulso rumo a estados fusionais primordiais, especialmente em relação ao arquétipo da grande mãe; por outro lado, a capacidade de deixar a matriz primária e encontrar fontes de expressão libidinal fora dela, num terceiro espaço, ou terceira posição. Essa capacidade era baseada no funcionamento da regra da abstinência (tabu do incesto), que respeita as diferenças entre as gerações e os sexos. Se a provisão inicial de um ambiente nutridor suficientemente bom foi bem-estabelecida, a psique é forte o bastante para assumir a tarefa de encontrar suas gratificações libidinais em situações exógenas. Disso depende a saúde do patrimônio genético, a higiene familiar e a higiene psíquica. Essa é a fonte da regra da abstinência no trabalho analítico, e também da higiene de nossas instituições analíticas. Quais são os componentes dessa provisão inicial e suas fontes em nossas vidas profissionais posteriores?

Ao pensar em termos desenvolvimentais sobre as condições que favorecem uma capacidade ética, eu sugeri que elas se lastreiam nas experiências infantis mais remotas de devoção e de reflexão pelo casal parental, que mantém uma atitude ética em relação a seu bebê ou criança. É a atitude parental que é por fim internalizada pela criança, e mais tarde ativada, conforme o si-mesmo e o ego se desenvolvem em relação dinâmica. Isso resulta na formação de pais internos na psique (Solomon, 2000). Os primeiros estímulos de uma capacidade ética nascente ocorrem com as experiências do bebê sendo o recipiente das respostas não taliônicas do casal parental em face de seus vários estados de angústia, incluindo ansiedade, depressão, raiva e medo. Sob as condições certas, a experiência pelo bebê das respostas não taliônicas dos pais é ao final internalizada, objeto de identificação e se torna a base da gratidão. A ideia de uma mãe ou pai ordinariamente devotados representa um modo profundamente ético em sua devoção e atenciosidade para com o outro, seu bebê, superando seus impulsos taliônicos, necessidades narcisistas e raivas frustradas, suas projeções de sombra, e resistindo de modo geral ao impulso de desvirtuar o desenvolvimento de seu bebê pela exigência de aquiescências indevidas.

A disponibilidade dos dois princípios complementares, pensamento e devoção, evoca uma noção que aparece sob vários disfarces na literatura psicanalítica e analítica junguiana, a do potencial criativo do terceiro, seja uma terceira pessoa, uma terceira posição ou uma terceira dimensão. A ativação desse potencial arquetípico para o comportamento ético será introduzida através de uma série de situações suficientemente boas oferecidas por cuidadores capazes de atos de devoção atenciosa e de pensamento empático sobre seu bebê. Isso tem um claro paralelo com o que acontece no consultório, onde a disposição do analista em sacrificar necessidades narcisistas através de uma atitude sustentada de devoção cuidadosa ao paciente, o que podemos chamar de atitude analítica, protege o desenvolvimento do paciente de acordo com as necessidades do si-mesmo.

Da díade à tríade: a realização final da triangulação para além da posição depressiva

Estou conjecturando que a internalização da, e a identificação com, a função ágape das figuras parentais em seu "*holding*" empático, bem como em seu pensamento pode deflagrar ou catalisar uma capacidade ética nascente numa jovem mente. Os primeiros passos incluem aqueles atos primitivos de discriminação do bom e do mau que constituem os fundamentos da cisão e da projeção, que Samuels (1989, 199) chama de a moralidade original: a expulsão do eu do que é indesejado e sentido como sendo mau para o outro. Esse é um mundo interno bidimensional, no qual atos psíquicos primitivos discriminam a experiência boa e a má, e cindem a má da psique, pela projeção nos cuidadores – um discernimento moral primeiro, primordial ou prototípico, anterior ao estado em que há suficiente força egoica para que algo parecido com a maturidade moral ou a reflexão ética emerja. Isso constitui a condição para a criação da sombra pessoal, que por fim exigirá uma ação ética posterior de reintegração, quando a pessoa alcançou uma posição interior de capacidade moral e ética.

Verdadeiramente se relacionar com o outro em sua subjetividade substantiva representa um transcender dos modos narcisistas de se relacionar, nos quais o outro é apropriado para uso no mundo interno, negando-se a realidade subjetiva do outro. Viver com as implicações desta capacidade de reconhecer e de se relacionar com a verdade do outro é um passo no desenvolvimento psíquico para além da posição depressiva. Geralmente se considera que a posição depressiva contém atos de reparação baseados na culpa e no medo de que o objeto possa ter sido lesado e assim ficar incapacitado de continuar cuidando do eu (Hinshelwood 1989). Como tais, os atos de reparação permanecem sendo dependentes da preservação do outro para o benefício do eu. A atitude ética visada aqui vai além dessa contingência e sugere uma região não condicionada de comportamento ético.

Isso representa um processo em duas etapas, da díade para a tríade, que reflete o processo desenvolvimental em duas etapas da criança, o qual se baseia em extensa evidência neurofisiológica, em particular na obra do psiconeurobiologista Allan Schore (Schore 1994), e mais recentemente elaborada pela analista junguiana Margaret Wilkinson (Wilkinson 2006). Nesse processo, o desenvolvimento neural do cérebro da criança deve se combinar com uma provisão de cuidados paralela, de modo que, a princípio, bebê e mãe estão intimamente sintonizados (um relacionamento "mim/mim") e mais tarde se seguem discriminações complementares e compensatórias (um relacionamento "eu/outro"), levando à capacidade para uma "teoria da mente" (Fonagy 1989). Essas pesquisas mostram que o desenvolvimento *post partum* do circuito neural e das estruturas do cérebro do bebê, que regula o desenvolvimento das capacidades humanas superiores (cognitivas e socioafetivas), é altamente dependente da qualidade das primeiras interações entre o bebê e o cuidador. Porque o bebê instintivamente busca participar da ativação do tipo, número e *timing* das trocas mútuas, ele, como parceiro proativo, participa diretamente no desenvolvimento de seu próprio circuito neural, em seu próprio crescimento neural. Essas redes neurais apoiam a realização das capacidades psicológicas superiores, inclusive a do pensamento e comportamento éticos. Isso sugere que já há fundamentos para considerar que a capacidade ética é, pelo menos em parte, inata, derivada das trocas mais remotas, baseadas em instintos, com seu cuidador primário e, pelo menos em parte, influenciada por fatores ambientais. Noutras palavras, elementos arquetípicos e desenvolvimentais coexistem e interagem.

Neste enquadre desenvolvimental se desenvolve uma demarcação gradual entre o eu e o outro. Este é o começo da capacidade da triangulação. Como a filósofa e psicanalista Marcia Cavell descreveu: "a criança precisa não só de uma, mas de duas pessoas, uma das quais, pelo menos em teoria, pode ser a ideia da criança de um terceiro... a criança deve passar da interação com sua mãe à apreensão da ideia de que tanto a sua perspectiva sobre o mundo quanto a da mãe são *perspectivas*; que há um possível terceiro ponto de vista, mais inclusivo que o das duas, a partir do qual o de sua mãe e o seu próprio podem ser vistos e a partir do qual a interação entre eles pode ser compreendida" (Cavell 1998, 459-460). Os junguianos amplificariam esta visão abordando o trabalho difícil, mas necessário, de retirar as projeções de um personagem negativo, as chamadas projeções da sombra, através de uma capacidade gradual de ver o eu juntamente com o outro, como subjetividades separadas, porém inter-relacionadas, com múltiplas motivações, inclusive motivações sombrias. A retirada das projeções da sombra, baseada na percepção de que o outro é verdadeiramente outro e não supostamente uma função ou aspecto do eu, respalda e pressupõe a atitude ética. Como tal, é uma realização desenvolvimental que deriva de um potencial inato, ativado no nascimento e promovido pela contínua experiência "suficientemente boa" de viver num ambiente ético. Esses atos são *contra naturam*, renunciando às perspectivas limitadas do eu para abarcar uma visão mais ampla, que inclui o reconhecimento do que não é ético no eu. Em termos junguianos, esse reconhecimento representa a integração da sombra; um passo na direção de avanços no movimento do eu rumo a estados melhores de integração e de totalidade. Este é o processo de individuação, e se baseia numa visão prospectiva do eu, no qual a capacidade do eu para a mudança, o crescimento e o desenvolvimento é compreendida e experimentada como sendo impregnada de um senso de propósito e significado.

Triangulação: o terceiro arquétipo

Em 1916, Jung escreveu dois trabalhos emblemáticos que podem parecer diametralmente opostos no conteúdo e na forma. *Sete sermões aos mortos* e "A função transcendente". O primeiro teve publicação e circulação privadas na época, enquanto que o segundo foi deixado numa gaveta e não publicado até 1958, só uns poucos anos antes da morte de Jung, em 1961. Ambos refletem, de modos diferentes, a urgência das experiências psíquicas angustiantes e ameaçadoras que emergiram na sequência do difícil período de suas desavenças com Freud e de sua dolorosa e perturbadora separação. Se o tom dos *Sete sermões* foi o de um poema religioso quase gnóstico sobre suas vívidas experiências psíquicas na época, resultantes de seu "confronto com o inconsciente" (Jung 1961, 194ss.), o de "A função transcendente" foi o de uma contribuição ponderada, científica, à construção da teoria analítica. Jung comparou a função transcendente a uma "fórmula matemática" (1916/1969, § 131), e ela poderia ser interpretada como uma exteriorização desapaixonada de seu estado interior altamente emotivo na época, um tipo de autossupervisão. Em "A função transcendente", Jung propõe um esquema estrutural arquetípico de triangulação no qual ele demonstra que a mudança psíquica ocorre através da emergência de uma terceira posição a partir de uma situação conflitiva interior ou exterior. As características dessa terceira posição não podem ser previstas apenas com as da díade original.

Tenha ou não conscientemente se lastreado em suas origens filosóficas, a noção de Jung da função transcendente se baseou na ideia da natureza dialética e estrutural de toda mudança no mundo vivo, exposta por Hegel em sua grande obra, *A fenomenologia do espírito*. Hegel propôs um esquema tripartite como fundamental a toda mudança, inclusive mudança psicológica, uma situação na qual um par original de opostos, uma díade, que ele chama de tese e antítese, lutam até que, sob as condições corretas, emerja uma terceira posição, uma síntese. Esta terceira posição anuncia a transformação dos elementos antagônicos da díade numa posição com novas propriedades, que não poderia ter sido conhecida antes do encontro deles, o *tertium quid non datur*, em termos de Jung. Hegel considerou essa luta ubíqua dialética, porque ele demonstrou como, nas transformações no mundo natural, acontecem através da emergência a partir de uma luta de opostos, que podemos entender que têm significado e propósito simbólicos. Essa foi uma profunda padronização estrutural da mudança dinâmica, arquetípica por natureza, e desenvolvimental enquanto um movimento dinâmico no tempo.

Pode-se pensar que este esquema arquetípico é a base da situação edipiana tripartite, em que a transformação a partir do par primordial, mãe e criança, ser alcançada através da terceira posição permitida pela função paterna, trate-se aqui de um pai real ou de uma capacidade da mente na mãe, na criança ou em ambas. É nesse sentido que podemos falar da emergência da mente da criança, da identidade da criança, como separada da de sua mãe, através da provisão de uma terceira perspectiva. Para Jung, isso seria pensado como a emergência do si-mesmo, através de estados sucessivos de transformação e individuação via a função transcendente. No contexto da função de supervisão, poderíamos dizer que é através do terceiro – o supervisor – que tanto o paciente como o analista são ajudados para que emerjam da *massa confusa* da díade analítica. Ambos mudam como um resultado do progresso da individuação.

Na teoria psicanalítica, a importância da negociação do trio edipiano, essa tríade arquetípica *par excellence*, constitui muito da compreensão psicanalítica da realização desenvolvimental. O psicanalista Ron Britton evoca a noção de triangulação interna, que requer a tolerância a uma versão interior da situação edipiana, para resolver a situação edipiana vivida na família. Ele descreve o "espaço psíquico triangular" como "uma *terceira* posição no espaço mental... a partir da qual o *eu subjetivo* pode ser observado tendo um relacionamento com uma ideia" (Britton 1998, 13). Ele conclui que "em todas as análises a situação edipiana básica existe, sempre que o analista exercita sua mente independentemente do relacionamento intersubjetivo de paciente e analista" (Britton 1998, 44). Evocando a insistência de Jung na importância da passagem da experiência libidinal endógena à exógena, podemos dizer que é no trabalho com o triângulo edipiano na família que se baseia a passagem da posição endógena à exógena, crucial à saúde, psíquica e fisicamente, do indivíduo, da família, do grupo e do patrimônio genético.

Desenvolvendo a ideia de Britton de que o triângulo edipiano está presente através de eventos e relacionamentos interiores que ocorrem na mente do analista, como ligações com um objeto interno ou com a teoria psicanalítica, quero reiterar que a manifestação e facilitação externas deste estado triangular interno é quintessencialmente presente no relacionamento do tipo supervisional ou consultivo. Aqui, duas pessoas, o analista e o supervisor, estão ligadas em relação com um terceiro, o paciente. Rose resume a noção da filósofa e psicanalista Marcia Cavell do terceiro, sucintamente: "para conhecer nossas próprias mentes precisamos de uma interação com outra mente, com relação ao que poderia ser chamado de realidade objetiva" (Rose 2000, 454). Eu defendo que o provimento de supervisão, inclusive da supervisão interior que acontece quando o analista pensa em aspectos do paciente e do relacionamento analítico, é uma instância importante de "triangulação progressiva" (Cavell 1998, 461). Esses são atos mentais que contrabalançam o anseio instintivo por estados fusionais, em que o eu está perdido numa sala de espelhos e em que projeção, introjeção e identificação projetiva reinam supremas e são essenciais como modos de identificação imaginária com o outro. O provimento de um espaço de supervisão interna e externa permite uma contínua interação com outra mente em relação a um terceiro, o paciente, que pode ser pensado porque diferenciado da relação diádica do casal paciente-analista.

Espaço triangular e supervisão na prática analítica

O provimento e a função da supervisão do trabalho analítico e psicoterapêutico com indivíduos, crianças, casais ou famílias torna necessário um espaço triangular essencial ao cuidado e manutenção, a higiene contínua, dos relacionamentos diádicos. Eu uso o termo "higiene" no sentido de que, através de seu provimento, a supervisão mantém constantemente ativada a consciência da atitude analítica, inclusive de seu componente ético, na e através de uma terceira pessoa (o supervisor), ou uma terceira posição (o espaço supervisional), e isso age como um auxílio para a restauração das atitudes analítica e ética quando, por vezes, elas podem se perder no turbilhão da prática analítica. A supervisão é em si a representação dessa atitude pelo provimento de uma terceira área de reflexão. O tratamento, em níveis profundos, da psique em sofrimento sempre envolve um empuxe regressivo e/ou narcisista a relações endógenas, com objetos parciais, aqueles primitivos estados mentais dicotômicos, do tipo ou/ou, que são dominados por vários processos projetivos e identificatórios que têm a ver com a sobrevivência psíquica. O provimento de um espaço triangular exógeno através da supervisão interna ou externa, ou de ambas, é essencial à manutenção da atitude analítica em face de múltiplas forças e pressões em ação dentro da situação analítica, emergentes de dinâmicas conscientes e inconscientes dentro de, e entre paciente e analista.

Na medida em que este espaço triangular criado pela supervisão é necessário à higiene da dupla analítica (assim como o princípio reflexivo paterno é essencial à higiene da díade mãe-bebê, oferecendo espaço para que aconteça o crescimento psicológico), a supervisão tem um papel clínico e didático a desempenhar em todo o trabalho analítico e terapêutico, não obstante os anos de experiência do praticante. Depende das necessidades e da inclinação do clínico que ele passe por uma supervisão nos mesmos moldes que durante a sua formação – com encontros semanais face a face, com um praticante sênior, ou em consultas com um praticante sênior a intervalos combinados –, ou que ele opte por uma supervisão por pares, em pequenos grupos, como um meio de obter o espaço triangular, dependendo da necessidade ou inclinação do clínico.

No caso da análise e supervisão de candidatos em formação, há questões peculiares de fronteira e outras pressões inerentes à situação de formação que não dizem respeito a pacientes, que não fazem formação, como a necessidade de ver um paciente sob supervisão regular com certa intensidade, por uma quantidade mínima de tempo, determinado pelo programa de formação. Isso por sua vez promove nos candidatos sua própria atitude ética, conforme eles internalizam a expectativa de que todo o trabalho analítico, inclusive o de seus próprios analistas e supervisores, é por sua vez supervisionado. O aluno saberá então desde o começo da formação que há sempre um terceiro espaço criado, no qual ele, como um paciente ou supervisionando, será cuidado por outro supervisor-colega.

Promover a expectativa ético-supervisional provavelmente engendra um compromisso de bases geracionais com a atitude analítica numa instituição formadora, conforme a tradição de uma boa prática clínica é transmitida ao longo das gerações analíticas e terapêuticas. Há uma antiga suposição de que o êxito do progresso de um candidato em treinamento é avaliado conforme ele seja considerado pronto a "trabalhar com independência". Claro, a avaliação da capacidade do aluno para o julgamento independente, e um sentido de autonomia viável, é um fator importante, na verdade crucial, no processo de avaliar se alguém está pronto para se qualificar à prática de analista. Estou argumentando aqui que, inclusive, essa avaliação deveria ser um julgamento sobre se o candidato está ciente da necessidade e utilidade do provimento de um espaço triangular, no qual discutir permanentemente a prática clínica, para melhor se precaver contra os riscos inerentes ao trabalhar em caminhos de tanta intimidade e profundidade psicológica, incluindo-se os perigos de identificação mútua e de abuso de poder.

Minha alegação é que a plena aceitação de que o praticante terá supervisão ou consulta permanente sobre sua prática clínica é um sinal de maturidade, tanto da parte do praticante como da instituição formadora, conforme eles avaliam sua própria competência clínica ou a de outrem. Isso é parte do processo avaliativo, que resulta na autorização para a prática como membros da instituição formadora. Há ainda a dimensão adicional de que alguns membros prosseguem para se tornarem analistas formadores, supervisores e condutores de seminários teóricos, incumbidos da responsabilidade pelas gerações futuras de analistas. A expectativa no aluno pelo provimento permanente de supervisão e consulta é modelado pelos formadores, promovendo o respeito e a compreensão pelo candidato às condições que criam e sustentam a atitude analítica e ética. Isso inclui a atenção às questões de fronteiras que podem emergir na e através da intensidade da dinâmica intersubjetiva no relacionamento analítico e terapêutico. Gabbard e Lester (1995) oferecem uma discussão detalhada dos problemas de fronteira na prática analítica. Essas dinâmicas intersubjetivas são inevitavelmente liberadas pelos intercâmbios interpenetrativos, projetivos, introjetivos e identificatórios na transferência e contratransferência.

A recomendação de que os membros das instituições de formação analítica busquem estabelecer um *ethos* de supervisão permanente para discutir seu trabalho, mesmo se o provimento não é mantido sistematicamente, e que todos os analistas em formação e supervisores das instituições tenham consultas regulares com relação a seus casos (inclusive pacientes, supervisionandos ou pacientes em formação) representa um desenvolvimento ulterior dessas tríades criadas pela situação de formação (aluno-analista didata-analista supervisor; aluno-paciente em formação-supervisor; e aluno-supervisor-Comitê de Formação). A expectativa de oferecimento de um espaço de reflexão com outrem beneficiaria a todas as partes envolvidas, e ao mesmo tempo aumentaria a consciência clínica. Sem este benefício corremos o risco de nos identificarmos com processos e pressões narcisistas ou de outra natureza patológica, inevitáveis na prática analítica, pois somos suscetíveis a tratar aqueles aspectos em nossos pacientes que correspondem a ou ressoam com nossos próprios problemas internos e histórias pessoais. Por isso eu enfatizo a importância da "higiene" clínica, de criar um terceiro espaço de supervisão que pode nos ajudar a manter nossa conexão com uma genuína relação de objeto e a permanecer alertas ante as armadilhas do intenso relacionamento diádico.

Referências

Beebe, J. (1992). *Integrity in depth.* College Station: Texas A & M University Press.

Britton, R. (1998). *Belief and imagination*: Explorations in psychoanalysis. Londres: Routledge.

Cavell, M. (1998). "Triangulation, one's own mind and objectivity". In: *International Journal of Psychoanalysis* 79: 449-468.

Fonagy, P. (1989). "On tolerating mental states: Theory of mind in borderline personality". In: *Bulletin of the Anna Freud Centre* 12: 91-115.

Gabbard, G. & Lester, E. (1995). *Boundaries and boundary violations in psychoanalysis.* Nova York: Basic Books.

Hegel, G.W.F. (1807/1977). *The phenomenology of spirit.* Oxford: Oxford University Press.

Hinshelwood, R.D. (1989). *A Dictionary of kleinian thought.* Londres: Free Association.

Jung, C.G. (1961). *Memories, dreams, reflections.* Nova York: Vintage.

______ (1936/1964). "Wotan". OC 10/2.

______ (1916/1969). "A função transcendente". OC 8/2.

______ (1916/1961). "Seven sermons to the dead". In: *Memories, dreams, reflections.* Nova York: Vintage, 378-390.

Rose, G. (2000). "Symbols and their function in managing the anxiety of change: An intersubjective approach". In: *International Journal of Psychoanalysis* 81: 453-470.

Samuels, A. (1989). *The plural psyche.* Londres: Routledge.

Schore, A. (1994). *Affect regulation and the origins of the self*: the neurobiology of emotional development. Hillsdale, NJ: Erlbaum.

Solomon, H.M. (2007). *The self in transformation.* Londres: Karnac.

______ (2000). "The ethical self". In: Christopher, E. & Solomon, H.M. (eds.). *Jungian thought in the modern world.* Londres: Free Association, 191-216.

Wilkinson, M. (2006). *Coming into mind* – The mind-brain relationship: A Jungian Clinical Perspective. East Sussex: Routledge.

31
Religião e psicanálise junguiana

John Dourley*

Jung sobre a religião

A afirmação de Jung de que ele tinha descoberto a "origem psíquica dos fenômenos religiosos" não permite exceções (Jung 1968, 9). Toda experiência religiosa, e as religiões que tais experiências geram, são expressões dessa proveniência comum. Qual é então essa origem? Não é uma entidade objetiva, pessoal ou transpessoal. Ao invés disso, para Jung, o impacto do si-mesmo e seu ímpeto arquetípico sobre a consciência são a psicodinâmica operativa da origem comum e universal de toda a experiência religiosa, e também das religiões que tal experiência engendra. Essa psicodinâmica se torna a base da "autêntica função das religiões no inconsciente" (Jung 1969, 6). Um compromisso consistente com o si-mesmo em suas maiores expressões, especialmente, mas não apenas quando elas atingem o poder do numinoso, constitui o ato religioso primário para Jung e se torna a substância da prática religiosa em si. "A observação cuidadosa e escrupulosa" da manifestação do si-mesmo, com uma prioridade dada ao sonho, está certamente no coração da análise junguiana (Jung 1969, 7, 8). Da ampla perspectiva de Jung, pois, toda análise é um evento religioso permanente.

* John Dourley, Ph.D., é analista junguiano e professor emérito do Departamento de Religião da Carleton University, Ottawa, Canadá. Também é padre católico, interessando-se há muito tempo pelas implicações religiosas da psicologia junguiana.

Essa compreensão da religião estende muito suas fronteiras. Significaria que o sonho noturno do indivíduo e a procissão de deuses, deusas e suas revelações ao longo da história procedem da mesma fonte única, o inconsciente arquetípico e seu mediador para a consciência, o si-mesmo. Significaria também que a "consideração cuidadosa" dos sonhos de alguém, bem como outras manifestações possíveis do inconsciente, se tornariam a revelação pessoal do indivíduo e a base do seu mito singular e sempre em desenvolvimento (Jung 1969, 8). Nesse sentido primordial de religião, o cânon nunca se fecha. De fato, ele é reaberto com cada nova página no livro de sonhos do indivíduo. A religião, assim compreendida, proíbe uma humanidade sem religião, ou uma cultura sem o liame religioso, uma vez que o poder que fundamenta o impulso religioso na criação das divindades e suas sociedades é nativo à própria psique e acessível a quem quer que se volte para ela.

Entre as mais importantes consequências da religião assim compreendida está a distância, geralmente conquistada com muita dor, mas sempre imensamente recompensadora, que ela oferece ao indivíduo em relação aos mitos coletivos, nos quais cada um de nós nasceu, através da contínua descoberta de nossa própria verdade mítica, de modo especialmente revelador no próprio processo analítico. Conforme o si-mesmo se encarna na consciência, ele oferece o único fundamento último para a afirmação da verdade religiosa mais profunda do indivíduo, em relação com o invólucro do peso mítico carregado pela sua cultura nativa. Tal afirmação oferece um lugar psíquico para se pôr em relação a, por exemplo, toda e qualquer determinação arquetípica, religiosa, étnica, política, familiar, que afete a profunda autocompreensão e comportamento do indivíduo desde o princípio. Esse lugar coloca o viajante religioso numa posição de responder em padrões que vão de uma apreciação aprofundada a uma total rejeição aos sistemas simbólicos que informam a cultura de origem. Tal perspectiva crítica é peculiarmente capaz de calibrar o impacto dos mitos reinantes na emergência ou repressão de uma verdade pessoal mais profunda e singular de quem a sustenta, e assim capacitá-lo a uma relação mais autêntica com o Todo.

Cultivar a religião nesse sentido primordial através da experiência de sua fonte universal é sempre algo pessoal, mas nunca sem consequência social.

Para Jung, o inconsciente busca sempre um ingresso cada vez mais disseminado na consciência individual e coletiva. Coletivamente, essa urgência é relembrada na sucessão das épocas, períodos e religiões, no interesse de uma percepção mais adequada do inconsciente na história que ele faz através de tal manifestação. Aqueles que cultivam a religiosidade natural do inconsciente são frequentemente os portadores de uma nova mitologia que vem ao encontro da demanda do inconsciente pela superação de quaisquer limitações impostas pelos mitos hegemônicos.

Quando examinado em seus detalhes, o mito de Jung compele a uma sacralização mais inclusiva através da atual redescoberta da divindade do feminino, do telúrico e do demoníaco amplamente excluídos dos territórios cristãos e monoteístas do sagrado. Mas o mito de Jung também insiste que essa redescoberta, pelo menos em primeira instância, resultará do cultivo individual de uma interioridade sensível às limitações das mitologias atualmente vigentes e à atual urgência inconsciente de uma compaixão mais ampla, mais abrangente, verdadeiramente fidedigna à totalidade da psique. A ênfase de Jung na prioridade da vida interior, na transformação da sociedade e na resistência aos poderes que se lhe opõem subjaz à sua afirmação de que: "Somente aquele que se encontra tão organizado em sua individualidade quanto a massa pode opor-lhe resistência" (Jung 1964, 278). A citação levanta a questão do que é que tal organização da individualidade acarretaria.

Continente e transcendência

A organização pessoal à qual Jung está se referindo como fundamento de uma atitude religiosa contemporânea exigiria nada menos do que uma revisão radical do relacionamento entre o humano e o divino ou o transcendente. Jung se referirá à fecundidade do inconsciente como "de uma extensão infinita sem quaisquer limites assinaláveis" (Jung 1969b, 258). Ao fazê-lo, ele evoca imagens de infinitude que visualizariam um recurso infinito, sempre à procura de uma expressão total na consciência, que individual, coletiva e historicamente nunca pode ser mais do que finita. Ao construir esse paradigma, Jung está efetivamente contendo a transcendência dentro da psique total, compreendida como a totalidade de suas energias conscientes e inconscientes. Sua visão aqui força a conclusão de que o inconsciente transcende a consciência infinitamente, mas que nada transcende a própria psique. A transcendência se torna uma experiência totalmente intrapsíquica. Ela descreve o comércio entre a consciência e seu criador, o inconsciente arquetípico. O referente da variedade das revelações, inclusive das três variantes monoteístas, não é um ou outro Deus para além da psique, mas os movimentos da psique arquetípica em relação com a consciência humana, as únicas duas agências envolvidas, em última instância, no drama divino/humano.

As consequências desta revisão da relação da humanidade com a divindade são de grande alcance. Jung caracteriza a evolução da consciência religiosa humana como alcançando uma culminação milenar no crescente reconhecimento contemporâneo de que o que é, é sagrado (Jung 1969c, 402). Neste contexto ele estende a divindade a todos. A história da religião, para Jung, se resume a muitos deuses se tornando um, o Deus único se tornando homem e, por extensão, "o homem comum" (Jung 1969, 84). Numa passagem mais ousada, ele estende a união hipostática, a doutrina cristã de que em Cristo duas naturezas, a divina e a humana, coexistem numa única pessoa, a todo mundo – pelo menos como um potencial e exigência desenvolvimentais (Jung 1969, 61). O amadurecimento requer o resgate consciente da divindade do indivíduo. Essa é a democracia espiritual que a teoria arquetípica de Jung proporciona.

Estes *insights* estão por trás de sua asserção de que o inconsciente cria os deuses como projeções de seus movimentos e que a evolução da consciência religiosa alcançou agora o estado em que essas projeções são identificadas como tais e retiradas (Jung 1969, 85). Uma retirada que de modo algum endossa um ateísmo ou ceticismo, porque os deuses não morrem quando remetidos a sua fonte. Jung, antes, visa a um diálogo direto com eles na segurança do continente da psique, onde eles teriam menos chance de operar as letais divisões comunais que eles fazem quando escapam a esse continente (Jung 1968b, 23, 24).

Tais posições, fundamentais ao pensamento de Jung sobre a psique como religiosa, constituem a diferenciação específica de sua psicologia em relação a outras. Obviamente elas levantam o problema da existência de Deus, ou de vários deuses, para além da psique. O jargão teológico, útil aqui, descreve tais deuses em termos de teísmo bíblico ou sobrenatural. Esse teísmo defende a objetividade ontológica de uma divindade pessoal, invariavelmente masculina, que cria a natureza e a psique humana, que pode arbitrariamente agir e interferir desde uma posição transcendente a ambas, e que permanece indiferente ao resultado de eventos mundanos ou ao impacto deles sobre Ele, devido a uma autossuficiência eterna. O fato de que há três deuses monoteístas que devem suas raízes geográficas ao lado leste do Mediterrâneo não parece atrapalhar as crenças conflitantes em suas circunscrições, mesmo em face de uma suspeita, bem fundada na teoria arquetípica junguiana, de que sejam três variantes do mesmo poder arquetípico, cuja principal diferença está em seus nomes pessoais. Martin Buber e Victor White defenderam variantes do teísmo sobrenatural e o intenso e extensor diálogo de Jung, especialmente com White, provou que essa imaginação religiosa simplesmente não é compatível com sua compreensão da psique ou da relação divino/humano que ela respalda (Dourley 1994, 2007). Qual é então?

A relatividade de Deus e o mito de Jung

O mito próprio à compreensão de Jung da psique, como todos os mitos cosmogônicos, contém toda uma ontologia, epistemologia e filosofia da história. Ele descreve o que é, como é conhecido e a direção que a história assume em virtude da resposta ao problema do ser e do conhecer. O mito de Jung, neste sentido citado, é mais claramente evidente em sua extensa discussão da "relatividade do conceito de Deus", em seu tratamento da experiência de Mestre Eckhart (Jung 1971, 241-258), e na elaboração de suas consequências no seu trabalho tardio sobre Jó (Jung 1969c). Se o mito que sustenta a concepção de Jung da "relatividade de Deus" fosse posto num idioma religioso, ele descreveria o seguinte drama. O criador, incapaz de unir seus próprios opostos na vida eterna, foi compelido a criar a consciência humana como o único poder existente no universo que seria capaz de discernir a autocontradição divina e cooperar com o imperativo divino de unificar na história a vívida antinomia que desafiava qualquer resolução na própria vida divina "preexistente".

Nessas passagens, Jung argumenta que a experiência primordial de Deus vem totalmente do "próprio interior do ser" e, portanto, descarta qualquer comércio direto com a divindade além da psique (Jung 1971, 243). Essa cosmogonia torna óbvio que o conhecimento humano do divino se baseia tão somente na experiência do inconsciente arquetípico. Deuses totalmente outros são deuses totalmente alheios. Se não forem internalizados, eles podem impedir ao invés de favorecer a experiência do divino nativo à psique. A inclusão conjunta do ego e do inconsciente nessa unidade orgânica abrangente, a saber, a psique, está por trás da descrição de Jung do divino e do humano como "funções" um do outro, engajados pela natureza da psique num intercâmbio dialético que remonta ao próprio nascimento da consciência (Jung 1971, 243).

Jung explicita a natureza dessa dialética em sua acurada exposição do misticismo de Eckhart, baseando-se em citações-chave dos sermões de Eckhart. De fato, a apropriação de Eckhart por Jung constitui uma das descrições mais impressionantes da dinâmica da individuação em seu *corpus*. Num primeiro movimento, a projeção dos poderes arquetípicos em objetos para além do indivíduo – e isso incluiria o próprio divino – é retirada (Jung 1971, 245-246). Nessas passagens, Jung apresenta a refutação psicológica mais efetiva a todas as formas de idolatria, inevitáveis quando os deuses fogem de sua origem psíquica. Mas conforme essa energia retorna à psique, ela arrasta a alma para o que Jung denomina a *dynamis* ou poder potencialmente devorador do inconsciente (Jung 1971, 251, 255). Esse é um momento carregado do perigo de um não retorno. Nela, "Deus enquanto objeto desaparece, reduzindo-se a um sujeito que não é mais distinguível do ego" (Jung 1971, 255). Essa regressão radical recupera para a alma "o estado original de identidade com Deus" (Jung 1971, 255). Na medida em que a alma retorna deste momento de identidade com sua origem, ela carrega de volta para a consciência as energias suportadas pelos símbolos que servem então para revivificar a vida (Jung 1971, 251). Jung infere nessas passagens que tal renovação cíclica descreve o ritmo da própria psique em individuação, e lhe é tão natural como o fluxo de sístoles e diástoles do sangue pelo corpo (Jung 1971, 253). Ele dificilmente poderia ser mais explícito sobre a natureza religiosa do ciclo do que quando escreve: "*A individuação é a vida em Deus*" (Jung 1976, 719; os itálicos são de Jung).

É óbvio que uma análise típica não se estenderia a ponto de uma total dissolução do ego no abismo do nada da Grande Mãe e assim num momento de identidade com a divindade. Ainda assim, Jung não entendia que a experiência de Eckhart fosse algo para além do movimento natural da psique universal. Em algum grau, é algo que se põe para todo mundo. Eckhart pode ter sido peculiarmente dotado psicologicamente, e, portanto, religiosamente, e Jung infere que sua experiência antecipa a descoberta do inconsciente no século XIX em cerca de 600 anos (Jung 1968c, 302), mas a experiência de Eckhart permanece profundamente humana e, pois, acessível a todos. A recente apreciação do misticismo apofático, o misticismo da imersão no nada, é evidente tanto nos círculos teológicos quanto nos junguianos (McGinn 1998, 2001; Ashton 2007, 2007b; Marlan 2005). Com Jung, esse ciclo, tão íntimo da maturidade religiosa, é também o ciclo da individuação, e, portanto, seria operativo em graus variados em toda análise ou contato consistente com o inconsciente, quando se fala seu idioma nativo, o simbólico. A maturidade religiosa e psicológica se torna, assim, identificada sem resíduos.

Educando o Pai: Jung sobre a educação de Deus na história

A equação, por Jung, entre maturidade religiosa e psicológica, no processo analítico da individuação, se estende à sua compreensão do que, num idioma religioso, é chamado de "salvação" ou "redenção" na medida em que tais forças entram no e determinam o próprio movimento da história. Quando ele expande sua noção da "relatividade de Deus" em sua obra sobre Jó, a reciprocidade íntima que ele estabelece entre o divino e o humano engajam cada um deles na redenção do outro. Jó como um símbolo do ego vem a perceber que está diante de uma divindade bipolar, o inconsciente cru personificado em Javé, cuja natureza patologicamente lábil foi por fim levada a criar a humanidade como o único teatro para o seu alívio (Jung 1969c, 456). Essa linha de pensamento desenvolve implicações corredentoras no relacionamento divino/humano. A humanidade redime a divindade quando o conflito dos opostos divinos é resolvido na consciência histórica humana sob a insistência e com a assistência de uma urgência divinamente fundamentada (Jung 1969c, 461). Reciprocamente, a divindade redime a humanidade através da síntese de seus opostos numa humanidade enriquecida pela união delas.

Este processo está longe de ser um exercício intelectual ou espiritual distanciado do sofrimento sem o qual ele não pode ser consumado. A imagem mais imponente de Jung para a redenção mútua do divino e do humano como movimento básico da história em si é a da figura de Cristo morrendo em desespero entre opostos arquetípicos implacáveis (Jung 1969c, 408). Para Jung, a cena constitui a substância da resposta a Jó acerca do sentido do sofrimento humano. Esse imaginário significa que a humanidade se redime a si mesma e sua fonte ao sofrer até a morte a autocontradição desta fonte até a emergência da consciência, na qual os opostos que mataram uma consciência conflitiva são unidos num terceiro, isto é, uma compaixão humana mais abrangente. A imagem da crucificação entre opostos rumo a uma empatia mais inclusiva também incorpora o que Jung quer dizer por "função transcendente", o único significado de "transcendência" em sua obra, uma que permanece completamente intrapsíquica (Jung 1969d, 73, 87, 90).

Deve ser cuidadosamente notado que Jung não apenas descreve a morte da figura de Cristo entre opostos como a resposta a Jó, ele descreve a imagem como sendo tanto "psicológica" quanto "escatológica" (Jung 1969c, 408). É ambos porque o movimento da psique que o símbolo da crucificação descreve é o de uma salvação recíproca do divino e do humano. O divino vem a "penetrar" o humano através do sofrimento humano dos opostos divinos, rumo a um Deus que se torna cada vez mais consciente e assim encarnado na consciência humana resultante (Jung 1976, 734). Mas o processo é igualmente "escatológico" na medida em que o sentido da história, impulsionado pela psique, é trazer Deus a uma consciência cada vez maior na consciência histórica humana, um processo agora compreendido como o *telos*, ou direção básica da história em si.

De novo, a ênfase nesses motivos cósmicos da compreensão por Jung da dimensão religiosa da análise parece retirá-la do âmbito dos aspectos mais pessoais e mundanos encontrados ali. Mas é assim mesmo? Muito do trabalho tardio de Jung resultou de seus esforços de trazer solução psicológica ao *karma* que ele herdou da religião de seu pai, e à influência questionável dela sobre seu pai, sobre si próprio e sobre sua cultura (Jung 1965, 215). Seu sonho precoce do falo entronizado no subterrâneo foi um sonho vocacional, chamando-o a reconectar a mente e a cultura cristãs separadas de sua vida no subterrâneo com suas próprias raízes lá (Jung 1965, 11-14). Em toda análise é provável encontrar tal clivagem do que o equilíbrio e a totalidade do inconsciente oferece e exige. Os sonhos quase que infalivelmente levam à forma única deste sofrimento no indivíduo. Jung argumentaria que Deus sofre no sofrimento da vida truncada. Tal sofrimento tornado consciente no interesse de sua resolução, não importa em que grau, é a maior contribuição que o indivíduo pode fazer à história e ao Deus que se torna consciente nela.

O sofrimento e alívio da autocontradição divina na vida pessoal e coletiva está no coração da experiência do único místico mais citado do que Mestre Eckhart no *corpus* de Jung – Jacob Boehme (1575-1624). A experiência mística de Boehme tem notáveis afinidades com a compreensão por Jung da psique. Com Eckhart, ele também experimentou um momento de identidade com o Uno ou o *Urgrund*, mas na medida em que retornou ao mundo consciente, ele descobriu que os opostos divinos não estavam unificados numa harmonia eterna como a base de uma harmonia na qual o Espírito dirigiria a consciência criada. Ao invés disso, a unidade da consciência só poderia acontecer numa consciência humana histórica (Dourley 2004, 60-64). Jung escreve sobre a "premonição" de longo prazo da humanidade "da ideia da criatura que ultrapassa seu criador por um pequeno, mas decisivo fator" (Jung 1965, 220). Provavelmente Jung tinha em mente a experiência de Jó, mas a premonição seria igualmente válida para Boehme, que lhe deu uma expressão mais moderna. Com Boehme, a pressuposição religiosa fundacional da psicologia de Jung atinge uma expressão poética, mas influente. A divindade cria a consciência para se tornar consciente na forma da união de seus opostos. A experiência religiosa de Boehme foi influente porque foi assumida por Hegel, que tentou dar a ela uma expressão mais racional (Hegel 1825/1990, 119-125). Através de Hegel ela se tornou fundamental para Marx. Com ambos, a tendência subjacente é de que a divindade resolva seus problemas na humanidade ao fazer a história humana. Jung daria a esse processo uma prioridade no pessoal, Hegel e Marx, no coletivo. O processo que os três visam não é em nenhum lugar posto mais dramaticamente do que na afirmação do jovem Marx de que a história em si se move rumo à unidade do indivíduo com a espécie (Marx 1843/1972, 44-45). O indivíduo agiria então espontaneamente em nome da totalidade. Isso é uma forma de misticismo microcósmico/macrocósmico externalizado na história por Marx e Hegel, e contido na psique por Jung.

Hoje os opostos mais desafiadores que enfrentam a humanidade em sua luta para sobreviver e prosperar são o conflito entre as comunidades ligadas arquetipicamente na forma de crenças religiosas ou políticas ou em combinações de ambas. O gênio de Jung ficou patente em sua demonstração de que as energias que haviam informado e ligado comunidades especificamente religiosas se transformaram em comunidades políticas na esteira do Iluminismo, da Revolução Francesa e das democracias (Dourley 2003, 135-136, 143-144). Ele chama tais comunidades de crença os "ismos" e os relaciona com as "psicoses de massa" e "epidemias psíquicas" que deixaram um enorme rastro de vítimas bem depois das guerras religiosas que tanto contribuíram para o reinado da razão, e assim para o próprio Iluminismo (Jung 1969e, 175). Jung não se opõe irrestritamente à libertação necessária da razão em relação às coações religiosas e políticas, embora a razão atual, assim liberta, agora procure por suas raízes num profundo além de si mesma que as religiões ocidentais não podem mais oferecer. Com base nesse pressuposto, ele esposa uma moralidade e religiosidade pessoais cuja exigência primária é uma consciência reconectada com sua própria profundidade. Tal consciência trabalha pela libertação do indivíduo em relação a novas formas de inconsciência coletiva, entre as quais não é das menos importantes a deificação da razão desenraizada. De fato, para muitos, tal libertação significaria a perda ou moderação dos atuais compromissos de fé, seja com a razão ou com a religião, em proveito de uma sensibilidade crítica mais precisa da operação e manipulação arquetípicas na criação de uma sociedade de mente massificada, mais evidente nas comunidades religiosas e político-"racionais" em conflito.

Paradoxalmente, é precisamente nesta exigência moral de perder ou diminuir a crença coletiva que o valor da psicologia junguiana pode ser questionado. Numa correspondência tardia com uma agência da Unesco sobre processos que promoveriam a paz, Jung confessa francamente que sua psicologia funciona, em primeira instância, com o indivíduo. A esperança social dela, ele repetidamente ancora na formação de uma "minoria líder" que fosse capaz de influenciar a autoridade em todos os níveis (Jung 1976b, 610, 611, 612). O melhor modo de minar o próximo holocausto é, aparentemente, dissuadir cada nazista por vez. Na atual atmosfera de conflito altamente intensificado entre comunidades inconscientes, cimentadas por suas crenças arquetípicas, devemos perguntar se resta tempo o bastante para a empreitada junguiana de salvar a humanidade de suas crenças particulares, com vistas a uma compaixão mais global.

O próprio Jung parece não ter tido tanta certeza. Mais adiante na vida ele escreve: "Estamos ameaçados por um genocídio universal se não pudermos construir uma via de salvação mediante uma morte simbólica" (Jung 1976, 735). Nesse contexto, "morte simbólica" significaria a morte dos símbolos, sempre religiosos no impacto mesmo quando seculares na forma, que tornam o genocídio possível e aparentemente inevitável. A Inquisição espanhola costumava descrever o assassinato de hereges como um "auto da fé", ou "ato de fé". O extermínio do estrato autoconsciente da evolução pelas fés conflitantes seria o ato de fé final e global, o êxtase que alguns já antecipam.

Em certas passagens essenciais de suas cartas, Jung compara-se a Joaquim de Fiore, monge de fins do século XII que previu os avanços muito importantes da vida do Espírito realizados no século XIII. Nessas mesmas passagens, Jung escreve que o mesmo Espírito que constelou o *éon* cristão agora trabalha em sua invalidação (Jung 1975, 138). O Espírito aqui seria o Espírito do si-mesmo construindo um novo mito societal que poderia incluir, mas superar em profundidade e em inclusão compassiva, os mitos reinantes em conflito que ora ameaçam o futuro da humanidade. Jung percebeu que havia um novo mito em gestação, e que uma resposta sensível aos atuais poderes construtores de mitos do inconsciente estava entre os modos mais eficazes de lhe dar à luz.

Conclusão

Em conclusão, o pensamento de Jung sobre a religião deve ser destilado em três proposições. A humanidade não pode se livrar de seu impulso religioso porque ele é inerente à própria psique. Os esforços de produzir uma humanidade sem religião são inconscientes acerca desse fato, e por isso fracassaram. Em suas mãos, a religião se metamorfoseou em outras formas de valor igualmente questionável.

A religião é universalmente baseada no impacto de forças arquetípicas sobre a consciência, e assim pode tornar inconscientes aqueles que elas possuem. Coletiva e pessoalmente, quanto mais rígido o jugo arquetípico sobre a mente ou a sociedade, menos livre é o indivíduo ou comunidade, que perdem sua responsabilidade moral na proporção direta do grau de sua possessão ou convicção de fé.

A religião, coletiva ou pessoal, tem uma história como compensação coletiva ou pessoal. Tal compensação sempre tende a uma integração pessoal mais profunda, ao lado de uma compaixão mais estendida. A unidade dos opostos é claramente evidente na culminação do processo alquímico que Jung identifica numa consciência ressonante com o "fundamento eterno de todo ser empírico" (Jung 1970, 534). Simultaneamente, Jung argumenta que tal consciência se tornaria o elemento fundante de um novo mito emergente, mas exigiria um resgate amplo de uma interioridade humana há muito tempo removida de seu solo comum pelos processos históricos descritos acima.

Essas proposições descrevem a ontologia e a epistemologia da religião universalmente e suas urgências atuais ao menos na sociedade ocidental. O conhecimento do supremo permanece sendo a experiência do que é, ou seja, a urgência implacável de o inconsciente se tornar consciente, de Deus se tornar homem. Tendo deixado tudo isso tão claro, o desafio de Jung permanece tão verdadeiro hoje como quando ele escreveu: "Tudo agora depende do homem" (Jung 1969c, 459).

Referências

Ashton, P. (2007). *From the brink*: experiences of the void from a depth psychological perspective. Londres: Karnac.

Ashton, P. (ed.) (2007). *Evocations of absence*: multidisciplinary perspectives on void states. Nova Orleans: Spring.

Dourley, J.P. (2007). "The Jung-White dialogue and why it couldn't work and won't go away". In: *Journal of Analytical Psychology* 53 (3): 275-295.

______ (2004). "Jung, mysticism and the double quaternity: Jung and the psychic origin of religious and mystical experience". In: *Harvest* 50 (1): 47-74.

______ (2003). "Archetypal hatred as social bond: Strategies for its dissolution". In: Beebe, J. (ed.). *Terror, Violence and the Impulse to Destroy*. Einsiedeln: Daimon, 135-159.

______ (1994). "In the shadow of the monotheisms: Jung's conversations with Buber and White". In: Ryce-Menuhin, J. (ed.). *Jung and the Monotheisms, Judaism, Christianity, and Islam*. Londres: Routledge, 125-145.

Hegel, G.W.F. (1825/1990). *Lectures on the history of philosophy*: The Lectures of 1825-1826 - Vol. 3: Medieval and Modern Philosophy. Ed. e trad. R.F. Brown. Berkeley: University of California Press.

Jung, C.G. (1976a). "Jung e a fé religiosa". OC 18/2.

______ (1976b). "Técnicas de mudança de atitude a serviço da paz mundial". OC 18/2.

______ (1975/1953). *C.G. Jung Letters, 2*: 1951-1961. Ed. G. Adler e A. Jaffe. Princeton: Princeton University Press.

______ (1971). "A relatividade do conceito de Deus em Mestre Eckhart". OC 6.

______ (1970). *Mysterium coniunctionis*. OC 14.

______ (1969a). *Psicologia e religião*. OC 11/1.

______ (1969b). *O símbolo da transformação na missa*. OC 11/3.

______ (1969c). *Resposta a Jó*. OC 11/4.

______ (1969d). "A função transcendente". OC 8/2.

______ (1969e). "Considerações teóricas sobre a natureza do psíquico". OC 8/2.

______ (1968a). "Introdução à problemática da psicologia religiosa da alquimia". OC 12.

______ (1968b). *Os arquétipos e o inconsciente coletivo*. OC 9/1.

______ (1968c). "Símbolos gnósticos do si-mesmo". OC 9/2.

_______ (1965). *Memories, dreams, reflections*. Ed. A. Jaffe. Nova York: Vintage.

_______ (1964). "A autocompreensão do indivíduo". OC 10/1.

Marlan, S. (2005). *The Black Sun*: The alchemy and art of darkness. College Station: Texas A & M University Press.

Marx, K. (1843/1972). "On the Jewish question". In: Tucker, R.C. (eds.). *The Marx--Engels reader*. Nova York: W.W. Norton, 24-51.

McGinn, B. (2001). *The mystical thought of Meister Eckhart*. Nova York: Crossroad.

_______ (1998). *The Flowering of mysticism*: Men and women in the new mysticism 1200-1350. Nova York: Crossroad.

32
Pesquisa

Verena Kast*

Trabalhando com o experimento de associação de palavras no Burghölzli, no famoso hospital psiquiátrico de Zurique, Jung descobriu os "complexos de tonalidade emocional". Como sabemos, essa foi sua primeira grande descoberta científica. Ele era extremamente orgulhoso por ter mostrado com "experimentos empíricos" – o que significa de um modo científico – o processo de repressão como descrito por Freud em seus primeiros escritos sobre histeria e interpretação dos sonhos.

Jung se tornou reconhecido internacionalmente devido a seu trabalho com o experimento de associações, que ele conduziu com Franz Riklin, que havia trazido da Alemanha o experimento ao Burghölzli. A importante teoria dos complexos e sobre a influência da emoção nos sonhos se conectava com essa pesquisa sobre associações mentais. Jung firmou sua carreira como um psicólogo empírico, portanto, e provavelmente teria sido um excelente pesquisador, como o famoso neurocientista alemão Manfred Spitzer assinalou, se tivesse continuado nessa linha ao invés de ficar tão fascinado pelo mundo

---

* Dra. Verena Kast é professora de Psicologia na Universidade de Zurique, analista didata e palestrante no C.G. Jung Institute of Zurich. De 1995 a 1998 foi presidente da Iaap e atualmente é presidente da International Association of Depth. Psychology e membro do conselho de diretores da Lindauer Psychotherapiewochen. Dá palestras pelo mundo e é autora de numerosos livros sobre questões psicológicas.

dos "espíritos". Pois, quando Jung começava sua carreira científica com o experimento de associações, mais ou menos na mesma época ele completou sua dissertação de doutorado "Sobre a psicologia e patologia dos fenômenos chamados ocultos" [cf. OC 1]. Devemos manter em mente, porém, que naquela época muitas pessoas, inclusive o mentor psiquiátrico de Jung, Eugen Bleuler, estava interessado nos "fenômenos ocultos".

Ao apontar esses fatos – o experimento de associações por um lado, e os estudos do aspecto oculto e misterioso do inconsciente, por outro –, nós capturamos a realidade de Jung. Essa é nossa herança como psicanalistas junguianos. Jung queria ser aceito como um pesquisador científico por um lado, e queria estudar o inconsciente, por outro, mesmo se isso prejudicasse sua reputação científica e resultasse em ser chamado de místico. Essa é a herança com a qual temos de lidar até hoje. Queremos fazer parte do *mainstream* da psicoterapia, e hoje isso significa estar fundado em resultados e pesquisa científica; e também queremos estar em contato com o mistério do inconsciente.

Experimento de associações e os sonhos

O experimento de associações continuou até os dias de hoje sendo uma ferramenta para conduzir pesquisa científica em diversos campos: nos estudos linguísticos, para explorar preconceitos sociais, e em outras áreas de pesquisa. Atualmente está ganhando também crescente atenção na comunidade junguiana. Leon Petchkovsky, um psicanalista junguiano australiano, está atualmente trabalhando com colegas num projeto de pesquisa que delineia a resposta complexual genérica usando tecnologia de ressonância magnética. Até agora, os "resultados muito preliminares sugerem que uma resposta complexual 'genérica' envolve alguns caminhos muito semelhantes àqueles que sustentam a atividade onírica" (comunicação pessoal). Parece que a afirmação de Jung de que os complexos são os arquitetos dos sonhos é respaldada pelas descobertas de Petchkovsky. A conexão entre os complexos, a formação de complexos e a regulação das emoções nos sonhos e através dos sonhos é uma conexão que os clínicos junguianos muitas vezes experenciaram em seu trabalho com os analisandos. De fato, é algo em que podemos nos apoiar. Agora a base material para isso talvez possa ser estabelecida. Em nossa época, muitas pessoas só irão aceitar uma "verdade" que possa ser validada concreta e materialmente.

Pesquisa sobre a eficácia da psicanálise junguiana

Na Suíça, os psicanalistas junguianos são cobrados para que provem a eficácia de seu trabalho, que mostrem que sua prática é coerente com a teoria, e que demonstrem que a eficácia possa ser verificada por observadores desinteressados. (Isso, claro, não é apenas o caso atualmente na Suíça.) Na Universidade da Basileia, onde apenas a psicoterapia cognitivo-comportamental é ensinada, os alunos são frequentemente interessados na psicanálise junguiana, mas antes de realmente se envolverem com ela se perguntam continuamente: E a pesquisa? Você pode provar que seu método é eficaz? Ele realmente ajuda? Foi ensinado a eles que só a psicoterapia cognitivo-comportamental é fortemente respaldada pela pesquisa. E é claro que eles acreditam nisso. Para essa geração mais jovem – que se colocará no nosso lugar e virá a recrutar a próxima geração de psicanalistas junguianos – é normal e esperado fazer pesquisa e pedir provas baseadas em dados de pesquisa. Isso pode nos dar razão de esperança em relação ao futuro.

Os psicanalistas junguianos suíços e alemães Mattanza, Rudolf e Keller conduziram um estudo sobre a prática junguiana a longo prazo entre os anos de 1997 e de 2003. O projeto de pesquisa suíço, que foi patrocinado pela Sociedade Suíça de Psicologia Analítica, o Instituto C.G. Jung e a Iaap, foi completado em 2003. Os resultados foram excelentes, ao mostrarem que o tratamento junguiano é eficaz segundo um estudo baseado em critérios científicos. Por exemplo, problemas interpessoais declinaram de um modo altamente significativo (efeito: o. 76) (Mattanza et al., 167). Por outro lado, não havia nenhum grupo de controle, e esse não era um estudo randomizado, assim não se pode afirmar que tenha uma qualidade de "padrão-ouro" no sentido estritamente científico. Foi um estudo naturalístico, baseado no que realmente acontece na psicoterapia, e em termos de pesquisa em psicoterapia isso pode ser considerado como uma aproximação razoável de um padrão-ouro.

Um segundo projeto de pesquisa está agora em andamento na Suíça. Todas as diferentes escolas de psicoterapia estão participando de uma pesquisa contínua com ambulatórios (PAPs: Praxisstudie ambulante Psychotherapie). Cada escola funciona como um grupo de controle para as outras escolas. Embora esse pareça ser um projeto muito interessante e valioso, os junguianos suíços não estão muito dispostos a cooperar. Tendo já participado de um estudo, eles não estão querendo embarcar em outro tão rapidamente. Além disso, o atual estudo requer gravações em fita das sessões analíticas, e isso cria uma preocupação de que a presença de um gravador possa influenciar o relacionamento analítico. Gravar sessões não é junguiano, alguns dizem. Pesquisa e psique são parceiros desconfortáveis e realmente não combinam, eles acreditam. Muitos colegas argumentam que nós deveríamos parar de fazer pesquisa e simplesmente nos contentarmos em ser "artistas na psicologia junguiana".

Uma consequência da pesquisa

Em conexão com o estudo PAL e conduzido por junguianos alemães, há um estudo intitulado "Efeitos diferenciais de duas formas de psicoterapia psicanalítica; Resultados do estudo de Heidelberg-Berlim". Este estudo, financiado pelo sistema de seguro de saúde na Alemanha, compara duas abordagens de terapia psicodinâmica: a terapia psicodinâmica (PD), uma terapia focal com uma frequência de uma a duas horas por semana, e a terapia psicanalítica (PA), que encoraja processos regressivos, requer mais horas por semana e trabalha mais intensivamente com a dinâmica de transferência-contratransferência. Ambas são terapias de longo prazo. As descobertas: "Os efeitos ligeiramente melhores encontrados aqui para o grupo PA não bastariam por si sós para justificar o alto grau de esforços que elas envolvem" (Grande et al., 482).

Não é apenas gratificante ter estudos que provam que a psicoterapia conduzida em bases junguianas é eficaz, e que a psicanálise junguiana também faz parte do *mainstream* da psicoterapia. Há também consequências a se extrair desses estudos. A psicoterapia orientada pela psicologia profunda, ou terapia psicodinâmica (PD), é procurada e eficaz. Com a teoria dos complexos, os junguianos têm uma teoria consistente para conduzir uma terapia focal ao usar os principais aglomerados complexuais como focos sobre os quais trabalhar com todas as outras ferramentas e métodos junguianos que se tem à disposição. Na pesquisa psicoterapêutica, uma tabela indicando mudanças na estrutura de um ponto focal é descrita (Matanza 2006, 49). Isso pode facilmente ser transferido para as mudanças que acontecem nos complexos.

Nos vários programas de formação analítica junguiana, a formação de psicoterapeutas psicodinâmicos não é geralmente oferecida. Isso poderia ser instituído como um primeiro passo na formação de psicanalistas junguianos. Candidatos que quisessem ir adiante poderiam, então, numa segunda fase, receber mais treinamento para se tornarem psicanalistas junguianos. Claro, a maioria de nós ama análise, e nós acreditamos na análise, mesmo se apenas poucas pessoas podem arcar com ela, e a despeito de reconhecermos que em nosso trabalho cotidiano nós lidamos frequentemente com problemas estruturais em pessoas com transtornos de personalidade e com pacientes que precisam de psicoterapia orientada pela psicologia profunda, e não primariamente de análise.

Há também outra pesquisa sendo feita no mundo junguiano. Denise Ramos (Brasil) está, por exemplo, conduzindo um projeto para mostrar o desenvolvimento e a mudança em crianças usando terapia *Sandplay*. O principal objetivo do estudo dela é desenvolver um método que permita a padronização de dados de expressões pictóricas e verbais conforme usadas pelos pacientes durante o *Sandplay*. É um estudo qualitativo e quantitativo.

Estou certa de que há mais projetos de pesquisa em andamento na comunidade junguiana, dos quais não tenho conhecimento. Seria bom ter um lugar em que os projetos e dados de pesquisas fossem reunidos, com baixas necessidades administrativas e acesso aberto ao público interessado e a outros pesquisadores.

O dilema

Como psicanalistas junguianos, somos confrontados por um dilema: precisamos participar da pesquisa, mas ao mesmo tempo duvidamos dos padrões do atual nível da ciência que é aplicada à psicoterapia. Uma questão básica é: Qual é o significado de "científico" quando se consideram as bases da psicoterapia? Esta não é apenas uma questão acadêmica – é uma questão de sobrevivência, uma questão de reconhecimento e legitimação pelos sistemas legais. Quem deve decidir qual deveria ser a "psicoterapia cientificamente comprovada"? Psicoterapeutas cognitivo-comportamentais falam sobre pesquisas padrão-ouro, e eles acham que só o modo deles tem o direito de ser chamado de científico. Outros, como Jürgen Kriz, da psicologia humanista, argumentam pela aceitação de uma pluralidade de métodos e concepções aceitáveis de pesquisa, em correspondência com a compreensão do ser humano e das várias teorias da psique. Fingir que os assim chamados "padrões-ouro" de uma única escola possam ser considerados científicos é algo, em si mesmo, altamente não científico. Uma reivindicação exclusiva ao título de cientificidade não é de modo algum científico. De fato, pode ser fundamentalista e completamente desprovido da postura crítica da verdadeira ciência.

O que se necessita é de uma discussão sobre "o que é psicoterapia científica?" E isso deve se afastar da "medicina baseada em evidência", que se baseia no padrão-ouro dos testes controlados aleatórios. Há também uma "medicina baseada em narrativa", que segue as linhas dos métodos hermenêutico-fenomenológicos de pesquisa. A pedra de toque última de uma terapia científica é que ela se comprove bem-sucedida no trabalho clínico.

Não só os psicanalistas junguianos têm de lidar com esses problemas, é claro. O mesmo vale para os freudianos e para todos os psicoterapeutas psicodinâmicos.

Medicina baseada em narrativa

A ideia de uma "medicina baseada em narrativa" poderia ser de grande interesse e importância para junguianos. Métodos qualitativos de análise de texto e interações se baseiam nas ciências sociais e estudos culturais. As narrativas permitem acesso à experiência subjetiva do contador da história (o narrador). A história pode ser um sonho, uma fantasia ou algo da história de vida da pessoa. Graças aos neurônios-espelhos, o ouvinte pode se identificar com o narrador. A análise das narrativas leva a modelos afetivo-cognitivos de interações comunicativas ou, em termos junguianos, à influência de aglomerados complexuais e padrões arquetípicos sobre comunicação e comportamento (Roesler 2006). Roesler mostra um modelo de como, em narrativas pessoais, pode-se encontrar um padrão arquetípico como núcleo. Usando os métodos da narratologia, poder-se-ia comparar o desenvolvimento das narrativas no curso do processo analítico. A psicanálise junguiana tende a ser altamente focada em narrativas: narrativas da história de vida pessoal, narrativas de sonhos, narrativas de imaginação ativa e narrativas culturais e arquetípicas como os contos de fada e os mitos. Contar histórias, e especialmente contá-las num relacionamento amigável, benevolente e acolhedor, pode mudar as narrativas. Se a pessoa está cercada por uma atmosfera emocional diversa, pode lembrar-se de uma história de um modo diferente. A pessoa pode ser capaz de contar velhas histórias de feridas e traumas de um modo mais positivo. Como nós contamos a história da nossa vida influencia fortemente o futuro. Os analistas têm muita experiência neste campo, e eu penso que deveríamos trabalhar algumas dessas ideias de modo mais detalhado. A pesquisa levada a cabo desse prisma não seria ciência natural, mas poderia ser ciência social.

Conclusão

A psicanálise junguiana deve construir e manter ligações com o *mainstream* da pesquisa em psicoterapia, mas os métodos para conduzir pesquisas relevantes devem ser mais compatíveis com nossa teoria básica. Hoje está evidente que devemos lutar vigorosamente pela realidade do mundo interior, mas também pela conexão entre o mundo interior e o exterior, entre o consultório e a vida vivida. Há muito conflito aqui, é claro. O mundo exterior não reconhece a subjetividade como válida. Como analistas profissionais, estamos lutando para descobrir métodos para tornar a experiência subjetiva "objetiva", e isso pode ser compartilhado com outras pessoas e servir de base para pesquisas quantitativas.

Há muitas questões a abordar. Onde estão os institutos que fazem pesquisa em psicanálise junguiana? Como os pesquisadores e praticantes podem trabalhar juntos? Há que haver mais cátedras patrocinadas para psicanalistas junguianos que estão dispostos a trabalhar junto com clínicos; há que haver clínicos dispostos a dispender tempo em contato com pesquisadores. Há que haver analistas dispostos a participar do debate sobre que tipo de pesquisa psicoterapêutica é necessária hoje.

Basicamente, precisamos de uma mudança de mentalidade. Precisamos da convicção de que a pesquisa – vários tipos de pesquisa – pertence à profissão da psicanálise junguiana. Isso não deveria ser primariamente para conformar-se a regulamentações estatais, mas porque se esteja interessado no que acontece na análise, no que mais ajuda em qual situação, no que é mais eficaz como tratamento. O motivo deve ser que queremos nos tornar cada vez mais verdadeiramente profissionais. É possível que os colegas mais jovens, que costumam fazer pesquisas durante sua formação universitária, estejam mais dispostos a se engajar nesse esforço, mas eu duvido. Aqueles que entram no mundo junguiano geralmente estão à procura da imaginação e do mundo interior. Mas temos condições de nos concentrar não apenas no mundo interior? Não deveríamos também estar dispostos a nos engajar no mundo exterior, e darmos à sociedade o que ela precisa e está pedindo: Não entendemos o processo de individuação realmente como uma interação entre o mundo interior e o mundo exterior?

A questão se resume a: Nós, como psicanalistas junguianos, realmente queremos ser profissionais no campo da psicoterapia? Ou, caso contrário, o que então?

Pesquisa experiencial

Para os clínicos, há um tipo de pesquisa que emerge das experiências no consultório. Podemos chamá-la de "pesquisa experiencial". A partir das experiências clínicas com os pacientes, constantemente nos questionamos sobre nossas teorias psicológicas e reformulamos nossas convicções sobre o que é eficaz. Como um grupo, lidamos com resultados na psicoterapia e tentamos relacionar esses resultados com nossas teorias. Os resultados da pesquisa em psicoterapia influenciam nosso trabalho clínico e nossa supervisão. A partir dessas experiências floresceu uma riqueza de publicações mundo afora: Como trabalhar com símbolos na pintura, com a imaginação ativa, com os sonhos, os símbolos, com a transferência-contratransferência, e assim por diante. O que está faltando é um *pool* de colegas interessados em questões de teoria.

Minha visão: determinar quais aspectos de nossas teorias devemos discutir, e em quais aspectos a pesquisa por acadêmicos deveria ser feita. (Se pudéssemos encontrá-los!) Por exemplo: a maioria dos psicanalistas junguianos trabalha com os sonhos e está convencida de que recolhem boas pistas dos sonhos, que os sonhos podem mudar as emoções, e assim por diante. Clara E. Hill (que não é junguiana) conduziu um projeto de pesquisa perguntando se as pessoas sentem que é mais útil falar sobre seus próprios sonhos, falar sobre os sonhos de outras pessoas, ou falar sobre conflitos pessoais. Falar sobre os próprios sonhos ficou ranqueado como o mais útil. Eu espero que haja gente interessada em questões como esta, e que tenham a oportunidade de fazer esse tipo de pesquisa. Talvez as pessoas possam escrever dissertações sobre tais temas.

Pesquisa acadêmica

Os acadêmicos não precisam ser clínicos para se interessarem pela psicologia junguiana. A pesquisa deles é frequentemente mais cultural, histórica e interdisciplinar – um amplo campo que faz a psicologia junguiana ser tão interessante. A interação com diferentes campos da ciência cultural pode provocar encontros criativos e novos desenvolvimentos. A questão é: Como toda essa informação pode ser reunida e coordenada? E como a comunidade científica, e não apenas a comunidade junguiana, recebe esses dados? Essa pesquisa pode ser muito estimulante para o nosso campo. Por que esse intercâmbio científico não acontece realmente? Claro, há o problema dos idiomas. Os dados de pesquisa publicados na Alemanha não são, na maior parte dos casos, traduzidos para o inglês, e se é assim, frequentemente parecem não ser do interesse dos leitores de língua inglesa. Na área da língua alemã, nós parecemos estar mais interessados nos dados de pesquisa publicados em inglês...

Por que não somos ouvidos pelos outros?

Como a comunidade psicoterapêutica científica recebe as descobertas junguianas? Muito do que tem sido discutido nas terapias psicodinâmicas durante os últimos anos são "temas junguianos" típicos: a perspectiva orientada a recursos na psicoterapia e nos processos clínicos, criatividade e espiritualidade. A perspectiva junguiana geralmente não é mencionada, mas é usada como um poço repleto de bons materiais, mas que não vale a pena mencionar de onde veio. A psicoterapia junguiana sempre foi orientada a recursos. Ainda assim, conceitos especificamente junguianos raramente são mencionados em artigos recentes sobre a psicoterapia orientada a recursos. Não expressamos isso com clareza o bastante nos últimos anos? Ou temos que provar cientificamente ao que nos referimos como terapia orientada a recursos, e como ela funciona? Estamos falando sobre a criatividade como sendo indispensável ao processo de individuação. Isso é expresso em milhares de artigos escritos por psicanalistas junguianos. A espiritualidade, um tema junguiano perene, é discutida até em relação com a psicoterapia freudiana hoje em dia. Nossas contribuições poderiam ser muito úteis. E nós temos muitas contribuições!

Quando damos palestras, quando escrevemos livros sobre as emoções, símbolos, sonhos, pinturas, imaginação, frequentemente ouvimos (em especial de colegas freudianos) que os psicanalistas junguianos são muito criativos, mas um pouquinho selvagens, não muito científicos, mas estimulantes. Os livros de alguns junguianos vendem bem, mas eles não são citados com frequência nos artigos dos colegas nas universidades. A psicologia analítica tem algo a oferecer às pessoas que estão em busca de sentido para suas vidas, que querem entrar em contato com a psique, que querem ficar mais conscientes. Alguns institutos têm "programas públicos" para essas pessoas, e esses programas são muito bem-sucedidos.

Portanto, deveríamos simplesmente deixar por isso mesmo e aceitar que não fazemos parte do *mainstream*? Falta de pesquisa sobre a eficácia da psicoterapia significa que corremos o risco de não garantirmos o seguro para cobrir nossas contas um dia, mas isso é tão ruim? Estamos prontos para nos estabelecermos como artistas na psicologia junguiana?

Pessoalmente, eu preferiria que buscássemos superar a cisão entre o mundo interior e as exigências do mundo exterior. Acredito que juntos podemos fazer isso.

Referências

Grande, T. et al. (2006). "Differential effects of two forms of psychoanalytic therapy: Results of the Heidelberg-Berlin study". In: *Psychotherapy Research* 16 (4): 470-485.

Hill, C. et.al. (1993). "Are the effects of dream interpretation on session quality, insight and emotions due to the dream itself, to projection or to the interpretation process?" *Dreaming* 3 (4): 269-280.

Kriz, J. (2007). "Wie lässt sich die Wirksamkeit von Verfahren X wissenschaftlich begründen?" In: *Psychotherapeutenjournal* 3: 258-261.

Mattanza G.; Meier, I. & Schlegel, M. (eds.) (2006). *Seele und Forschung*: Ein Brückenschlag in der Psychotherapie. Basel: Karger.

Roesler, C. (2006). "Narrative Biographieforschung und archetypische Geschichtenmuster". In: Mattanza et al. (eds.). *Seele und Forschung, Ein Brückenschlag in der Psychotherapie.*

Spitzer, M. (2000). *Geist im Netz.* Heidelberg: Spektrum Akademischer.

33
A matriz social do sonhar

Helen Morgan*

Introdução

O sonhar social é uma metodologia pioneira que busca explorar as dimensões inconscientes do mundo social. Baseia-se na suposição de que não sonhamos só por nós mesmos, mas como uma parte de um contexto maior no qual vivemos – uma ideia que tem uma linhagem antiga. Muito antes de Freud e Jung, os sonhos e o sonhar tinham grande importância para as pessoas em sociedades como a dos aborígenes australianos, nativos americanos, africanos e outros. Os sonhos lhes ofereciam um modo de compreender o significado de suas vidas e do mundo em que viviam. Esta perspectiva vê o sonho como mais do que uma posse particular do sonhador, e sugere que, pela exploração num contexto social, o sonho pode nos ajudar a ampliar nosso entendimento finito e consciente rumo ao infinito inconsciente.

---

* Helen Morgan é membro sênior, analista didata e supervisora na Seção Analítica Junguiana da British Association of Psychotherapists, da qual foi presidente recentemente. Seu *background* é em comunidades terapêuticas; atualmente trabalha principalmente em consultório particular em Londres. Além de vários artigos sobre o sonhar social, publicou textos sobre a aplicação do pensamento analítico junguiano à nova física, à sociedade ocidental moderna e sobre a raça e o racismo na psicoterapia.

História

O sonhar social foi "descoberto" por W. Gordon Lawrence, um analista de grupo e consultor organizacional do Instituto Tavistock de Relações Humanas, em Londres. Foi introduzido formalmente na comunidade junguiana internacional no Congresso da Iaap, em 2005, em Zurique, quando uma matriz foi organizada todas as manhãs por mim e por Peter Tatham, e tem feito parte dos congressos da Iaap desde então. É atualmente usada numa ampla variedade de *settings* por junguianos mundo afora. O sonhar social se encaixa bem no contexto junguiano na medida em que assume a realidade de um inconsciente coletivo, do qual o sonho pode emergir para falar do coletivo ao invés de apenas do individual.

No começo da década de 1980, Lawrence tinha ficado cada vez mais interessado na natureza do sonho a partir de sua própria análise pessoal e de seu trabalho, suas leituras e suas viagens. Por muitos anos ele manteve em mente não só o interesse no sonho individual tal como desenvolvido na psicanálise, mas também em seu lugar nas sociedades tradicionais fora do Ocidente, enquanto uma expressão respeitada das sociedades do presente e da história, tribais ou societais, bem como um previsor do futuro. Ao longo da história da sociedade ocidental, o sonho foi sempre considerado significativo em determinados círculos, mas nos tempos modernos foi Freud, e depois Jung, quem primeiramente formulou um meio pelo qual o sonho poderia encontrar credibilidade no *mainstream* da sociedade. Lawrence notou o modo com que essa reverência pelo sonho assumiu um aspecto populista, mas questionou se a vinculação do sonho com um modelo da psique, que é discreto e individualista, significava que esse interesse acabara por alimentar preocupações narcisistas, e assim servir para nos separar uns dos outros.

Foi sua descoberta do livro *The Third Reich of Dreams: The Nightmares of a Nation*, escrito por Charlotte Beradt, que ajudou Lawrence a fazer a conexão entre o sonho como fenômeno individual e como fenômeno social. Entre 1933 e 1939, Beradt colecionou 300 sonhos de alemães que ela anotou em código e escondeu nas lombadas dos livros de sua biblioteca. Subsequentemente, ela pôde mandá-los para diferentes endereços no exterior, onde eles foram conservados até que ela própria deixou a Alemanha e foi para os Estados Unidos. Foi alguns anos depois que ela veio a avaliar seu material, quando havia grande corpo de fatos históricos sobre o regime nazista disponíveis através de documentos e pesquisa. Beradt argumenta que esses sonhos não eram os produtos de conflitos pessoais irresolvidos, mas emergiam da, e falavam, sobre a atmosfera política na qual os sonhadores viviam.

As ideias desse livro levaram Lawrence a se perguntar se poderíamos aprender sobre nossa própria sociedade ao atentar para e colecionar sonhos como uma observação de massa. Não apenas da sociedade *como tal* – seus processos históricos e presentes –, mas da sociedade em um processo de devir. A metodologia que ele considerou necessária a permitir essa natureza emergente vir à tona o afastou da análise dedutiva e redutiva de Freud a uma perspectiva mais junguiana, que honra o sonho em seu direito próprio e busca desvendar e decodificar seu simbolismo através da associação e da amplificação.

Como um experimento, Lawrence e seus colegas lançaram um programa de oito semanas, em 1982, no Instituto Tavistock de Relações Humanas. O programa consistia em sessões de 90 minutos, intituladas "A Project in Social Dreaming and Creativity" [Um projeto em sonhar social e criatividade]. Foi então que eles decidiram chamar o conjunto de uma "Matriz", ao invés de um "Grupo". "Matriz" é o termo latino para útero e significa "o lugar a partir do qual algo cresce". Para afastar ainda mais o seu conceito do de um trabalho de grupo, ele também colocou as cadeiras em espiral ao invés de em círculo. Isso foi uma tentativa de sublinhar o foco do evento no sonho ao invés de no indivíduo, e um modo de diminuir a dinâmica transferencial que ocorre no *setting* de grupo mais habitual.

Depois deste experimento inicial, nada mais foi feito por seis anos. Nessa época, pediu-se a Lawrence que organizasse uma conferência docente em Israel sobre "Liderança e inovação". Solicitado a oferecer uma estrutura que fosse, ela própria, inovadora, Lawrence formulou um programa que consistia de grupos de diálogo, foros de consulta mútua e matrizes de sonhar social duas vezes ao dia. Um relato mais completo deste experimento está no livro de

Lawrence, *Social Dreaming @ Work* (Lawrence 1998). O sucesso da empreitada levou Lawrence e outros a fazerem eventos semelhantes por todo o mundo.

A matriz do sonhar social

A matriz do sonhar social é um tipo especial de continente que é montado e mantido de uma maneira que maximiza a livre-associação a, e a amplificação, das imagens oferecidas pelos sonhos. O foco da atenção é o sonho e não o sonhador, e o objetivo primário é a transformação do pensamento. A intenção é tirar a ênfase do ego individual e permitir um desprender-se da necessidade de encenação e dos problemas da persona. Ao "perder" o ego na matriz, pode-se prestar a atenção adequada aos sonhos e, portanto, ao inconsciente do grupo. Assim uma dinâmica mais profunda, mais democrática pode emergir.

Na matriz, as cadeiras são arrumadas numa espiral ou como uma série de flocos de neve, de modo que, diferentemente de um grupo sentado em círculo, o espaço é preenchido e os participantes não necessariamente veem uns aos outros. Os organizadores abrem e fecham a matriz, que tem geralmente duração de 60 a 90 minutos, e no começo a tarefa da matriz é estabelecida. Essa tarefa é "*associar os sonhos disponibilizados à matriz com vistas a fazer ligações e descobrir conexões entre o pensamento individual e o significado social*". O papel dos organizadores é manter os participantes focados na tarefa da associação e da amplificação e *não* da interpretação, e geralmente, de registrar os sonhos. Quando uma série de matrizes é feita ao longo de vários dias, como nos congressos da Iaap, a matriz é sempre aberta a qualquer participante do Congresso. Os participantes não precisam participar todo dia, e não precisam ter tido, eles próprios, um sonho para poder participar. Nesses casos, a linguagem da matriz é o inglês, embora seja frequente, num ambiente multicultural como esse, que os sonhos sejam relatados em outras línguas e os participantes trabalhem juntos na tradução. Em outros casos em que a conferência é bilíngue, têm-se utilizado intérpretes, de modo que a matriz pode usar ambos os idiomas.

O sonhar social

Nós existimos numa rede de emoções e pensamentos, que está presente em toda relação social. A rede é infinita, na maior parte dos casos não reconhecida, e inconsciente. O sonho emerge dessa rede de infinidade, e um fragmento é apreendido por nossa mente finita, consciente, cognoscente. A matriz do sonhar social oferece um modo de receber o sonho de forma a que podemos levar a finitude de nossas compreensões conscientes ao infinito do inconsciente, através do sonho e dos pensamentos associativos que ele pode suscitar.

A hipótese central por trás da matriz é que nós sonhamos não só por nós mesmos, mas também como parte de um contexto maior no qual vivemos. Para explorar esse contexto precisamos abordar o sonho de um ângulo diferente, e num *setting* diferente daquele da díade analítica. Nesse último caso, o interesse está nas associações do sonhador e, possivelmente, do analista, na contratransferência. O sonho é visto como uma comunicação daquela psique particular do indivíduo dentro de uma transferência particular. Como o sonho pode ser interpretado será visto diferentemente de acordo com o referencial teórico de cada um, mas, como um todo, o sonho será percebido como pertencendo essencialmente ao sonhador.

No sonhar social adota-se uma abordagem diferente. Qualquer sonho que é falado dentro da matriz pertence à matriz. Isso remonta a uma época em que sonhar era parte do discurso da vida cotidiana, e onde seu sentido podia ser de domínio público ao invés de visto como um assunto secreto e privado do indivíduo. A relevância e o significado pessoais para o indivíduo que traz o sonho podem ser explorados alhures, mas na matriz essas implicações pessoais são evitadas. Ao invés disso, o sonho é tomado como pertencente a todos e se joga com ele, se associa a partir dele, e se pensa nele como tal.

A matriz é estabelecida como um continente diferente da análise individual, mas é também deliberadamente projetada para diferir de um grupo no qual a análise acontece. Numa análise de grupo, o foco é o relacionamento entre os participantes, e em particular no relacionamento com o facilitador do grupo, pela transferência. Qualquer material que emerja dentro do grupo, inclusive os sonhos, será considerado e interpretado à luz desses relacionamentos. Na matriz do sonhar social não há tais interpretações – seja as concernentes às relações entre os participantes ou com os organizadores.

Na matriz, um sonho é parte de toda uma sequência de sonhos. A tarefa é explorar o padrão que conecta os sonhos, isso requer uma combinação de pensamento analítico e sintético. A abordagem deixa de lado o foco atomístico, pessoal, e enfatiza a qualidade holística, sistêmica dos sonhos, de modo que os indivíduos que participam são liberados da necessidade de defender seus mundos internos particulares, e, ao invés disso, se engajam num empreendimento cooperativo para melhor compreender o meio social.

O ponto central é que a análise individual oferece um tipo de continente para o sonho e é trabalhada com um conjunto de pressupostos. A matriz social do sonhar oferece outro tipo de continente e trabalha com outros pressupostos. Põe-se então a questão se, uma vez que o continente muda, sonhos diferentes são sonhados. Lawrence sustenta:

> Assumir os mesmos processos de pensamento que são usados na psicanálise numa matriz do sonhar social não é, segundo minha hipótese, uma diferente versão ou mesmo espécie de sonho é evocada. Mais particularmente, se o sistema de continência para receber o sonho é mudado, o conteúdo do sonho mudará... O que eu penso que a matriz do sonhar social questiona é a ideologia de que os sonhos pertencem a uma pessoa e devem ser interpretados como tal. Isso não é desvalorizar esse tipo de trabalho – tão importante para mim mesmo em minha própria psicanálise. Tudo o que estou dizendo é que a matriz produz diferentes tipos de sonhos através dos sonhadores. O contexto é diferente, isso é tudo (Lawrence 1998, 31, 33).

O sonhar social em contexto

O sonhar social, conforme descrito acima, pode ser usado dento do cenário de uma conferência como um modo de explorar tanto o tema da conferência como também os temas do cenário social mais amplo. Também pode ser usado como um meio de lançar luz sobre as sombras organizacionais. Nossa visão das organizações frequentemente é limitada pelo observável, lógico e racional. Ela frequentemente se apoia em teorias e estratégias projetadas para manter controle sobre os resultados – mesmo em meio a turbulências, complexidade e imprevisibilidade. Apesar disso, a dinâmica oculta nas sombras tipicamente apresenta o maior desafio para quem trabalha com, e em organizações. Uma exploração dos não ditos, do tácito, do supostamente desconhecido, pode revelar medos, fantasias e conflitos compartilhados, e assim oferecer uma compreensão mais profunda da realidade organizacional.

Nenhuma organização pode operar sem atividades do ego consciente concernentes à política, administração, negociação e tomada de decisões. Isso pertence ao âmbito do funcionamento do ego, mas corre o risco de choques de personalidade, lutas de poder, inflação, questões de honra e assim por diante. A matriz do sonhar social pode oferecer um tipo muito diferente de espaço, onde o mesmo pessoal pode se envolver mutualmente num contexto muito diferente, que promove colaboração na exploração da incerteza e do paradoxo. Como sabemos a partir da análise individual, o sonho nos apresenta o que *é*, ao invés do que "deveria ser", e, portanto, oferece a expressão de material sombrio dentro de um enquadre que não é restringido por moralidade, julgamento ou superego.

Não há espaço suficiente para dar exemplos do conteúdo de tais matrizes neste capítulo. Os livros listados nas referências (abaixo) contêm exemplos de aplicações do sonhar social numa variedade de ambientes, inclusive um resumo de algumas das matrizes de sonhar social promovidas nos congressos da Iaap ao longo dos anos, desde a primeira vez em 1995. É quase impossível dar mais do que um aperitivo de um evento desses. Cada indivíduo existe durante a vida da matriz como um ponto nodal numa rede que trabalha com as imagens oníricas num fluxo de associações. Onde você se localiza nessa rede, literal e metaforicamente, determina que experiência você tem e o que você lembra. Alguns sonhos serão mais bem-ouvidos do que outros, alguns comentários sequer serão ouvidos, absolutamente. Todos os sonhos mudam ligeiramente ao serem contados e ainda mais ao serem ouvidos. É a reunião das diferenças individuais que faz o continente, e cada pessoa irá levar uma diferente percepção do que aconteceu. O que emerge é uma rede de significados, e haverá tantas impressões e associações quantos forem os participantes.

Sumário

O sonhar social busca explorar o que o sonho pode estar comunicando sobre o contexto social e político do sonhador. Há um compartilhamento de sonhos, e então o significado é expandido e desenvolvido através de associação, amplificação e pensamento sistêmico numa tentativa de dar voz aos ecos de pensamento que podem existir no espaço entre as mentes individuais e o ambiente compartilhado. O foco passa do sonhador para o sonho, e já que os sonhos não são referidos ao *status* social do sonhador, é um ambiente inteiramente democrático. Os participantes são encorajados a se entregarem a fluxos de pensamento sem monitoramento segundo a importância, relevância ou se são absurdos ou desagradáveis. Assim os processos de pensamento linear são quebrados, e porque uma ideia levará a outra, isso pode gerar um pensamento surpreendente e sincrônico. Não há conclusões, e o pensamento permanece repleto de paradoxos, contradições, dúvida e incerteza, levando ao que Lawrence se refere como um "multi-verso" ao invés de um "uni-verso" de significados.

Referências

Beradt, C. (1985). *The Third Reich of Dreams*: The Nightmares of a Nation 1933-1939. Northamptonshire, Reino Unido: The Aquarian Press.

Lawrence, W.G. (2005). *Introduction to social dreaming*: Transforming thinking. Londres: Karnac.

Lawrence, W.G. (ed.) (2007). *Infinite possibilities of social dreaming*. Londres: Karnac.

______ (1998). *Social dreaming @ work*. Londres: Karnac.

Morgan, H. & Tatham, P. (2003). "Social dreaming at Cambridge". In: *Proceedings of the 15th International Congress for Analytical Psychology*. Einsiedeln: Daimon.

Parte V

Formação

Introdução à formação

Murray Stein

A formação da próxima geração de psicanalistas junguianos é uma preocupação para todos os grupos profissionais junguianos, e toma boa parte do tempo e da atenção de todas as sociedades junguianas. Na maior parte destas, é a atividade central e a que concentra os trabalhos mais intensos dos integrantes. Pelo mundo há diversas variações do modelo básico de formação, conforme a pesquisa de Ann Casement mostra em seu capítulo "Programas de formação". Casement também compara as formações da Iaap com os três modelos da International Psychoanalytic Association [IPA]. A estrutura da formação junguiana, que descende do modelo psicanalítico concebido originalmente por Karl Abraham e seus colegas freudianos em Berlim, nos anos de 1920, gira em torno de três elementos básicos: seminários didáticos, análise pessoal e supervisão de casos analíticos. O modo como os requerimentos são organizados e distribuídos varia de país para país, e de instituto para instituto. Contudo, todos esses requerimentos são abrangidos de uma forma ou de outra.

A característica mais fundamental da formação junguiana tem sido, desde que o próprio Jung se encarregava do que se entendia como formação em Zurique, antes da Segunda Guerra Mundial, a análise didática pessoal. Dyane Sherwood em seu capítulo "Análise didática" faz um relato altamente pessoal de como é suportar as provações de uma análise permanente enquanto passava pelos rigores de um programa de formação. Catherine Crowther discute o atual entendimento da supervisão e o papel delicado do supervisor dos casos analíticos no contexto do programa de formação. Ambos os capítulos descrevem vividamente os meandros intrincados e complicações desses aspectos da formação.

Ao final, o produto esperado de uma formação é uma personalidade madura e um psicanalista junguiano competente, que é um aprendiz por toda a vida.

34
Programas de formação

Ann Casement*

Para os propósitos deste capítulo, parece-me adequado dar um resumo de meu *background*, especificamente no âmbito da formação na International Association for Analytical Psychology (Iaap) e outros lugares, do seguinte modo: Cadeira de Formação por quatro anos na Association of Jungian Analysts (AJA) até fins dos anos de 1990; Cadeira no United Kingdom Council for Psychotherapy (UKCP), de janeiro de 1998 a setembro de 2001, desempenhando um papel ativo em todos os aspectos da organização, inclusive seu Comitê de Padrões de Formação; Cadeira da Society Applications Sub-Committee no Comitê Executivo da Iaap de 2001 a 2007, entre cujas tarefas está a avaliação dos programas de formação de grupos candidatos ao *status* de formadores como sociedades da Iaap; membro do Grupo de Estudos do Comitê Executivo da Iaap para Formação e Governança, que evoluiu para o Grupo de Estudos de Organização e Desenvolvimento Profissional; contribuição com um *paper* como membro do painel plenário sobre formação na conferência do 15º aniversário de *The Journal of Analytical Psychology's* (JAP) em Oxford, em 2005, que foi depois publicado no JAP.

* Ann Casement, LP [psicóloga licenciada], é membro sênior da British Association of Psychotherapists, membro da Jungian Psychoanalytic Association e psicanalista licenciada pelo Estado de Nova York. Trabalhou no Comitê Executivo da International Association for Analytical Psychology, de 2001 a 2007 e atualmente é secretária honorária de seu Comitê de Ética.

O Grupo de Estudos de Formação e Governança ganhou vida como resultado do discurso presidencial de Murray Stein ao Encontro de Delegados da Iaap em Barcelona, em 2004, em que ele afirmou com sua presciência costumeira: "Como o tópico candente da ética profissional ocupou nossa associação nos últimos anos da década de 1990, e resultou num Comitê de Ética... assim a questão dos padrões de governança e formação serão, creio, pautas fundamentais nos próximos anos". O Comitê de Ética foi sendo construído por muito tempo, pois exigiu muitas consultas e discussões cuidadosas, e, sem dúvida, a abordagem de questões relativas a padrões de governança e formação levará tempo para evoluir.

Uma discussão dos padrões de formação na Iaap foi iniciada com um item intitulado Padrões de Formação nos Encontros do Comitê Executivo, do Conselho de Sociedades e dos Delegados da Iaap em 2007, no Congresso na Cidade do Cabo. Isso implicou o estabelecimento de um Subcomitê de Padrões de Formação da Iaap (TSS-C) para desenvolver padrões e tempos de duração mínimos para formação. Isso foi apresentado por Deborah Egger, presidente da Association of Graduate Analytical Psychologists (Agap), e por mim, mas preparado e apoiado pelos membros e sociedades de formação da Iaap. Uma TSS-C é necessária para apoiar a Iaap na observância de um dos objetivos explicitados em sua Constituição do seguinte modo: Art. 2, ponto 3: Exigir a manutenção de padrões elevados de formação, prática e conduta ética. O Encontro dos Delegados concordou com a recomendação de que a próxima administração organize um grupo de trabalho para reunir informações dos membros do grupo em todo o mundo sobre a questão dos padrões de formação.

Vale ressaltar que a Iaap, como é o caso em organizações "guarda-chuva" semelhantes, precisa suportar a tensão entre se desenvolver como um corpo regulador e manter seu *status quo* como uma flexível organização confederada de organizações. O UKCP estava numa posição semelhante, mas, na época da minha presidência, implementou um Comitê de Padrões de Formação, produzindo requisitos de formação para suas organizações integrantes, inclusive um mínimo de quatro anos de formação em tempo parcial. Tanto a Iaap como o UKCP têm questões estruturais específicas com as quais lidar: no caso do UKCP, sua disparidade inata resulta do fato de que ele abrange diversas modalidades diferentes de psicoterapia; a Iaap, por outro lado, representa uma modalidade disseminada globalmente, por diversas línguas e culturas.

Uma tarefa central da Iaap é identificar grupos analíticos junguianos e indivíduos de *bona fide* que podem se candidatar para filiação. A identidade central dos psicanalistas junguianos é construída através de uma extensa imersão no *ethos* de uma sociedade formadora indicada pela Iaap. Isso permite que os aspectos mais profundos da psique sejam atingidos, em outras palavras, o espiritual e o arquetípico, o que permite ao indivíduo passar a viver uma vida que é aberta às regiões não racionais do simbólico de um modo consistente, que facilita o desenvolvimento do ego a ponto de ele ser relegado a estar a serviço do si-mesmo. Como diz Jung: "enquanto eu sou apenas um fenômeno passageiro... o 'Outro' em mim (é) a pedra imperecível e eterna" (Jung 1963, 59).

Em algumas partes do mundo onde não há nenhuma sociedade formadora registrada na Iaap disponível, que possa oferecer a necessária formação em profundidade, existe um Programa Routers, conduzindo à filiação individual na Iaap. Resumidamente, a ideia para este Programa cresceu a partir dos Grupos de Desenvolvimento e foi aprovada no Encontro dos Delegados em Florença, em 1998. Os critérios do Programa Routers incluem qualificação acadêmica, análise pessoal, supervisão clínica, desenvolvimento pessoal, exames, tudo isso precisando ser completado satisfatoriamente antes da candidatura para se tornar um membro individual da Iaap. Exige-se de todo membro individual a obediência ao Código de Ética da Iaap.

À guisa de contraste, eu pensei que era interessante obter informações sobre as especificações para a formação na Associação Psicanalítica Internacional (IPA), e contatei o Professor Shmuel Erlich, presidente do seu Comitê de Educação. Ele foi muito solícito em preparar um resumo da extensa documentação da IPA para a inclusão neste capítulo.

No curso de nossa correspondência, o Professor Erlich me enviou os requerimentos de qualificação e admissão de novos filiados. Em resumo, eles estabelecem três modelos de formação que serão oportunamente credenciados e regulamentados pela IPA. Eles são os modelos de Eitingon, francês e uruguaio, que foram aprovados pelo Conselho em março de 2007. Os nomes dos três não devem ser interpretados como implicando uma localização geográfica. Algumas características dos três modelos são as seguintes. No modelo uruguaio, os requerimentos consistem numa "imersão considerável" na análise, antes da admissão da candidatura, e mais cinco anos concomitantes à duração do treinamento. O Instituto é organizado em grupos responsáveis pelas várias funções didáticas – análise pessoal, currículo e supervisão –, assim minimizando o tradicional papel do analista didata. Sob o modelo de Eitingon, o currículo didático é uma série de seminários, ao longo de um período de quatro ou cinco anos ou um mínimo de 450 horas e pelo menos 150 horas de supervisão, ou no mínimo dois casos analíticos. No modelo de Eitingon, a análise pessoal é simultânea à formação, enquanto que no modelo francês ele acontece em grande medida antes da admissão à formação. A duração da formação nos três modelos varia de um mínimo de quatro anos a períodos muito mais extensos.

Estudo comparativo de programas de formação da Iaap

Como parte das fontes deste capítulo, eu me utilizei do excelente Estudo Comparativo de Programas de Formação de Denise Ramos, doravante referido como o Estudo, e que ela apresentou no Congresso de Barcelona em 2004. Os dados deste extensor Estudo foram obtidos de programas e requerimentos para formação das Sociedades, bem como de um questionário curto e de fácil preenchimento. Houve respostas de vinte e um programas de formação de um total possível de trinta e duas sociedades da Iaap com *status* de formadoras, ou aproximadamente 65,62% de todos os programas de formação da Iaap. A distribuição por regiões foi bem equilibrada, incluindo América do Norte, América do Sul, Europa, Israel, Austrália e Nova Zelândia. Os critérios incluídos foram os seguintes: elegibilidade, requerimentos de tempo, etapas de avaliação e currículo. O foco neste capítulo é no currículo, pois não fazia muito sentido reproduzir o Estudo, mas uma rápida menção aos outros critérios investigados no Estudo demonstra que ele leva em conta a elegibilidade etária dos candidatos, requerimentos profissionais, análise pessoal, licença e o número de horas de prática clínica exigido durante a formação. O

Estudo mostra uma grande homogeneidade em todas essas áreas, e os candidatos encerram sua formação tendo completado entre 301 a 500 horas de análise. A duração mínima da formação se distribui do seguinte modo: 52% têm quatro anos, 19% têm cinco anos, 24% têm seis anos e 5% têm oito anos.

Com relação ao currículo, eu apresento a seguir o que o Estudo mostra ser um grau substancial de homogeneidade nos temas básicos relativos à psicologia analítica. Eles são:

- História da psicologia analítica
- Fundamentos da psicologia analítica
- Experimento de associações
- Teoria dos complexos
- Tipos psicológicos
- Teoria dos arquétipos
- Persona e sombra
- *Anima* e *animus*
- Defesas do si-mesmo
- Identificação projetiva/*Participation mystique*
- Processo de individuação e seus símbolos
- Psicologia dos sonhos

Vale notar primeiramente que as sociedades cujos programas de formação aparecem neste capítulo são todas diferentes daquelas consultadas pelo Estudo, exceto a Sociedade Brasileira de Psicologia Analítica (SBPA). As outras cinco são: Instituto C.G. Jung de Berlim; Instituto C.G. Jung da Coreia, Korean Association of Jungian Analysts (Kaja); Jungian Psychoanalytic Association (JPA); The C.G. Jung Institute of San Francisco (CGJISF); The Society of Analytical Psychology (SAP). Algumas são sociedades formadoras que há muito tempo integram a Iaap, enquanto que outras têm origem mais recente. A diversidade representada por essas formações mundo afora é complementada pelo fato de que há um grau de uniformidade em algumas áreas, particularmente na exigência de uma duração mínima de quatro anos de formação. Todas as sociedades envolvidas mandaram um documento com suas observações, e eu lhes sou grata pela contribuição generosa para a formulação deste capítulo. Eu recebi uma grande quantidade de materiais extensos e aprofundados de cada uma delas, mas limitações de espaço impedem a inclusão de tudo. Tendo isso em vista, selecionei algumas áreas para me concentrar, incluindo, em alguns casos, detalhes de análise pessoal, embora seja desnecessário dizer que esse é um requisito para toda a formação em cada um desses modelos. O item mais extenso sobre a SBPA é um exemplar da profundidade e calibre de todos os seis programas de formação.

1 Instituto C.G. Jung de Berlim

O programa de formação que me foi enviado pelo Instituto C.G. Jung de Berlim, formado em 1947, é do semestre de inverno de 2007-2008, que inclui uma extensa lista bibliográfica. Eu irei primeiramente resumir o Plano de Estudo Geral para os Programas de Diplomação, que dá um esboço dos três programas que podem ser realizados nessa organização. O curso psicanalítico é um programa de estudos de um mínimo de cinco anos, em tempo parcial, a ser feito e enquanto se trabalha. O programa de estudos para psicoterapeutas analíticos de crianças e adolescentes é também um programa de um mínimo de cinco anos, em tempo parcial, a ser feito enquanto se trabalha. O programa de estudos de psicoterapia baseado na psicologia profunda é de no mínimo três anos e em tempo integral.

O esboço geral dos estudos inclui o que é abrangido em cada um desses três treinamentos, com o seguinte: Teoria e tratamento do trauma, Introdução à teoria dos sonhos, Questões éticas e profissionais, Medicina básica, Teoria e prática da terapia de grupo, Neuropsicologia. Os seminários listados dão descrições de seu conteúdo do seguinte modo:

- Fundamentos do tratamento psicanalítico, de quatro horas. O seminário abrange os requisitos formais dentro e fora da estrutura do pagamento por terceiros, com atenção especial dada à indicação de tratamento, à técnica e ao processo psicanalítico. Ele também observa as diferenças entre os tratamentos de três ou quatro horas semanais.
- Psicoterapia da doença psicótica.

- Introdução à psicologia desenvolvimental psicanalítica clássica. Os teóricos abrangidos são: Anna Freud, Melanie Klein, D.W. Winnicott, C.G. Jung, E. Neumann, M. Fordham.
- Conceitos de psicopatologia do ponto de vista da psicologia analítica: Esquizofrenia paranoide, Transtorno *borderline*, Depressão, Neurose de angústia, Emergência psiquiátrica incluindo risco de suicídio, Critérios de "Mentalisierungsstörung" comparados com os conceitos psicanalíticos junguianos.
- Psicossomática II. Pele (neurodermatite), Asma, Neurose cardíaca, Síndromes de dor, Psicoterapia com doenças crônicas e incuráveis.
- Separação na psicanálise. As implicações no processo analítico das teorias de Freud e de Melanie Klein sobre os problemas da separação na primeira infância.
- Primeira hora: seminário técnico sobre a anamnese.
- Psicoterapia comparativa.
- Colóquio sobre a literatura psicanalítica relevante.
- Seminário Freud: Psicanálise do amor.
- Psicopatologia e a interpretação da neurose do ponto de vista da psicologia analítica, Transtorno compulsivo.
- Psicoterapia analítica com pacientes gravemente traumatizados.
- A história da psicanálise com ênfase em psicanálise e nacionalismo.
- Técnicas de tratamento: os escritos técnicos de Freud, especialmente "Sobre o início do tratamento"; a psicoterapia focada na transferência, de Kernberg; Transferência/contratransferência; Interpretação e outras intervenções; Trabalho do sonho e a função dos sonhos.
- Psicologia desenvolvimental psicanalítica e diferenciação de gênero.
- Gravidez e nascimento; Abuso de garotas e garotos; Diferenças de socialização relacionadas a gênero.
- Seminário Técnico sobre Psicoterapia Analítica. Enquadre e *setting*, plano de tratamento, fim do tratamento no contexto da transferência/contratransferência.

- Seminário de Sonhos. Além da posição junguiana, a moderna pesquisa onírica será apresentada com material casuístico.
- Psicologia desenvolvimental psicanalítica.
- Etnopsicanálise e psicoterapia intercultural.
- Psicologia analítica sob contrato com médicos.
- Resultados psicopatológicos. O significado do diagnóstico diferencial, indicação de terapia e história psicodinâmica da psicanálise.
- Introdução à psiquiatria infantil e adolescente.
- Psicanalistas importantes na tradição kleiniana: Hanna Segal, Joan Riviere, Edna O'Shaughnessy, Irma Brenman-Pick.
- Conceitos da psicoterapia baseada na psicologia profunda.
- Psicologia do ego e Teoria das relações de objeto e a psicanálise.
- A teoria da neurose segundo Schultz-Henckes.
- Conceitos na psicologia analítica: tipologia.
- Conceitos na psicologia analítica: teoria dos complexos e seu desenvolvimento.
- Conceitos na psicologia analítica no contexto clínico: Teoria dos sonhos, bases da neurobiologia, estruturas arquetípicas.
- Padrões neurogênicos familiares.
- Teoria psicanalítica dos sonhos: seminário bibliográfico (Autores: C.G. Jung, M. Freeman, S. Menzos, U. Moser, A. Springer, A. Hamburger).
- Aconselhamento organizacional psicodinâmico: supervisão, *coaching* etc.
- Teoria da terapia familiar.
- Introdução à observação infantil.
- História da psicologia analítica em *Psicologia profunda e a Nova ética*, de E. Neumann.
- Introdução à teoria e métodos da terapia comportamental.
- Psicoterapia em comparação com a gestalt-terapia.
- A atitude simbólica como posição analítica entre a "mentalização" e o continente/contido.

2 Sociedade Brasileira de Psicologia Analítica

O curso de formação de analistas em São Paulo inclui:

- 8 semestres de seminários.
- 8 semestres de supervisão individual e de grupo.
- 1 ano, após a conclusão do programa teórico e prático, para a preparação e apresentação de uma dissertação de conclusão de curso.

O currículo abrange quatro áreas de discussão e de treinamento teórico e prático aprofundado:

- O campo da psicologia analítica (1º e 2º semestres).
- O desenvolvimento da personalidade (3º e 4º semestres).
- Psicopatologia (5º e 6º semestres).
- O Opus (7º e 8º semestres).

O módulo de psicologia analítica pretende introduzir as principais linhas do pensamento junguiano, definindo sua moldura fundamental de uma perspectiva histórica, filosófica e epistemológica. Ele foca o *ethos* cultural no qual as teorias de Jung foram geradas, inicialmente dentro do campo psicológico freudiano e depois com o *background* de suas próprias ideias e valores, que definem um campo conceitual e prático particular. Os elementos básicos da estrutura e da dinâmica da psique são apresentados nesse módulo.

O módulo do desenvolvimento da personalidade recobre as várias teorias sobre o desenvolvimento, segundo os conceitos de C.G. Jung e seus seguidores, no espectro dos ciclos da infância à maturidade e velhice, passando pelos períodos de transformação. O significado de cada estágio de vida é compreendido dentro do processo de "individuação", apontando os arquétipos manifestados em cada ciclo, e como eles interagem no curso da vida. Durante este módulo os candidatos estudam as teorias dos complexos com raízes arquetípicas e os complexos dominantes durante o desenvolvimento.

Os conceitos da psicopatologia são revistos dentro da psicologia analítica. Este módulo estuda as patologias relevantes para a prática clínica, como: transtorno obsessivo-compulsivo, histeria, anorexia, vícios, transtornos psicossomáticos, narcisismo, transtornos de personalidade, psicose e transtornos psicopáticos. O entendimento desses transtornos é aprofundado através da compreensão simbólica de suas expressões, análise de sonhos e fantasias, "amplificação" mítica e seus paralelos na cultura.

O *opus* forma o significado total do processo de individuação, da busca da integração psíquica através da compreensão e experiência do analista. Ele reconcilia teoria e prática, oferecendo ensinamentos que são ao mesmo tempo estritamente pessoais e universais. A obra de Jung é focada como um todo e mostra o desenvolvimento dos conceitos fundamentais e a rota da individuação. Os estudos de textos incluem: alquimia, sincronicidade, tradições filosóficas e religiosas, simbolismo nos sonhos, arte, literatura e mitologia; níveis de evolução da consciência e assuntos clínicos práticos relacionados a esses tópicos.

- 1º ano – seminários do 1º semestre incluem: História da psiquiatria dinâmica, o contexto social e cultural do século XIX e os novos sistemas; Fundamentos filosóficos; Vida e obra de Jung; As cartas de Freud/Jung; Teoria dos complexos; Energia psíquica; Instinto e inconsciente; Aspectos gerais da psicologia do sonho; A função transcendente: considerações teóricas sobre a natureza da psique.

- 1º ano – 2º semestre: Gênese de símbolos da transformação; Os arquétipos e o inconsciente coletivo; Símbolos da transformação; Inconsciente pessoal e complexo; Ego e consciência; Persona; Sombra; O ego entre a sombra e a persona; Os arquétipos da *anima* e do *animus*; Si-mesmo; Psicologia e poesia.

- 2º ano – 1º semestre: Mito da grande mãe; Aspectos psicológicos do arquétipo materno; Transtornos de relacionamento primário; Consciência, inconsciência e individuação; Psicologia do arquétipo da criança; O relacionamento primal e o ego-si-mesmo: do matriarcal ao patriarcal; O mito do pai; A importância do pai no destino do indivíduo; Memórias, sonhos, reflexões, identidade primal e projeção; O patriarcado; Estágios da vida; Abandonando a criança; Michael Fordham: localização histórica, autor e obra; Individuação na primeira metade da vida; O modelo conceitual de Michael Fordham; Implicações do modelo conceitual de Michael Fordham no trabalho clínico.

• 2º ano – 2º semestre: O recém-nascido "observado" nas teorias contemporâneas; Fantasia na infância; A função simbólica; A família como uma dimensão simbólica do si-mesmo; Édipo: arquétipos e papéis; Adolescência; Psicologia e alquimia; Tipos psicológicos: psicologia da transferência; A imagem arquetípica do curador ferido; Abuso de poder na psicoterapia; Mitologia.

• 3º ano – 1º semestre: Teoria do apego; Narcisismo; Egoísmo e narcisismo como funções estruturais criativas e defensivas; Eco, Narciso e a *Coniunctio*; Transtorno borderline; Narcisismo e egoísmo na transferência; Depressão; Pânico; Histeria: os papéis da vontade e do poder nas perversões – a psicodinâmica do masoquismo; Masoquismo, uma forma de elaboração psíquica; Masoquismo e dor psíquica; A psique do corpo: vícios; Transtornos alimentares; Autismo; Conceptualismo, epidemiologia; Etiologia: hipóteses atuais; A teoria da mente; Mitologia; Prática clínica.

• 3º ano – 2º semestre: Psiquiatria e psicopatologia simbólica; O espectro matriarcal (sensualista), patriarcal (controle), alteridade (encontro) e totalidade (contemplação); A função estrutural criativa e defensiva da inveja – defesas neurótica, psicopática, *borderline* e psicótica de Salieri; Defesa psicopática; A psicopatologia da função estrutural do amor; Conceitos e postulados da psicologia analítica aplicados à dinâmica conjugal e à teoria dos casais; Complementaridades narcisistas-borderline no casamento; Psicoterapia de casais e de família; Psicopatologia do ponto de vista da psicologia arquetípica; Sonhos; Técnicas de imaginação; Transferência/contratransferência; Sumário histórico da psicoterapia de crianças; Linguagem simbólica e técnicas expressivas; Psicopatologia: Transtornos de desenvolvimento; O arquétipo do curador ferido; Curso de mitologia oriental; Mitologia.

• 4º ano – 1º semestre: *Sandplay*; A estrutura psíquica dos contos de fadas; O processo de humanização e a teoria arquetípica da história; A dissociação de sujeito-objeto na cultura ocidental; A exclusão da intuição, do sentimento, da ética, da introversão e a perda da totalidade na cultura;

Amplificação simbólica; A estrutura psíquica dos contos de fadas; Psicologia e religião; Religião, misticismo e alquimia; Estudo de um processo de individuação; Taoismo; O segredo da flor de ouro; Criatividade e arte; Criatividade psicológica; A natureza do processo criativo na análise e identidade do analista; A utilidade da pesquisa em psicoterapia.

• 4º ano – 2º semestre: Os componentes da *coniunctio* e conjunção; O sentido do processo alquímico; Conteúdo e significado nos dois primeiros graus da conjunção; Sincronicidade, arquétipo, arquétipo psicoide, encontro de psique e matéria, a relação entre Pauli e Jung; O valor terapêutico da linguagem alquímica e a sedução do preto; A prata e a terra branca; Rubedo; O conflito humano de bem e mal e o mito do significado; Encontro com o si-mesmo; Resgate do feminino na individuação; Ética e ritual nos tempos atuais; A questão ética na individuação; Reflexões sobre a ética nos tempos atuais.

3 Jungian Psychoanalytic Association, Nova York

A Jungian Psychoanalytic Association (JPA), que se tornou uma Sociedade de Formação integrante da Iaap em 2004, é uma comunidade de aprendizado, um modelo que tira a ênfase da formação numa estrutura hierárquica e a coloca no aprendizado pela participação numa comunidade de desenvolvimento profissional permanente. Como tal, a empreitada primordial é permitir o encontro clínico e pessoal com o inconsciente, e respaldar e modelar as atitudes e métodos deste encontro. Uma comunidade de aprendizado reconhece a assimetria entre professores e alunos, analistas e analistas em formação, mas não se ancora no exercício de poder em seu modelo de educação.

Um exame é parte do processo, mas é diferente para cada candidato; espera-se de cada candidato que considere cuidadosamente, com um grupo de três analistas, o que significa (pessoalmente, profissionalmente e teoricamente) ser um analista, e como isso deve ser conquistado e manifestado. Segundo, todas as avaliações são feitas num ponto de contato, o que quer dizer face a face com o professor ou supervisor, ao invés de através de comitês de revisão. Também há apoio para o candidato avaliar a própria formação e a capacidade dos instrutores de se comunicar e contribuir para o aprendizado do candidato. Isso resulta num *ethos* de assunção mútua de riscos e num alto nível de contribuição do candidato. Finalmente, o crescimento pessoal do candidato é respeitado como pertencendo ao processo analítico do indivíduo.

A JPA utiliza várias modalidades de aprendizado, para envolver diferentes estilos de aprendizado, e desenvolver os vários modos pelos quais a psique pode ser engajada. Aulas semanais são suplementadas por estágios práticos de sonhos, de um dia inteiro de duração, tutoriais de leitura individual organizados pelos candidatos com membros da faculdade, colóquios de fim de semana que permitem interações e diálogos importantes entre analistas e candidatos, e finalmente um projeto de graduação que encoraja a integração criativa e multidisciplinar.

Finalmente, a JPA está trabalhando por apresentações num estilo *à la* Eranos, de um espectro de disciplinas e abordagens para encorajar uma psicologia geral de relevância para a prática da psicologia analítica na cultura contemporânea.

Currículo:

1) Formação de sintomas e de símbolos

- Psicopatologia: causalidade e finalidade.
- Teleologia na análise junguiana e no processo psíquico: obras de referência na literatura contemporânea.
- Numinosidade e criatividade nas tradições analítica e desenvolvimental: usos relativos da ilusão, da ficção e da imagem.

2) Campos do processo psicológico

- O intrapsíquico: complexos, sonhos, defesas, estruturas do caráter, o interpessoal; Transferencial, comunidade/grupo/cultura; Transpessoal.
- Vinhetas clínicas de Jung: das obras reunidas e não reunidas. Dissolve e coagula: complexos, dissociabilidade, organização e dissociação.
- O arquétipo: interpretação histórica, clássica, dinâmica e contemporânea.
- O inconsciente cultural.

- Hermenêutica e semiótica junguianas.
- Estágios de sonhos de quatro anos – Abrangendo a teoria do sonho, aplicações de várias abordagens dos sonhos, hermenêutica, imaginação ativa e outras técnicas imaginais, teoria do campo, formação do símbolo, mitopoese, bem como aspectos da literatura neurocientífica e psicológica relevante.
- Quatro anos de seminário de casos.
- Supervisão clínica permanente.

3) Sistemas transformacionais: imagens e aplicações
   - Alquimia e *mysterium*, gnosticismo.
   - Criação e dissolução da consciência.
   - Da África à alquimia: estados egípcios da mente.
   - Discurso junguiano contemporâneo.
   - Realidade psíquica e estados da mente: modos interpretativos da imaginação.

4) Mitopoese e mitologemas
   - Mitologemas e suas aplicações psicodinâmicas.
   - Criação da consciência: estruturas da personalidade e o contemporâneo.
   - Teorias psicanalíticas como mitologemas modernos.

5) Conjunções psique-soma
   - Literatura neurocientífica sobre a natureza da mente e da psique.
   - Individuação e sua manifestação: os vários relacionamentos com a objetividade da psique; Arte e criatividade na análise.
   - Símbolo/psique/corpo.

6) Atitude e técnica analíticas
   - A dimensão profunda da ética analítica.
   - Amplificação e imaginação ativa.
   - A questão da técnica na psicanálise junguiana.
   - Amplificação, interpretação e campo transferencial.
   - Pesquisa das técnicas na obra completa de Jung.

4 Korean Association of Jungian Analysts

A Korean Association of Jungian Analysts (Kaja) foi admitida em agosto de 2007 como uma Sociedade de Formação na Iaap. A duração mínima da formação para se tornar um analista junguiano é de sete anos em tempo parcial. Em agosto de 2004, a Kaja foi admitida como uma sociedade não formadora na Iaap. Antes disso, o Instituto C.G. Jung da Coreia foi fundado em outubro de 1997 e se tornou um Instituto de Formação em Pesquisa em Psicologia Analítica em 1998. Ele foi composto por membros junguianos da Iaap e membros do Comitê Executivo da Sociedade Coreana de Psicologia Analítica que tinha sido fundada em 1978. Agora, o Instituto C.G. Jung da Coreia implementa o programa de formação da Kaja, acompanhado de uma extensa lista de leituras que inclui referências da psicanálise, psiquiatria e antropologia cultural. A formação tem duas etapas: o Propedêutico e o Curso de Diplomação, e provas são requeridas para a graduação ao final de cada etapa.

1) O Propedêutico é um passo preparatório para o Curso de Diplomação, onde o candidato em formação aprende a teoria básica da psicologia analítica e de escolas de psicoterapia correlatas. O candidato deve também ser bem-equipado com a atitude básica de perceber seu próprio inconsciente do modo junguiano através da análise pessoal. Os estudos teóricos nesta etapa incluem os seguintes assuntos: Fundamentos de psicologia analítica; Psicologia dos sonhos; Teoria do complexo e experimento de associações; Teorias comparativas das "neuroses"; Fundamentos de psicopatologia (para candidatos não psiquiatras); História comparativa da religião; Psicologia primitiva; Psicologia do mito e dos contos de fadas; Ética na prática analítica.

Esse passo também inclui 150 horas de análise pessoal, um mínimo de seis semestres de estudo, a submissão de dois relatórios de seminários, um sobre o experimento de associações e o outro sobre símbolos arquetípicos, e um mínimo de 300 horas dentro de seis meses de estágio psiquiátrico (para candidatos não psiquiatras) em clínicas reconhecidas.

2) O próximo passo é o Curso de Diplomação, baseado nos fundamentos da psicologia analítica e que requer a capacidade de aplicá-la na prática para alcançar um entendimento do inconsciente. Esse passo inclui análise pes-

soal, supervisão por analistas de controle autorizados, supervisão de casos--controle, seminários, *workshops*, palestras especiais e pesquisa em psicologia analítica. Os estudos teóricos incluem o seguinte: Teoria e prática da psicologia analítica (símbolos da individuação, desenvolvimento da personalidade, transferência/contratransferência); Interpretação dos sonhos; Interpretação psicológica do mito e dos contos de fadas; Compreensão da expressão simbólica do inconsciente (em pinturas); Psiquiatria clínica (diagnóstico, diagnóstico diferencial, tratamento psiquiátrico, só para não psiquiatras); Estudos de casos analíticos; Pesquisa no campo da psicologia analítica.

As condições para candidatura ao exame de diplomação são as seguintes:

- Um total de 300 horas de análise (mínimo de 150 horas após a graduação no Propedêutico).
- Cerca de 500 horas de análise com pacientes sob a supervisão de um analista de controle, incluindo cerca de 100 horas de supervisão individual um analista de controle. Um relatório do analista de controle.
- Mais de seis semestres de estudo no Instituto.
- Ensaios sobre a interpretação psicológica do mito e dos contos de fadas.
- 300 horas adicionais de estágio psiquiátrico (para candidatos não psiquiatras) após a graduação no Propedêutico.
- Relatório de três casos de análises.
- Mínimo de 40 sessões de supervisão de grupo para o caso-controle.
- Tese de diplomação sob a instrução de um analista designado pelo Comitê Executivo de Formação do Instituto.
- Relatório do Comitê de Avaliação do Instituto após a investigação dos casos dos candidatos.
- Decisão final pelo Comitê Executivo de Formação referente ao relatório do Comitê de Avaliação.

5 C.G. Jung Institute of San Francisco

Thomas Kirsch me enviou uma comunicação pessoal para esclarecer a posição entre a Society of Jungian Analysts (SJA), que foi formada em São

Francisco em 1950, e o C.G. Jung Institute, formado em julho de 1964. A Society é o braço profissional, enquanto que o Instituto mantém o programa de formação e o relacionamento com o público. Como o colegiado era o mesmo em ambos os corpos, a Society foi amalgamada ao *Institute* nos anos de 1980, num esforço de ter uma única identidade legal, e todas as atividades acontecem sob a égide do Instituto.

O currículo da formação consiste em quatro anos de seminários semanais dados, na maior parte, por membros do Instituto. Os dois primeiros anos recobrem temas teóricos e clínicos básicos como: complexos; arquétipos; mitologia; simbolismo; tipologia; teoria desenvolvimental; psicodinâmica geral; técnicas analíticas, incluindo-se interpretação dos sonhos, imaginação ativa e *Sandplay*; transferência/contratransferência. Sessões de grupo experienciais e didáticas sobre processos de grupo são agendadas para os candidatos do primeiro e do segundo ano.

Os currículos do terceiro e do quarto anos são planejados conjuntamente pelo Comitê Curricular e pelos candidatos, para incluir tópicos avançados bem como assuntos especializados. Além dos seminários, requer-se a participação regular numa conferência de caso contínua, de 39 horas, que deve ser completada antes do avanço para análises-controle.

O Programa de Formação Analítica do Instituto estabelece que um postulante deve ter completado não menos do que 200 horas de análise pessoal antes de entregar seu formulário de requerimento.

Isso deve ser feito com um analista junguiano qualificado, dentre as seguintes associações: Association of Graduate Analytical Psychologists (Zurique); C.G. Jung Analysts Association (Washington); C.G. Jung Institute of Los Angeles; The C.G. Jung Institute of San Francisco; The C.G. Jung Study Center of Southern California; Chicago Society of Jungian Analysts; Dallas Society of Jungian Analysts; Georgia Association of Jungian Analysts; Inter Regional Society of Jungian Analysts; Jungian Psychoanalytic Association; New England Society of Jungian Analysts; New Mexico Society of Jungian Analysts; New York Association for Analytical Psychology; North Carolina Society of Jungian Analysts; Ohio Valley Association of Jungian Analysts;

North Pacific Institute of Analytical Psychology; Pacific Northwest Society of Jungian Analysts; Pittsburgh Society of Jungian Analysts; Philadelphia Association of Jungian Analysts; Society of Jungian Analysts of San Diego.

Espera-se de um candidato em formação que continue sua análise pessoal durante todo o período de formação.

A formação analítica é dividida em três etapas:

A) Preliminar (esse é um período de testes, com avaliação mútua de candidato e Instituto, com duração de um ano ou mais, segundo as necessidades do candidato individual).

B) Candidatura.

C) Avançada (inclui análises-controle com pelo menos dois analistas formadores).

O currículo do primeiro e segundo anos para 2007-2008 incluía seminários sobre os seguintes tópicos: História da Iaap e C.G. Jung Institute; Antes do encontro de Jung com Freud; Imagens arquetípicas; Teoria dos complexos; A atitude ética; Mitos e contos de fadas; Masculino e feminino; O si-mesmo; A função religiosa da psique.

O currículo do terceiro e quarto anos para 2007-2008 incluía seminários sobre os seguintes tópicos: Símbolos da transformação; Dois ensaios sobre psicologia analítica [sobre os dois volumes da OC 7 (N.T.]); Sonhos; Estados primordiais; Transferência; Contos de fadas; Experimentando e refletindo sobre o espaço analítico; Transferência/contratransferência; Fordham; Alquimia; *Mysterium coniunctionis*; Entendendo o campo; Freud e Jung; Jung, energia e kundalini.

Um candidato recebe o certificado de ter completado a formação como analista junguiano quando tiver completado com sucesso os seminários, análises-controle, e um *paper* sobre um caso-controle que seja considerado satisfatório pelo Comitê de Certificação e um ou mais analistas junguianos qualificados externos.

6 Society of Analytical Psychology, Londres

A Society of Analytical Psychology (SAP) foi estabelecida em 1936, mas não foi incorporada até 1946, devido à interveniência dos anos de guerra. Para os propósitos deste capítulo, o Comitê de Formação me enviou o Programa de Formação de 2006/2007, que é um curso de seminários de quatro anos. Não há espaço suficiente para fazer-lhe justiça aqui, e teremos de nos contentar com uma representação parcial. Os seminários referidos a seguir são acompanhados por extensas listas de leituras. Apresentações de casos e *workshops* são intercalados com os seminários.

O primeiro ano de seminários inclui:

- Jung em contexto, incluindo seminários sobre as Raízes de Jung na psiquiatria e na psicologia; Jung e Freud; Jung e ciência; Jung e filosofia.
- Freud: A interpretação dos sonhos; Sexualidade; O inconsciente; Sonhos, histeria e os começos da transferência; Sexualidade infantil e o Complexo de Édipo; Princípio do prazer *versus* princípio da realidade; O Ego na teoria estrutural de Freud; O Ego em relação com o Superego; A criação da doença; Visão arquetípica de Freud.
- C.G. Jung: Desenvolvimento da teoria; Discussão de Freud e Jung; Modelo de desenvolvimento de Fordham; O si-mesmo primário e a de-integração; Introdução às relações de objeto.

O segundo/terceiro anos de seminários incluem:

- Objetivos da análise.
- Transferência: história e desenvolvimento.
- Contratransferência.
- "Sobre não saber de antemão".
- Interpretação.
- Personalidade do analista.
- Imaginação ativa e amplificação.
- Símbolos e a função transcendente.
- Trabalhando com sonhos.
- Psicologia e espiritualidade.

O quarto ano de seminários inclui:

- Avaliação e diagnóstico.
- Trabalhando com traumas.
- Perversões.
- Transtornos alimentares.
- Ética.
- Jung e a alquimia.
- Pesquisa.

A SAP considera que a análise pessoal do candidato com um membro sênior da Sociedade, com uma frequência de quatro vezes por semana, está no âmago da formação e tem de anteceder uma candidatura à formação em pelo menos um ano. Isso continua em quatro vezes por semana ao longo da formação, até que o candidato seja eleito para a filiação na SAP. Juntamente com a análise pessoal e os seminários teóricos, o outro pilar da formação é a supervisão semanal de quatro vezes por semana com dois casos de longa duração (um masculino e um feminino) com dois analistas formadores. O Comitê de Formação e o diretor de Formação se encontram mensalmente para supervisionar o currículo de formação e o progresso de cada candidato, com vistas a integrar todos os tipos de aprendizado, com a ajuda de um tutor pessoal para cada candidato e um facilitador de grupo anual para presenciar a dinâmica de grupo dos candidatos. Após quatro anos de seminários e pelo menos dois anos de trabalho com pacientes analíticos, e com a anuência de seus supervisores, um *paper* clínico é submetido pelo candidato como parte da avalição final de sua aptidão a se juntar à Sociedade.

Conclusão

Há pouco espaço neste capítulo para fazer uma comparação dos seis programas de formação junguianos e dos três modelos da IPA (Eitingon, francês, uruguaio) referidos na introdução deste capítulo. Basta dizer que há um grau de confluência na estrutura da formação entre eles, que os seguintes exemplos podem sublinhar: o programa de estudos do curso de cinco anos de Psicanálise em tempo parcial do C.G. Jung Institut Berlim, equivale à duração de cinco anos do modelo uruguaio; e a ênfase da Jungian Psychoanalytic Association numa comunidade de aprendizado ao invés de numa estrutura hierárquica é afim à eliminação do título de "analista didata" pelo modelo francês. O modelo francês estabelece: "A Supervisão é considerada o processo que faz do candidato um analista. A ênfase na escuta analítica profunda – ao material do paciente e ao do candidato" (IPA 2007: 5). Esse princípio se aplica à formação oferecida pelas seis sociedades junguianas, como também a seguinte afirmação do modelo Eitingon: "A análise é um componente integral da formação..." (IPA 2007: 5). Acima de tudo há uma duração mínima de quatro anos de todas as formações aqui – embora na realidade todas elas levem um tempo consideravelmente maior.

Agradecimentos

Eu sou grata às seis sociedades de formação da Iaap que generosamente contribuíram para a feitura deste capítulo. Elas são: SBPA – Sociedade Brasileira de Psicologia Analítica; C.G. Jung Institut Berlin; Jungian Psychoanalytic Association; C.G. Jung Institute of Korea; Korean Association of Jungian Analysts; C.G. Jung Institute of San Francisco; Society of Analytical Psychology.

Gostaria de agradecer ao Professor Shmuel Erlich, presidente do Comitê de Educação da International Psychoanalytical Association, por sua contribuição para este capítulo.

Gostaria também de agradecer a Deborah Egger, pela ajuda com a tradução do alemão e a Adriana Oppenheim, pela tradução do português brasileiro.

Referências

Jung, C.G. (1963). *Memories, dreams, reflections*. Londres: Routledge & Kegan Paul.

Ramos, D. (2004). *Comparative study of training societies*. International Association for Analytical Psychology.

Programas de formação das seguintes sociedades de formação ligadas à Iaap: SBPA – Sociedade Brasileira de Psicologia Analítica; C.G. Jung Institut Berlin; Jungian Psychoanalytic Association; C.G. Jung Institute of Korea; Korean Association of Jungian Analysts; The C.G. Jung Institute of San Francisco; The Society of Analytical Psychology.

35
Análise didática

Dyane N. Sherwood*

Uma análise didática é o coração e a alma da formação analítica, pois uma análise suficientemente boa é essencial para o futuro analista descobrir uma identidade pessoal e modo de trabalho analítico únicos, um relacionamento saudável e realista com a comunidade junguiana, e um compromisso permanente de autoexame e de consulta ao enfrentar os muitos desafios de uma prática analítica. Jung foi o primeiro a reconhecer a necessidade de uma análise didática (Kirsch 1995, 437), embora haja uma escassez de artigos analíticos sobre este tema, sem dúvida por ser delicado escrever sobre o trabalho analítico na mesma e pequena comunidade analítica, mesmo com a permissão sendo garantida.

A importância de fazer terapia como uma parte da formação dos profissionais da psicoterapia não é a regra nos Estados Unidos, em que predomina o tratamento focado nos sintomas, usando abordagens farmacológicas e cognitivo-comportamentais. Em contraste, as escolas psicanalíticas veem os sintomas como uma comunicação inconsciente e reconhecem o papel central da transferência. Muito de nossa literatura analítica aborda o poder da transferência e da contratransferência, especialmente os modos pelos quais o

* Dyane N. Sherwood, Ph.D., é membro do C.G. Jung Institute of San Francisco. É coautora, com Joseph L. Henderson, de *Transformation of the Psyche: The Symbolic Alchemy of the Splendor Solis* e editora do *Jung Journal*.

analista pode conceitualizar e trabalhar com esses fenômenos imbricados. Os junguianos também enfatizam a importância da função simbólica como uma ponte entre o consciente e o inconsciente. Referindo-nos seja à cura da alma, da psique ou da psique-soma, nós reconhecemos que a análise exige mais do que técnica, educação ou *insight*.

Devido às limitações para escrever com algum detalhe sobre a análise didática de outros, eu vou escrever sobre a minha própria experiência, que começa pela descoberta do meu caminho para a análise junguiana. Quando jovem, minha atitude era racional e analítica, em harmonia com o *Zeitgeist* coletivo. Então, enquanto eu fazia um trabalho de pós-doutorado em neurociência, eu comecei a lembrar de meus sonhos. Em umas férias na Engadina, eu li *Memórias, sonhos, reflexões* (Jung 1961). Foi uma experiência de transformação da vida para mim, como para muitos. Contudo, quando fiz minha passagem, por muito tempo pensada, da pesquisa neurocientífica para a formação clínica, acreditava que a única decisão séria e responsável seria entrar num programa freudiano clássico. Felizmente para mim, um solitário analista junguiano deu a aula introdutória sobre o processo clínico. Eu aprendi pela primeira vez sobre tipologia, quando ele disse que eu era intuitiva e me perguntou como eu tinha conseguido fazer a gravação intracelular exata e técnica exigida pela minha pesquisa! Comecei a perceber que eu vinha trabalhando num campo sensação-pensamento devido ao meu medo do inconsciente. Só mais tarde eu vi que minha decisão de estudar num programa psicanalítico muito tradicional tinha perpetuado essa defesa.

O que veio a ser minha análise didática junguiana começou sete anos antes de começar minha formação analítica no C.G. Jung Institute em São Francisco, após um sonho ter me levado a encerrar uma psicanálise freudiana e abandonar quaisquer planos de me tornar uma psicanalista freudiana. No sonho,

> *Eu estava almoçando num restaurante montanhês na Engadina, Suíça. Eu pedi uma truta fresca, que seria preparada de uma truta mantida viva num tanque. Ela me foi trazida inteira no prato, e para o meu horror começou a se contorcer. Meu primeiro pensamento foi de que eu sabia exatamente como dar um fim à sua agonia, pegando minha faca e perfurando-a na base de seu cérebro. Ao invés disso eu fiquei histérica e pulei, gritando, "Está*

viva! Está viva!" Eu não sabia o que fazer! Um homem que estava próximo virou de ponta-cabeça a colher em sua xícara e disse, "Acabou".

Acredito que só a histeria do meu ego onírico foi capaz de me tirar do divã! Eu encerrei minha psicanálise, com grande respeito pelo analista e o reconhecimento de que a abordagem dele não combinava comigo. Depois deste sonho, que mostrou que meu inconsciente estava vivo – não apenas para ser *analisado*, cortado em pedaços –, minha vida interior irrompeu de maneiras que foram excitantes, desconcertantes e por vezes esmagadoras. Meu ex-professor junguiano me indicou uma analista junguiana experiente, que combinou maravilhosamente comigo: um tipo sentimento que me trouxe muita empatia e profundidade ao trabalho. Ela era forte exatamente nas áreas onde eu precisava de tanta ajuda.

Até que eu própria me tornasse uma analista, eu não poderia jamais ter sequer começado a imaginar as complexidades que minha analista *pode* ter experimentado, não só pelo meu pensamento rígido, mas também por causa de meu desejo de entrar numa formação analítica. Eu me lembro de um diálogo explícito, já com vários anos de trabalho em andamento, quando levantei a questão de minha aptidão para me candidatar ao programa de formação analítica. O tom da minha analista ficou firme, e ela me disse que não era a hora ainda. Quando eu perguntei por que, ela disse que eu poderia ser aceita por motivos intelectuais, mas que meus sonhos indicavam que eu não estava pronta. Ela não podia me explicar. Não muito depois, tive um sonho em que várias pessoas do Instituto andavam pela sua sala de consultório, interrompendo minha sessão, e eu soube que, além de não estar interiormente pronta, eu não estava preparada para as intrusões potenciais da vida do Instituto no meu espaço analítico. Vários anos depois, eu *sabia* estar pronta para me candidatar, e teria brigado com minha analista se ela dissesse o contrário!

Talvez esse seja um bom momento para descrever o programa da formação em São Francisco, pois cada programa é um produto de seus fundadores e do contexto cultural e profissional ao redor (Kirsch 2001; Horne 2007; Kelly 2007). Na Califórnia, não há analistas não licenciados; todos precisam ter uma licença profissional garantida pelo Estado. Isso requer uma graduação em medicina, psicologia, serviço social, enfermagem ou um mestrado num programa de aconselhamento, bem como dois ou três anos de trabalho clínico supervisionado (geralmente num *setting* clínico ou hospitalar) e exames escritos sobre conhecimento profissional geral, diagnóstico e ética. Muitos se formam como psicoterapeutas depois de tentar uma primeira carreira, ao invés de irem diretamente depois de uma graduação. Nos primeiros anos de nosso Instituto, candidatos eram aceitos em seu último ano de residência ou pouco depois de obterem licença, mas a tendência, com o passar dos anos, tem sido admitir as pessoas só depois de elas terem tido um montante de análise considerável, para além das 200 horas requeridas, e quando já são praticantes experimentados. Algumas pessoas se candidatam depois que seus filhos cresceram, tendo praticado por trinta anos! Assim, em São Francisco, a maior parte das análises didáticas acontecem durante a segunda metade da vida.

No Instituto de São Francisco não há uma categoria específica de analista didata, e o candidato é livre para escolher qualquer analista membro do Instituto. Isso significa que não há necessidade de interromper uma análise, no começo da formação, se o analista em questão não é um analista didata. De fato, concorda-se em geral que um candidato se beneficiará de uma análise bem-estabelecida, com uma forte aliança de trabalho, para conter e processar os complexos estimulados pelos estresses avaliativos, pessoais e grupais da formação. Nossa política contrasta com a de nossos institutos freudianos locais, que requerem que o analista didata seja escolhido dentre um seleto grupo de analistas. Alguns institutos também permitem uma análise inicial com um analista didata para preencher o requisito analítico, porém mais frequentemente a análise didática pode começar ao mesmo tempo que a formação. Eu tenho colegas psicanalistas que esperaram anos para se candidatar, na esperança de que seu analista se tornaria um analista didata, para que eles não precisassem trocar de analista e passar por uma segunda análise.

Uma análise didática junguiana em São Francisco, portanto, acontece enquanto o candidato está praticando e levando uma vida adulta plena, talvez criando uma família ou cuidando de pais idosos. O candidato participa de quatro anos de seminários, de uma conferência sobre casos clínicos, de um processo de grupo, e passa por um período de intensa supervisão do trabalho analítico, o que culmina num *paper* e num encontro com um conselho. O tempo para completar o programa varia de seis a mais que quinze anos, e durante todo o tempo espera-se que o candidato permaneça em análise individual. O candidato pode trabalhar sequencial ou simultaneamente (é raro) com mais de um analista, além dos analistas que prestam consultoria ao trabalho clínico do candidato.

Uma consideração especial às vezes é dada a candidatos que têm cônjuge que já é analista ou candidato(a), permitindo-lhes ver um analista de fora do nosso Instituto. Supõe-se que isso proteja o candidato de projeções (positivas ou negativas) sobre o cônjuge, ou de uma relutância em discutir a relação conjugal, pelo cônjuge ser colega ou aluno(a) do analista pessoal. Embora o arquétipo do incesto faça parte de qualquer análise, se ele estiver presente concretamente demais pode ser iatrogênico.

Isso me leva a mencionar a intensificação de complexos incestuosos ou narcisistas, que acompanha uma análise didática. Em nosso Instituto, a análise didática é considerada sacrossanta e totalmente confidencial, um alambique selado, e o analista não é autorizado a dar a comitês de formação nenhum tipo de informação sobre o analisando. Claro, isso não significa que a formação não será contaminada nem apresentará desafios especiais para a análise. O analisando e o analista, numa análise didata, são parte de uma comunidade maior, da qual o analista já é um membro pleno e o analisando aspira a tornar-se membro. Isso pode ativar complexos de autoridade em ambos.

Além disso, o analista tem suas próprias opiniões, reações e projeções com relação ao Instituto, a seus vários membros e a seu programa de formação. Como tudo isso é manejado? Por vezes, uma pequena digressão de uma postura analítica, na forma de uma questão ou comentário cuidadosamente formulados ou um levantar de sobrancelhas, pode, na minha opinião, ser útil. O perigo é que tal intervenção pode curto-circuitar o desenvolvimento no candidato na sua confiança em fazer julgamentos e administrar os complexos pontos de vista e relacionamentos dentro do grupo.

Alguns analistas compartilham abertamente seu desprezo ou admiração por certos colegas, por certas maneiras de fazer análise e pelo próprio

Instituto. Isso pode estimular o conluio entre analista e analisando quanto a serem o *outsider* inflado, ou o *insider* consumado, em atitude de julgamento. O analisando está numa posição de ou se juntar ao analista ou se arriscar ao confronto e à rejeição; isso também impede o analisando – e o analista – de confrontar a sombra potencial ou problemas de idealização que estão sendo carregados pelo grupo ou por alguns indivíduos ou modos de fazer análise. A cisão defensiva pode proteger o narcisismo patológico de ambos, que sem dúvida encontraria desafios dolorosos se o envolvimento genuíno com o grupo fosse tentado. Isso lembra o comentário de Guggenbühl-Craig sobre o analista como feiticeiro:

> feiticeiros... não estão dispostos a tolerar colegas nem competidores. [...] Fascinado por esta figura interior, o analista médio gostaria que todos os que precisam de ajuda se voltassem exclusivamente para ele. [...] A fantasia de que ele é o melhor e o mais poderoso dos feiticeiros torna impossível para ele enviar casos para colegas de *status* igual. [...] [Um] feiticeirinho diabólico dentro dele reivindica ser o único... que realmente entende tudo sobre a análise (1971, 39-40).
>
> As análises didáticas, em especial, estão sujeitas a este perigo. O *trainee* pode permanecer um "aprendiz" para o resto de sua vida, ou seja, ou admirador ou imitador de seu analista didata. Ou ele pode tentar se tornar, ele próprio, o que leva a amargas recriminações entre o velho mestre e o ex-aprendiz; o analista mais jovem nutre ressentimentos profundos contra seu colega mais velho, enquanto que este se sente traído. Os dois não podem mais trabalhar bem juntos (1971, 40).

Dever-se-ia acrescentar que os analistas podem consciente ou inconscientemente tentar "converter" seus analisandos-candidatos em aprendizes ou apóstolos, ao modo "verdadeiro" ou "certo" de trabalhar, assim violando a necessidade do analisado de descobrir seu próprio potencial único como um ser humano ou um analista. Isso pode ser um problema especialmente se o analista se identifica fortemente com o analisando.

Se uma transferência/contratransferência parental permanece malresolvida, algumas análises didáticas podem durar por toda a vida do analista ou do analisando, mas não porque continue sendo um intercâmbio valioso a serviço da individuação do analisando. Eu tenho visto alguns analistas que só vêm a se encontrar após a morte de um analista-mentor. Outro cenário é que o analisando pode assumir, inconsciente ou conscientemente, um papel de cuidador em relação a um analista idoso ou doente – para satisfazer as necessidades do analista de relacionamento, validação ou renda – numa época em que o analista deveria ter se aposentado. (Sei que há um número alarmante de analistas que escondem deficiências graves ou doenças terminais, e que negam inadequadamente a seus analisandos a oportunidade de encerrar o trabalho.)

Como um analista oferece um continente seguro e confiável enquanto lida com problemas de vulnerabilidades e limitações pessoais, físicas, financeiras e – mais importante de tudo – analíticas? Essas questões se tornam ainda mais cruciais durante uma análise didática. Uma vez que um analisando tenha ingressado num programa de formação, está numa posição de aprender mais sobre o analista – trate-se de fatos, projeções ou fofocas. Do mesmo modo, o analista pode ouvir outrem discutindo o analisando. Espera-se que o analista seja capaz de sustentar ou processar o material, mas o analisando será capaz de ou disposto a trazer à tona informações negativas sobre o analista? O analisando pode ficar sabendo de eventos e situações, particulares ou profissionais, que são altamente carregadas ou dolorosas para o analista (tais como a morte de um ente familiar, infidelidade conjugal, divórcio, hostilidade de outros colegas e assim por diante), o que exige atenção cuidadosa a reações contratransferenciais que interferem na análise do material do candidato.

Joseph Henderson, que entrou numa intensa análise com Jung em 1929, na idade de vinte e seis anos, fez um relato do modo como seus complexos pessoais se fixaram na célebre ruptura entre Jung e Freud:

> Naquela época geralmente se supunha que a ruptura entre eles se deveu a um conflito pai-filho, Freud sendo o pai e Jung o filho... [...]. Foi natural que o aspecto pai-filho do relacionamento Freud-Jung mobilizasse minha própria ambivalência em relação ao pai. À luz de minha transferência inicial para com Jung, eu estava inclinado a vê-lo como o filho incompreendido de um pai autoritário; mas então, uma vez que Jung era também uma figura paterna, eu encontrei muito espaço para uma resistên-

> cia considerável a ele. Nesse estado de resistência, eu sentia que Jung era o pai mau (ou ao menos insensível), e Freud o pai bom (ou, diríamos, incompreendido). Então tudo se reverteu, e Jung se tornou o pai bom de novo.
>
> Eu logo percebi que a controvérsia Freud-Jung estava inibindo o processo da separação, ou reparação, de minhas próprias imagens parentais, e, se permitisse que isso continuasse, poderia se transformar num tipo de pai falso. Jung se mostrou muito bom em entender esse problema e me ajudar a desidentificar com o que estava na projeção de minha imagem paterna. Mas apesar de sua ajuda, um certo problema persistiu, pois eu sentia que parte do sofrimento pessoal que C.G. e Emma Jung experimentaram após a ruptura com Freud ainda existia (Henderson 1982, 3-4).

Henderson mais tarde veio a ter seu próprio entendimento da ruptura entre Freud e Jung através do estudo dos materiais históricos, permanecendo numa boa relação com Jung após o encerramento da análise em 1939.

Numa análise didática, o analista e o analisando podem participar de conferências e encontros e observarem-se um ao outro interagindo com outros. Essas situações são supostamente manejadas de uma forma muito individual, com o analista levando em conta o estado da transferência naquele momento. Quando eu era uma nova candidata, mencionei à minha analista que eu iria participar de uma palestra de um pequeno grupo no Instituto. No encontro, as pessoas pareciam surpresas por ela não estar presente. Quando eu trouxe isso à minha sessão seguinte, ela me disse que escolheu não ir ao saber que eu participaria. Eu me senti muito tocada pelo sacrifício que ela tinha feito quando, sem saber, eu participei de um pequeno grupo do qual ela fez parte por muitos anos. Alguns anos depois, nós duas soubemos que ficávamos muito confortáveis participando de um encontro profissional não clínico e de pequeno porte. Outras situações podem envolver eventos maiores, em que analista e analisando podem se observar interagindo com colegas ou falando. É importante que o analisando se sinta livre para trazer à baila quaisquer reações.

Joseph Henderson descreveu para mim uma mudança semelhante em sua transferência para com Jung. Certa vez, ainda no começo de seu trabalho, aconteceu de Jung ir de carro de sua casa para a cidade imediatamente depois da hora analítica de Joe, e ele ofereceu a Joe uma carona. Joe aceitou, mas se sentou rigidamente, sem saber o que dizer ao se ver nesta estranha situação fora do consultório. Ele se sentiu aliviado quando a carona acabou, e a situação nunca se repetiu. Algum tempo depois, porém, ele foi convidado para um jantar formal de que Jung também participaria. Ele se sentiu perfeitamente à vontade nesta situação. Mais tarde, depois de a análise ter sido encerrada, ele descreveu o que chamou de uma resolução da transferência numa "amizade simbólica". Ele acreditava – e eu concordo – que, tendo sido analista e analisando, não é possível passar à intimidade mútua de uma amizade comum. Ainda assim, outro tipo de relacionamento caloroso e mutuamente respeitoso às vezes segue seu próprio curso de desenvolvimento.

Questões de amor e ódio, competição e inveja, raiva e medo, vergonha e humilhação, ferir e ser ferido, alegria e tristeza estão presentes em qualquer encontro humano profundo. Numa análise didática, elas podem ser complicadas ou exacerbadas. Como o eros será expresso? Se a análise inclui um período no qual paciente, analista ou ambos se apaixonam, a dor de não ser capaz de concretizar esse sentimento pode ser intensificada ou mitigada se eles se cruzam fora da análise, especialmente se um(a) parceiro(a) ou cônjuge está presente.

Rivalidade de irmãos e também sentimentos de parentesco podem se desenvolver quando um analisando descobre que um colega de curso também está vendo o mesmo analista. Eu me lembro de sonhar que eu entrei numa linda catedral, inteiramente sozinha, e vi minha analista sentada ao lado de uma analisanda candidata que eu considerava ser muito mais madura, interessante e bem-relacionada do que eu. Foi um sonho terrivelmente doloroso, e eu acreditei verdadeiramente que minha analista preferia em muito trabalhar com ela e jamais compartilharia comigo uma conexão profunda em relação ao numinoso (representado pela catedral), como ela certamente fazia com minha colega-irmã. Meu trabalho analítico então envolveu uma exploração desses sentimentos e minha conquista de uma maior aceitação de minhas próprias deficiências, mas com sentimentos menores de inferioridade, bem como uma nova apreciação de meu relacionamento único com minha analista – não através de reasseguramentos, mas sim pela atenção cuidadosa a nosso trabalho.

Por outro lado, como analista eu frequentemente sinto pontadas de inveja quando um analisando me fala da ajuda maravilhosa que um consultor lhe deu, ou quando expressa admiração pelas habilidades únicas de um consultor ou de outro analista. Por vezes, isso pode interferir na minha reflexão sobre o significado dessa comunicação naquele momento. Minha inveja é uma identificação projetiva ou meu complexo pessoal? É um equilíbrio delicado estarmos atentos à cisão contraterapêutica, ao *acting out* e à diluição da transferência ou da contratransferência, e evitar a inflação de acreditar que o analista não é apenas central, mas importantíssimo. Sou frequentemente lembrada de que se sou uma analista suficientemente boa, o analisando precisará descobrir novas possibilidades simbólicas e interpessoais de desenvolvimento. Cada candidato vai requerer múltiplos mentores para desenvolver um modo único de trabalhar e uma flexibilidade analítica para se engajar com diferentes pacientes. Cada analisando, em certo sentido, precisa superar ou ir além do analista didata.

Isso leva à questão do "término", do fim de uma análise didática. Eu lembro de meus cursos dados por freudianos tradicionais que o "término" de uma análise proscreve um futuro contato, para que o analisando trabalhe as questões da perda e do luto. Embora essa visão não seja mais mantida tão estritamente, posso apreciar seu valor, especialmente para o enfrentamento de questões existenciais. Essa estrutura também evitava a concretização da questão de que tipo de relacionamento poderia *realmente* se desenvolver após o "término", deixando o par mais aberto a explorar material da fantasia. Numa análise didática, essa falta de contato não é possível, pois ambos permanecerão numa pequena comunidade, possivelmente pelo resto de suas vidas. Num instituto grande, analista e analisando podem ter um contato mínimo e evitar servirem juntos em comitês. Em instituições menores, isso pode ser muito mais difícil.

Um mau final pode afetar o conforto de um analista ou analisando para participar de eventos do Instituto. Uma vez que um mau final geralmente envolve complexos altamente carregados e malresolvidos, e o fracasso da capacidade de simbolizar, o ódio pode durar por toda a vida. O analista pode se sentir especialmente vulnerável, já que o analisando é livre para falar de sua análise para colegas, talvez com distorções significativas, e alguns analistas têm suas práticas prejudicadas por esse tipo de conversa, sendo eles proibidos de responder devido à confidencialidade. Por outro lado, o analisando pode se sentir vulnerável por sentir que perdeu a estima de um analista respeitado ou poderoso; ou ele pode sentir desprezo ou repugnância porque tal analista decepcionante ainda é membro do Instituto. Na melhor das hipóteses, pode levar muitos anos para o analisando (e também o analista) começar a entender o que aconteceu e ter a iniciativa de algum encontro ou resolução; na pior delas, o analisando encontra outro analista que compactua com projeções sobre o analista anterior. (Em anos recentes, alguns analistas de dentro e de fora de nosso instituto deram consultas específicas sobre impasses para analistas e analisandos, com resultados muito úteis.)

Minha própria análise didática acabou de um modo muito natural vários anos depois de eu ter completado minha formação analítica. Eu tinha me envolvido profundamente em pesquisas sobre o imaginário alquímico e

Detalhe do antigo caldeirão céltico de Gundestrup

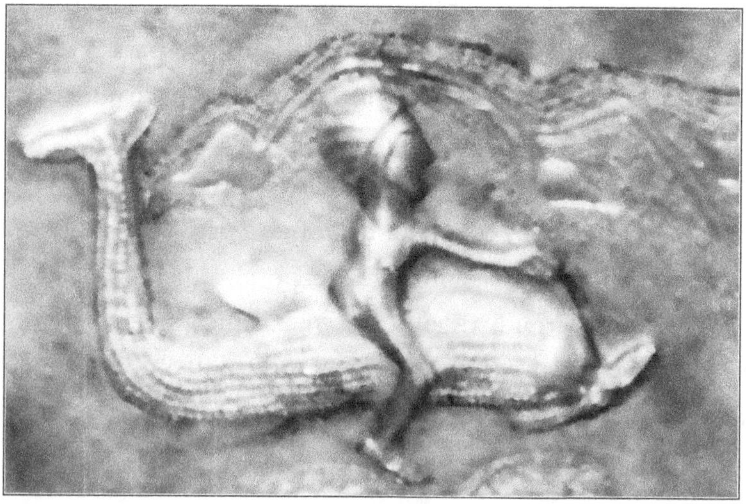

Museu Nacional da Dinamarca

o simbolismo, que vieram a sustentar a mesma catexia poderosa que minha análise havia sustentado por tanto tempo. A imagem que vem à mente como simbolizando essa mudança em minha psique é a de uma mulher cavalgando graciosamente um peixe ou golfinho, descoberta no antigo caldeirão céltico de Gundestrup.

O processo analítico tem uma vida própria, prosseguindo na medida em que aprendo de meus pacientes, de meus colegas, da natureza e do que meu amigo Lakota, Pansy Hawkwing, chama de *Wakan Tanka*, "O Grande Mistério".

Minha análise didática não foi uma cura, nem me tornou total ou completa. O que ela fez foi mudar completamente minha experiência de estar viva, ajudando-me a aceitar as limitações humanas e a descobrir possibilidades. Sou grata à profundidade de compreensão, gentileza e empatia tranquila de minha analista. O mais essencial foi sua integridade e sua atitude analítica cuidadosamente focada.

Referências

Guggenbühl-Craig, A. (1971). *Power in the helping professions*. Dallas, TX: Spring.

Henderson, J.L. (1982/1995). "Reflections on the history and practice of Jungian analysis". In: Stein, M. (ed.). *Jungian Analysis*. Chicago: Open Court, 3-28.

Horne, M. (2007). "There is no 'truth' outside a context: Implications for the teaching of analytical psychology in the 21st century". In: *Journal of Analytical Psychology* 52 (2): 127-142.

Jung, C.G. & Jaffé, J. (1961). *Memories, Dreams, Reflections*. Nova York: Random House.

Kelly, T. (2007). "The making of an analyst: From 'ideal' to 'good-enough'". In: *Journal of Analytical Psychology* 52 (2): 157-169.

Kirsch, T.B. (2001). *The Jungians*: A comparative and historical perspective. Londres: Routledge.

______ (1982/1995). "Training analysis". In: Stein, M. (ed.). *Jungian analysis*, ed. Murray Stein. Chicago/La Salle, IL: Open Court, 437-450.

36
Supervisão do aprendiz

Catherine Crowther*

Tornar-se um analista é essencialmente um longo período de aprendizado e de interiorização de nossos mentores, com toda a ambivalência que isso envolve. As várias escolas de formação junguiana diferem na importância que dão à erudição intelectual e ao aprendizado da teoria, mas todas concordam que uma grande ênfase deve ser dada à capacitação e avaliação da "prontidão" e autoconsciência pessoais do candidato. Isso significa a capacidade de experimentar profunda e honestamente nossos processos mentais interiores em relação com os outros. Como, na prática, isso é alcançado? A análise pessoal claramente tem isso como um objetivo primordial, mas talvez a segunda influência mais potente sobre o candidato é a supervisão. A função do supervisor é oferecer uma arena que ajudará no processo de deintegração/reintegração que formará uma identidade profissional com um analista (Fordham 1957). A supervisão ajuda a juntar e tornar "operacional" no consultório toda a experiência acumulada de vida, conhecimento teórico, instinto, empatia, intuição e autenticidade dos noviços em seus encontros com seus próprios processos inconscientes e com os de seus pacientes, bem como no ressoar com as imagens coletivas arquetípicas de cada paciente individual. Os analistas retêm ao longo de sua vida profissional fortes transferências com as figuras de

---

* Catherine Crowther é membro profissional da Society of Analytical Psychology, com consultório particular em Londres. É ex-presidente do comitê de formação da SAP e coorganizadora e supervisora do programa da Iaap na Rússia.

supervisores significativos e são frequentemente vistos como pertencendo a uma linhagem de supervisores dentro de uma instituição de formação.

Desde já quero declarar meu prazer em supervisionar e em ser supervisionada. Não obstante a importante consideração da posição do supervisor de relativo poder e autoridade, o propósito criativo da supervisão é promover a curiosidade mútua sobre relacionamentos, abrir acesso a experiências mentais e emocionais com vistas a explorar quaisquer que sejam as camadas geológicas de significado inconsciente que podem ser extraídas da psique pessoal e coletiva. Esse é um trabalho interessante e estimulante, às vezes dolorosamente honesto, outras vezes frustrantemente incerto, e ainda outras vezes agradavelmente revelador. Atitudes ambivalentes para com a supervisão são abundantes. Há pouco espaço para aprendizado se a supervisão é encarada como algo persecutório ou permeado de rivalidades, embora essas sejam reações comuns. O trabalho analítico, envolvendo, como deve, toda a personalidade do analista, presta-se a sentimentos dolorosos de exposição narcísica na supervisão, diferentemente da supervisão de outras habilidades. Decorre da estranha palavra "supervisionando" que o objeto da supervisão seja a pessoa ao invés do trabalho da terapia? Como nota Hopwood (2005): "Os supervisionandos podem facilmente se sentirem criticados pelas pessoas que eles são, ao invés de apenas pelo que eles fazem". E ainda assim, se a confiança e a curiosidade podem ser estabelecidas, a supervisão para de parecer o monitoramento de padrões e é buscada como um "espaço de pensamento".

O dom único da nossa tradição psicanalítica dentre as profissões de ajuda é a ideia de que a supervisão é uma ferramenta valiosa para a vida toda, para o aprendizado permanente. Não é apenas para os não formados e inexperientes, mas é um componente necessário de nosso contínuo desenvolvimento profissional e criativo. Contudo, este capítulo só lidará com aqueles aspectos do supervisionar que se relacionam com a formação de novos psicoterapeutas e analistas, e também leva em conta minha experiência de supervisionar numa cultura diferente, a Rússia, onde a psicanálise está ressurgindo após meio século de banimento.

O debate continua sobre como equilibrar os ingredientes das várias funções profissionais do supervisor – professor, mentor, facilitador, guarda de fronteira, juiz, continente ou analista auxiliar? Obviamente aspectos de todos esses papéis são significativos, alguns abertos, outros na sombra. A atitude de Jung de respeito por seus pacientes, seu reconhecimento de que o analista está igualmente imerso no processo, e sua aversão ao dogma deixaram os fundamentos da tradição de supervisão junguiana que pretende capacitar, facilitar e empoderar. Os supervisionandos crescem e desenvolvem suas habilidades analíticas individuais, e aprendem a se tornar eles próprios, com cada vez menor ansiedade, conforme lhes são mostradas "a arte, o ofício e o método da análise" (Hubback 1995, 98).

Autoridade e ética

Embora a criatividade, mutualidade, espírito lúdico, confiança e prazer sejam reconhecidos como qualidades vitais da supervisão, o papel fiscalizador do supervisor não pode ser negado, e tampouco sua vida arquetípica como um complexo de superego projetado. A dinâmica de poder nunca está distante, e pode se converter em realidade ou fantasia de perseguição. Em institutos de formação, é em grande medida ao supervisor que cabe relatar e fazer julgamentos sobre a qualidade do trabalho analítico do *trainee*. Na pior das hipóteses isso inflama a paranoia do *trainee* e a inflação do supervisor. O exercício de autoridade e de poder também se constata nesses dias de crescente preocupação pública com relação aos padrões do serviço de saúde mental, os direitos do paciente e a regulamentação da psicoterapia, em que a supervisão não pode ser dissociada da função de proteção do paciente e de monitoramento dos padrões da prática. A supervisão ou consulta permanente e regular com colegas sobre nosso trabalho está agora oficialmente consagrada na Inglaterra como um requisito da renovação anual do registro como psicoterapeuta. Nós trabalhamos dentro de um enquadramento ético no qual o bem-estar do paciente é um axioma. Qual é a autoridade do supervisor numa instituição – é pelo papel, profissão ou pelas qualidades pessoais? Qual é a responsabilidade do supervisor se ele se vê presidindo um trabalho que considera de baixo nível ou mesmo prejudicial? Como a responsabilidade entra em conflito com a confidencialidade quando se relata violência, crime ou abuso infantil? Eu levanto essas dúvidas como preocupações permanentes, sem respostas claras ou óbvias. Nós ajudamos nossos supervisionandos a compreender o propósito vital de permitir que fantasias sexuais e agressivas, atitudes suicidas ou de outro tipo de autolesão sejam ventiladas, mas os supervisores também têm de fazer julgamentos sobre se e quando é preciso agir fora do enquadre analítico para proteger o paciente, o supervisionando ou outrem de danos. Sustentar a tensão entre as funções opostas da autoridade e da imaginação é algo que os junguianos respeitam. Como diz Shearer: "A psicologia de Jung é singularmente adequada, ao considerar a natureza paradoxal da psique como seu ponto de partida, e a união ao invés do aniquilamento dos muitos opostos da psique como sua meta" (Shearer 2003, 209).

Formação e aprendizado

Embora o aprendiz de ferreiro ou de encanador trabalhe ao lado do seu professor, com seu trabalho à mostra para escrutínio e orientação, esse tipo de supervisão destruiria a essência mesma do método analítico. Zinkin fala aqui em profissão impossível, e diz que é impossível para o supervisionando "contar", ou para o supervisor "saber", o que está acontecendo na sessão relatada. "Uma análise supervisionada não é uma análise, que é uma questão particular de duas pessoas, mas sim algo distinto. O supervisor está, o tempo todo, presente e não presente – o que é impossível" (Zinkin 1995, 244). Tendo reconhecido esta contradição, Zinkin sugere que o supervisor e o supervisionado estão de fato compartilhando uma fantasia de um paciente em análise. Ele confirma seu prazer da supervisão como um empreendimento imaginativo conjunto, e fala do enorme aprendizado e benefício para ambas as partes, isso para não falar o benefício esperado para o paciente.

Muitos analistas questionaram a adequação do termo *supervisão*, pelas suas implicações de arrogância, autoridade, julgamento e função gerencial na sutil facilitação da emergência e crescimento de um novo analista. Eles preferem ideias como a de aprendizado mútuo (Astor 2003), espaço para o pensamento (Mollon 1997), educação (Wharton 2003), espaço onírico compartilhado (Shapley 2007), e jogo (Perry 2003). Hopwood (2005) evoca o supervisor como uma parteira, embora as imagens do labirinto, da matriz (Perry 2003) e o prisma (Wiener 2007) tenham sido sugeridos para transmitir algo da complexidade do supervisionar. Isso nos leva a considerar o quanto a supervisão deveria ser vista como didática, ou antes como uma facilitação do aprendizado, e a nos lembrar das raízes latinas do termo *educação*, *e-ducere*, levar para fora, com a implicação para nossa profissão de trazer à consciência o que já está (inconscientemente) formado.

O relacionamento de supervisão, como o de análise, não é simétrico – uma parte é mais antiga, experimentada e reconhecível do que a outra. Ainda assim ele difere na medida em que o relacionamento acontece num nível adulto que não encoraja a regressão nem explora transferências, embora ambas provavelmente aconteçam e possam ser reconhecidas. Transferências infantis em relação ao supervisor podem ser reforçadas por uma atmosfera infantilizante em relação aos alunos dentro do instituto de formação como um todo.

Por outro lado, alguns supervisores trabalham ativamente para excluírem a regressão ao tratar os *trainees* com o respeito devido a um colega júnior, o que de fato eles se tornarão quando se juntarem à sociedade dentro de poucos anos.

Não saber x técnica

É notório o repúdio de Jung à teorização e à técnica:

> Uma vez que cada indivíduo constitui uma combinação nova e única de elementos psíquicos, a pesquisa da verdade deve recomeçar com cada novo caso, pois cada "caso" é individual e não pode ser derivado de fórmulas genéricas e preconcebidas... Perdemos o significado da psique individual se a interpretarmos com base em qualquer teoria fixa, por mais que possamos gostar de fazer isso (Jung 1946/1966, § 173).

Ainda assim, se a tarefa de cada analista é usar o si-mesmo a serviço de compreender nossos pacientes, isso não pode ser feito sem aprender algo das tradições analíticas, técnicas, *timings*, fronteiras, éticas e estilos de métodos de trabalho. Os supervisores tentam ensinar a arte da análise criando uma atmosfera na qual o aprendizado experiencial e emocional pode acontecer, e conjecturas criativas e lúdicas possam emergir. O objetivo é capacitar cada *trainee* a se desenvolver organicamente em seu próprio estilo individual de ser um analista. O papel avaliador do supervisor na formação inevitavelmente inibe a liberdade do *trainee* de ser ele próprio, mas geralmente, ao longo do tempo, a impaciente ansiedade inicial do *trainee* de "acertar" se converte em confiança no processo reflexivo, e em abertura à ambivalência, honestidade quanto à confusão ou falta de compreensão, e em aprendizado com os "enganos", como parte da rotina normal da supervisão. O supervisor ajuda esse processo ao demonstrar uma atenção de mente aberta ao material do paciente e um respeito pelo ponto de vista do *trainee*, evitando o dogmatismo ao "enfatizar que não há conclusões corretas a serem alcançadas, apenas hipóteses a serem testadas" (Wharton 2003, 86). O supervisor apresenta um modelo, e o *trainee* gradualmente aprende através da identificação com o supervisor e com o analista pessoal a atitude analítica de ouvir com um terceiro ouvido para os conteúdos inconscientes e simbólicos, de esperar num estado de curiosidade e não saber, de não impor um significado prematuro até que o material tenha revelado uma forma potencial.

Contudo se exige alguma disciplina no processo de aprendizado. Há um risco de que a confiança exagerada no "não saber" possa ser um pretexto para o pensamento vago e a evitação do desafio necessário ao *status quo* do paciente. Alguns supervisores acham o registro palavra por palavra essencial para a exploração das minúcias de uma sessão e para o desvelamento dos chamados "pontos cegos" na capacidade do *trainee* de processar uma contratransferência neurótica. Certamente, relembrar o máximo possível de detalhes das sequências minuto a minuto das sessões pode ser valioso para ajudar os *trainees* a observarem seu próprio fraseado e ritmo e a perceberem mais tarde o que escapou à atenção no calor da sessão. Outros acham que tais relatos escritos palavra por palavra amortecem o espírito emocional dos intercâmbios analista-paciente pelo processamento demasiadamente consciente dos temas, motivos e interações na supervisão. Uma das minhas supervisionandas tem um método engenhoso de escrever suas notas em bolhas interligadas que se espalham pela página numa espécie de devaneio, ao invés de registrá-las num modelo linear de causa e efeito. Perry se preocupa com a possibilidade de que as notas palavra por palavra

> possam impedir a exploração da miríade de eventos de uma sessão, tal como a apercepção de um estado de ânimo, a linguagem não verbal criada pelos participantes e as associações e respostas "não mencionáveis" do *trainee*. Essas últimas geralmente se coagulam em torno de ansiedades a respeito de contato físico, anseios eróticos, crescente disponibilidade através de sessões extra, cartas, contatos telefônicos, a ativação de um complexo sadomasoquista, o uso de códigos, a aceitação de presentes, a rendição à pressão de reduzir os honorários, intervenções "não analíticas" ou fracassos inexplicáveis de empatia. Falar sobre isso na supervisão é frequentemente embaraçoso, mas pode levar ao crescimento e ao desenvolvimento do estilo individual (Perry 2003, 194).

Nos primeiros tempos da psicanálise, a análise pessoal e a supervisão não estavam separadas de antemão, e porque compartilhavam em tão alto grau do mesmo alerta necessário à contratransferência e da mesma atmosfera psicológica, havia por vezes confusões, por exemplo sobre onde fica a linha divisória adequada entre as duas funções. Os supervisores frequentemente percebem que determinados pacientes apresentam questões como agressão, separação, erotização, intimidade, que ativam uma preocupação correspondente ou ainda um "ponto cego" de negação na contratransferência neurótica do *trainee*, efetivamente impedindo o supervisionando de ouvir o paciente de um modo sintonizado. As opiniões se dividem sobre como isso deveria ser abordado com o supervisionando, alguns fazendo uma sugestão direta ao supervisionando de que há um problema para sua análise pessoal, outros sentindo fortemente que isso constituiria uma interferência grosseira na análise do supervisionando. Eu me alinho com o comentário bem-humorado, mas sério de Astor:

> Discordo dos supervisores que dizem a seus supervisionandos para levar esse ou aquele sentimento para o analista deles. Nós somos analistas, então nos deixem proceder analiticamente, e não como guardas de trânsito. Além de tudo o mais, esse comentário indica alguma rivalidade ou hostilidade latente em relação ao analista do supervisionando, como se o problema não tivesse aparecido se o analista tivesse feito um trabalho melhor (Astor 2003, 55).

Proceder analiticamente significa chamar paciente e repetidamente a atenção do supervisionando para o problema *tal como ele afeta o trabalho deles* e confiar na prontidão dele de reconhecê-lo como um material pessoal frutífero. Assim a supervisão é frequentemente um poderoso incentivo para ajudar no crescimento psicológico do supervisionando. A longa duração das formações analíticas é essencial para permitir a aceitação dos complexos e a reintegração do que pertence ao supervisionando, mas que foi experienciado em projeção ao paciente. Se o supervisionando se mostrar incapaz *ao longo do tempo* de responder ao refletor lançado na área problemática durante a supervisão como uma fonte de iluminação, mas sente isso como uma perseguição, isso ajuda a revelar um problema na capacidade analítica do supervisionando, que, espera-se, será então possível reconhecer conjuntamente na supervisão. Mas não cabe ao supervisor forçar o ritmo da análise do supervisionando, apenas tornar mais lento (ou, em raros casos, encerrar) o avanço do supervisionando rumo à qualificação.

Supervisão como continente

O ideal do par analítico contido com segurança na confidencialidade do *vas bene clausum* não pode permanecer uma forma literal quando o supervisor é admitido como um terceiro, que traz consigo a dinâmica do relacionamento triangular. A despeito de romper o selo do vaso sagrado, paradoxalmente a presença do terceiro pode aumentar a confiabilidade e durabilidade do continente analítico. A analogia com o papel do pai ou do avô em proteger a intimidade da mãe e do bebê, capacitando o relacionamento deles para intempéries e assim o aprofundando. Um *trainee* – assim como uma nova mãe – pode ser esmagado pelo poder destrutivo das emoções infantis evocadas na transferência, e precisa do meu apoio de avó para não se desesperar nem aceitar em seu valor face um ataque depreciativo pelo paciente sobre a inutilidade das sessões. Os supervisores, como os avôs e os pais, às vezes são tentados a tomar as rédeas se eles veem que o *trainee* não está lidando muito bem, e por vezes os supervisionandos têm a fantasia de que uma diferente "mãe" analítica seria melhor para seus pacientes. Ao invés disso, precisa-se que o supervisor mantenha o par unido. Discussões sobre a conivência do supervisionando com o senso projetado de fracasso, do uso poderoso pelo paciente da identificação projetiva para transmitir o desespero, mágoa e carência que não podem ser suportados, mas são convertidos em ataque ou *acting out*, podem se tornar uma oportunidade de *insight*. O supervisor permite a plena expressão das reações de contratransferência emocional feroz, que – se não compreendidas – poderiam de outro modo ameaçar o paciente e até a continuação da análise. O intenso envolvimento psíquico do supervisor, combinado com uma função pensamento não turvada pela paixão, permite a distância emocional suficiente para agir como um terceiro benigno. O que está sendo fomentado é uma atitude de curiosidade e interrogação, não de julgamento, sobre como o *trainee* vem a ser dominado pelo estado primitivo do paciente, de modo que se abre um espaço para a consciência e a diferenciação.

Isso tem sido conceitualizado como um triângulo edipiano continente (Britton 1998). Eu considerei essa ideia útil particularmente ao fazer supervisão na Rússia. A longa história política de desaparecimentos súbitos, rupturas forçadas de relacionamentos, traições e as políticas oficiais que encorajavam a interrupção da gravidez indesejada parecem ter predisposto alguns supervisionandos russos a antecipar inconscientemente que o conflito, a tensão e o desacordo com seus pacientes levarão inevitavelmente à destruição do relacionamento analítico. Isso pode às vezes levar à resignação passiva a uma partida prematura de um paciente, ou ainda a uma acomodação apaziguadora às demandas deste, num esforço grudento de não o perder. A supervisão pode questionar essas atitudes polarizadas ao ajudar o supervisionando a reconhecer os impulsos mortíferos de ambos os lados e a começar a desafiar, interpretar e trabalhar com, ao invés de simplesmente aceitar, a partida do paciente observando com interesse e curiosidade todos os *significados* potenciais da rejeição. A presença do terceiro abre caminho para a reflexão e promove uma nova experiência do poder da compreensão simbólica de restaurar a confiança no paciente de que as sombras pessoais e culturais são aceitas, não precisam ser destrutivas, e, portanto, podem na verdade fortalecer a aliança analítica.

Triângulos e processo paralelo

A discussão de Mattinson (1981) dos relacionamentos triangulares dentro da supervisão chama a atenção para o foco sempre mutante entre os pares paciente-analista, analista-supervisor e supervisor-paciente, e para a eventualidade de que um ângulo do triângulo edipiano possa em algum momento ser negligenciado ou supervalorizado. Também há outros relacionamentos moldando e interferindo no relacionamento da supervisão durante a formação. A fantasia de rivalidade num triângulo com o analista do *trainee* está presente em muitos níveis, com o *trainee* tendo que comparar estilos de análise e que lidar com lealdades divididas, enquanto que tanto o supervisor quanto o analista do *trainee* especulam sobre a eficiência um do outro, alertando-os para sentimentos primitivos de vergonha e constrangimento, triunfo e superioridade. Shearer (2003) comenta as "energias dolorosas das alianças e exclusões que ricocheteiam entorno das figuras dos três... Ainda assim as trindades são sagradas ao longo das épocas, lugares e culturas, e o três não é senão um número de movimento" (Shearer 2003, 208). Devido à instituição de formação, e na verdade todo o edifício da psicanálise, atrair transferências e identificações, Perry pensa em termos de "uma série de círculos concêntricos permeáveis ecoando do paciente e contendo todos os participantes" (Perry 2003, 195).

Embora o foco ostensivo do triângulo da supervisão seja o par analítico, os outros dois relacionamentos requerem atenção. A maioria dos supervisores – especialmente nos *settings* de formação – também se ocupa da qualidade do relacionamento *trainee*-supervisor. Os supervisores se interessam pela maneira pela qual o supervisionando traz o paciente à supervisão e na atmosfera como um todo da sessão de supervisão. Assim como nós tentamos encorajar os *trainees* a ouvir com empatia e a observar seus pacientes com o corpo inteiro, não apenas com seus ouvidos, ocupando-se de suas reações contratransferenciais físicas e mentais, assim também os supervisores modelam essa atitude. Os supervisores ocupam-se da linguagem corporal e tom de voz de seus supervisionandos, sondam pistas de ansiedade ou de inflação, sintonizam com o efeito psicossomático que o supervisionando está tendo sobre eles, embora tentando manter distância o bastante para pensar no significado potencial multifacetado de suas reações.

"Processo paralelo" (Ekstein & Wallerstein 1958) descreve um fenômeno frequentemente observado em supervisão, especialmente em supervisão de grupo, onde a apresentação pelo supervisionando do paciente tem um efeito emocional marcante sobre o supervisor ou o grupo como um todo. Essa contratransferência a distância é tratada como uma informação psicológica, como um eco dos afetos ou interações dinâmicas que estiveram em circulação, provavelmente de modo inconsciente, na transferência entre paciente e supervisionando durante a sessão analítica. Eis um exemplo de minha prática de supervisão:

> *Uma supervisionada não estava consciente de seu masoquismo de tolerar a agressão dissimulada de um paciente, mas parecia fazer um* acting out *na forma de um ataque paralelo ao depreciar, educadamente, seus colegas de grupo de supervisão que tentavam apontar os efeitos perniciosos do paciente nela. Ela gentilmente insistia em "provar" para eles sua visão diferente sobre o comportamento do paciente. Os membros do grupo estavam desconfortavelmente submissos a sua teoria, até que uma pessoa por fim deu voz ao sentimento do masoquismo no tom da discussão e admitiu sua raiva de estar sendo dissimuladamente "pressionada" a concordar. Essa honestidade emocional sobre a dinâmica paralela da situação presente teve um efeito mais persuasivo sobre a supervisionanda do que qualquer raciocínio anterior sobre a dinâmica entre ela e o paciente, e ela se abriu a considerar o sadomasoquismo que vinha evitando.*

Uma das características de Ogden (1999) como um clínico é seu uso detalhado de seu próprio devaneio como uma fonte de autoanálise e autossupervisão. Ele pede a seus supervisionandos que não apenas escrevam notas sobre os intercâmbios verbais ao longo das sessões, mas que também incluam todo pensamento, fantasia, sentimento e sensação corporal momento a momento, até mesmo incluindo sessões das quais o paciente não participou. Ele não tenta fazer meras correspondências unívocas entre o devaneio do supervisionando e os pensamentos e sentimentos do paciente, mas joga com eles associativamente e os deixa "reverberarem" na discussão em supervisão, reunindo-os como "objetos analíticos" cujo significado pode emergir. Seu próprio devaneio sobre as características da apresentação e dos modos do supervisionando são igualmente partes da investigação a serem partilhadas na discussão. Contudo, Sedlak (2003) toca uma nota de alerta contra uma confiança excessiva na contratransferência em detrimento da escuta atenta ao material do paciente. Ele cita Pontalis, que questiona "a moda do deleite em exibir a contratransferência de alguém, como quem diz que está vendo com os pontos cegos dele, ouvindo aquilo para o qual o outro é surdo, e consciente do inconsciente do outro" (Pontalis 1975, apud Duparc 2001, 161). Nós fazemos bem em nos lembrar de que essas intuições não podem ser tomadas como fatos estabelecidos, por mais surpreendentes (e úteis) que os paralelos sejam. Mas todos nós já tivemos ocasião de nos espantar por, após um desvelamento aproximativo ou livre-associativo de um aspecto até então inexplorado do relacionamento analítico na supervisão, o paciente, justamente na sessão seguinte, abordar exatamente o mesmo assunto. O conceito de uma psique objetiva fala do poder comunicativo de um processo inconsciente compartilhado entre as três partes, em que todos estão aprendendo.

O terceiro par no triângulo da supervisão é entre paciente e supervisor. Sejam ou não os pacientes avisados da existência de um supervisor, eles frequentemente parecem estar conscientes da existência dele, às vezes sentindo inconscientemente ou sonhando com a presença, seja tranquilizadora ou interferente, de uma terceira figura. Eles podem conscientemente usar um supervisor fantasiado para depreciar o analista. ("Muito inteligente! Vejo que você esteve na supervisão ontem!") Não há dúvida que o supervisor tem suas próprias atitudes e reações distintivas em relação ao paciente, conforme relatado pelo supervisionando. É importante que a opinião do supervisor não seja imposta sobre um supervisionando submisso. O aprendizado só será por imitação se o supervisor responde diretamente ao paciente com uma interpretação proposta, a que o supervisionando meramente faça eco. Frequentemente a teoria da semana passada não se relaciona diretamente com as sessões desta semana, e assim os supervisionandos precisam de encorajamento para confiar que seu próprio senso internalizado da teoria irá reaparecer quando exigido.

Aprendendo sobre fronteiras

Os "não mencionáveis" de Perry listados na citação acima se relacionam com a estrutura da sessão analítica e são ilustrativos da intensidade dos sentimentos gerados em torno das fronteiras. É uma parte vital do aprendizado apreender não apenas a manejar, mas também a examinar os desafios às "regras" acerca do horário, da não exposição do analista, das pausas etc., ao reconhecer que os pacientes estão inconscientemente se comunicando por *acting out* para testá-los. Para fazer isso é vital que os *trainees* descubram sua própria fronteira psicológica pessoal e internalizada, que é forte, embora flexível, e que eles a valorizem, ao invés de reproduzir uma noção de "regras" externas que eles meramente reforçam e nas quais se escondem. As "regras" constituem o alicerce que ajuda a estabilizar a edificação de uma explicação de um espaço interno modulado, onde a criatividade, a autodescoberta e o relacionamento com o outro podem crescer. Os supervisores modelam uma formalidade na estrutura, no horário e nas fronteiras das sessões de supervisão.

Fazer supervisão em outra cultura, a Rússia, exigiu uma reflexão renovada sobre minhas fronteiras convencionais, que eu declarasse o que sinto ser essencial e irredutível sobre a estrutura e o que pode ser mais flexível. Os psicoterapeutas russos não trabalham numa tradição de cobrar os pacientes pelas férias e frequentemente se dispõem a mudar os horários das sessões a pedido. A retomada do trabalho após as longas férias de verão na Rússia não tem uma data, mas frequentemente depende de uma ligação telefônica do paciente ao analista. Celular e e-mail sempre são os meios de comunicação, porque o serviço de entrega das cartas não é confiável e pode até ser considerado intrusivo pedir o endereço de um paciente. Meu sentimento frequentemente foi de que é o analista que tem a privacidade violada pela frequência das ligações de celular fora dos horários de sessão. As discussões com supervisionandos russos frequentemente levava alívio por permitirem o reconhecimento de sentimentos contratransferenciais disseminados de ressentimento, evitação ou medo em relação às demandas dos pacientes. Isso permitiu uma consciência mais rica do *sentido* e propósito das fronteiras, em particular de como analista e paciente são ambos privados do necessário compromisso com a transferência negativa se um enquadre robusto não está em vigor.

Martin (2003) nota que segundo Money-Kyrle, o enquadre seguro da sessão analítica capacita o paciente a enfrentar "o reconhecimento da inevitabilidade do tempo e em última instância da morte" (Money-Kyrle 1978, 443), e certamente haverá ataques sobre ele, como uma defesa contra angústias de dependência, separação e morte. Contudo, ser pego de surpresa por uma questão pessoal inesperada de um paciente, na entrada do consultório, pode empurrar novatos a uma perda de sua capacidade de simbolização. Eles podem responder num nível literal concreto, ou ainda se tornarem defensivos e hostis. O espaço para o pensamento na supervisão pode ajudar a endireitar o barco novamente nas sessões subsequentes, quando o incidente pode ser retomado de modo mais cuidadoso.

Tornar-se um supervisor

A posição vital da supervisão em nossa profissão não consegue ser enfatizada o suficiente. Ainda assim, é uma habilidade transmitida quase que por osmose. É comum supor que um bom analista se tornaria automaticamente um bom supervisor com o tempo e possui uma habilidade inata de comunicar e ensinar aos aprendizes as habilidades do ramo. Zinkin (1995) assinala o quão difícil é avaliar o que faz um bom supervisor, embora frise a responsabilidade das instituições de formação em tentar fazê-lo. Quando Zinkin escreveu sobre isso em 1995, não havia nenhuma formação disponível para a supervisão. Havia apenas a lembrança de nossos próprios supervisores, implicando por um lado o legado da supervisão inspiradora, por outro lado a mão oculta da ortodoxia e da imitação (ou alternativamente a reação retaliatória contra), passando de geração em geração. Desde então, cursos de supervisão por praticantes experientes se desenvolveram na Inglaterra e noutros lugares. Geralmente esses cursos admitem que a supervisão não pode ser "ensinada" mais do que a análise. Os cursos não são didáticos, mas sim concebidos para oferecer um terreno para o intercâmbio de ideias e questões, encorajando a prática reflexiva a se desenvolver através da "supervisão da supervisão". Por sua vez, os organizadores de cursos e supervisores se encontram para discutir a "cossupervisão" de sua supervisão dos supervisores novatos. A fome por mais espaço de pensamento é evidentemente estimulada pela supervisão.

A maior parte dos supervisores de formação analítica, porém, não participou de nenhum curso formal como supervisores, mas sim reflete sobre seus métodos de supervisão lendo e escrevendo sobre eles, e pode participar de grupos de discussão com colegas em que questões de supervisão são suscitadas. É notável que muitos livros recentes sobre supervisão são compilações de ensaios de várias perspectivas e são o produto de colaboração (Kugler

1995; Martindale et al. 1997; Hughes and Pengelly 1997; Driver and Martin 2002; Wiener et al. 2003; Petts & Shapley 2007). Parece que a discussão colegiada é um ingrediente vital ao desenvolvimento da arte da supervisão. Novos supervisores, em virtude de sua filiação a comitês de formação, levam a cabo outra versão de aprendizado informal. Ali eles absorvem e diferem os valores e atitudes dos supervisores *seniors*, ouvindo e então contribuindo com os cuidadosos procedimentos de avaliação dos vários corpos de formação aos quais eles servem na medida em que consideram a aptidão dos supervisionandos para se qualificarem à prática. Isso permite uma medida de valioso "aprender trabalhando". McGlashan (2003) usa a expressão "o supervisor em individuação" para enfatizar como o crescimento e a autoconsciência pessoais precisam se desenvolver na pessoa que supervisiona tanto quanto na que está sendo supervisionada.

O envolvimento arquetípico no par mestre-aprendiz inevitavelmente embute um lado sombrio. Nossa atitude analítica "não julgadora" pode se voltar para o polo oposto. Ao lado de nosso desejo de capacitar e facilitar o crescimento de nossos supervisionandos, há, é claro, o seu oposto, usar nosso poder malignamente para enfraquecer a autoridade legítima do aprendiz. Ao mesmo tempo que encorajamos o desacordo e o desafio à visão do supervisor, nós podemos não querer o afrouxamento da transferência idealizante para nós na medida em que o novato descobre suas ideias e voz próprias. Nós todos somos bem-alertados a "sermos conscientes da necessidade invejosa de cortar as asas de nossos supervisionandos na medida em que seu potencial e crescente *expertise* nos ameaçam" (Shapley 2007, 14). É importante que os supervisores ouçam com humildade e dúvida (*dubium* – ser de duas mentes) (Perry 2003), encorajando a discussão de dificuldades dentro do relacionamento de supervisão, para evitar que sejamos vítimas, sem perceber, dos aspectos sombrios de nossas próprias personalidades.

Conclusão

Não há dúvida de que minha própria prática clínica é fortalecida e moldada por eu ser uma supervisora, bem como por receber supervisão. Eu constatei que fazer supervisão numa cultura diferente foi esclarecedor pelo aprendizado múltiplo que me permitiu, e fiquei surpresa tanto com a universalidade quanto com a unicidade do que se apresentou. O prazer do aprendizado compartilhado, de assistir os supervisionandos crescerem e experimentarem com seus talentos, é muito real. Acredito na importância de o supervisor permitir e conter a inconsciência e a fantasia, e ao mesmo tempo sustentar a essencial posição de terceiro, que representa diferenciação, consciência e percepção. O encorajamento dos supervisionandos para que usem sua imaginação e pensamento não é apenas para o bem deles e de seus pacientes, mas também em prol da continuação e expansão da teoria analítica às futuras gerações.

Referências

Astor, J. (2003). "Empathy in the use of countertransference between supervisor and supervisee". In: Wiener, J.; Mizen, R. & Duckham, J. (eds.). *Supervising and being supervised*: a practice in search of a theory. Londres: Palgrave Macmillan, 49-64.

Britton, R. (1998). *Belief and imagination*. Londres/Nova York: Routledge.

Driver, C. & Martin, E. (2002). *Supervising psychotherapy*. Londres: Sage.

Duparc, F. (2001). "The countertransference scene in France". In: *International Journal of Psychoanalysis* 82 (1): 151-169.

Ekstein, R. & Wallerstein, R.S. (1958). *The teaching and learning of psychotherapy*. Nova York: Basic.

Fordham, M. (1957). "Notes on the transference". In: *New Developments in Analytical Psychology*. Londres: Routledge/Kegan Paul.

Hopwood, A. (2005). *Is there a Jungian approach to supervision?* [Preleção inédita dada em um curso de supervisão. Society of Analytical Psychology].

Hubback, J. (1995). "Styles of supervision". In: Kugler, P. (ed.). *Jungian perspectives on clinical supervision*. Einsiedeln: Daimon, 96-99.

Hughes, L. & Pengelly, P. (1997). *Staff supervision in a turbulent environment*: Managing process and task in front-line services. Londres/Bristol, PA: Jessica Kingsley.

Jung, C.G. (1946/1966). "Psicologia analítica e educação". OC 17.

Kugler, P. (ed.) (1995). *Jungian perspectives on clinical supervision*. Einsiedeln: Daimon.

Martin, E. (2003). "Problems and ethical issues in supervision". In: Wiener, J.; Mizen, R. & Duckham, J. (eds.). *Supervising and Being Supervised*: A Practice in Search of a Theory. Londres: Palgrave Macmillan, 135-150.

Martindale, B. (ed.) (1997). *Supervision and Its Vicissitudes*. Londres: Karnac.

Mattinson, J. (1981). "The deadly equal triangle". In: *Change and renewal in psychodynamic social work*: British and American developments in practice and education for services to families and children. MA: Smith College School of Social Work.

McGlashan, R. (2003). "The individuating supervisor". In: Wiener, J.; Mizen, R. & Duckham, J. (eds.). *Supervising and Being Supervised*: A Practice in Search of a Theory. Londres: Palgrave Macmillan, 19-33.

Mollon, P. (1997). "Supervision as a space for thinking". In: Shipton, G. (ed.). *Supervision of psychotherapy and counselling*. Buckingham: Open University Press, 24-34.

Money-Kyrle, R.E. (1978). *The aim of psychoanalysis*: The collected papers of Roger Money-Kyrle. Perth, Esc.: Clunie.

Ogden, T. (1999). *Reverie and interpretation*: Sensing something human. Londres: Karnac.

Perry, C. (2003). "Into the labyrinth: A developing approach to supervision". In: Wiener, J.; Mizen, R. & Duckham, J. *Supervising and being supervised*: a practice in search of a theory. Londres: Palgrave Macmillan, 187-206.

Petts, A. & Shapley, A.B. (2007). *On supervision*: Psychoanalytic and Jungian analytic perspectives. Londres: Karnac.

Pontalis, J.-B. (1975). "A partir du contre-transfert – Le mort et le vif entrelacés". In: *Revue Français:* Psychanalysis 12: 73-88.

Sedlak, V. (2003). "The patient's material as an aid to the disciplined working through of the countertransference and supervision". In: *International Journal of Psychoanalysis* 84 (6): 1.487-1.500.

Shapley, B. (2007). "On supervision". In: *Karnac Review*. Londres: Karnac.

Shearer, A. (2003). "Learning about supervision". In: Wiener, J.; Mizen, R. & Duckham, J. (eds.). *Supervising and Being Supervised*: A Practice in Search of a Theory. Londres: Palgrave Macmillan, 207-223.

Wharton, B. (2003). "Supervision in analytic training". In: Wiener, J.; Mizen, R. & Duckham, J. (eds.). *Supervising and being supervised*: A practice in Search of a Theory. Londres: Palgrave Macmillan, 82-99.

Wiener, J. (2007). "The analyst's countertransference when supervising: Friend or foe?" In: *Journal of Analytical Psychology* 52 (1): 51-69.

Wiener, J.; Mizen, R. & Duckham, J. (eds.). (2003). *Supervising and being supervised*: A Practice in Search of a Theory. Londres. Palgrave Macmillan.

Zinkin, L. (1995). "Supervision: The impossible profession". In: Kugler, P. (ed.). *Jungian Perspectives on Clinical Supervision*. Einsiedeln: Daimon, 240ss.

Índice